BAUSTEINE ZUR SLAVISCHEN PHILOLOGIE
UND KULTURGESCHICHTE

NEUE FOLGE

Begründet von

HANS-BERND HARDER (†)
und
HANS ROTHE

Herausgegeben von

KARL GUTSCHMIDT, ROLAND MARTI,
PETER THIERGEN, LUDGER UDOLPH und BODO ZELINSKY

Reihe A:
SLAVISTISCHE FORSCHUNGEN

Begründet von

REINHOLD OLESCH (†)

Band 58

Russische Literatur im 18. Jahrhundert

von

Joachim Klein

2008

BÖHLAU VERLAG KÖLN WEIMAR WIEN

Gedruckt mit freundlicher Unterstützung der Netherlands Organization for Scientific Research (NWO)

Joachim Klein war Inhaber des Lehrstuhls für Slavische Literaturen an der Universität Leiden und lebt in Berkeley, Kalifornien.

Bibliografische Information der Deutschen Nationalbibliothek:
Die Deutsche Nationalbibliothek verzeichnet diese Publikation in der Deutschen Nationalbibliografie; detaillierte bibliografische Daten sind im Internet über http://dnb.d-nb.de abrufbar.

Umschlagabbildung:
Katharina II. als Minerva, Göttin der Weisheit, im Kreise der Musen. Ende der 1760er Jahre. Künstler: S. Torelli. Abbildung aus: *Gosudarstvennaja Tred'jakovskaja galereja. Katalog sobranija Živopis' XVIII veka*, Moskva: «Krasnaja Ploščad» 1998, Abb. 311 (S. 237)

© 2008 by Böhlau Verlag GmbH & Cie, Köln Weimar Wien
Ursulaplatz 1, D-50668 Köln, www.boehlau.de

Alle Rechte vorbehalten. Dieses Werk ist urheberrechtlich geschützt. Jede Verwertung außerhalb der engen Grenzen des Urheberrechtsgesetzes ist unzulässig.

Gedruckt auf säurefreiem Papier
Druck und Bindung: Strauss GmbH, Mörlenbach
Printed in Germany

ISBN 978-3-412-20002-2

INHALTSVERZEICHNIS

Vorwort XV

ERSTER TEIL
DIE EPOCHE PETERS I.:
KULTURREVOLUTION UND LITERATUR

Kapitel 1. Überblick 3

Traditionsbruch. Säkularisierung und Orientierung nach Westeuropa. Kulturkampf. Die Mythologeme der Wiedergeburt, des 'neuen' Rußland und des 'neuen' Menschen. Frühaufklärung. Die petrinische Kulturrevolution erreicht nur eine Elite 3

Propaganda und theatralisierte Öffentlichkeit. Die Selbstdarstellung des Zaren: Leistung und Karriere. Das „Saufkonzil". Feste und Feuerwerke. Triumphzüge 6

Bildungspolitik; Buch- und Druckwesen. Traditionelle Bildungsfeindlichkeit. Die Übersetzungstätigkeit 8

Sprachpolitik. Die Reform des Alphabets: graždanskij šrift. Die neue Literatursprache. Der symbolische Charakter der petrinischen Sprachreform. Fremdwörterei 11

Literaturverhältnisse. Noch keine Literaturrevolution, aber Enttabuisierung des Lachens und der Liebe 13

Kapitel 2. Das Liebeslied 15

Liebeslied und geistliches Lied. Das Milieu der Gattung: städtische Mittelschichten, aber auch der Hochadel. Reichtum an metrischen und strophischen Formen. Verweltlichende Umdeutung kirchenslavischer Wörter. Liebesklagedichtung in traditioneller Bildsprache. Anspruchsvolle und einfache Formen. Ein besonders beliebter Text 15

Kapitel 3. Erzählende Prosa 19

Petrinische Erzählungen. Hybrides Kirchenslavisch, Fremdwörter. Die „Historie vom rußländischen Matrosen Vasilij": freie Bahn dem Tüchtigen. Die „Historie vom tapferen rußländischen Kavalier Aleksandr": drei Varianten des Liebesthemas – hohe, niedere und mittlere Liebe. Rhetorische Formen des Gefühlsausdrucks im Zeichen barocker elegantia. Erotische Pikanterie 19

Kapitel 4. Theater und Drama 23

Die Anfänge des russischen Theaters. Das öffentliche Theater von Kunst und Fürst; sein Scheitern 23

Das geistliche Schuldrama. Beschränkte Öffentlichkeit. Biblische oder historische Stoffe 25

Poetik: Kleinteiligkeit, barocke Vielfalt und Fülle, allegorische Gestalten, Wortspiele. Der Bühnenraum. Grelle Schaueffekte. Allegorik. Verworrene Handlung, Einheit der lehrhaft-panegyrischen Perspektive 26

Die Verweltlichung des Schuldramas und die propagandistischen Bedürfnisse des petrinischen Staates. Preisgabe der geistlichen Sichtweise, Verweltlichung des Vokabulars 30

Kapitel 5. Feofan Prokopovič 32

Eine umstrittene Gestalt 32

Biographie: vom Studenten der Kiever Akademie zum ideologischen Sprachrohr des Reformzaren 32

Die Tragikomödie *Vladimir*. Aufbau nach den Regeln der Kunst und nach dem Vorbild der klassischen Antike. Gemäßigtes Barock. Die Satire auf die 'heidnische Ignoranz'. Die zeitgeschichtliche Aktualität des Stücks: Peter I. oder Mazepa? 33

Die Predigten. Zur Gattungsgeschichte der Predigt in Rußland. Die Barockpredigt. Prokopovičs Streben nach Verständlichkeit; Abkehr vom kanonischen Kirchenslavischen. Politische Propaganda: der Sieg des neuen Rußland über das alte Rußland; gegen religiöse Weltverneinung. Der durchschossene Hut des Zaren und das „kleine Segelboot" 37

Kapitel 6. Kantemir 43

Zwischen Barock und Klassizismus 43

Biographie: Diplomatischer Dienst in London und Paris. Schriftstellerei als private Nebenbeschäftigung. Universale Gelehrsamkeit im Zeichen des petrinischen Bildungsauftrags. Kantemir als Übersetzer; die „Gespräche über die Vielheit der Welten" 43

Die Satiren. Das Hervortreten des Autors. Literarische Vorbilder. Arbeit an Stil und Vers. Späte Drucklegung. Poetik: das satirische Porträt; wuchernde Bildsprache; Gattungsübergang zur Epistel. Horazische Weisheitslehre. Das literarische Ethos. Der „schwierige Kantemir". Die Funktion der Literaturzitate 45

ZWEITER TEIL
DER RUSSISCHE KLASSIZISMUS:
DIE LITERATUR DES NEUEN RUẞLAND

Kapitel 7. Überblick 53

Klassizismus als Epochen- und Zeitstil 53

Kulturimport: Neuorientierung nach Frankreich. Die Lehre von der imitatio. 'Ästhetik der Identität', Formbewußtsein, Sprachkunst 53

Kontextwechsel: die Übernahme fremden Kulturguts und die Voraussetzungen des neuen Umfeldes. Der russische Klassizismus als Fortsetzung der petrinischen Kulturrevolution: die Literatur des neuen Rußland. Trediakovskij, Lomonosov und Sumarokov: die Begründung des russischen Klassizismus im Zeichen des Traditionsbruchs 55

Regelpoetik. Dichtung als 'Wissenschaft'. Gattungsdenken, Gattungssystem, Gattungsvielfalt 56

Rahmenbedingungen. Bildungsstätten: das Petersburger (Land-)Kadettenkorps, die Moskauer Universität. Das Zeitschriftenwesen. Beschränkter Leserkreis. Der gesellschaftliche Status des Autors; das Schreiben als Freizeitbeschäftigung. Der Hof als literarisches Zentrum, Mäzenatentum. Zensur. Literarische Individualität und poetischer Wettstreit; maßloser Geltungsdrang 59

Kapitel 8. Trediakovskij 64

Der „Hanswurst der russischen Literatur" 64

Biographie. Ein Leben voller Wechselfälle und Unklarheiten. Dreijähriger Aufenthalt in Westeuropa. Ein riesiges Œuvre im Dienste des petrinischen Bildungsauftrags 64

Die „Reise zur Liebesinsel": ein Beitrag zur Europäisierung der russischen Kultur und zur literarischen Einbürgerung des Liebesthemas. Der linguistische Aspekt: französische Sprachtheorie und die Problematik ihrer Anwendung auf russische Verhältnisse 67

Versreform: eine Epochenschwelle. Die Krise der russischen Syllabik. Die Synthese von Altem und Neuem; eine veränderte Auffassung der nationalen Tradition. Lomonosovs Radikalisierung der Versreform im Gefolge der petrinischen Kulturrevolution 69

Psalmendichtung. Die konservative Wendung des älteren Trediakovskij: seine neue Vorliebe für das Kirchenslavische und die ernste Dichtung. Psalmendichtung nach französischem Vorbild; ekstatischer Stil 71

Tilemachida. Die russische Vorgeschichte des heroischen Epos. Homerischer Stil, homerisches Metrum: die Begründung des russischen Hexameters 73

Kapitel 9. Lomonosov 76

Ein Kultobjekt 76

Biographie: bäuerliche Herkunft, Studium in Deutschland, eine glänzende Karriere im Zeichen des petrinischen Leistungsprinzips. Lomonosov und der Hof. Polyhistorische Gelehrsamkeit, vielfältige Tätigkeit. Das wissenschaftliche und literarische Werk 76

Die neue Konzeption der nationalen Literatursprache als Synthese von Russischem und Kirchenslavischem: die Revision des petrinischen Sprachprogramms. Linguistische Konkretisierung der Dreistillehre 79

Die Feierliche Ode. Zur Geschichte der Gattung. Die Lomonosovsche Ode als Synthese von Altem und Neuem, Eigenem und Fremdem. Der 'Sitz im Leben': Höfische Dichtung zu festlichem Anlaß; Lomonosov als „Sänger der Zarin Elisabeth"; Poesie und Karriere. Publikationsweise; das „Darbringen" der Ode. Eine „oratorische Gattung"? Poesie und Politik. Themen und Motive: Peter der Große; Krieg und Frieden; der imperiale Raum; Lob der Wissenschaft; das 'industrielle' Thema. Staatspolitische Vision. Der lyrische Sprecher und sein panegyrisches Universum; Sakralisierung des Zaren. „Schöne Unordnung", furor poeticus, „parenie", Elemente des Barockstils. Noch einmal zur politischen Funktion der Ode 81

Didaktische und religiöse Dichtung im Geist der Frühaufklärung. Die „Epistel über den Nutzen des Glases": Verteidigung der Wissenschaft und antiklerikale Polemik; das kopernikanische Weltbild und die physikotheologische Lehre. Exkurs über Lomonosovs „Deismus". Das „Buch der Natur". Wissenschaft als Gottesdienst. Freiheit der Wissenschaft? Hiobsode und Theodizee. Das Pathos unbedingten Gottvertrauens. Der Optimismus der Frühaufklärung und das Erdbeben von Lissabon. Die „Abendliche Betrachtung über die Größe Gottes anläßlich des großen Nordlichtes": christliche Demut und die Grenzen der Erkenntnis 95

Kapitel 10. Sumarokov 107

Sumarokov im Schatten Lomonosovs 107

Biographie. Adlige Herkunft, Nähe zum Hof. Literatur als Lebenszweck, offizielles Wohlwollen. Direktor des Russischen Theaters. Schrankenloser Geltungsdrang, zerrüttetes Privatleben, soziales Scheitern. Die Identitätskrise des staatlich alimentierten Schriftstellers 108

Literaturauffassung. Die Konzeption des klassizistischen Gattungssystems: Sumarokov und Boileau. Bruch mit der literarischen Tradition. Die Verantwortung des Dichters für die Muttersprache. Der „Reichtum" des Russischen und die Vielfalt der Gattungen: ein sprachlich-literarisches Entwicklungsprogramm. Literaturkritik und Parodie in der Auseinandersetzung mit Lomonosov: dogmatisch verengte Regelpoetik, rationalistischer Stil, Sprachästhetik der Konvention; die „Spottoden" 111

Die Tragödien: der 'russische Gottsched'. Poetik: die drei Einheiten, Ständeklausel. Französische Vorbilder, Shakespeare. Bruch mit dem Barockdrama. Ökonomie der Mittel, Einfachheit und Klarheit; lyrische Dialoge. Theatereffekte; Voltaire. Bühnenbild, Kostüme, Deklamation. Sprache. Liebestragödie und Hoftheater. Die Liebestragödie *Sinav i Truvor*. Das historische Kolorit. Empfindsamkeit avant la lettre. Selbstmord aus Liebe in Rußland; Sumarokov und Racine. Apsychologismus. Die politisch-moralische Tragödie *Dimitrij Samozvanec*. Staatstragende Didaxe; der Mythos der „Adelsfronde". Das Problem der herrscherlichen Legitimität. Dimitrij als Gegenpol zu Katharina: Haß und Liebe. Die Faszination des Bösen; Nähe zum Barocktheater 118

Liebesdichtung. Das Liebeslied und die europäisierte Jugendkultur. Eine Gattung von umstrittenem Wert. Ihre klassizistische Erneuerung durch Sumarokov. Wahrscheinlichkeit: die Illusion emotionaler Spontaneität. Das Lied als „Laboratorium des russischen Verses". Die Elegie: leidenschaftliche Gefühlskundgabe; Sumarokov und Mme de la

Suze. Apsychologismus. Abstraktheit, tautologischer Aufbau. Eine Lyrik der wohlgesetzten, eindeutigen Worte. Schäferdichtung: Sumarokov und Fontenelle. Galante Schäferwelt und die Wirklichkeit des Landlebens: das theoretische Problem der Gattung. Schäferliche Einfachheit. Apsychologismus, Erotik 132

Die Fabel. Vorgeschichte der Gattung. Die Fabel als Pasquill. Sumarokov und La Fontaine. Fabelvers; der Erzähler als Possenreißer, die Freude am Vulgären. Freie Komik, Unsinnpoesie 140

Kapitel 11. Die zweite Generation des russischen Klassizismus 146

Die Sumarokov-Schule. Die Tendenz zum Lehrhaften: die meditative Ode; didaktische Umgestaltung der anakreontischen Ode. Die Tendenz zum Artifiziellen bei Rževskij: das Fortleben des Barock 146

Majkov und die Burleske. Biographie. „Elisej oder der erzürnte Bacchus". Das Vorbild Scarron. Der burleske Stilkontrast. Die Parodie der *Aeneis* und die Bildungsvoraussetzungen des russischen Publikums. Ein karnevalesker Aufstand gegen die westeuropäische politesse; der Zwiespalt eines 'russischen Europäers' 147

Barkov und die obszöne Dichtung. Biographie. Barkoviana: eine breite Unterströmung russischer Literaturgeschichte. Pornographie in Frankreich und in Rußland: Die Toleranz des russischen Publikums. Die Welt des russischen 'mat' 154

Cheraskov und das heroische Epos. Biographie. *Rossijada*: Aufwertung der altrussischen Vergangenheit; antitürkische Propaganda. Ein literarisches Monument universaler Bildung. Cheraskov und Voltaire: Abkehr vom Klassizismus im Zeichen barocker Vielfalt. Übernatürliches und Märchenhaftes; sinnlicher Reichtum, Nähe zur Malerei, ornamentaler Stil. Drastik und Empfindsamkeit 158

DRITTER TEIL
DIE EPOCHE KATHARINAS II.:
LITERATUR IM ZEICHEN AUFGEKLÄRTER HERRSCHAFT

Kapitel 12. Überblick 167

Bücher und Leser: Aufschwung des geistigen Lebens; Novikov 167

Die Kulturpolitik Katharinas II.: Bildung, Übersetzungswesen, die Russische Akademie. Der Hof als geistiges Zentrum; Katharina als Schriftstellerin. Zunehmende Selbständigkeit der Gesellschaft in der literarischen Geschmacksbildung 168

Adliges Standesbewußtsein und Adelskultur. Der Autor als vornehmer Dilettant 172

Die russischen Freimaurer und das Ende der aufgeklärten Monarchie in Rußland 173

Literarischer Epochenwandel: Autoritätsverlust des Klassizismus, Aufkommen des literarischen Rokoko, der Vorromantik und des Sentimentalismus 176

Kapitel 13. Die Moralischen Wochenschriften 179

Katharina und die russische Öffentlichkeit 179

Volkspädagogik: das aufgeklärte Vertrauen in die Allmacht der Erziehung; Tugend und ratio; Einfachheit und Klarheit 180

Eine neue Ethik für das adlige Publikum. Das Verhältnis zum Christentum. Die Säkularisierung traditioneller Moralbegriffe. Gegen „Frömmelei", „Aberglauben" und „Vorurteil": die Fortsetzung des petrinischen Kulturkampfes 183

Spielerische Fiktion und heitere Anonymität; ein neuer Typus von Öffentlichkeit, der auch die Frauen einschließt. Dialog und Rollenspiel; Spiegelfechterei 187

Satire: Formen und Themen. Der Streit um die Satire und die Verwilderung der Umgangsformen. Ščegoli und ščegolichi: die verkehrte Welt der mimetischen Satire; der Geckenjargon. Gallophobie und ihre Voraussetzungen. Die Briefe an Ivanuška und Falalej: korrupte Beamte; Gutsbesitzer und leibeigene Bauern – ein Alptraum von Unterdrückung und Gewalttätigkeit 190

Kapitel 14. Das Theater 201

Hoftheater und adliges Privattheater: Katharinas Ermitage-Theater; das Theater des Grafen Šeremetev in Ostankino 201

Öffentliches Theater: Staatliches Theater, „Volkstheater", „Freie Theater". Maddox und sein Petrovskij-Theater 204

Theater und Adelskultur; das ungebärdige Publikum 207

Kapitel 15. Fonvizin und die Komödie 210

Tragödie und Komödie. Quantitatives Übergewicht der Komödie. Ihr Aufstieg zur dramatischen Gattung aus eigenem Recht. Französische und russische Komödie: Erbauung und Satire. Anpassung „an unsere Sitten" 210

Fonvizins Biographie. Literarischer Erfolg und Beamtenkarriere; der Klient Panins. Die Reisebriefe. 212

„Der Landjunker". Eine Satire auf den rückständigen Adel; die Nähe zur Komödie Katharinas II. Komposition und Sprache. Satirische Themen: Bildungsfeindlichkeit, 'viehische Fruchtbarkeit', Unmenschlichkeit. Das Bündnis von Macht und Geist. Starodum: aufgeklärte sociabilité, petrinische Utopie, erste Risse im Bündnis von Macht und Geist. Nur ein politischer Skandal? Die ästhetische Problematik des Stücks 215

Kapitel 16. Die Komische Oper 226

Eine neue Gattung und die Krise des klassizistischen Dramensystems. 'Opéra comique' und 'komičeskaja opera'. Eine vorwiegend literarische Gattung. Darstellung des einfachen Volkes; bühnentechnischer Aufwand 226

Ablesimovs „Müller": ein Sensationserfolg. Poetisierung des russischen Landlebens. Der Appell an das Nationalgefühl. Proteste im Namen des 'guten Geschmacks' 229

Knjažnins „Unglückskutsche". Sozialkritik: Gallomanie und Leibeigenschaft. Aufhebung der Ständeklausel. Die Absicht des Autors und die Praxis der Inszenierung 234

Kapitel 17. Bogdanovič und seine *Dušen'ka* 238

Der Autor: Mythos und Wirklichkeit 238

Biographie: Literatur und sozialer Aufstieg 238

Dušen'ka. Das Prinzip des 'plaire' und das neue Bild des Autors; Abwendung vom Klassizismus. Der Blick auf das weibliche Publikum. Die 'Freiheit' des Rokokodichters: Versform. Guter Geschmack, Salonstil, Stilkapriolen. Kürze und Einfachheit; Apsychologismus. Erotik in männlicher Perspektive. Die Motivik des russischen Volksmärchens. Der Blick auf das höfische Publikum; panegyrische Anspielungen 240

Kapitel 18. Deržavin 252

Deržavin und Lomonosov 252

Biographie: Nach schwierigen Anfängen eine glanzvolle Laufbahn als Dichter und Beamter. Deržavin und der Dichterkreis um L'vov. Deržavin und Katharina II.: die Aufrichtigkeit des Panegyrikers. Deržavin und Puškin 252

Jenseits von Regel und Konvention: die Ode *Felica*. Orientalische Kostümierung im Geist des Rokoko. Lob der Zarin und Satire auf die Petersburger Herrschaftselite; Verschärfung der Satire in der Ode *Vel'moža*. Deržavins Erfolg und die Krise der Feierlichen Ode. Ein neues Literaturverständnis 254

Autobiographische Dichtung. *Žizn' zvanskaja* und der russische Mythos vom adligen Landleben. *Pamjatnik*: Deržavins poetisches Selbstverständnis 258

„Malende Poesie": Die Entdeckung der Sinnenwelt. Lebensfreude und 'neues Sehen'. Deržavins Kolorismus und seine deutsche Quelle. Eine allegorische Landschaft in *Vodopad*: „schreckliche Schönheit" und der Tod Potemkins 263

Religiöse Dichtung: die Ode *Bog* und die „Krise des europäischen Bewußtseins". Die „Vielheit der Welten" und die „Stufenleiter des Seins" 268

Kapitel 19. Radiščev 276

Ein militanter Aufklärer 276

Biographie. Studienjahre in Leipzig, Staatsdienst, literarische Tätigkeit. Die Veröffentlichung der „Reise" und die Reaktion der Zarin. Verhaftung, Prozeß und Verbannung. Exkurs über Radiščevs Selbstmord 276

Die „Reise von Petersburg nach Moskau". Moralisches Pathos, altertümelnder Stil. „Realismus"? Ein kompositorisches Durcheinander. Die kritische Vernunft als einheitsstiftendes Prinzip: ihr universaler Geltungsanspruch und die thematische Vielfalt der „Reise". „Die Küken belehren die Henne": Der kritische Dialog zwischen Staatsbürger und aufgeklärtem Herrscher kommt nicht zustande. Radiščevs Verhalten im Strafprozeß 282

Kapitel 20. Karamzin 291

Ein erfolgreicher Schriftsteller in der „Gesellschaft von Generälen und Ministern". Karamzins Verdienste um die Ausweitung des Lesepublikums und das gesellschaftliche Ansehen des „Autorenhandwerks" 291

Biographie. Abkehr vom „Dienst", ein Leben ganz im Zeichen von Literatur und Bildung. Karamzin und die Freimaurer. Schriftsteller, Herausgeber und Übersetzer. Schwierigkeiten mit der Zensur unter Paul I.

Die Belebung des literarischen Marktes unter Alexander I. Karamzin wird Historiker 292

Über Literatur und Sprache. Die „heilige Poesie" und ihre moralisch-zivilisatorische Sendung. Empfindsame Aufklärung. Einheit des Guten und des Schönen. Kultivierung des Gefühls. „Was braucht ein Autor?" Ästhetik der moralisch-emotionalen Wirkung; der literarische Text als „Porträt" des Autors. Feminisierung der Literatur, Feminisierung der Sprache. Der 'neue Stil' und seine Gegner. Nivellierung des Stilsystems, Verengung des literarischen Spielraums im Zeichen des Salongeschmacks 296

Die „Briefe eines reisenden Russen". Publikationsgeschichte; literarische Vorbilder. Die Briefform: „zarteste Gefühle", intime Lektüre. Karamzin und 'Karamzin'. Der Quellenwert der Reisebriefe. „Neugier": Karamzins Auffassung vom Reisen. Weltoffenheit: Kosmopolitismus, Kritik nationaler Vorurteile; Toleranz. Lebensfreude: das asketische Weltbild der Freimaurer und der aufgeklärte Eudämonismus des Reisenden. „Lebenskunst" und Bildungstourismus. Sehenswürdigkeiten. „Große Männer", Erinnerungsorte, amoene und erhabene Landschaften; der Rheinfall von Schaffhausen 305

Die Erzählungen. Vielfalt und Einheit: vereinfachtes Sujet, psychologische Motivierung, Wirklichkeitsfiktion, persönlicher Erzähler, poetische Prosa 323

„Die arme Liza": ein Publikumserfolg. Lyrischer Auftakt; eine 'wahre' Geschichte; „Tränen zarter Trauer" und planender Kunstverstand. Jenseits der konventionellen Moral. Das Leitmotiv des Geldes. Liebe als absoluter und höchster Wert. Ständeklausel und Sentimentalismus. Die zerstörte Idylle; der Stadt-und-Land-Topos 325

Bibliographie 331

Namenregister 357

Vorwort

Die beste Geschichte der russischen Literatur im 18. Jahrhundert stammt nach allgemeiner Auffassung von Grigorij Gukovskij. Sie erschien 1939 in Moskau und wurde seither mehrfach neu aufgelegt, zuletzt im Jahre 2003. Dieses Buch war tatsächlich ein Meilenstein; selbst wenn man nicht in jeder Hinsicht mit ihm übereinstimmt, so ist es doch in seiner europäischen Gelehrsamkeit, analytischen Schärfe und seinem stilistischen Glanz auch heute noch vorbildlich.

Seit dem ersten Erscheinen dieses Standardwerks sind jedoch mehr als sechzig Jahre vergangen; in und außerhalb Rußlands wurde über die russische Literaturgeschichte des 18. Jahrhunderts inzwischen viel gearbeitet und manche neue Erkenntnis gewonnen. Seit 1939 hat sich auch der Standpunkt literaturhistorischer Betrachtung verschoben (ganz davon zu schweigen, daß der Autor dieser Zeilen kein Russe ist und seinen Gegenstand daher nicht 'von innen', sondern 'von außen' betrachtet).

Die hier vorgelegte Literaturgeschichte wendet sich in erster Linie an Studenten und Dozenten der Russistik und der benachbarten Fächer; die Literaturhinweise in den Fußnoten dienen dem Quellennachweis und der weiterführenden Orientierung. Enzyklopädische Vollständigkeit wird nicht angestrebt, womit eine Beschränkung auf die wichtigsten Autoren, Gattungen und Einzelwerke erforderlich ist. Was dabei als 'wichtig' zu gelten hat, ist eine Frage der literaturhistorischen Neuheit, der ästhetischen Qualität oder des Erfolgs beim Publikum; neben der Lyrik Deržavins kommt mit der Komischen Oper zum Beispiel auch eine Spielart der Unterhaltungsliteratur zu ihrem Recht.

Im Rußland des 18. Jahrhunderts bleibt die Gattung lange Zeit diejenige ästhetische Kategorie, die für das literarische Schreiben und Lesen in erster Linie maßgeblich ist. Im selben Jahrhundert tritt jedoch auch der individuelle Autor in den Vordergrund – zum ersten Mal in der russischen Kulturgeschichte. Bei aller Beachtung der Gattungsnormen suchen die Autoren in ihren Werken auch ein eigenes Profil zu gewinnen; gegen die einzelnen Autoren richtet sich die zeitgenössische Literaturpolemik, gegen Trediakovskij, Lomonosov, Sumarokov, später auch Karamzin. Die vorliegende Darstellung gliedert sich daher nicht nur nach Gattungen und Einzelwerken, sondern auch nach Autoren. Die wichtigsten Autoren werden in biographischen Abschnitten vorgestellt, wobei sich die willkommene Gelegenheit ergibt, die allgemein gehaltenen Teile der Darstellung über die institutionellen und sozialen Rahmenbedingungen des Schreibens im Rußland des 18. Jahrhunderts durch konkrete Einzelheiten zu ergänzen. Es geht dabei um solche Dinge wie Herkunft und Bildungsgang der Autoren, ihr Selbstverständnis, ihre Position im 'literarischen Leben', das soziale Prestige ihrer Tätigkeit und anderes mehr.

Aber der Schwerpunkt der Darstellung liegt natürlich auf den literarischen Texten, also auf Werken mit ästhetischem Anspruch (der Abschnitt über die Predigten von Feofan Prokopovič betrifft einen Grenzfall). Der Interpretation einzelner Texte wird viel Raum gegeben. Bei aller Beachtung der spezifisch literarischen Aspekte soll jedoch auch deutlich werden, daß die russische Literatur im 18. Jahrhundert außer der ästhetischen in hohem Maße auch praktische Funktionen wahrnimmt – didaktische, panegyrische, polemische, linguistische, religiöse und politische. Es geht also um die Rekonstruktion jener lebensweltlichen Zusammenhänge, denen das einzelne Werk seine ursprüngliche Bedeutung verdankt. Insgesamt erscheint die Literatur somit nicht als 'literarische Reihe', die sich selbst genügt, sondern als integraler Bestandteil russischer Kulturgeschichte.

Ein besonderes Problem der russischen Literatur im 18. Jahrhundert sind die ausländischen 'Einflüsse'. Davon wird noch die Rede sein. Hier nur soviel: In der Tat gibt es in der russischen Geschichte kaum eine Zeit, in der man sich so rückhaltlos und oftmals auch naiv an fremde Vorbilder gehalten hätte, wobei es meistens um französische oder deutsche, im letzten Drittel des Jahrhunderts auch um britische Autoren ging. Was sich im Rußland des 18. Jahrhunderts insgesamt ereignete, war ein Kulturimport großen Stils, so wie er auch in der Antike von Griechenland nach Rom stattgefunden hat. Aus der Sicht der Rezeptionsforschung ist ein solcher Vorgang stets auch ein Kontextwechsel: Motive, Themen, Ideen, Werke und Gattungen werden aus ihrem ursprünglichen Zusammenhang herausgenommen und geraten in eine neue Umgebung, wobei es unter den Kulturbedingungen dieser neuen Umgebung immer wieder zu Veränderungen der Funktionen und Bedeutungen kommt. Aus dieser Sicht sind Unterschiede wichtiger als Ähnlichkeiten – Vergleichen bedeutet dann vor allem Kontrastieren. Letztlich geht es mir dabei nicht um die Abhängigkeit der russischen Literatur von den fremden Vorbildern, sondern um ihre Eigenart im übergreifenden Zusammenhang der europäischen Literatur.

***

Das Zustandekommen der vorliegenden Literaturgeschichte verdankt sich den günstigen Arbeitsbedingungen, die ich in meiner Dienstzeit von 1992–2005 in der Abteilung für Slavische Sprachen und Kulturen an der Universität Leiden vorgefunden habe. Mein besonderer Dank gilt der Leidener Universitätsbibliothek. Die Niederländische Organisation für Wissenschaftliche Forschung (NWO) finanzierte mir für das akademische Jahr 2004/2005 zwei Freisemester und gab mir dadurch die Möglichkeit, meine Arbeit in Ruhe abzuschließen. Den Kollegen an der Abteilung für das 18. Jahrhundert im Puškin-Haus der Russischen Akademie in Sankt Petersburg und der internationalen Study Group for Eighteenth-Century Russia in Groß-Britannien bin ich für manche Anregung und Diskussion verpflichtet. Besonders viel verdanke ich meinen langjährigen Freunden Boris Andreevič Uspenskij und Viktor Markovič Živov. Manfred Schruba war so freundlich, das Manuskript kritisch zu lesen, für den Druck einzurichten und das Register zusammenzustellen.

Berkeley, im Februar 2007
J. K.

ERSTER TEIL

**DIE EPOCHE PETERS I.:
KULTURREVOLUTION UND LITERATUR**

KAPITEL 1
ÜBERBLICK

Traditionsbruch

Die Regierungszeit Peters I. (1689–1725), auch „der Große" genannt, ist eine Schwellenperiode russischer Geschichte[1]. In diesen Jahren, die von der Dynamik petrinischer Reformpolitik geprägt waren, kam es zu einer entscheidenden Veränderung der kulturellen Gesamtsituation: Jener Übergang vom Mittelalter zur Neuzeit, den die Länder Westeuropas schon vor Jahrhunderten in Angriff genommen hatten, der sich in Rußland jedoch erst im 17. Jahrhundert anbahnte, erhielt nun neue Impulse und beschleunigte sich auf eine dramatische und für die Zeitgenossen oft schockierende Weise. Das Bewußtsein der Rückständigkeit, besonders auf militärischem Gebiet, war die wirksamste Triebfeder. Reformbestrebungen hatte es zwar schon vorher gegeben. Auch hatte sich Rußland seit der zweiten Hälfte des 17. Jahrhunderts in verstärktem Maße dem Kultureinfluß seines westlichen Nachbarlandes Polen geöffnet, was unter anderem zur Herausbildung des russischen Literaturbarock führen sollte. All dies erreichte jedoch nur einen kleinen Personenkreis bei Hofe. Veränderungen großen Stils brachte erst die petrinische Epoche. Die Reformansätze des 17. Jahrhunderts wurden nun gebündelt und radikalisiert. Was vorher nur beiläufig geschah, rückte jetzt in den Mittelpunkt einer Politik, die mit den Machtbefugnissen der russischen Autokratie ausgestattet war. Der Wille zum Neuen zeigte sich in aller Öffentlichkeit und veränderte das Leben breiter Bevölkerungsschichten.

Die petrinischen Reformen wurden unter den Bedingungen des langjährigen und schließlich siegreichen Nordischen Krieges mit Schweden eingeleitet und durchgesetzt. Vielfach improvisierte man, einen Generalplan gab es nicht. Die Ziele sind gleichwohl offenkundig. Im Gegensatz zu früheren Zaren glaubte Peter, daß eine wirksame Modernisierung des Landes sich nicht auf das Militärische beschränken dürfe, sondern das Ganze des zeitgenössischen Lebens erfassen

---

[1] Vgl. u.a.: R. WITTRAM, Peter I. Czar und Kaiser. Zur Geschichte Peters des Großen in seiner Zeit. Bd. I–II. Göttingen 1964; Handbuch der Geschichte Rußlands. Bd. II.1. Hrsg.: M. Hellmann. Stuttgart 1986, S. 214–369; E. ANISIMOV, Vremja petrovskich reform. L. 1989; L. HUGHES, Russia in the Age of Peter the Great. New Haven–London 1998. Zur Kulturgeschichte der petrinischen Epoche vgl. die Arbeiten der Tartu-Moskauer Schule: JU. M. LOTMAN; B. A. USPENSKIJ, Rol' dual'nych modelej v dinamike russkoj kul'tury (do konca XVIII veka). In: DERS., Izbrannye trudy. Bd. I. M. 1996, S. 338–380; DERS., Historia sub specie semioticae, ebd., S. 71–82; V. M. ŽIVOV, Kul'turnye reformy v sisteme preobrazovanij Petra I. In: DERS., Razyskanija v oblasti istorii i predystorii russkoj kul'tury. M. 2002, S. 381–435.

müsse. Vor allem galt es, die kulturelle Vorherrschaft der Orthodoxen Kirche zu brechen. Die notwendigen Argumente und Schlagwörter lieferte der hochgebildete Mönchspriester Feofan Prokopovič, ehemals Rektor der Geistlichen Akademie zu Kiev, der dann als ideologischer Berater Peters in den engeren Kreis der Staatsführung aufrückte. Wenn das kirchliche Leben auch in Zukunft Bestand haben sollte, dann nur im Rahmen einer neuen weltlichen Kultur.

Mit seiner Säkularisierungspolitik setzte Peter eine Tendenz fort, die in Westeuropa schon vor der Renaissance eingesetzt hatte und sich im Laufe der folgenden Jahrhunderte besonders in den protestantischen Staaten verstärkte. In enger Verbindung mit dieser Politik stand daher die Orientierung nach Westeuropa. Das alte Rußland war sich selbst genug; im stolzen Bewußtsein seiner Rechtgläubigkeit suchte es den Kontakt mit der 'heidnischen' oder 'ketzerischen' Außenwelt, wenn er schon nicht ganz zu vermeiden war, doch auf ein Mindestmaß zu beschränken. Zwar hielten sich ausländische Fachkräfte schon spätestens seit der zweiten Hälfte des 15. Jahrhundert in Rußland auf. Aber man versuchte, sie von der Bevölkerung fernzuhalten; durch einen Erlaß des Jahres 1652 wurden die Fremden in Moskau gezwungen, ihren Wohnsitz in einer neugegründeten „Deutschen Vorstadt" (nemeckaja sloboda) zu nehmen. Dieser Isolationismus des alten Rußland fand unter Peter I. ein Ende. Das weithin sichtbare Signal der Kehrtwende war die „Große Gesandtschaft" – jene aufsehenerregende Reise nach Westeuropa, die der junge Zar mit seinem Gefolge 1697 antrat. Zum ersten Mal betrat nun ein russischer Herrscher ausländischen Boden. Die Gesandtschaft reiste über Livland und Kurland nach Preußen, es folgten längere Aufenthalte in Holland und England; auf dem Rückweg besuchte man Wien.

Peter war über ein Jahr unterwegs. Die Erfahrungen der Reise bestärkten ihn im Radikalismus seiner Reformpläne: Bis in die Einzelheiten des äußeren Habitus sollte sich das Leben seiner Untertanen nach dem Vorbild Westeuropas verändern. Durch mehrfach wiederholten Ukaz wurde den Untertanen bei Strafe befohlen, vom altrussischen Menschenbild Abschied zu nehmen, sich den Bart zu scheren, ihre gewohnte Tracht abzulegen und ausländische Kleidung zu tragen. Ausgenommen waren nur Geistliche und Bauern. Auch die altrussischen Umgangsformen erregten das offizielle Mißfallen. Eine ganze Reihe von Lehrbüchern des guten Benehmens erschienen, darunter auf persönliche Weisung des Zaren vor allem *Junosti čestnoe zercalo* („Der ehrenhafte Jugendspiegel", von 1717 bis 1723 vier Auflagen). Die Untertanen sollten lernen, wie man seine freie Zeit auf gesittete – und das bedeutete wiederum: auf westeuropäische – Art verbringt. Es wurden bestimmte Formen des geselligen Zusammenseins verordnet, die sogenannten „assamblei" (= frz. assemblées), an denen auch Frauen teilnahmen: Sie sollten aus ihrer traditionellen Zurückgezogenheit heraustreten und eine aktive Rolle im gesellschaftlichen Leben spielen.

Die Maßnahmen der petrinischen Obrigkeit hatten oft etwas Provokatorisches: Für das alte Rußland war das Verbot den Bart zu scheren religiös begründet und betraf die Gottesebenbildlichkeit des Menschen. Derlei Gefühle wurden nun be-

Kapitel 1. Überblick

wußt verletzt: Die Anhänger der Tradition sollten gedemütigt und zur Einsicht ihrer Machtlosigkeit gebracht werden. Bürgerkriegsähnliche Zustände waren die Folge. Im Namen des Neuen führte der Zar einen Propagandafeldzug gegen die altrussische Vergangenheit, die als barbarisch diffamiert wurde. Zwar hinderte ihn das nicht daran, bei passender Gelegenheit auf eben diese Vergangenheit zurückzugreifen, wie etwa bei der Einführung des St.-Andreas-Ordens im Jahre 1699, der nach dem russischen Schutzheiligen benannt ist, oder bei der Gründung des Aleksandr Nevskij-Klosters in Petersburg (1710). Aber die Hauptlinien petrinischer Kulturpolitik weisen doch in eine andere Richtung: Es ging um Traditionsbruch und Neuanfang; die Finsternis des alten Rußland sollte dem Licht einer neuen Zeit weichen. Es äußerte sich ein Heilsanspruch: Trotz aller weltlichen Zielsetzungen wirkte in der Reformpolitik der petrinischen Epoche ein religiöser Impuls. Die Leitsterne der staatlichen Propaganda waren die Mythologeme der Wiedergeburt, des 'neuen' Menschen und des 'neuen' Rußland. Mit ihrer Hilfe schuf die Propaganda des Zaren ein Bild des petrinischen Rußland, das mit der komplexen Wirklichkeit wenig gemein hatte, sich aber den Zeitgenossen und Nachgeborenen tief einprägte. Noch in der Geschichtsschreibung der Sowjetepoche sind die Spuren dieser Propaganda deutlich zu erkennen.

Durch die Gründung der neuen Hauptstadt fand der selbstgeschaffene Geschichtsmythos der petrinischen Epoche seinen schlagendsten Ausdruck[2]. Der Wunschtraum eines voraussetzungslosen Neubeginns schien nun Wirklichkeit zu werden: In einem kaum besiedelten Sumpfgebiet an der nordwestlichen Peripherie des Reiches wurde die neue Hauptstadt aus dem Boden gestampft, unter großen Opfern an Menschen und unter großen Kosten. Sie erhielt den ausländischen Namen Sankt Petersburg. Ihr Straßennetz war geometrisch angelegt: Auch in dieser Hinsicht wurde die neue Hauptstadt zum Symbol eines künftigen, im Zuge petrinischer Reformpolitik noch zu schaffenden Rußland. Es ging um „Ordnung" und „Reguliertheit" – „porjadok" und „reguljarnost'" waren Lieblingswörter der petrinischen Erlasse. Sie sind Ausdruck jenes Rationalismus, der die Bestrebungen des Zaren mit der europäischen Frühaufklärung verbindet; mit Leibniz unterhielt Peter einen langjährigen Briefwechsel.

Es war freilich eine Sache, einen Schlußstrich unter die schlechte Vergangenheit zu ziehen, den Beginn einer neuen Zeit zu verkünden und symbolisch sichtbar zu machen. Es war eine andere, dieses Vorhaben zu verwirklichen und das Bewußtsein der Bevölkerung zu verändern. Trotz aller Erfolge petrinischer Politik, die in erster Linie militärischer Art waren, bestand eine Kluft zwischen offiziellem Anspruch und einer Realität, die weithin der altrussischen Tradition verhaftet blieb. Man mag darüber streiten, in welchem Maße es den Trägern der neuen Kultur mit ihrem westeuropäischen Habitus tatsächlich gelang, sich von der altrussischen Vergangenheit zu lösen. Unstrittig ist jedoch, daß die Zahl die-

---

[2] Vgl.: D. GEYER, Peter und St. Petersburg. In: *Jahrbücher für Geschichte Osteuropas* 10 (1962), S. 181–200.

ser Kulturträger sehr beschränkt war – es handelte sich um eine schmale Oberschicht, um die Funktionselite des petrinischen Rußland: hauptstädtischer Adel, höhere Beamtenschaft und Offizierscorps. Die übergroße Mehrheit der Bevölkerung ließ sich in ihrer Anhänglichkeit an das alte Rußland nicht beirren. In der petrinischen Epoche öffnete sich jene Kluft zwischen einer zumeist adligen Bildungsschicht, die sich an Westeuropa orientierte und das auch äußerlich sichtbar machte, und der Masse einer Bevölkerung, die auf der nationalen Überlieferung beharrte, an den überkommenen Werten festhielt und auf althergebrachte Weise lebte, sich kleidete und ausdrückte.

Diese kulturelle Spaltung der Bevölkerung ist ein Merkmal, das für die weitere Entwicklung Rußlands bis hin zur Oktoberrevolution kennzeichnend bleiben sollte. Bis in unsere Tage halten sich jene Verwerfungen der kollektiven Psyche, die aus dieser Situation entstanden sind. Seit Beginn des 18. Jahrhunderts wirkt im Gefolge der petrinischen Reformen ein Bewußtsein kultureller Unterlegenheit gegenüber Westeuropa, ein Bewußtsein, das auf wiederum problematische Weise schon im 18. Jahrhundert auch in sein Gegenteil umschlagen konnte und sich später im ideologischen Konflikt der 'Westler' (zapadniki) und der Slavophilen ausdrücken sollte.

Propaganda und theatralisierte Öffentlichkeit

In seinen kulturrevolutionären Bestrebungen entfaltete der petrinische Staat ein breites Spektrum propagandistischer Anstrengungen. Eine störrische Bevölkerung sollte umerzogen und auf den rechten Weg geführt werden. Gleichzeitig hatte dieser Staat das Bedürfnis, sich selber auf eine möglichst günstige Weise darzustellen, seine Politik zu erläutern und deren Erfolge ins rechte Licht zu rücken. Die Adressaten dieser Propaganda waren nicht nur die russischen Untertanen, denen die petrinische Politik schwerste Lasten aufbürdete, sondern auch das westeuropäische Ausland: Es sollte sichtbar werden, daß Rußland nun endlich „aus der Finsternis der Unwissenheit auf die Bühne des Ruhmes vor der ganzen Welt" aufgestiegen und „in die Gesellschaft der policierten Völker eingefügt" worden sei[3].

Dieses neue Rußland wurde den Untertanen durch allerlei öffentliche Darbietungen vor Augen geführt. In der petrinischen Epoche entstand eine regierungsamtlich gesteuerte Öffentlichkeit von ausgesprochen theatralischem Gepräge – die Formulierung vom „Theater des Ruhmes" ist in diesem Sinn nicht zufällig[4].

---

3   Diese oft zitierte Formulierung findet sich in der Rede des Kanzlers G. I. Golovkin zum Anlaß des Friedens von Nystad (1721), in dem der Nordische Krieg seinen für Rußland günstigen Abschluß fand – S. M. SOLOV'EV, Istorija Rossii s drevnejšich vremen. Buch IX, Bd. 17. M. 1963, S. 321.

4   Vgl.: O. A. DERŽAVINA; A. S. DEMIN; A. N. ROBINSON, Rukopisnaja dramaturgija i teatral'naja žizn' pervoj poloviny XVIII v. In: *Rannjaja russkaja dramaturgija (XVII – pervaja polovina XVIII v.)*. Bd. V: P'esy ljubitel'skich teatrov. M. 1976, S. 7–52, hier S. 25–47 („«Teatral'nost'»

Zu den Erscheinungsformen dieser Öffentlichkeit gehörte auch das persönliche Verhalten des Zaren. Peter zeigte sich seinen Untertanen viel häufiger als sein Vater Aleksej Michajlovič. Diese meist informellen Auftritte waren Selbstinszenierungen in volkspädagogischer Absicht. Die Rolle, die der Zar dabei spielte, war vor allem die des rastlos Tätigen, des 'Arbeiters auf dem Thron', der sich nicht scheut, selbst ein Werkzeug in die Hand zu nehmen – Lortzings Oper *Zar und Zimmermann* ist ein später Reflex dieser Propaganda. Auf diese Weise demonstrierte Peter seinen Bruch mit jener sakralen Feierlichkeit, die für die öffentlichen Auftritte der Zaren im alten Rußland kennzeichnend war. Die herrscherliche Selbstinszenierung tritt bei Peter besonders deutlich hervor, wenn er sich mit militärischen Dienststrängen zeigte, die seiner Stellung als Monarch nicht entsprachen, wenn er also zum Beispiel in der Uniform eines Flottenkapitäns auftrat. Es sollte sichtbar werden, daß sich auch der Zar dem dienstlichen Grundsatz von Leistung und Karriere fügte – daß also jene Prinzipien, die der 1722 eingeführten Rangtabelle mit ihren 14 Rangklassen zugrundelagen, an Allerhöchster Stelle beherzigt wurden.

Zu den Inszenierungen der petrinischen Epoche gehörte auch das berühmtberüchtigte „Saufkonzil" (Vsep'janejšij sobor): Vor aller Augen und mit ritualistischer Regelmäßigkeit trieben Peter und seine närrisch vermummten Spießgesellen ihren Spott mit der russischen Kirche. Demselben Ziel dienten solche Veranstaltungen wie die Narrenhochzeit und das Zwergenbegräbnis. Bei diesem karnevalistischen Treiben, das wiederum in aller Öffentlichkeit stattfand, äußerte sich neben der elementaren Freude am Maskenspiel auch ein propagandistisches Moment: Es galt, die Autorität der Orthodoxen Kirche zu beschädigen und den überlegenen Machtanspruch des Staates herauszustellen. Mit dem blasphemischen und manchmal obszönen Charakter solcher Inszenierungen zeigte der Zar seine persönliche Allmacht: Pietät und Moral wurden von ihm und für ihn außer Kraft gesetzt.

Eine weitere Form theatralisierter Öffentlichkeit bildeten die zahlreichen Festlichkeiten der Epoche. Das waren Staatsakte aller Art – die Feier militärischer und politischer Erfolge, Stapelläufe, Einweihungen und anderes mehr. Solche Veranstaltungen konnten sich über mehrere Monate erstrecken, wie zum Beispiel die Feiern zum kriegsentscheidenden Sieg über die Schweden bei Poltava im Jahre 1709. Für Illuminationen und Feuerwerke hatte der Zar eine persönliche Vorliebe. Mit pyrotechnischen Mitteln wurde den Zuschauern zum Beispiel vorgeführt, wie der russische Adler den schwedischen Löwen oder den türkischen Halbmond besiegte: In der petrinischen Epoche erlebte die europäische Tradition der Emblematik eine späte Blütezeit. Es kam auch vor, daß militärische Ereignis-

---

èpochi i rannjaja russkaja dramaturgija"); V. P. GREBENJUK, Publičnye zreliša petrovskogo vremeni i ich svjaz' s teatrom. In: *Novye čerty v russkoj literature i iskusstve (XVII – načalo XVIII v.)*. Hrsg.: A. N. Robinson. M. 1976, S. 133–145; E. G. CHOLODOV, Teatr i zriteli. Stranicy istorii russkoj teatral'noj publiki. M. 2000, S. 102 ff. Der Inhalt der letzteren Arbeit ist umfassender, als ihr Titel ankündigt.

se nachgespielt wurden, wie etwa die Eroberung der Feste Azov im Jahre 1696, und auch hierbei trieb man großen Aufwand mit Licht und Pulverknall.

Die Beschreibungen solcher Darbietungen wurden zusammen mit Abbildungen im Druck verbreitet, womit sich die zunächst beschränkte Öffentlichkeit der unmittelbaren Zurschaustellung erweiterte. Dasselbe gilt für die Beschreibungen der Triumphzüge, die Peter seit dem Erfolg von Azov in den Straßen von Moskau, später auch von Petersburg veranstaltete. Nach dem Sieg von Poltava zogen die russischen Truppen zusammen mit den schwedischen Gefangenen viele Stunden lang durch die Straßen von Moskau. Im Einklang mit der Ästhetik des Barock mischte sich hier das Heroische mit dem Komischen – manche Teilnehmer des Zuges trugen närrische Kostüme. Der Zug wand sich durch eigens errichtete Triumphbögen. Sie waren mit emblematischen und mythologischen Abbildungen geschmückt, die den Schaulustigen in den genannten Beschreibungen eigens erläutert wurden. Diese Triumphbögen bestanden aus Holz und bemalter Leinwand, es waren Kulissen. Manche von ihnen stammten tatsächlich aus dem Theater: Die Moskauer Straßen wurden so zur Bühne und die Moskauer Bevölkerung, die das ungewohnte Schauspiel betrachtete, war das Publikum.

Bildungspolitik; Buch- und Druckwesen

Die Logik der petrinischen Kulturrevolution erforderte große Anstrengungen bildungspolitischer Art[5]. Junge Männer wurden zum Lernen ins Ausland geschickt, oft gegen ihren Willen und mit zweifelhaften Resultaten. Ohnehin war das nur ein Notbehelf, denn der Aufbau eines einheimischen Bildungssystems konnte auf diese Art nicht ersetzt werden. Um das Bildungsniveau des Priesterstandes zu heben, war schon 1685 in Moskau die Geistliche Akademie (später bekannt als Slavisch-Griechisch-Lateinische Akademie) gegründet worden. Zunächst wurde hier die griechische Gelehrsamkeit gepflegt, bis dann im Jahre 1701 auf Weisung des Zaren der Lehrbetrieb auf das Lateinische, damals noch die lingua franca der Gelehrtenrepublik, umgestellt wurde. Im Lauf der Jahre wurden noch weitere Priesterschulen gegründet – in Sankt Petersburg, Novgorod, Tobol'sk, Rostov etc. Der Lehrplan umfaßte außer den geistlichen Fächern auch Rhetorik, Poetik und Philosophie. In der petrinischen Zeit sollten die geistlichen Lehranstalten nicht nur Priester, sondern auch Staatsbeamte ausbilden.

Außerdem wurden Fachschulen für Artilleristen, Seeleute, Ingenieure, Ärzte und Übersetzer gegründet, später auch mathematische Elementarschulen – die sogenannten Ziffernschulen, die allerdings kaum Erfolg hatten. Den Schlußstein des weltlichen Bildungswesens bildete die Petersburger Akademie der Wissen-

---

5 P. PEKARSKIJ, Nauka i literatura v Rossii pri Petre Velikom. Bd. I–II. Leipzig 1972 (Nachdruck der Ausgabe SPb. 1862); S. V. ROŽDESTVENSKIJ, Očerki po istorii sistem narodnago prosveščenija v Rossii v XVIII–XIX vekach. Bd. I. SPb. 1912, S. 5–195; J. L. BLACK, Citizens for the Fatherland. Education, Educators, and Pedagogical Ideas in Eighteenth Century Russia. New York/NY 1979, S. 23–43.

Kapitel 1. Überblick

schaften, die erst 1726, im Jahr nach Peters Tod, eröffnet werden konnte. Als Vorbilder dienten die Royal Society in London, die Académie des Sciences in Paris und – nicht zuletzt – die Berliner Akademie der Wissenschaften. Schon lange hatte sich Peter I. von Leibniz in Fragen der Bildungspolitik beraten lassen. Beim Aufbau der Petersburger Akademie spielte dann der Leibniz-Schüler und seinerzeit berühmte Philosoph Christian Wolff eine entscheidende Rolle. Die Ernennung der neuen Akademiemitglieder ging zum guten Teil auf seine Empfehlungen zurück. Durchweg waren das Ausländer, in der Mehrzahl Deutsche. Zu ihren Aufgaben gehörte nicht nur die Forschung, sondern auch die Lehre, die sie allerdings ohne großen Einsatz betrieben.

Wenn der Erfolg petrinischer Bildungspolitik weit hinter den Erwartungen zurückblieb, so lag das nicht nur an hochmütigen Ausländern, die wenig Neigung zeigten, die Sprache des Landes zu erlernen und ihren Lehraufgaben gewissenhaft nachzukommen. Eine Obrigkeit, die im Namen einer abstrakten ratio und mit Hilfe von Strafandrohungen eine vielgestaltige Wirklichkeit neu zu ordnen suchte, mußte bald an ihre Grenzen stoßen. Nach Gesinnung und Gewohnheit war die großrussische Bevölkerung auf die kulturpolitischen Ansprüche des petrinischen Staates nicht vorbereitet. In Südwestrußland lagen die Dinge günstiger, denn seit Ende des 16. Jahrhunderts hatte sich dort beim Konfessionskampf mit dem polnischen Katholizismus ein Bildungssystem von Elementarschulen und Priesterkollegien herausgebildet, die dem Vorbild der jesuitischen Lehranstalten folgten. Es war denn auch die Kiever Akademie, die der Geistlichen Akademie zu Moskau als Vorbild diente und die Lehrkräfte stellte.

Im Verhältnis zu Südwestrußland war Großrußland ein bildungspolitisches Entwicklungsland. Hier gab es weder ein geregeltes Schulwesen noch Universitäten mit ihren medizinischen, juristischen, philosophischen und theologischen Fakultäten. Vom Standpunkt altrussischer Frömmigkeit ergänzten Wissenschaft und Glauben einander nicht, wie das im mittelalterlichen Westeuropa der Fall war, sondern sie standen im Gegensatz: Bildung widersprach dem Ideal christlicher Demut, sie führte zu Hochmut und Ketzerei. Es waren vor allem mentalitätsgeschichtliche Hindernisse dieser Art, mit denen Peter I. in seiner Bildungspolitik zu kämpfen hatte. Er behalf sich mit Zwangsmaßnahmen: Geistlichen ohne Schulabschluß wurde die Ordination verweigert; Adlige und Beamte mußten, um heiraten zu dürfen, bestimmte Kenntnisse nachweisen. Trotzdem gelang es kaum, den tiefeingewurzelten Widerstand der Geistlichkeit und der übrigen Bevölkerung gegen die petrinische Bildungspolitik zu überwinden. Aus gutem Grunde setzen sich die russischen Autoren des 18. Jahrhunderts in ihren Werken immer wieder für Bildung und Wissenschaft ein: Der Lobpreis des Wissens und die Satire auf die Ignoranz gehören zur literarischen Topik des Jahrhunderts.

Ein Hauptziel der petrinischen Kulturrevolution war die Förderung des Buchwesens[6]; propagandistische und bildungspolitische Zielsetzungen hielten sich dabei die Waage. Die Zahl der Druckereien stieg von drei auf zehn, die Buchproduktion schoß in die Höhe. Im alten Rußland waren fast nur religiöse Bücher gedruckt worden (über 95% der Produktion) – Psalter, Gebetbücher und anderes mehr. In der petrinischen Zeit wurde das geistliche Schrifttum zwar nicht vernachlässigt, in erster Linie kam die staatliche Förderung aber den weltlichen Büchern zugute. Peter war der erste unter den russischen Zaren, der das propagandistische Potential der Druckerpresse erkannte und systematisch nutzte. Die Maßnahmen und Ziele seiner Regierung sollten möglichst vielen Menschen nahegebracht und erläutert werden, seine gedruckten Verlautbarungen wurden im ganzen Land verbreitet und nach dem Gottesdienst von der Kanzel verlesen.

Der Anteil der literarischen Werke an der Buchproduktion der petrinischen Zeit war verschwindend gering; sie wurden handschriftlich verbreitet. Der Zar hatte keinen Sinn für die schöne Literatur, ihm ging es in erster Linie um das Nützliche. Vor allem galt es, das Land mit Lehrbüchern und Fachliteratur aus verschiedenen Wissensgebieten zu versorgen: Festungsbau, Nautik, Mathematik, Mythologie, Geschichte und Geographie. Allerdings ist die Bilanz auch in dieser Hinsicht nicht eben günstig: Es gelang nicht, einen leistungsfähigen Vertrieb weltlicher Schriften aufzubauen, ganz zu schweigen von einem funktionierenden Buchmarkt. Die Bücher, die auf staatliche Veranlassung gedruckt wurden, erreichten vielfach ihre Leser nicht und verstaubten in den Magazinen. Wenn in Rußland gelesen wurde, dann war das nach wie vor in erster Linie die religiöse Literatur.

Bei einem Großteil der gedruckten Bücher, die in petrinischer Zeit erschienen, handelte es sich um Übersetzungen aus den westeuropäischen Sprachen, wobei der Anteil des Polnischen zugunsten des Lateinischen, Deutschen und Holländischen deutlich zurückging – im Verhältnis zum 17. Jahrhundert zeigt sich auch hierin der Wechsel der kulturellen Orientierung[7]. Das Übersetzungswesen lag Peter besonders am Herzen. Zahlreiche Übersetzungen gab er selber in Auftrag. Oft war er nicht zufrieden und forderte Verbesserungen. Dazu gab es Anlaß genug: Die Arbeit der Übersetzer war schwer – eine Fülle westeuropäischer Wendungen und Fachausdrücke mußte in eine Sprache übertragen werden, die für derlei Aufgaben nicht vorbereitet war. Einer dieser Übersetzer fand keinen anderen Weg aus seinen Schwierigkeiten, als den Selbstmord.

---

[6] Vgl. vor allem: G. MARKER, Publishing, Printing, and the Origins of Intellectual Life in Russia, 1700–1800. Princeton/NJ 1985; vgl. ferner: S. P. LUPPOV, Kniga v Rossii v pervoj četverti XVIII veka. L. 1973.

[7] Vgl.: S. I. NIKOLAEV, Pervaja četvert' XVIII veka: Épocha Petra I. In: *Istorija russkoj perevodnoj chudožestvennoj literatury. Drevnjaja Rus'. XVIII vek.* Bd. I: *Proza.* Hrsg.: Ju. D. Levin. SPb. 1995, S. 74–93.

Kapitel 1. Überblick

Sprachpolitik

Die Aufmerksamkeit, die Peter I. dem Übersetzungswesen schenkte, steht in enger Beziehung zu seiner Sprachpolitik[8]. Den Anfang machte die Reform des russischen Alphabets (1708–1710). Es dauerte allerdings Jahre, bis sich diese Neuerung durchsetzte; erst gegen Ende von Peters Regierungszeit war das Ziel erreicht. Das überkommene Alphabet ähnelte der griechischen Schrift; im Zuge der Reform wurden einige Buchstaben abgeschafft und das gesamte Schriftbild latinisiert – auch auf diese Weise sollte die Hinwendung zur westeuropäischen Kultur sichtbar werden. Das neue Alphabet hieß „bürgerliche Schrift" (graždanskij šrift) und war für den Druck des weltlichen Schrifttums bestimmt. Die alte Schrift sollte in Zukunft nur noch für das geistliche Schrifttum verwendet werden, das somit auf symbolische Weise an den Rand der offiziellen Kultur gedrängt wurde.

Dem neuen Rußland wurde nicht nur ein neues Alphabet, sondern auch eine neue Literatursprache verordnet. Die Initiative ging wieder vom Zaren aus. Das zeigt sich an den Weisungen, die er an seine Übersetzer zu richten pflegte. Ebenso wie das überkommene Alphabet sollte das Kirchenslavische, die Literatursprache des alten Rußland, in Zukunft nur noch für geistliche Texte verwendet werden, was im Rahmen der offiziellen Kultur wieder zur Marginalisierung führen sollte. Weltliche Texte sollten in einer neuen Literatursprache geschrieben werden, wobei Peter immer wieder Einfachheit und Verständlichkeit forderte. Was es mit dieser neuen Literatursprache linguistisch auf sich hatte, ist allerdings nicht leicht zu ergründen. Die Äußerungen des Zaren und seiner Helfer geben hierzu wenig Auskunft, ihre Terminologie ist schwankend. Die Antwort liegt in der Art und Weise, wie die Übersetzer den Befehlen des Zaren folgten, sie liegt in der Analyse ihrer sprachlichen Praxis.

Es ergibt sich das folgende – recht einheitliche – Bild. Die Übersetzer verwendeten auch weiterhin die überkommene Schriftsprache, verzichteten aber auf bestimmte Formen, die in der Umgangssprache nicht vorkamen. Zu diesen schriftsprachlichen Elementen gehörten zum Beispiel die Verbalformen des Aorist und des Imperfekts. Sie wurden durch das Präteritum auf '-l' ersetzt. Ferner mied man solche Flexionsformen wie den Dual oder den Infinitiv auf '-ti'; dasselbe gilt für die syntaktische Form des Dativus Absolutus und anderes mehr. Insgesamt bilden diese Formen ein ziemlich beschränktes Repertoire. Für das Sprachbewußtsein der petrinischen Epoche sind sie jedoch von großer Bedeutung, denn ihre Verwendung entschied darüber, ob ein Text als kirchenslavisch oder als nicht-kirchenslavisch einzustufen war. Ein Schriftstück konnte noch so viele Elemente enthalten, die nicht kirchenslavischer, sondern russischer oder ausländischer Herkunft waren. Maßgeblich war allein die Tatsache, daß es die oben genannten Formen aufwies: Ihre Aufgabe bestand darin, die Zugehörigkeit des

---

[8] Vgl. hier und im folgenden: V. M. Živov, Jazyk i kul'tura v Rossii XVIII veka. M. 1996, S. 69–154 („Petrovskaja reforma jazyka. Kul'turno-jazykovaja situacija petrovskoj épochi").

entsprechenden Textes zur Tradition des kirchenslavischen Schrifttums zu signalisieren.

Texte, deren kirchenslavisches Gepräge sich im Wesentlichen auf das genannte Repertoire von Signalformen beschränkte, sonst aber in beliebiger Menge Wörter und Formen nicht-kirchenslavischer Herkunft verwendeten, bildeten die „hybride" Variante der traditionellen Literatursprache. Ungefähr seit Mitte des 17. Jahrhunderts hatte sie sich neben der kanonischen Variante des Kirchenslavischen zu einem eigenen Idiom verfestigt. Die sprachliche Praxis der petrinischen Epoche, so wie sie vom Zaren gefordert wurde, lief darauf hinaus, daß man diese Tradition des hybriden Kirchenslavischen mit den genannten Einschränkungen fortsetzte. Das wäre anders kaum möglich gewesen: In der vorpetrinischen Zeit war das hybride Kirchenslavisch die allgemeine Kultursprache; in dieser Sprache wurden nicht nur geistliche, sondern auch weltliche Texte geschrieben. Das Russische dagegen war nach wie vor die Sprache des alltäglichen Umgangs und kam für jene schwierigen Aufgaben, mit denen die Übersetzer der petrinischen Zeit zu kämpfen hatten, nicht in Betracht.

Wenn diese Übersetzer notgedrungen an den sprachlichen Mitteln des hybriden Kirchenslavisch festhielten, dann nur mit dem schon genannten Unterschied: Diejenigen Merkmale mußten weggelassen werden, die den Zusammenhang mit dem kirchenslavischen Schrifttum anzeigten. Damit wurde die sprachliche Verbindung mit der Vergangenheit durchschnitten, was den Absichten der petrinischen Kulturrevolution entsprach. Der Übersetzer konnte nun mit Fug und Recht behaupten, sein Text sei nach Allerhöchster Weisung nicht in der Literatursprache des alten, sondern des neuen Rußland geschrieben.

Erneut zeigt sich die Eigenart einer Kulturpolitik, die oft genug an der symbolischen Oberfläche verharrte – man fühlt sich an die Bart- und Kleidungserlasse der Zeit erinnert. Auch war die neue Literatursprache durchaus nicht immer einfacher als die alte, allen Forderungen des Zaren zum Trotz. Dafür sorgte die sprunghaft ansteigende Zahl von Fremdwörtern gerade auch in offiziellen Texten: Makkaronismus wurde zum Signum der Epoche[9]. In der Regel stammten diese Fremdwörter nicht mehr aus dem Polnischen, sondern aus dem Holländischen oder dem Deutschen. Oft waren sie überflüssig, und die Autoren hatten keine Mühe, sie durch Beifügung der russischen Entsprechungen zu glossieren. Zum Beispiel wurde das Wort „rezon" durch „dovod" erläutert, „ėkzempli" durch „primery", „raport" durch „donošenie" etc. Es ging also nicht darum, mit Hilfe eines Fremdworts eine unbekannte Sache zu bezeichnen – vielmehr wollte man sich mit seiner Wortwahl als treuen Anhänger des großen Zaren darstellen und zur Europäisierung der russischen Kultur beitragen.

Auch in dieser Hinsicht zeigt sich der weithin symbolische Charakter der petrinischen Sprachreform. Vom Standpunkt der späteren Entwicklung ist ihre Be-

---

9　V. V. VINOGRADOV, Očerki po istorii russkogo literaturnogo jazyka XVII–XIX vv. M. 1938, S. 48–62.

deutung jedoch keineswegs gering: Mit der prinzipiellen Absage an das Kirchenslavische war ein Weg beschritten, der in eine neue Richtung führte. Der nächste Schritt bestand darin, daß sich die Abwendung vom Kirchenslavischen mit einer programmatischen Hinwendung zum Russischen verband. Damit wurde eine Entwicklung in Gang gebracht, deren Bedeutung für die russische Geistesgeschichte des 18. und des beginnenden 19. Jahrhunderts kaum zu überschätzen ist: Die Herausbildung einer neuen Literatursprache auf der Grundlage des Russischen ist eines der großen Themen des 18. Jahrhunderts in Rußland – ein spätes Analogon jener sprachlichen Entwicklung, die in den übrigen Ländern Westeuropas mit der Renaissance eingesetzt und an deren Beginn die italienische questione della lingua gestanden hatte[10].

Literaturverhältnisse

Mit Blick auf den umfassenden Anspruch der petrinischen Reformen sollte man erwarten, daß auch in der Literatur mit der Vergangenheit gebrochen und ein Neuanfang gemacht wurde. Das war jedoch vorläufig nicht der Fall[11]. Wie schon hervorgehoben, schenkte Zar Peter der schönen Literatur nur wenig Beachtung, er ließ vor allem Fachbücher drucken. Die schöne Literatur wurde dann gefördert, wenn sie dem Staat von Nutzen war; als künstlerische Erscheinung kam sie nicht in Betracht. Das literarische Barock, das um die Mitte des 17. Jahrhunderts aus Westeuropa nach Rußland eingedrungen war, blieb auch weiterhin vorherrschend. Mit dem Stil übernahm man das Verssystem: Der syllabische Vers, den der Barockdichter Simeon Polockij um die Mitte des 17. Jahrhunderts der polnischen Dichtung entlehnt hatte, wurde auch weiterhin verwendet – das Prinzip der Silbenzählung und somit die Länge der Verszeilen in Verbindung mit Zäsur und weiblichem Paarreim blieb die Grundlage des Versrhythmus.
Gleichwohl gab es einige Neuerungen, die auch für die Literatur von Bedeutung waren. Hierzu gehört die Aufhebung des altrussischen „Lachverbots"[12]. Im alten Rußland war das Lachen verpönt: Nur ein frommer Ernst stand dem rechtgläubigen Christenmenschen zu Gesicht – das Lachen war des Teufels und in die (nicht-offizielle) Kultur der unteren Volksschichten verbannt. Das änderte sich in der petrinischen Epoche, wiederum durch die persönliche Initiative des Zaren. Erneut rückt damit das blasphemisch-parodistische Ritual des Saufkonzils ins Blickfeld. Seine kulturgeschichtliche Bedeutung liegt nicht zuletzt darin, daß es sich um eine öffentliche und von allerhöchster Stelle praktizierte Form des Komischen handelte. Dieselbe Art von Komik wurde in karnevalesken Veranstaltungen wie der Narrenhochzeit und dem Zwergenbegräbnis gepflegt.

---

10   Vgl.: B. A. USPENSKIJ, Iz istorii russkogo literaturnogo jazyka XVIII – načala XIX veka. Jazykovaja programma Karamzina i ee istoričeskie korni. M. 1985, S. 65 ff.
11   Vgl. zum folgenden: A. M. PANČENKO, Russkaja stichotvornaja kul'tura XVII veka. L. 1973, S. 236–241; S. I. NIKOLAEV, Literaturnaja kul'tura petrovskoj ėpochi. SPb. 1996.
12   Vgl.: PANČENKO, Russkaja stichotvornaja kul'tura, S. 239 f.

Nicht minder bedeutsam war die Legitimierung der irdischen Liebe[13]. Im alten Rußland galt die Liebe zwischen Mann und Frau als Unwert. Der westeuropäische Minnesang mit seinem Kult der geliebten Frau war im russischen Mittelalter undenkbar. Ebenso wie das Lachen wurde die Liebe als Teufelswerk betrachtet, die Frau als Gefäß der Wollust. Damit konnte man sich auf den christlichen Dualismus von Leib und Seele berufen, auf die Verurteilung der fleischlichen Lust im Brief des Apostel Paulus an die Galather. Von verliebten Empfindungen durfte unter diesen Voraussetzungen, wenn überhaupt, nur aus der Perspektive des Sündhaften geschrieben werden; Abweichungen waren wiederum nur jenseits der herrschenden Kultur möglich, zum Beispiel im Volkslied.

Auch in dieser Hinsicht setzte der Zar mit seinem Verhalten die Zeichen der neuen Zeit. Nachdem er sich schon früh von seiner ersten Gattin Evdokija getrennt und sie ins Kloster geschickt hatte, heiratete er am 19. Februar 1712 seine langjährige Mätresse, die litauische Magd Martha Skavronskaja, die spätere Zarin Katharina I. Diese Heirat, die gegen jedes religiöse und dynastische Herkommen verstieß, war eine Liebesheirat und wurde so auch öffentlich dargestellt[14]. Davon zeugt ein Stich, der zu Katharinas Krönung im letzten Lebensjahr des Zaren angefertigt wurde: Die mit westeuropäischer Eleganz gekleidete und tief dekolletierte Katharina betritt von rechts die Bühne, über ihrem Haupt schweben Kupidos, die ihre Krone halten; zwei andere Kupidos heben den Vorhang für den Zaren, der in imperialer Pose die linke Bildhälfte beherrscht; ein weiterer Kupido hält ein Wappenschild mit dem russischen Doppeladler. Eingefügte Texte in lateinischer Sprache erläutern die Bildmotive der Darstellung: Die Tugenden der Neugekrönten werden gepriesen, es ist die Rede von Freundschaft und Liebe. Das Liebesthema prägt auch die künstlerische Ausgestaltung des Petersburger Sommerparks mit seinen zahlreichen Kupidos und der unbekleideten Venus. Ähnlich wie am Hof des jungen Ludwig XIV. in Versailles, wenn auch unter anderen kulturgeschichtlichen Voraussetzungen, wurde in der petrinischen Epoche die Liebe zum Bestandteil herrscherlicher Repräsentation.

---

[13] Ebd. S. 240.
[14] R. S. WORTMAN, Scenarios of Power. Myth and Ceremony in Russian Monarchy. Bd. I. Princeton/NJ 1995, S. 67 ff.

KAPITEL 2
DAS LIEBESLIED

Liebeslied und geistliches Lied

Die Gattungsgeschichte des russischen Kunstliedes beginnt mit dem Aufkommen des geistlichen Liedes in der zweiten Hälfte des 17. Jahrhunderts. Zahlreiche geistliche Lieder findet man auch in den Liederbüchern der petrinischen Zeit. Auf dieser Grundlage entwickelte sich seit den 1690er Jahren das weltliche Lied. Neben panegyrischen, satirischen und anderen Liedern handelte es sich in erster Linie um Liebeslieder. Das war der Anfang der russischen Liebesdichtung. Die damit begründete Tradition setzte sich zunächst nur sehr langsam durch, erwies sich dann aber als höchst lebenskräftig: In der russischen Literatur des 18. Jahrhunderts ist das Liebeslied eine der produktivsten Gattungen[1].

Die Liebeslieder der petrinischen Epoche waren in der Regel anonym, sie wurden in handschriftlichen Liederbüchern gesammelt, in denen man oft Hinweise auf die musikalische Realisierung findet (Noten, Refrainsignale). Manche dieser Lieder sind Einzelstücke, von anderen gibt es bis zum Ende des Jahrhunderts zahlreiche Varianten. Die Eigentümervermerke der Liederbücher stammen von kleinen Beamten, Studenten, Offizieren der unteren Dienstränge, Kaufleuten und anderen. In erster Linie ist man damit auf das Milieu der städtischen Mittelschichten verwiesen. In manchen Fällen enthalten die Texte Akrostichen, ein beliebtes Verfahren der Barockdichtung: Die Anfangsbuchstaben der Verszeilen sind Träger einer eigenen Bedeutung, etwa von Eigennamen. Zum Beispiel werden auf diese Weise die Namen der Fürstinnen Praskov'ja Jur'evna Trubeckaja und Nastas'ja Gavrilovna Golovkina genannt. Auch in den Kreisen des Hochadels wurden also Liebeslieder gesungen. Dasselbe gilt für den Zarenhof: Eine ganze Reihe von Texten stammt aus dem Archiv des William Mons, Kammerherr von Peters Gattin Katharina. Ferner ist bekannt, daß die Tochter des Zaren, die spätere Zarin Elisabeth, selber gerne russische Liebeslieder sang[2]. Mit dem Lie-

---

[1] Vgl.: V. N. PERETC, Očerki po istorii poētičeskago stilja v Rossii (Ėpocha Petra Velikago i načalo XVIII stoletija). In: *Žurnal Ministerstva narodnago prosveščenija* 10 (1905), S. 345 ff.; 6 (1906), S. 382 ff.; 6 (1907), S. 326 ff.; A. V. POZDNEEV, Rukopisnye pesenniki XVII–XVIII vv. Iz istorii pesennoj sillabičeskoj poėzii. M. 1996; G. GIESEMANN, Die Strukturierung der russischen literarischen Romanze im 18. Jahrhundert. Köln–Wien 1985; J. SULLIVAN; C. L. DRAGE, Introduction. In: *Russian Love-Songs in the Early Eighteenth Century. A Manuscript Collection*. Bd. I. London 1988, S. V–XXXIII.

[2] Vgl.: A. PYPIN, Delo o pesnjach v XVIII veke. In: *Izvestija Otdelenija russkago jazyka i slovesnosti* 5 (1900), S. 554–590.

beslied hatte sich bei Hofe eine westeuropäische Form des Zeitvertreibs eingebürgert. Das war ein Beitrag zu jener Europäisierung des Alltags, den Zar Peter mit der Einführung der „assamblei" beabsichtigt hatte.

In den Liebesliedern der petrinischen Epoche dominiert der syllabische Vers, aber zahlreiche Texte sind noch im vorsyllabischen Vers geschrieben (Paarreim bei wechselnder Zeilenlänge). Die sprachliche Grundlage bildet das hybride Kirchenslavische, wobei manche Texte dem kanonischen Kirchenslavisch nahe kommen, andere dem gesprochenen Russisch. Man findet zahlreiche Ukrainismen und Polonismen; nicht wenige Lieder sind aus dem Polnischen übersetzt, andere enthalten den polnischen Wortlaut in kyrillischen Buchstaben.

Für die gattungsgeschichtliche Begründung des Liebeslieds spielte neben ausländischen Vorbildern die heimische Tradition des geistlichen Liedes eine wichtige Rolle. Gemeinsam ist der syllabische Vers und ein großer Reichtum an metrischen und strophischen Formen. Eine weitere Gemeinsamkeit liegt in Wortwahl und Phraseologie. Die sprachliche Gestaltung des Liebesthemas in Rußland erforderte Mittel, die erst noch geschaffen werden mußten. Vorläufig behalfen sich die Autoren mit dem Vorhandenen, also den geistlichen Liedern. Gewaltsamkeiten waren dabei kaum zu vermeiden: Man übernahm die überkommenen Wendungen, füllte sie jedoch mit einem anderen, nun nicht mehr religiösen, sondern weltlichen Inhalt. Die Wortbedeutung wurde so zur Arena jenes Kulturkampfes, der die petrinische Epoche kennzeichnet. In diesen Texten bezieht sich das Wort für 'Liebe' (ljubov') nicht mehr auf die himmlische Liebe, sondern auf die Liebe zwischen Mann und Frau. Derselben Profanierung wurde das Wort für 'Engel' unterworfen, etwa in diesem Vers: „Mein Engel, zweifle nicht an meiner Liebe zu dir" (Angel moj, ne sumnevajsja o ljubvi moej k tebe)[3]. Einem Anhänger des alten Rußland mußte derlei wie eine Blasphemie in den Ohren klingen. Eine ähnliche Bewandtnis hatte es mit dem Selbstmord aus Liebe. Das war ein traditionelles Motiv westeuropäischer Liebesdichtung, wo es der Steigerung des lyrischen Ausdrucks diente. Für jemanden, der diese Tradition nicht kannte, war dasselbe Motiv jedoch mit dem Odium der Todsünde behaftet. Es entstand eine Doppeldeutigkeit, die je nach Standpunkt schockierend oder reizvoll sein mochte.

Von den Liebesliedern der petrinischen Zeit sind einige erotisch gefärbt, man hört von „naturalistischen Einzelheiten" und einem frivolen Ton[4]. In ihrer Mehrzahl sind sie jedoch schwermütig, sie handeln von unglücklicher Liebe und verwenden dabei wiederum jene Verfahren, die in Westeuropa seit Jahrhunderten gebräuchlich waren. Hierzu gehört in erster Linie die Bildsprache der Liebe – die Metaphorik des Feuers, des Schmelzens, der Gefangenschaft, des Verwundens und des Heilens. Die lyrischen Sprecher wollen vor Liebe sterben, sie sehnen sich nach einer glücklichen Vergangenheit und beklagen die „Grausamkeit" des ge-

---

[3] POZDNEEV, Rukopisnye pesenniki, S. 267.
[4] Ebd., S. 349–353.

Kapitel 2. Das Liebeslied   17

liebten Menschen. Im lyrischen Monolog tut sich die Einsamkeit des Sprechers kund: Seine Apostrophen richten sich an die abwesende Geliebte, an die ihn umgebende Natur oder an das eigene Herz. Vielfach begegnet man der Göttin Venus und dem Kupido mit seinen Pfeilen; auch von der Schicksalsgöttin Fortuna ist oft die Rede[5].

In einer Reihe von Liebesliedern verbinden sich diese mythologischen Motive mit einer anspruchsvollen Gestaltung – das kirchenslavische Element ist wohlausgeprägt, komplizierte Strophenformen werden verwendet, zum Beispiel sapphische Strophen (Odenstrophe von vier Zeilen, deren letzte im Verhältnis zu den ersten drei verkürzt ist). Offenbar wurden solche Lieder im Umfeld der geistlichen Lehranstalten geschrieben – Seminaristenpoesie. Andere Gedichte sind von einfacher Machart. Sie bestehen aus Couplets, an die Stelle der klassischen Mythologie treten Motive und Wendungen aus der Volksdichtung, die Sprache nähert sich dem gesprochenen Russisch.

Eines dieser einfachen Lieder war besonders beliebt – bis zum Ende des 18. Jahrhunderts ist es in 38 Varianten überliefert[6]. Es enthält acht Couplets, deren jeweils zweite Zeile als Refrain wiederholt wird; die Zeilen bestehen aus zwölfsilbigen Versen mit einer Zäsur nach der sechsten Silbe. An die Stelle des sonst üblichen weiblichen Endreims treten männliche oder weibliche Binnenreime. Das lyrische Subjekt ist eine Frau, die sich mit ihrer Liebesklage an den fernen Geliebten wendet. Sie spricht von ihrem Kummer und von ihrer Todessehnsucht. Zahlreiche Epitheta, die sich zum Teil mehrfach wiederholen, steigern den emotionalen Gehalt. Demselben Zweck dient die Wiederholung mit Hilfe des Echomotivs, das sich seinerseits mit einer Landschaftskulisse verbindet. Die Formel vom „grünen Eichenhain" stammt aus dem Volkslied. Die Ausdrucksweise ist nicht immer ganz zusammenhängend, was beim Singen jedoch nicht weiter auffallen mochte. Das Lied schließt mit einem Hilferuf an Gott:

1. Прийди, друже, ко мне, посмотри, что зло мне:
   Радость вся пропала и сердце упало. (2)

   Komm, mein Freund, zu mir, sieh, wie schlecht es mir geht: /
   Meine Freude ist dahin, und das Herz ist mir schwer.

2. Мучусь непрестанно, погибаю странно.
   Время тако стало и зло показало. (2)

   Ich quäle mich unaufhörlich, ich sterbe auf seltsame Weise. /
   Schlechte Zeiten sind gekommen und haben mir das Übel gezeigt.

---

[5] R. LACHMANN, Pokin', Kupido, strely. Bemerkungen zur Topik der russischen Liebesdichtung des 18. Jahrhunderts. In: *Slavistische Studien zum VI. Internationalen Slavistenkongreß in Prag 1968*. München 1968, S. 449–474.

[6] POZDNEEV, Rukopisnye pesenniki, S. 294; hier auch der Wortlaut.

3. Легче ж бы мне было, коли б отступило [sic]
   Печаль жестокая, а смерть была злая. (2)

   > Mir wäre leichter, wenn der schlimme Kummer verginge /
   > Und der bittere Tod käme.

4. Пойду ж я бедная, коли печаль злая
   Пойду в леса дале, лягу я на траве, (2)

   > Wenn mich der bittere Kummer quält, dann gehe, /
   > Gehe ich Arme tief in den Wald und lege mich ins Gras.

5. Принесу жалобу во всю ту дубраву.
   Пущу эхо дале в зеленой дубраве. (2)

   > Ich bringe meine Klage in diesen Eichenhain, /
   > Ich lasse das Echo im grünen Eichenhain erklingen.

6. Ах, что будет в свете, в таком злом навете?
   Будет ли премена, тому злу измена? (2)

   > Ach, was wird noch kommen in so trüben Zeiten? /
   > Wird sich etwas ändern, wird dieses Übel vergehen?

7. Взгляну ж я на реки, вспомню свои веки,
   Ах, то-то мне смертно, что лишилась вечно. (2)

   > Wenn ich auf die Flüsse blicke, dann denke ich an mein Leben, /
   > Ach, es ist mein Tod, daß ich dich auf ewig verloren habe.

8. Боже, дай мне вскоре позабыти горе
   Или смерть мне ныне в несчастной године. (2)

   > Gott, laß mich bald meinen Kummer vergessen /
   > Oder schicke mir jetzt den Tod in dieser Unglückszeit.

KAPITEL 3
ERZÄHLENDE PROSA

Petrinische Erzählungen

Spätestens seit der zweiten Hälfte des 17. Jahrhunderts erwarteten die russischen Leser von ihrer Lektüre nicht mehr nur „Nutzen für die Seele" (dušepoleznost'), sondern auch Unterhaltung[1]. Ihren Lesestoff fanden sie in bestimmten Gattungen westeuropäischer Literatur, die aus dem Polnischen übersetzt und in Handschriften verbreitet wurden, besonders im anonymen Abenteuer- und Ritterroman. Diese handschriftliche Überlieferung riß auch im 18. Jahrhundert nicht ab. In enger Verbindung mit ihr steht eine kleine Gruppe von Prosawerken, die aus der ersten Hälfte des Jahrhunderts stammen und als „petrinische Erzählungen" bekannt sind[2].

Die Autoren sind wiederum anonym. In sprachlicher Hinsicht zeigt sich die Nähe zur Handschriftenliteratur des 17. Jahrhunderts. Die ebenfalls handschriftlich überlieferten Erzählungen sind im hybriden Kirchenslavisch der vorpetrinischen Zeit gehalten; Formen wie Aorist, Imperfekt, Dual und Dativus Absolutus werden gerne verwendet (sie verschwinden erst in den Abschriften der zweiten Jahrhunderthälfte). Ein jeder Ansatz zur stilistischen Differenzierung fehlt: Kirchenslavische Wörter wechseln mit Russismen (in den jüngeren Handschriften werden die kirchenslavischen Ausdrücke vielfach durch ihre russischen Entsprechungen ersetzt); nicht selten findet man phonetische Orthographie („evo" anstelle von 'ego' etc). Manchmal werden noch Polonismen verwendet. Es wimmelt von Fremdwörtern. Man begegnet zum Beispiel Rangbezeichnungen wie „Lejb gvardii under oficer", „oberkamorger" (Oberkammerherr) und „gofmaršal". Der Vater eines Helden ist Kaufmann, der ein „Kapital" besitzt, sein Sohn erlernt die „mathematischen Wissenschaften", arbeitet später in einem „Kontor" und erwirbt das Vertrauen seines Herrn, der ihm die Schlüssel zum Magazin (pakgauznyja ključi) aushändigt. Ein anderer Held benutzt einen „Wechsel" (veksel'), um seinen Eltern Geld zu schicken. Die Erzählungen handeln von „Amouren", es werden „amouröse Liebeslieder" gesungen; gegen Liebeskummer helfen dem Helden weder „medikamenty" noch ein „dochtur" (Doktor), bis er schließlich ganz „desperat" ist.

---

[1] Vgl.: E. MAŁEK, „Nepoleznoe čtenie" v Rossii XVII–XVIII vekov. Warszawa–Łódź 1992.
[2] Textausgaben: *Russkija povesti XVII–XVIII vv.* Hrsg.: V. V. Sipovskij. SPb. 1905; *Russkie povesti pervoj treti XVIII veka.* Hrsg.: G. N. Moiseeva. M.–L. 1965; im folgenden beziehen sich die eingeklammerten Seitenangaben des Haupttextes auf die letztere Ausgabe.

Der Held der petrinischen Erzählungen ist nicht vornehmer Herkunft, wie im Ritterroman, sondern ein verarmter Adliger, ein junger Kaufmann oder auch ein Seemann, wie in der *Gistorija o rossijskom matrose Vasilii* („Historie vom rußländischen Matrosen Vasilij", S. 191–210). Den sozialgeschichtlichen Hintergrund dieser Erzählung bilden die glänzenden Karrierechancen, die sich den Anpassungswilligen und Tüchtigen unabhängig von Standesrücksichten in der petrinischen Zeit öffneten. Als Sohn eines kleinen Adligen ist Vasilij im „rußländischen Europa" der neuen Zeit geboren (und nicht etwa im „Moskovien" des russischen Mittelalters). Mit dem väterlichen Segen ausgestattet, reist er in die neue Hauptstadt, um dort als Seemann anzuheuern. Er ist strebsam und erlernt die „Matrosenwissenschaften" in kürzester Zeit. Der Lohn bleibt nicht aus: Ebenso wie andere junge Leute, die zum Studium ins Ausland geschickt wurden, darf Vasilij „über die Meere nach Holland", um die „Wissenschaften" besser kennen zu lernen. In Holland angekommen, erringt er sich durch Tatkraft und Klugheit bald das Wohlwollen seines Vorgesetzten. Er könnte nun nach Rußland zurückkehren und die Stufen der Rangtabelle emporsteigen. Diese Linie wird jedoch nicht weitergeführt, die Erzählung gerät ins Fahrwasser der Abenteuerliteratur. Auf der Rückreise nach Rußland erlebt Vasilij Schiffbruch, gerät unter die Räuber, eine florentinische Königstochter verliebt sich in ihn, nach mancherlei Wechselfällen erringt er ihre Hand und wird glücklich mit ihr.

Auch die umfangreiche *Gistorija o chrabrom rossijskom kovalere Aleksandre* („Historie vom tapferen rußländischen Kavalier Aleksandr", S. 211–294) folgt in weiten Partien dem Ritter- und Abenteuerroman. Auf diesem Weg war im Laufe des 17. Jahrhunderts das positiv aufgefaßte Thema der irdischen Liebe in die russische Erzählliteratur eingedrungen. In der Geschichte vom Kavalier Aleksandr wird es in bemerkenswerter Ausführlichkeit und Vielfalt behandelt. Vielleicht ist das der Grund für die Beliebtheit dieser Erzählung: Sie ist in 23 Abschriften überliefert (von der Geschichte über den Matrosen Vasilij sind nur 8 bekannt). Die jüngsten dieser Abschriften werden auf das Ende des 18. und den Beginn des 19. Jahrhunderts datiert.

Die Erzählung vom Kavalier Aleksandr behandelt das Liebesthema in mehreren Varianten. Die Liebe des Titelhelden zu Tira, der Tochter eines königlichen Hofmarschalls in Paris, entspricht den Idealen der höfischen Liebe: Es geht um ewige Treue, und im Geiste ritterlicher Keuschheit ist Aleksandr gehalten, den „Jungfernkranz" seiner Dame zu respektieren. Dagegen handelt eine Serie eingeschalteter Erzählungen von Bordellabenteuern; das Wort „Hure" wird oft gebraucht. Auch diese vulgären Partien stehen in der Nachfolge der Übersetzungsliteratur; nur handelt es sich nicht mehr um den Ritterroman, sondern um scherzhafte Erzählungen (Fazetien), die ebenfalls aus Polen stammten.

Diese beiden gegensätzlichen Varianten des Liebesthemas werden in ein und demselben Werk behandelt und auf einer Ebene dargestellt. Offenbar wirkt hier noch das altrussische Liebes-Tabu: Wenn die Liebe zwischen Mann und Frau ein sündiges Thema war, dann wurden die Unterschiede der Gestaltung und der mo-

Kapitel 3. Erzählende Prosa

ralischen Perspektive bedeutungslos. Eine differenzierende Darstellung der Liebe, eine Unterscheidung von Eros und Sexus war erst in dem Maße zu erwarten, wie sich das überkommene Odium des Liebesthemas im Laufe der Jahrzehnte abschwächte.

In der Geschichte vom Kavalier Aleksandr gibt es noch eine dritte Variante des Liebesthemas, sie liegt zwischen dem Erhabenem und dem Vulgären. In der französischen Stadt Lille verliebt sich Aleksandr in die Pastorentochter Eleonora. Von einem Jungfernkranz ist hier nicht mehr die Rede: Die Geliebte sträubt sich zunächst, aber schließlich gelangt Aleksandr doch an das Ziel seiner Wünsche, worüber er vor Freude aufblüht „wie eine Tulpe" (S. 225). Aber er ist seiner Geliebten untreu und erliegt den Verlockungen der Generalstochter Hedwig-Dorothea. Vom höfischen Ethos des Ritterromans hat sich die Erzählung weit entfernt. Sie vermeidet jedoch alles Vulgäre, vorherrschend ist die Stillage einer gefühlvollen Galanterie mit ausgiebiger Verwendung der schon bekannten Bildsprache (Metaphorik des Feuers, der Gefangenschaft, des Verwundens etc.).

Die Helden der petrinischen Erzählung äußern ihre Empfindungen nicht nur in umfangreichen Dialogen, sondern auch in Briefen[3]. Diese formelhaft-galanten, manchmal auch geistreichen Tiraden stehen im Zeichen der Rhetorik – maßgeblich ist nicht das Streben nach emotionaler Unmittelbarkeit, sondern das elegantia-Ideal des Barock. Der verliebte Held gibt sich als Kavalier, der die Feinheiten westeuropäischer politesse beherrscht. Ein Beispiel für diesen Briefstil findet man in der *Istorija o rossijskom kupce Ioanne i o prekrasnoj device Eleonore* („Historie vom rußländischen Kaufmann Ioann und von der schönen Jungfer Eleonora"):

> Sehr geschätzte Eleonora, gnädige Herrin! Am gestrigen Tag haben Euer Gnaden geruht, durch Ihre ersten angenehmen Worte inmitten meines Herzens eine feurige, feurige Flamme zu entzünden und es in große Betrübnis zu versetzen!

In dieser Art geht es weiter, bis der Brief mit diesen Worten schließt:

> [...] ich erwarte Ihre Antwort und verbleibe in Sehnsucht nach Ihrer Liebe, mit wohlgeneigtem Gefühl und Ihr treuer Diener Ioann.[4]

Derlei Briefe stehen im Dienste verliebter Überredungskunst. Wenn sie ihre Wirkung verfehlen, dann führen die syllabischen Verse einer „Arie" vielleicht ans Ziel – das sind Liebeslieder, die der Autor irgendwo gefunden und in seinen Text eingefügt hat. Oft steht auch die Erzählerrede im Zeichen dieses galanten Stils. In der *Gistorija o nekoem šljacheckom syne* („Historie von einem jungen Edelmann", S. 295–313) legt die Heldin wiederum großen Wert auf ihre Jungfernschaft. Aber das hindert sie nicht daran, den Geliebten nach Herzenslust „auf den Mund, die Augen und die Ohren" (S. 297) zu küssen. Unverkennbar ist der Hang

---

[3] Vgl.: M. FRAANJE, The Epistolary Novel in Eighteenth-Century Russia. München 2001, S. 29–31 („Letters in the Petrine Tales").
[4] *Russkija povesti XVII–XVIII vv.*, S. 242–253, hier S. 245.

zur erotischen Pikanterie. Der Held verschafft sich Zugang zu dem Hochzeitsgemach seiner Geliebten, die inzwischen mit einem anderen verheiratet worden ist. Beim Anblick ihrer unbekleideten Schönheit entbrennt er „so sehr durch das Feuer der Begierde" (S. 312), daß er einen Herzschlag erleidet und stirbt. Bei all dem ist wiederum kennzeichnend, daß zwischen dem Erlesenen und dem Alltäglichen, dem Poetischen und dem Prosaischen kein Unterschied gemacht wird. Eine solche Differenzierung der Stilebenen sollte sich erst im Klassizismus herausbilden. Das Singen eines Liebeslieds und seine Wirkung auf die Zuhörer wird folgendermaßen beschrieben: Der Held

> nahm die Harfe, stimmte sie und spielte so süß. Er sang zahlreiche amouröse Gesänge von der Liebe, sodaß der Sinn der umstehenden Damen berauscht wurde. Was die Männer betrifft, so schlug er alle in seinen Bann und entzündete so sehr das Feuer der Begierde in ihnen, daß ihre Kraft zu schmelzen begann, und von den Damen strömte so sehr der Schweiß, daß er sich veranlaßt sah, sein Harfenspiel und seinen Gesang abzubrechen. (S. 307)

KAPITEL 4
THEATER UND DRAMA

Die Anfänge des russischen Theaters

Im alten Rußland war das Theater eine anstößige Erscheinung: Jede Art von Verkleidung galt als Teufelswerk. Ein Theater gibt es in Rußland daher erst seit der zweiten Hälfte des 17. Jahrhunderts[1]. Im Rahmen einer noch zaghaften Orientierung nach Westeuropa wurde es vom Zaren Aleksej Michajlovič, dem Vater Peters I., mit Hilfe des Pastors Johann Gottfried Gregori aus der Deutschen Vorstadt begründet. Als Hoftheater diente es der Unterhaltung der Zarenfamilie und war nur einem sehr kleinen Kreis zugänglich.

Mit dem Tod des Aleksej Michajlovič im Jahre 1676 endete das Theaterspielen bei Hofe und wurde erst in der petrinischen Zeit erneuert. Neben Praskov'ja Fedorovna, der Witwe von Peters älterem Bruder Ivan Alekseevič, ist hier vor allem Peters jüngere Schwester Natal'ja Alekseevna zu nennen, die ihrer Liebe zum Theater zunächst in der Umgebung von Moskau nachging, im Palast von Preobraženskoe (1707–1709 oder 1711), und dann, bis zu ihrem Tod im Jahre 1716, in Petersburg. Das Repertoire war buntscheckig, es bestand aus geistlichen Stücken und aus Dramatisierungen der übersetzten Abenteuer- und Liebesromane.

Zar Peter, der das Theater seiner Schwester mehrfach besuchte, hatte jedoch schon Jahre vorher die Gründung eines öffentlichen Theaters ins Auge gefaßt. Dazu brauchte er die Hilfe ausländischer Fachkräfte. Im Juli 1702 traf die Danziger Schauspieltruppe des Johann-Christian Kunst auf Einladung des Zaren in Moskau ein. Auf dem Roten Platz wurde ein Theatergebäude errichtet, die Komedial'naja chramina, wobei zu bedenken ist, daß der Rote Platz damals noch keine staatliche Weihestätte war, sondern eher einem Markt ähnelte[2].

Die Bauarbeiten am neuen Theater wurden im September des folgenden Jahres (1703) abgeschlossen. Die Vorstellungen der Kunstschen Truppe hatten

---

[1] Vgl.: P. O. MOROZOV, Istorija russkago teatra do poloviny XVIII stoletija. SPb. 1889; S. S. IGNATOV, Teatr Petrovskoj ėpochi. In: *Istorija russkago teatra*. Hrsg.: V. V. Kallaš; N. E. Èfros. Bd. I. M. 1914, S. 69–88; V. N. VSEVOLODSKIJ-GERNGROSS, Istorija russkogo dramatičeskogo teatra. Bd. I: Ot istokov do konca XVIII veka. M. 1977, S. 76–164 („Russkij teatr pervoj poloviny XVIII veka"); A. STARIKOVA, Teatr v Rossii XVIII veka. Opyt dokumental'nogo issledovanija. M. 1997, S. 8–19 („Teatr v Rossii petrovskogo vremeni"); CHOLODOV, Teatr i zriteli, S. 118–157 (4. Kapitel).

[2] Vgl. hier und im folgenden die kritische Auseinandersetzung mit der Forschung bei CHOLODOV, Teatr i zriteli, hier S. 124.

jedoch schon vorher begonnen, gegen Ende des Jahres 1702, in der Deutschen Vorstadt, im Palast von Peters Mitstreiter Franz Lefort. Wie man annehmen kann, wurden diese Vorstellungen schon auf Russisch gegeben, nachdem man die entsprechenden Stücke übersetzt und in aller Hast einheimische Schauspieler ausgebildet oder besser: angelernt hatte (außerdem gab es Vorstellungen in deutscher Sprache). Das Repertoire des neuen Theaters bestand aus Stücken unterschiedlicher Gattung und Herkunft, die Autoren waren Molière, Thomas Corneille (der jüngere Bruder des berühmten Pierre Corneille), Lohenstein, Gryphius und andere. Was die Zuschauer auf der Bühne zu sehen bekamen, hatte mit den Originaltexten jedoch nicht mehr viel zu tun, denn die Stücke wurden nach Art des volkstümlichen Stegreiftheaters gespielt. Dabei kam es im Grunde auch nicht darauf an, was auf der Bühne gesprochen wurde – das turbulente und mit drastischen Effekten durchsetzte Theatergeschehen sprach für sich selber. Der sinnliche Eindruck wurde durch die prachtvolle Ausstattung auf Kosten der Staatskasse noch gesteigert.

Der niedrigste Eintrittspreis lag bei drei, der höchste bei zehn Kopeken (ein Moskauer Handwerker verdiente damals fünf Kopeken am Tag)[3]. Zar Peter bemühte sich, den Besuch des Theaters durch amtliche Vergünstigungen zu fördern. An den Spieltagen wurden die Stadt- und Kreml'-Tore bis neun Uhr abends offengehalten, und die Besucher brauchten keinen Wegzoll zu entrichten. Aber das Theater stand unter keinem guten Stern. Schon bald nach seiner Ankunft in Moskau, im Jahre 1703, starb Kunst, worauf die Leitung der Truppe an den wenig sachkundigen Juwelier Otto Fürst überging. Nachdem der Reiz des Neuen verflogen war, blieben auch die Zuschauer aus, und 1707, nur fünf Jahre nach seiner Eröffnung, mußte das Theater schließen; die Requisiten kamen an das Theater der Natal'ja Alekseevna in Preobraženskoe.

Zum Mißerfolg des Kunst-Fürstschen Theaters scheint auch die Unzufriedenheit des Zaren beigetragen zu haben. Ihm soll die grobe Komik der Aufführungen mißfallen haben; für seinen Geschmack gab es auf der Bühne wohl auch zu viel Liebe. Peter erwartete vom Theater mehr als nur Unterhaltung – es sollte einen propagandistischen Beitrag leisten, den Ruhm des neuen Rußland verkünden und dessen Herrscher preisen. Gleich nach der Ankunft der Truppe in Moskau erging an Kunst die Weisung, innerhalb von drei Wochen ein panegyrisches Stück zu schreiben: Einer der ersten Erfolge im Nordischen Krieg, die Eroberung der schwedischen Feste Orešek, später Schlüsselburg genannt, sollte gefeiert werden. Die gesetzte Frist war natürlich zu kurz; ob das Stück jemals zustande kam, ist nicht bekannt. Im folgenden Jahr erging ein weiterer Befehl dieser Art: Zum triumphalen Einzug des Zaren in Moskau sollte wiederum ein panegyrisches Drama geschrieben werden. Dieser Befehl wurde befolgt; ob das Stück jemals zur Aufführung kam, liegt jedoch wieder im Dunkeln.

---

[3] Ebd., S. 143 f.

Trotz seines Scheiterns war die Unternehmung von Kunst und Fürst mehr als nur eine Episode: Sie weckte den Geschmack am Theater. In Privathäusern fanden nun improvisierte Aufführungen statt, die Veranstalter waren Bediente des Zaren oder Studenten, die sich im russischen Karneval, also in der Butterwoche (vor Beginn der Fastenzeit) oder in den svjatki (den Tagen zwischen Weihnachten und dem Dreikönigsfest) Geld verdienen wollten. Zu ihrem Repertoire gehörten wieder Bühnenfassungen der Ritterromane, außerdem Possen, Historienstücke und anderes mehr. Aus dieser Frühzeit russischer Theatergeschichte sind auch einige schlechte Übersetzungen von Molières Komödien nach dem französischen Original überliefert.

Das Schuldrama

Mit der Berufung der Kunstschen Truppe begründete Zar Peter I. für Rußland ein öffentliches Theater weltlicher Prägung. Etwa zur selben Zeit etablierte sich an der Geistlichen Akademie zu Moskau das Schuldrama[4]. Wie schon hervorgehoben, wurde bei der Umstellung vom griechischen auf den lateinischen Lehrbetrieb in der Geistlichen Akademie auch der Lehrkörper erneuert – eine ganze Reihe von Dozenten mußten zusammen mit ihren Studenten nach Moskau übersiedeln, um dort den Unterricht nach dem Kiever Vorbild auszurichten. Damit gelangte auch das Schuldrama nach Moskau. Im Lauf der Jahre konnte diese Dramenform, die auf die Jesuitenkollegien Polens zurückgeht, auch an den übrigen Priesterschulen Großrußlands Fuß fassen, in Rostov, Novgorod, Petersburg, Tver', Tobol'sk und in anderen Städten. Seit den 1720er Jahren wurde das Schuldrama zudem an einer weltlichen Lehranstalt gepflegt, der Moskauer Hospitalschule, deren Zöglinge zum guten Teil aus der Geistlichen Akademie stammten. Schuldramen finden sich auch im Repertoire des Theaters von Natal'ja Alekseevna. Später wurde die Gattung von den Theatertruppen übernommen, die sich im zweiten Viertel des Jahrhunderts in den beiden Hauptstädten und in der Provinz zusammenfanden.

Ebenso wie an der Kiever Akademie gehörte das Schuldrama an den Priesterschulen Großrußlands zum Lehrbetrieb – eine praktische Ergänzung des Rhetorik- und Poetikunterrichts. Es verkündete die orthodoxe Glaubenslehre und diente dem Lobpreis großer Herren. Die Stücke wurden meist zu festlichem Anlaß geschrieben, etwa dem Namenstag des Zaren oder bei Gelegenheit eines hohen

---

[4] Vgl.: V. I. REZANOV, Iz istorii russkoj dramy: Škol'nyja dejstva XVII–XVIII vv. i teatr iezuitov. M. 1910; A. S. DEMIN, Évoljucija moskovskoj škol'noj dramaturgii. In: P'esy škol'nych teatrov Moskvy. Hrsg.: O. A. Deržavina. M. 1974, S. 7–48; A. S. ELEONSKAJA, Tvorčeskie vzaimosvjazi škol'nogo i pridvornogo teatrov v Rossii. In: P'esy stoličnych i provincial'nych teatrov pervoj poloviny XVIII v. Hrsg.: O. A. Deržavina. M. 1975, S. 7–46. Die Texte der Dramen findet man in den beiden zuletzt genannten Ausgaben. Vgl. ferner: M. P. ODESSKIJ, Očerki istoričeskoj poėtiki russkoj dramy. Ėpocha Petra I. M. 1999, und DERS., Poėtika russkoj dramy. Poslednjaja tret' XVII – pervaja tret' XVIII v. M. 2004.

Besuchs; eine Reihe von Stücken feiert die Erfolge der russischen Waffen im Nordischen Krieg.

Im Gegensatz zum Theater der Kunst-Fürstschen Truppe richtete sich das Schuldrama an eine beschränkte Öffentlichkeit. Das Publikum bestand aus den Dozenten und Studenten der Lehranstalten. Ein Drama der Geistlichen Akademie wurde allerdings auch in einem Prunksaal des Moskauer Kreml' aufgeführt, in der Granovitaja palata – vor erheblich erweitertem Publikum und in besonders prächtiger Ausstattung, vielleicht unter den Augen des Zaren. 1724 wohnten Peter I. und seine Gattin Katharina einer Aufführung des Moskauer Hospitaltheaters bei; 1742 spielte man ein Stück des Novgoroder Seminars in Gegenwart der Zarin Elisabeth. Noch im Jahre 1752 hat eine Theatertruppe aus Jaroslavl' ein Schuldrama bei Hofe aufgeführt.

Zu dieser Zeit war das Schultheater jedoch schon keine aktuelle Erscheinung mehr – es stand im Schatten des neuen Theaters klassizistischer Prägung, dessen russische Variante von Sumarokov in der zweiten Hälfte der 1740er Jahre begründet wurde. Für das Erlöschen des Schuldramas gibt es jedoch nicht nur literarische Gründe. In der petrinischen Epoche blieb die religiöse Kritik am Theater ohne Einfluß; im „Geistlichen Reglement" von 1721 war das Theaterspielen als Teil des geistlichen Ausbildungsbetriebes sogar ausdrücklich vorgesehen[5]. Nach dem Tod des Zaren drehte sich jedoch der Wind, die Kirche besann sich auf ihre Tradition und verbot das Theaterspielen an den Priesterseminaren. Diese Haltung äußert sich auch in einem Traktat „Über Schauspiele, oder Komödien und Tragödien" von 1733. Der unbekannte Autor ist nicht grundsätzlich gegen das Theater. Wohlwollend behandelt er zunächst die einzelnen dramatischen Gattungen und kommt dann aber auch auf das biblische Drama zu sprechen:

> Manche haben sich sehr erkühnt und auch die in der Bibel enthaltenen Geschichten der christlichen Märtyrer dargestellt, deren Lektüre nicht nur angenehm, sondern auch sehr nützlich für die Seele ist. Es scheint jedoch sehr ungehörig zu sein, wenn man solche Geschichten auf dem Theater zeigt und den Zuschauern in Form eines Stücks zur Unterhaltung darbietet.[6]

Poetik

Im Gegensatz zum Volkstheater der Kunst-Fürstschen Truppe war das Theater der Priesterschulen ein gelehrtes Theater. Seine Sprache war das hybride Kirchenslavische. Zahlreiche Ukrainismen und Polonismen deuten auf die südwestrussische Herkunft der Autoren. Die Stücke waren in syllabischen Versen

---

5   *Duchovnyj reglament.* In: P. V. VERCHOVSKOJ, Učreždenie Duchovnoj kollegii i Duchovnyj reglament. K voprosu ob otnošenii Cerkvi i gosudarstva v Rossii. Bd. II. Heppenheim 1972 (fotomechanischer Nachdruck der Ausgabe Rostov-na-Donu 1916), S. 12–76, hier S. 61.

6   *O pozoriščnych igrach, ili komedijach i tragedijach.* In: *Teatral'naja žizn' Rossii v èpochu Anny Ioannovny. Dokumental'naja chronika 1730–1740.* Vyp. 1. Hrsg.: L. M. Starikova. M. 1995, S. 516–525, hier S. 520.

abgefaßt, meist in Dreizehnsilblern. Hier und da findet man eingeschaltete Prosapartien. Bei den Zuschauern wurden Kenntnisse der Geschichte, der Bibel und der klassischen Mythologie vorausgesetzt. Sie waren auch gehalten, lateinische Formulierungen und geistreiche Wortspiele zu verstehen. Die Kunstregeln des Schuldramas fand man in den handschriftlichen Unterlagen des Literaturunterrichts – Schulbüchern, die in lateinischer Sprache geschrieben waren und auf die Poetiken des polnischen Barock zurückgingen.

Nur in wenigen Fällen sind uns die ebenfalls handschriftlichen Texte der Schuldramen überliefert; meistens haben wir nur die Programme, die allerdings ausführlich und wohlgegliedert sind. Manche von ihnen wurden seinerzeit gedruckt, in einer Auflage von zweihundert Exemplaren. Sie geben eine klare Vorstellung vom Aufbau der Schuldramen. Ein Prolog und ein Antiprolog, manchmal auch eine „Synopse" bilden die Einleitung. Sie erläutern die Glaubenswahrheit oder die panegyrische Aussage des Stücks und fassen die Handlung zusammen. Der Epilog enthält ein lehrhaftes Schlußwort und eine captatio benevolentiae. Die Stücke bestehen meist aus drei oder fünf, wohl auch aus zwei Akten, die sich in zahlreiche Einzelauftritte gliedern (bis zu 22); jeder einzelne von ihnen wird im Programm beschrieben. Diese Kleinteiligkeit ist ein typisches Merkmal des Schuldramas. Für weitere Auflockerung sorgen Gesangs- und Tanzeinlagen. Es gibt auch komische Partien, deren Wortlaut dem gesprochenen Russisch nahekommt, wobei man das Vulgäre nicht scheute. Bei einer Armenspeisung heißt es: „Hier, friß die Kohlsuppe, solange sie noch warm ist". Dasselbe Stück enthält einen Dialog der Tauben[7]. Solche Stellen sind entweder in den Text eingearbeitet, oder sie verselbständigen sich zu Intermedien (Interludien), die zwischen die Akte oder Auftritte geschaltet sind. In den Programmen werden diese Intermedien meist nur genannt, eine Inhaltsangabe fehlt – sie waren untereinander austauschbar, ein Zusammenhang mit dem umgebenden Text bestand nicht[8].

Die kontrastreiche Vielfalt des Bühnengeschehens steht im Zeichen des Barockstils, wobei das Nebeneinander von christlicher und heidnisch-mythologischer Motivik offenbar nicht als anstößig empfunden wurde. Auf der Bühne drängen sich Dutzende ganz unterschiedlicher Figuren. Eine möglichst große Zahl von Studenten erhielt so die Möglichkeit zum Auftritt; gleichzeitig entsprach das der Barockneigung zur prunkenden Fülle. Die Figuren stammen aus dem Alten Testament oder der klassischen Mythologie, manchmal auch aus der Geschichte. Besonders zahlreich sind die allegorischen Figuren, sie wiederholen sich von Stück zu Stück. Meist sind das Personifikationen von moralischen oder religiösen Begriffen: einerseits die Frömmigkeit, Gottes Gnade, die Vergeltung, die Wahrheit, die Himmlische Liebe, die Hoffnung, die Demut und die Langmut, andererseits die Götzendienerei, die Gottlosigkeit, die Irdische Liebe, die Wol-

---

[7] *Venec Dimitriju*. In: *P'esy stoličnych i provincial'nych teatrov*, S. 49–92, hier S. 74, 72 f.
[8] Einige Texte findet man ebd., S. 463–501.

lust, die Verzweiflung, die Hoffart, die Bosheit, der Neid und der Mord. Auf der Bühne sind Tod und Teufel zu sehen; kleine Tode führen Tänze auf, Engel erscheinen, Gott selbst ist als eine „Stimme von oben" zu vernehmen. In allegorischer Gestalt frohlockt die Orthodoxe Kirche über die Niederlage der Götzendiener und den Sieg des rechten Glaubens.

In den panegyrischen Stücken erscheinen auch die Staaten auf der Bühne. Rußland ist ein zweiköpfiger Adler, Schweden ein Löwe, für die Türkei steht der Halbmond. Diese Figuren treten manchmal mit einer schriftlichen Kennzeichnung auf, einer inscriptio. Auf der Bühne wird das Geschehen auch durch ein Schild mit einer Devise erläutert – die Nähe zur Emblematik ist offenkundig, schriftlich-abstrakte und bildhaft-anschauliche Darstellung ergänzen einander. Ebenfalls im Geiste des Barocks sind die Titel der Stücke ausführlich und kunstvoll formuliert. Einer von ihnen bezieht sich auf den Sieg bei Poltava, der auf allegorische Weise durch die biblische Geschichte von David und Goliath dargestellt werden soll. Die Paradoxie vom Sieg des Schwachen über den Starken wird dabei zum Gegenstand eines geistreich-verwickelten Wortspiels, das sich aus der mehrfachen Wiederholung des Wortes „Erniedrigung" (uničiženie) und dessen morphologischen Varianten in wechselnder syntaktischer und semantischer Funktion ergibt: *Božie uničižitelej gordych, v gordom Izrailja uničižitele črez smirenna Davida uničižennom Goliafe uničiženie* – „Gottes Erniedrigung der hoffärtigen Erniedriger in der Gestalt des hoffärtigen Erniedrigers Israels, des durch den demütigen David erniedrigten Goliath"[9].

Der Bühnenraum gliederte sich nach dem christlichen Kosmos[10], wobei der Himmel auf einer erhöhten Ebene lag, die durch Stufen erreichbar war. Auf der tieferen Ebene befand sich nicht nur die Erde, sondern zu beiden Seiten auch das Paradies und die Hölle, letztere in symbolischer Abbildung als Drachen oder als riesiger Schlund; manchmal war die Hölle auch ein Loch im Boden. Die Dynamik des Bühnengeschehens entfaltete sich also auch in der Vertikalen: Zum Lohn für ihre Standhaftigkeit entschweben die Gerechten in den Himmel, die Sünder stürzen in die Hölle. In einer Regieanweisung liest man: „Vom Himmel schlägt ein Blitz ein, die Erde öffnet sich, verschlingt den Leib [des Sünders], aus dem Abgrund Flammen und Wehgeschrei"[11].

Im Schuldrama häufen sich Effekte dieser Art; an die Technik der Bühnenillusion (Maschinen, Malerei) wurden große Anforderungen gestellt[12]. Es zeigt sich das Streben des Barocktheaters nach Wirkung, das Publikum sollte erschüttert und in Erstaunen versetzt werden. Auf der Bühne sieht man den schon genannten

---

9   *P'esy škol'nych teatrov Moskvy*, S. 228.
10 V. ADRIANOVA-PERETC, Scena i priemy postanovki v russkom škol'nom teatre XVII–XVIII st. In: *Starinnyj spektakl' v Rossii*. Hrsg.: V. N. Vsevolodskij-Gerngross. L. 1928, S. 7–63, hier S. 25.
11 *Užasnaja izmena*. In: *P'esy škol'nych teatrov Moskvy*, S. 51–83, hier S. 79.
12 V. PERETC, Teatral'nye èffekty na škol'noj scene v Kieve i Moskve XVII i načala XVIII vekov. In: *Starinnyj spektakl' v Rossii*, S. 64–98.

Drachen oder eine siebenköpfige Hydra; der Heilige Geist schwebt hernieder in Gestalt einer Taube; das Herz des schlafenden Kaisers Nero fliegt durch die Luft; mit einem Blitz tötet der Apostel Petrus den Zauberer Simon; ein Sünder begeht Selbstmord; anderen Sündern wird der Kopf abgeschlagen; wieder andere sollen gehängt werden, nachdem man ihnen Arme und Beine gebrochen hat. Im Dialog ist von eklem Gewürm und Unrat die Rede; eine Figur wird als „stinkender Hund" beschimpft.

Die Komposition der Stücke folgt dem Gegensatz von Gut und Böse. Die Handlung stammt gewöhnlich aus der Bibel, war den Zuschauern also längst bekannt und ist meist allegorischer Natur – nach dem Prinzip der Analogie verwies der biblische Vorwurf auf ein Ereignis der Gegenwart. Das entsprach der Neigung des Barock, Welt und Weltgeschichte als einen Zusammenhang sinnreicher Entsprechungen zu betrachten. Den russischen Zuschauern war das Prinzip der Allegorie allerdings noch unbekannt und mußte erläutert werden: Die allegorische Darstellung beruht auf einem Vergleich; die Bestandteile eines Vergleichs sind einander gleichzeitig ähnlich und unähnlich – „Jeder Vergleich hinkt", wie lateinisch und kirchenslavisch hervorgehoben wird[13].

Für die Autoren der Stücke kam es darauf an, dieses „Hinken" auf ein Mindesmaß zu verringern und in der Bibel einen Vorwurf zu finden, der dem gemeinten Ereignis der Gegenwart möglichst ähnlich war. Ein Beispiel gelungener Allegorese bietet das schon genannte Stück zur Feier des Sieges von Poltava[14]. An der Auswahl des biblischen Vorwurfs zur Darstellung dieses Sieges war Peter bei einer anderen Gelegenheit selber beteiligt[15] – es ist die schon erwähnte Geschichte von David und Goliath. Im Verhältnis zu Schweden, einer in ganz Europa berühmten und gefürchteten Militärmacht, befand sich Rußland tatsächlich in der Rolle eines David, trotz der äußeren Größenverhältnisse. Die Geschichte von David und Goliath war denn auch wie kaum eine andere geeignet, das Ressentiment des rückständigen Rußland gegenüber der modernen Großmacht Schweden auszudrücken. Außerdem bot der einmal gewählte Vorwurf Gelegenheit, zur Geschichte von Davids ungetreuem Sohn Absalom überzuleiten, um so den Verrat des ukrainischen Hetmans Mazepa auf wiederum allegorische Weise darzustellen. Dabei war das Vater-Sohn-Motiv vorzüglich dazu geeignet, jene Enttäuschung auszudrücken, die Zar Peter bei diesem Verrat empfunden hat. Der zweite Akt des Stücks, der die Geschichte von David und Absalom behandelt, ist erheblich umfangreicher als der erste, in dem es um David und Goliath geht.

Im Schuldrama über den Sieg von Poltava gibt es also zwei Handlungen, die durch die Gestalt des David nur locker verknüpft sind. In anderen Dramen zeigt die Handlung noch weniger Einheitlichkeit – sie ist ganz unübersichtlich und umfaßt eine große Zahl von Einzelereignissen; dem entspricht die Kleinteiligkeit

---

13   *P'esy škol'nych teatrov Moskvy,* S. 229 (*Božie uničižitelej gordych* [...] *uničiženie*).
14   Ebd., S. 228–238.
15   Vgl.: MOROZOV, Istorija russkago teatra, S. 327.

der Gliederung. Auch kann die Handlung vielfach unterbrochen werden und spielt im Gesamtaufbau der Stücke jedenfalls keine vorherrschende Rolle. Die Einheit der vielfältigen Bühnenwelt wird durch die moralisch-lehrhafte oder panegyrische Perspektive gestiftet. Umso größer ist die Bedeutung der reinen Deklamation. Manche der Stücke bestehen ganz oder überwiegend aus wohlgesetzt-monologischer Rede; der Gattungsname im Titel lautet manchmal „deklamacija".

Die Säkularisierung des Schuldramas

Im Lauf der Jahre blieb das stilistische Profil des russischen Schuldramas unverändert: Dem Schulmilieu war es um Bewahrung und Pflege des Überkommenen zu tun, nicht um dessen Veränderung. Eine Ausnahme bildet nur die Tragikomödie *Vladimir* von Feofan Prokopovič, die 1705 an der Kiever Akademie aufgeführt wurde; von ihr wird noch die Rede sein. Wenn sich am russischen Schuldrama eine Entwicklung beobachten läßt, dann betrifft sie nicht den Stil, sondern den weltanschaulichen Standpunkt. Diese Entwicklung vollzog sich nicht von innen, sondern war auf den Druck äußerer Umstände zurückzuführen – auf die propagandistischen Bedürfnisse des petrinischen Staates.

Das damit aufgeworfene Problem der kirchlichen Autonomie war den Zeitgenossen nur allzu bewußt, wie sich an dem Schuldrama *Venec Dimitriju* („Eine Krone für Dimitrij") zeigt[16]. Dieses Stück wurde 1704 am Priesterseminar von Rostov zum Namenstag des Metropoliten Dimitrij Tuptalo (des Hl. Dimitrij Rostovskij) aufgeführt. Dimitrij war kein Anhänger Peters I.; die Lehre des ihm gewidmeten Dramas lautet, daß man Gott mehr gehorchen muß als dem irdischen Herrscher. Unter den russischen Schuldramen ist dieses Stück jedoch eine Ausnahme; den schon vorher eingeleiteten Prozeß der Säkularisierung und des Verzichts auf den kirchlichen Standpunkt konnte es nicht aufhalten. Im Verlauf dieser Entwicklung erscheint der Lobpreis des irdischen Herrschers zunächst als kompositorisch nicht motiviertes Einsprengsel; später durchdringt es den gesamten Text.

Als Mittel petrinischer Propaganda rückt das Schuldrama in die Nähe solcher Formen theatralisierter Öffentlichkeit wie Feuerwerk und Straßenumzug, allerdings mit geringerer Breitenwirkung. Von den Theaterkulissen, die bei solchen Umzügen verwendet wurden, war schon die Rede. Ein frappantes Beispiel für die Nähe von Theater und Straße bietet das Schuldrama *Toržestvo mira pravoslavnago* („Triumph des rechtgläubigen Friedens"), das 1703 in der Geistlichen Akademie zu Moskau aufgeführt wurde[17]. Hier wiederholt sich der Triumphzug, der nach der Eroberung von Noteburg am 4. Dezember 1702 in den Moskauer Straßen stattgefunden hatte: Zusammen mit der Allegorie des Mutes und der Göt-

---

[16] *P'esy stoličnych i provincial'nych teatrov*, S. 49–92.
[17] *P'esy škol'nych teatrov Moskvy*, S. 200–206, hier S. 206 (III. Akt, 8. Szene).

Kapitel 4. Theater und Drama

tin Fortuna hat der „russische Mars" einen Wagen bestiegen, der von dem schwedischen Löwen und dem türkischen Drachen zum Kapitol gezogen wird. Gemeinsam mit solchen Heroen der Weltgeschichte wie Alexander und Pompeius bahnen die Allegorien des Ruhmes und des Triumphes dem Sieger einen Weg.

Die politische Überformung des Schuldramas bedingt die zunehmende Preisgabe der geistlichen Sichtweise. In dem schon genannten Schuldrama von 1703 wird Zar Peter noch als Kämpfer gegen die Ungläubigen dargestellt, sein Sieg über die Schweden bei Errestfer im südlichen Livland erscheint im Titel als „Triumph des rechtgläubigen Friedens". In den Dramen der folgenden Jahre erscheint der Nordische Krieg jedoch nicht mehr als Glaubenskrieg, sondern als Territorialkrieg. In den 1720er Jahren hat Peter selber auf diese weltliche Interpretation gedrungen[18]. Im Schuldrama setzte sie sich schon früher durch – zum ersten Mal in einem Stück, das 1705 zum Anlaß der „Befreiung" von Livland aufgeführt wird (hier wie in anderen Schuldramen fühlt man sich an den Jargon moderner Kriegspropaganda erinnert)[19]. Es geht nun nicht mehr, wie noch in dem Stück von 1704, um die ecclesia militans und den „Eifer des rechten Glaubens"[20], sondern um den „Eifer des russischen Vaterlandes", oder einfach um das „russische Vaterland".

Zum Abschluß des militärischen Geschehens erscheint hier allerdings ein Racheengel; die Feinde, die zur Strafe für ihren Landraub von ihm getötet werden, fahren die Hölle. Auch in dem Stück, das 1710 in der Geistlichen Akademie in Moskau zum Sieg von Poltava aufgeführt wurde, hält sich noch ein Rest der geistlichen Auffassung: Mit den russischen Waffen siegt die russische „Demut" über die „Hoffart" der Schweden. Der besiegte Gegner wird hier jedoch nicht mehr der ewigen Verdammnis überantwortet, sondern nur verspottet – unter Anspielung auf eine Verletzung Karls XII. ist der schwedische Löwe ein Hinkefuß. In den Schuldramen des Hospitaltheaters wird auch die Sprache verweltlicht, es wuchert die Fremdwörterei. Die meisten dieser Wendungen stammen aus dem Militärwesen: „marš", „akcija", „muškety", „bomby", „tranžamenty", „granodery", „voennye artikuly", „vojska reguljarna". Außerdem findet man nautische („šljupki", „galery") und wissenschaftlich-technische Ausdrücke („geometry", „inženiory"), ferner „viktorija" (mehrfach), „triumf", „triumfal'nyj", „kavalery" und – wiederum mehrfach – „venerovat'" (= verehren)[21].

---

[18] Vgl.: I. F. MARTYNOV, Tri redakcii *Služby blagodarstvennoj o velikoj pobede pod Poltavoj*. In: *XVIII vek*. Bd. 9. L. 1974, S. 139–148, hier S. 143.
[19] *Svoboždenie Livonii...* In: *P'esy škol'nych teatrov Moskvy*, S. 216–227.
[20] Mit diesen Worten beginnt der Titel des Stücks – *Revnost' pravoslavija...*, ebd., S. 207–215.
[21] *Slava Rossijskaja* [1724], ebd., S. 256–283. Das ist einer der wenigen Texte, deren Wortlaut überliefert ist.

KAPITEL 5
FEOFAN PROKOPOVIČ

Eine umstrittene Gestalt

Als ideologischer Berater Peters I. und führender Kirchenmann seiner Zeit ist Feofán Prokopóvič (1677 oder 1681–1736) bis heute umstritten[1] – ebenso umstritten wie der Zar selber. Die einen verurteilen ihn als Verräter an der Orthodoxen Kirche, andere loben ihn als wortgewaltigen Propagandisten der Kulturrevolution und als Vertreter der russischen Frühaufklärung. Prokopovič hat eine beträchtliche Anzahl von politischen, didaktischen, theologischen und anderen Schriften hinterlassen. Aus seiner Feder gibt es ferner eine Reihe von Gedichten in lateinischer, polnischer und kirchenslavischer Sprache. Außerdem schrieb er ein Schuldrama, die schon erwähnte Tragikomödie *Vladimir*, und eine Vielzahl von Predigten.

Biographie

Prokopovič stammte aus der Familie eines nicht sehr begüterten Kaufmannes[2]. Er verlor schon früh seine Eltern; der Onkel, der sich seiner annahm, war Rektor der Geistlichen Akademie zu Kiev. Mit seiner Hilfe konnte Prokopovič die Schule besuchen und an der Akademie studieren. Freilich waren die geistigen Möglichkeiten, die sich dem glänzend begabten Studenten hier boten, auf die Dauer gar zu beschränkt. Um sein Studium an einem der polnischen Jesuitenkollegien abzurunden, wechselte er die Konfession und folgte damit einer verbreiteten Praxis wißbegieriger Studenten im Umfeld der Kiever Akademie. Es gelang ihm, das

---

[1] Vgl.: G. FLOROVSKIJ, Puti russkogo bogoslovija. Paris ³1983, S. 84 ff.; F. VENTURI, Feofan Prokopovič. In: *Annali delle facoltà di lettere, filosofia e magistero dell' Università di Cagliari* 21 (1953), S. 627–680; E. WINTER, Zum geistigen Profil Feofan Prokopovičs. In: *Studien zur Geschichte der russischen Literatur des 18. Jahrhunderts*. Hrsg.: H. Graßhoff; U. Lehmann. Bd. II. Berlin 1968, S. 24–28; J. CRACRAFT, Feofan Prokopovich. In: *The Eighteenth Century in Russia*. Hrsg.: J. G. Garrard. Oxford 1973, S. 75–105.

[2] Grundlegend zur Biographie: I. ČISTOVIČ, Prokopovič i ego vremja. Nendeln 1966 (Nachdruck der Ausgabe SPb. 1868); vgl. auch: T. E. AVTUCHOVIČ, Prokopovič Elisej (Eleazar). In: *Slovar' russkich pisatelej XVIII veka*. Bd. II. SPb. 1999, S. 488–496; V. G. SMIRNOV, Feofan Prokopovič. M. 1994. – Zum Gesamtwerk: P. MOROZOV, Feofan Prokopovič kak pisatel'. SPb. 1880; J. TETZNER, Theophan Prokopovič und die russische Frühaufklärung. In: *Zeitschrift für Slawistik* 3 (1958), S. 351–368. – Eine sorgfältig kommentierte Auswahl seiner Schriften findet man in: F. PROKOPOVIČ, Sočinenija. Hrsg.: I. P. Eremin. M.–L. 1961. Im folgenden beziehen sich die eingeklammerten Seitenangaben des Haupttextes auf diese Ausgabe.

Wohlwollen seiner neuen Lehrer zu gewinnen, denn diese schickten ihn nach Rom zum Studium an das Kollegium des Hl. Athanasius, einer Lehranstalt, die für die katholische Missionierung Osteuropas eingerichtet worden war. Während seines dreijährigen Aufenthalts in Rom hatte Prokopovič Gelegenheit, die Autoren der klassischen Antike zu studieren. Auch kam er mit den aktuellen Strömungen des europäischen Rationalismus und der neuzeitlichen Wissenschaft in Berührung. In die Heimat zurückgekehrt, wandte er sich wieder seinem angestammten Glauben zu und wurde unter dem Namen Feofan (Theophanes) 1705 zum Mönch geweiht (er war auf den Namen Eleazar getauft worden). Mit dem Eintritt ins Kloster gewann Prokopovič eine gesicherte Existenz und konnte nun auch weiterhin seinen geistigen Neigungen leben. 1705–1706 hielt er an der Kiever Akademie in lateinischer Sprache Vorlesungen zur Dichtungslehre. Für diesen Unterricht schrieb er das Lehrbuch *De arte poetica*. Ein weiteres Lehrbuch handelt von der Rhetorik. Beide Werke stehen in der Tradition der Renaissance- und Barockautoren, beziehen dabei jedoch eine eigenständige Position[3]. Sie wurden seinerzeit nur handschriftlich verbreitet, hatten aber beträchtlichen Einfluß auf den Lehrbetrieb der großrussischen Priesterseminare. An die Drei-Stil-Lehre bei Prokopovič konnte später Lomonosov anknüpfen.

In der Kiever Akademie betätigte sich Prokopovič nicht nur als Dozent, sondern auch als erfolgreicher Redner und Prediger. In dieser Eigenschaft gelang es ihm, die Aufmerksamkeit Peters I. bei dessen Besuchen in Kiev auf sich zu ziehen. Dem Wohlwollen des Zaren verdankte er 1711 seine Ernennung zum Abt des Kiever Höhlenklosters und zum Rektor der Geistlichen Akademie. 1716 folgte Prokopovič einem Ruf nach Petersburg, wo er zunächst zum Bischof von Pskov und später zum Erzbischof von Novgorod ernannt wurde. Seit 1721 spielte er als Zweiter Vizepräsident eine führende Rolle im Hl. Synod, der neueingerichteten obersten Behörde der russischen Kirche. Prokopovič gehörte nun zum engsten Beraterkreis Peters, dem er durch seine Traktate und Predigten als Sprachrohr diente. Außerdem betrieb er seit 1721 in einem seiner Petersburger Häuser auf eigene Kosten eine Schule für arme Kinder. Auf diese Weise setzte er die Bildungspropaganda seiner publizistischen Werke in die Tat um. Die Schule bestand fünfzehn Jahre lang; sie wurde von insgesamt 160 Schülern besucht. Gleichzeitig führte Prokopovič ein gastfreies Haus, in dem man sich zu gelehrten Gesprächen versammelte und das so zu einem Mittelpunkt des geistigen Lebens in der neuen Hauptstadt wurde.

Die Tragikomödie *Vladimir*

Zu den Pflichten des Poetikdozenten Prokopovič gehörte auch das Abfassen eines Schuldramas. Er entledigte sich dieser Aufgabe mit der Tragikomödie *Vladimir*,

---

[3] Vgl.: R. ŁUŻNY, Pisarze kręgu akademii Kijowsko-Mohylańskiej a literatura polska. Z dziejów związków kulturalnych polsko-wschodniosłowiańskich w XVII–XVIII w. Kraków 1966, S. 58 ff.

die in den Sommerferien des Jahres 1705 von den Studenten der Akademie aufgeführt wurde[4]. Das Stück war erfolgreich und wurde vielfach abgeschrieben.

In seiner Poetik und seiner Rhetorik verweist Prokopovič gerne auf die Werke des klassischen Altertums; auch sein *Vladimir* folgt antiken Vorbildern – das ist einer der Punkte, in dem sich das Stück von der üblichen Praxis des Kiever und Moskauer Schuldramas unterscheidet. Wie es in der Poetik heißt, gliedert sich die Tragödie nach der „Regel des Horaz und dem Beispiel fast aller alten Autoren von Tragödien und Komödien" in fünf Akte, „nicht mehr und nicht weniger" (S. 314). So auch in *Vladimir*. Am Anfang steht ein einleitender „Prolog an die Zuhörer". Den Schluß bildet ein „Chor", in dem der Hl. Andreas zusammen mit Engeln als Schutzpatron Rußlands auftritt und der einen Ausblick auf die weitere Geschichte des Reiches bietet. Weitere Chöre findet man im II. und IV. Akt. Auch sie verweisen auf das Vorbild der klassischen Antike. In seiner Poetik erläutert Prokopovič, was unter einem Chor zu verstehen sei: eine Verbindung von Gesang und Tanz, wobei mit „Tanz" ein rhythmisches Schreiten gemeint ist (S. 314).

Im Verhältnis zum Kiever und Moskauer Schuldrama liegt ein weiterer Unterschied in der Wahl des Stoffes, denn *Vladimir* behandelt ein Thema aus der russischen Geschichte – es geht um die Taufe des Kiever Fürsten Vladimir um die Jahreswende 987–988. Bemerkenswert sind auch der gradlinige Handlungsaufbau des Stücks und der Verzicht auf die im Schuldrama sonst übliche Kleinteiligkeit, denn die einzelnen Akte enthalten jeweils nicht mehr als fünf Auftritte. Die Zahl der Figuren bleibt ebenfalls überschaubar. Das Stück ist in syllabischen Versen, meistens Dreizehnsilbern, und in kirchenslavischer, mit Ukrainismen gespickter Sprache gehalten.

Es geht um den Kampf von Heidentum und Christentum. Die heidnischen Priester des Kiever Reiches haben erfahren, daß ihr Fürst zum christlichen Glauben übertreten will. Mit allen Kräften suchen sie das zu verhindern. Ihr Oberpriester macht dabei den Fehler, sich mit einem hochgelehrten „Philosophen", dem Sendboten des byzantinischen Kaisers, auf einen theologischen Streit einzulassen. Unwissend, wie er ist, erleidet er eine schmachvolle Niederlage. Damit ist die Sache der Heidenpriester aber noch nicht verloren, denn vorher hatten sie sich mit Abgesandten der Hölle verbündet – den Dämonen der Hoffahrt, der Gotteslästerung und der Fleischeslust. Mit Hilfe dieser Bundesgenossen können sie hoffen, das große Werk der Christianisierung in Gefahr zu bringen. Ihre Siegesgewißheit äußert sich in einem Jubelchor am Ende des II. Akts (dem die vorbereitende – und spannungssteigernde – Funktion einer „Epitasis" zukommt). Im 2. Auftritt des IV. Akts gelangt der Konflikt zwischen Gut und Böse zum Höhepunkt. Er wütet im Inneren des Fürsten und ist somit eine Psychomachie, eine

---

[4] Vgl.: N. S. TICHONRAVOV, Tragedokomedija Feofana Prokopoviča *Vladimir*. In: DERS., Sočinenija. Bd. II. M. 1898, S. 120–155; REZANOV, Iz istorii russkoj dramy, S. 290–293.

Form, die in der Literatur des europäischen Mittelalters verbreitet war und wiederum auf die Antike zurückgeht. Zunächst hat Vladimir mit der Hoffart zu kämpfen, findet aber die Kraft, ihren Verlockungen zu widerstehen. Die zweite Versuchung zielt auf Vladimirs Lüsternheit: Nach der Überlieferung liebte er im Übermaß die Frauen, im Stück ist die Rede von nicht weniger als dreihundert Geliebten. Aber auch dieser Anfechtung wird Vladimir nach einigem Schwanken Herr, er fügt sich dem Gebot der christlichen Askese und bittet Gott, das Feuer der Begierde in ihm zu löschen. Diese zweite Niederlage des Bösen ist Gegenstand des sich nun anschließenden Chors – ein Klagemonolog, der einer allegorischen Verkörperung der Lust mit dem sprechenden Namen Prelest' (Arglist) in den Mund gelegt wird (nach Prokopovičs Poetik kann auch eine Einzelfigur als „Chor" auftreten, S. 314).

Dem Vorbild der klassischen Antike entspricht in *Vladimir* auch der Sinn für Einfachheit und das rechte Maß – die Nähe zum Klassizismus ist unverkennbar. Dem widerspricht jedoch die gattungspoetische Mischform der Tragikomödie, die in Prokopovičs Poetik als „dritte" der dramatischen Gattungen wiederum auf ein antikes Vorbild zurückgeführt wird, auf den *Amphitryon* des Plautus (S. 313)[5]. Wie alle Mischformen war diese Verknüpfung von Ernstem und Komischem dem Klassizismus ein Dorn im Auge. Man tut also gut daran, Prokopovič nicht als Klassizisten einzustufen, sondern als Vorklassizisten oder auch als Anhänger eines „gemäßigten Barockstils" (barocco moderato); Prokopovič konnte diese Spielart des europäischen Barock während seiner Studienzeit in Rom kennenlernen.

Das Nebeneinander von Komischem und Ernstem findet sich auch im Moskauer Schuldrama. Bei Prokopovič gibt es jedoch keine Intermedien, was der kompositorischen Einheit des Stücks zugute kommt; das Komische und das Ernste sind durch die Handlung eng miteinander verbunden. Komisch sind vor allem die heidnischen Priester mit ihren sprechenden Namen – außer dem Oberpriester Žerivol (Ochsenfresser) sind das Kurojad (Hühnerschluck) und Piar (Saufaus). Sie tun sich gütlich an den Opfertieren, die das leichtgläubige Volk den heidnischen Göttern darbringt – das ist der Grund, warum sie Vladimirs Neigung zum Christentum mit solcher Sorge betrachten. Besonders gefräßig ist der Oberpriester Žerivol. Als ihm die christliche Bedrohung auf den Magen schlägt, ist er vor lauter Verzweiflung nur noch imstande, einen einzigen Stier pro Tag zu verschlingen. Wie es mit seinem Appetit in guten Zeiten bestellt ist, hört man von Kurojad. Voller Bewunderung erzählt er seinem Kollegen Piar, daß Žerivol, so sehr er sich auch über Tag den Wanst gefüllt habe, selbst im Schlafe nicht aufhören könne zu essen, wobei die abschließende figura etymologica vom 'fressenden Ochsenfresser' für einen weiteren Heiterkeitseffekt sorgt:

---

5   Vgl.: O. M. BURANOK, Žanrovoe svoeobrazie p'esy Feofana Prokopoviča *Vladimir*. In: *Problemy izučenija russkoj literatury XVIII veka. Metod i žanr*. Hrsg.: V. A. Zapadov. L. 1985, S. 3–11.

> [...]
> дивну вещ реку: видех, когда напитанний
> Многими он жертвами лежаше во хладе,
> а чрево его бяше превеликой кладе
> Подобное; обаче в ситости толикой
> знамене бе глада и алчбы великой:
> Скрежеташе зубами, на мнозе без мери
> движи уста и гортань. И достойно вери
> Слово твое, Пиаре: «время не имеет».
> И во сне жрет Жеривол. (II.2, S. 161 f.)

[...] ich will ein wundersam Ding erzählen: Ich sah, wie er / Mit zahlreichen Opfertieren im Leibe an einem kühlen Ort lag, / Und wie sein Wanst einem riesigen Lagerhaus / ähnelte. Trotz dieser Sattheit / fühlte er großen Hunger und Gier: / Mit den Zähnen knirschend, / Bewegte er vielfach Mund und Schlund. / Und du hast ein wahres Wort gesprochen, Piar: „Die Tageszeit spielt keine Rolle". / Auch im Schlaf frißt Žerivol.

Heidnische Gefräßigkeit paart sich mit Ignoranz. Dagegen erscheint das Christentum in erster Linie als Religion der Bildung, des Bücherwissens. Besonders deutlich zeigt sich das im Streitgespräch des Žerivol mit dem byzantinischen Philosophen. Der Sieg des Christentums und damit auch der Bildung gipfelt in der Taufe des Vladimir, deren prachtvolle Inszenierung in einem Botenbericht geschildert wird. Die Niederlage des Heidentums vollendet sich in der Zerstörung seiner Götterbilder und der Demütigung seiner Priester. Im 2. Auftritt des V. Akts werden Kurojad und Piar gezwungen, beim Zerschlagen der Götterbilder mit Hand anzulegen – eine Zumutung, der sie sich zur Erheiterung des Publikums mit kläglichen Ausreden zu entziehen versuchen. Vorher hatte Piar dem Kurojad berichtet, auf welche Art die heidnischen Götter zerstört worden waren: Der eine Heidengott kann jetzt nicht mehr tanzen – ihm wurden die Beine weggeschlagen; der andere hat seine Nase verloren und ist nicht mehr imstande, Weihrauch zu riechen; ein dritter muß jetzt „unter Stöhnen hinken". Zum Schluß berichtet Pijar von einer besonders drastischen Schändung:

> [...]
> дети студнии, кумир разсекши подробну,
> Во главу, аки в сосуд, испраздняют стомах. (V.1, S. 195)

[...] nachdem die schändlichen Kinder das Götzenbild in kleine Stücke zersägt hatten, / Entleerten sie ihren Magen in den Kopf, wie in ein Gefäß.

Wie erklärt sich die haßerfüllte Schärfe dieser Satire, eine Schärfe, die durch die Qualifizierung der Kinder als „schändlich" nur unwesentlich gemildert wird? Offenbar geht es hier in erster Linie nicht um das Heidentum, das zu Beginn des 18. Jahrhunderts kaum mehr eine Gefahr darstellte. Die Satire zielt wohl eher auf das, was sich im Heidentum verkörpert – auf das Prinzip einer selbstzufriedenen Unwissenheit und damit auf die bildungsfeindliche Tradition des orthodoxen

Klerus. Hierin lag in der Tat eine Bedrohung, die sich gegen die Existenz der Kiever Akademie und die Lebensinteressen des Autors richtete. In diesem Zusammenhang erscheint das Heidentum also nicht als Gegenstand, sondern bloß als Mittel des satirischen Angriffes: Wenn das wahre Christentum eine Bildungsreligion war, dann lag es nahe, die Feinde der Bildung mit Heiden gleichzusetzen.

In der Forschung hat man Prokopovičs Kampf gegen die Banausen mit der petrinischen Kulturrevolution in Zusammenhang gebracht; hinter der Gestalt des Vladimir träten dann die Umrisse des Reformzaren hervor[6]. Mit Blick auf die spätere Laufbahn des Autors ist das eine naheliegende Interpretation. Es stellt sich jedoch die Frage, ob Peters Kulturpolitik für Prokopovič schon 1705 im fernen Kiev mit hinreichender Deutlichkeit zu erkennen war[7]. Auch wünschte man sich, daß der Text des *Vladimir* in dieser Hinsicht eine deutlichere Sprache spräche, so wie man das von einem Schuldrama mit seiner Neigung zur didaktischen Überdeutlichkeit erwarten müßte. Der Name Peters wird erst am Ende des Stücks zweimal erwähnt (S. 205, 206) und dann nur beiläufig. Ganz anders verhält es sich mit I. S. Mazepa, dem Hetman der Ukraine (und nachmaligen 'Verräter' im Nordischen Krieg). Aus der umfangreichen Überschrift des Stücks geht hervor, daß Mazepa bei der Aufführung selber anwesend war. Im Prolog und im abschließenden Chor des Hl. Andreas und der Engel wird er ausdrücklich mit dem Hl. Vladimir gleichgesetzt. Was die beiden miteinander verbindet, ist ihr Verdienst um die Erleuchtung der Menschen durch Bildung; dankbar wird das neue Gebäude erwähnt, das Mazepa der Kiever Akademie vor kurzem gestiftet hatte (S. 205 f.).

Die Predigten

In der Gattungsgeschichte der russischen Predigt gibt es einen auffallenden Mangel an Kontinuität[8]. Anders als in Westeuropa, wo die Predigt seit jeher zum kirchlichen Alltag gehörte, wurde in Rußland jahrhundertelang nicht gepredigt; noch in den ersten Dezennien des 18. Jahrhunderts konnte die Predigt hier als eine unerwünschte Neuerung aufgefaßt werden. In seiner Predigt von 1721 auf die Eröffnung des Hl. Synod wendet sich Prokopovič voll Empörung gegen „die Vielen", die „sich nicht schämen, das Lernen, die Predigten und die christlichen

---

[6] Vgl. etwa: LOTMAN; USPENSKIJ, Rol' dual'nych modelej, S. 359 f.
[7] Vgl.: JU. ŠERECH, On Teofan Prokopovič as Writer and Preacher in his Kiev Period. In: *Harvard Slavic Studies*. Bd. 2. Cambridge/Mass. 1954, S. 211–223.
[8] Vgl.: P. ZAVEDEEV, Istorija russkago propovedničestva ot XVII veka do nastojaščego vremeni. Tula 1879; N. KATAJEW, Geschichte der Predigt in der russischen Kirche. Eine kurze Darstellung ihrer Entstehung und Entwickelung bis auf das XIX. Jahrhundert. Stuttgart 1889; V. P. ZUBOV, Russkie propovedniki. Očerki po istorii russkoj propovedi. M. 2001. Einen Überblick über die Geschichte der russischen Predigt aus sprachhistorischer Sicht findet man bei ŽIVOV, Jazyk i kul'tura, S. 376–402.

Belehrungen, also das einzige Licht unserer Wege, unermüdlich zu verwerfen; wozu, so sagen sie, brauchen wir Lehrer, wozu Prediger?"[9]

Nachdem die frühmittelalterliche Tradition der russischen Predigt abgerissen war, hatte die religiöse Reformbewegung der bogoljubcy (der Gottliebenden) in der ersten Hälfte des 17. Jahrhunderts den Anstoß zu einer Neubelebung der Gattung gegeben. Prägend für die folgende Entwicklung waren jedoch nicht die bogoljubcy, sondern die südwestrussischen Geistlichen, die in der zweiten Hälfte des 17. Jahrhunderts zur Korrektur der Kirchenbücher nach Moskau berufen wurden. Mit diesen gelehrten Klerikern kam auch die Predigt nach Großrußland, und zwar als Barockpredigt, so wie sich diese nach polnischem Vorbild im Südwesten herausgebildet hatte. Die entsprechende Theorie wurde in den Rhetorik-Lehrbüchern der Kiever Akademie und der anderen Priesterschulen vermittelt; auch in Prokopovičs Rhetorik findet man ein Kapitel über die Predigt.

Als Neuerung, die von einem Großteil der Bevölkerung und der Geistlichkeit mit Argwohn betrachtet wurde, blieb die großrussische Predigt in ihrer unmittelbar-rhetorischen Wirksamkeit über Jahrzehnte auf kleine Gruppen beschränkt, vor allem auf die Oberschicht der beiden Hauptstädte. Auch setzte ihr geistreichgelehrter, mit viel rhetorischem Schmuck versehener Duktus gebildete Zuhörer voraus; Dimitrij Tuptalo, Metropolit von Rostov, beendete manche seiner Predigten daher mit einem besonderen Teil, der für ein einfaches Publikum bestimmt war[10].

Prokopovič hat ein umfangreiches Korpus von mindestens 56 Predigten hinterlassen[11]. Sie gliedern sich zwanglos in zwei Gruppen, in die Predigten des Kiever und des Petersburger Lebensabschnittes; von den letzteren soll hier die Rede sein. Was diese Predigten mit dem Barock verbindet, ist die stilistische und motivische Vielfalt innerhalb der einzelnen Texte. Die Skala der Töne und Gegenstände reicht vom Pathetisch-Erhabenen bis zum Alltäglichen; die häufigen Zitate beziehen sich auf die Heilige Schrift ebenso wie auf die klassische Antike; neben Erörterungen, die auf das Naturrecht zurückgehen, findet man volkstümliche Sprichwörter. Immer wieder bricht sich auch das Temperament des geborenen Polemikers Bahn, der seine Widersacher beschimpft oder mit sarkastischer Ironie bedenkt. Nicht selten greift Prokopovič zu den Mitteln der scherzhaften Satire, wie zum Beispiel in der Geschichte von den zwei Kirchenräubern aus der Predigt *O vlasti i česti carskoj* („Über die Macht und die Ehre des Zaren", 1718, S. 76–93, hier S. 91). In derselben Predigt vergleicht Prokopovič

---

[9] F. PROKOPOVIČ, Slova i reči. Bd. II. SPb. 1761, S. 63–70, hier S. 66.
[10] M. BERNDT, Die Predigt Dimitrij Tuptalos. Studien zur ukrainischen und russischen Barockpredigt. Bern–Frankfurt 1975, S. 196.
[11] Vgl.: O. T. DELLA CAVA, The Sermons of Feofan Prokopovič: Themes and Style. Unveröffentlichte Diss. phil. Columbia 1972; N. D. KOČETKOVA, Oratorskaja proza Feofana Prokopoviča i puti formirovanija literaturnogo klassicizma. In: *XVIII vek*. Bd. 9. L. 1974, S. 50–80; JU. V. KAGARLICKIJ, Ritoričeskie strategii v russkoj propovedi perechodnogo perioda. 1700–1775. Unveröffentlichte Diss. phil. M. 1999, S. 61–76.

seine Widersacher mit Heuschrecken, die zwar einen dicken Bauch, aber nur schwache Flügel haben (S. 78); vorher hatte er gehofft, die Wahrheitsliebenden unter den Zuhörern möchten seiner zwingenden Beweisführung folgen und auf die falschen Meinungen der Gegenpartei „pfeifen" (ebd.).

Im Zeichen des gemäßigten Barock bemüht sich Prokopovič um Verständlichkeit; in der soeben genannten Predigt will er sich einer „einfachen und klaren Rede" befleißigen (S. 77). Für ihn ist die Predigt kein geistreiches Spiel, sondern ein Mittel, die Gefühle und Gedanken seiner Gemeinde zu lenken. Der Aufbau der Barockpredigt folgt dem Prinzip der assoziativen Reihung; bei Prokopovič dagegen herrscht Konsequenz und Logik. Am Anfang steht gewöhnlich ein bestimmter Lehrsatz, der dann mit Argumenten und Zitaten aus der Heiligen Schrift untermauert wird. Prokopovič verzichtet auf die wuchernde Bildsprache der Barockpredigt. Vergleiche, Metaphern und Allegorien verwendet er nur sparsam; sie dienen der Veranschaulichung oder Zuspitzung. Auch in seiner Körpersprache hat der Prediger zurückhaltend zu sein: Er soll nicht ständig die Augenbrauen heben und senken, er soll die Schultern still halten, beim Sprechen ruhig stehen, den Oberkörper nicht wie ein Ruderer hin und her bewegen, nicht in die Hände klatschen, keine Sprünge vollführen, nicht lachen und nicht schluchzen[12].

Mit dem neuen Stil seiner Predigten fand Prokopovič zahlreiche Nachahmer. Besonders einflußreich war er in sprachlicher Hinsicht[13]. Seine Vorgänger hatten ihre Predigten in jener streng geregelten Variante des Kirchenslavischen geschrieben, die für die kanonischen Texte des geistlichen Schrifttums verbindlich war. Dabei gab es reichlich Gelegenheit, durch Wortwahl und Satzbau mit Gelehrsamkeit zu prunken, aber man konnte auch Stimmen vernehmen, die zu mehr Einfachheit und Verständlichkeit mahnten. Bei Prokopovič verstärkt sich diese Tendenz; in den Petersburger Predigten verwendete er nicht mehr das kanonische, sondern das hybride Kirchenslavische. Damit öffneten sich seine Predigten dem sprachlichen Alltag. Mit Hilfe der schon bekannten Signalformen – Aorist, Imperfekt, Dual und anderen – blieb die Sprache jedoch als kirchenslavisch markiert.

Das mochte umso wünschenswerter erscheinen, als Prokopovič in seinen Petersburger Predigten mit Vorliebe weltliche Themen behandelte; durch die kirchenslavischen Signalformen wurde gerade auch bei solchen Themen die Autorität des Klerikers zur Geltung gebracht. Wenn in diesen Predigten von Gott die Rede ist, dann vor allem dann, wenn es galt, die schrankenlose Herrschaft Peters I. zu rechtfertigen und die Untertanen zum Gehorsam aufzurufen; außerdem er-

---

12 *Duchovnyj Reglament*, S. 64.
13 Vgl.: L. L. KUTINA, Feofan Prokopovič. Slova i reči. Problema jazykovogo tipa. In: *Jazyk russkich pisatelej XVIII veka*. Hrsg.: Ju. S. Sorokin. L. 1981, S. 7–46; DIES., Feofan Prokopovič. Slova i reči. Leksiko-stilističeskaja charakteristika. In: *Literaturnyj jazyk XVIII veka. Problemy stilistiki*. Hrsg.: Ju. S. Sorokin. L. 1982, S. 5–51; V. M. ŽIVOV, Jazyk Feofana Prokopoviča i rol' gibridnych variantov cerkovnoslavjanskogo v istorii slavjanskich literaturnych jazykov. In: *Sovetskoe slavjanovedenie* 3 (1985), S. 70–85.

scheint Gott als himmlischer Bundesgenosse, der dem Zaren im Kampf gegen seine Widersacher zur Seite steht.

In Prokopovičs Hinwendung zu weltlichen Themen zeigt sich jener Verzicht auf den geistlichen Standpunkt, den man schon vom Schuldrama kennt. In den Kiever Jahren war für ihn noch die Seelsorge das Wichtigste; in der Petersburger Zeit stellte er sein Talent fast ausschließlich in den Dienst der Tagespolitik und der petrinischen Ideologie. Er tat das in einer Zeit, da die weltliche Schriftkultur noch in den Anfängen steckte; umso größeres Gewicht hatte das gesprochene Wort. Da es in Rußland keine Tradition weltlicher Rhetorik gab, lag es für Peter I. nahe, für seine propagandistischen Zwecke die Redekunst der südwestrussischen Geistlichen in Anspruch zu nehmen; hierin liegt der Grund für die Berufung Prokopovičs aus Kiev nach Petersburg. Gleichzeitig erkennt man die große Kulturbedeutung der Predigt in der petrinischen Epoche. Mit dem Aufkommen der weltlichen Literatur sollte sich diese Bedeutung in den folgenden Jahrzehnten jedoch verringern. Den Lobpreis des Herrschers konnte man nun auch in Lomonosovs Oden vernehmen; die Aufgaben der Volkserziehung wurden auch durch Verssatire, Komödie und andere Gattungen wahrgenommen. Unter solchen Umständen konnte die Predigt sich wieder auf ihre geistlichen Themen besinnen, womit sie jedoch ihre ehemals zentrale Stellung vollends einbüßte und an den Rand einer offiziellen Kultur rückte, die in erster Linie weltlich geprägt war.

Mit der Berufung Prokopovičs hatte der Zar einen glücklichen Griff getan, denn bei der politischen Indienstnahme der Predigt war Prokopovič sehr viel eifriger als die meisten seiner geistlichen Kollegen. Offenbar ohne jeden inneren Vorbehalt machte Prokopovič die Predigt zum Instrument petrinischer Politik und zu einer Waffe im Kulturkampf, die er nicht selten gegen seine kirchlichen Amtsbrüder richtete, etwa gegen Stefan Javorskij, der als Patriarchatsverweser und später als Vorsitzender des Hl. Synods der wichtigste Gegner Prokopovičs in kirchenpolitischen Fragen war.

In seinen Predigten wurde Prokopovič nicht müde, den Lobpreis des Reformzaren zu verkünden und den Sieg des neuen Rußland über das alte Rußland zu feiern. Er hat denn auch maßgeblich dazu beigetragen, die propagandistische Formel von den 'zwei Rußland' im Bewußtsein der Zeitgenossen und Nachgeborenen zu verankern.

Prokopovič bekämpfte unter anderem jene weltverneinende Tradition altrussischer Frömmigkeit, die in der Altgläubigenbewegung ihren konsequentesten Ausdruck fand. Dagegen setzte er die diesseitige Haltung der europäischen Frühaufklärung. In seiner Predigt „Über die Macht und die Ehre des Zaren" spottet Prokopovič über jene „weisen Männer", für die das irdische Leben nur ein Jammertal ist, und er verhöhnt jene von „Melancholie" umnachteten Geister, denen „schlechtes Wetter lieber ist als ein schöner Tag", denen „üble Nachrichten mehr Freude bereiten als gute" und die auch „vom Glück nichts halten". Wenn solche Quertreiber einen Menschen sähen, der sich guter Gesundheit erfreue, dann sei

Kapitel 5. Feofan Prokopovič 41

dieser für sie nicht „heilig"; wenn es nach ihnen ginge, „wären alle Menschen mißgestaltet, bucklig, verdüstert und nicht wohlauf" (S. 79). Weiter unten erzählt Prokopovič die komisch-makabre Geschichte von Timon dem Athener, der seine Mitbürger ermunterte, sich in seinem Garten aufzuhängen (S. 80). Das zielte auf diejenigen Altgläubigen, die ihren Anhängern den Selbstmord zur Rettung ihrer Seelen inmitten einer verderbten und vom Antichrist beherrschten Welt empfahlen.

Prokopovičs Predigten verdanken ihre rhetorische Wirksamkeit nicht zuletzt einem Sinn für das einprägsame Detail, wie zum Beispiel die Predigt von 1717 zum achten Jahrestag des Sieges von Poltava. Im Mittelpunkt steht hier nicht, wie noch in der älteren Poltava-Predigt von 1709, die Beschreibung des Schlachtgetümmels, sondern ein frappantes Einzelmotiv, das im Verlauf der Darlegung leitmotivisch wiederholt wird – der von einer feindlichen Kugel durchbohrte Hut des Zaren. Die gesamte Predigt erhält ihre provozierende Spannung aus dem Ineinander von Erhabenem und Banalem; die barocke Neigung zum Geistreich-Paradoxen wird hier auf eine für Prokopovič typische Weise in den Dienst der petrinischen Propaganda gestellt.

Dem Redner gibt der durchschossene Hut zunächst Gelegenheit, sich mit dem Erschauern des treuen Untertanen vorzustellen, wie nah der Zar dem Tode doch gewesen war; in oxymoraler Wendung mischt sich Entsetzen mit Dankbarkeit, es häufen sich die Exklamationen und rhetorischen Fragen:

> [...] der Hut ist von einer Kugel durchschossen. Oh schreckliches und glückliches Ereignis! War denn der Tod dem gottgekrönten Haupte nicht ganz nahe? Hat Gott denn nicht auf diese Weise gezeigt, daß er selber an der Seite unseres Zaren kämpft? (S. 56)

In einer Folge von Antithesen werden dann die Tapferkeit und der Opfermut Peters herausgestellt. Die Stelle gipfelt in einem paradoxen und deshalb besonders wirksamen Überbietungsvergleich:

> Oh du kostbarer Hut! Nicht durch deinen materiellen Wert, sondern durch diese Beschädigung bist du viel kostbarer als alle Lorbeerkränze, als alle zarischen Regalien! Es schreiben die Historiker des russischen Staates, daß kein einziger der europäischen Herrscher eine so kostbare Krone trage, wie der russische Monarch. Aber von nun an sollt ihr nicht die Krone, sondern diesen Hut des Zaren darstellen und mit Staunen beschreiben. (S. 57)

Ähnlich verfährt Prokopovič in seiner Predigt zum Lobpreis der russischen Flotte, die er in Gegenwart Peters I. und der Regierung am 8. September 1720 in der Petersburger Dreifaltigkeitskirche hielt. Den Anlaß bildete ein Seesieg über die Schweden im Nordischen Krieg; die Drucklegung des Textes erfolgte auf Befehl des Zaren. An die Stelle des durchschossenen Huts tritt hier jenes „kleine Segelboot" (botik), mit dem Peter in seiner Jugend erste Erfahrungen zu Wasser gesammelt hatte und das von Prokopovič zum mythischen Ursprung der russischen Kriegsflotte verklärt wird. Auch heute noch kann man das „kleine Segelboot" im Petersburger Museum der Kriegsmarine bestaunen.

KAPITEL 6
KANTEMIR

Zwischen Barock und Klassizismus

Das literarische Werk Kantemirs entstand in den zwei Jahrzehnten nach dem Tod Peters I. Ebenso wie die Schriften des Feofan Prokopovič nimmt es eine literarhistorische Zwischenstellung ein: In vieler Hinsicht noch dem Barock verhaftet, weist es in manchen Aspekten auf den Klassizismus voraus; gemeinsam ist auch die Nähe zur Aufklärung.

Biographie

Antióch Dmítrievič Kantemír (1709–1744) stammte aus einem hochgebildeten Elternhaus der Aristokratie[1]. Sein Vater Dmitrij Kantemir, ehemals Hospodar der Moldau, hatte sich im Verlauf des für Rußland unglücklich verlaufenen Türkenfeldzuges von 1711 auf die Seite Peters I. geschlagen und sah sich daher gezwungen, mit seiner Familie nach Rußland überzusiedeln. Der junge Kantemir wurde zunächst daheim unterrichtet, er lernte Italienisch, Französisch, Griechisch und Latein. Einer seiner Lehrer war Ivan Il'inskij, Absolvent der Geistlichen Akademie zu Moskau. Ihm verdankte Kantemir seine Vertrautheit mit der syllabischen Dichtung. Später besuchte er Vorlesungen über Mathematik, Physik, Geschichte und Moralphilosophie an der neugegründeten Akademie der Wissenschaften. Schon früh zog es Kantemir zur Politik; im Konflikt um die Thronbesteigung der Zarin Anna (1730) spielte er eine maßgebliche Rolle auf der Seite der siegreichen Partei. 1731 wurde er im Alter von zweiundzwanzig Jahren zum russischen Botschafter in London ernannt.

---

[1] Vgl.: V. STOJUNIN, Knjaz' Antioch Kantemir. In: A. D. KANTEMIR, Sočinenija, pis'ma i izbrannye perevody. Hrsg.: P. A. Efremov. Bd. I. SPb. 1867, S. IX–CXIII; S. I. NIKOLAEV, Kantemir Antioch Dmitrievič. In: *Slovar' russkich pisatelej XVIII veka*, Bd. II, S. 15–21. – Unter den Werkausgaben immer noch unentbehrlich: KANTEMIR, Sočinenija, pis'ma i izbrannye perevody; leichter zugänglich ist jedoch die sowjetische Ausgabe, auf die sich im folgenden die eingeklammerten Seitenangaben des Hauptttextes beziehen: A. D. KANTEMIR, Sobranie stichotvorenij. Hrsg.: Z. I. Gerškovič. L. 1956. – Zur Charakteristik des Gesamtwerks vgl.: L. V. PUMPJANSKIJ, Kantemir. In: *Istorija russkoj literatury*. Bd. III.1. Düsseldorf–The Hague 1967 (Nachdruck der Ausgabe M.–L. 1941), S. 175–212; H. GRAßHOFF, Antioch Dmitrievič Kantemir und Westeuropa. Ein russischer Schriftsteller des 18. Jahrhunderts und seine Beziehungen zur westeuropäischen Literatur und Kunst. Berlin 1966; vgl. auch den Sammelband *Antioch Kantemir i russkaja literatura*. Hrsg.: A. S. Kurilov. M. 1999.

Neben der gewissenhaften Erfüllung seiner diplomatischen Pflichten lebte Kantemir in London auch seinen Bildungsinteressen, er lernte die Landessprache und sammelte die Werke der englischen Autoren (Locke, Swift, Pope, die Moralischen Wochenschriften von Addison und Steele). Gleichzeitig verkehrte er mit italienischen Künstlern und Schriftstellern. Ihnen verdankte er viel; gewisse Eigenheiten seiner Schriften werden erst im Lichte der italienischen Quellen ganz verständlich[2]. 1738 wurde Kantemir nach Paris versetzt, wo er sich bis zu seinem frühen Tod im Jahre 1744 aufhielt. Auch hier nahm er am Geistesleben seiner Umgebung lebhaften Anteil[3], er verkehrte in den Pariser Salons, trat in persönlichen Kontakt mit Montesquieu und korrespondierte mit Voltaire. Seine Übersetzung von Montesquieus satirischen *Lettres persanes* ist leider nicht erhalten.

Ebenso wie die meisten anderen russischen Autoren des 18. Jahrhunderts war Kantemir ein Staatsdiener, der die Schriftstellerei in seiner freien Zeit betrieb. Als Autor wollte er Privatmann sein, er betonte den nichtoffiziellen Charakter seiner Werke und versicherte den Lesern mehrfach, daß er „zum Vergnügen" schreibe (S. 164, 186, 361); wie man noch sehen wird, war das Schreiben für ihn jedoch weit mehr als ein Spiel. Dieses Pochen auf den nicht-offiziellen Charakter der schriftstellerischen Tätigkeit forderte jedoch seinen Preis, denn diejenigen Autoren, die ihre Feder nicht wie etwa Feofan Prokopovič unmittelbar in den Dienst des Staates oder der Kirche stellten, hatten in der ersten Hälfte des 18. Jahrhunderts in Rußland kaum Publikationsmöglichkeiten. So kam es, daß die meisten Werke Kantemirs seinerzeit nicht gedruckt wurden; viele sind verschollen.

Als Autor verkörpert Kantemir eine Tradition universaler Gelehrsamkeit, die auch in der ersten Hälfte des 18. Jahrhunderts durch das aufkommende Spezialistentum der modernen Wissenschaft noch nicht verdrängt worden war. Als Schriftsteller suchte er dem petrinischen Bildungsauftrag auf möglichst umfassende Weise gerecht zu werden; damit erklärt sich der große Anteil von Übersetzungen in seinem Werk.

Aus Kantemirs Feder stammen ein (unvollendetes) russisch-französisches Lexikon und eine Einführung in die Algebra. Mit philologischer Akribie übersetzte er die Autoren der klassischen Antike, vor allem Anakreon und Horaz. Von seiner Montesquieu-Übertragung war schon die Rede; als Übersetzer interessierte sich Kantemir auch für die moderne Naturwissenschaft. Seine Übertragung von F. Algarottis populärwissenschaftlicher Schrift *Il newtonianismo per le dame* (1737) ist verlorengegangen, nicht jedoch die von Fontenelles *Entretiens sur la pluralité des mondes* (1686). Dieses Hauptwerk der französischen Frühaufklärung diente der Verbreitung des heliozentrischen Weltbildes kopernikanischer Prägung und wurde dank seines eleganten Stils in ganz Europa gelesen. An dieser Über-

---

2   L. V. Pumpjanskij, Očerki po literature pervoj poloviny XVIII veka. In: *XVIII vek*. [Bd. 1]. M.–L. 1935, S. 83–132, hier S. 83–102 („Kantemir i ital'janskaja kul'tura"); L. G. Maiellaro, Kantemir i Italija. In: *Arbor mundi / Mirovoe Drevo* 6 (1998), S. 199–211.

3   M. Ehrhard, Le prince Cantemir à Paris 1738–1744. Lyon 1938.

setzung arbeitete Kantemir in der ersten Hälfte der 1730er Jahre[4] und versah sie zur Belehrung seiner Leser mit zahlreichen Anmerkungen. Wegen kirchlichen Widerstandes konnten die *Razgovory o množestve mirov* („Gespräche über die Vielheit der Welten") erst 1740 im Druck erscheinen; sie wurden später noch zwei Mal aufgelegt. Mit dieser Übersetzung hat Kantemir viel für die Durchsetzung des neuzeitlichen Weltbildes in Rußland getan – ein Echo der hier wirkenden Ideen vernimmt man in zahlreichen Werken des 18. Jahrhunderts, auch in Deržavins berühmter Ode *Bog* („Gott"). Als Fontenelle-Übersetzer hat sich Kantemir auch um die Begründung der populärwissenschaftlichen Schreibweise in Rußland verdient gemacht; eine Reihe von Termini, die er in Anlehnung an seine Vorlage prägte, sind in die russische Wissenschaftssprache eingegangen.

Die Satiren

Unter Kantemirs literarischen Originalarbeiten ist außer kürzeren Texten (Oden, Fabeln etc.) auch seine *Petrida* von 1730 zu nennen – das Fragment eines Versepos über Peter I. In erster Linie schrieb Kantemir jedoch Verssatiren[5]. In diesen Gedichten und den dazugehörigen Anmerkungen tritt er den Lesern auf unaufdringlich selbstbewußte Weise als individueller Autor mit eigener Lebensgeschichte entgegen. Mehrfach findet man hier autobiographische Motive, so zum Beispiel in den Anmerkungen zur VII. Satire *O vospitanii* („Über die Erziehung"), die einen Hinweis auf das Lebensalter ihres Verfassers enthalten: „Unser Dichter [= er selber] wurde am 10. September des Jahres 1709 geboren" (S. 165). In einer weiteren Anmerkung erfährt der Leser, daß Kantemir diese Satire „zu seinem Vergnügen" und „in der Zeit seiner Gesandtschaft am französischen Hof 1739" geschrieben habe (S. 164). Die III. Satire *O različii čelovečeskich strastej* („Über die Vielfalt der menschlichen Leidenschaften") ist einem Freund gewidmet, dem Erzbischof von Novgorod Feofan Prokopovič. Auch hierin liegt ein Hinweis auf die eigene Person. Kantemir stellt sich damit gegen die Anonymität des altrussischen Schreibers und tritt als Autorenpersönlichkeit der Neuzeit hervor.

Kantemir ist Begründer und Hauptvertreter der russischen Verssatire. Seine Vorbilder waren die Klassiker der Gattung in Antike und Neuzeit – neben Juvenal und Horaz auch Boileau; ob die Übersetzungen von vier Satiren Boileaus, die in den Jahren 1727–1730 entstanden sein sollen, tatsächlich von Kantemir stammen,

---

[4] Zur Datierung vgl.: JU. S. SOROKIN, U istokov literaturnogo jazyka novogo tipa. Perevod „Razgovorov o množestve mirov" Fontenelja. In: *Literaturnyj jazyk XVIII veka,* S. 52–85, hier S. 61 f.

[5] Vgl.: H. SCHROEDER, Russische Verssatire im 18. Jahrhundert. Köln–Graz 1962, S. 46–142; G. A. GUKOVSKIJ, Russkaja literatura XVIII veka. Učebnik dlja vysšich učebnych zavedenij. M. 1939, S. 49–57; I. Z. SERMAN, Kantemir. In: *Istorija russkoj poèzii.* Bd. I. L. 1968, S. 55–61; JU. V. STENNIK, Russkaja satira XVIII veka. L. 1985, S. 54 ff.; V. I. GLUCHOV, Kantemir i žanr stichotvornoj satiry (K voprosu o tvorčeskoj èvoljucii satirika). In: *Antioch Kantemir,* S. 76–94; JU. K. ŠČEGLOV, Antioch Kantemir i stichotvornaja satira. SPb. 2004.

ist jedoch strittig[6]. Insgesamt schrieb Kantemir acht Verssatiren (die sogenannte IX. Satire wurde von einem Epigonen verfaßt). Die ersten vier sind noch in Rußland entstanden, die übrigen stammen aus den Londoner und Pariser Jahren. Kantemir hat seine Satiren im Lauf der Jahre mehrfach umgearbeitet. Er verringerte die Zahl der kirchenslavischen Wendungen und der Fremdwörter. Eine weitere Veränderung betraf den Versrhythmus. Kantemir hielt zwar am Prinzip des syllabischen Verses fest, versuchte jedoch ihn stärker zu regulieren, indem er vor der Zäsur und am Ende der dreizehnsilbigen Verszeile konstante Wortakzente einführte. Die Theorie zu dieser Praxis findet man in seinem *Pis'mo Charitona Makentina k prijatelju o složenii stichov russkich* („Brief des Chariton Makentin an einen Freund über das Verfertigen von russischen Versen", ersch. 1744); der Name des Briefschreibers ist ein Anagramm auf Antioch Kantemir.

1743 bemühte sich Kantemir zum wiederholten Male darum, seine Satiren in Rußland drucken zu lassen, jedoch ohne Erfolg. Auch weiterhin konnten sie nur handschriftlich verbreitet werden, dies allerdings mit Erfolg – es gab „hunderte von Abschriften"[7], und es fanden sich auch Nachahmer. Eine gedruckte Ausgabe der Satiren erschien erst 1762, achtzehn Jahre nach Kantemirs Tod. Schon dreizehn Jahre vorher, 1749, war jedoch eine französische (Prosa)-Übersetzung von Kantemirs Satiren im Druck erschienen, die auf der Grundlage einer italienischen Zwischenübersetzung angefertigt worden war; eine zweite Auflage folgte schon 1750. Auf der Grundlage dieser französischen Übersetzung erschien 1752 auch eine deutsche Version[8]. Die französische Ausgabe der Satiren wurde von Ottaviano Guasco besorgt, einem italienischen Geistlichen, mit dem Kantemir in seinen letzten Lebensjahren befreundet war. Zu dieser Ausgabe steuerte Guasco eine Biographie Kantemirs bei; das war die erste Biographie eines russischen Autors. In gekürzter Form erschien sie auch in der russischen Ausgabe von 1762. Diese Ausgabe war mit einem Porträt Kantemirs versehen, wofür es in Rußland nur ein Beispiel gab, das Porträt Lomonosovs im ersten Band der Werkausgabe von 1757. Auf diese Weise erfuhr der russische Leser, daß man sich nicht nur als Militär oder Staatsmann, sondern auch als Schriftsteller Ansehen und sogar Ruhm erwerben konnte.

Poetik

Kantemirs Satiren bilden einen locker gefügten Zyklus, der nach dem Gebot abwechslungsreicher Vielfalt aufgebaut ist. Die I. Satire *Na chuljaščich učenija* („Gegen die Verächter der Wissenschaft") entstand noch in Petersburg und griff

---

[6] D. TSCHIŽEWSKIJ, Das Barock in der russischen Literatur. In: *Slavische Barockliteratur* I. Hrsg.: Ders., München 1970, S. 9–39, hier 19 f.

[7] Vgl. den Editionskommentar von Z. I. Gerškovič in: KANTEMIR, Sobranie stichotvorenij, S. 431–434, hier S. 431.

[8] H. GRAßHOFF, Die deutsche Ausgabe der Satiren Antioch Dmitrievič Kantemirs vom Jahre 1752 und ihr Übersetzer. In: *Deutsch-slawische Wechselseitigkeit in sieben Jahrhunderten*. Berlin 1956, S. 256–267.

in den petrinischen Kulturkampf ein, der auch nach dem Tod des Zaren keineswegs beendet war. Die übrigen Satiren verfolgen allgemeine Ziele. Die II. Satire zum Beispiel bietet das Porträt eines nichtsnutzigen jungen Adligen mit dem sprechenden Namen Evgenij (= der Wohlgeborene). Im Gegensatz zu seinen ruhmreichen Ahnen, auf die er sich voller Stolz beruft, hat dieser junge Herr nichts anderes als Bequemlichkeit und Luxus im Sinn. Es ist früh am Morgen – die Zeit, da der Heerführer mit seinen Truppen ins Feld zieht. Aber Evgenij liegt noch im Bett und läßt es sich wohlsein; seinen heroischen Vorvätern eifert er nur mit seinem „furchterregenden Schnarchen" nach (S. 71). Erst spät am Tage öffnet er die Augen, gähnt und streckt sich noch gute zwei Stunden, nimmt dann seinen Tee – „den Trank, den man aus Indien oder China herbeischafft" (ebd.) –, springt mit einem energischen Satz aus dem Bett und macht sich an „die schwere Mühe" seiner Morgentoilette, die mit allen raffinierten Einzelheiten geschildert wird (S. 71 f.). Zum ersten Mal in der russischen Literatur wird hier das später so beliebte Bild des adligen Modegecken gezeichnet, des petit-maître.

Kantemir zeigt eine Vorliebe für die Form des satirischen Porträts. Das unterscheidet ihn von Boileau und begründet seine Nähe zu einem weiteren Autor der französischen Klassik – zu Jean de La Bruyère und seinen *Caractères* (ersch. 1688). In der III. Satire findet man eine ganze Reihe solcher Porträts – der habsüchtige Chrisipp, der Verschwender Klearch, das Klatschmaul Menandr, der Langweiler Longin, der Heuchler Varlam und andere. Mit Hilfe der meist antikisierenden Eigennamen werden die Figuren im Geiste des Klassizismus zum Allgemeinmenschlichen abstrahiert.

In solchen Porträts zeigt sich die Beobachtungsgabe des Satirikers, sein Sinn für das sprechende Detail. Im Dienste der satirischen Absicht steht auch die reich entwickelte und manchmal wuchernde Bildsprache – die Nähe zum Barockstil ist nicht zu verkennen[9]. Vielfach stammen diese Bilder aus der literarischen Tradition, wie in den Anmerkungen immer wieder hervorgehoben wird. Aber das ändert nichts an ihrer Treffsicherheit. Wenn der hoffärtige Irkan aus der III. Satire einen Raum betritt, der voller Menschen ist, stößt er alle beiseite, so wie „ein fahrendes Schiff die Wellen zerteilt" (S. 96). In derselben Satire hastet das Klatschmaul Menandr den ganzen Tag durch die Stadt, um die letzten Neuigkeiten zu verbreiten: Sein Redefluß ist wie junger Wein, dessen Gärung noch nicht abgeschlossen ist und das Faß zu sprengen droht, bis er endlich schäumend und zischend den Propfen heraustreibt und überläuft. Dann wechselt das Bildfeld, ein zweiter Vergleich schließt sich an, der dem ersten an Wirksamkeit nicht nachsteht: Kaum ist Menandr bei dem einen Bekannten seine Neuigkeiten losgeworden, so eilt er auch schon zum nächsten – wie ein bestechlicher Richter, der gespürt hat, daß bei einem Antragsteller nichts zu holen ist und sich daher schleunigst entfernt.

---

[9] V. LEHMANN, Sind die Satiren Kantemirs barock? Eine Untersuchung ihrer Metaphern als Stilkennzeichen. In: *Festschrift für Alfred Rammelmeyer*. Hrsg.: H. B. Harder. München 1975, S. 143–174.

In anderen Satiren beruhigt sich die Angriffslust des Autors – die Grenze zwischen Verssatire und Versepistel wird fließend. Die VII. Satire handelt „Von der Erziehung" (*O vospitanii*), einem Lieblingsthema der europäischen Aufklärung und auch der russischen Literatur im 18. Jahrhundert. In der VI. Satire *O istinnom blaženstve* geht es um „Die wahre Glückseligkeit", man findet hier ein horazisches Wunschbild schöpferischer Muße in ländlicher Zurückgezogenheit. Gerne spricht Kantemir in seinen Satiren vom „gesunden Menschenverstand". Der zugrundeliegende Vernunftbegriff ist stoischer Prägung und geht wiederum auf Horaz zurück – er richtet sich gegen die „Leidenschaften", die es im Namen der Seelenruhe zu unterdrücken gelte, und er bewährt sich im Streben nach der aurea mediocritas, dem „Goldenen Mittelmaß".

Diese Weisheitslehre, die sich im Haupttext der Satiren oft nur mittelbar äußert, wird in den zahlreichen Anmerkungen ausdrücklich formuliert. Sie sind für ein Publikum bestimmt, das noch sehr viel zu lernen hatte (in der französischen und der deutschen Ausgabe der Satiren wurden die Anmerkungen weggelassen). Dennoch wollte Kantemir mit seinem Werk höchsten Ansprüchen genügen. In der VIII. (und letzten) Satire verspottet er die schlechten Dichter: „Auf einem Bein stehend" (S. 173) schreibt so ein Pfuscher in einer Stunde zweihundert Verse. Mit Vielschreibern dieser Art wollte Kantemir nichts zu schaffen haben. Wie an der Textgeschichte seiner Satiren deutlich wird, war das Versemachen für ihn eine mühevolle und von mannigfaltigen Skrupeln belastete Tätigkeit.

Man spricht vom „schwierigen Kantemir"[10]. Tatsächlich bieten seine Satiren keine einfache Lektüre. Darüber darf die umgangssprachliche Stilisierung nicht hinwegtäuschen: Sie entspricht der überkommenen Stillage der Verssatire als einer niederen Gattung (genus humile), aber sie hat nicht den Zweck, das Lesen zu erleichtern. Auch in dieser Hinsicht zeigt sich Kantemirs Nähe zum Barockstil – der Abstand zu Boileau und der klassizistischen Poetik mit ihren Forderungen nach 'natürlicher' Einfachheit und Glätte ist nicht zu übersehen. Schwierig ist vor allem der latinisierende Satzbau mit accusativum cum infinitivo und zahlreichen Inversionen. Immer wieder werden die Adjektive durch Zwischenschaltung ganzer Wortgruppen vom zugehörigen Nomen getrennt; in seinen Anmerkungen versäumt es Kantemir nicht, auf solche Fälle aufmerksam zu machen und eine leichtverständliche 'Übersetzung' in Prosa anzubieten. Das Konzept der dichterischen Sprache, das sich in diesem erschwerten Stil äußert, wirft ein Licht auf die zahlreichen Vergleiche und Metaphern bei Kantemir: Sie dienen nicht nur der Veranschaulichung und der satirischen Zuspitzung, sondern betonen auch den Kunstcharakter der Darstellung, den Abstand von den alltäglichen Formen der Mitteilung[11].

---

[10] S. I. Nikolaev, Trudnyj Kantemir (Stilističeskaja struktura i kritika teksta). In: *XVIII vek*. Bd. 19. SPb. 1995, S. 3–14.

[11] Dž. Maiellaro [= G. L. Maiellaro], Koncepcija „poėtičeskogo jazyka" A. Kantemira i ee ital'janskie istočniki. Avtoreferat dissertacii. M. 1998.

In diesen Zusammenhang gehören auch die zahlreichen Literaturzitate in Kantemirs Satiren. In den Anmerkungen werden sie eigens namhaft gemacht. Meist handelt es sich dabei um die Klassiker der Gattung – Juvenal, Horaz und Boileau; oft genug findet man hier auch den lateinischen oder französischen Wortlaut. Aus diesen Zitaten spricht ein humanistisches Gefühl der Vertrautheit mit den vorbildlichen Dichtern der Vergangenheit: Kantemir nennt sie seine „toten Freunde"[12]. In der zeitlosen Gegenwart des sprachlichen Kunstwerks bildet sich ein Kreis von Gleichgesinnten: In den Satiren Kantemirs gibt sich die russische Dichtung als Mitglied der europäischen Kulturgemeinschaft.

---

[12] *Pis'ma o prirode i čeloveke* [1743]. In: KANTEMIR, Sočinenija, pis'ma i izbrannye perevody, Bd. II, S. 21–96, hier S. 24 f.

Zweiter Teil

Der russische Klassizismus: Die Literatur des neuen Rußland

KAPITEL 7
ÜBERBLICK

Klassizismus als Epochen- und Zeitstil

Gegen Ende der petrinischen Epoche verlor der Barockstil seine Vorherrschaft. Als Unterströmung, die mal hier, mal da an die Oberfläche gelangte, spielte er auch weiterhin eine Rolle, mußte sich nun aber einem literarischen System fügen, das in seinen Grundzügen vom Klassizismus geprägt war[1]. Die Barockästhetik der bunten Vielfalt und der prunkenden Fülle wurde jetzt von einer Ästhetik des Maßes und der strengen Regel abgelöst. Die Vorherrschaft des Klassizismus als Epochenstil der russischen Literatur setzte gegen Ende der 1740er Jahre ein und hielt sich dann ziemlich unangefochten etwa zwei Jahrzehnte lang. Als Zeitstil, der als solcher nicht vorherrschend ist, sondern mit anderen Stilen konkurrieren muß, reichte der Klassizismus über diesen Zeitraum auch hinaus. Seine frühe Phase lag in den 1730er – 1740er Jahren, seine späte – in den letzten drei Jahrzehnten des Jahrhunderts; Ausläufer reichen bis ins 19. Jahrhundert, bis an die Schwelle der romantischen Epoche.

Kulturimport

Der Barockstil war durch Vermittlung der Ukraine aus Polen nach Rußland gelangt. In der petrinischen Epoche verlor Polen jedoch seine Kulturbedeutung für Rußland, man blickte jetzt auf die fortgeschrittenen Länder des protestantischen Westeuropa, vor allem nach Holland und Deutschland. In den 1730er Jahren vollzog sich eine weitere Neuorientierung – der allgegenwärtige Kultureinfluß Frankreichs begann sich nun auch in Rußland durchzusetzen. Das deutsche Vorbild blieb wirksam, aber nur an zweiter Stelle; die britische Literatur lernte man in französischer Übersetzung kennen. Die Autoren der klassischen Antike wurden zwar gerne erwähnt, aber kaum gelesen; für die Autoren des russischen Klassizismus waren sie nur in Einzelfällen von Bedeutung – im Gegensatz zu Feofan Prokopovič und Kantemir beschränkte man sich nun weitgehend auf die Literatu-

---

[1] Vgl. vor allem: G. A. GUKOVSKIJ, O russkom klassicizme. In: DERS., Rannie raboty po istorii russkoj poèzii XVIII veka. Hrsg.: V. M. Živov. M. 2001, S. 277–328; DERS., K voprosu o russkom klassicizme (Sostjazanija i perevody), ebd., S. 251–276; L. V. PUMPJANSKIJ, K istorii russkogo klassicizma. In: DERS., Klassičeskaja tradicija. Sobranie trudov po istorii russkoj literatury. M. 2000, S. 30–157. Vgl. ferner: I. Z. SERMAN, Russkij klassicizm. Poèzija. Drama. Satira. L. 1973.

ren der Neuzeit: Der russische Klassizismus war ein Klassizismus, in dem die klassische Antike nur eine geringe Rolle spielte, ein Klassizismus zweiter Hand. Hierin liegt ein entscheidender Unterschied zum französischen Klassizismus, denn in Frankreich gehörte die Literatur des klassischen Altertums zur Grundausstattung jedes gebildeten Menschen; in Rußland konnte davon nicht die Rede sein.

Was in der russischen Literatur der klassizistischen Epoche stattfand, war bei Kantemir vorbereitet: ein Kulturimport großen Stils. Im zeitgenössischen Schrifttum gibt es kaum ein Werk, das nicht auf die eine oder andere Weise einem westeuropäischen Vorbild verpflichtet wäre[2]. Wörtliche Übereinstimmungen findet man auf Schritt und Tritt, die Grenze zwischen Übersetzung, Nachahmung und Plagiat ist keineswegs immer klar gezogen, und oft genug hat man den Eindruck, als ob die Autoren ihre Vorbilder einfach plünderten. Eine solche Praxis lag in der Logik der petrinischen Kulturrevolution; zur Rechtfertigung konnte man sich auch auf die Doktrin des westeuropäischen Klassizismus berufen.

Nach dieser Lehre stand 'imitatio' höher im Kurs als 'inventio' – nur durch das Nachahmen bedeutender Vorbilder konnte man jenem Ideal zeitloser Vollkommenheit nahekommen, das der klassizistischen Ästhetik zugrundelag. Die Autoren fühlten sich geschmeichelt, wenn sie als „Malherbe unserer Länder" (Lomonosov als Odendichter) oder als „der nördliche Racine" (Sumarokov als Autor von Tragödien) bezeichnet wurden[3]. Bei all dem war Eigenständigkeit keineswegs ausgeschlossen – man unterschied zwischen einer sklavischen und einer schöpferischen Nachahmung, die sich ihrerseits zu einem Wettstreit (aemulatio) mit der Vorlage steigern konnte[4].

Allerdings waren die Ansprüche in dieser Hinsicht nicht sehr groß. Zwar wurde der Plagiatsvorwurf auch in Rußland gerne als Waffe der Literaturpolemik verwendet. Dennoch spielte die Forderung nach dem Neuen und das Streben nach Originalität nur eine geringe Rolle. Man spricht in diesem Zusammenhang von einer „Ästhetik der Identität"; dies im Gegensatz zu den Originalitätsforderungen einer modernen „Ästhetik der Gegenüberstellung"[5]. Tatsächlich ist die Literatur des russischen Klassizismus weithin eine Variation auf längst bekannte Stoffe und Formen. Die Aufmerksamkeit des Lesers richtete sich viel mehr auf das Wie als auf das Was der Darstellung. Im Idealfall war das eine Literatur der feinen Unterschiede und der stilistischen Nuancen.

---

[2] Beispiele bei G. ACHINGER, Der französische Anteil an der russischen Literaturkritik des 18. Jahrhunderts unter besonderer Berücksichtigung der Zeitschriften (1730–1780). Bad Homburg v. d. H. etc. 1970.

[3] Vgl.: P. THIERGEN, Translationsdenken und Imitationsformeln. Zum Selbstverständnis der russischen Literatur des XVIII. und XIX. Jahrhunderts. In: *Arcadia* 13 (1978), S. 24–39.

[4] Vgl.: I. KLEJN [= J. KLEIN], Russkij Bualo? Épistola Sumarokova *O stichotvorstve* v vosprijatii sovremennikov. In: *XVIII vek.* Bd. 18. SPb. 1993, S. 40–58, hier S. 42–47 („Plagiat?"); S. I. NIKOLAEV, Original'nost', podražanie i plagiat v predstavlenijach russkich pisatelej XVIII veka (Očerk problematiki). In: *XVIII vek.* Bd. 23. SPb. 2004, S. 3–19.

[5] JU. M. LOTMAN, Struktura chudožestvennogo teksta. M. 1970, S. 350 ff.

Bei dieser formbewußten Art der Lektüre gewann die Sprache eine überragende Bedeutung, das literarische Kunstwerk wurde oft nur als sprachliches Artefakt wahrgenommen. Die Gründe liegen in der vorgefundenen Sprachsituation. Die Autoren des russischen Klassizismus mußten ihre Werke in einer Literatursprache schreiben, die noch nicht klar umrissen war und deren Verwendung große Unsicherheiten mit sich brachte. Unter solchen Umständen versteht man, daß die Literaturkritik der Zeitgenossen auf eine Art, die heutzutage beckmesserisch anmutet, auf sprachliche Einzelheiten blickte. Dem Primat des sprachlichen Aspekts entspricht die besondere Wertschätzung, der sich im Rußland des 18. Jahrhunderts das Übersetzen erfreute. Der Lomonosov-Schüler und spätere Professor an der Moskauer Universität N. N. Popovskij verdankte sein literarisches Ansehen in erster Linie seiner Übertragung von A. Popes *Essay on Man*[6], und Trediakovskij scheute sich nicht, den Übersetzer mit dem Originalautor auf eine Stufe zu stellen: Seiner Ansicht nach unterscheidet sich der eine vom anderen „nur durch den Namen"[7].

Kontextwechsel

Die Abhängigkeit des russischen Klassizismus von westeuropäischen Vorbildern ist mit den Händen zu greifen; der literarischen Einflußforschung bietet sich ein reiches und überreiches Feld. Dennoch ist die Literatur des russischen Klassizismus nicht nur ein Sammelsurium von Lesefrüchten; wenn man ein primitives Gedankenexperiment anstellt und die westeuropäischen Einflüsse von der russischen Kultur des 18. Jahrhunderts abzieht, ist die Endsumme keineswegs Null. Wie die Rezeptionsforschung zeigt, gibt es keine voraussetzungslose Übernahme fremder Kulturgüter; diese geraten stets in den Umkreis einer schon bestehenden Tradition, einer vorgegebenen Kultur. Ein Kontextwechsel findet statt, im Zuge dessen sich die Bedeutung und Funktion der übernommenen Kulturgüter oft in grundlegender Weise verändert. Aus dieser Sicht erscheint der russische Klassizismus nicht mehr nur als eine verzerrte Wiederholung der westeuropäischen Vorbilder, sondern er gewinnt eine Bedeutung sui generis – als Fortsetzung der petrinischen Kulturrevolution und als Literatur des neuen Rußland.

Die Begründer des russischen Klassizismus waren Trediakovskij, Lomonosov und Sumarokov. Sie begannen ihre Laufbahn in dem Bewußtsein, am Anfang der russischen Literaturgeschichte zu stehen. Es zeigt sich die petrinische Neigung zum Traditionsbruch. Die ältere russische (Barock-)Literatur entsprach nicht den Normen des Klassizismus und verdiente daher nicht den Namen Dichtung. Sie wurde totgeschwiegen; selbst Kantemir nahm man nur widerstrebend zur Kenntnis. In ihrem Gründerstolz lieferten sich Trediakovskij, Lomonosov und Sumaro-

---

[6] Vgl.: H. KEIPERT, Pope, Popovskij und die Popen. Zur Entstehungsgeschichte der russischen Übersetzung des *Essay on Man* von 1757. Göttingen 2000.
[7] V. K. TREDIAKOVSKIJ, Sočinenija. Bd. III. SPb. 1849, S. 647–651 (Vorwort zu *Ezda v ostrov ljubvi*), hier S. 649.

kov erbitterte Prioritätsstreitigkeiten – jeder von ihnen wollte als „Vater der russischen Dichtung" in das Gedächtnis der Nachwelt eingehen. In solchen Polemiken zeigte sich das Selbstgefühl des neuzeitlichen Autors.

Das Anfangsbewußtsein der russischen Klassizisten tritt auch in ihren programmatischen Schriften zutage: Zum größten Teil kodifizieren sie keine schon eingespielte poetische Praxis, wie das in Frankreich (Boileau) oder Deutschland (Gottsched) der Fall war, sondern entwerfen eine literarische Zukunft, die es erst noch zu schaffen galt. In einem Gedicht des Jahres 1734 spricht Trediakovskij von der „russischen Muse" die in „jeder Hinsicht noch jung und neu" sei[8], und in seinem „Brief über die Regeln der russischen Verskunst" von 1739 kann Lomonosov beiläufig, als sei dies selbstverständlich, behaupten: „[...] unsere Dichtkunst steht erst am Anfang"[9]; derlei Äußerungen findet man auch bei anderen Autoren.

In seiner frühen Phase stand der russische Klassizismus ganz im Zeichen petrinischer Traditionsfeindlichkeit. In schroffer Abkehr von der literaturhistorischen Vergangenheit, die dem gewollten Vergessen preisgegeben wurde, fühlten sich die Autoren berufen, die literarischen Errungenschaften Westeuropas nach Rußland zu übertragen. In einer kulturgeschichtlichen Situation, die ihnen als tabula rasa erschien, wollten sie auf scheinbar freiem Gelände den Palast einer neuen Literatur errichten, man könnte auch sagen: ein literarisches Sankt Petersburg. Was den russischen Klassizismus mit der petrinischen Epoche verbindet, ist allerdings nicht nur das kulturrevolutionäre Pathos, sondern auch die Problematik: Aller Deklarationen ungeachtet blieb jene Tradition, mit der man zu brechen glaubte, de facto wirksam, wie das zum Beispiel am Fortwirken des literarischen Barock zu sehen ist. Trediakovskij, Lomonosov und Sumarokov konnten schließlich nicht umhin, die Kontinuität von Altem und Neuem als Tatsache anzuerkennen; davon wird im einzelnen noch die Rede sein.

Regelpoetik

Die Poetik des europäischen Klassizismus beruht auf der Überzeugung, daß natürliches Talent nicht ausreiche, um einen Dichter zu machen; das Renaissance-Ideal des poeta eruditus behielt seine Gültigkeit. Ein Dichter hatte nicht nur begabt, sondern auch gebildet zu sein, und das bedeutete vor allem: die Beherrschung der literarischen Regeln, so wie diese aus der klassischen Antike überliefert und von den Autoritäten der Neuzeit festgelegt worden waren. Die Dichtung stand der Wissenschaft nahe; wenn im Rußland des 18. Jahrhunderts von den 'Wissenschaften' (nauki) gesprochen wurde, war nicht nur Mathematik, Ge-

---

[8] Es handelt sich um ein Gratulationsgedicht für den Baron von Korff, Präsident der Petersburger Akademie: „Zde sija, DOSTOJNYI MUŽ, čto TI pozdravljaet...". In: *Sbornik materialov dlja istorii Imperatorskoj akademii nauk v XVIII veke*. Hrsg.: A. Kunik. Bd. I. SPb. 1865, S. 4.

[9] *Pis'mo o pravilach rossijskogo stichotvorstva*. In: M. V. LOMONOSOV, Polnoe sobranie sočinenij. Bd. VII. M.–L. 1952, S. 7–18, hier S. 10.

schichte und Grammatik gemeint, sondern auch die Dichtkunst. Von jener Verselbständigung des Ästhetischen als einer eigengesetzlichen und in sich selbst begründeten Sphäre, die im Westeuropa des 18. Jahrhunderts aufkam, konnte in Rußland noch lange keine Rede sein. Wer sich die poetische 'Wissenschaft' zu eigen machen wollte, brauchte Lehrbücher: Lomonosov verfaßte eine Rhetorik und den schon bekannten „Brief über die Regeln der russischen Verskunst"; Trediakovskij schrieb nicht nur eine Poetik, den „Neuen und kurzgefaßten Leitfaden für die Verfertigung russischer Verse", sondern übersetzte auch die *Ars poetica* des Horaz und die *Art poétique* des Boileau. Mit seiner Epistel „Über die Verskunst" nahm sich Sumarokov Boileau zum Vorbild; später schrieb er noch ein weiteres Lehrgedicht dieser Art, die „Unterweisung für die künftigen Schriftsteller".

An solchen Werken zeigt sich, daß die westeuropäischen Dichtungslehren in Rußland nicht nur wiederholt, sondern auch auf eine besondere Weise aufgefaßt wurden und sich im Prozeß der Aneignung veränderten. Der Rationalismus einer dogmatisch verengten Frühaufklärung kam dabei ins Spiel. Für die russischen Autoren waren die literarischen Regeln nicht Empfehlungen, sondern Gesetze, die ebenso wie die Naturgesetze in der zeitlosen Ordnung der Dinge begründet schienen; Schönheit war nur als gesetzmäßige Schönheit denkbar. Die französische Vorstellung eines 'je ne sais quoi', das den besonderen Reiz eines Kunstwerks jenseits aller Regeln ausmacht, blieb dem russischen Klassizismus fremd. Dasselbe galt für das Prinzip des 'plaire', das die Autoren der französischen Klassik gegen den Regelzwang auszuspielen pflegten: Aus der Sicht des russischen Klassizismus mußte Dichtung in erster Linie nicht gefällig, sondern korrekt sein, also den Regeln entsprechen.

Die klassizistische Poetik forderte 'natürliche' Einfachheit, Klarheit, Reinheit, Einheitlichkeit, Schicklichkeit (bienséance), Wahrscheinlichkeit und die harmonische Entsprechung von Stil und Thema (Dekorum). Allerdings ist der Inhalt solcher Forderungen in Rußland oft schwer zu fassen; auch wurden sie von den Zeitgenossen nicht einhellig und mit gleichem Nachdruck anerkannt. Einig war man sich jedoch über das Prinzip der Gattung und die peinliche Beachtung der Gattungsgrenzen – in diesem Punkt waren Trediakovskij, Lomonosov und Sumarokov einer Meinung, so sehr sie sich auch sonst gestritten haben. Ebenso wie sein westeuropäisches Vorbild beruht der russische Klassizismus auf einer Poetik der Gattungen.

Für die russischen Autoren und ihre Leser bildete die Gattungsnorm einen stets gegenwärtigen und verbindlichen Bezugspunkt. Außerhalb der Gattungsordnung und unabhängig von den Gattungsregeln gab es keine literarische Vollkommenheit, gab es keine Dichtung, die diesen Namen verdiente. Als Wesensbegriffe, die in der 'Natur der Sache' gründeten, beanspruchten sie eine Gültigkeit, die von den Autoren des russischen Klassizismus weder erörtert noch in Frage gestellt wurde. Die Überschriften der einzelnen Texte enthielten oft nur den Namen der Gattung; Werkausgaben gliederte man nach Gattungen, nicht etwa nach Thema oder Entstehungszeit. Maßgeblich für Herstellung und Aufnahme eines Werks war in erster Linie nicht das individuelle Kunstwollen des Autors, sondern der überpersönliche Kanon der Gattung und der allgemeinen Kunstregeln. Bei allen Bemühungen der Autoren, ein eigenes stilistisches Profil zu gewinnen und ihre Verdienste herauszustellen, erschien der literarische Text in erster Linie nicht als Hervorbringung eines bestimmten Individuums, sondern als Exemplar einer bestimmten Gattung; innerhalb einer Gattung sind die Werke verschiedener Autoren daher nicht immer leicht voneinander zu unterscheiden und scheinen oftmals austauschbar.

Ihrerseits waren die Gattungen Bestandteile eines übergreifenden Gattungssystems. Man unterschied zwischen Gattungen des hohen, mittleren und niederen Stils. Diese Einteilung entsprach den elementaren Gegebenheiten der sozialen Stufenleiter. Die hohen Gattungen handelten von Gott oder von Herrschern und Heroen. In den niederen Gattungen kamen die Belange des Alltags und der breiteren Bevölkerungsschichten zur Sprache – ein Themenkreis, der sich unweigerlich mit den Vorstellungen des Komischen oder Verwerflichen verknüpfte; in diesem Punkt zeigt sich die soziale Determinierung des Klassizismus besonders deutlich. Die mittleren Gattungen hatten teil an der Idealität der hohen Gattungen, handelten aber nicht von öffentlichen, sondern privaten Dingen, vor allem von der Liebe.

Innerhalb der wohlgegliederten Ordnung des klassizistischen Gattungssystems entfaltet sich ein bemerkenswerter Reichtum – der Vielzahl unterschiedlicher Gattungen entspricht eine bunte Fülle von Themen, Formen und Funktionen. Die Geistliche Ode (Psalmenparaphrase) steht an der Spitze der Gattungshierarchie. Am entgegengesetzten Ende findet man jene obszöne Burleske, die sich in Rußland mit dem Namen Ivan Barkovs verbindet. Zwischen den Extremen des Erhabenen und des Vulgären liegen die Gattungen der epischen, dramatischen und lyrischen Dichtung: das heroische Epos, die panegyrische und meditative Ode, die Tragödie, die Gattungen der Liebesdichtung – neben der Elegie auch die Schäferdichtung, die sich ihrerseits wieder in drei schäferliche Einzelgattungen gliederte, außerdem die Versepistel und andere Formen der Lehrdichtung, schließlich die Verssatire, die Komödie und das heroisch-komische Epos, die Hauptform der Burleske. Unabhängig von der Stilhöhe gab es noch die thematisch freien Gattungen der festen Form – Sonett, Ballade, Rondeau etc.[10]

In der Geistlichen Ode äußert sich religiöse Inbrunst; die panegyrische Ode, auch Feierliche Ode genannt, steht im Dienst des Herrscherkults. Andere Gattungen stellen Laster und soziale Mißstände an den Pranger, sie belehren, rühren oder erheitern den Leser. Freilich hatte auch diese Vielfalt ihre Grenzen: Als 'literarisch' galten dem russischen Klassizismus nur die Gattungen der Versdichtung; die erzählende Prosa war aus dem Kanon der Gattungen ausgeschlossen.

---

10   Vgl.: R. LAUER, Gedichtform zwischen Schema und Verfall. Sonett, Rondeau, Madrigal, Ballade, Stanze und Triolett in der russischen Literatur des 18. Jahrhunderts. München 1975.

Das gilt speziell auch für den Roman, der in Westeuropa um die Mitte des 18. Jahrhunderts schon längst seinen Siegeszug angetreten hatte. Über den Roman sprachen die russischen Autoren mit einer Verachtung, die nur wenige Ausnahmen gelten ließ; erst im letzten Drittel des Jahrhunderts bahnte sich in dieser Hinsicht eine Neubesinnung an. Was jene Tradition der übersetzten Liebes- und Abenteuerromane betrifft, die im 17. Jahrhundert begonnen hatte, so gehörte sie nun zur Subliteratur, was ihrer Beliebtheit bei den russischen Lesern im Verlauf des gesamten 18. Jahrhunderts jedoch keinen Abbruch tat.

Rahmenbedingungen

Die Gründung des Petersburger (Land-)Kadettenkorps[11] im Jahre 1731 war für die Entwicklung des russischen Klassizismus von großer Bedeutung. Dank dieser Lehranstalt, die dem Vorbild der deutschen Ritterakademien folgte, konnten junge Herren von Stand unter sich bleiben und mußten nicht mehr zusammen mit Nichtadligen lernen, wie das in petrinischer Zeit der Fall war. Ferner brauchten sie nun keine teuren und vielfach unfähigen Hauslehrer mehr, und auch die Studienreise nach Westeuropa konnten sie sich jetzt ersparen. Das Erziehungsideal hatte sich gewandelt: Maßgeblich war nun nicht mehr das Leitbild des brauchbaren Fachmanns, sondern des wohlgeborenen Herrn von Welt. Neben Geometrie, Geographie, Geschichte und anderen Fächern lernte man Französisch, Deutsch und Italienisch; auf Lateinkenntnisse wurde im Gegensatz zu den Priesterschulen nur wenig Wert gelegt. Fächer wie Deklamation, Tanz und Fechten sorgten für gesellschaftlichen Schliff.

Das Bildungsideal des Kadettenkorps folgte zunächst deutschen, dann seit den 1740er Jahren vor allem französischen Vorbildern; für die klassische Antike war dabei ebenso wenig Platz wie für die nationale Tradition des kirchenslavischen Schrifttums. Diese antiquarische Gelehrsamkeit überließ man den Priesterschulen – sie paßte nicht zu einem adligen Herrn und galt als pedantisch. Über einen Literaturunterricht am Kadettenkorps ist nichts bekannt; daß es unter den Zöglingen eine „literarische Gesellschaft" gegeben hätte, ist wohl eine Legende. Aber die Kadetten schrieben Huldigungsgedichte für die Zarin und spielten Theater. In den 1730er Jahren hielten sie sich dabei noch an das Schuldrama, bis dann die Neuorientierung am französischen Klassizismus einsetzte.

Die Einrichtung des Petersburger Kadettenkorps gab dem literarischen Leben in Rußland beträchtlichen Auftrieb; aus ihm ist eine Reihe von russischen Autoren hervorgegangen, allen voran Sumarokov. Dieser Impuls verstärkte sich 1755 durch die Gründung der Moskauer Universität mit ihren zwei Gymnasien, das eine für adlige, das andere für nichtadlige Schüler. Mädchen mußten freilich noch Jahre warten, bis auch sie eine Schule besuchen konnten.

---

11   Das Kadettenkorps wurde 1731 gegründet, öffnete aber erst 1732 seine Pforten. Vgl.: P. LUZANOV, Suchoputnyj šljachetnyj kadetskij korpus (nyne 1-j kadetskij korpus) pri grafe Miniche (s 1732 po 1741). SPb. 1907.

Auch in anderer Hinsicht waren die institutionellen Bedingungen des literarischen Lebens in Rußland unbefriedigend. Wie schlecht es um die Publikationsmöglichkeiten der Autoren zunächst bestellt war, zeigt das Beispiel Kantemirs. Zahlreiche Werke wurden auch weiterhin nur handschriftlich verbreitet. In den 1750er Jahren besserte sich die Lage, aber die Autoren mußten die Drucklegung ihrer Schriften vielfach aus eigener Tasche bezahlen. Die Literaturkritik stand ganz am Anfang ihrer Entwicklung und erschöpfte sich oft in Gehässigkeiten. Literarische Zeitschriften, in denen man kleinere Arbeiten veröffentlichen konnte, gab es erst seit Mitte der 1750er Jahre und dann auch nur in bescheidenem Umfang. Bemerkenswert ist die Kurzlebigkeit dieser Zeitschriften[12]. Die von der Petersburger Akademie herausgegebene Zeitschrift *Ežemesjačnyja sočinenija k pol'ze i uveseleniu služaščija* („Monatsschriften, die der Erheiterung und dem Nutzen dienen") wurde 1755 gegründet und erschien immerhin bis 1764. Aber sie war in erster Linie populärwissenschaftlicher Art, literarische Beiträge gab es nur am Rande. Die erste rein literarische Zeitschrift war Sumarokovs *Trudoljubivaja pčela* („Fleißige Biene") von 1759; sie hielt sich nur ein Jahr, was auf die Obstruktion von Sumarokovs Widersacher Lomonosov zurückzuführen war. Erfolgreicher war die Zeitschrift *Poleznoe uveselenie* („Nützliche Erheiterung"), die von Sumarokovs Schüler M. M. Cheraskov an der Moskauer Universität herausgegeben wurde – sie erschien im Laufe von zweieinhalb Jahren (1760–1762).

Die Hauptschwierigkeit lag darin, daß es um die Mitte des 18. Jahrhunderts in Rußland für derlei Unternehmungen keine rechte Nachfrage gab. Noch in den zwanziger und dreißiger Jahren des 19. Jahrhunderts lag die Alphabetisierungsrate bei 5% der Bevölkerung; unter diesen Schriftkundigen gehörte aber wiederum nur ein kleiner Teil zu den gewohnheitsmäßigen Lesern[13]. Wenn in Rußland gelesen wurde, dann war das nach wie vor die religiöse Literatur der zumeist handschriftlichen Überlieferung, außerdem die volkstümliche Unterhaltungsliteratur (Abenteuer- und Ritterromane, Fazetien). Was die ohnehin schon sehr kleine Bildungsschicht in den beiden Hauptstädten betrifft, so bevorzugte sie französische Bücher. Die Werke der russischen Autoren wurden nur von wenigen gelesen – mehr als einige hundert Menschen können das um 1750 in Rußland kaum gewesen sein. In den 1740er Jahren betrug die Auflage von Lomonosovs Oden, die zunächst in Einzeldrucken erschienen, 200 bis 300 Exemplare. Das besserte sich im Lauf der Zeit, bis die Lomonosovschen Oden in den 1760er Jahren ein Maximum von 1225 Exemplaren erreichten. Was Sumarokov betrifft, so hatten seine Tragödien, die ebenfalls als Einzeldruck erschienen, in den 1740–1770er Jahren

---

12   Vgl.: P. N. BERKOV, Istorija russkoj žurnalistiki XVIII veka. M. 1952; A. V. ZAPADOV, Russkaja žurnalistika XVIII veka. M. 1964.
13   Vgl.: A. I. REJTBLAT, „Dajte nam pišču v otečestvennoj literature, i my otkažemsja ot inostrannoj" (Formirovanie čitatel'skoj auditorii). In: DERS., Kak Puškin vyšel v genii. M. 2001, S. 14–35, hier S. 14; vgl. auch: MARKER, Publishing, Printing, S. 41 ff.

Kapitel 7. Überblick   61

gewöhnlich eine Auflage von 1200 Exemplaren[14], womit jedoch noch nichts über die Nachfrage gesagt ist (sie verkauften sich schlecht[15]). Unter solchen Umständen konnte der Typus des modernen Berufsautors, der seinen Lebensunterhalt aus den Einkünften literarischer Arbeit bestreitet, noch lange nicht entstehen[16]; ein Buchmarkt sollte sich erst gegen Ende des Jahrhunderts herausbilden und dann nur zögernd. Von einem Urheberrecht war keine Rede[17]. Als Institution des gesellschaftlichen Lebens steckte die schöne Literatur – auch ihrerseits ein Kulturimport aus Westeuropa – um die Mitte des 18. Jahrhunderts noch in den Kinderschuhen. Die soziale Rolle des Autors war nicht klar umrissen, und seine Tätigkeit genoß nur wenig Ansehen. So konnte es geschehen, daß Trediakovskij, der bei der Zarin Anna so etwas wie die Stellung eines Hofdichters einnahm, in den Februartagen des Jahres 1740 von einem der hohen Herren bei Hofe – von A. P. Volynskij – eigenhändig geprügelt wurde; als er sich beschweren wollte, schlug ihn derselbe Herr aufs Neue. Freilich war derlei im Rußland der ersten Jahrhunderthälfte nichts Ungewöhnliches – Volynskij selber war zu Beginn der 1720er Jahre von Peter I. wegen einer Bestechungsaffäre mit dem Stock traktiert worden[18].

Außer Trediakovskij sind weitere Fälle von mißhandelten Autoren nicht bekannt. Aber Sumarokov wurde im Laufe seines Lebens mehrfach von großen Herren beleidigt, etwa vom Grafen I. G. Černyšev, der ihn im Mai 1758 in seinem Palast als „Dieb" beschimpfte. Allerdings ist unklar, ob und in welcher Hinsicht solche Vorfälle als typisch aufzufassen sind. Dennoch ist der Gegensatz zu Westeuropa nicht zu übersehen. Zwar hatte Voltaire 1726 etwas ähnliches erlebt wie Trediakovskij – er war von den Bediensteten des Chevalier de Rohan geprügelt worden. In der zweiten Hälfte des 18. Jahrhunderts hätte ihm so etwas jedoch nicht mehr widerfahren können: In Frankreich, England und Deutschland waren Autoren wie Voltaire, Pope oder Klopstock nun Gegenstand einer geradezu schwärmerischen Verehrung; die Literatur war eine gesellschaftliche Institution, die höchste Achtung genoß.

---

14   Vgl.: *Svodnyj katalog russkoj knigi graždanskoj pečati XVIII veka (1725–1800)*. T. I–V (und ein Ergänzungsband). M. 1963–1975, hier Bd. II, S. 162 ff. (Lomonosov), und Bd. III, S. 181 ff. (Sumarokov).
15   MARKER, Publishing, Printing, S. 260.
16   Vgl.: T. GRIC; V. TRENIN; M. NIKITIN, Slovesnost' i kommercija. Knižnaja lavka A. F. Smirdina [1929]. M. 2001; A. MEYNIEUX, La Littérature et le métier d'écrivain en Russie avant Pouchkine. Paris 1966; I. Z. SERMAN, Le statut de l'écrivain au XVIIIe siècle. In: *Histoire de la littérature russe. Des Origines aux Lumières*. Hrsg.: E. G. Ėtkind. Paris 1992, S. 681–689; G. MARKER, The Creation of Journals and the Profession of Letters in the Eighteenth Century. In: *Literary Journals in Imperial Russia*. Hrsg.: D. A. Martinsen. Cambridge 1997, S. 11–33.
17   Vgl.: M. LEVITT, The Illegal Staging of Sumarokov's *Sinav i Truvor* in 1770 and the Problem of Authorial Status in Eighteenth-Century Russia. In: *The Slavic and East European Journal* 43 (1999), S. 299–323.
18   E. V. ANISIMOV, Volynskij Artemij Petrovič. In: *Tri veka Sankt-Peterburga*, Bd. I.1, S. 198.

Davon konnte in Rußland auch gegen Ende des 18. Jahrhunderts noch keine Rede sein. Maßgeblich für die gesellschaftliche Position eines Autors war hier nicht die literarische Leistung, sondern der 'čin' – jener Platz, den er in der petrinischen Rangtabelle einnahm; der Beruf des Schriftstellers war hier nicht vorgesehen. Das ist der Hintergrund für eine Belehrung, die N. I. Panin, der Erzieher des künftigen Zaren Paul I., seinem Zögling angedeihen ließ: Zwar sei es „lobenswert, sich auf das Schreiben von Versen zu verstehen und die Regeln der Dichtkunst zu kennen"; aber für Panin steht es außer Frage, daß man aus dieser schönen Freizeitbeschäftigung keine „Profession" machen solle[19]. Tatsächlich war das Schreiben für die weitaus meisten russischen Autoren des 18. Jahrhunderts eine Sache, die man als ziviler oder militärischer Staatsdiener in den 'Nebenstunden' ausübte; als Diplomat und homme de lettres bietet Kantemir hierfür wieder ein charakteristisches Beispiel. Dieser Typus des schreibenden Beamten (oder Offiziers) sollte in der russischen Literatur bis weit ins 19. Jahrhundert vorherrschen.

Um die Mitte des 18. Jahrhunderts war der Hof der wichtigste Adressat der Autoren[20]. Die Zarin Elisabeth war bei weitem nicht so gebildet wie ihre Nachfolgerin Katharina II., aber sie nahm gerne Huldigungsgedichte entgegen, und sie liebte das Theater. Nach dem Vorbild ihrer westeuropäischen Standesgenossen protegierten einige von ihren Würdenträgern die russischen Autoren, von denen sie dafür als Mäzene gepriesen wurden. Unter ihnen ist vor allem I. I. Šuvalov zu nennen, Favorit der Zarin und Gründer der Moskauer Universität. Solche hochgestellten Gönner vermittelten den Kontakt zum Thron, was für die Autoren mit materiellen und dienstlichen Vorteilen verbunden war.

Im Gegensatz zu Peter I. und zum Glück für die Autoren hatten die Zarinnen Anna (reg. 1730–1740) und Elisabeth (reg. 1741–1761) an einer Einflußnahme auf das geistige Leben, die über die Belange der Machtsicherung hinausging, kein Interesse; auch fehlte eine einheitliche und auf ihre Aufgaben spezialisierte Zensurbehörde[21]. Die entsprechenden Befugnisse wurden von der Petersburger Akademie für das weltliche und vom Hl. Synod für das geistliche Schrifttum wahrgenommen. Einheitliche Kriterien fehlten, Verbotsentscheidungen wurden von Fall zu Fall getroffen. Allerdings gab es noch nicht viel zu zensieren. Auch lag es den Autoren in diesen Jahren fern, sich gegen die Obrigkeit zu stellen, und sie sehnten sich auch nicht nach Freiheit; das sollte sich erst gegen Ende des Jahrhunderts ändern. Wenn es zu Konflikten mit der Zensur kam, dann lassen sich zwei Richtungen erkennen. Entweder wurde die historische Vergangenheit auf eine Weise dargestellt, daß sich das russische Nationalgefühl verletzt fühlte, oder die Kirche

---

[19] S. POROŠIN, Zapiski, služaščija k istorii gosudarja Pavla Petroviča. SPb. 1844, S. 453.
[20] G. A. GUKOVSKIJ, Očerki po istorii russkoj literatury XVIII veka. Dvorjanskaja fronda v literature 1750-ch–1760-ch godov. M.–L. 1936, S. 13 f.; K. OSPOVAT, Sumarokov-literator v social'nom kontekste 1740 – načala 1760-ch gg. Im Druck.
[21] Vgl.: A. M. SKABIČEVSKIJ, Očerki istorii russkoj cenzury (1700–1863 g.). SPb. 1892, S. 10–33; K. A. PAPMEHL, Freedom of Expression in Eighteenth-Century Russia. The Hague 1971.

sah die orthodoxe Glaubenswahrheit gefährdet, wie in dem schon genannten Fall Kantemirs, dessen Fontenelle-Übersetzung nur mit mehrjähriger Verzögerung erscheinen konnte.

Bei aller Abhängigkeit vom Hofe war der Autor aber nicht mehr nur ein Werkzeug zarischer Propaganda, wie noch in der petrinischen Epoche[22], sondern er konnte sich, wenn er wollte, ebenso wie Kantemir im fernen London und Paris als literarisches Individuum zur Geltung bringen. Ihr schriftstellerisches Profil entwickelten die Autoren unter selbstverständlicher Berücksichtigung der Gattungsnormen im ständigen Wettstreit miteinander. Eine formelle Ausprägung fand dieses agonale Prinzip in dem poetischen Wettbewerb des Jahres 1743, den Trediakovskij, Lomonosov und Sumarokov miteinander austrugen[23]; Schirmherr dieser Unternehmung war ein hochgesteller Herr bei Hofe, der Generalprokureur des Regierenden Senats N. Ju. Trubeckoj, der auch selber Gedichte schrieb. Alle drei Autoren übersetzten einen Psalmentext. Nach Art eines poetischen Experiments sollte ein bestimmtes Problem gelöst werden – die poetische Ausdruckskraft der jambischen Metren im Verhältnis zu den trochäischen. In erster Linie handelte es sich jedoch um die Frage, wer von den drei Dichtern die gelungenste Übersetzung zustandebrachte, wer also von ihnen 'der beste' war; maßgeblich war dabei die klassizistische Ästhetik mit ihrer Leitvorstellung einer überpersönlichen und zeitlosen Vollkommenheit.

Der Vergleich der drei Übersetzungen wirft ein Licht auf die stilistische Eigenart der beteiligten Autoren, auf ihre literarische Individualität. Bemerkenswert ist die Sachlichkeit und Fairness, mit denen dieser Wettbewerb ausgetragen wurde. In den folgenden Jahren sollte sich das Klima in dieser Hinsicht jedoch sehr verschlechtern. Jenes ruhige Selbstbewußtsein, das noch für die auktoriale Haltung Kantemirs kennzeichnend war, verkam bei Trediakovskij, Lomonosov und Sumarokov zu einem Geltungsdrang, der sich in Gezänk auslebte[24]. Man beschimpfte einander als „Trunkenbold", „Schwein" oder „Krokodil" und schreckte auch vor Denunziationen nicht zurück. Dagegen zeigt sich bei den jüngeren Autoren der Epoche, bei den Klassizisten der zweiten Generation, das Bestreben, vom schlechten Beispiel der Älteren Abstand zu nehmen und im literarischen Umgang einen feineren Ton zu pflegen.

---

22 A. M. PANČENKO, O smene pisatel'skogo tipa v petrovskuju ėpochu. In: *XVIII vek*. Bd. 9. L. 1974, S. 112–128.
23 Vgl.: A. B. ŠIŠKIN, Poėtičeskoe sostjazanie Trediakovskogo, Lomonosova i Sumarokova. In: *XVIII vek*. Bd. 14. L. 1983, S. 232–246.
24 Vgl.: I. Z. SERMAN, Iz literaturnoj polemiki 1753 goda. In: *Russkaja literatura* 1 (1964), S. 99–104; M. S. GRINBERG; B. A. USPENSKIJ, Literaturnaja vojna Trediakovskogo i Sumarokova v 1740-ch – načale 1750-ch godov. M. 2001. Eine Reihe einschlägiger Texte findet man in der Anthologie *Poėty XVIII veka*. Bd. II. L. 1972, S. 371–444.

KAPITEL 8
TREDIAKOVSKIJ

Der „Hanswurst der russischen Literatur"

Vasílij Kiríllovič Trediakóvskij (1703–1768) war ein höchst eigenwilliger, auch schrulliger und dabei streitbarer Mann, der die Denkgewohnheiten seiner Zeitgenossen gerne brüskierte und durchaus eigener Wege ging. Seine beste Zeit hatte er in den 1730er Jahren als führender Autor der neuen russischen Literatur. Dieser Rang wurde ihm im Lauf der folgenden Jahrzehnte jedoch streitig gemacht, zunächst durch Lomonosov, dann auch durch Sumarokov. Bei diesen Auseinandersetzungen war Trediakovskij der Verlierer. Sein Ansehen schwand, und schließlich waren sich Zeitgenossen und Nachfahren darüber einig, daß er nicht nur ein schlechter Dichter und gelehrter Pedant, sondern insgesamt auch eine lächerliche Figur sei, der „Hanswurst der russischen Literatur"[1]. Erst zu Beginn des 20. Jahrhunderts veränderte sich das Trediakovskij-Bild. Die Autoren der russischen Avangarde sahen in Trediakovskij einen der ihren, einen Dichter, der sich über alle Konventionen mutig hinwegsetzte. Die Rehabilitierung Trediakovskijs wurde durch die Literaturwissenschaft vollendet. Heutzutage besteht kaum noch ein Zweifel über die Verdienste, die er sich um das russische Geistesleben im 18. Jahrhundert erworben hat.

Biographie

Trediakovskijs Leben war reich an Wechselfällen und Unklarheiten[2]. Als Sohn und Enkel von orthodoxen Geistlichen besuchte er – offenbar mit Erlaubnis des

---

[1] I. REYFMAN, Vasilii Trediakovsky. The Fool of the 'New' Russian Literature. Stanford/CA 1990.

[2] Grundlegend zur Biographie ist nach wie vor P. PEKARSKIJ, Trediakovskij, Vasilij Kirilovič. In: DERS., Istorija Imperatorskoj Akademii Nauk v Peterburge. Bd. II. Leipzig 1977, S. 1–232 (fotomechanischer Nachdruck der Ausgabe SPb. 1873). Aus literatursoziologischer Sicht: V. M. ŽIVOV, Pervye russkie literaturnye biografii kak social'noe javlenie: Trediakovskij, Lomonosov, Sumarokov. In: DERS., Razyskanija, S. 557–637, hier S. 564–585. – Unter den Werkausaben immer noch unentbehrlich: V. K. TREDIAKOVSKIJ, Sočinenija. Hrsg.: A. F. Smirdin. Bd. I–III. SPb. 1849. Leichter zugänglich ist jedoch die sowjetische Werkausgabe: V. K. TREDIAKOVSKIJ, Izbrannye proizvedenija. Hrsg.: L. I. Timofeev. M.–L. 1963. – Zur bibliographischen Orientierung vgl.: A. N. STRIŽEV, Vasilij Kirillovič Trediakovskij (K 300-letiju učenogo poèta): Ukazatel' literatury. M. 2003, und S. I. NIKOLAEV, Trediakovskij v issledovanijach poslednich desjatiletij. In: V. K. Trediakovskij: k 300-letiju so dnja roždenija. Hrsg.: A. N. Strižev. SPb. 2004, S. 172–179.

Vaters – an seinem Geburtsort Astrachan' eine Lateinschule, die von italienischen Kapuzinern betrieben wurde; man erinnert sich an Feofan Prokopovič, der ebenso wie vor ihm auch Stefan Javorskij sogar die Konfession wechselte, um an einem Jesuiten-Kollegium studieren zu können. Wißbegierde war wohl auch der Grund dafür, daß Trediakovskij im Alter von zwanzig Jahren seine Heimatstadt, seine Eltern und seine junge Frau, mit der er kurz zuvor getraut worden war, fluchtartig verließ und nach Moskau reiste, um sich dort an der Geistlichen Akademie als Student einzuschreiben. Dieses Studium brachte Trediakovskij jedoch nicht zuende; in den Akten wurde er als entlaufener Student geführt. Es folgte ein mehrjähriger Aufenthalt in Westeuropa (1726–1730). Unter wiederum unklaren Umständen[3] lebte Trediakovskij in Den Haag, Hamburg und vor allem in Paris, wo er an der Sorbonne und dem Collège de France Vorlesungen hörte. Nach seiner Rückkehr wurde er von der Petersburger Akademie als Übersetzer angestellt; zu seinen Pflichten gehörte es, eigene Werke in Vers und Prosa zu schreiben, um somit „die russische Sprache zu reinigen"[4].

1735 gründete Trediakovskij zusammen mit seinen Übersetzerkollegen die „Rossijskoe sobranie" (Russische Versammlung) – eine Gesellschaft, die sich nach dem Vorbild der Académie française der Pflege der nationalen Literatursprache widmen sollte. 1745 wurde er für das Fach der „Lateinischen und Russischen Eloquenz" zum Akademieprofessor ernannt. Allerdings war diese Ernennung umstritten – sie wurde auf Vorschlag des Hl. Synods und gegen das Votum der künftigen Kollegen ausgesprochen. Auf die weitere Laufbahn Trediakovskijs legte sich damit ein schwerer Schatten. Immerhin gelang es ihm noch, 1752 eine zweibändige Ausgabe seiner Werke zu veröffentlichen. In den folgenden Jahren verschlechterte sich jedoch seine Lage, bis er schließlich im Jahre 1759 keinen anderen Ausweg mehr sah, als seine Professur an der Akademie aufzugeben; die letzten zehn Lebensjahre verbrachte er in Armut und gesellschaftlicher Isolation.

Trediakovskij hat ein riesiges Œuvre hinterlassen[5]; nicht alle seine Werke konnten jedoch seinerzeit gedruckt werden, manches ist verschollen. Ebenso wie Kantemir fühlte er sich dem petrinischen Bildungsauftrag verpflichtet – auch in seinem Werk besteht der Löwenanteil aus Übersetzungen[6], unter ihnen vor allem die 30 Bände umfassende Übersetzung des monumentalen Werkes von Ch. Rollin und dessen Schüler J. B. L. Crevier über die alte Geschichte. Mit dieser Übersetzung, die Trediakovskij ebenso wie vor ihm Kantemir zur Belehrung seiner Leser

---

3   Vgl.: B. A. USPENSKIJ; A. B. ŠIŠKIN, Trediakovskij i Jansenisty. In: *Simvol* 23 (1990), S. 105–261.
4   PEKARSKIJ, Istorija Imperatorskoj akademii nauk, Bd. II, S. 43.
5   Die besten Überblicksdarstellungen sind: L. V. PUMPJANSKIJ, Trediakovskij. In: *Istorija russkoj literatury*, Bd. III.1, S. 215–263, und A. CHICHKINE [= A. ŠIŠKIN], Vasili Trédiakovski. In: *Histoire de la littérature russe. Des origines aux Lumières*, S. 373–385; vgl. auch: L. V. PUMPJANSKIJ, Trediakovskij i nemeckaja škola razuma. In: *Zapadnyj sbornik*. Hrsg.: V. M. Žirmunskij. Bd. I. M.–L. 1937, S. 157–186.
6   Vgl.: A. A. DERJUGIN, Trediakovskij – perevodčik. Saratov 1985.

mit zahlreichen Anmerkungen versah, prägte er für Jahrzehnte die russische Vorstellung von der Antike. Als Übersetzer hatte Trediakovskij außerdem eine Vorliebe für den Staatsroman. Dieser Romantypus bietet eine gehörige Dosis politisch-weltanschaulicher Belehrung und war deshalb von der allgemeinen Geringschätzung des Romans ausgenommen. 1751 erschien Trediakovskijs Übersetzung von J. Barclays *Argenis*, einem zweibändigen Werk in lateinischer Sprache (ersch. 1621). Einen weiteren Staatsroman übersetzte er nicht in Prosa, sondern in Versen – Fénelons *Aventures de Télémaque* (ersch. 1699). Hierauf komme ich noch zurück, ebenso wie auf eine weitere Übersetzung, die „Reise zur Liebesinsel".

Trediakovskij trat auch mit Beiträgen zu Sprachwissenschaft und Poetik hervor. Die linguistischen Auffassungen, die er in verschiedenen Lebensabschnitten vertrat[7], waren einflußreich und spielten noch im Sprachenstreit der Archaisten und Neuerer um die Wende vom 18. zum 19. Jahrhundert eine Rolle. Sein *Novyj i kratkij sposob k složeniju rossijskich stichov* („Neuer und kurzgefaßter Leitfaden zur Verfertigung russischer Verse") von 1735 ist nicht nur für die Geschichte des russischen Verses von Bedeutung – zum ersten Mal in der russischen Literaturgeschichte findet man hier auch den Entwurf eines Gattungssystems nach westeuropäischem Muster. Der theoretischen Grundlegung der neuen russischen Literatur dienten später auch die schon genannten Übersetzungen von Horaz' *Ars poetica* und Boileaus *Art poétique*.

In den zahlreichen Beispielgedichten des „Neuen und kurzgefaßten Leitfadens" zeigt sich jene Gründerhaltung, die für die erste Generation des russischen Klassizismus kennzeichnend war. An anderer Stelle rühmte sich Trediakovskij, nach dem Vorbild von Boileaus Ode auf die Eroberung von Namur die „erste", also die erste regeltreue panegyrische Ode „in unserer Sprache" geschrieben zu haben[8] – die Ode auf die Eroberung von Danzig (1734). Aus Trediakovskijs Feder stammen auch zahlreiche Liebeslieder, geistliche Oden (Psalmenparaphrasen), außerdem Episteln, Elegien, Fabeln, Epigramme, Sonette und die *Feoptija*, ein umfangreiches „physikotheologisches" Lehrgedicht, das die Existenz und Größe Gottes aus der Herrlichkeit der Schöpfung ableitet; der Titel ist ein Kunstwort und entspricht dem russischen 'bogozrenie' (= Erfahrung Gottes)[9]. Trediakovskij ist schließlich auch Autor einer Komödie (nach einer Vorlage des römischen Dichters Terenz) und einer Tragödie; zwei weitere Tragödien aus seiner Studentenzeit sind nicht überliefert.

---

[7] Vgl.: A. A. ALEKSEEV, Évoljucija jazykovoj teorii i jazykovaja praktika Trediakovskogo. In: *Literaturnyj jazyk XVIII veka*, S. 86–128; USPENSKIJ, Iz istorii russkogo literaturnogo jazyka.

[8] *Razsuždenie o ode vobšče*. In: V. TREDIAKOVSKIJ, Sočinenija i perevody. Bd. II. SPb. 1752, S. 30–34, hier S. 34.

[9] W. BREITSCHUH, Die Feoptija V. K. Trediakovskijs. Ein physiko-theologisches Lehrgedicht im Rußland des 18. Jahrhunderts. München 1979, S. 19.

Die „Reise zur Liebesinsel"

Als Trediakovskij 1730 aus Westeuropa nach Rußland zurückkehrte, hatte er in seinem Reisegepäck die Übersetzung eines allegorischen Liebesromans, der seinerzeit sehr erfolgreich war – *Le voyage de l'isle d'amour* des galanten Abbé P. Tallemant (1642–1712). Die Übersetzung hat den Titel *Ezda v ostrov ljubvi* und ist dem Fürsten A. B. Kurakin gewidmet, der Trediakovskij während seiner Zeit in Paris gefördert hatte[10].

Die russischen Leser, die an die älteren Liebesromane der handschriftlichen Überlieferung gewöhnt waren, wurden durch die „Reise zur Liebesinsel" mit einem Werk konfrontiert, das den Geist der Pariser Salonkultur atmete. Trediakovskij zeigte nicht wenig Erfindungsgabe, wenn es darum ging, den Wortschatz der französischen Galanterie ins Russische zu übertragen: „glazoljubost'" steht für „coquetterie", „kupidon-glazun" für „amour-coquet", „malye prislugi" für „petits soins" und anderes mehr[11]. In seiner Einleitung hebt Trediakovskij mit großen Buchstaben hervor, daß seine Übersetzung von der „SÜßEN LIEBE" handelt[12]. Das war eine Provokation, die sich gegen die Anhänger der vorpetrinischen Kultur und die fromme Ablehnung der irdischen Liebe richtete. Seitens der Geistlichkeit mußte sich Trediakovskij daher den Vorwurf gefallen lassen, er sei ein „Verderber der Jugend"[13]. Dem Erfolg, den er mit seiner Übersetzung bei Hofe hatte, tat das jedoch keinen Abbruch.

Man kann vermuten, daß Trediakovskijs „Reise" mit ihren wohlerzogenen und feinfühligen Helden einen kultivierenden Einfluß auf den russischen Alltag hatte: Sie bietet eine kasuistische Fülle von unterschiedlichen Situationen der Liebe, die den russischen Lesern, die im galanten Umgang mit dem anderen Geschlecht noch ungeübt waren, als nachahmenswerte Beispiele dienen konnten. Wenn das richtig ist, dann hätte Trediakovskijs Übersetzung eine ähnliche Kulturbedeutung, wie die petrinischen Lehrbücher des guten Benehmens, etwa der „Ehrenwerte Jugendspiegel"[14]. In jedem Fall leistete Trediakovskijs „Reise" aber einen erheblichen Beitrag zur Einbürgerung des Liebesthemas in die russische Literatur. Im engeren Sinn der Gattungsgeschichte machte das Werk jedoch keine Schule: Im Literatursystem des russischen Klasssizismus hatte die erzählende Prosa keine Zukunft.

---

10 Vgl.: SERMAN, Russkij klassicizm, S. 104–113; S. KARLINSKY, Tallemant and the Beginning of the Novel in Russia. In: *Comparative Literature* 15 (1963), S. 226–233.
11 Ebd., S. 229.
12 TREDIAKOVSKIJ, Sočinenija, Bd. III, S. 647–651, hier S. 649.
13 Vgl. den in französischer Sprache geschriebenen Brief Trediakovskijs vom 18. Januar 1731 an den Sekretär der Akademie J.-D. Schuhmacher. In: *Pis'ma russkich pisatelej XVIII veka.* Hrsg.: G. P. Makogonenko. L. 1980, S. 45–46, hier S. 45.
14 JU. M. LOTMAN, Ezda v ostrov ljubvi Trediakovskogo i funkcija perevodnoj literatury v russkoj kul'ture pervoj poloviny XVIII v. In: DERS., Izbrannye stat'i. Bd. II. Tallin 1992, S. 22–28.

Umso größer war die sprachhistorische Bedeutung der „Reise"[15]. Ganz im Sinne der petrinischen Sprachpolitik erteilt Trediakovskij dem Kirchenslavischen in seiner programmatischen Einleitung eine schroffe Absage. Als Sprache des geistlichen Schrifttums sei das Kirchenslavische für die Darstellung weltlicher Gegenstände nicht geeignet. Auch sei es heutzutage schwer zu verstehen. Schließlich beruft sich Trediakovskij noch auf seinen Geschmack: Das Kirchenslavische klinge ihm „jetzt rauh in den Ohren"[16], womit er die ästhetische Haltung eines französischen Weltmannes übernimmt; voller Ironie distanziert er sich von seiner Studienzeit an der Geistlichen Akademie, als er in jugendlich-pedantischem Geltungsdrang das Kirchenslavische sogar im mündlichen Umgang verwendet habe.

Trediakovskij folgt dem französischen Vorbild noch in einem weiteren Punkt. Die petrinische Sprachpolitik war in erster Linie negativ bestimmt – aus dem Gegensatz zum Kirchenslavischen. Trediakovskij geht einen Schritt weiter und setzt nun auch einen positiven Akzent: In ihrer Abkehr vom Kirchenslavischen soll die neue Literatursprache dem mündlichen Gebrauch folgen – „fast dem einfachsten russischen Wort, das heißt, so wie wir es untereinander sprechen"[17]. Diesen Gedanken vom Primat der Umgangssprache verdankte Trediakovskij der Sprachtheorie des französischen Klassizismus, insbesondere den *Remarques sur la langue françoise* (ersch. 1647) von Vaugelas. Die Schwierigkeit lag darin, daß es die kultivierte Umgangssprache, die von dieser Theorie vorausgesetzt wurde, in Rußland nicht gab – im Gegensatz zum Französischen, wie es in den Pariser Salons und bei Hofe gesprochen wurde, war das gesprochene Russisch noch ganz den Bedürfnissen des Alltags verhaftet und fügte sich keiner kultivierenden Norm. Bei Kantemir mochte das gewöhnliche Russisch zur 'niederen' Thematik der Verssatire passen; mit den zarten Gefühlen, von denen die „Reise zur Liebesinsel" handelt, war das jedoch eine andere Sache. In seiner Übersetzung hielt sich Trediakovskij denn auch nicht an den mündlichen Gebrauch, sondern an jene schriftliche Tradition, die sich im Gefolge der petrinischen Sprachpolitik herausgebildet hatte. Ebenso wie vor ihm Kantemir beherzigte er dabei jedoch die Reinheitsnorm des französischen Klassizismus und vermied die Fremdwörterei der vorangegangenen Jahrzehnte.

Die linguistische Forderung, die Trediakovskij in seiner Einleitung erhebt, ist also bloß deklarativer Natur – sie beruht auf der mechanischen Übertragung einer französischen Idee auf die ganz andersartigen Verhältnisse in Rußland. Dennoch war diese Forderung von großer Bedeutung: In den künftigen Jahrzehnten sollte sie nicht nur für die Theorie der neuen Literatursprache maßgeblich sein, sondern auch für deren Praxis. Tatsächlich sollte sich die neue Literatursprache auf der

---

15 Vgl.: JU. S. SOROKIN, Stilističeskaja teorija i rečevaja praktika molodogo Trediakovskogo (Perevod romana P. Tal'mana *Ezda v ostrov ljubvi*). In: *Venok Trediakovskomu*. Volgograd 1976, S. 45–54.
16 TREDIAKOVSKIJ, Sočinenija, Bd. III, S. 649.
17 Ebd.

Grundlage des Russischen entwickeln. Damit war ein Weg beschritten, der nach manchen Windungen und Konflikten schließlich zur Normalisierung dieser neuen Literatursprache in der Puškinzeit führen sollte.

Versreform

Kaum minder bedeutsam als Trediakovskijs Sprachkonzeption ist sein Beitrag zur Reform des russischen Verses[18]. Die Versreform war ein großes Ereignis der russischen Literaturgeschichte. Sie wurde in der zweiten Hälfte der 1730er Jahre in Angriff genommen, setzte sich in wenigen Jahren durch und behauptete über 150 Jahre lang, bis gegen Ende des 19. Jahrhunderts, die Alleinherrschaft in der russischen Dichtung. Aus zeitgenössischer Sicht war die Versreform die Epochenschwelle zwischen der alten und der neuen Literatur: Die Tatsache, daß Kantemir noch den syllabischen, wenn auch leicht veränderten Vers verwendete, war für die jüngeren Autoren schon allein Grund genug, seine poetischen Werke aus dem Kanon der neuen – und 'wahren' – russischen Dichtung auszuschließen. Der erschwerte Satzbau Kantemirs, der den klassizistischen Forderungen nach Einfachheit und Natürlichkeit widersprach, bestärkte sie in dieser Haltung.

Mit der Reform des russischen Verses wiederholte sich in Rußland eine Entwicklung, die in Deutschland etwa ein Jahrhundert vorher stattgefunden hatte – jene Reform des deutschen Verses, die mit dem Namen von Martin Opitz verbunden ist. Hier wie dort handelt es sich um den Übergang vom syllabischen zum syllabotonischen Verssystem, wobei man in Deutschland dem holländischen Beispiel folgte, in Rußland – dem deutschen. Den Anstoß zur russischen Versreform gab Trediakovskij mit dem „Neuen und kurzgefaßten Leitfaden" von 1735. Seine Kritik richtete sich gegen das syllabische Verssystem, das, wie wir schon wissen, von Simeon Polockij um die Mitte des 17. Jahrhunderts aus Polen übernommen worden war. Seither hatte es der russischen Dichtung gute Dienste geleistet. In seinen frühen Gedichten verwendete auch Trediakovskij dieses Verssystem. Sein Sinneswandel wurde durch die Begegnung mit dem deutschen Vers ausgelöst. Als Mitarbeiter der Petersburger Akademie gehörte es zu Trediakovskijs Aufgaben, die Huldigungsgedichte, die von den deutschen Professoren auf die Zarin Anna geschrieben wurden, in russische Verse zu übertragen. Er hatte also ausreichend Gelegenheit, die beiden Verssysteme miteinander zu vergleichen und gegeneinander abzuwägen.

Die Syllabik beruht auf dem Prinzip der Silbenzählung; der weibliche Paarreim ist obligatorisch. Die Syllabotonik folgt einem anderen Prinzip: Nicht nur die Länge der Verszeilen unterliegt der versifikatorischen Regulierung, sondern

---

[18] Vgl. u.a.: C. L. DRAGE, The Introduction of Russian Syllabo-Tonic Prosody. In: *The Slavonic and East European Review* 54 (1976), S. 481–503; M. L. GASPAROV, Očerk istorii russkogo sticha. Metrika. Ritmika. Rifma. Strofika. M. 1984, S. 33–40; I. KLEJN [= J. KLEIN], Reforma sticha Trediakovskogo v kul'turno-istoričeskom kontekste. In: DERS., Puti kul'turnogo importa. Trudy po russkoj literature XVIII veka. M. 2005, S. 235–262.

auch der Wortakzent. Der Rhythmus der Syllabotonik ist also erheblich straffer (und auch einförmiger) als der Rhythmus der Syllabik und unterscheidet sich somit deutlicher von der Prosa. Das entsprach der klassizistischen Vorliebe für rhythmische Glätte und deutliche Abgrenzungen. Wie Trediakovskij in einem späteren Artikel selber berichtet, hatte ihm der deutsche Vers so etwas wie ein Damaskus-Erlebnis beschert: Angesichts der spöttischen Kritik, die man seinerzeit – offenbar aus der Sicht der deutschen Syllabotonik – an seinen syllabischen Gedichten geübt habe, sei ihm schlagartig klargeworden, daß seine eigene Dichtung, „abgesehen vom Reim", eigentlich „nicht aus Versen" bestehe, sondern bloß „aus irgendwelchen seltsamen prosaischen Zeilen"[19].

Trediakovskijs Kritik an der Syllabik (und seiner eigenen Dichtung) hätte kaum schroffer ausfallen können. Dennoch war er in seinem „Leitfaden" nicht bereit, das deutsche System vorbehaltlos zu übernehmen. Der neue russische Vers, der ihm vorschwebte, sollte vielmehr eine Synthese von Altem und Neuem bilden. Es zeigt sich ein neues Traditionsbewußtsein. Um die Mitte der 1730er Jahre war Trediakovskij nicht mehr der junge Radikale und vorbehaltlose Anhänger westeuropäischer Kultur, der fünf Jahre zuvor nach Rußland heimgekehrt war. Die nationale Tradition, die er zuvor so entschieden verworfen hatte, erschien ihm nun in einem günstigeren Licht. Hierin liegt die Widersprüchlichkeit seines „Leitfadens". Im Gegensatz zu seiner schonungslosen Kritik an der Syllabik sieht sich Trediakovskij veranlaßt, die dreizehnsilbige Zeile eben dieser Syllabik für sein neues System zu übernehmen, und er begründet das ganz offen mit jenem „Gebrauch", der „bei allen unseren alten Versdichtern im Schwange war"[20]. Auch den weiblichen Paarreim der russischen Syllabik will Trediakovskij beibehalten – im Namen nationaler Eigenständigkeit sucht er den Abstand zur französischen und deutschen Dichtung mit ihrer Alternanz von weiblichen und männlichen Reimen. Damit erklärt sich auch seine Vorliebe für den trochäischen Versfuß, den er im Gegensatz zum 'deutschen' Jambus für spezifisch russisch hielt.

In der Entwicklung des russischen Nationalbewußtseins bildet Trediakovskijs „Leitfaden" mit seinem neuen Sinn für die nationale Tradition einen frühen Meilenstein. Sein Unglück war es, daß er sich mit dieser Revision des petrinischen Erbes von den Denkgewohnheiten der Zeitgenossen entfernte. Hierin lag die Chance seines jüngeren Rivalen Lomonosov. Während eines Studienaufenthaltes in Deutschland hatte er Trediakovskijs „Leitfaden" gelesen. Der „Brief über die Regeln der russischen Verskunst", den er 1739 aus dem sächsischen Freiberg an die Petersburger Akademie sandte, enthielt seine Gegenposition; zur Veranschaulichung legte Lomonosov ein Gedicht aus eigener Feder bei – die nachmalig berühmte Ode auf die Eroberung der Feste Chotin.

---

19   *O drevnem, srednem i novom stichotvorenii rossijskom* [1755]. In: TREDIAKOVSKIJ, Izbrannye proizvedenija, S. 425–450, hier S. 441 f.
20   Ebd., S. 370.

Lomonosov radikalisierte die von Trediakovskij begonnene Reform. Im Einklang mit der petrinischen Haltung des Traditionsbruchs hatte er keinerlei Bedenken, einen Schlußstrich unter die syllabische Vergangenheit zu ziehen und das deutsche System in Bausch und Bogen zu übernehmen. Ebenso wie in J. Chr. Günthers Ode auf den Türkischen Frieden von 1718, die ihm als Vorlage diente, findet man in seiner Chotin-Ode die zehnzeilige Strophe, den vierfüßigen Jambus und die Alternanz von männlichen und weiblichen Reimen. Das entsprach der kanonischen Odenform, so wie sie im 17. Jahrhundert von F. de Malherbe, einem Wegbereiter der französischen Klassik, begründet worden war. In den folgenden Jahren sollte Lomonosov noch weitere Oden nach diesem Muster schreiben – mit so durchschlagendem Erfolg, daß sich sogar Trediakovskij am Ende genötigt sah, die Lomonosovsche Neuerung zu übernehmen und seine eigenen Gedichte demgemäß zu überarbeiten. In der grundlegend veränderten Fassung des „Leitfadens", die Trediakovskij 1752 vorlegte, zog er auch theoretisch die Konsequenz aus dem neuen Stand der Dinge, ohne dabei freilich den Namen seines erfolgreichen Rivalen zu erwähnen: Als Begründer des neuen russischen Verses sollte nicht Lomonosov, sondern er, Trediakovskij, in das Gedächtnis der Nachwelt eingehen.

Psalmendichtung

Die veränderte Haltung zur nationalen Tradition, die sich in Trediakovskijs „Leitfaden" andeutet, tritt seit Mitte der 1740er Jahre deutlich zutage. Zwar hielt Trediakovskij an der Auffassung fest, daß sich die neue Literatursprache auf der Grundlage des Russischen entwickeln sollte. Mit viel Polemik und in krassem Widerspruch zu seiner früheren Meinung kämpfte er nun jedoch für die Rehabilitierung des Kirchenslavischen: Aus seiner neuen Sicht war das Kirchenslavische keine Fremdsprache mehr, sondern ein Bestandteil der nationalen Literatursprache. Gleichzeitig änderten sich seine Vorstellungen von den Aufgaben des Autors. Jenes Ideal des französischen Salonliteraten, das sich in seiner Hinwendung zum galanten Liebesroman und in der geschmäcklerischen Verurteilung des Kirchenslavischen geäußert hatte, machte nun einer ernsten Haltung Platz: Der älter gewordene Trediakovskij wollte seine Leser nicht mehr unterhalten, sondern belehren und ihren Sinn für das Höhere ansprechen. Mit der ihm eigenen Konsequenz kaufte er die Restexemplare der „Reise zur Liebesinsel" auf und verbrannte sie.

Auch von der Freidenkerei seiner Jugend nahm Trediakovskij nun Abschied und suchte die Annäherung an die Kirche – mit dem schon bekannten Erfolg seiner Ernennung zum Akademieprofessor (seine Widersacher Lomonosov und Sumarokov suchten ihre Beschützer dagegen bei Hofe). Diese Kehrtwendung zeigt sich auch in der literarischen Praxis: Zu Beginn der 1750er Jahre schrieb

Trediakovskij seine *Feoptija* und übersetzte den kirchenslavischen Psalter in russische Verse[21]. Die Gattung der dichterischen Psalmenübersetzung oder Psalmenparaphrase, auch Geistliche Ode genannt, war in ganz Europa verbreitet. In Rußland war sie ebenfalls sehr beliebt – kaum ein Autor des 18. Jahrhunderts, der keine Geistlichen Oden verfaßt hätte. Tausende solcher Gedichte wurden geschrieben; von manchen Psalmen gab es über dreißig Varianten. In Rußland wurde die Gattung von Simeon Polockij begründet. Er übertrug den Psalter in syllabische Verse, unter Verwendung des Kirchenslavischen. Das Werk erschien 1680 im Druck und fand große Verbreitung. Vom Standpunkt der neuen russischen Literatur und des neuen Verssystems mußte es jedoch als veraltet erscheinen. Mit seiner Übersetzung folgte Trediakovskij daher nicht Simeon Polockij, an dem er in seiner Einleitung scharfe Kritik übt, sondern dem französischen Dichter J.-B. Rousseau, dessen Psalmenparaphrasen im 18. Jahrhundert als vorbildlich galten. In Trediakovskijs Übersetzung sollte der Psalter dem Leser in verständlicher und dabei abwechslungsreicher Gestalt vor Augen treten – „mit neuer Schönheit und Süßigkeit"[22]. Die Wahrnehmung der altbekannten Texte sollte erneuert, die erbauliche Wirkung gesteigert werden. Gleichzeitig meldete sich der gelehrte Philologe zu Wort: Der kirchenslavische Psalter habe sich gar zu weit vom hebräischen Original entfernt – mit Hilfe der griechischen, lateinischen und französischen Übersetzungen will Trediakovskij dem Urtext möglichst nahekommen.

In seinen Psalmenparaphrasen verwendet Trediakovskij jambische und trochäische Metren, neben weiblichen und männlichen findet man auch daktylische Reime; besonders vielfältig sind die Strophenformen. Gemäß den linguistischen Auffassungen des älteren Trediakovskij enthält die Sprache eine starke Beimischung des Kirchenslavischen; der Satzbau wird durch Inversionen und Trennung von zusammengehörigen Satzteilen sehr erschwert. Damit war die nötige Stilhöhe gesichert. Aber der Anspruch reicht noch weiter. Für Trediakovskij ist der Psalmendichter ein Gefäß göttlicher Eingebung. Ekstatisch überschreitet er die Schranken des Verstandes und steigert sich zur frommen Verzückung. In spannungsvollem Nebeneinander von Konkretem und Abstraktem, von Dynamik und Ruhe sollen die äußersten Möglichkeiten des poetischen Ausdrucks ausgelotet werden. Die Grundfigur ist die Amplifikation – ausladende Satzkonstruktionen verklammern Kaskaden von synonymischen Wendungen. Immer wieder verschiebt sich die Wortbedeutung, es werden ausgefallene Metaphern verwendet. Insgesamt ist der Gegensatz zur klassizistischen Ästhetik des Maßvollen, des

---

[21] Vgl.: A. LEVITSKY [= LEVICKIJ], Literaturnoe značenie Psaltiri Trediakovskogo. In: V. K. TREDIAKOVSKIJ, Psalter 1753. Erstausgabe. Hrsg.: R. Olesch; H. Rothe. Paderborn etc. 1989, S. XI–LXXVIII; V. M. ŽIVOV, K predystorii odnogo pereloženija psalma v russkoj literature XVIII veka. In: DERS., Razyskanija, S. 532–555; L. F. LUCEVIČ, Psaltyr' v russkoj poèzii. SPb. 2002, S. 281–317.

[22] TREDIAKOVSKIJ, Psalter 1753, S. 3–8 („Preduvedomlenie"), hier S. 6.

Klaren und Vernünftigen offenkundig. Zu Recht sieht man in Trediakovskijs Psalmen daher eine gattungspoetisch sanktionierte Nische barocker Stilmittel[23]. Als Beispiel sei hier die erste Strophe seiner Paraphrase des 143. Psalms angeführt, also jenes Gedichts, mit dem sich Trediakovskij an dem Übersetzungswettstreit von 1743 beteiligte. Im Einklang mit der verstheoretischen Auffassung, die Trediakovskij in diesem Wettbewerb vertritt, verwendet er den vierfüßigen Trochäus (in Verbindung mit der zehnzeiligen Odenstrophe). Seine erste Strophe besteht aus einem umfangreichen Satzgefüge, mit dem sich der lyrische Sprecher an Gott wendet und seine Größe preist. Dieser Lobpreis verwirklicht sich durch eine Anhäufung von Epitheta, deren ohnehin schon panegyrisches Gepräge durch die mehrfach verwendete Vorsilbe 'pre-' (= 'über-') noch zusätzlich und bis zum Widersinn gesteigert wird, wie zum Beispiel in dem Wort „prevečnyj" (= 'überewiger'); dasselbe gilt für die tautologisch-überbietende Wendung „Soveršenstv presoveršennyj" (= 'Übervollkommen an Vollkommenheiten'). Bei Trediakovskij übersteigt Gottes Größe mit den Schranken der Logik auch die des menschlichen Ausdrucks- und Fassungsvermögens. Eine starke Klanginstrumentierung und die druckgraphische Gestaltung leisten auf ihre Weise ebenfalls einen Beitrag zum ekstatischen Gepräge des Stils:

> Крепкий, чудный, бесконечный,
> Полн хвалы, преславный весь,
> БОЖЕ! ТЫ един превечный,
> Сый ГОСПОДЬ вчера и днесь:
> Непостижный, неизменный,
> Совершенств пресовершенный,
> Неприступна окружен
> САМ величества лучами
> И огньпальных слуг зарями,
> О! будь ввек БЛАГОСЛОВЕН.[24]

Starker, wunderbarer, unendlicher, / Glorreicher, hochberühmter, / Gott! Du bist allein der überewige, / Dieser Herr gestern und heute: / Unfaßbar, unveränderlich, / Übervollkommen an Vollkommenheiten, / Von Strahlen / Unerreichbarer Größe / Und feuerglänzenden Dienern selber umglänzt, / Oh! sei in Ewigkeit gepriesen.

Tilemachida

Trediakovskijs Alterswerk, das heroische Epos *Tilemachida* („Telemachie", ersch. 1766), wurde vielfach verspottet und galt als höchst langweilig; daß es sich um eine wagemutige und auch zukunftsweisende Unternehmung handelte, blieb den Zeitgenossen verborgen.

---

[23] Vgl.: A. B. ŠIŠKIN, Trediakovskij i tradicii barokko v russkoj literature XVIII veka. In: *Barokko v slavjanskich kul'turach*. Hrsg.: A. V. Lipatov. M. 1982, S. 239–254.

[24] TREDIAKOVSKIJ, Psalter 1753, S. 425–446, hier S. 436. In photomechanischer Wiedergabe findet man hier auch die ursprüngliche Broschüre des Übersetzungswettstreits von 1744.

Für Trediakovskij war das heroische Epos der „äußerste Gipfel, die Krone und das Höchste unter den erhabenen Hervorbringungen der Menschheit"[25]. Tatsächlich stellte diese Gattung nach allgemeiner Überzeugung die größten Anforderungen an das Können und die Gelehrsamkeit eines Dichters. Als umso peinlicher wurde andererseits die Tatsache empfunden, daß es noch keinem russischen Autoren gelungen war, ein heroisches Epos zustande zu bringen. Kantemir war in seiner *Petrida* über das Erste Buch nicht hinausgekommen; ähnlich erging es Lomonosov mit *Petr Velikij*. Auch er führte sein Vorhaben nicht zu Ende; immerhin erschienen 1760 die ersten zwei Gesänge des Werks im Druck[26].

Mit seiner *Tilemachida* konnte Trediakovskij von sich behaupten, daß er als erster unter den russischen Autoren ein heroisches Epos geschaffen habe (daß die Zeitgenossen dies nicht anerkannten und Lomonosovs epischem Fragment den Vorzug gaben, steht auf einem anderen Blatt). Trediakovskijs Anspruch reicht aber noch weiter. Kantemir und Lomonosov hatten mit Peter I. für ihre epischen Versuche einen Helden der Neuzeit gewählt; eine ähnliche Entscheidung hatte vorher schon Voltaire mit seiner berühmten *Henriade* (ersch. 1723) getroffen, dem Epos über Heinrich IV. Trediakovskij dagegen schwebte ein 'richtiges' Epos vor, er wollte kein Thema aus der Neuzeit, sondern aus der klassischen Antike behandeln und damit an die Ursprünge der Gattung anknüpfen: Sein Ehrgeiz war es, ein homerisches Epos zu schreiben.

Den Stoff fand er in *Les aventures de Télémaque, fils d'Ulysse* (ersch. 1699), Fénelons moralistischem Staatsroman, der im Europa des 18. Jahrhunderts viel gelesen und übersetzt wurde. Die *Tilemachida* ist eine poetische Übertragung dieses lehrhaften Prosawerks (außerdem erschienen in Rußland im 18. Jahrhundert noch vier Prosa-Übersetzungen von Fénelons Roman)[27]. Ein charakteristisches Merkmal von Homers epischem Stil sind die zusammengesetzten Epitheta. Derlei sucht man bei Fénelon vergebens, nicht aber bei Trediakovskij, der diese Epitheta zum guten Teil aus antiken Quellen übernahm: „zlatozarnyj", „legkoparjaščij", „penorodnyj" etc. (goldleuchtend, leichtschwebend, schaumgeboren)[28]. In der Verwendung volkstümlicher Elemente sah man im 18. Jahrhundert ein weiteres Merkmal des homerischen Stils. Neben den markierten Elementen des Kirchenslavischen enthält die *Tilemachida* daher auch zahlreiche Wendungen der Volksdichtung und des sprachlichen Alltags. Die kontrastreiche Vielfalt des Stils,

---

[25] Vgl. seine theoretische Einleitung zur *Tilemachida*: „Pred-izjasnenie ob iroičeskoj piime". In: TREDIAKOVSKIJ, Sočinenija, Bd. II, S. III–LXXIX, hier S. III.

[26] A. N. SOKOLOV, Očerki po istorii russkoj poèmy XVIII i pervoj poloviny XIX veka. M. 1955; E. WEEDA, Diversität und Kontinuität. Oldenburg 1999. Zur Analyse der *Tilemachida* vgl. vor allem: A. A. ALEKSEEV, Èpičeskij stil' *Tilemachidy*. In: *Jazyk russkich pisatelej XVIII veka*, S. 68–95; ferner: A. S. ORLOV, *Tilemachida* V. K. Trediakovskogo. In: *XVIII vek*. [Bd. 1]. M.–L. 1935, S. 5–55.

[27] Vgl.: ALEKSEEV, Èpičeskij stil' *Tilemachidy*, S. 79 (Fußnote 35).

[28] Vgl.: A. I. MALEIN, Priloženie k stat'e A. S. Orlova *Tilemachida*. In: *XVIII vek*. [Bd. 1]. M.–L. 1935, S. 57–60.

die sich hieraus ergab, stand im Widerspruch zur klassizistischen Einheitsnorm und bestärkte die Zeitgenossen in ihrer Ablehnung der *Tilemachida*.
Besonders wichtig war die Versform. Trediakovskij wählte für sein Epos nicht, wie vor ihm Lomonosov, den sechsfüßigen Jambus, also den Alexandriner und damit den „Hauptvers des russischen Klassizismus"[29], sondern einen daktylotrochäischen Vers ohne Reim, mit dem er schon vorher experimentiert hatte. Das war die syllabotonische Entsprechung des klassischen Hexameters. Mit Recht gilt Trediakovskij daher nicht nur als Begründer des homerischen Stils in Rußland, sondern auch des russischen Hexameters[30]; dasselbe Verdienst um den deutschen Hexameter hatte sich im Jahre 1748 F. G. Klopstock mit den ersten drei Gesängen seines christlichen Epos *Messias* erworben.

Mit dem Hexameter beschritt Trediakovskij einen Weg, auf dem ihm viele Jahre lang kein russischer Dichter folgen wollte. Für Cheraskov war die Verwendung des Alexandriners in seinem Epos *Rossijada* (ersch. 1779) noch eine Selbstverständlichkeit; dasselbe gilt für E. I. Kostrov mit seiner Übersetzung der *Ilias* (ersch. 1787–1811). Als N. I. Gnedič 1807 mit der Arbeit an seiner berühmten Übersetzung der *Ilias* begann, verwendete auch er zunächst noch den Alexandriner, bis er sich schließlich doch ein Herz faßte und zum Hexameter überging.

---

[29] R. LAUER, Die Anfänge des Alexandriners in Rußland. (Erwägungen zum Hauptvers des russischen Klassizismus). In: *Slavistische Studien zum VI. Internationalen Slavistenkongreß in Prag 1968*. München 1968, S. 475–495.

[30] R. BURGI, A History of the Russian Hexameter. Hamden/Conn. 1954.

KAPITEL 9
LOMONOSOV

Ein Kultobjekt

Im historischen Gedächtnis Rußlands ist es Lomonosov ungleich besser ergangen als Trediakovskij. Schon zu Lebzeiten war er mit seinen Werken höchst erfolgreich; nach seinem Tode wurde er als Heros des nationalen Geisteslebens, als „Peter der Große" und als „Vater" der neuen russischen Literatur verherrlicht. Dieser Kult begann spätestens in Lomonosovs Todesjahr, er hielt sich mit wechselnder Intensität über das gesamte 19. Jahrhundert und erreichte seinen Höhepunkt im Zeichen des Sowjetpatriotismus. Das Lomonosov-Denkmal von N. V. Tomskij bietet ein imposantes Beispiel dieses Kults[1]. Es wurde 1953 vor den Toren der Moskauer (Lomonosov-)Universität errichtet und zeigt den auf einem Granitsockel frei stehenden Lomonosov. Diese Bronzestatue ist viereinhalb Meter hoch; zusammen mit dem Granitsockel beträgt die Höhe des Denkmals gute neun Meter – eine Proportion, die sich ihrerseits im Einklang mit den gewaltigen Abmessungen des Universitätsgebäudes befindet.

Biographie

Michaíl (Michájlo) Vasíl'evič Lomonósov (1711–1765) war der Sohn eines freien Bauern aus dem russischen Norden[2]. Ebenso wie Trediakovskij stammte er also nicht aus dem Adel, ebenso wie dieser studierte er an der Geistlichen Aka-

---

[1] Vgl.: M. E. GLINKA, M. V. Lomonosov (Opyt ikonografii). M.–L. 1961, S. 44. Auch dieses Buch ist ein beredter Ausdruck des Lomonosov-Kults in seiner sowjetischen Spielart.

[2] Grundlegend zur Biographie: P. P. PEKARSKIJ, Lomonosov. In: DERS., Istorija Imperatorskoj Akademii Nauk, Bd. II, S. 259–963; vgl. auch: B. N. MENŠUTKIN, Michajlo Vasil'evič Lomonosov. SPb. [4]1912; *Letopis' žizni i tvorčestva M. V. Lomonosova*. Hrsg.: A. V. Topčiev u.a. M.–L. 1961; A. A. MOROZOV, M. V. Lomonosov. Put' k zrelosti. 1711–1741. M.–L. 1962; N. JU. ALEKSEEVA, Lomonosov Michajlo Vasil'evič. In: *Slovar' russkich pisatelej XVIII veka*, Bd. II, S. 212–226; aus literatursoziologischer Sicht: ŽIVOV, Pervye russkie literaturnye biografii, S. 585–608. – Zu Leben und Werk vgl.: A. A. MOROZOV, Lomonosov. M. [5]1965 [„Žizn' zamečatel'nych ljudej"]; I. Z. SERMAN, Mikhail Lomonosov. Life and Poetry. Jerusalem 1988. Ferner: P. N. BERKOV, Lomonosov i literaturnaja polemika ego vremeni. 1750–1765. M.–L. 1936. – Unter den Werkausgaben immer noch unentbehrlich: M. V. LOMONOSOV, Sočinenija. Hrsg.: M. I. Suchomlinov. Bd. I–VIII. SPb.–M.–L. 1891–1948; leichter zugänglich ist jedoch die schon angeführte sowjetische Gesamtausgabe: LOMONOSOV, Polnoe sobranie sočinenij [= PSS]. Im folgenden beziehen sich die eingeklammerten Band- und Seitenangaben des Haupttextes (z. B.: VIII, 196–207) auf diese Ausgabe.

demie zu Moskau (1731–1735) und verbrachte einige Studienjahre in Westeuropa (1736–1741). Seitens der Petersburger Akademie, zu der Lomonosov aus Moskau als Student überstellt worden war, schickte man ihn nach Deutschland, wo er zunächst an der Universität Marburg studierte, dann auch an der Bergakademie des sächsischen Freiberg. Während seines dreijährigen Studiums in Marburg wurde er von Christian Wolff betreut, dem seinerzeit berühmten Philosophen der deutschen Frühaufklärung. Nach seiner Heimkehr arbeitete Lomonosov als Adjunkt an der Petersburger Akademie, bis er 1745, im selben Jahr wie Trediakovskij, für das Fach Chemie zum Akademieprofessor ernannt wurde.

Lesen und Schreiben lernte Lomonosov im Alter von 11–12 Jahren bei einem Küster und einem Bauern aus der Nachbarschaft. In den Genuß einer Schulbildung kam er erst spät, als Zwanzigjähriger. Wegen einer „bösen und neidischen Stiefmutter", die seine Neigung zur Lektüre mißbilligte[3], verließ er Ende 1730 das Elternhaus, reiste nach Moskau und ließ sich dort an der Geistlichen Akademie als Schüler einschreiben. Da Personen aus den steuerpflichtigen Teilen der Bevölkerung an der Akademie nicht zugelassen waren, gab sich Lomonosov als Adligen aus (im Laufe seines Lebens sah er sich noch mehrere Male veranlaßt, die Unwahrheit über seine Herkunft zu sagen).

Seine Moskauer Jahre, in denen er Entbehrungen zu leiden hatte, bildeten den Anfang einer Laufbahn, die insgesamt jedoch unter einem sehr günstigen Stern stand. Auf beispielhafte Weise verwirklichte sich in Lomonosov jenes Ideal von Leistung und sozialem Aufstieg über die Standesgrenzen hinweg, das einen verheißungsvollen Bestandteil des petrinischen Programms ausmachte. Als Bauernsohn, der den Behörden jahrelang als Steuerflüchtling galt, wurde Lomonosov im Verlauf seiner Karriere in den erblichen Adel aufgenommen und brachte es schließlich zur Stellung eines Staatsrats. Das war die 5. Stufe der petrinischen Rangtabelle und damit der erste „Generalsrang". Der Titel eines Wirklichen Staatsrates (4. Stufe) blieb ihm allerdings versagt, sehr zu seinem Leidwesen. Aber auch so hatte er kaum Grund zur Unzufriedenheit: Am Ende seines Lebens war er Besitzer eines geräumigen Hauses im Zentrum von Petersburg und dank einer Schenkung der Zarin Elisabeth auch Herr eines Landguts mit über zweihundert Leibeigenen.

Diesen Lebenserfolg verdankte Lomonosov nicht nur seiner beruflichen Leistung, sondern auch jenem zielstrebigen Geschick, mit dem er sich das Wohlwollen hochgestellter Persönlichkeiten bei Hofe zu sichern verstand. Zu seinen Gönnern gehörte vor allem I. I. Šuvalov, der seine Stellung als Günstling der Zarin zur Förderung des russischen Geisteslebens einsetzte und dessen Initiative sich die Gründung der Moskauer Universität verdankte. Durch Šuvalovs Vermittlung konnte 1757 der erste Band einer Ausgabe von Lomonosovs Werken erscheinen; wie schon hervorgehoben, wurde hier zum ersten Mal in der russischen Literatur-

---

[3] Vgl. Lomonosovs Brief vom 31. Mai 1753 an I. I. Šuvalov. In: LOMONOSOV, PSS, Bd. X, S. 478–480, hier S. 479.

geschichte und wiederum auf Betreiben Šuvalovs ein Porträt des Autors veröffentlicht – ein Stich mit einem Versepigraph von Lomonosovs Schüler N. N. Popovskij.

Nach dem Tode der Zarin Elisabeth, dem Sturz ihres Nachfolgers Peter III. und mit der Machtergreifung Katharinas II. am 28. Juni 1762 veränderten sich die politischen Umstände jedoch zu Lomonosovs Nachteil. Seine Gönner verloren ihren Einfluß, und die neue Zarin war erst nach längerem Zögern bereit, ihm, der aufs engste mit dem Regime ihrer Vorgängerin verbunden gewesen war, die gebührende Anerkennung zu zollen und somit ihrem eigenen Anspruch als aufgeklärte Monarchin und Schirmherrin des russischen Geisteslebens gerecht zu werden. Einen weithin sichtbaren Ausdruck fand dieser allerhöchste Sinneswandel am Nachmittag des 7. Juni 1764, als die Zarin Lomonosov in aller Öffentlichkeit und in Begleitung ihres engeren Hofstaats die Ehre eines zweistündigen Besuchs in seinem Hause erwies. Als Lomonosov im folgenden Jahr starb, folgte eine unübersehbare Menschenmenge seinem Sarg; Graf M. I. Voroncov, der ehemalige Kanzler des Reiches und einer von Lomonosovs Gönnern, stiftete ihm ein Grabmal aus weißem Marmor.

In noch höherem Maße als Kantemir gehörte Lomonosov zu den universalen Köpfen des 18. Jahrhunderts. Er verkörpert den historischen Gelehrtentypus des Polyhistors, wobei ihm sein Marburger Lehrer Christian Wolff als Vorbild dienen konnte. Dieser Typus entstand zu einer Zeit, als die Grenzen zwischen den Wissenschaften noch nicht klar gezogen waren. Unter solchen Voraussetzungen konnte sich ein Gelehrter auf ganz verschiedenen Fachgebieten zu Hause fühlen und auch mit literarischen Arbeiten glänzen, wie zum Beispiel Lomonosovs Professorenkollege Albrecht von Haller (1708–1777), Mitbegründer der modernen Physiologie an der Universität Göttingen und auch seinerseits ein berühmter Dichter.

Als Akademieprofessor und später als tonangebendes Mitglied der Akademiekanzlei hat Lomonosov sich für die Belange der noch jungen russischen Wissenschaft und für die Förderung des Nachwuchses eingesetzt; als Šuvalovs Ratgeber war er an der Gründung der Moskauer Universität maßgeblich beteiligt. Lomonosovs naturwissenschaftliche Interessen reichten weit über sein engeres Fachgebiet hinaus und betrafen solche Gegenstände wie das physikalische Wesen der Materie, die Lichtbrechung und die Elektrizität; er arbeitete über Astronomie, Geologie, Bergbauwesen, Metereologie und Geographie. Er baute wissenschaftliche Geräte und versuchte sich sogar in der Gründung einer (wirtschaftlich nicht sehr erfolgreichen) Glasfabrik. Als Naturwissenschaftler genoß Lomonosov internationales Ansehen. Seine Veröffentlichungen wurden in Westeuropa zur Kenntnis genommen und verschafften ihm die Anerkennung Christian Wolffs und des Mathematikers Leonhard Euler, ebenfalls einer europäischen Berühmtheit. Lomonosov war auswärtiges Mitglied der Akademien von Stockholm und Bologna; eine Mitgliedschaft an der Pariser Académie des Sciences, um die er sich mit Hilfe Šuvalovs bemühte, kam allerdings nicht zustande.

Kapitel 9. Lomonosov

Lomonosovs gelehrte Tätigkeit umfaßte nicht nur die Naturwissenschaften, sondern auch die Humaniora, und auch hier zeigte er eine bemerkenswerte Vielseitigkeit. Aus seiner Feder stammt eine gern gelesene Geschichte des alten Rußland. Seine „Rhetorik" (*Kratkoe rukovodstvo k krasnorečiju*, ersch. 1748) und seine „Russische Grammatik" (*Rossijskaja grammatika*, ersch. 1755) wurden im Laufe des 18. Jahrhundert oft gedruckt und trugen ebenfalls zum Ruhm ihres Autors bei. Das „Vorwort über den Nutzen der Kirchenbücher in der russischen Sprache" (*Predislovie o pol'ze knig cerkovnych v rossijskom jazyke*, ersch. 1758) ist ein wichtiger Beitrag zur Theorie der neuen russischen Literatursprache; hierauf komme ich noch zurück. Von dem überwältigenden Erfolg, mit dem Lomonosov die von Trediakovskij begonnene Versreform weiterführte, war schon die Rede. Ferner ist erwähnenswert, daß er am 20. Juni 1746 als erster mit einer öffentlichen Vorlesung in russischer Sprache hervortrat und somit dem akademischen Vorrang des Lateinischen den Kampf ansagte: Wissenschaft sollte nicht mehr nur Sache einer Gelehrtenkaste sein, sondern möglichst viele Menschen erreichen.

Im Gesamtwerk Lomonosovs, der sich in erster Linie als Naturwissenschaftler verstand, nimmt die Dichtung nur wenig Raum ein. Ein Beispielsatz seiner „Russischen Grammatik" lautet: „Das Versemachen ist mein Vergnügen, die Physik – meine Arbeit" (§ 472 – VII, S. 555). Allerdings pflegte Lomonosov in dienstlichen Rechenschaftsberichten neben wissenschaftlichen Abhandlungen auch seine literarischen Werke aufzuführen. Erneut zeigt sich damit jene Auffassung von der Dichtung als einer Form des Staatsdienstes, die wir schon aus dem Arbeitsvertrag des jungen Trediakovskij kennen. An erster Stelle von Lomonosovs literarischem Werk stehen die Feierlichen Oden, die meistens der Zarin Elisabeth gewidmet sind. Das heroische Epos *Petr Velikij*, das Lomonosov begonnen, aber nicht zuende geführt hat, wurde schon erwähnt. Außerdem schrieb er panegyrische Reden und Epigraphe, ferner eine Reihe von religiösen Gedichten. Von ihm stammt auch die „Epistel über den Nutzen des Glases" (*Pis'mo o pol'ze stekla*, 1762), ein Schlüsseltext der russischen Frühaufklärung.

Die neue Konzeption der russischen Literatursprache

Wenn Trediakovskij sich in der zweiten Hälfte der 1740er Jahre von den sprachlichen Auffassungen seiner Jugend abwandte und eine Rehabilitierung des Kirchenslavischen versuchte, so beruhte das auf Überlegungen, denen sich die Zeitgenossen nicht verschließen konnten. Über das Russische als Grundlage der neuen Literatursprache gab es keinen Zweifel. Aber man wußte auch, daß dieses Russisch kaum entwickelt war und Ausdrucksbedürfnissen, die über den Alltag hinausgingen, noch nicht genügen konnte. In seiner Epistel „Über die russische Sprache" von 1748[4] legte Sumarokov daher den russischen Autoren die fleißige

---

[4] Zur Datierung vgl.: GRINBERG; USPENSKIJ, Literaturnaja vojna, S. 92, Fußn. 6.

Lektüre der „geistlichen Bücher" ans Herz, insbesondere des (kirchenslavischen) Psalters. Denn was bliebe, so fragt er, von der russischen Sprache, wenn man auf das Kirchenslavische verzichte? Im Grunde gehörten das Russische und das Kirchenslavische doch zu ein und derselben Sprache. Allerdings solle man behutsam vorgehen und nur diejenigen Elemente des Kirchenslavischen verwenden, die noch nicht veraltet seien[5].

Lomonosov hat sein „Vorwort über den Nutzen der Kirchenbücher in der russischen Sprache" dem ersten Band seiner Werkausgabe von 1757–1759 vorangestellt[6]. Die linguistische Konzeption, die hier zur Sprache kommt, ist im Prinzip dieselbe, die auch vom älteren Trediakovskij und von Sumarokov vertreten wurde. Gemeinsam ist die Vorstellung einer Synthese von Kirchenslavischem und Russischem. Die Unterschiede betreffen nicht das Prinzip, sondern nur die jeweils stärkere oder schwächere Betonung des russischen oder kirchenslavischen Elements.

Mit seinem „Vorwort" macht Lomonosov den Versuch, das Stil- und Gattungssystem des westeuropäischen Klassizismus mit seiner synthetischen Konzeption der nationalen Literatursprache in Einklang zu bringen. Dies lief auf eine Ehrenrettung des Kirchenslavischen hinaus, das bei ihm nicht als notwendiges Übel erscheint, sondern mit seiner „Fülle" den „Reichtum" der russischen Literatursprache begründet (VII, 588, 590). Dank dem Kirchenslavischen brauchte man in Rußland die Konkurrenz der westlichen Sprachen nicht mehr zu fürchten. Gleichzeitig ergab sich ein neues Verhältnis zur historischen Vergangenheit: Jene Versöhnung mit der vorpetrinischen Kultursprache, die sich beim älteren Trediakovskij und bei Sumarokov angebahnt hatte, wird in Lomonosovs „Vorwort" besiegelt. Das petrinische Dogma vom revolutionären Bruch mit der altmoskauer Kultur war nun auf einem wichtigen Gebiet außer Kraft gesetzt worden. Von jetzt an konnte man sich auch den übrigen Aspekten der nationalen Tradition mit neuem Interesse zuwenden.

De facto hatten Lomonosov und seine Kollegen das Russische und das Kirchenslavische in ihren Gedichten schon lange als Träger unterschiedlicher Stilwerte verwendet. Diese Praxis wird in Lomonosovs „Vorwort" sanktioniert und systematisch dargestellt. Man findet hier eine stilistische Klassifizierung des vorhandenen Wortschatzes – das Spektrum reicht von den veralteten über die immer noch gebräuchlichen Wörter des Kirchenslavischen bis hin zu den alltäglichen Elementen des Russischen. Maßgeblich ist der Begriff der Stilhöhe. Das Kirchenslavische erscheint als Domäne des hohen Stils, des heroischen Epos und der Ode; veraltete Formen sollten jedoch nicht verwendet werden. Der niedere

---

[5] Èpistola I [o russkom jazyke]. In: A. P. SUMAROKOV, Izbrannye proizvedenija. L. 1957, S. 112–115, hier S. 115.

[6] Vgl. zum folgenden: VINOGRADOV, Očerki po istorii russkogo literaturnogo jazyka, S. 91 ff.; V. P. VOMPERSKIJ, Stilističeskoe učenie M. V. Lomonosova i teorija trech stilej. M. 1970; USPENSKIJ, Iz istorii russkogo literaturnogo jazyka, S. 158 ff.; ŽIVOV, Jazyk i kul'tura, S. 334–344.

Stil herrscht in den komischen Gattungen. Er bleibt dem Russischen vorbehalten, unter Ausschluß der „verächtlichen Wörter" (VII, 589), also des Vulgären. Zum mittleren Stil rechnet Lomonosov die Liebesdichtung, die Versepistel und andere Gattungen – hier sei ein ausgewogenes Mischungsverhältnis der beiden Sprachsphären geboten.

Allerdings stellt sich die Frage nach den Einzelheiten der Anwendung. Man erfährt, daß die Wörter „otverzaju", „gospoden'", „nasaždennyj", und „vzyvaju" (VII, 588) zu denjenigen Wörtern des Kirchenslavischen gehören, die zwar wenig gebräuchlich, aber für die Gebildeten immer noch verständlich seien. Ganz veraltet seien dagegen „obavaju", „rjasny", „ovogda", „svene" „und dergleichen" (ebd.). Die letztere Formulierung ist verräterisch: Hier und im weiteren bietet Lomonosov nur wenige Beispiele, wo eigentlich eine umfangreiche Liste erforderlich wäre. Auch beschränkt er sich auf die Lexik. Morphologie und Syntax, die für die Unterscheidung des Kirchenslavischen vom Russischen besonders wichtig sind, werden kaum erwähnt; auch in der „Russischen Grammatik" ist das entsprechende Material nicht eben reichhaltig. Im Grunde hätte Lomonosov sein „Vorwort" durch einen umfassenden Stilkatalog von Wörtern und Formen ergänzen müssen. Seine Konzeption bleibt daher abstrakt; in einer sprachhistorischen Situation, in der die stilistische Differenzierung des vorgegebenen Wort- und Formenschatzes gerade erst in Gang gekommen war, hatte man im einzelnen mit einer Fülle von Schwierigkeiten zu kämpfen. Es ist daher kein Zufall, daß sich die literaturkritische Diskussion im Rußland des 18. und des beginnenden 19. Jahrhunderts mit einer Ausschließlichkeit, die heutzutage schulmeisterlich anmutet, auf eben diese Art von Schwierigkeiten beschränkt.

Die Feierliche Ode

Zur Geschichte der Gattung

Im Mittelpunkt von Lomonosovs poetischem Werk steht die Feierliche Ode (toržestvennaja oda), nach dem griechischen Dichter Pindar auch 'pindarische' Ode genannt. Sie dient dem Lobpreis des Herrschers[7]. Die russische Tradition

---

[7] Zur Geschichte der russischen Ode vgl. vor allem: N. JU. ALEKSEEVA, Stanovlenie russkoj ody. 1650–1730 gody. Unveröffentlichte Diss. phil. SPb. 2000. Ferner: DIES., Russkaja oda. Razvitie odičeskoj formy v XVII–XVIII vekach. SPb. 2005 (diese Arbeit konnte ich leider nicht mehr berücksichtigen); B. F. COOPER, The History and Development of the Ode in Russia. Unveröffentlichte Diss. phil. Cambridge 1972; E. POGOSJAN, Vostorg russkoj ody i rešenie temy poèta v russkom panegirike 1730–1762. Tartu 1997; H. RAM, The Imperial Sublime. A Russian Poetics of Empire. Madison/Wisconsin 2003, S. 63–120 („The Ode and the Empress"). – Speziell zur Lomonosovschen Ode vgl.: JU. TYNJANOV, Oda kak oratorskij žanr. Russisch und Deutsch. In: *Texte der russischen Formalisten*. Bd. II. Hrsg.: W.-D. Stempel. München 1972, S. 272–337; L. V. PUMPJANSKIJ, Lomonosov i nemeckaja škola razuma. In: *XVIII vek*. Bd. 14. L. 1983, S. 3–44; G. A. GUKOVSKIJ, Lomonosov, Sumarokov, škola Sumarokova. In: DERS., Rannie raboty, S. 40–71, hier S. 44 ff.; I. Z. SERMAN, Poètičeskij stil' Lo-

dieser panegyrischen Gattung reicht zurück ins 17. Jahrhundert[8]. Die Huldigungsgedichte, die Simeon Polockij dem Zaren Aleksej Michajlovič widmete, sind hier ebenso zu nennen, wie die panegyrischen Lieder der Epoche; es gab auch panegyrische Predigten und Prunkreden. In seinen Feierlichen Oden übernimmt Lomonosov viel von dieser älteren Tradition. Seine Phraseologie und Bildsprache stammen zum guten Teil aus der Bibel[9]; nach seiner Theorie der neuen Literatursprache ist in seinen Oden auch das kirchenslavische Element gut vertreten. In Komposition, Vers und lyrischer Ausdruckshaltung folgt Lomonosov jedoch nicht der heimischen, sondern der westeuropäischen Tradition, so wie diese in Frankreich durch die Oden Malherbes begründet worden war[10].

Die panegyrische Ode dieses Typs ist ein umfangreiches lyrisches Gedicht des hohen Stils, dessen zehnzeilige Strophen meist nach dem Schema AbAbCCdEEd gereimt werden; dem achtsilbigen Vers der französischen Syllabik entspricht der vierfüßige Jambus der russischen Syllabotonik. Entgegen dem ursprünglichen Anspruch des russischen Klassizismus, eine von Grund auf neue Literatur zu schaffen, hat Lomonosov mit seinen Feierlichen Oden also eine poetische Form verwendet, in der sich Altes und Neues, Eigenes und Fremdes nicht ausschließen, sondern ergänzen; vgl. seine ebenfalls synthetische Konzeption der neuen Literatursprache.

Wie wir schon wissen, veröffentlichte Trediakovskij 1734 nach dem Vorbild von Boileaus Ode auf die Eroberung der Stadt Namur seine Danzig-Ode, womit er den Anspruch erheben konnte, „die erste", also die erste 'richtige', den westeuropäischen Regeln entsprechende Ode „in unserer Sprache" geschaffen zu haben. Seine Danzig-Ode war jedoch noch in syllabischen Versen gehalten. Die erste syllabotonische Ode der russischen Literatur stammt von Lomonosov – es ist die Ode von 1739 auf die Eroberung von Chotin. Hierauf beruht die verbreitete Vorstellung, Lomonosov sei der „Vater" der neuen russischen Dichtung.

Lomonosov war es, der mit seinen Oden die russische Tradition der Gattung begründete. Abgesehen von einigen Übersetzungen schrieb er insgesamt zwanzig Feierliche Oden. Der damit geschaffene Kanon sollte bis in die ersten Jahrzehnte des 19. Jahrhunderts maßgeblich bleiben. Auch nach dem Erlöschen der Gattung

---

[8] Lomonosova. M.–L. 1960; M. I. ŠAPIR, U istokov četyrechstopnogo jamba: genezis i èvoljucija ritma (K sociolingvističeskoj charakteristike sticha rannego Lomonosova). In: *Philologica* 3 (1996), S. 69–106.

[9] Vgl.: O. POKOTILOVA, Predšestvenniki Lomonosova v russkoj poèzii XVII-go i načala XVIII-go stoletija. In: *1711–1911. M. V. Lomonosov.* Hrsg.: V. V. Sipovskij. SPb. 1911, S. 66–92; L. I. SAZONOVA, Ot russkogo panegirika XVII v. k ode Lomonosova. In: *Lomonosov i russkaja literatura.* Hrsg.: A. S. Kurilov. M. 1987, S. 103–126.

Vgl.: V. DOROVATOVSKAJA, O zaimstvovanijach Lomonosova iz Biblii. In: *1711–1911. M. V. Lomonosov*, S. 33–65; I. SOLOSIN, Otraženie jazyka i obrazov Sv. Pisanija i knig bogoslužebnych v stichotvorenijach Lomonosova. In: *Izvestija Otdelenija russkago jazyka i slovesnosti* 18 (1913), kn. 2, S. 238–293.

[10] L. V. PUMPJANSKIJ, Očerki po literature pervoj poloviny XVIII veka. In: *XVIII vek.* [Bd.1]. M.–L. 1935, S. 83–132, hier S. 110–132 („Lomonosov i Malerb").

ist die Ausstrahlung von Lomonosovs Odenstil in der russischen Lyrik noch deutlich zu spüren, sie reicht bis in die ersten Jahrzehnte des 20. Jahrhunderts; in den russischen Schulbüchern haben seine Oden seit jeher ihren angestammten Platz.

Lomonosov hat die Feierliche Ode in Rußland zur führenden Gattung gemacht; dies im Gegensatz zu Frankreich, wo die Feierliche Ode eine zwar ehrenvolle, aber keineswegs herausragende Rolle spielte. In der zweiten Hälfte des 18. Jahrhunderts gab es kaum einen russischen Dichter, der nicht Feierliche Oden geschrieben hätte – mit einer gelungenen Ode konnte man sich einen Namen machen; das Korpus der Texte umfaßt Hunderte von Exemplaren. Freilich waren Liebeslied und Geistliche Ode kaum weniger produktiv, aber die Feierliche Ode war im 18. Jahrhundert immer wieder auch Gegenstand der literaturtheoretischen oder -kritischen Betrachtung; die Debatte um den hohen Stil drehte sich um die Feierliche Ode.

Der 'Sitz im Leben'

Die Feierliche Ode ist eine Gattung der Casual- oder Gelegenheitsdichtung, so wie man diese auch an den Höfen Westeuropas pflegte. Die Oden wurden zu einem festlichen Anlaß geschrieben und dienten dem Lobpreis des Monarchen, dessen Herrschaft sie mit althergebrachter Topik als Goldenes Zeitalter priesen[11]. Auf diese Weise erfüllte der Dichter seine traditionelle Aufgabe als dispensator gloriae. Jedem der fünf Zaren und Zarinnen, die in den 1730er – 1760er Jahren auf den Thron kamen, widmete Lomonosov mindestens eine Ode – der Zarin Anna, nach deren Tod dem gerade erst ein Jahr alten Ivan Antonovič, dann Elisabeth, Peter III. und schließlich Katharina II. Die meisten seiner Oden sind an die Zarin Elisabeth gerichtet; in das Gedächtnis der Nachwelt ist Lomonosov nicht nur als „russischer Malherbe (oder Pindar)", sondern auch als „Sänger Elisabeths" eingegangen. Mit panegyrischen Gedichten mittlerer Gattungen wandte er sich auch an hochgestellte Personen aus der Umgebung der Zarin – mit der panegyrischen Idylle von 1750 an den Grafen K. G. Razumovskij, der soeben zum Präsidenten der Petersburger Akademie und damit zu Lomonosovs Vorgesetzten ernannt worden war, und mit der panegyrischen Epistel desselben Jahres an I. I. Šuvalov, den neuen Günstling der Zarin.

Feierliche Oden wurden zu militärischen, politischen oder dynastischen Ereignissen geschrieben. Weitere Anlässe waren allerhöchste Namenstage, Geburtstage oder Jahrestage der Thronbesteigung. Die Ode gehörte zum höfischen Fest, den prunkvollen Rahmen bildeten die Barockarchitektur des Zarenpalastes und die geschmückte Hauptstadt. Zusammen mit solchen Formen zarischer Repräsentation wie Straßenumzug, Feuerwerk, Illumination, Bankett, der musikali-

---

11 Vgl.: S. L. BAEHR, The Paradise Myth in Eighteenth-Century Russia. Utopian Patterns in Early Secular Russian Literature and Culture. Stanford/CA 1991.

schen Darbietung und der Opernaufführung, dem höfischen Ball und der Maskerade leistete die panegyrische Ode ihren Beitrag zum Gepränge des Tages.

Ebenso wie seinerzeit die Geistliche Akademie zu Moskau durfte die Petersburger Akademie der Wissenschaften bei der Vorbereitung solcher Feste nicht fehlen. Zeremonienmeister war der aus Leipzig nach Petersburg berufene Akademieprofessor J. Stählin, Autor eines einschlägigen Handbuchs in deutscher Sprache. Auch Lomonosov wurde zu solchen Dienstleistungen herangezogen. Er übersetzte einige der Oden, die von den deutschen Akademieprofessoren an die Zarin gerichtet wurden, und er entwarf festliche Illuminationen mit den dazugehörigen Epigraphen. Befehle dieser Art konnten auch vom Thron ausgehen, wie im Jahre 1750, als Lomonosov und Trediakovskij für das Hoftheater je eine Tragödie schreiben mußten.

Um so bemerkenswerter ist andererseits die Tatsache, daß Lomonosov im Gegensatz zu einer verbreiteten Auffassung seine Oden nicht auf höhere Weisung, sondern offenbar aus eigenem Antrieb geschrieben hat[12] – von Aufträgen dieser Art ist auch in den Fällen nichts bekannt, da er seine Oden nicht in eigenem Namen, sondern im Namen der Akademie zeichnete. Die Feierliche Ode bot Lomonosov eine Möglichkeit, die Aufmerksamkeit des Monarchen auf sich zu ziehen und für sein Fortkommen zu sorgen. Im Rußland des 18. Jahrhundert wurde dieses Zusammenspiel von Poesie und Karriere nicht als anstößig empfunden; das änderte sich erst im Zeichen des romantischen Geniekults und der Auffassung von der Dichtkunst als einer autonomen, von aller Lebenspraxis entrückten und quasi-sakralen Tätigkeit. Noch Karamzin und Žukovskij schrieben Feierliche Oden; bei Puškin hingegen kann man sich das schon nicht mehr vorstellen.

Meistens wurden die Feierlichen Oden für den festlichen Anlaß in Einzeldrucken veröffentlicht. Besonders erfolgreich war Lomonosovs Ode von 1761 auf die Thronbesteigung Peters III.: Sie erschien in mehreren Auflagen mit insgesamt 2112 Exemplaren. Die Kosten für Papier, Drucklegung und Bindearbeiten hatte Lomonosov oft genug selber zu tragen. Ein Teil der Auflage war für den Verkauf bestimmt, ein anderer – für die Verteilung bei Hofe. Diese Geschenkexemplare waren mit Vignetten geschmückt, sie wurden auf feinem Papier gedruckt und in kostbare Materialien gebunden.

Das schönste dieser Exemplare war für den allerhöchsten Adressaten bestimmt. Auf den Titelblättern der panegyrischen Broschüren wird in diesem Zusammenhang das Verb 'podnosit'' verwendet. Dieses „Darbringen" der Ode vollzog sich in Rußland auf dieselbe Weise, wie das in Deutschland üblich war, zum Beispiel in Dresden am Hofe Augusts des Starken[13]. Es konnte freilich keine Rede davon sein, daß Lomonosov seine Ode dem Monarchen in eigener Person überreichte. Dazu brauchte er einen hochgestellten Vermittler. Im Jahre 1748 war

---

[12] ŽIVOV, Pervye russkie literaturnye biografii, S. 603.
[13] K. HELDT, Der vollkommene Regent. Studien zur panegyrischen Casuallyrik am Beispiel des Dresdner Hofes Augusts des Starken. Tübingen 1997, S. 77–84.

es zum Beispiel Graf K. G. Razumovskij, der diese Rolle übernahm und Lomonosovs Ode der Zarin zum Jahrestag der Thronbesteigung darbrachte. Zwei Jahre zuvor war der schon genannte Graf Voroncov als Lomonosovs Vermittler aufgetreten. Der Geburtstag der Zarin Elisabeth im Jahre 1746 bildete den Anlaß. Über die festlichen Ereignisse dieses Tages sind wir gut unterrichtet[14]. Um 11 Uhr 30 besuchte Elisabeth mit ihrem Gefolge den Festgottesdienst in der Hofkirche. Danach begab sie sich in einen Prunksaal des Winterpalastes und hielt Audienz. Nun durften die vornehmsten Höflinge und die ausländischen Botschafter ihre Glückwünsche aussprechen, Elisabeth die Hand küssen und wohl auch Geschenke überreichen. Man kann annehmen, daß Voroncov diese Gelegenheit benutzte, um Lomonosovs Ode der Zarin 'darzubringen'. Nach dieser Audienz gab es im Großen Saal des Palastes ein Bankett, zu dem außer der engeren Umgebung der Zarin noch die Inhaber der Generalsränge eingeladen wurden. Die Tafel war mit allerlei Zuckerwerk reich geschmückt, es wurde auf silbernen Tellern serviert (die Mitglieder der Zarenfamilie aßen von goldenem Geschirr), Salutschüsse ertönten, und es spielte ein italienisches Orchester; abends gab die Zarin einen Ball, der bis Mitternacht dauerte. Von diesen Herrlichkeiten war Lomonosov jedoch ausgeschlossen, denn er erreichte die fünfte Rangstufe, die ihm die Teilnahme am Fest im Palast gestattet hätte, ja erst kurz vor seinem Tode mit der Ernennung zum Staatsrat.

Man hat die Ode als „oratorische Gattung" bezeichnet[15]. Zur Charakterisierung eines bestimmten – auf rhetorische Wirkung zielenden – Stils ist das ein zutreffender Ausdruck. Man muß sich allerdings darüber im klaren sein, daß diese „oratorischen" Gedichte nicht für den lebendigen Vortrag bestimmt waren. Jedenfalls ist nichts davon bekannt, daß die Oden beim 'Darbringen' deklamiert worden wären[16]. Im Gegensatz zur panegyrischen Rede, die öffentlich vorgetragen wurde, war die Ode in erster Linie zum Lesen bestimmt. Im Augenblick des Darbringens war sie als festlich geschmückte Broschüre jedoch vorläufig nur ein dekoratives Objekt, ein Geschenk unter anderen Geschenken; als literarisches Kunstwerk kam sie erst später zur Geltung, nach dem Fest bei der Lektüre.

Hat die Zarin Elisabeth, die trotz ihrer Französischkenntnisse ungebildet war, auch nur eine der Oden gelesen, die Lomonosov ihr widmete? Davon ist wiederum nichts bekannt. Aber die schmeichelhaften Dinge, die Lomonosov über sie und ihre Amtsführung schrieb, konnten ihr auch auf andere Weise zu Ohren kommen. Mit einiger Sicherheit ist anzunehmen, daß ihr Günstling Šuvalov, der bei Lomonosov Privatstunden in Poetik nahm, zu den Lesern von dessen Oden gehörte. Dasselbe gilt für den Grafen Voroncov. 1748 schickte er Lomonosovs Ode zum Jahrestag von Elisabeths Thronbesteigung an N. I. Panin, damals noch

---

[14] Vgl.: M. I. SUCHOMLINOV. In: LOMONOSOV, Sočinenija, Bd. I, S. 269–270 (Kommentarteil).
[15] TYNJANOV, Oda kak oratorskij žanr.
[16] S. I. PANOV; A. M. RANČIN, Toržestvennaja oda i pochval'noe slovo Lomonosova: obščee i osobennoe v poètike. In: *Lomonosov i russkaja literatura*, S. 175–189.

russischer Botschafter in Schweden. In seinem Antwortbrief vom 19. Dezember desselben Jahres schrieb Panin: „Eure Exzellenz haben geruht, mich durch die Übersendung der Ode des Herrn Lomonosov Ihnen sehr zu verpflichten. Wir haben Grund, sehr geehrter Herr, unser Vaterland in dieser Zeit zu beglückwünschen: Jene Ode bietet dazu reichlich Anlaß" (VIII, S. 946 f.).

Mit seinen Oden förderte Lomonosov den Kult des russischen Monarchen, er trug dazu bei, dessen Ruhm zu festigen und ihm zur irdischen Unsterblichkeit zu verhelfen. Da sich im Zaren die Staatsidee des Russischen Reiches verkörperte, war die Feierliche Ode auch ein Ausdruck von patriotischen Gefühlen. Mit seinen Oden hatte Lomonosov somit Gelegenheit, in aller Öffentlichkeit seine Vaterlandsliebe und seine Ergebenheit gegenüber dem Herrscher zu zeigen. Wenn seine Ode günstig aufgenommen wurde, konnte er auf dienstliche Vorteile, eine Rangerhöhung oder ein Geldgeschenk hoffen. Für die schon genannte Ode auf den Jahrestag der Thronbesteigung von 1748 erhielt er, wohl durch Vermittlung des Grafen Voroncov, aus der Schatulle der Zarin 2000 Rubel – beinahe das Zweieinhalbfache seines Jahresgehalts. 1750 wurde Lomonosov durch Šuvalov der Zarin in deren Sommerresidenz von Carskoe Selo vorgestellt. Für diese Audienz bedankte sich Lomonosov im selben Jahr mit einer Ode; seine Beförderung zum Kollegienrat (6. Rangstufe) erfolgte am 1. März des folgenden Jahres 1751.

Poesie und Politik

Solche Umstände gilt es zu bedenken, wenn man die Rolle des Panegyrikers und die Feierliche Ode als eine literarische Institution der höfischen Gesellschaft recht verstehen will. Die Lomonosov-Forschung hat das imponierende Bild eines Autors beschworen, der – fern von aller Liebedienerei – in seinen Oden als „Lehrer" der Zarin Elisabeth aufgetreten sei und sie über ihre „Pflichten" unterrichtet habe[17]: Offenbar konnte man sich nicht damit abfinden, daß dieser bedeutende Dichter mit seinen Feierlichen Oden als ergebener und strebsamer Untertan auftrat, so wie das an den Höfen des europäischen Absolutismus üblich war.

Natürlich konnten sich in einer Ode auch die persönlichen Überzeugungen und Hoffnungen des Autors ausdrücken – dies aber nur in dem Maße, wie das im Zeichen politischer Opportunität tunlich war. Als Odendichter war Lomonosov immer auch „alleruntertänigster Knecht" der Zarin, wie man auf den Titelblättern der panegyrischen Broschüren lesen kann. Ein Beispiel mag genügen[18]:

---

[17] GUKOVSKIJ, Russkaja literatura XVIII veka, S. 99. Derlei liest man auch in neueren Lehrbüchern; vgl. etwa: O. M. BURANOK, Russkaja literatura XVIII veka. Učebno-metodičeskij kompleks. Dlja studentov i prepodavatelej-filologov. M. 1999, S. 110 ff., oder O. B. LEBEDEVA, Istorija russkoj literatury XVIII veka. M. 2003, S. 169.

[18] LOMONOSOV, Sočinenija, Bd. I, S. 121.

ОДА
НА ПРЕСВЕТЛЫЙ ПРАЗДНИК ВОСШЕСТВИЯ НА ВСЕРОССИЙСКИЙ ПРЕСТОЛ
ЕЯ ВЕЛИЧЕСТВА
ПРЕСВЕТЛЕЙШИЯ ДЕРЖАВНЕЙШИЯ ВЕЛИКИЯ ГОСУДАРЫНИ
ЕЛИСАВЕТЫ ПЕТРОВНЫ
ИМПЕРАТРИЦЫ И САМОДЕРЖИЦЫ ВСЕРОССИЙСКИЯ, КОТОРОЮ
ЕЯ ВЕЛИЧЕСТВУ
ВСЕУСЕРДНЕЙШЕЕ ПОЗДРАВЛЕНИЕ ПРИНОСИТ ВСЕПОДДАННЕЙШИЙ РАБ
МИХАЙЛО ЛОМОНОСОВ
1746.
НОЯБРЯ 25 ДНЯ.

Ode auf den herrlichsten Feiertag der Besteigung des Allrussischen Throns Ihrer Hoheit, der erhabensten, mächtigen und großen Herrscherin Elisaveta Petrovna, Kaiserin und Allrussischer Selbstherrscherin, mit welcher Ihrer Hoheit ein höchstergebener Glückwunsch durch den alleruntertänigsten Knecht Michajlo Lomonosov am 25. November 1746 dargebracht wird.

Die Wendung vom „alleruntertänigsten Knecht" war kein Ausdruck höflicher Bescheidenheit, wie man vielleicht meinen könnte, sondern eine offizielle Formel, mit der die Untertanen gehalten waren, den allumfassenden Machtanspruch des Zaren anzuerkennen. Sie wurde von Peter I. eingeführt und von Katharina II. abgeschafft, die solche Unterwerfungsrituale im Zeichen aufgeklärter Herrschaft wohl nicht mehr für zeitgemäß hielt[19].

Die politische Anpassungsfähigkeit des Odendichters hatte sich vor allem dann zu bewähren, wenn ein neuer Zar oder eine neue Zarin den Thron bestieg, womöglich bei einer von jenen Palastrevolutionen, die für die russische Geschichte des 18. Jahrhunderts so kennzeichnend sind. In solchen Fällen galt es, dem jeweils neuen Herrscher zuzujubeln und dessen Vorgänger, den man vorher noch gepriesen hatte, entweder totzuschweigen oder schwarz zu malen. Der Autor war gut beraten, wenn er sich in seiner Ode an die Verlautbarungen der neuen Regierung hielt, wie zum Beispiel Lomonosov in seiner Ode auf die Thronbe-

---

[19] Vgl.: E. V. MARASINOVA, „Rab", „poddannyj", „syn otečestva" (K probleme vzaimootnošenij ličnosti i vlasti v Rossii XVIII veka). In: *Canadian American Slavic Studies* 38 (2004), S. 83–104.

steigung Katharinas II.[20]; daß es ihm trotzdem nicht gelang, den rechten Ton zu treffen und genau das zu sagen, was die neue Zarin hören wollte, steht auf einem anderen Blatt[21]. Im übrigen haben wir keinerlei Grund anzunehmen, daß es im Wechsel der politischen Verhältnisse jemals Konflikte zwischen den persönlichen Auffassungen Lomonosovs und dem Inhalt seiner Oden gegeben hätte. Die jeweils erforderlichen Anpassungen an die politischen Zeitläufte waren für ihn, den gehorsamen Untertanen des absoluten Herrschers, offenbar unproblematisch.

Im Rahmen der offiziellen Vorgaben gab es für den Autor Feierlicher Oden allerdings Spielräume. Gegenstände wie die Legitimität des neuen Herrschers, die strittigen Fragen der Innen- oder Außenpolitik standen nicht zur Debatte – zu solchen Dingen eine eigene Meinung zu äußern, war nicht Sache der Untertanen: Als Odendichter war Lomonosov kein Leitartikler, und es gab auch keine „öffentliche Meinung", die als solche vom Zaren unabhängig gewesen wäre und an die sich Lomonosov hätte wenden können. Für ihn stand das Recht des russischen Selbstherrschers auf schrankenlose Machtausübung außer Zweifel. Wie man noch sehen wird, äußert sich in den Tragödien Sumarokovs die Vorstellung, daß der Macht des Monarchen gewisse Grenzen gezogen seien. In Lomonosovs Oden sucht man derlei vergebens. In gewissen Punkten zeigt er jedoch eigenes Profil, wie zum Beispiel in der Ausgestaltung des Kultes um Peter I., den er im Einklang mit der offiziellen Propaganda immer wieder als vorbildlichen Herrscher feiert[22]. In der Regierungszeit Elisabeths suchte die russische Kirche das Vermächtnis des großen Zaren für die eigenen Belange in Anspruch zu nehmen und ihn als Schirmherrn des wahren Glaubens darzustellen. Davon ist bei Lomonosov nicht die Rede: Bei ihm erscheint Peter als weltlicher Herrscher und Förderer der Wissenschaft.

In welchem Maße die Feierlichen Oden Lomonosovs Ausdruck persönlicher Gesinnung waren, ist oft jedoch kaum auszumachen. Das gilt zum Beispiel für das Thema Krieg und Frieden. In seinen Oden findet man nicht wenig martialische Motive; zu ihren stilistischen Glanzstücken gehören die 'bataillistischen' Schilderungen. Wie wir schon wissen, schrieb Lomonosov seine erste Ode auf die Eroberung der türkischen Feste Chotin. Die Namenstags-Ode von 1759 gehört ebenfalls zu den kriegerischen Oden – sie feiert die Siege der russischen Truppen über die Preußen bei Kunersdorf und Großjägerndorf im Siebenjährigen Krieg. Dagegen beginnt die Ode von 1747 auf den Jahrestag der Thronbesteigung, die als Höhepunkt von Lomonvs poetischem Œuvre gilt, mit einem Lobpreis des

---

[20] Vgl.: S. N. ČERNOV, M. V. Lomonosov v odach 1762 g. In: *XVIII vek*. [Bd. I]. M.–L. 1935, S. 133–180.

[21] Vgl.: V. PROSKURINA, Peremena roli: Ekaterina Velikaja i politika imperskoj transversii. In: *Novoe literaturnoe obozrenie* 54 (2002), S. 98–118, hier S. 103 f.

[22] Vgl.: I. Z. SERMAN, Poėzija Lomonosova v 1740-e gody. In: *XVIII vek*. Bd. 5. M.–L. 1962, S. 33–69, hier S. 47 ff.; V. P. GREBENJUK, Petr I v tvorčestve M. V. Lomonosova, ego sovremennikov, predšestvennikov i posledovatelej. In: *Lomonosov i russkaja literatura*, S. 64–80.

Friedens, der bis in unsere Zeit zu den loci classici der russischen Literatur gehört:

> Царей и царств земных отрада,
> Возлюбленная тишина,
> Блаженство сел, градов ограда,
> Коль ты полезна и красна!
> Вокруг тебя цветы пестреют
> И класы на полях желтеют;
> Сокровищ полны корабли
> Дерзают в море за тобою;
> Ты сыплешь щедрою рукою
> Свое богатство по земли. (VIII, 196)

Vielgeliebter Friede, / Freude der irdischen Reiche und Herrscher, / Segen der Dörfer, Schutzwall der Städte, / Wie schön und nützlich bist du doch! / In deinem Umkreis blühen Blumen, / Und gelbe Ähren reifen auf den Feldern; / Mit Schätzen beladene Schiffe / Wagen sich in deinem Gefolge hinaus aufs Meer, / Und du schüttest mit freigebiger Hand / Deinen Reichtum über das Land.

Im weiteren verbindet sich das Friedensthema mit dem Lobpreis der Wissenschaften. Sie sollen die natürlichen Reichtümer des Landes erschließen. Dieses Motiv gibt dem Autor Gelegenheit, ein großartiges Bild des russischen Reiches mit seinen Gebirgen, Steppen und Flüssen zu entwerfen. Das ist ein typisches Verfahren der Lomonosovschen Ode: Immer wieder begeistert sich der lyrische Sprecher an der gewaltigen Ausdehnung des Zarenreiches und läßt seinen Blick bis in die unberührte Natur des fernen Sibirien schweifen. In diesen Weiten entdeckt er ein wirtschaftliches Potential von gewaltigen Ausmaßen – sie sind angefüllt mit Schätzen, die dem märchenhaften Reichtum Indiens nicht nachstehen und die nur darauf warten, mit Hilfe der Wissenschaft gehoben zu werden. Der Odensprecher wendet sich unmittelbar an die Zarin:

> Воззри на горы превысоки,
> Воззри в поля Свои широки,
> Где Волга, Днепр, где Обь течет:
> Богатство, в оных потаенно,
> Наукой будет откровенно,
> Что щедростью Твоей цветет.

Blicke auf die hohen Berge, / Blicke auf Deine weiten Ebenen, / Wo Volga, Dnepr' und Ob fließen; / Der Reichtum, der in ihnen verborgen ist, / Wird durch die Wissenschaft entdeckt werden, / Die dank Deiner Freigebigkeit blüht.

> Толикое земль пространство
> Когда Всевышний поручил
> Тебе в щастливое подданство,
> Тогда сокровища открыл,
> Какими хвалится Индія;

> Но требует к тому Россия
> Искусством утвержденных рук.
> Сие злату́ очистит жилу,
> Почувствуют и камни силу
> Тобой восставленных наук. (VIII, 202–203)

Als der Allerhöchste / Ein so riesiges Gebiet / Deiner glücklichen Herrschaft übergab, / Da enthüllte er Schätze, / Mit denen Indien prunkt; / Aber dazu braucht Rußland / Kunstfertige Hände. / Durch diese Kunst kann die Goldader gereinigt werden, / Und auch die Steine fühlen die Kraft / Der von Dir geförderten Wissenschaften.

Man hört die Stimme eines Autors, der als Akademieprofessor und Sachwalter der russischen Wissenschaft selber gelernter Mineraloge war und im sächsischen Freiberg Bergbau studiert hatte. Wie man hinzufügen kann, nahm die Förderung und Verarbeitung von Bodenschätzen unter der Herrschaft der Zarin Elisabeth tatsächlich einen gewaltigen Aufschwung, Rußland wurde in diesen Jahren „zum größten Eisenexporteur Europas"[23]. Mit der 'industriellen' Thematik seiner Oden entsprach Lomonosov also einer aktuellen Entwicklung der russischen Volkswirtschaft. In der 21. Strophe (VIII, 205 f.) erscheint Elisabeth in einer für sie höchst schmeichelhaften Wendung als Weisheitsgöttin Minerva: Mit ihrem Speer berührt sie die Flanken des Uralgebirges, das seine Gold- und Silberschätze preisgibt – sehr zum Verdruß des Pluto, der als Herrscher der Unterwelt sein „liebes Metall" nicht verlieren will. Die folgende Strophe enthält den patriotischen Wunsch, Rußland möge in Zukunft nicht mehr auf ausländische Gelehrte angewiesen sein und vielmehr, wie die sprichwörtlich gewordene Formulierung lautet, seine eigenen „Platos" und „schnell denkenden Newtons" hervorbringen (VIII, S. 206). Ein allgemein gehaltenes Lob der Wissenschaften schließt sich an; mit der topischen, auf die Antike zurückgehenden Vorstellung vom Trost der Philosophie, die hier durchschimmert, vernimmt man bei aller Abstraktheit des Odenstils auch einen persönlichen Ton.

Der lyrische Sprecher und sein panegyrisches Universum;
die Sakralisierung des Zaren

Mit seinen Oden stellt sich Lomonosov in eine Tradition staatspolitischen Denkens, die durch den westeuropäischen Absolutismus vorgegeben und von Peter I. übernommen worden war: Der Herrscher des neuen Rußland beschränkte sich nicht mehr darauf, den Orthodoxen Glauben zu schützen, das Land zu verteidigen, Recht zu sprechen und für inneren Frieden zu sorgen, sondern war auch bestrebt, natürliche Hilfsquellen zu erschließen, das Steueraufkommen zu erhöhen, die staatlichen Machtmittel zu vermehren und das internationale Ansehen

---

[23] Vgl.: A. FENSTER, Bevölkerung und Wirtschaft des Petersburger Imperiums in der nachpetrinischen Zeit (1725–1762). In: *Handbuch der Geschichte Rußlands*. Bd. II.1, S. 489–520, hier S. 510 f.

Kapitel 9. Lomonosov

des Reiches zu steigern. Als Odendichter beläßt es Lomonosov also nicht beim Gratulieren und Schmeicheln, sondern erhebt sich zu einer staatspolitischen Vision petrinischer Art. Wie kein anderer verstand er sich darauf, den programmatischen Bestrebungen der russischen Monarchie im 'neuen Rußland' poetischen Ausdruck zu verleihen. Staatsmänner wie Voroncov und Panin wußten das zu schätzen.

Dem hohen Anspruch von Lomonosovs Oden entspricht die literarische Rolle des lyrischen Sprechers. Ihr liegt die platonische Vorstellung des göttlich inspirierten und von seherischem Enthusiasmus beflügelten Dichters zugrunde. Diesem lyrischen Sprecher öffnet sich ein panegyrisches Universum, das vom Ruhm des Adressaten erfüllt ist – ein imaginärer Raum, der Rußland und die Welt, Vergangenheit und Zukunft, Himmel und Erde, Natürliches und Übernatürliches umfaßt.

Im Mittelpunkt des panegyrischen Raumes steht die Zarin, deren Bild göttliche Züge aufweist. Mit dieser Sakralisierung des Monarchen folgt Lomonosov einer Tradition, die in Rußland seit dem Ende des 17. Jahrhunderts nach westeuropäischem Vorbild entstanden war[24]. Beim Fortsetzen dieser Tradition ergab sich für Rußland jedoch ein befremdlicher Gegensatz zur politischen Praxis – zu der Tatsache, daß sich die russischen Machteliten im Laufe des 18. Jahrhunderts immer wieder die Freiheit nahmen, Palastrevolutionen anzuzetteln, den Zaren zu stürzen und einen neuen Zaren eigener Wahl auf den Thron zu bringen. Der sakrale Charakter des russischen Zarentums, sein Gottesgnadentum standen de facto auf schwankendem Boden.

Auch stieß die Sakralisierung des Monarchen in Rußland nicht nur auf Zustimmung, denn sie wurde vielfach als Gotteslästerung empfunden. Lomonosov sucht solchen Gefühlen zuvorzukommen, indem er die Sakralmotivik der heidnischen Antike verwendet, wie zum Beispiel in der Ode von 1743 auf den Namenstag des Thronfolgers Petr Fedorovič, des späteren Peter III. Über Peter I., der hier als Vorbild des jugendlichen Adressaten erscheint, heißt es in der 13. Strophe: „On Bog, on Bog tvoj byl, Rossija" (VIII, 109) – eine Wendung, die dem Kriegsgott Mars in den Mund gelegt wird, sodaß man übersetzen muß: „Er war *ein* Gott, er war Dein Gott, Rußland!" Da hier nicht der Christengott gemeint ist, sollte man das Wort für 'Gott' im russischen Original daher eigentlich kleinschreiben: 'On bog, on bog tvoj byl, Rossija'.

An anderen Stellen hat die Sakralisierung des Monarchen jedoch auch christliche Züge, wie denn allgemein in Lomonosovs Oden heidnische und christliche Motive oftmals zwanglos nebeneinander stehen (wir haben dieses Merkmal des Barockstils schon bei Feofan Prokopovič beobachtet[25]). Für die christliche Sakra-

---

24 Vgl.: B. A. USPENSKIJ; V. M. ŽIVOV, Car' i Bog. Semiotičeskie aspekty sakralizacii monarcha v Rossii. In: USPENSKIJ, Izbrannye trudy, Bd. I, S. 110–218.

25 Vgl.: V. M. ŽIVOV; B. A. USPENSKIJ, Metamorfozy antičnogo jazyčestva v istorii russkoj kul'tury XVII–XVIII veka. In: ŽIVOV, Razyskanija, S. 461–531, hier S. 485 ff. Zu weiteren Elementen des Barockstils bei Lomonosov vgl.: D. ČIŽEVSKIJ, History of Russian Literature

lisierung des Herrschers bei Lomonosov bietet die letzte Strophe der Ode auf den Jahrestag der Thronbesteigung von 1748 ein eindrucksvolles Beispiel. Gott hilft der Zarin Elisabeth gegen die Feinde; sie ist „gebenedeit unter den Weibern" und wird somit der Gottesmutter gleichgesetzt (die Wendung vom „Horn", das der Feind gegen Rußland erhebt, gehört zu den Elementen der Bibelsprache in Lomonosovs Oden):

> Но естьли гордость ослепленна
> Дерзнет на нас воздвигнуть рог,
> Тебе, в женах благословенна,
> Против ее помощник Бог. (VIII, S. 225)

Aber wenn verblendete Hoffart es wagt / Gegen uns ihr Horn zu erheben, / So hast Du, die Du gebenedeit bist unter den Weibern, / In Gott einen Helfer.

„Schöne Unordnung", furor poeticus

Das sinnbildliche Instrument des Odensprechers ist die „lauttönende Lyra" (gremjaščaja lira). Sie erfüllt den Erdkreis mit dem Ruhm der Zarin. Himmelhoch steigt der Beifall der Untertanen; Berge und Täler, Flüsse und Städte jubeln ihr zu, die Völker Europas verneigen sich. Gott selbst erscheint am Firmament und äußert sein Wohlgefallen. Auch die großen Herrscher der russischen Geschichte treten in Erscheinung, allen voran Peter I.: In wiederum wörtlicher Rede lobt er seine Tochter Elisabeth als rechtmäßige Nachfolgerin (was höchst zweifelhaft war, denn Elisabeth war von illegitimer Geburt; ihre Herrschaft verdankte sie einer Palastrevolte gegen den kindlichen Zaren Ivan Antonovič). An solchen Stellen wird die Einheit des lyrischen Monologs aufgelöst, und der Sprecher überläßt anderen das Wort – ein Verfahren, das Lomonosovs Odendichtung mit dem geistlichen Schultheater verbindet[26]; der gemeinsame Nenner ist das barocke Streben nach größtmöglicher Wirkung.

Dem Pathos der Lomonosovschen Ode entspricht das Volumen – ihr Umfang ist beträchtlich, im Extrem beträgt die Zahl der Strophen 44, meistens liegt sie immer noch bei 23 oder 24. Zunächst wird der panegyrische Anlaß eingeführt. Der Sprecher wendet sich an die Muse, sein mythologisch überhöhtes alter ego, und tut seine poetische Begeisterung kund: „Schweife über den Blitzen, oh Muse". Am Ende des Gedichts findet man eine gebetsartige Passage, die dem Wohlergehen des Adressaten gewidmet ist. Insgesamt herrscht jenes Kompositionsprinzip der verhaltenen Spontaneität, das von Boileau mit einer berühmten Paradoxie als „schöne Unordnung" (beau désordre) bezeichnet wurde. Es verwirklicht sich in der 'pindarischen' Technik der unvermittelten Übergänge und der schrof-

---

[26] from the Eleventh Century to the End of the Baroque. 's Gravenhage 1960, S. 419 ff.; A. MOROZOV, Lomonosov i barokko. In: *Russkaja literatura* 2 (1965), S. 70–96.
I. Z. SERMAN, Lomonosovs Oden und die Poetik des Schuldramas. In: *Slavische Barockliteratur II. Gedenkschrift für Dmitrij Tschižewskij (1894–1977)*. Hrsg.: R. Lachmann. München 1983, S. 131–141.

fen Kontraste. Die syntaktische Gestaltung ist oft unruhig, ständig wechseln die Satzformen – neben Aussagesätzen findet man Exklamationen und rhetorische Fragen, die ein ungläubiges Staunen andeuten. Dieses Staunen, ein Grundaffekt panegyrischer Dichtung, gilt der übermenschlichen Größe des Adressaten. Nach dem Prinzip der „schönen Unordnung" findet die emotional bewegte Ruhelosigkeit der lyrischen Rede jedoch ein Gegengewicht in den Formen eines rationalgezügelten Stils. Dabei handelt es sich um solche Verfahren, wie die logische Verknüpfung mit Hilfe von Konjunktionen, die Verwendung stimmiger Vergleiche und die Wahrung des Stildekorums; hierzu gehört auch die strenge Symmetrie von Vers und Strophik.

Umso deutlicher können andererseits die Stilelemente des Irrationalen hervortreten; auf sie richtet sich, wie wir noch sehen werden, der Spott von Lomonosovs Gegnern, allen voran Sumarokov. Bei Lomonosov wird der Zusammenhang des Odentextes nicht nur durch logische Bezüge, sondern oft genug auch durch ein Assoziationsgeflecht ähnlich klingender Wörter gestiftet. Dabei verschiebt sich die gewohnte Bedeutung, wie zum Beispiel in der ersten Strophe der Ode von 1747, die oben angeführt wurde: Das Motiv des Friedens wird hier wie auch an anderen Stellen metaphorisch durch das Wort „Stille" (tišina) ausgedrückt[27]. Ihrerseits gewinnt diese „Stille" im Verlauf der Strophe einen allegorischverdinglichten Charakter, wobei sich ein ständiges Hin und Her der Bedeutungen ergibt: Die „Stille" erscheint zunächst als „Schutzwall der Städte", dann heißt es über sie „Um dich herum blühen bunte Blumen". Weiter liest man: „Die mit Schätzen vollgeladenen Schiffe / Wagen sich in deinem Gefolge auf das Meer", und schließlich wird die „Stille" auch personifiziert, denn „mit freigebiger Hand" streut sie „ihren Reichtum über das Land".

In seinem furor poeticus mißachtet der lyrische Sprecher nicht nur die Gebote der semantischen Folgerichtigkeit, sondern versteigt sich auch zu ausschweifenden Hyperbeln, die jede Realität sinnlicher Erfahrung hinter sich lassen. Innerhalb der klassizistischen Gattungsgrenzen zeigt sich wiederum die Neigung zum Barockstil. Der Odensprecher bezeichnet seinen Gemütszustand gerne als „Verzückung" (vostorg); für den realitätsentrückten Charakter seiner ekstatischen Vision hat sich der Begriff des „Schwebens" (parenie) eingebürgert. Die älteren Poetiken sprechen auch vom „pindarisierenden" Stil der Ode; als „pindarische" kontrastiert die Feierliche Ode mit der horazischen Ode, die sich durch einen ruhigen Ton und eine gemäßigte Gefühlslage auszeichnet.

Ein extremes Beispiel für das 'parenie' findet sich in der neunten und zehnten Strophe von Lomonosovs Ode auf den Jahrestag der Thronbesteigung von 1746; wie man noch sehen wird, hat es Sumarokov nicht versäumt, diese Stelle satirisch aufs Korn zu nehmen. Dabei beschränkte er sich auf eine Stilerscheinung, die sich freilich nicht selbst genügt, sondern im Dienst einer politischen Aussage steht.

---

[27] Vgl. P. E. BUCHARKIN, Topos „tišiny" v odičeskoj poèzii M. V. Lomonosova. In: *XVIII vek.* Bd. 20. SPb. 1996, S. 3–12.

Erneut ist man damit auf die russische Geschichte des 18. Jahrhunderts mit ihrer Serie von gewaltsamen Thronwechseln verwiesen. In Lomonosovs Ode zeigt sich die Kehrseite des panegyrischen Gestus: Dem Lob des gegenwärtigen Herrschers entspricht die Verunglimpfung von dessen Vorgänger, im gegebenen Fall der Zarin Anna, deren Herrschaft als eine Zeit von Finsternis und Unordnung dargestellt wird – umso heller konnte so der Ruhm der jetzigen Zarin erstrahlen. Mit seiner Ode leistet Lomonosov somit einen Beitrag zu einem negativen Mythos von Annas Herrschaft als einer „finsteren Epoche", der bis in unsere Tage nachwirkt[28]. Gleichzeitig bewährt er sich als Herold einer Monarchin, die ihre zweifelhafte Legitimität durch die Abwertung des vorangegangen Regimes wettzumachen suchte. Diese Aufgabe wird hier durch eine Hyperbolik wahrgenommen, die zum Absurden getrieben ist. In phantastischer Übersteigerung erscheint die angeblich so schreckliche und jetzt glücklich überwundene Vergangenheit als urzeitliches Chaos. Es entsteht ein apokalyptisches Bild rasender Dynamik, das durch die kakophone Häufung von Lautwiederholungen wirkungsvoll instrumentiert wird:

> Нам в оном ужасе казалось,
> Что море в ярости своей
> С пределами небес сражалось,
> Земля стенала от зыбей,
> Что вихри в вихри ударялись,
> И тучи с тучами спирались,
> И устремлялся гром на гром
> И что надуты вод громады
> Текли покрыть пространны грады,
> Сравнять хребты гор с влажным дном.

Uns schien in jenem Schrecken, / Daß der Ozean in seinem Grimm / Mit den Grenzen des Himmels kämpfte, / Das Festland unter den Wogen stöhnte, / Wirbelstürme auf Wirbelstürme prallten, / Und Wolken auf Wolken schlugen, / Und Blitz auf Blitz stürzte, / Und daß die aufgetürmten Wassermassen / Eilten, die großen Städte zu verschlingen, / Die Gipfel der Berge dem nassen Grund gleich zu machen.

> Я духом зрю минувше время:
> Там грозный злится исполин
> Рассыпать земнородных племя
> И разрушить натуры чин!
> Он ревом бездну возмущает,
> Лесисты с мест бугры хватает
> И в твердь сквозь облака́ разит.
> Как Этна в ярости дымится,
> Так мгла из челюстей курится
> И помрачает солнца вид. (VIII, 140 f.)

---

[28] Vgl.: A. LIPSKI, A Re-Examination of the „Dark Era" of Anna Ioannovna. In: *The American Slavic and East European Review* 25 (1956), S. 477–488.

Im Geiste sehe ich die Vergangenheit: / Da wütet ein schrecklicher Riese. / Er zerstreut das Geschlecht der Sterblichen / Und vernichtet die Ordnung der Natur! / Mit Gebrüll wühlt er das Meer auf, / Er reißt die bewaldeten Hügel von ihrer Stelle / Und schleudert sie durch die Wolken ins Firmament. / So wie der Ätna grimmig qualmt, / So steigt Dampf aus seinem Schlund / Und verdunkelt den Anblick der Sonne.

Didaktische und religiöse Dichtung im Geist der Frühaufklärung

Die „Epistel über den Nutzen des Glases"

In Lomonosovs *Pis'mo o pol'ze stekla* von 1752 setzt sich die Tradition des neuzeitlichen Lehrgedichts fort[29]. Die Autoren schrieben über solche Themen wie Barometer, Uhrwerk oder Schießpulver und verwendeten dabei auch die Gattungsform der Epistel. Eine lateinische Sammlung solcher Gedichte war Lomonosov zugänglich; offenbar hat er sich von ihr anregen lassen. Die „Epistel über den Nutzen des Glases" steht im Zusammenhang mit Lomonosovs erfolgreichen Bemühungen um die Gründung einer Glasmanufaktur. Sie richtet sich an seinen Gönner Šuvalov, der in dieser Sache bei der Zarin vermittelt hatte. Unabhängig von diesen Dingen hat das Gedicht aber auch eine eigene Bedeutung als Manifest des aufgeklärten Weltbildes und der aufgeklärten Wissenschaftsauffassung. Wie schon aus dem Titel hervorgeht, wird die Wissenschaft hier auf petrinische Weise gerechtfertigt – durch ihren Nutzen. Anders als das schnöde Gold, das den Menschen in der Geschichte unermeßliches Unheil gebracht hat, „erheitert" das Glas „überall unseren Geist / Und bietet Alt und Jung nützliche Hilfe" (VIII, 515).

Das Gedicht ist mit 440 Alexandrinerversen recht umfangreich; es enthält eine von Digressionen aufgelockerte Beschreibung all der brauchbaren und erfreulichen Dinge, die aus Glas hergestellt werden. Zuweilen schlägt Lomonosov einen spielerisch-galanten Ton an, womit er dem Geschmack des Adressaten entgegenkam, der nicht nur wegen seiner literarischen Interessen, sondern auch als Modegeck und Mitglied der höfischen jeunesse dorée bekannt war. Lomonosov wendet sich an das „schöne Geschlecht": Wie schwer hätten es doch die Damen, wenn sie bei ihrer Toilette ohne Spiegel auskommen müßten (VIII, 512)! Auch den „ländlichen Nymphen" ist das Glas unentbehrlich: Um ihren Liebsten zu gefallen, schmücken sich die Bauernmädchen nicht nur mit Lilien und Rosen, sondern auch mit bunten Glasperlen, womit Lomonosov in aller Bescheidenheit auf ein Erzeugnis seiner künftigen Manufaktur anspielt (VIII, 513).

Meistens ist jedoch von ernsten Dingen die Rede, etwa von der medizinischen Verwendung des Glases, denn es dient als Behältnis von Arzneien. Eine besondere Wohltat empfangen die älteren Menschen, die mit ihren schwachen Augen

---

29 Zur Interpretation vgl.: I. KLEJN [= J. KLEIN], Rannee Prosveščenie, religija i cerkov' u Lomonosova. In: DERS., Puti kul'turnogo importa, S. 287–300, hier S. 287–294; K. OSPOVAT, Lomonosov i *Pis'mo o pol'ze stekla*: poėzija i nauka pri dvore Elizavety Petrovny. Im Druck.

nicht mehr lesen können: Aus dieser schrecklichen Not – sie ist „schlimmer als ewige Dunkelheit, schwerer als Ketten" (VIII, 515) – werden sie durch die Brille erlöst. Insgesamt nennt Lomonosov eine staunenswerte Vielfalt von nützlichen Gegenständen, die aus Glas hergestellt sind: Fenster, Gewächshaus, Brennglas, Fernrohr, Mikroskop, die Kugel des Elektrisierapparates, das Barometer als Instrument der Wettervorhersage und anderes mehr. In solchen Errungenschaften des menschlichen Erfindungsgeistes zeigt sich der Fortschritt. Das ganze Gedicht ist vom Stolz auf „unser gesegnetes Zeitalter der Aufklärung" (VIII, 519) durchdrungen; Lomonosov ist davon überzeugt, daß die Gegenwart den früheren Epochen der Menschheitsgeschichte bei weitem überlegen sei: „Oh wie wenig sind doch die alten Zeiten mit unseren Zeiten vergleichbar!" (VIII, 521).

Bei seinem Aufzählen und Beschreiben hat Lomonosov reichlich Gelegenheit, die Wissenschaft zu loben und sie, ebenso wie vor ihm Kantemir in seiner I. Satire, gegen ihre Verächter in Schutz zu nehmen. Als das Brennglas zur Sprache kommt, erzählt er von Prometheus, der den Menschen das Feuer brachte und dafür vom Göttervater Zeus schrecklich bestraft wurde. Heutzutage, „in unseren aufgeklärten Zeiten", wissen wir, daß es sich bloß um eine „Fiktion" handelt (VIII, 516). Vielleicht enthält sie jedoch einen wahren Kern? Für Lomonosov ist es durchaus möglich, daß Prometheus das Opfer einer „Schar von rasenden Ignoranten" (ebd.) wurde und daher als Märtyrer der Wissenschaft zu gelten hat. Mit den „Ignoranten" sind diejenigen Feinde der Wissenschaft gemeint, die im Namen der Religion sprechen und sich dabei in den „Mantel der Heiligkeit" hüllen (ebd.).

Auf diese Weise setzt auch Lomonosov den petrinischen Kulturkampf fort. Seine Polemik gewinnt vor allem dort eine aktuelle Resonanz, wo von der Astronomie und der kopernikanischen Theorie des Weltalls die Rede ist[30]. Damit kommen wir zu einem heiß umstrittenen Thema der europäischen Frühaufklärung. Noch im 18. Jahrhundert war die heliozentrische Theorie des Kopernikus nicht nur der katholischen, sondern auch den protestantischen Amtskirchen ein Dorn im Auge. Wie schon im Abschnitt über Kantemir und Fontenelles „Gespräche über die Vielheit der Welten" hervorgehoben wurde, traf diese Theorie auch in Rußland auf geistlichen Widerstand: Die Orthodoxe Kirche konnte sich nicht damit abfinden, daß die kopernikanische Vorstellung von der Sonne als Mittelpunkt des Universums das geozentrische Weltbild der Bibel in Frage stellte[31]. Dagegen wurde Lomonosov nicht müde, sich in seinen wissenschaftlichen und literarischen Werken für diese 'ketzerische' Lehre einzusetzen. So auch in der „Epistel über den Nutzen des Glases", wo Kopernikus mit einem Seitenhieb auf den kirchlichen Obskurantismus als „Verächter des Neides und Feind der Barbarei" gepriesen wird (VIII, 517).

---

30 Vgl.: U. JEKUTSCH, Das Lehrgedicht in der russischen Literatur des 18. Jahrhunderts. Wiesbaden 1981, S. 106 f.

31 Vgl.: B. E. RAJKOV, Očerki po istorii geliocentričeskogo mirovozzrenija v Rossii. M.–L. ²1947.

Diese antiklerikale Haltung zeigt sich später auch in Lomonosovs „Hymne auf den Bart" (*Gimn borode*, 1756–1757) – einem satirisch-obszönen Angriff in Versen, der in der Nachfolge der petrinischen Bart-Erlasse und des Saufkonzils steht und sich gegen die Rückständigkeit des alten Rußland und der Orthodoxen Kirche richtet. Den Anlaß bildete ein Eingriff der religiösen Zensur. Lomonosovs Schüler N. N. Popovskij hatte Alexander Popes berühmtes Lehrgedicht *An Essay on Man* ins Russische übersetzt und damit den Unwillen des Hl. Synods erregt. Er wurde gezwungen, diejenigen Stellen seiner Übersetzung zu verändern, die von der kopernikanischen Theorie handelten.

Bei allem Zorn auf den rückwärtsgewandten Klerus fehlte es Lomonosov jedoch nicht an Verständnis für die russischen Christen. Er wußte, daß die Begegnung mit der neuzeitlichen Wissenschaft traumatische Folgen haben und zu Gewissenskonflikten führen konnte. Im Laufe seines Lebens dachte er daher beständig über die Möglichkeit nach, „die wissenschaftliche Weltauffassung mit dem Glauben zu versöhnen"[32]. In gewisser Hinsicht entfernte sich Lomonosov damit von der petrinischen Tradition. Der Große Zar hatte versucht, das neuzeitliche Weltbild mit Hilfe von Erlassen und Strafandrohungen durchzusetzen. Lomonosov dagegen wollte den russischen Christen eine Brücke bauen: Sie sollten sich mit der neuen Zeit befreunden, ohne dabei ihren Glauben preiszugeben.

Mit diesen Bestrebungen konnte Lomonosov sich auf die physikotheologische Lehre der europäischen Frühaufklärung stützen. Sie wurde in England begründet und fand dann auch in Deutschland durch Vermittlung der Leibniz-Wolffschen Schulphilosophie weite Verbreitung. In Rußland spürt man den Einfluß der Physikotheologie nicht nur bei Lomonosov, sondern auch in Trediakovskijs *Feoptija* und später noch bei Deržavin, in dessen berühmter Ode „Gott" (*Bog*). Der Grundgedanke dieser Lehre besteht darin, daß der Mensch bei der wissenschaftlichen Betrachtung der Natur und der Erforschung ihrer Gesetze in besonderem Maß der Weisheit des Schöpfers innewird; mit einer berühmten Formulierung von Lomonosovs Marburger Lehrer Christian Wolff erscheint die Natur aus dieser Sicht als „Spiegel der göttlichen Vollkommenheit".

Die physikotheologische Lehre liegt auch derjenigen Stelle von Lomonosovs Epistel zugrunde, wo vom Teleskop und – wiederum – von der kopernikanischen Theorie die Rede ist. Im Ton religiöser Ergriffenheit kommt hier das Weltall und seine Vielzahl von „Sonnen" zur Sprache (vgl. Fontenelles „Gespräche über die Vielheit der Welten"); um eine dieser Sonnen dreht sich die Erde zusammen mit „den übrigen Planeten". Damit verliert sie ihre gewohnten Proportionen: Möge die Erde uns auch immer noch als „sehr geräumig" erscheinen, so ist sie in der Unendlichkeit des Weltalls doch nicht größer als ein „Punkt" (VIII, 518). Derlei Einsichten, die den Unmut der Kirche erregen mußten und in der Tat auch Anlaß zu kosmologischem Unbehagen geben konnten, ist bei Lomonosov Gegenstand eines ehrfürchtigen Staunens:

---

32 ALEKSEEVA, Lomonosov, S. 219.

Коль созданных вещей пространно естество!
О коль велико их создавше Божество! (ebd.)
Wie geräumig ist doch die Welt der geschaffenen Dinge! / Oh, wie groß ist die Gottheit, die sie geschaffen hat!

Im folgenden wird das religiöse Motiv vertieft: Der lyrische Sprecher dankt Gott, daß er es nicht verschmäht habe, unsere Erde, so winzig klein sie auch ist, mit seiner Gnade zu beschenken und durch den Opfertod seines „geliebten Sohnes Christus" zu erlösen (VIII, 519).

Exkurs über Lomonosovs „Deismus"

Als Aufklärer war Lomonosov kein treuer Sohn der Kirche, wohl aber ein Christ. In der Forschung erscheint er jedoch nicht selten als Anhänger des Deismus[33], einer religiösen Richtung, die im aufgeklärten Westeuropa des 18. Jahrhunderts weit verbreitet war und sich gegen die konfessionelle Zersplitterung richtete; die Erfahrung der Religionskriege stand dabei im Hintergrund. Der Deismus beruht auf dem Begriff einer 'Naturreligion', die allen Menschen gemeinsam sei und den Offenbarungsreligionen vorausliege, der christlichen ebenso wie der jüdischen und der islamischen. Für eine solche Auffassung fehlen in Lomonosovs Werk jedoch die Anhaltspunkte. Dasselbe gilt für die deistische Vorstellung eines Gottes, der darauf verzichtet, in den Gang seiner Schöpfung einzugreifen. Allein die Vorstellung, daß die Ordnung des Weltalls vernünftig sei und auf Naturgesetzen beruhe, macht noch keinen Deisten. Dagegen könnte man aus christlicher Sicht einwenden, daß Gott in seiner Allmacht durchaus die Möglichkeit habe, die Naturgesetze gelegentlich außer Kraft zu setzen und Wunder zu wirken, wie zum Beispiel die Auferstehung des Gott-Menschen vom Tode, über die Lomonosov in seiner Epistel spricht.

Nicht weniger strittig als die Deismus-These ist die Behauptung, für Lomonosov sei der Schöpfergott nichts anderes als eine Personifikation des Naturbegriffs, womit man ihm pantheistische Vorstellungen unterstellt. Solche Ideen, die aus kirchlicher Sicht als ketzerisch aufgefaßt werden mußten, lagen Lomonosov fern. Er hatte keinen theologischen Ehrgeiz, ihm stand vor allem ein Ziel vor Augen: die Wissenschaft als seine ureigene Interessensphäre gegen die Angriffe der Kirche zu verteidigen und sie gleichzeitig dadurch aufzuwerten, daß er sie mit einer Aura religiöser Weihe umgab.

---

[33] Vgl. etwa: V. I. TRILESNIK, Problemy nauki i religii, razuma i very v mirovozzrenii Lomonosova. In: *Lomonosov. Sbornik statej i materialov*. Bd. 9. SPb. 1991, S. 15–27, hier S. 21 f., oder I. Z. SERMAN, Lomonosov v bor'be s cerkov'ju i religiej. In: *Russkaja literatura v bor'be s religiej*. M. 1963, S. 23–36, hier S. 25.

Kapitel 9. Lomonosov

Das „Buch der Natur"

In der Nachfolge der westeuropäischen Physikotheologie begründet Lomonosov für Rußland einen neuen Typ von religiöser Versenkung: An die Stelle der altrussischen Frömmigkeit, die ihren Blick auf das Jenseits richtete, tritt nun eine Welt-Frömmigkeit, die im Diesseits wurzelt und aus der andächtig-forschenden Betrachtung von Gottes Schöpfung lebt. Jenseits des petrinischen Utilitarismus ergibt sich damit eine zweite Rechtfertigung der Wissenschaft: Sie dient nicht nur dem Nutzen und dem Fortschritt, sondern ist auch eine besondere Form des Gottesdienstes; Lomonosovs „Rede über die Herkunft des Lichtes" von 1756 beginnt mit diesem Satz: „Die Erforschung der Natur, meine Zuhörer, ist schwierig, jedoch auch angenehm, nützlich und heilig" (III, S. 315).

Aus dieser Sicht ist der Gegensatz von Religion und Wissenschaft aufgehoben. Im „Anhang" zu seinem Artikel über die Sonnenfinsternis von 1761 verteidigt Lomonosov erneut das kopernikanische Weltbild und tadelt die religiösen Eiferer, die den Text der Bibel gegen die moderne Wissenschaft ausspielen. Für ihn sind

Wahrheit und Religion Schwestern, Töchter des einen allerhöchsten Schöpfers: Sie können niemals miteinander in Widerstreit geraten, es sei denn, daß jemand aus einer gewissen Eitelkeit heraus oder um mit seiner Weisheit zu prunken ihnen eine solche Feindschaft aufschwatzt. (IV, 373)

Mögliche Unstimmigkeiten könnten leicht aus dem Weg geräumt werden, wenn man den Wortlaut der Bibel nicht nach dem Buchstaben (grammatičeskim razumom), sondern nach der übertragenen Bedeutung verstehe (ritoričeskim razumom, IV, 372), was auf eine allegorische Bibelauslegung hinausläuft.

Um das Komplementärverhältnis von wissenschaftlicher und religiöser Erkenntnis zu veranschaulichen, spricht Lomonosov hier vom „Buch der Natur". Das ist eine Schlüsselmetapher der europäischen Geistesgeschichte, die auf das lateinische Mittelalter zurückgeht und auch im 18. Jahrhundert nicht in Vergessenheit geraten war. Lomonosov stellt diesen Topos in den Dienst des physiko-theologischen Grundgedankens. Gott hat den Menschen „zwei Bücher" gegeben. Das eine Buch ist die Hl. Schrift – in ihm tut er seinen Willen kund. Das andere Buch ist die Natur, also

die sichtbare Welt, die von ihm geschaffen wurde, damit der Mensch bei der Betrachtung der Größe, der Schönheit und der Harmonie seiner Werke die göttliche Allmacht anerkenne, je nach seinem Fassungsvermögen. (VI, 375)

Im weiteren geht es um diejenigen Instanzen, die für die Auslegung der 'beiden Bücher' zuständig sind. Die Bibel ist Sache der „großen Kirchenlehrer", das Buch der Natur hingegen wird von „Physikern, Mathematikern und Astronomen" erklärt; auf ihre Weise erfüllen sie dieselben Aufgaben wie „Propheten, Apostel und Kirchenlehrer" (ebd.).

Aus dieser Sicht verliert die russische Kirche jenes Monopol der Weltdeutung, das sie seit jeher für sich beansprucht hatte. Lomonosov folgt dem Prinzip der petrinischen Kirchenreform. Deren Ergebnis bestand darin, daß sich die Kirche im weltlichen Staat mit der Rolle einer Behörde neben anderen Behörden zufriedengeben mußte. Es liegt in der bürokratischen Logik dieser Neuordnung, wenn Lomonosov in seinem Artikel die Kompetenzen abgrenzt: Wissenschaft und Kirche haben jeweils ihr eigenes Aufgabengebiet, und es wäre unvernünftig von beiden, sich in die Angelegenheit des anderen einzumischen: „Gottes Wille" kann ebensowenig mit dem Zirkel des Mathematikers ergründet werden, wie man „Astronomie und Chemie aus dem Psalter" lernt (ebd.).

Eine praktische Konsequenz dieses Gedankens, die von Lomonosov nicht eigens erörtert wird, bestünde darin, daß die kirchliche Zensur sich künftig auf das religiöse Schrifttum zu beschränken hätte; für die Zensur des profanen Schrifttums wären dann allein die weltlichen Behörden zuständig, in erster Linie die Akademie der Wissenschaften und damit jene Akademiekanzlei, in der Lomonosov seit 1757 eine tonangebende Rolle spielte. Bei seiner Verteidigung der Wissenschaft ging es ihm daher nur insofern um deren Autonomie, als das Verhältnis zur Kirche betroffen war. Mit dem Verhältnis von Wissenschaft und weltlicher Obrigkeit lagen die Dinge anders. Daß Lomonosov selber keinerlei Bedenken hatte, die Wissenschaft der Zensur zu unterwerfen, zeigt sich in den Konflikten, die er seit 1757 mit seinem Akademie-Kollegen austrug, dem deutschstämmigen Historiker Gerhard Friedrich Müller[34]: Die Freiheit geschichtlicher Forschung endete für Lomonosov stets dann, wenn die Gefahr bestand, daß der Ruhm des Vaterlandes Schaden leiden könnte.

Hiobs-Ode und Theodizee

Die Physikotheologie prägt auch die religiöse Dichtung Lomonosovs, die Hiobs-Ode ebenso wie die beiden Betrachtungen „Über die Größe Gottes"; das begründet Lomonosovs Nähe zur deutschen Frühaufklärung, insbesondere zu dem Hamburger Dichter Barthold Heinrich Brockes (1680–1747)[35]. Was speziell die Hiobs-Ode betrifft, so wird sie in der Forschung mit der Theodizee in Verbindung gebracht[36], jener philosophischen Lehre, die durch Leibniz in einer für das 18. Jahrhundert maßgeblichen Weise formuliert und durch Christian Wolff verbreitet wurde. Im Mittelpunkt der Theodizee steht die Frage nach der Existenz des Bösen inmitten der von Gott geschaffenen Welt. Der Terminus wurde von Leibniz erfunden und bedeutet „Rechtfertigung Gottes". Die Grundfrage der Theodizee lautet also: Wie ist das vielfältige Leiden der Menschen mit Gottes

---

[34] A. B. KAMENSKIJ, Lomonosov i Miller: dva vzgljada na istoriju. In: *Lomonosov. Sbornik statej i materialov.* Bd. 9. SPb. 1991, S. 39–48.
[35] W. SCHAMSCHULA, Zu den Quellen von Lomonosovs „kosmologischer" Lyrik. In: *Zeitschrift für Slavische Philologie* 34 (1969), S. 225–253.
[36] JU. M. LOTMAN, Ob *Ode, vybrannoj iz Iova* Lomonosova. In: DERS., Izbrannye stat'i, Bd. II, S. 29–39, hier S. 37; SERMAN, Mikhail Lomonosov, S. 141–147.

Kapitel 9. Lomonosov

Allmacht und Güte zu vereinbaren? Leibniz antwortet mit seiner berühmten Theorie von der „besten aller möglichen Welten" und prägt damit die optimistische Weltsicht der europäischen Frühaufklärung. Lomonosov hat drei Jahre bei Christian Wolff in Marburg studiert. Es ist daher naheliegend, bei ihm das Fortwirken der Theodizee zu vermuten, und das gilt zumal dann, wenn es um die Gestalt des Hiob ging.

Aus dieser Sicht bietet die Hiobs-Ode[37] jedoch eine enttäuschende Lektüre, so bemerkenswert sie in ihrer poetischen Gestaltung auch ist. Wenn hier von einer Theodizee die Rede sein kann, dann nur mit großen Einschränkungen. Keinesfalls ist die Theodizee hier das Hauptthema. Im Mittelpunkt steht nicht die Frage nach dem Bösen, sondern die Forderung nach kreatürlicher Demut und Hingabe, die ihrerseits aus dem physikotheologischen Grundgedanken abgeleitet ist. Mit strengen Worten ermahnt der alttestamentarische Gott den murrenden Hiob, ihn als Schöpfer einer vollendet schönen und sinnreich eingerichteten Welt anzuerkennen, seiner eigenen Kreatürlichkeit innezuwerden und sich vertrauensvoll der göttlichen Gnade zu überantworten. All dies findet man auch in der Bibel; aber wir können unterstellen, daß Lomonosov die entsprechenden Stellen des Buches Hiob aus der optimistischen Sicht der Frühaufklärung gelesen hat. Die mannigfaltigen Nöte des von Gott geschlagenen Hiob kommen bei Lomonosov daher nicht zur Sprache: Ihm geht es hier allein um die Vorstellung einer vollkommenen Welt und ihres allmächtigen und weisen Schöpfers. Der eigentliche Kern der Theodizee, die Rechtfertigung Gottes angesichts des Übels in der Welt, bleibt dabei unbeachtet. Wenn die Existenz des Übels für Lomonosov jemals ein Problem gewesen sein sollte, dann wird dessen Lösung in seiner Hiobs-Ode stillschweigend und wie selbstverständlich vorausgesetzt.

Mehr noch: Gott in seiner Größe bedarf eigentlich keiner Rechtfertigung, und der murrende Hiob frevelt gegen die Forderung eines unbedingten Gottvertrauens. Gegen jeden Zweifel, der aus der Erfahrung des Übels entstehen mochte, setzt Lomonosov die absolute Gewißheit des Glaubens. Auf besonders eindrucksvolle Weise äußert sich seine Auffassung von der erhabenen Schönheit und sinnreichen Harmonie der Schöpfung in dem Bild des Adlers, dem die achte Strophe gewidmet ist. Mit vorwurfsvollen Worten wendet sich Gott an Hiob und fordert ihn auf, seine Würde als allmächtiger und weiser Schöpfer anzuerkennen:

> Твоей ли хитростью взлетает
> Орел, на высоту паря,
> По ветру крыла простирает
> И смотрит в реки и моря?
> От облак видит он высоких
> В водах и в пропастях глубоких,
> Что в пищу Я ему послал.
> Толь быстро око ты ли дал? (VIII, 390)

---

[37] *Oda, vybrannaja iz Iova* (1749–1751). In: LOMONOSOV, PSS, Bd. VIII, S. 387–390.

Ist es denn deiner Weisheit zu verdanken, / Daß der Adler in den Lüften schwebt, / Vom Winde getragen seine Flügel ausbreitet / Und auf Flüsse und Meere blickt? / Von den hohen Wolken aus erspäht er / In tiefen Gewässern und Abgründen, / Was Ich ihm zur Nahrung gesandt habe. / Warst du es denn, der ihm solch ein scharfes Auge gab?

Die Unerschütterlichkeit des Gott- und Weltvertrauens, die in der Hiobs-Ode zutage tritt, zeigt sich auch in Lomonosovs Reaktion auf das Erdbeben von Lissabon im November des Jahres 1755. Mit ihren rund 50000 Opfern versetzte diese Naturkatastrophe dem Optimismus der frühen Aufklärung einen schweren Schlag. In Rußland wurde sie spätestens gegen Ende des Jahres 1755 bekannt und rief auch hier Bestürzung hervor[38]. Die weltanschauliche Debatte, die nun einsetzte, drehte sich um die Frage, ob das Erdbeben von Lissabon als eine Strafe Gottes oder als innerweltliche Folge physikalischer Vorgänge anzusehen sei. Für eine Krise des optimistischen Weltbildes gibt es in Rußland jedoch zunächst keine Anhaltspunkte, auch und gerade nicht bei Lomonosov.

In seiner 1757 entstandenen „Rede über die Entstehung der Metalle auf Grund von Erdbeben" (V, 295–347) bezieht er sich nicht nur auf das Erdbeben von Lissabon, sondern auch auf das ebenso furchtbare Erdbeben von Lima, das ein Jahrzehnt zuvor stattgefunden hatte. Am Anfang seiner Rede steht die Überlegung, daß jedes Unheil, so schrecklich es sein mag, doch auch sein Gutes habe, daß es also „Nutzen und Freude" mit sich bringe. Auf dem Meer wütet ein Sturm – aber dieser Sturm hilft den mit reicher Fracht beladenen Schiffen, schneller den sicheren Hafen zu erreichen (die Möglichkeit, daß diese Schiffe auch untergehen könnten, zieht Lomonosov nicht in Betracht). Ähnlich verhält es sich mit den Erdbeben: Sie richten gewaltigen Schaden an, aber sie begünstigen auch das Entstehen von Metallen in der Erdkruste.

In seiner Rede sieht Lomonosov keinen Anlaß, am Weltbild der Leibniz-Wolffschen Tradition irre zu werden. Ein Jahr zuvor hatte Voltaire jedoch sein *Poème sur le désastre de Lisbonne ou Examen de cet axiome „Tout est bien"* veröffentlicht. Im Lichte dieses Gedichts mußte der Optimismus der Frühaufklärung als naiv, wenn nicht als zynisch erscheinen. Voltaires Poem war auch in Rußland bekannt, und 1763 legte der damals zwanzigjährige I. F. Bogdanovič, der spätere Autor des scherzhaften Poems *Dušen'ka*, eine Übersetzung vor – *Poèma na razrušenie Lissabona* („Poem auf die Zerstörung von Lissabon").

Dieses Gedicht ist der leidenschaftliche, von bitterem Spott durchsetzte Monolog eines Menschen, der sich angesichts der Schrecken von Lissabon gegen die Idee einer Weltharmonie empört. Die Polemik richtet sich nicht nur gegen Leibniz, sondern auch gegen Pope, in dessen *Essay on Man* die Ideen der Theodizee ungebrochen fortwirken. Wie schon erwähnt, war Popes *Essay* einige Jahre zuvor in russischer Übertragung erschienen. Zusammen mit Lomonosovs Rede

---

38 Vgl.: È. VAGEMANS [= E. WAEGEMANS], Literaturno-filosofskaja interpretacija lissabonskogo zemletrjasenija: Portugalo-franko-russkaja teodiceja. In: *XVIII vek*. Bd. 22. SPb. 2002, S. 111–121.

über „Das Entstehen der Metalle auf Grund von Erdbeben" bildet er einen Hintergrund, vor dem Bogdanovičs Voltaire-Übersetzung ihre spezifische Bedeutung gewinnt. Schon die ersten Zeilen des Poems mit dem „irregeleiteten Weisen", der da mit lauter Stimme ausruft: „Alles ist nützlich", konnten durch den russischen Leser als feindselige Anspielung auf Lomonosov verstanden werden:

> Несчастливый народ! плачевная страна,
> Где всех ужасных язв жестокость собрана!
> О, жалость вечная, воспоминанье слезно!
> Обманутый мудрец, кричишь ты: *всё полезно*;
> Приди, взгляни на сей опустошенный град,
> На сей несчастный прах отцов, и жен, и чад;
> [...][39]

Unglückliches Volk! Unseliges Land, / In dem alle Grausamkeit schrecklicher Übel versammelt ist! / Oh, ewige Bekümmernis, tränenreiche Erinnerung! / Irregeleiteter Weiser, du rufst mit lauter Stimme: *Alles ist nützlich*; / Komm doch her, schau nur auf diese zerstörte Stadt, / Auf die unglücklichen sterblichen Überreste von Vätern, Frauen und Kindern; [...]

Die „Abendliche Betrachtung über die Größe Gottes anläßlich des großen Nordlichts"

Das Thema der kreatürlichen Demut wird bei Lomonosov nicht nur in der Hiobs-Ode, sondern auch in den beiden Betrachtungen „Über die Größe Gottes" von 1743 entfaltet[40], wobei die „Abendliche Betrachtung über die Größe Gottes anläßlich des großen Nordlichts" besondere Aufmerksamkeit verdient[41]. Das Gedicht besteht aus acht Strophen zu je sechs Zeilen, die im vierfüßigen Jambus gehalten sind. Im Einklang mit den verstheoretischen Auffassungen seiner frühen Jahre bemüht sich Lomonosov, die metrischen Hebungen möglichst zu realisieren und somit Pyrrhichien zu vermeiden. Dem pochenden Rhythmus, der auf diese Weise zustandekommt, entspricht der syntaktische Aufbau – eine Reihung von blockartig-asyndetisch gefügten kurzen Sätzen, die je eine Verszeile füllen. In Verbindung mit der ausschließlichen Verwendung männlicher ('stumpfer') Reime und zahlreicher Wiederholungsfiguren (Anaphern) entsteht so ein lyrisches

---

[39] I. F. BOGDANOVIČ, Stichotvorenija i poėmy. Hrsg.: I. Z. Serman. L. 1957, S. 207–212, hier S. 207.

[40] *Utrennee razmyšlenie o Božiem veličestve* und *Večernee razmyšlenie o Božiem veličestve pri slučae velikago severnago sijanija*. In: LOMONOSOV, PSS, Bd. VIII, S. 117–119, 120–123.

[41] Vgl.: JU. V. STENNIK, *Večernee razmyšlenie o božiem veličestve pri slučae velikogo severnogo sijanija*. In: *Poėtičeskij stroj russkoj liriki*. Hrsg.: G. M. Fridlender. L. 1973, S. 9–20; R. LAUER, *Večernee razmyšlenie o božiem veličestve pri slučae velikogo severnogo sijanija* – „Abendliche Betrachtung über die Größe Gottes bei Gelegenheit des großen Nordlichts". In: *Die russische Lyrik*. Hrsg.: B. Zelinsky. Köln–Weimar–Wien 2002, S. 45–50; KLEIN, Rannee Prosveščenie, religija i cerkov' u Lomonosova, S. 298–300.

Sprechen, dessen schroffe Nachdrücklichkeit die Bedeutung des Themas unterstreicht.

Die ersten drei Strophen handeln von der Unendlichkeit des Weltalls. Der Abend ist angebrochen und angesichts der grenzenlosen Weite des Sternenhimmels wird sich der lyrische Sprecher seiner eigenen Bedeutungslosigkeit bewußt; vgl. die schon bekannte Vorstellung von der Erde, die nicht größer ist als ein „Punkt". Dieser Gedanke wird mit einer Serie von drei Vergleichen ausgedrückt: Der lyrische Sprecher fühlt sich wie ein „Sandkorn in den Meereswellen", wie ein „kleiner Funke im ewigen Eis" und „wie eine Feder im lodernden Feuer". Im folgenden beruhigt er sich jedoch mit dem Gedanken an die Wissenschaft. Erneut kommt hier das heliozentrische Weltbild des Kopernikus zur Sprache: Die „Stimmen der Weisen" verkünden der Menschheit, das Weltall bestehe aus einer „Vielheit von Welten" und aus „zahllosen Sonnen"; ebenso wie die Erde würden diese Welten von Menschen bewohnt (vgl. Fontenelles „Gespräche über die Vielheit der Welten"), und dort herrschten auch dieselben Naturgesetze: „Tam ravna sila estestva" (VIII, 121).

Auf diese Weise scheint das Unbegreifliche begreiflich zu werden. In der folgenden vierten Strophe erweist sich dieser tröstliche Gedanke jedoch als nichtig. Sie besteht aus einer Serie von wiederum kurzen Sätzen, die in der Form von rhetorischen Fragen und Exklamationen gehalten sind. Das fassungslose Staunen des Sprechers, das sich so ausdrückt, wird durch den Anblick des Nordlichts hervorgerufen – einer Naturerscheinung von erhabener Rätselhaftigkeit, wie durch eine Häufung von widersprüchlichen Formulierungen betont wird: nördliche Morgenröte, Feuer des Eismeeres, kalte Flamme, die Nacht wird zum Tage. Die Paradoxie dieser Wendungen erinnert an den Barockstil, aber hier ist sie in erster Linie nicht durch das Streben nach Wirkung, sondern sachlich motiviert – durch die Unmöglichkeit, das Nordlicht wissenschaftlich zu erklären. Dieselbe Vorstellung wird durch die ratlos-rhetorische Frage „Wo, Natur, ist dein Gesetz?" nahegelegt, mit der diese Formulierungen eingeleitet werden:

> Но гдеж, натура, твой закон?
> С полночных стран встает заря!
> Не солнце ль ставит там свой трон?
> Не льдисты ль мещут огнь моря?
> Се хладный пламень нас покрыл!
> Се в ночь на землю день вступил! (VIII, 121)

Wo aber, Natur, ist dein Gesetz? / Aus nördlichen Ländern steigt die Morgenröte auf! / Hat dort etwa die Sonne ihren Thron? / Sind es die Eismeere, die dieses Feuer emporschleudern? / Siehe, eine kalte Flamme hat uns bedeckt! / Siehe, zur Nachtzeit ist der Tag angebrochen!

In seiner Verwirrung wendet sich der lyrische Sprecher in der folgenden fünften Strophe erneut an die Wissenschaft und bittet ihre Vertreter – „Oh, ihr, deren schneller Blick, / In das Buch der ewigen Wahrheiten eindringt" – um eine Antwort auf die Fragen, die er in der folgenden sechsten Strophe stellt, abermals in einer Serie von wuchtig gefügten kurzen Sätzen. Die Antworten auf diese Fragen, die er in der siebten Strophe anführt, können ihn jedoch nicht zufriedenstellen, denn es handelt sich lediglich um Hypothesen (eine von ihnen geht auf Christian Wolff zurück), die nicht auf einen Nenner zu bringen sind und sich somit gegenseitig in Frage stellen.

Wie dann auch aus der achten und letzten Strophe hervorgeht, wird der lyrische Sprecher mit seiner Ratlosigkeit von den Kennern „der ewigen Wahrheit" im Stich gelassen. Dieser Vorwurf gilt einer Wissenschaft, die zwar eine heliozentrische Theorie des Weltalls zu entwerfen vermochte, sich jedoch außerstande sieht, eine räumlich so naheliegende Erscheinung wie das Nordlicht zu erklären. Es folgt eine Serie von wiederum rhetorischen Fragen, die mit gesteigertem Nachdruck und einem neuen Anflug von Sarkasmus auf die Schranken wissenschaftlicher Erkenntnis verweisen: Wenn die Wissenschaft schon nicht in der Lage ist, das Nordlicht zu erklären, so muß sie erst recht scheitern, wenn es um eine so viel größere Aufgabe geht, wie das Erfassen des Weltalls. Vollends offenkundig wird das Versagen der wissenschaftlichen ratio schließlich im Angesicht von Gottes Größe:

> Сомнений полон ваш ответ
> О том, что окрест ближних мест.
> Скажитеж, коль пространен свет?
> И что малейших дале звезд?
> Несведом тварей вам конец?
> Скажитеж, коль велик Творец? (VIII, 123)

Eure Antwort ist äußerst zweifelhaft, / Wenn es um Dinge aus der Nähe geht. / Sagt doch einmal, welche Ausdehnung hat das Weltall? / Und was liegt hinter den kleinsten Sternen in der Ferne? / Ist euch das Ende der Schöpfung etwa unbekannt? / Sagt mir doch, wie groß der Schöpfer ist?

Jener Zweifel an dem unbegrenzten Erkenntnisvermögen der Wissenschaft, der sich schon bei der Betrachtung des Nordlichts äußerte, erhält in dieser letzten Strophe der „Abendlichen Betrachtung" eine Wendung ins Grundsätzliche. Mit Blick auf den sonstigen Optimismus Lomonosovs ist dieser Zweifel überraschend. Er hat ihn in den folgenden Jahren auch nicht daran gehindert, sich als Naturforscher mit dem Nordlicht zu beschäftigen und seine Beobachtungen gewissenhaft aufzuzeichnen. Die Haltung, die er in seiner „Abendlichen Betrachtung über die Größe Gottes" ausdrückt, hätte man daher als eine letztinstanzliche reservatio mentalis aufzufassen, die mit der Tätigkeit eines Wissenschaftlers keineswegs unvereinbar ist. Ihrerseits ist diese Haltung nicht rational begründet, etwa durch das cartesianische Prinzip des universellen Zweifels, sondern durch die religiöse Gewißheit von Gottes unendlicher Größe.

Erneut tritt hier das Motiv der christlichen Demut hervor. Gleichzeitig verändert sich die Vorstellung von der Unendlichkeit. Im Rahmen der kopernikanischen Theorie hatte sie noch einen wissenschaftlichen Charakter – nun gewinnt sie die ursprüngliche Bedeutung einer mystisch-religiösen Kategorie zurück. Wenn also Lomonosov in seinem Gedicht Religion und Wissenschaft miteinander versöhnen will, dann nicht in der Weise, daß beide auf gleicher Ebene nebeneinander stünden, etwa im Sinne einer Äquivalenz oder desjenigen Komplementärverhältnisses, das durch den Topos von den 'beiden Büchern' nahegelegt wird. In Lomonosovs „Abendlicher Betrachtung" erscheinen Wissenschaft und ratio vielmehr als Bestandteil eines übergreifenden Weltganzen, das in seinem letzten Grunde religiös bestimmt bleibt.

KAPITEL 10
SUMAROKOV

Sumarokov im Schatten Lomonosovs

Aleksándr Petróvič Sumarókov (1717–1777) ist der dritte Gründervater des russischen Klassizismus und der neueren russischen Literatur. Die Nachgeborenen hatten jedoch keine gute Meinung von ihm; Puškin äußerte sich höchst abfällig[1]. Im Gegensatz zu Lomonosov befand man Sumarokov weder im 19. noch im 20. Jahrhundert einer Gesamtausgabe für würdig und begnügte sich mit bescheidenen Auswahlbänden, die von seinem umfangreichen Werk nur eine sehr unvollkommene Vorstellung geben[2].

Der Rangordnung der beiden Autoren, die sich hierin andeutet, hätten viele Leser des 18. Jahrhunderts jedoch nicht zugestimmt: Für sie war Sumarokov ein ebenbürtiger Rivale Lomonosovs. Auf dem Gebiet der Feierlichen Ode galt Lomonosov als unübertroffen, während Sumarokov als Meister der Tragödie betrachtet wurde – der „Vater des russischen Theaters" und der „nördliche Racine" war nicht schlechter als der „russische Malherbe". Aber auch mit dieser Gegenüberstellung wird man Sumarokov nicht ganz gerecht, denn er war keineswegs nur Dramatiker. Sein literarisches Werk ist vielmehr höchst vielseitig, eine wahre Enzyklopädie der Gattungen. Mit Ausnahme des heroischen und des komischen Epos gibt es kaum eine Gattung des klassizistischen Spektrums, die Sumarokov nicht gepflegt hätte, oft mit Erfolg. Neben der Geistlichen und der Feierlichen Ode findet man die Tragödie und die Komödie, die verschiedenen Gattungen der Liebesdichtung, außerdem Versepistel, Verssatire und Fabel und schließlich solche kleinen Formen wie Sonett, Ballade, Rondeau, Stanze und Madrigal. Wie kein anderer hat Sumarokov dazu beigetragen, die Literatur des neuen Rußland nicht nur in der Theorie, sondern auch in der Praxis zu begründen.

---

[1] H. IMENDÖRFFER, Hohn und Spott für den klassizistischen Dichter. Puškin über Sumarokov. In: *Arion. Jahrbuch der Deutschen Puschkin-Gesellschaft*. Bd. 4. Bonn 1996, S. 96–118.

[2] Die einzige Gesamtausgabe von Sumarokovs Werken stammt aus dem 18. Jahrhundert; sie ist immer noch unentbehrlich, außerhalb Rußlands aber kaum zugänglich: A. P. SUMAROKOV, Polnoe sobranie vsech sočinenij v stichach i proze [= PSS]. Hrsg.: N. I. Novikov. Bd. I–X. M. 1781–1782; eine zweite Auflage erschien 1787. Die erste sowjetische Ausgabe von Sumarokovs Werken enthält neben ausgewählten Gedichten auch seine Schriften zur Dichtungstheorie: A. P. SUMAROKOV, Stichotvorenija. Hrsg.: A. S. Orlov. L. 1935; vgl. ferner: A. P. SUMAROKOV, Izbrannye proizvedenija. Hrsg.: P. N. Berkov. L. 1957. Soweit möglich, zitiere ich aus dieser letzteren Ausgabe; auf sie beziehen sich die eingeklammerten Seitenangaben im Haupttext.

Biographie

Im Gegensatz zu Trediakovskij und Lomonosov und ebenso wie Kantemir war Sumarokov adliger Herkunft[3] – mit ihm, so könnte man sagen, beginnt jenes adlige Zeitalter der russischen Literatur, das in der Puškinzeit seinen Höhepunkt erreichen sollte. Sumarokov stammte aus einer alten Bojarenfamilie, sein Vater bekleidete den hohen Rang eines Wirklichen Geheimrats. Anders als Trediakovskij und Lomonosov war Sumarokov nie im Ausland – seine westeuropäische Bildung verdankte er dem Petersburger Kadettenkorps, in das er 1732, kurz nach dessen Gründung, aufgenommen wurde. Nach Abschluß seiner Studienzeit trat Sumarokov 1740 in den militärischen Dienst; als Adjutant des Grafen A. G. Razumovskij gewann er Zugang zur höfischen Gesellschaft. In seiner militärischen Laufbahn brachte es Sumarokov bis zum Range eines Brigadiers, was dem Zivilrang eines Staatsrats (5. Rangstufe) entsprach.

Bis zu diesem Punkt unterscheidet sich Sumarokovs Werdegang kaum von dem seiner Standesgenossen. Die literarischen Neigungen, die er schon im Kadettenkorps zeigte, mochten ungewöhnlich sein, mußten als Steckenpferd eines jungen Edelmanns jedoch keinen Anstoß erregen. Spätestens gegen Ende der 1740er Jahre beschritt Sumarokov jedoch einen neuen Weg: Er machte die Literatur zu seiner Hauptbeschäftigung, offenbar unter wohlwollender Duldung der Vorgesetzten. Um ihn sammelten sich Anhänger, meistens ehemalige Mitschüler aus dem Kadetten-Korps, die „Sumarokov-Schule"[4]; wie schon erwähnt, gab er 1759 eine Zeitschrift heraus, die *Trudoljubivaja pčela* („Fleißige Biene"). Sumarokovs Tätigkeit als Dramatiker hatte in der zweiten Hälfte der 1740er Jahre begonnen. 1756 fand sie offizielle Anerkennung: Neben der italienischen und französischen wurde eine russische Schauspielertruppe gegründet und Sumarokov zu ihrem Leiter bestellt. Obwohl das Ensemble jahrelang kein eigenes Gebäude hatte, konnte Sumarokov sich nun Direktor des „Russischen Theaters" nennen; das entsprechende Gehalt erhielt er zusätzlich zu seinem Sold als Offizier.

Als Adliger von ausgeprägtem Standesbewußtsein und jähzorniger Wesensart fand es Sumarokov jedoch schwierig, gegenüber Vorgesetzten die Haltung eines Untergebenen zu wahren. Zusammenstöße blieben nicht aus, und im Jahre 1761

---

[3] Mit der Erforschung von Sumarokovs Biographie liegt noch viel im Argen, vgl. immerhin: N. BULIČ, Sumarokov i sovremennaja emu kritika. SPb. 1854, S. 1–94; M. LONGINOV, Poslednie gody žizni Aleksandra Petroviča Sumarokova (1766–1777). In: *Russkij archiv* 10 (1871), Sp. 1637–1717; P. N. BERKOV, Neskol'ko spravok dlja biografii A. P. Sumarokova. In: *XVIII vek*. Bd. 5. M.–L. 1962, S. 364–375; E. P. MSTISLAVSKAJA, Žizn' i tvorčestvo A. P. Sumarokova. In: *Aleksandr Petrovič Sumarokov. 1717–1777. Žizn' i tvorčestvo. Sbornik statej i materialov*. Hrsg.: E. P. Mstislavskaja. M. 2002, S. 8–41. Aus literatursoziologischer Sicht: ŽIVOV, Pervye russkie literaturnye biografii, S. 53–65. Einen Literaturbericht zur Sumarokov-Forschung bietet wieder E. P. MSTISLAVSKAJA, Put' k Sumarokovu (Kratkij očerk istorii izučenija biografii i tvorčestva A. P. Sumarokova). In: *Aleksandr Petrovič Sumarokov*, S. 161–203.

[4] GUKOVSKIJ, Lomonosov, Sumarokov, škola Sumarokova.

Kapitel 10. Sumarokov

trat er als Direktor des Russischen Theaters zurück[5]. Zum Glück hatte Sumarokov in Šuvalov, der nicht nur Lomonosov, sondern auch ihm gewogen war, jedoch einen einflußreichen Fürsprecher. Mit Šuvalovs Hilfe wußte Sumarokov seinen Rücktritt so einzurichten, daß er die doppelten Bezüge als Offizier und Direktor des Russischen Theaters behalten durfte, was mit dem Wohlwollen zusammenhing, das ihm die theaterbegeisterte Zarin Elisabeth als Dramatiker entgegenbrachte. In einem Ukaz des Jahres 1761 heißt es: „Durch die Gnade ihrer kaiserlichen Hoheit wird Herr Sumorokov [sic] danach streben, nun, da er von den Pflichten befreit ist, seinen Fleiß beim Schreiben von literarischen Werken zu vermehren, die ihm ebensoviel Ehre wie allen Bücherfreunden Vergnügen bereiten werden"[6].

In den folgenden Jahren gelang es Sumarokov, diese bevorzugte Stellung über die Wechselfälle der Politik hinüberzuretten und weiter auszubauen. Schon frühzeitig hatte er sich auf die Seite der Großfürstin Ekaterina Alekseevna geschlagen, der späteren Zarin Katharina II. Im Gegensatz zu Lomonosov befand sich Sumarokov daher nach dem Staatsstreich vom 28. Juni 1762 auf der Seite der Sieger. Der Lohn blieb nicht aus: Am Krönungstag wurde er zum Wirklichen Staatsrat (4. Rangstufe) ernannt; schon vorher waren ihm die Schulden erlassen worden, die sich für die Drucklegung seiner Werke bei der Akademie angesammelt hatten; auch in Zukunft sollten Sumarokovs Schriften auf Kosten der Staatskasse erscheinen.

Einige Zeit gehörte Sumarokov nun zur näheren Umgebung der neuen Zarin. In Staatsangelegenheiten fragte sie ihn um seine Meinung und wußte seine Dichtung zu schätzen, darunter auch die Feierlichen Oden, die er auf sie schrieb. Ihm fehlten jedoch die Eigenschaften eines erfolgreichen Höflings, sein Verhältnis zu Katharina verschlechterte sich. Zwar wurde er 1767 für seine literarischen Verdienste noch mit dem Annenorden ausgezeichnet. Aber in Sankt Petersburg hielt es ihn jetzt nicht viel länger, und 1769 zog er nach Moskau, um sich dort dem Theater zu widmen und vielleicht auch seinem Leben einen neuen Anfang zu geben.

Aber auch hier blieben Konflikte mit Höhergestellten nicht aus. Schon vor der Übersiedlung nach Moskau hatte es einen häßlichen Erbschaftsstreit gegeben, der ebenfalls Aufsehen erregte und ihm einen Tadel der Zarin eintrug. Zudem gelang es Sumarokov nicht, seine finanziellen Angelegenheiten in Ordnung zu halten, und in den letzten Lebensjahren verfiel er auch noch der Trunksucht. Daß er kurz vor seinem Tod in dritter Ehe eine leibeigene Dienerin heiratete, muß unter den

---

[5] Vgl. dagegen: OSPOVAT, Sumarokov-literator v social'nom kontekste 1740 – načala 1760-ch godov: Sumarokov sei nicht freiwillig zurückgetreten, sondern entlassen worden. Ich folge V. N. VSEVOLODSKIJ-GERNGROSS, Teatr v Rossii pri imperatrice Elisavete Petrovne [1912]. SPb. 2003, S. 236 f., der sich auf Sumarokovs Brief vom 24. April 1761 an I. I. Šuvalov beruft (in: *Pis'ma russkich pisatelej*, S. 92).

[6] *F. G. Volkov i russkij teatr ego vremeni. Sbornik materialov.* Hrsg.: Ju. A. Dmitriev. M. 1953, S. 144 f.

Bedingungen der russischen Adelsgesellschaft als weitere Form der Desozialisierung (und nicht etwa als Ausdruck innerer Unabhängigkeit) aufgefaßt werden.

Bei diesem Niedergang des einstmals gefeierten Autors hat außer charakterlichen Anlagen möglicherweise auch seine soziale Lage als staatlich alimentierter, sonst jedoch 'freischwebender' Schriftsteller eine Rolle gespielt. Sumarokov empfand diese Situation als unbefriedigend, er sehnte sich nach einer allgemein anerkannten Position im sozialen Gefüge. Seine Funktion als Direktor des Russischen Theaters scheint er nicht als wirkliches Amt aufgefaßt zu haben, denn er bemühte sich in diesen Jahren um eine Stellung an der Akademie oder an der Moskauer Universität. Das eine scheiterte am Widerstand Lomonosovs, das andere mißlang aus anderen Gründen.

Jahre später beklagte Sumarokov sich in einem seiner zahlreichen Briefe an Katharina II. über seine Situation. Er bat sie um Geld für eine zweijährige Reise nach Westeuropa, er wolle ein Reisebuch schreiben. Weiter liest man: „Im übrigen habe ich keinerlei Stelle und offizielle Funktion. Ich bin weder im militärischen, noch im zivilen Dienst, ich habe keine Stelle bei der Akademie und befinde mich auch nicht im Ruhestand. Ich wage es, mich mit meiner Bitte an Eure Kaiserliche Hoheit zu wenden, damit etwas mit mir geschieht, damit ich weiß, was ich bin"; weiter beschwert er sich darüber, daß ihn inzwischen viele auf der dienstlichen Stufenleiter überholt hätten[7]. Im Grunde wünschte sich Sumarokov, daß seine literarische Tätigkeit als Staatsdienst anerkannt und mit Beförderungen honoriert würde. Wie schon erwähnt, hatte Lomonosov in den Berichten seiner dienstlichen Tätigkeit auch das Schreiben von Gedichten angeführt. Ebenso verfuhr Sumarokov, als er in einem weiteren Brief an Katharina einen Rechenschaftsbericht seiner literarischen Arbeit der letzten Zeit ablegte[8].

In einer Gesellschaft, in der sich die Literatur als gesellschaftliche Institution und die soziale Rolle des Autors gerade erst herauszubilden begann, erlebte Sumarokov als homme de lettres ohne Amt und ohne geregeltes Avancement eine Krise seines sozialen Identitätsbewußtseins. Zwar wurde er nicht müde, sich in Briefen an die Zarin mit Voltaire und anderen Berühmtheiten auf eine Stufe zu stellen. Auch meinte er, daß die Verdienste eines Dichters um den Ruhm des Vaterlandes und der Monarchie keineswegs geringer seien, als die eines siegreichen Feldherrn, wobei er wohl das zeitgenössische Publikum in Frankreich mit seiner schrankenlosen Verehrung für Voltaire im Sinn hatte. Was freilich dort gang und gäbe war, mußte im Rußland des 18. Jahrhunderts auch dann abwegig klingen, wenn man den geistigen Rangunterschied zwischen Voltaire und Sumarokov außer acht läßt. Für die Zeitgenossen und auch für Sumarokov selber zählte letztlich nur der „čin" – die Stelle auf der gesellschaftlichen Stufenleiter, die dem Einzelnen durch die petrinische Rangtabelle zugewiesen wurde. Unter solchen Umständen mußte die Freiheit von dienstlichen Bindungen, die den Status eines

---

[7] Brief vom 3. Mai 1764. In: *Pis'ma russkich pisatelej*, S. 95–98, hier S. 96.
[8] Brief vom 30. April, 1772; ebd., S. 152 f., hier S. 153.

Schriftstellers wie Voltaire kennzeichnete und nach dem sich in Deutschland Lessing sehnte, nicht als Vorzug, sondern als Unglück erlebt werden.

Literaturauffassung

Bei Sumarokov tritt das Gründerpathos des russischen Klassizismus besonders deutlich zu Tage. In den beiden Episteln „Über die russische Sprache" (*O russkom jazyke*) und „Über die Verskunst" (*O stichotvorstve*) von 1748 findet es seinen programmatischen Ausdruck[9]. Sumarokov veröffentlichte die beiden Gedichte auf eigene Kosten in einer besonderen Broschüre mit der seinerzeit ungewöhnlich hohen Auflage von 1012 Exemplaren. Der gerade erst Einunddreißigjährige trat hier als Präzeptor der neuen russischen Literatur in Erscheinung und stellte sich damit über seine beiden älteren Rivalen Trediakovskij und Lomonosov.

Die Konzeption des klassizistischen Gattungssystems

Mit seiner Epistel „Über die Verskunst" stützt sich Sumarokov auf Boileaus *Art poétique*. Die Übereinstimmungen sind mit den Händen zu greifen und gehen bis in den Wortlaut (dasselbe gilt für das Verhältnis der *Art poétique* zu Horaz' *Ars poetica* – im Lichte der imitatio-Doktrin galt derlei nicht unbedingt als anstößig). Bei aller Nähe gibt es zwischen Boileau und Sumarokov jedoch auch beträchtliche Unterschiede[10]. In seinem Lehrgedicht unternimmt Boileau den Versuch, eine literarhistorische Vergangenheit, die für ihn schon eine große Vergangenheit ist, im Sinne der klassizistischen Poetik zu kodifizieren, daraus Wertmaßstäbe für die Leser und Ratschläge für die jüngeren Dichter abzuleiten. Es geht um eine Tradition, mit der man sich auseinandersetzen und aus der man etwas lernen konnte. Diese gleichzeitig kritische und traditionsbewußte Haltung ist Sumarokov fremd, an ihre Stelle tritt bei ihm das Pathos der petrinischen Kulturrevolution – er will die Tradition der russischen Literatur nicht fortsetzen, sondern mit ihr brechen.

In der Epistel „Über die Verskunst" nennt Sumarokov eine Vielzahl von musterhaften Dichtern – Homer, Theokrit, Vergil, Horaz, Terenz, Malherbe, Racine, Voltaire, ferner Ariost, Tasso, Pope, Günther und andere; mit einem Vorbehalt erwähnt er auch Shakespeare. Diese Autoren sind sehr verschiedenartig, keineswegs alle entsprechen den Normen des Klassizismus. Das einzige Merkmal, das sie miteinander verbindet, ist außer ihrem Ruhm die nichtrussische Herkunft. An russischen Vorbildern nennt Sumarokov nur Lomonosov, den er als würdigen Nachfolger des Pindar und – mit mehr literarhistorischer Berechtigung – als

---

9 SUMAROKOV, Izbrannye proizvedenija, S. 112–115, 115–129. Zur Datierung der Episteln s. S. 80, Fußn. 4.
10 Vgl.: J. KLEIN, Sumarokov und Boileau. Die Epistel „Über die Verskunst" in ihrem Verhältnis zur *Art poétique*: Kontextwechsel als Kategorie der vergleichenden Literaturwissenschaft. In: *Zeitschrift für Slavische Philologie* 50 (1990), S. 254–304.

„Malherbe unserer Länder" würdigt. Allerdings ist es gut möglich, daß er seinen Rivalen hier nur aus taktischen Gründen erwähnt, daß sein Lob also nicht aufrichtig ist[11]. Sonst nennt Sumarokov nur solche russischen Autoren, die als Vorläufer des russischen Klassizismus gelten konnten – Feofan Prokopovič und Kantemir. Aber auch diese Autoren, die sehr kritisch betrachtet werden, findet man nicht in der gedruckten Endfassung seiner Epistel, sondern nur in einer handschriftlichen Variante[12]. Die russische Literatur der vorklassizistischen Epochen kommt bei Sumarokov mit keinem Wort zur Sprache, sie wird totgeschwiegen. Den russischen Barock scheint es nicht gegeben zu haben, und eine so bedeutende Gestalt wie Simeon Polockij wird nicht genannt, ganz zu schweigen von der Literatur des russischen Mittelalters.

Erneut zeigt sich hier der Mythos vom Anfang der russischen Literaturgeschichte. Sumarokov richtet seinen Blick nicht auf die Vergangenheit, sondern auf die Zukunft. Diejenigen Gattungen des klassizistischen Spektrums, die er in der Epistel „Über die Verskunst" am Leitfaden Boileaus aufzählt und bespricht, gab es in Rußland zum größten Teil noch nicht. In dieser Hinsicht deckt sich seine Epistel mit Trediakovskijs „Neuem und kurzgefaßtem Leitfaden" von 1735: Hier wie dort handelt es sich nicht um eine Bestandsaufnahme des Vorhandenen, sondern um den Bauplan einer Zukunft – einer russischen Literatur, die es noch zu schaffen gelte. Gleichzeitig nimmt Sumarokov mit seiner Epistel einen großen Teil seiner eigenen Produktion theoretisch vorweg.

Weiteren Aufschluß über Sumarokovs Verhältnis zu Boileau und des russischen zum französischen Klassizismus bietet die Epistel „Über die russische Sprache", die Sumarokov seiner Dichtungsepistel vorangestellt hat. Neben allerlei Belehrungen, die den guten Stil und die literarische Übersetzung betreffen, geht es hier wie später auch in Lomonosovs „Vorwort über den Nutzen der Kirchenbücher" um das Verhältnis von Russischem und Kirchenslavischem. Im Mittelpunkt steht also das Problem der neuen Literatursprache – ein Problem, das in Rußland höchst aktuell, in Frankreich jedoch längst gelöst war. Im Zusammenwirken der Autoren mit der Académie française, dem Hof und den Salons hatte sich die französische Literatursprache schon in der zweiten Hälfte des 17. Jahrhunderts konsolidiert und machte den Schreibenden und Sprechenden keine besonderen Schwierigkeiten mehr. Im Rußland des 18. Jahrhunderts befand sich alles noch im Fluß. Es ist diese Einsicht, die den Zusammenhang von Sumarokovs Sprachepistel mit der Epistel „Über die Verskunst" begründet.

---

[11] Vgl. die textologischen Argumente bei M. S. GRINBERG, Ob otnošenijach Sumarokova i Lomonosova v 1740-ch godach. In: *Slavica* 24 (1990), S. 113–124.

[12] In SUMAROKOV, Izbrannye proizvedenija, S. 116, wird die entsprechende Stelle in den Text der Epistel wiedereingefügt, was den Gepflogenheiten einer wissenschaftlichen Edition widerspricht. Im Kommentar wird dieses Vorgehen damit begründet, daß die betreffende Stelle gegen den Willen Sumarokovs auf Drängen der beiden Gutachter Trediakovskij und Lomonosov aus der gedruckten Fassung ausgeschlossen worden sei (S. 527). Für diese Annahme fehlen jedoch die Anhaltspunkte.

Im Mittelpunkt der Sprachepistel steht die Verantwortung des Dichters für seine Muttersprache. Mit satirischem Schwung und im Namen der klassizistischen Reinheitsnorm wendet sich Sumarokov gegen die Fremdwörterei. Das Russische sei keine arme Sprache – woran es ihm fehle, das seien nicht die Wörter, sondern die Autoren, die seinen „Reichtum" zu nutzen verstünden (S. 115). Diesen Reichtum, so fährt Sumarokov im Einklang mit den schon bekannten Ideen Trediakovskijs und Lomonosovs fort, verdanke das Russische den „geistlichen Büchern" (ebd.), also dem Kirchenslavischen; vorher war von den Psalmen die Rede. Auch für Sumarokov ist die neue Literatursprache eine Synthese von Russischem und Kirchenslavischem.

Bei Sumarokov bildet dieser „Reichtum" der nationalen Literatursprache die raison d'être des neuen Gattungssystems. Es geht um die Frage nach dem Wert der einzelnen Gattungen. Dieselbe Frage sollte später auch Lomonosov in seinem Gedicht *Razgovor s Anakreonom* („Gespräch mit Anakreon", 1756–1761) beantworten. Gegen die Dichtung des heiteren Lebensgenusses, die sich mit dem Namen Anakreons verbindet, stellt er in deutlich wertender Absicht seine eigene Dichtung des hohen Stils und des vaterländischen Pathos.

Für Sumarokov dagegen sind die literarischen Gattungen gleichwertig (womit auch er pro domo spricht). Ebenso liest man es in der *Art poétique*. Für Boileau ist der Wert der einzelnen Gattungen unabhängig von Thema und Stilhöhe; jede von ihnen erfordere eine besondere Art von Kunstfertigkeit – ein gelungenes Sonett könne wertvoller sein als ein langes Poem. Dieses Ideal künstlerischer Vollkommenheit liegt auch Sumarokov am Herzen. Aber die Gleichwertigkeit der Gattungen wird bei ihm anders begründet. Am Ende der Epistel „Über die Verskunst" schreibt er, jede Gattung sei „lobenswert" – ob Drama, Schäferdichtung oder Ode. Die Wahl der Gattung sei Angelegenheit der persönlichen Vorliebe, der Dichter müsse nur gebildet sein und sein Handwerk verstehen. Hierin liegt für Sumarokov die wichtigste Voraussetzung des Schreibens, nicht etwa im angeborenen Talent (das er stillschweigend voraussetzt) und auch nicht in den sprachlichen Möglichkeiten des Russischen – denn mit „unserer schönen Sprache" stehe dem Dichter ein Instrument zur Verfügung, das jeder Aufgabe gewachsen sei. An dieser Stelle wird das sprachliche Thema der Epistel „Über die russische Sprache" wieder aufgegriffen, der Kreis schließt sich:

Все хвально: драма ли, эклога или ода –
Слагай, к чему тебя влечет твоя природа;
Лишь просвещение писатель дай уму:
Прекрасный наш язык способен ко всему. (S. 125)

Alles ist lobenswert: ob Drama, Ekloge oder Ode – / Schreibe, was deinen Neigungen entspricht; / Aber bilde deinen Geist, oh Schriftsteller: / Unsere schöne Sprache eignet sich für alles.

Wenn Sumarokov hier erneut den Reichtum des Russischen hervorhebt, zeigt er nicht weniger Nationalstolz als Lomonosov. Der teils defensive, teils beschwörende Ton läßt jedoch erkennen, daß es sich bei diesem Reichtum eher um ein Desiderat als um etwas Tatsächliches handelt. Die universale Leistungsfähigkeit der russischen Literatursprache ist für Sumarokov noch kein gegebenes Faktum, sondern bloß ein Ziel. Vorläufig ist ihr Reichtum nicht mehr als eine Möglichkeit, die der Verwirklichung durch die Dichter bedarf. Der Zusammenhang von gattungspoetischer und linguistischer Konzeption tritt nun zutage: Jeder Stil und jede Gattung hat seinen eigenen, je sprachlich begründeten Wert – die Liebesdichtung ebenso wie die heroische Dichtung, das Erhabene des Epos ebenso wie die Komik der Burleske. Nach Sumarokovs Auffassung dient jede dieser Gattungen dazu, eine bestimmte Möglichkeit des Russischen nicht nur aufzuzeigen, sondern auch zu fördern – sein potentieller Reichtum soll sich in den vielfältigen Stillagen und Gattungen des klassizistischen Literatursystems verwirklichen.

Die Theorie der Gattungen, die Sumarokov in seiner Epistel „Über die Verskunst" umreißt und die dann später auch seiner dichterischen Praxis zugrundeliegt, wird zum sprachlich-literarischen Entwicklungsprogramm. Im Laufe seines Lebens betonte Sumarokov immer wieder die Verdienste, die er sich mit seiner Dichtung um die Entwicklung der Literatursprache erworben habe; besonders häufig vernimmt man diesen Ton in seinem Briefwechsel mit Katharina II. In der zweiten Hälfte des 18. Jahrhunderts prägte diese linguistische Sichtweise auch die Dichtungsauffassung anderer Autoren: Die Vorstellung vom sprachlichen Reichtum wurde zum Gemeinplatz des Literaturbewußtseins – wenn man ein Werk lobte, dann vor allem als Beitrag zur Vervollkommnung des Russischen und als Beweis für den Reichtum seiner Ausdrucksmöglichkeiten.

Innerhalb der russischen Literaturgeschichte hat Sumarokov mit seiner Idee vom sprachlichen Wert der literarischen Gattungen einen Markstein gesetzt. Gegenüber den Ansprüchen des allmächtigen Staates, dem sich Lomonosov in seiner Dichtung verpflichtet fühlte, vertritt er die Vorstellung einer Literatur, die vor allem sprachliche Aufgaben hat und die in erster Linie an sprachlichen Maßstäben gemessen werden soll. Im autokratischen Rußland beginnt sich so die Vorstellung einer literarischen Kultur abzuzeichnen, die nicht nur mehr durch die Vorgaben des Staates geprägt ist, sondern eine gewisse Autonomie beansprucht.

Literaturkritik und Parodie

Sumarokov hat seine theoretischen Auffassungen nicht nur in Gedichten, sondern auch in einer Reihe von literarkritischen Prosaschriften vertreten[13]. Ihr geistiges Niveau ist bescheiden; meist sind es die Stilnormen des europäischen Klassizismus – Natürlichkeit, Klarheit, Einfachheit etc. –, die hier in rationalistisch verengter Manier erörtert und polemisch zur Anwendung gebracht werden. Die Be-

---

13 Vgl.: G. A. GUKOVSKIJ, Literaturnye vzgljady Sumarokova. In: SUMAROKOV, Stichotvorenija, S. 333–343.

deutung dieser Schriften liegt vor allem darin, daß sie eine epochentypische Art der Literaturbetrachtung erkennen lassen. Manche dieser Schriften sind in Sumarokovs Zeitschrift *Trudoljubivaja pčela* erschienen; andere wurden nach seinem Tod gedruckt. Ihre Entstehungszeit läßt sich daher nicht immer genau ausmachen, aber das ist auch nicht nötig: Im Laufe seines Lebens hat Sumarokov dieselben Grundsätze mit gleichbleibendem Nachdruck immer wieder neu vertreten; eine Entwicklung läßt sich nicht erkennen. Zielscheibe seiner Kritik ist meistens Lomonosov. Nachdem Trediakovskij als Gegner nicht mehr in Betracht kam, war Lomonosov der Hauptwidersacher. Mit seinen kritischen Äußerungen wollte Sumarokov das literarische Ansehen seines älteren Rivalen beschädigen, seine eigenen Stilnormen bestätigen und sich selber zum führenden Dichter der neuen russischen Literatur aufschwingen.

Bei der Analyse seiner literaturkritischen Äußerungen sollte man dieses persönliche Element nicht aus den Augen verlieren. De facto verbindet Sumarokov mehr mit seinem Gegner, als er selber wahrhaben wollte. In seinen eigenen Oden ist der Einfluß Lomonosovs nicht zu verkennen; vielfach stößt man hier auf Wendungen, die er Lomonosov in anderem Zusammenhang kritisch vorhält[14]. Zwischen Sumarokovs Theorie und Praxis besteht somit ein beträchtlicher Unterschied – gewisse Tendenzen, die für Sumarokovs Odenstil kennzeichnend sind, sich aber keineswegs mit voller Konsequenz ausprägen, werden in seinen literaturkritischen Äußerungen auf eine Weise zugespitzt, die sich nur durch seinen Geltungsdrang und die Logik des zeitgenössischen Parteienstreits erklären läßt.

Einer von Sumarokovs Artikeln hat den Titel „Kritik an einer Ode" (*Kritika na odu*)[15] – hier geht es um Lomonosovs Ode auf den Jahrestag der Thronbesteigung von 1747. Die schulmeisterliche Art, in der Sumarokov seine Mängelrügen vorträgt, ist Ausdruck einer engherzig verstandenen Regelpoetik. Sumarokov blickt nicht auf die übergreifenden Zusammenhänge und die künstlerischen Intentionen des Werks, sondern auf die einzelnen Formulierungen, in denen er zahlreiche Fehler entdeckt; ähnlich verfahren auch andere Kritiker der Epoche, insbesondere Trediakovskij mit seinem „Brief [...] von einem Freund an einen Freund" von 1750[16], einer umfangreichen Kampfschrift, die sich gegen Sumarokov richtet.

Sumarokov kommentiert die Ode seines Rivalen Strophe für Strophe. Manchmal läßt er sich zu dem Zugeständnis herbei, die eine oder andere Strophe

---

14   Vgl.: J. KLEIN; V. ŽIVOV, Zur Problematik und Spezifik des russischen Klassizismus: Die Oden des Vasilij Majkov. In: *Zeitschrift für Slavische Philologie* 47 (1987), S. 234–288, hier S. 244 f., und M. L. GASPAROV, Stil' Lomonosova i stil' Sumarokova – nekotorye korrektivy. In: *Novoe literaturnoe obozrenie* 59 (2003), S. 235–243.
15   SUMAROKOV, Stichotvorenija, S. 344–354.
16   *Pis'mo, v kotorom soderžitsja rassuždenie o stichotvorenii, ponyne na svete izdannom ot avtora dvuch od, dvuch tragedij, i dvuch èpistol, pisannoe ot prijatelja k prijatelju* [1750]. In: *Sbornik materialov*, Bd. II, S. 435–500.

sei „gut ausgearbeitet", aber es überwiegt die Kritik. Sie richtet sich gegen die Einzelheiten von Lomonosovs Verstechnik, etwa gegen die Tonbeugung im Wort „Indíja", das sich auf „Rossíja" reimen muß, oder gegen die gelegentlichen Enjambements – nach klassizistischer Auffassung waren das Verstöße gegen die rhythmische Einheit der Verszeile. Ferner geht es um Sünden wider die Grammatik und den guten Stil. Sumarokov findet in Lomonosovs Oden vulgäre Ausdrücke und Verstöße gegen den phraseologischen Gebrauch. Den größten Anstoß nimmt er an der Mißachtung von Klarheit und Logik. Der Artikel beginnt unvermittelt mit einem Zitat aus der ersten Strophe von Lomonosovs Friedensode:

Возлюбленная тишина,
Блаженство сел, градов ограда.

Vielgeliebter Friede, / Segen der Dörfer, Schutzwall der Städte.

Sumarokov mißfällt die klangvolle figura etymologica „gradov ograda": Was für die Anhänger der Barockästhetik ein sinnreiches Wortspiel darstellt, ist für ihn, den puristischen Klassizisten, bloß eine Tautologie: „Gradov ograda, – das kann man nicht sagen. Man kann sagen Schutzwall der Siedlung (selenija ograda), aber nicht Schutzwall der Städte (gradov ograda); [das Wort] grad hat ja seine Bezeichnung davon, daß es von Wällen umgeben ist (imja svoe imeet, čto on ogražden)". Ferner stört Sumarokov die metaphorische Verwendung des Wortes „tišina" (Stille = Friede), und er fährt fort: „Außerdem weiß ich nicht, was für ein Schutzwall der Stadt die Stille sein soll. Ich denke, daß ein Heer und Waffen Schutzwall der Städte sind, aber nicht die Stille"[17].

In dieser Art fährt Sumarokov fort. Er ist nicht gegen Metaphern, aber eigentliche und übertragene Wortbedeutung dürfen nicht allzu weit auseinanderliegen; er selber bevorzugt konventionelle und damit unauffällige Metaphern. Im Grunde wendet sich Sumarokov gegen jenes Formprinzip des „Witzes" (ostroumie), das in Lomonosovs „Rhetorik" beschrieben wird: Ein geistreiches Zusammenfügen von „weit auseinanderliegenden" Vorstellungen wird hier zugelassen; an anderer Stelle ist die Rede von „witzigen" Formulierungen, in denen Subjekt und Prädikat „auf eine gewisse seltsame, ungewöhnliche oder übernatürliche Weise miteinander verbunden sind"[18]. Erneut zeigt sich Lomonosovs Nähe zur Barockästhetik. Der Gegensatz zu Sumarokov könnte kaum größer sein: Gegen Lomonosovs Freude am 'Seltsamen' und Unerwarteten setzt Sumarokov eine Sprachästhetik der Konvention, er fordert stilistische Glätte und die Beachtung des herkömmlichen Wortgebrauchs.

Sumarokov bekämpft Lomonosov nicht nur mit den Verfahren der Literaturkritik, sondern – womöglich wirksamer – auch der Parodie. Damit sind wir bei

---

17 SUMAROKOV, Stichotvorenija, S. 344.
18 *Kratkoe rukovodstvo k krasnorečiju* [1748]. In: LOMONOSOV, PSS, Bd. VII, S. 89–378, hier S. 245 f. (§ 182–183: über die Metapher), S. 111 (§ 27), S. 204 f. (§ 129).

Kapitel 10. Sumarokov

Sumarokovs „Spottoden" (*Vzdornye ody*)[19]. Die ersten vier dieser Parodien richten sich gegen Lomonosov, die fünfte – gegen V. P. Petrov (1736–1799), einen jüngeren Odendichter, der bei Hofe sehr erfolgreich war, wo er für einen „zweiten Lomonosov" gehalten wurde. Im Mittelpunkt stehen wiederum die vermeintlichen Auswüchse von Lomonovs Odenstil, wobei es Sumarokov besonders auf das 'parenie' abgesehen hat. An die Stelle der rationalistischen Analyse tritt hier die satirische Verzerrung und Übersteigerung, wobei sich neben dem polemischen Impuls auch ein Element des Spielerischen zeigt, eine elementare Lust am Komischen.

Als Beispiel sei die erste Strophe der I. Spottode angeführt. Das Schema der zehnzeiligen Odenstrophe wird korrekt eingehalten, aber es gibt mindestens einen unreinen Reim („nyn'" – „okean") und eine ganze Reihe von Waisen – Lomonosov soll als Stümper bloßgestellt werden. In Verbindung mit der Motivik des gewaltigen Raumes wird zunächst die Figur des Odensprechers eingeführt, den sein pindarischer „Enthusiasmus" „höher als die Sterne, den Mond und die Sonne" hinaufträgt. Die folgenden Zeilen beziehen sich unmittelbar auf jene IX. Strophe der Ode auf den Jahrestag der Thronbesteigung von 1746, die im Lomonosov-Kapitel schon angeführt wurde. Dort ging es um die „Wirbelstürme", die auf „Wirbelstürme prallen"; hier „prügeln" sich dieselben Wirbelstürme. Ferner wird das Bild des sturmgepeitschten Ozeans aufgegriffen, wobei sich auch hier das Subjekt wörtlich wiederholt: „Wogen kämpfen dort mit Wogen". Die Strophe endet in einer absurden Übersteigerung des ohnehin schon sehr hoch Gespannten – der Sturm tobt so heftig, daß sich das „ewige Eis" des „nördlichen Ozeans" zu den Wolken auftürmt und das „finstere Antlitz" derselben Wolken in „schrankenloser Wut zerreißt":

> Превыше звезд, луны и солнца
> В восторге возлетаю нынь,
> Из горних областей взираю
> На полуночный океан.
> С волнами волны там воюют,
> Там вихри с вихрами дерутся
> И пену плещут в облака;
> Льды вечные стремятся в тучи
> И их угрюмость раздирают
> В безмерной ярости своей. (S. 287)

---

[19] Vgl.: G. A. GUKOVSKIJ, Iz istorii russkoj ody XVIII veka (Opyt istolkovanija parodii). In: DERS., Rannie raboty, S. 229–250.

Die Tragödien

Wie wir schon wissen, wurde Sumarokov von den Zeitgenossen als „russischer (oder nördlicher) Racine" gepriesen; mit demselben Recht könnte man ihn den 'russischen Gottsched' nennen. Mit seiner Tragödie vom *Sterbenden Cato* hatte Gottsched 1731 in Leipzig die klassizistische Reform des deutschen Theaters eingeleitet. Ein solches Verdienst konnte auch Sumarokov für sich in Anspruch nehmen: Seine erste Tragödie *Chorev* (1747) ist die erste 'korrekte', also den klassizistischen Regeln entsprechende Tragödie in russischer Sprache. Bis 1774 sollte Sumarokov noch acht weitere Stücke dieser Art schreiben. Diese neun Tragödien[20], in denen Sumarokov ebenso wie sein deutscher Kollege dem französischen Vorbild folgte, bildeten einen Gattungskanon, der für die russischen Autoren noch lange maßgeblich bleiben sollte; das Gegenmodell der Gattung, das Lomonosov in seinen beiden Tragödien Anfang der 1750er Jahre entwarf, blieb ohne Einfluß[21]. Sumarokovs Stücke wurden bis in die ersten Jahre des folgenden Jahrhunderts gespielt.

Poetik

Das Programm der russischen Tragödie findet man in der Epistel „Über die Verskunst": Im Einklang mit Boileaus *Art poétique* fordert Sumarokov hier die Beachtung der Theaterregeln, besonders der 'drei Einheiten' – der Einheit des Raumes, der Zeit und der Handlung. Mit der Ständeklausel war ferner ein Merkmal zu beachten, das die Nähe der klassizistischen Tragödie zum Hoftheater begründet: Als Träger des tragischen Pathos durften nur hochgestellte Personen und deren Gefolge erscheinen. Besonderen Wert legt Sumarokov auf die Trennung der Gattungen, keinesfalls durfte sich das Tragische mit dem Komischen vermischen. Die vorbildlichen Autoren sind für ihn Racine und Voltaire, in zweiter Linie auch Corneille. In seinen Tragödien findet man nicht wenige Parallelen zu diesen Autoren, manchmal in wörtlicher Übereinstimmung.

Außerdem gibt es Bezüge zu Shakespeare. Sumarokov hat einen „Hamlet" (*Gamlet*, 1748) geschrieben; in seiner Tragödie vom Pseudo-Demetrius (*Dimitrij Samozvanec*, 1771) findet man Anklänge an *Richard III.*[22] Damit folgte er Vol-

---

[20] Vgl.: H. B. HARDER, Studien zur Geschichte der russischen klassizistischen Tragödie. 1747–1769. Wiesbaden 1962; JU. V. STENNIK, Žanr tragedii v russkoj literature. Èpocha klassicizma. L. 1981; K. A. SMOLINA, Russkaja tragedija. XVIII vek. Èvoljucija žanra. M. 2001. Zu Sumarokov vgl. vor allem: G. A. GUKOVSKIJ, O sumarokovskoj tragedii. In: DERS., Rannie raboty, S. 214–228; ferner: SERMAN, Russkij klassicizm, S. 97–155; I. VIŠNEVSKAJA, Aplodismenty v prošloe. A. P. Sumarokov i ego tragedii. M. 1996; J. KLEIN, Liebe und Politik in Sumarokovs Tragödien. In: *Zeitschrift für Slavische Philologie* 60 (2001), S. 105–122.

[21] Näheres bei I. KLEJN [= J. KLEIN], Lomonosov i tragedija. In: DERS., Puti kul'turnogo importa, S. 263–279.

[22] M. P. ALEKSEEV, Pervoe znakomstvo s Šekspirom v Rossii. In: *Šekspir i russkaja kul'tura*. Hrsg.: M. P. Alekseev. M.–L. 1965, S. 9–69, hier S. 19 ff.; M. C. LEVITT, Sumarokov's Rus-

taire, der versucht hatte, Shakespeare dem französischen Publikum nahezubringen. Ebenso wie Voltaire wußte allerdings auch Sumarokov, daß Shakespeare nicht mit der Elle der klassizistischen Regeln zu messen war. Sein Urteil ist daher zwiespältig: In der Epistel „Über die Verskunst" erscheint Shakespeare als vorbildlicher, aber auch „ungebildeter" Autor (S. 117). Was den russischen *Gamlet* mit dem englischen *Hamlet* verbindet, sind daher nur Einzelheiten; dasselbe gilt für *Dimitrij Samozvanec* im Verhältnis zu *Richard III*.

Mit seinen Tragödien *Gamlet* und *Dimitrij Samozvanec* unternahm Sumarokov den Versuch, durch die klassizistische Umgestaltung seiner Vorlagen dem russischen Publikum einen 'ästhetisch korrekten' Shakespeare vorzuführen. In der Entwicklung des europäischen Dramas war der Klassizismus um die Mitte des 18. Jahrhunderts jedoch schon nicht mehr das letzte Wort, denn in England und Frankreich hatte inzwischen der Aufstieg des Rührstücks und des bürgerlichen Trauerspiels eingesetzt. Damit war die traditionelle Ordnung der dramatischen Gattungen ins Wanken geraten. In seinem Vorwort zu *Dimitrij Samozvanec* sah sich Sumarokov daher veranlaßt, diese neue Mischform mit schwerem Geschütz zu bekämpfen, wobei er sich wieder auf Voltaire berufen konnte, der in dieser Hinsicht ähnliche Ansichten vertrat.

In den 1740er – 1750er Jahren, als Sumarokov seine ersten Tragödien schrieb, stand diese Frage in Rußland jedoch noch nicht auf der Tagesordnung. Zu dieser Zeit galt es vielmehr, den überfälligen Bruch mit dem barocken (Schul-)Drama zu vollziehen. Nach klassizistischem Muster gliedert sich die Sumarokovsche Tragödie in fünf Akte. Der sechsfüßige Jambus mit seinem alternierenden Reim und der konstanten Zäsur ist die russische Entsprechung des französischen Alexandriners. An die Stelle von geistlichen Themen treten nun weltliche; eine Ausnahme bildet hier nur *Gamlet*, in dem auch religiöse Dinge zur Sprache kommen. Sumarokov verzichtet in seinen Tragödien auf die allegorische Darstellungsweise, und auch das Formprinzip der schwelgerischen Fülle hat für ihn keine Gültigkeit mehr.

Als Dichter von Tragödien bemüht sich Sumarokov vielmehr um „äußerste Ökonomie der Mittel"[23], er strebt nach Einfachheit und Klarheit. Die Ereignisse werden meist sparsam dosiert, und es tritt nur eine begrenzte Zahl von Personen auf – in *Sinav i Truvor* sind es nur vier; Sumarokov verzichtet hier sogar auf die sonst üblichen 'Vertrauten'. Was die dramatische Wechselrede angeht, so dient sie nicht nur dazu, die Handlung voranzutreiben, sondern über weite Strecken ist sie auch lyrisch geprägt, was eine Verlangsamung der Handlungsführung bewirkt. Gleichwohl sind die Tragödien Sumarokovs spannend, und auch an coups de théâtre fehlt es nicht.

Hierin zeigt sich wieder die Nähe zu Voltaire. Im 18. Jahrhundert hatte die französische Tragödie ihren künstlerischen Höhepunkt schon überschritten, die

---

[23] sianized *Hamlet*: Texts and Contexts. In: *Slavic and East-European Journal* 38 (1994), S. 319–341.
GUKOVSKIJ, O sumarokovskoj tragedii, S. 216.

Konkurrenz mit den anderen dramatischen Gattungen wurde zunehmend schwieriger. In seinen Tragödien versuchte Voltaire diesen Niedergang mit Hilfe verstärkter Bühneneffekte aufzuhalten, wobei er dem Beispiel des englischen Theaters und wiederum Shakespeares folgte. Zwar geht Sumarokov in seinem *Gamlet* nicht so weit, den Geist von Hamlets Vater auf der Bühne erscheinen zu lassen. Aber seine Tragödien bieten dem Publikum reichlich Kniefälle, Totgeglaubte kehren ins Leben zurück (zweimal in *Mstislav*), Dolche werden gezückt, und im ersten Auftritt des fünften Akts von *Dimitrij Samozvanec* ertönt Glockengeläut von der Bühne. Mit solchen Verfahren erntete Sumarokov nicht nur Beifall. Im Namen der szenischen Wohlanständigkeit (bienséance) entrüstete sich Trediakovskij über die Tragödie *Chorev*, wo der unglücklich verliebte Titelheld auf offener Bühne Selbstmord begeht: Chorev habe, wie Trediakovskij kursiv hervorhebt, „mit seinem Blute *vor aller Augen das Theater rot gefärbt*" – er hätte doch auch hinter die Kulissen gehen und sich dort töten können[24]! Diese Kritik machte auf Sumarokov jedoch keinen Eindruck: Nach einem Handgemenge ersticht sich sein Pseudo-Demetrius wiederum auf offener Bühne.

Bühnenbild, Kostüme, Deklamation

In anderen dramatischen Gattungen, vor allem in der Oper, gab es eine prachtvolle Bühnenausstattung; bei den Tragödien dagegen blieb die Bühne leer, an Requisiten gab es vielleicht einen Sessel und die wenigen Gegenstände, die von der Handlung gefordert waren – ein Dolch oder ein Brief[25]. Der Petersburger Akademieprofessor Stählin berichtet, das französische Ensemble, das seit März 1743 zum Hoftheater gehörte, habe prachtvolle Kostüme mit „ächten silbernen und goldnen Tressen" getragen: „[...] dazu bekommen sie von den Vornemsten [sic] des Hofs manch schönes und kaum einmal getragenes Kleid geschenkt"[26]. In diesem Fall hätten die Schauspieler also die zeitgenössische Tracht mit gepuderter Perücke und Zopf oder Haarbeutel getragen. Allerdings wissen wir nicht, ob sich die Äußerung Stählins auf alle dramatischen Gattungen bezieht, speziell auf die Tragödie, oder nur auf die Komödie. Für die Aufführung von *Sinav i Truvor* bestellte Sumarokov Brokat und andere kostbare Stoffe[27]. Diese Materialien sollten jedoch nicht für zeitgenössische, sondern für römische Kostüme verwendet werden (der Schauplatz des Stücks ist das altrussische Novgorod mit seiner republikanischen Verfassung). *Chorev* spielt im mittelalterlichen Kiev; nach

---

24 *Pis'mo [...] ot prijatelja k prijatelju* [1750]. In: *Sbornik materialov*, S. 487.
25 Vgl. zum folgenden: VSEVOLODSKIJ-GERNGROSS, Teatr v Rossii pri imperatrice Elizavete Petrovne; N. L BRODSKIJ, Teatr v èpochu Elizavety Petrovny. In: *Istorija russkago teatra*, S. 103–153; L. M. STARIKOVA, Teatral'naja žizn' v Rossii v èpochu Elizavety Petrovny. Dokumental'naja chronika 1741–1750. Bd. I.2. M. 2003.
26 J. V. STÄHLIN, Zur Geschichte des Theaters in Rußland. In: DERS., Theater, Tanz und Musik in Rußland. Leipzig 1982, S. 397–432, hier S. 406 (fotomechanischer Nachdruck aus: *M. Johann Joseph Haigold's Beylagen zum Neuveränderten Rußland*. Riga und Mietau 1769, Kapitel VIII).
27 *F. G. Volkov i russkij teatr ego vremeni*, S. 130 f.

der Illustration auf dem Titelblatt zu urteilen, trugen die Schauspieler die Tracht des alten Rußland – pelzgesäumte lange Überröcke und Mützen. Wenn es um einen orientalischen Schauplatz ging, wie in Lomonosovs Tragödie *Tamira i Selim*, dann wurden türkische Kostüme mit Turban verwendet. Was die Deklamation betrifft, so folgte man wohl der französischen Truppe und pflegte ein feierlich-getragenes Sprechen 'à la Racine', das dem Opernrezitativ ähnelte; später sollte sich eine Deklamationsweise 'à la Molière' durchsetzen, die dem alltäglichen Sprechen näher kam.

Sprache

In der sprachlichen Gestaltung seiner Tragödien[28] folgt Sumarokov seiner Epistel „Über die russische Sprache", wobei er vor selteneren Wörtern und Formen des Kirchenslavischen nicht zurückschreckt. Aber der dramatische Dialog sollte auch möglichst ungezwungen klingen. Neben den kirchenslavischen Wörtern findet man daher immer wieder auch deren russische Entsprechungen; Trediakovskij machte Sumarokov dafür einen Mangel an stilistischer Einheit zum Vorwurf[29]. Man findet die folgenden Dubletten: „oči" und „glaza" (Augen), „dšćer'" und „doč'" (Tochter), „veščat'" und „govorit'" (sagen), „lobzat'" und „celovat'" (küssen), „zret'" und „videt'" (sehen) etc. Zu den auffälligen Russismen von Sumarokovs Tragödiensprache gehört das Demonstrativpronomen „eto", „eta", „etot" (in dieser Schreibweise) neben dem schriftsprachlichen „sej", „sija", „sie". Dasselbe gilt für die Endung der Nomina im Nom. Neutr. Pl. auf '-y' anstelle von '-a' („pravy", nicht 'prava') und die Adjektivendung im Nom. Mask. Sg. auf '-oj' anstelle von '-yj' („kotoroj", „ljubeznoj", „vysokoj" etc.). In manchen Wörtern betont Sumarokov die Nähe zum alltäglichen Sprechen auch durch eine phonetische Rechtschreibung: „sevo" (anstelle von 'sego') oder „tovo" (anstelle von 'togo', in den ersten Fassungen der Tragödien auch „tavo") und „zdelat'" anstelle von 'sdelat'' (in den neueren Textausgaben wird Sumarokovs Rechtschreibung leider korrigiert).

Sumarokov benutzt Wörter gerne in einer veränderten, aus dem Französischen entlehnten Bedeutung und nähert sich damit dem umgangssprachlichen Gebrauch seiner europäisierten Standesgenossen. Trediakovskij ärgerte sich besonders über den Ausdruck „tronut' serdce" in der damals noch neuen Bedeutung von 'das Herz rühren' (frz. toucher le cœur)[30]. Weitere Beispiele für diese modische Sprachverwendung bieten Sumarokovs Liebeszenen mit „surovosti" als russischem Gegenstück zu den 'Grausamkeiten' (frz. rigueurs) einer Geliebten, mit „zarazy" für deren körperliche 'Reize' (frz. appas) und mit „prelestnyj" in der Bedeutung von 'reizend' (frz. charmant) anstelle der alten Bedeutung 'gleisnerisch', die ebenfalls vorkommt. Ebenso verhält es sich mit dem Wort „ad", das

---

[28] Vgl.: V. M. ŽIVOV, Jazyk i stil' A. P. Sumarokova. Im Druck.
[29] *Pis'mo [...] ot prijatelja k prijatelju*. In: *Sbornik materialov*, S. 476.
[30] Ebd.

nicht in der religiösen Bedeutung von 'Hölle' begegnet, sondern in der literarisch-mythologischen Bedeutung von 'Unterwelt'.

Liebestragödie und Hoftheater

Sumarokovs Tragödien behandeln im wesentlichen zwei Themen – die Liebe und die Politik. Meistens dominiert das Liebesthema; eine Ausnahme bildet nur die späte Tragödie *Dimitrij Samozvanec*. Die Bevorzugung dieses Themas rechtfertigt den Ruhmestitel vom „nördlichen Racine". Im 18. Jahrhundert galt Racine als unübertroffener Meister der Liebestragödie, man sprach vom „tendre Racine". Diese Vorstellung, die auch in Rußland geläufig war, wurde auf Sumarokov übertragen, der mit seinen Liebestragödien als „Autor von zarten Dingen"[31] galt.

Sumarokovs Hinwendung zur Liebestragödie war nicht nur eine Sache der persönlichen Vorliebe. Seine ersten Stücke wurden zunächst im Kadettenkorps aufgeführt, bis ihm 1750 der Durchbruch zur höfischen Bühne gelang, wo es schon in den 1730er Jahren üblich war, mit Hilfe der Kadetten Theateraufführungen zu veranstalten. Spätestens seit 1750, wenn nicht schon von Anfang an, schrieb Sumarokov seine Tragödien für den Hof. In einem Brief an die Zarin Elisabeth beklagt er sich, daß er wegen seiner dienstlichen Pflichten als Offizier der Garde wenig Zeit habe, um Dramen „zur Unterhaltung des Hofes" zu schreiben, und weiter unten beteuert er seinen Eifer, als Autor wiederum „zur Unterhaltung" ihrer Kaiserlichen Hoheit (und zum „Ruhm der russischen Sprache")[32] beizutragen.

Mit dem höfischen Publikum hatte Sumarokov einen Adressaten, dessen Erwartungen und Wünsche man nicht gut vernachlässigen konnte. Theateraufführungen waren ein Bestandteil des Hoflebens und mußten sich einer Atmosphäre fügen, die in der Regierungszeit der Zarin Elisabeth von unablässigen Festlichkeiten und Vergnügungen geprägt war. Ähnlich wie in Frankreich beim jungen Ludwig XIV. herrschte am russischen Hof eine galante Stimmung, und auch in dieser Hinsicht stand die Zarin im Mittelpunkt. Das war nicht nur die Vergnügungssucht einer müßigen Hofgesellschaft: In der Nachfolge Peters I. lag der russischen Monarchie daran, durch die Pflege eines bestimmten Stils die Kontinuität mit der hieratischen Gemessenheit des altmoskauer Hoflebens zu verleugnen und ihre Nähe zu Westeuropa zur Schau zu stellen; es ging hier um denselben Bruch mit der vorpetrinischen Vergangenheit, den in der Literatur auch die Autoren anstrebten.

Zu den Vergnügungen am Hofe der Zarin Elisabeth gehörten Bälle, auch Maskenbälle und „Metamorphosen", bei denen die Frauen sich als Männer verkleideten und umgekehrt (wie Katharina II. in ihren Erinnerungen berichtet, war das für die Zarin Elisabeth eine willkommene Gelegenheit, ihre schönen Beine zu

---

31 Vgl. die anonyme *Épistola k tvorcu satiry na petimetrov*. In: *Poéty XVIII veka*, Bd. II, S. 380–384, hier S. 380.
32 Brief vom Oktober 1758. In: *Pis'ma russkich pisatelej*, S. 83.

Kapitel 10. Sumarokov

zeigen – „elle avait la plus belle jambe que j'aie jamais vue"[33]). Dieser Neigung zu Maske und Kostüm entsprachen die ebenfalls zahlreichen Theateraufführungen. Auf der Bühne spiegelte sich das höfische Leben in idealisierter und zum Poetischen gesteigerter Form. Die Grenze zwischen Kunst und Leben verwischte sich, und das galt umso mehr, als oft keine Berufsschauspieler auf der Bühne standen, sondern junge Adlige, Zöglinge des Kadettenkorps, oder Mitglieder der Hofgesellschaft, die das Theaterspielen als modische Liebhaberei betrieben.

Die Zarinnen Anna und Elisabeth setzten eine Tradition fort, die auf das Hoftheater des Zaren Aleksej Michajlovič zurückging. Bei besonderen Gelegenheiten wurden Opern aufgeführt, zur Krönung Elisabeths gab es eine prunkvolle Inszenierung von Metastasios Oper *La clemenza di Tito*[34]. Was das Sprechtheater angeht, so konnte man, wie schon erwähnt, Stücke des geistlichen Schultheaters auch bei Hofe sehen. Mindestens eines dieser Dramen wurde 1735 von den Zöglingen des Kadettenkorps aufgeführt; 1748 brachten die Kadetten dann Voltaires 'zarte' Tragödie *Zaïre* auf die Bühne, zunächst im Korps, dann auch bei Hofe. Tonangebend waren jedoch die ausländischen Theatertruppen, zunächst italienische, dann deutsche und vor allem französische. Anfang der 1740er Jahre gastierte die Truppe von Gottscheds Mitstreiterin Friederike Caroline Neuber (auch „die Neuberin" genannt) in Sankt Petersburg. Ihr Repertoire war ebenso klassizistisch wie das der französischen Theatertruppen.

Der Boden für die Erneuerung des russischen Theaters durch Sumarokov war nun vorbereitet. Mit der Aufführung der Tragödie *Chorev* am 8. Februar 1750 wurde das neue russische Drama für den Hof entdeckt und tatkräftig gefördert (vorher war das Stück schon im Kadettenkorps aufgeführt worden). Die treibende Kraft war die Zarin Elisabeth. Sie war es, die unter dem Eindruck von Sumarokovs Tragödien Lomonosov und Trediakovskij 1750 befahl, das Hoftheater mit russischen Tragödien zu beliefern. Die Gründung des Russischen Theaters unter der Leitung Sumarokovs geht ebenfalls auf sie zurück. Von dem großen Interesse, das Elisabeth dem russischen Theater entgegenbrachte, berichtet in ihren Memoiren Katharina II. In höchsteigener Person habe sich Elisabeth um die Ausstattung der Schauspieler gekümmert und „prachtvolle Kostüme" geordert, „die mit Edelsteinen übersät waren". Ihr besonderes Interesse habe dem ersten Liebhaber gegolten, „einem recht hübschen Burschen von 18 oder 19 Jahren", der von ihr reich beschenkt worden sei[35]. Das war N. A. Beketov, ebenso wie Sumarokov

---

33   *Mémoires de l'Impératrice Catherine II, écrits par elle-même et précédés d'une préface par A. Herzen.* Londres 1859, S. 149.
34   Die Musik stammte von D. Dall'Oglio und L. Madonis, unter Verwendung einiger Arien aus der – 1737 in Dresden uraufgeführten – gleichnamigen Oper von J. A. Hasse (vgl.: *Svodnyj katalog knig na inostrannych jazykach, izdannych v Rossii v XVIII veke, 1701–1800.* Bd. II (H–R). L. 1985, S. 207, Nr. 1922).
35   *Mémoires de l'Impératrice Catherine II*, S. 150, 151.

Absolvent des Kadettenkorps und seinerzeit ein bekannter Modegeck; Anfang des Jahres 1751 soll er für kurze Zeit der Liebhaber der Zarin gewesen sein.

Die Liebestragödie „Sinav i Truvor"

Man versteht nun, daß Sumarokov mit der Bevorzugung der Liebestragödie eine naheliegende und erfolgversprechende Entscheidung getroffen hat. Im seinem dramatischen Werk kommt *Sinav i Truvor* dem Typus der reinen Liebestragödie am nächsten. Dies war das erfolgreichste Stück Sumarokovs. Zweimal wurde es im Beisein der Zarin aufgeführt, die Schauspieler waren wieder Kadetten; Sumarokov führte Regie. Insgesamt gab es etwa fünfzig Aufführungen, die letzten im ersten Jahrzehnt des folgenden Jahrhunderts. Kurz nach der Premiere wurde das Stück ins Französische und dann ins Deutsche übertragen. In Paris und Leipzig erschienen freundliche Besprechungen. Der Autor der deutschen Besprechung war niemand Geringeres als Gottsched, der unter anderem lobend hervorhob, daß Sumarokov die Regeln des klassizistischen Theaters getreulich befolgt habe.

Außerdem gefiel ihm, daß Sumarokov seinen Stoff aus der russischen Geschichte gewählt hatte: Daran sollten sich die deutschen Autoren ein Beispiel nehmen[36]. Im Gegensatz zur westeuropäischen Tragödie, die in der klassischen Antike oder an exotischen Orten spielt, wählte Sumarokov für seine Stücke solche Schauplätze des mittelalterlichen Rußland wie Novgorod, Kiev oder Moskau. Mit dieser Hinwendung zur Nationalgeschichte folgte er dem Beispiel von Shakespeares Königsdramen. Was den historischen Charakter von Sumarokovs Tragödien betrifft, bleibt es allerdings bei Andeutungen, lediglich *Dimitrij Samozvanec* hat in dieser Hinsicht etwas mehr zu bieten. Insgesamt wird der universale, auf das Zeitlose und Allgemeinmenschliche zielende Bedeutungsanspruch der klassizistischen Tragödie bei Sumarokov kaum geschmälert. Neben einigen Motiven, die aus der historischen Überlieferung stammen, sind vor allem die Personen- und Ortsnamen Träger des mittelalterlichen Kolorits. Bei aller Neigung zu französisch klingenden Ausdrücken verwenden die Helden auf gut altrussische Art die Anredeform 'ty' und nicht etwa 'vy', die neumodische Entsprechung des französischen 'vous'.

Sinav, einer der beiden Titelhelden von Sumarokovs Tragödie, ist Herrscher von Novgorod. Für seine Verdienste hat ihm der vornehme Bojar Gostomysl seine schöne und tugendhafte Tochter Il'mena zur Frau versprochen. Il'mena liebt jedoch nicht Sinav, sondern dessen jüngeren Bruder Truvor, den zweiten Titelhelden der Tragödie. Eigentlich müßte Sinav dieses Gefühl respektieren, aber er ist nicht imstande, seine Leidenschaft im Zaum zu halten – er mißbraucht seine herrscherliche Macht und schickt den Rivalen in die Verbannung. Damit ist ein politisches Thema berührt, das auch in den übrigen Tragödien Sumarokovs

---

[36] J. CHR. GOTTSCHED (Rez.), *Sinave et Trouvore*, Tragedie Russe en vers, faite par Mr. Soumarokoff et traduite en françois par Mr. Le Prince Alexandre Dolgorouky […]. In: *Das Neueste aus der anmuthigen Gelehrsamkeit*. 1753 (Wintermonat), S. 684–691, hier S. 685, 687.

eine Rolle spielt: die Frage nach den Grenzen herrscherlicher Machtausübung und die Gestalt des idealen Monarchen. In *Sinav i Truvor* ist das jedoch nicht die Hauptsache. Wie Gottsched in seiner Besprechung zu Recht hervorhebt, „läuft die ganze Sache auf eine zärtliche Liebe hinaus"[37]. In der Tat gilt die zeitdehnende Aufmerksamkeit des Autors vor allem den lyrischen Szenen, besonders im III. und im IV. Akt, da die unglücklich Liebenden bei ihrem Abschied ausgiebig und wiederholt Gelegenheit zu leidenschaftlicher Gefühlsaussprache erhalten. An diese Art von Szenen dachte Karamzin, als er zu Beginn des 19. Jahrhunderts über Sumarokov schrieb: „In seinen Tragödien lag ihm mehr daran, *Gefühle* zu beschreiben, als *Charaktere* in ihrer ästhetischen und moralischen Wahrheit darzustellen [...] er liebte die sogenannten *Abschiedsszenen*, weil sie den Augen der empfindsamen Elisabeth Tränen entlockten"[38].

Die Wendung von der „empfindsamen Elisabeth" klingt anachronistisch. An den Tränen braucht man aber nicht zu zweifeln. Schon lange vor dem Sentimentalismus wurde im Theater geweint – unter den Wirkungen der tragischen Katharsis war das Mitleid wichtiger als der Schrecken. Es war die erklärte Absicht Racines, die Zuschauer mit seinen Tragödien zu rühren und zum Weinen zu bringen. Auch Sumarokov äußert sich in diesem Sinn. In seiner Tragödie *Chorev* weiß der Titelheld, daß Tränen einem Krieger eigentlich nicht zu Gesicht stehen; gleichwohl nimmt er sich in seinem Liebeskummer das Recht zu weinen[39]. In *Artistona* „trauert und seufzt" der liebende Held, so „mannhaft" er auch ist, über den vermeintlichen Treubruch der Geliebten. An anderer Stelle wünscht er sich ausdrücklich, daß man ihn „bemitleide"[40]. Hier wie dort folgt der tragische Held dem weiblichen Verhalten. Im Frankreich des 18. Jahrhunderts hätte derlei kaum Aufmerksamkeit erregt – in Rußland war das neu. Im Mittelpunkt von Sumarokovs Liebestragödien stehen denn auch nicht die Männer, sondern die Frauen. So auch in *Sinav i Truvor*: Il'mena kommt erheblich häufiger zu Wort als die männlichen Titelhelden des Stücks und ist die eigentliche Hauptfigur. Ähnlich liegen die Dinge in *Chorev, Gamlet, Artistona, Semira* u. a.

Ebenso wie Sinav befindet sich Il'mena in einem Zwiespalt. Sie liebt Truvor und wird von ihm geliebt. Aber ihr Vater verlangt von ihr, Sinav zu heiraten: Sie soll sich der Staatsraison und den dynastischen Interessen ihrer Familie fügen. In einer lehrhaften Tirade von beträchtlichem Umfang führt Gostomysl' seiner Tochter kurz vor der geplanten Hochzeit nicht nur die Pflichten, sondern auch die Möglichkeiten einer Herrschersgattin vor Augen: Auf dem Thron könne sie eine segensreiche Tätigkeit entfalten und die „Mutter des Volkes" sein[41]. Zunächst

---

[37] Ebd., S. 687.
[38] *Panteon rossijskich avtorov* – N. M. KARAMZIN, Sočinenija v dvuch tomach. Bd. II. L. 1984, S. 100–114, hier S. 112 (Hervorhebungen vom Autor).
[39] A. P. SUMAROKOV, Dramatičeskie sočinenija. Hrsg.: Ju. V. Stennik. L. 1990, S. 36–82, hier S. 59 (III. Akt, 3. Auftritt, im weiteren: III.3).
[40] Ebd., S. 134–188, hier S. 147 (II.1) und 140 (I.2).
[41] Ebd., S. 117 (IV.2).

scheint es, als wolle Il'mena gehorchen und die Pflicht über ihre Neigung stellen – nach einigem Widerstreben folgt sie dem Wunsch des Vaters. Aber sie tut das mit innerem Vorbehalt: Auch nach der Hochzeit mit Sinav ist sie entschlossen, Truvor die Treue zu halten. Für Il'mena ist die Liebe das höchste aller Güter, und so empfindet es auch ihr Geliebter: Nach der Hochzeit Il'menas mit Sinav begeht Truvor an seinem Verbannungsort Selbstmord. Als Il'mena das erfährt, sieht auch sie keinen anderen Ausweg und tötet sich. Der vor Schmerz und Gewissensnot rasende Sinav versucht ebenfalls, Hand an sich zu legen, wird aber von den Umstehenden daran gehindert.

Versuchter oder vollendeter Selbstmord kommt in Sumarokovs Tragödien häufig vor. Es gibt zwei Spielarten. In *Gamlet* ist der Selbstmord des Polonius das folgerichtige Ende eines verbrecherischen Lebens (Sumarokovs Polonius hat mit dem Polonius Shakespeares kaum etwas gemein); dasselbe gilt für den Selbstmord des Titelhelden in *Dimitrij Samozvanec*. In diesen Fällen ist der Selbstmord mit demselben Odium belastet, wie der Selbstmord des Judas im Neuen Testament. Anders verhält es sich mit dem Selbstmord aus Liebe. Wie wir schon wissen, war das ein traditionelles Motiv westeuropäischer Literatur; in dem Maße, wie das Liebesthema im Rußland des 18. Jahrhunderts literaturfähig wurde, konnte auch der Selbstmord aus Liebe verwendet werden. Mit dem Motiv übernimmt Sumarokov die Werthaltung. In seinen Tragödien wird der Liebestod nicht verurteilt, eher im Gegenteil: Il'mena und Truvor sind ohne erkennbare Einschränkung und im Widerspruch zur christlichen Tradition als positive Figuren dargestellt. Dasselbe gilt für *Chorev*: Im Finale tötet sich der Titelheld aus Liebe. Damit entzieht er sich seinen künftigen Pflichten als Herrscher von Kiev, aber das wird nicht zum Gegenstand irgendeiner Kritik. Der Selbstmord erscheint vielmehr als naheliegende Konsequenz einer verabsolutierenden Auffassung der Liebe.

Aufschlußreich in dieser Hinsicht ist auch die Tragödie *Semira;* sie ist etwas später als *Sinav i Truvor* entstanden und wurde 1751 zum ersten Mal bei Hofe aufgeführt. Rostislav, einer der beiden jugendlichen Helden, läßt sich dazu hinreißen, aus Liebe Verrat an den Interessen des Staates zu üben und einen gefährlichen Gefangenen freizulassen. Dieser Treubruch hat schwerwiegende militärische Folgen. Trotzdem erscheint er als verzeihlich und kann wieder gutgemacht werden: Zum glücklichen Ende steht der Heirat des Rostislav mit der geliebten Frau nichts im Wege. Das Motiv der Pflicht wird deshalb nicht vernachlässigt – der Held muß für seine Tat Gewissensqualen leiden, das tragische Dilemma verliert nichts von seiner Schärfe. Dennoch ist es die Liebe, die letztlich als der höhere – und höchste – Wert erscheint. Wäre es nicht so, hätte Sumarokov seinen Helden sterben lassen müssen.

In dieser Hinsicht unterscheidet sich der „nördliche Racine" von seinem französischen Vorbild[42]. Bei Racine erscheint die Liebe als eine dämonische Macht, die von den Menschen Besitz ergreift und sie zu Verbrechen treiben kann (vgl. etwa *Andromaque* oder *Phèdre*) – die schon genannte Vorstellung vom „tendre Racine" ist ein irreführendes Klischee. Dieses Klischee ist jedoch literaturgeschichtlich wirksam geworden, nicht nur bei Sumarokov, der mit seinen Liebestragödien an Racine anzuknüpfen glaubte, sondern auch bei Voltaire und dessen tragédies tendres – in erster Linie sind hier seine höchst erfolgreichen und auch von Sumarokov bewunderten Liebestragödien *Zaïre* (Erstauff. 1732) und *Alzire* (Erstauff. 1736) zu nennen. Vielleicht hat sich Sumarokov in seiner Aufnahme der Racineschen Tragödie von Voltaire beeinflussen lassen – dessen Tragödien hätten ihm dann als Prisma der literarischen Wahrnehmung gedient. Wie dem auch sei: Beide Autoren folgen einem Racine, den sie im Grunde mißverstehen, den sie trivialisieren und auf das Rührende festlegen. Was dabei verloren geht, ist jene unsentimentale Klarsichtigkeit und jener psychologische Reichtum, der die Darstellung der Liebe bei Racine auszeichnet.

Bei Sumarokov zeigt sich jene dunkle Seite der Liebe, die bei Racine eine so große Rolle spielt, nur in bestimmter Funktion. Wenn in *Sinav i Truvor* der verliebte Herrscher seine Macht mißbraucht, dann ist das eine selbstsüchtige und daher falsche Liebe. Umso heller erstrahlt die wahre Liebe, die Il'mena und Truvor für einander empfinden, und umso lebhafter ist die Anteilnahme der Zuschauer. Wahre Liebe bedeutet für Sumarokov selbstvergessene Hingabe. Die möglichst rührende Darstellung dieser wahren Liebe bildet den Hauptgegenstand seiner Tragödien.

Dasselbe könnte man von Voltaires tragédies tendres sagen. Allerdings gilt es, den Unterschied der kulturhistorischen Voraussetzungen zu beachten. Im Rußland des 18. Jahrhunderts hat die Liebe als literarischer Gegenstand eine andere Kulturbedeutung als in Frankreich. Maßgeblich sind hier immer noch die altrussische Tradition und die asketische Mißbilligung irdischer Liebe. Im Gefolge der westeuropäischen Vorbilder will Sumarokov diese irdische Liebe seinen russischen Zuschauern als einen menschlichen Wert darstellen, der im Zweifelsfall höher als das Leben steht – eine schwärmerische Vorstellung, in der sich der galante Hof der Zarin Elisabeth mit seinen Wünschen und Träumen wiederfinden konnte. Sumarokov idealisiert die Liebe, und auch damit erklärt sich sein Desinteresse an ihrer psychologisch differenzierenden Gestaltung. Wenn in seinen Tragödien die Liebe gefährdet ist, dann nie von innen, sondern nur von außen. Im Vordergrund steht wiederum die Rührungsabsicht.

---

[42] Zum Thema 'Sumarokov und Racine' s. auch: G. A. GUKOVSKIJ, Racine en Russie au XVIIIe siècle: les imitateurs. In.: DERS., Rannie raboty, S. 348–367, hier S. 348–353.

Die politisch-moralische Tragödie „Dimitrij Samozvanec"

Noch ein zweites Merkmal verbindet Sumarokov mit Voltaire und trennt ihn von Racine: Es ist jene Neigung zur politisch-moralischen Didaxe, die im Monolog von Il'menas Vater hervortritt und die sich im 18. Jahrhundert von England aus über die europäische Literatur ausgebreitet hatte. In der Tat unternimmt Sumarokov beträchtliche Anstrengungen, seine Zuschauer nicht nur zu rühren, sondern auch zu belehren. Aus diesem Grunde beharrt er darauf, in seinen Tragödien das Liebesthema mit dem Thema herrscherlicher Machtausübung zu verknüpfen. In der Regel handelt es darum, daß der Monarch dem Glück der Liebenden im Wege steht und dabei die rechtmäßigen Grenzen seiner Macht überschreitet.

Bei aller Gemeinsamkeit der lehrhaften Absicht geht es Sumarokov jedoch um andere Dinge als Voltaire. Gerade auch in seinen tragédies tendres verfolgt Voltaire die Ziele der Aufklärung; eine besondere Rolle spielt hier die Kritik am „Fanatismus" der katholischen Staatsreligion. Der Preis, den Voltaire dafür zu entrichten hatte, waren Konflikte mit der Zensur. In seiner Besprechung von Voltaires Tragödie *Zaïre* versucht Sumarokov dagegen, der Kritik am offiziellen Christentum die Spitze abzubrechen und den Autor gegen den Vorwurf des Deismus in Schutz zu nehmen: Voltaire habe in seiner Tragödie beabsichtigt, die (deistischen) Anhänger der Naturreligion auf den Weg der Heiligen Schrift und der Offenbarungsreligion zu führen; sein Ziel sei es gewesen, „das christliche Gesetz in unseren Herzen zu befestigen"[43].

Was Sumarokov mit Voltaire teilt, ist eher die ästhetische, als die politische Einstellung; wie fern ihm die Rolle eines „adligen Frondeurs" lag[44], zeigt die unterwürfige Haltung, die er in seinem Briefwechsel mit Katharina II. an den Tag legt. Zwar übte Sumarokov in seinen Werken oft Kritik an den russischen Verhältnissen. Aber das bezieht sich auf solche Dinge wie Bestechlichkeit, Ignoranz und Adelshochmut, die auch der Zarin ein Dorn im Auge waren. Die Grundlagen der staatlichen Ordnung standen für Sumarokov nicht zu Debatte. In den lehrhaften Partien seiner Tragödien spricht er gerne von den Pflichten des Monarchen[45]. Er ist ein treuer Anhänger der russischen Autokratie, aber sie darf nicht in Tyrannei ausarten – der Herrscher soll Willkür vermeiden, er soll sich an das Naturrecht und jenes „gemeine Wohl" halten, von dem in den petrinischen Erlassen so

---

[43] *Mnenie o snovidenii vo francuzskich tragedijach.* In: SUMAROKOV, PSS (1787), Bd. IV, S. 327–356, hier S. 353. Dies ist die zweite Auflage der Gesamtausgabe, wie durch die eingeklammerte Jahreszahl vermerkt wird. In anderen Fällen stand mir nur die erste Auflage von 1781–1782 zur Verfügung.

[44] Vgl. dagegen: GUKOVSKIJ, Očerki po istorii russkoj literatury XVIII veka. Dvorjanskaja fronda v literature. Der hier vertretene Mythos einer Adelsfronde, allgemein auch vom oppositionellen Charakter der russischen Literatur im 18. Jahrhundert, ist weit verbreitet; vgl. etwa die Lehrbücher von BURANOK, Russkaja literatura XVIII veka, S. 55, 150 f., 153, und von LEBEDEVA, Istorija russkoj literatury XVIII veka, S. 23.

[45] E. K. WIRTSCHAFTER, The Play of Ideas in Russian Enlightenment Theater. DeKalb/Ill. 2003, S. 147–171 („Moral Monarchy").

oft die Rede ist. Für die nötige Kontrolle sorgt das Gewissen des Zaren, so wie es sich in seinen eigenen Repliken oder denen seines Vertrauten äußert. Sumarokovs Monarchen irren, oft genug sind sie Spielball ihrer „Leidenschaften" und haben dann alle Mühe, auf den Pfad der Tugend und Selbstbeherrschung zurückzufinden. Sie sind nicht die gottähnlichen Wesen, als die sie im älteren Zarenkult erscheinen und von denen in den Oden Lomonosovs die Rede ist. Für Sumarokov sind die Zaren Menschen wie andere Menschen auch. Der Unterschied liegt darin, daß an sie, die ihr hohes Amt von Gott empfangen haben, besonders hohe moralische Anforderungen gestellt sind; vgl. etwa die Tirade des Titelhelden im 2. Auftritt des V. Akts der Tragödie *Vyšeslav*[46].

Vorstellungen, die man im Grunde selber vertritt, hört man nicht immer gerne von anderen, schon gar nicht von Untergebenen – vielleicht hat sich Katharina II. über den erhobenen Zeigefinger ihres Untertanen manchmal geärgert. Äußerungen dieser Art sind jedoch nicht überliefert, eher im Gegenteil: Für die Tragödie *Vyšeslav* erhielt Sumarokov von der Zarin tausend Rubel[47]. Man kann daher unterstellen, daß sich sein Bild des idealen Herrschers mit den Vorstellungen Katharinas im Einklang befand. Zu dieser Zeit gab es in Rußland noch keine Kluft zwischen Macht und Geist: Maßgeblich war hier die gemeinsame Verpflichtung auf die petrinische Tradition und den petrinischen Bildungsauftrag. Erst gegen Ende des Jahrhunderts sollte dieser Konsens zerbrechen; davon wird noch die Rede sein.

'Philosophische' Tragödien im oppositionellen Sinn des 18. Jahrhunderts und Voltaires hat der staatlich alimentierte Dichter Sumarokov nicht geschrieben; die politisch-lehrhaften Gehalte seiner Stücke sind mehr erbaulicher als kritischer Natur. Besonders deutlich zeigt sich der didaktische Impuls in den späten Tragödien, etwa in *Vyšeslav* von 1768. Auch hier dominiert das Liebesthema, aber der tugendhafte Charakter der wahren Liebe wird stärker betont als in den früheren Stücken: Das glückliche Ende kann erst dann eintreten, als die Helden bereit sind, der Erfüllung ihrer Liebe zu entsagen und sich der Pflicht zu fügen; in zahlreichen Sentenzen wird diese Botschaft den Zuschauern eingeschärft. Noch lehrhafter ist *Dimitrij Samozvanec* (Erstauff. 1771). Wie schon hervorgehoben, hat diese Tragödie bei Sumarokov eine Sonderstellung, denn das Liebesthema spielt hier nur eine untergeordnete Rolle. Diese Abweichung vom gewohnten Schema erklärt sich daraus, daß Sumarokov seinen „Pseudo-Dimitrij" als Replik auf die Tragödie vom „Pseudo-Smerdij" (*Podložnyj Smerdij*) seines früheren Schülers A. A. Rževskij geschrieben hat[48]. Was beide Tragödien miteinander verbindet, ist nicht nur das Vorherrschen des Politischen, sondern auch das Usurpatorenthema.

---

46   SUMAROKOV, PSS (1787), Bd. IV, S. 50.
47   Vgl. den Kommentar von V. P. Stepanov zu Sumarokovs Brief an Katharina vom 17. Februar 1769 in: *Pis'ma russkich pisatelej*, S. 205.
48   Näheres bei I. KLEJN [= J. KLEIN], Sumarokov i Rževskij (*Dimitrij Samozvanec* i *Podložnyj Smerdij*). In: DERS., Puti kul'turnogo importa, S. 377–390.

Mit der politisch-moralischen Tragödie *Dimitrij Samozvanec* erntete Sumarokov kaum weniger Beifall als seinerzeit mit der Liebestragödie *Sinav i Truvor*. Katharina II. hat das Stück gelesen, offenbar mit Zustimmung. Es wurde seinerzeit sieben Mal gedruckt, zum letzten Mal 1807, und etwa vierzig Mal aufgeführt. Besonderen Anklang fand *Dimitrij Samozvanec* bei Katharinas Sohn und Nachfolger Paul I.: Auf seinen Befehl wurde das Stück 1797 in einem überfüllten Saal des Winterpalastes in Sankt Petersburg gegeben. Noch im Jahre 1812 konnte man es auf der Bühne sehen.

Das Stück spielt in der 'Zeit der Wirren' zu Beginn des 17. Jahrhunderts. Der falsche Zar Dimitrij hat mit Hilfe seiner polnischen Verbündeten den russischen Thron an sich gerissen und übt nun eine Gewaltherrschaft aus. Deren Opfer ist nicht nur die russische Bevölkerung, sondern auch der orthodoxe Glaube: Dimitrij hat dem Papst in Rom versprochen, Rußland unter das Joch des Katholizismus zu zwingen. Damit konnte Sumarokov auf offiziellen Beifall hoffen: Seit Beginn der 1740er Jahre waren Ausländerherrschaft und religiöse Überfremdung aktuelle Themen staatlicher Propaganda. Nicht nur die Zarin Elisabeth verwendete diese Schreckbilder zur Rechtfertigung der eigenen Herrschaft, sondern auch Katharina II., trotz ihrer deutschen Herkunft.

Eine solche Rechtfertigung erschien umso notwendiger, als nicht nur Elisabeth, sondern auch Katharina ihre Krone einem Staatsstreich verdankten. Besonders schwierig war die Position Katharinas, die nach dem Sturz des rechtmäßigen Herrschers, ihres Gatten Peter III., und dazu noch als Ausländerin auf den Zarenthron gelangt war. Das sich daraus ergebende Legitimitätsproblem kommt im Stück zur Sprache, wobei Parmen, der Vertraute des Dimitrij, als Sprachrohr des Autors auftritt. Für ihn ist es gleichgültig, ob er einem wahren oder falschen Zaren dient: Nun, da Dimitrij durch das Walten des „Schicksals" auf den Thron gelangt sei, komme es nicht auf seine Herkunft, sondern auf seine Taten an. Das ist die petrinische Auffassung herrscherlicher Legitimität durch Leistung. Man versteht nun, daß Katharina Sumarokovs Tragödie mit Zustimmung lesen konnte:

> Когда тебя судьба на трон такой взвела;
> Не род, но царские потребны нам дела.
> Когда б не царствовал в России ты злонравно,
> Димитрий ты, иль нет, сие народу равно.[49]

Wenn dich schon das Schicksal auf einen solchen Thron erhoben hat; / Dann zählt für uns nicht deine Herkunft, sondern deine Taten. / Wenn du in Rußland kein böser Herrscher wärst, / Dann wäre es dem Volk gleichgültig, ob du tatsächlich Dimitrij bist oder nicht.

Die Tragödie *Dimitrij Samozvanec* handelt vom letzten Tag im Leben des falschen Zaren. Die unterdrückte Bevölkerung ist zunehmend unruhig und geht

---

[49] SUMAROKOV, Dramatičeskie sočinenija, S. 247–292, hier S. 253 (I.3).

Kapitel 10. Sumarokov 131

schließlich zum Aufstand über. Das ist der Hintergrund der Liebeshandlung, die sich im Laufe des dramatischen Geschehens auch ihrerseits zuspitzt und so eine wirkungsvolle Ergänzung zu der sich verdichtenden Atmosphäre des Unheils bildet. Dimitrij hat sich in Ksenija, die Tochter eines Moskauer Bojaren, verliebt und will sie heiraten. Ksenijas Herz gehört jedoch einem anderen, und die Spannung des Stücks ergibt sich nicht zuletzt daraus, mit welchen Mitteln sich das junge Paar dem Drängen des Tyrannen widersetzt.

Man kennt diese Art Liebesgeschichte aus der Tragödie *Sinav i Truvor*. Aber *Dimitrij Samozvanec* ist keine Liebestragödie, und die Frage herrscherlicher Machtausübung, die dort nur nebenher behandelt wurde, steht hier im Mittelpunkt. Die Hauptfigur des *Dimitrij Samozvanec* ist keine Frau, sondern der männliche Titelheld (er hat die weitaus meisten Repliken). Für sich genommen, ist Dimitrij auch anders angelegt als die Herrschergestalt in *Sinav i Truvor*. Obwohl der verliebte Sinav seine Macht mißbraucht, ist er doch kein schlechter Mensch – er gehört zu jenen mittleren Helden, von denen die Poetik des Aristoteles handelt und die man auch bei Racine und Voltaire findet (eine Ausnahme bildet der böse Titelheld von Voltaires Tragödie *Mahomet*). Dimitrij ist von anderem Zuschnitt: Ebenso wie Voltaires Mohammed, ebenso auch wie Polonius in *Gamlet* und ebenso wie Shakespeares Richard III. ist Dimitrij durchweg negativ gezeichnet; sein Verhalten gegenüber den beiden Liebenden ist nur ein weiterer Punkt im umfangreichen Register seiner Untaten. In *Dimitrij Samozvanec* besteht die Funktion der Liebeshandlung vor allem darin, die abgrundtiefe Bosheit des Titelhelden in actu vorzuführen. Der Höhepunkt ist im Finale erreicht: Als schon alles verloren ist, versucht Dimitrij Ksenija zu erstechen. Er hat den Dolch schon gezückt, aber da fallen ihm die Aufständischen in den Arm, und er tötet sich selber.

Dimitrij lebt und handelt im Zeichen des Hasses. Damit steht er in auffälligem Gegensatz zu demjenigen Herrscherbild, das Katharina mit den Mitteln staatlicher Propaganda von sich selber entworfen hat: eine Verkörperung von Weisheit, Gerechtigkeit und Liebe. Die Zarin begegnet ihren Untertanen in mütterlicher Zuneigung und wird auch von ihnen geliebt[50]. Daß das Verhältnis von Volk und Herrscher auch ganz anderer Art sein kann, zeigt die Tragödie vom Pseudo-Demetrius. Hierin liegt die politische Bedeutung des Stücks: E contrario soll den russischen Untertanen deutlich werden, wie gut sie es unter der Herrschaft Katharinas II. doch haben – sie leben in jenem Goldenen Zeitalter, von dem auch die Feierlichen Oden der Epoche künden.

Sumarokov begnügt sich nicht damit, seinen Bösewicht mit Hilfe der Handlung zu charakterisieren. Nicht nur die Nebenfiguren, sondern auch Dimitrij selber führen in dieser Hinsicht eine klare Sprache[51]. Im Verlauf des gesamten Stückes wird er nicht müde, von seiner eigenen Bosheit zu sprechen. Mit bemerkenswerter Offenheit enthüllt er schon im ersten Auftritt des ersten Aktes

---

50 Vgl.: WORTMAN, Scenarios of Power, S. 110–122.
51 Vgl. hierzu auch: ODESSKIJ, Poètika russkoj dramy, S. 225 ff.

gegenüber seinem Vertrauten die „Verachtung", die er für das russische Volk empfinde, und er scheut sich nicht, von seiner eigenen „Tyrannenherrschaft" zu sprechen. Im selben Auftritt will er seine rechtmäßige Gattin mit Gift aus dem Wege räumen, um dann Ksenija heiraten zu können. Seinem erschrockenen Vertrauten antwortet er: „Das Entsetzliche ist mir Gewohnheit, ich bin entflammt von Missetat, / Erfüllt von Barbarei, mit rotem Blut befleckt"[52]. Derlei Beispiele kann man leicht vermehren. Es wird deutlich, wie sich Sumarokovs Dimitrij von Shakespeares Richard III. unterscheidet: König Richard versucht, seine Gesprächspartner zu täuschen und über seine wahren Absichten im Dunkeln zu lassen. Dimitrij aber drängt es zur Selbstenthüllung. Gelegentlich hört man von Reue, aber nur beiläufig. Insgesamt macht der Autor kaum einen Versuch, die entsprechenden Äußerungen seines Helden psychologisch zu motivieren, es sei denn im Sinne von Zynismus; ähnlich verfährt Voltaire in seinem *Mahomet* (auch sein Titelheld ist ein Usurpator).

Dimitrij bezeichnet sich selber als Tyrannen – im Interesse didaktischer Überdeutlichkeit ist er damit das Sprachrohr des Autors. Gleichzeitig spürt man etwas anderes: die Faszination des Bösen. Es ist die Schamlosigkeit des Teufels, die sich in Dimitrijs Selbstenthüllungen zeigt. Man könnte sagen: In seiner Gestalt verkörpert sich das metaphysische Prinzip des Bösen, und diese Vorstellung ist umso furchterregender, als Dimitrij kein gewöhnlicher Sterblicher ist, sondern ein mächtiger Herrscher. Die Nähe zur apokalyptischen Herrschergestalt des Antichrist ist nicht zu verkennen. Damit ist jene Grenze überschritten, die das Politische vom Religiösen trennt. Die Tragödie vom Pseudo-Demetrius gerät nun in die Nähe jener Tradition, mit der Sumarokov im Namen der klassizistischen Doktrin eigentlich brechen wollte – der russischen Tradition des geistlichen Barockdramas. Auch aus dieser Sicht erklärt sich Sumarokovs Vernachlässigung des Psychologischen, denn Dimitrij erscheint nun als Verwandter jener allegorischen Figuren, die im Barocktheater auftreten – etwa der „Bosheit" oder des „Neides" aus dem Schuldrama *Stefanotokos* (Erstauff. 1742). Der Neid spricht hier über den Haß, den er gegen die „Treue" empfindet: Er will ihr „jede Art von Qual" bereiten, er will nicht aufhören, sie zu „hetzen, quälen, schlagen, bis ich sie zertreten zu meinen Füßen sehe"[53]. Diese Worte könnten auch von Dimitrij stammen.

Liebesdichtung

Sumarokov behandelt das Liebesthema nicht nur in der Tragödie, sondern auch in einer Reihe von kleineren Gattungen – besonders im Lied, der Elegie und der Schäferdichtung.

---

[52] SUMAROKOV, Dramatičeskie sočinenija, S. 250, 251 (I.1).
[53] *P'esy stoličnych i provincial'nych teatrov*, S. 412–462, hier S. 417.

Das Liebeslied

Wie wir schon wissen, ist das russische Liebeslied in der petrinischen Epoche entstanden. Allerdings brauchte es seine Zeit, bis man sich an diese Gattung gewöhnte: Noch zu Beginn der 1750er Jahre galt das Liebeslied bei der hauptstädtischen Adelsjugend als Neuheit. Ein Zeitgenosse, der sich zu dieser Zeit in Petersburg aufgehalten hatte, berichtet in seinen Lebenserinnerungen:

> Alles, was man nun das kultivierte Leben nennt, begann sich damals gerade erst auszubreiten, ebenso wie auch ein feiner Geschmack allmählich Allgemeingut wurde. Die zärtlichste Liebe, wirkungsvoll untermalt durch zärtliche und in guten Versen geschriebene Liebeslieder, begann damals zum ersten Mal die Gemüter der jungen Leute zu beherrschen, und von den erwähnten Liedern gab es nicht nur erst sehr wenige, sondern sie waren auch noch eine ganz ungewöhnliche Neuheit, und wenn irgendwo eins auftauchte, wurde es von jungen Adelsfrauen und von Mädchen unablässig gesungen.[54]

Diesen Liedern wurden französische Melodien unterlegt, die Autoren setzten „verliebte Wörter zu einem neuen Menuett"[55]. Die Verbreitung erfolgte auch weiterhin in handschriftlichen Liederbüchern; eine Ausnahme bilden die Lieder des jungen Trediakovskij, die man im Anhang seiner „Reise zur Liebesinsel" findet. Auch die Lieder Sumarokovs wurden zu seinen Lebzeiten meist nur handschriftlich verbreitet; gedruckte Liederbücher sollten erst in der zweiten Hälfte des Jahrhunderts erscheinen.

Die über hundert Lieder, die Sumarov im Laufe der 1740er Jahre schrieb, markieren einen neuen – klassizistischen – Abschnitt in der Entwicklung der Gattung[56]. Ihnen verdankte Sumarokov seinen ersten Dichterlorbeer, wie aus einer mißgünstigen Äußerung Lomonosovs von 1760 hervorgeht. In einem Vortrag „Über den Fortschritt der schönen Künste in Rußland" hatte ein Abbé Lefèvre, Priester der französischen Botschaft in Petersburg, Sumarokov als Dramatiker und Lomonosov als Dichter, Philosoph und Redner in französischer Sprache als „génies créateurs" gepriesen. Auf diese Gleichsetzung mit Sumarokov reagierte Lomonosov mit einer sarkastischen Notiz, die an dem literarischen Werk seines jüngeren Rivalen kein gutes Haar läßt:

> Génie créateur: Er [Sumarokov] hat Liebeslieder geschrieben und ist sehr glücklich darüber, daß die gesamte Jugend, das heißt Pagen, Kollegienjunker, Kadetten und

---

[54] A. T. BOLOTOV, Žizn' i priključenija Andreja Bolotova, opisannye samim im dlja svoich potomkov. Bd. I: 1738–1759. M. 1993, S. 166.

[55] Vgl. die poetologische Epistel Želaj, čtob na bregach... In: SUMAROKOV, Izbrannye proizvedenija, S. 130 f., hier S. 130.

[56] Vgl.: T. LIVANOVA, Russkaja muzykal'naja kul'tura XVIII veka. Bd. I. M. 1952, S. 45 ff.; BERKOV, Lomonosov i literaturnaja polemika ego vremeni, S. 104–111; SERMAN, Russkij klassicizm, S. 97–120; GIESEMANN, Die Strukturierung der russischen literarischen Romanze, S. 87 ff.

Gardekorporale, ihm das nachtut, sodaß er im Vergleich zu vielen von ihnen selber wie ein Schüler aussieht. Génie créateur![57]

Auch hier erscheint das Liebeslied als eine Gattung, die vor allem unter jungen Leuten Anklang fand. Möglicherweise handelt es sich dabei um die Subkultur jener gallomanen „Modegecken" (ščegoli i ščegolichi) oder „petits-maîtres", von der im satirischen Schrifttum der Epoche so oft die Rede ist; einen Vertreter dieses Typus kennen wir schon aus Kantemirs II. Satire. Zu einem petit-maître gehörten nicht nur die Kleidung nach dem letzten Schrei der französischen Mode und die Schuhe mit rotgefärbten hohen Absätzen, sondern auch der galante Umgang mit dem 'schönen Geschlecht' und das Singen oder Schreiben von Liebesliedern.

Wie man Lomonosovs Äußerung ferner entnehmen kann, ist das Lied für ihn, den Autor Feierlicher Oden, eine unbedeutende Gattung, die von unbedeutenden Leuten gepflegt wird. Ähnlich liest man es bei Kantemir: Er bereute es „bitterlich", daß er „die goldenen Tage der Jugend" mit solchen Liedern „nutzlos vertan" habe[58]. Dieselbe Geringschätzung des Liedes äußert sich in Boileaus *Art poétique* und später sogar auch bei Sumarokov, in seiner poetologischen Epistel *Želaj, čtob na bregach...* („Wünsche, daß an den Ufern...") von 1755 (S. 130 f.). Zu dieser Zeit war Sumarokov jedoch schon als erfolgreicher Autor von Tragödien bekannt und konnte sich nun erlauben, seine Anfänge als Dichter mit überlegenem Abstand zu betrachten. Im Jahre 1748, als seine Epistel „Über die Verskunst" erschien, war er noch anderen Sinnes: Hier ist das Lied eine besonders wichtige Gattung, deren Beschreibung mehr als doppelt soviel Raum in Anspruch nimmt, als die Feierliche Ode. Ein apologetischer Ton ist nicht zu überhören: Das Schreiben von Liedern sei keine leichte Sache – auch das Lied stehe unter dem Gesetz der „weisen Musen", hatte sich also den Kunstregeln zu fügen; wer Lieder schreiben wolle, dürfe kein „Ignorant" sein und müsse „klare Gedanken" im Kopf haben. Sumarokov fordert von einem gelungenen Lied, daß es „angenehm, einfach und klar" sei; rhetorischer Aufwand sei in dieser Gattung fehl am Platz: Nicht der „Verstand" spreche hier, sondern das „Gefühl" und das „Herz" (S. 123 f.).

Ebenso wie die anderen Gattungen des Klassizismus ist das Liebeslied eine Form der poetischen Naturnachahmung und unterliegt somit der Forderung nach Wahrscheinlichkeit: Gegenstand der Darstellung ist ein Gefühl, das im Monolog des verliebten Sprechers auf möglichst natürliche Weise zum Ausdruck kommen soll; es geht um die Illusion einer spontanen Gefühlskundgabe. Damit wendet sich Sumarokov gegen den spielerisch galanten Stil, der in den Liedern der petrinischen Epoche und auch noch von Trediakovskij gepflegt wurde. Seiner Meinung nach soll sich der Dichter vor solchen Formulierungen hüten, wie zum Beispiel: „Lebwohl, meine Venus, / Auch wenn man alle Göttinnen zusammen-

---

[57] LOMONOSOV, PSS, IX, S. 634–635, hier S. 635.
[58] KANTEMIR, Sobranie stichotvorenij, S. 113 (IV. Satire).

nimmt, so ist doch keine schöner als du". Weiter unten begründet Sumarokov seine Auffassung mit der folgenden Sentenz: „Im Kummer hat noch niemand geschwollen geredet: / Wenn ein Liebender von seiner Geliebten Abschied nimmt, / Dann kommt ihm keine Venus in den Sinn" (S. 124). Vorher hatte er seinen Lesern mit einem selbstverfaßten Beispiel gezeigt, wie man es besser machen könne:

> Скажи, прощаяся: «Прости теперь мой свет!
> Не будет дня, чтоб я, не зря очей любезных,
> Не источал из глаз своих потоков слезных.
> Места, свидетели минувших сладких дней,
> Их станут вображать на памяти моей.
> Уж начали меня терзати мысли люты,
> И окончалися приятные минуты.
> Прости в последний раз и помни как любил». (ebd.)

Sage beim Abschied: „Adieu, meine Liebste! / Nicht ein Tag wird vergehen, an dem ich um deine lieben Augen / Keine Ströme von Tränen vergieße. / Die Orte, Zeugen der vergangenen süßen Tage, / Werden mich an sie erinnern. / Schon haben schwere Gedanken begonnen, mich zu quälen, / Die schönen Augenblicke sind vergangen. / Adieu zum letzten Mal und vergiß nicht, wie sehr ich dich liebte".

In seiner dichterischen Praxis konnte Sumarokov an den schon bekannten Typus des einfachen Liebeslieds aus der petrinischen Zeit anknüpfen. Bei ihm ist das Liebeslied gewöhnlich ein lyrischer Monolog – der fast immer männliche Sprecher klagt über seinen Liebeskummer. Dieser Klageton wird streng durchgehalten, Sumarokov verzichtet auf alle Elemente des Frivolen, Geistreichen oder Spielerischen. Ebenso wie in seinen Tragödien erscheint die Liebe dabei als ein menschlicher Wert von hohen Graden. Wortwahl und Satzbau sind schlicht; manche seiner Lieder nähern sich dem Volkslied, in anderen werden Motive der Schäferdichtung verwendet. Bei all dem bleibt der thematische und stilistische Spielraum eng. Dafür gibt es einen bemerkenswerten Reichtum an Vers- und Strophenformen; mit Recht hat man Sumarokovs Lieder als „Laboratorium des russischen Verses"[59] bezeichnet. Nachdem die syllabotonische Reform gerade erst abgeschlossen war, bot ihm das Lied eine willkommene Gelegenheit, die metrischen und strophischen Möglichkeiten des neuen Verses in allen Richtungen zu erproben.

Die Elegie

Die Elegie wurde Ende der 1750er Jahre als weitere Gattung klassizistischer Liebesdichtung von Sumarokov begründet und von den Autoren der jüngeren Generation weitergeführt[60]. Sumarokov veröffentlichte seine zwölf Elegien zunächst

---

59   GUKOVSKIJ, Russkaja literatura XVIII veka, S. 167.
60   Vgl. vor allem: G. A. GUKOVSKIJ, Èlegija v XVIII veke. In: DERS., Rannie raboty, S. 72–116; ferner: B. KRONEBERG, Studien zur Geschichte der russischen klassizistischen Elegie. Wiesba-

in Zeitschriften; in einer besonderen Sammlung, den *Elegii ljubovnyja* von 1774, fügte er sie dann auch zu einer lyrischen Sequenz mit einer kleinen Liebesgeschichte[61].

Sumarokovs Elegie unterscheidet sich grundlegend von der Elegie des 19. Jahrhunderts und von all dem, was wir auch heute noch mit dem Elegischen verbinden. Bei ihm fehlt jene herbstlich-melancholische Stimmung, die aus dem Bewußtsein der Vergänglichkeit entsteht, aus der Sehnsucht nach der verlorenen Jugend und dem Gedanken an den Tod. Ebenso wie das Liebeslied ist die russische Elegie des 18. Jahrhunderts eine Gattung der Liebesklagedichtung. Der Unterschied liegt in der emotionalen Intensität: Die Elegie ist eine lyrische Gattung der leidenschaftlichen Gefühlskundgabe und liegt im Stil höher als das Liebeslied. Auch ist sie an den formellen Alexandrinervers gebunden, womit sich eine Nähe zu den Liebesklagen der Tragödie ergibt. Bei all dem bleibt das Prinzip der emotionalen Wahrscheinlichkeit in Kraft. Die entsprechende Theorie findet man wiederum in Sumarokovs Epistel „Über die Verskunst":

> Плачевной музы глас быстряе проницает,
> Когда она в любви власы свои терзает,
> Но весь ея восторг свой нежный склад красит
> Единым только тем, что сердце говорит:
> [...] (S. 118)

Die Stimme der klagenden Muse ist dann besonders eindringlich, / Wenn sie aus Liebe ihre Haare rauft, / Aber ihre ganze Leidenschaft findet nur dann die richtigen Worte, / Wenn die Stimme des Herzens spricht: [...]

Als Vorbild nennt Sumarokov in seiner Epistel die französische Elegiendichterin Mme de La Suze (1618–1673). De facto gibt es jedoch nur wenig, was ihn mit dieser Autorin verbindet. In den Elegien der Mme de la Suze entzieht sich das Gefühl den begrifflichen Möglichkeiten der Sprache. Durch sein widersprüchlich-rätselhaftes Gepräge ist die lyrische Sprecherin vor eine analytische Aufgabe gestellt, die sie mit Hilfe von Oxymora und Antithesen zu lösen versucht; Freude und Schmerz fließen ineinander. Es ergibt sich so ein Reichtum psychologischer Nuancen, den man bei Sumarokov vergeblich sucht. Jener Apsychologismus, den wir schon aus Sumarokovs Tragödien kennen, kennzeichnet auch seine Elegien.

Das lyrische Thema, der Liebeskummer des durchweg männlichen Sprechers, bildet bei Sumarokov eine begriffliche Einheit, die in sich festgefügt, einfach und klar ist; die Vorstellung eines gemischten oder widersprüchlichen Gefühls fehlt.

---

[61] den 1972; L. G. FRIZMAN, Žizn' liričeskogo žanra. Russkaja elegija ot Sumarokova do Nekrasova. M. 1973; M. A. KOTOMIN, Ljubovnaja ritorika A. P. Sumarokova: *Elegii ljubovnye* i ich chudožestvennoe svoeobrazie. In: *Aleksandr Petrovič Sumarokov*, S. 133–160.
Vgl.: R. VROON, Aleksandr Sumarokov's *Elegii liubovnye* and the Development of Verse Narrative in the Eighteenth Century: Towards a History of the Russian Lyric Sequence. In: *Slavic Review* 59 (2000), S. 521–546.

Im Einklang mit dem klassizistischen Hang zum Universalen äußert sich kein individuelles und konkretes, sondern ein allgemeines und abstraktes Gefühl – viel eher die Idee eines Gefühls, als dessen psychologisch-empirische Wirklichkeit: ein 'Liebeskummer schlechthin', so wie er von allen Menschen zu allen Zeiten empfunden wird. Eine gewisse Konkretisierung ergibt sich allenfalls durch den Anlaß der Liebesklage, wobei es sich meistens um den Abschied von der Geliebten handelt; manchmal geht es auch um deren „grausame" Unbeugsamkeit oder Untreue.

Ein weiteres Merkmal der Sumarokovschen Elegie ist die Strenge der Komposition. Im lyrischen Monolog bildet das Gefühl des Sprechers einen Mittelpunkt, auf den sich alles hinordnet. Aller Leidenschaft zum Trotz gestattet sich der Sprecher keinerlei Abschweifung; im Verlauf des Sprechens bleibt sein Gefühl stets ein und dasselbe. An die Stelle einer psychologischen Entwicklung tritt das Prinzip der variierenden und steigernden Wiederholung. Mit Recht hat man daher den Aufbau von Sumarokovs Elegien als eine durchgeführte Tautologie beschrieben[62]. Die Eindringlichkeit der elegischen Liebesklage verdankt sich nicht zuletzt dieser Konzentration auf das eine lyrische Thema.

Ebenso wie in Sumarokovs Liebesliedern sind die Verfahren der Gefühlskundgabe in seinen Elegien mit den überkommenen Rezepten leicht zu fassen: Interjektionen („Ach!"), Apostrophen (an die abwesende Geliebte), rhetorische Fragen, Exklamationen, synonymische Häufungen und affektische Wiederholungen. Die nicht sehr zahlreichen Metaphern sind konventionell und realisieren die überkommenen Bildfelder des Brennens, des Gefangenseins, auch des Durchbohrens und Verwundens. Neue oder gar kühne Metaphern kommen nicht vor. Allerdings gibt es pathetische Vergleiche, zum Beispiel fühlt sich der Sprecher nach der Trennung von seiner Geliebten wie ein Schiff, das „auf dem stolzen Ozean" von Stürmen geschüttelt wird (S. 162). In einer anderen Elegie steigert sich der Sprecher zum Drastischen und empört sich darüber, daß die treulose Geliebte seinem Rivalen mit „schamlos" entblößter Brust auf dem Schoß sitzt[63]. Trotz der syntaktischen Inversionen, die das schriftsprachliche Gepräge des lyrischen Monologs signalisieren, bleibt der Satzbau durchsichtig; logische Beziehungen werden mit Hilfe von Konjunktionen explizit gemacht, jede Verletzung der grammatischen oder logischen Norm unterbleibt: Sumarokovs Lyrik ist eine Lyrik der wohlgesetzten, der klaren und eindeutigen Worte – ein Triumph der rationalistischen Stilauffassung. Die Illusion emotionaler Unmittelbarkeit kann sich nur in den damit gezogenen Grenzen entfalten.

---

[62] GUKOVSKIJ, Èlegija, S. 79.
[63] SUMAROKOV, PSS (1781), Bd. VIII, S. 376 f., hier S. 377.

Schäferdichtung

In der zweiten Hälfte der 1750er Jahre, etwa gleichzeitig zur Elegie, eroberte Sumarokov auch die Schäferdichtung für die neue russische Literatur[64]. Dabei folgte er nicht dem Vorbild der klassischen Antike, also nicht den Idyllen des Theokrit oder den Eklogen des Vergil, sondern wiederum den französischen Autoren und zwar vor allem Fontenelle, den wir schon als Verfasser der *Entretiens sur la pluralité des mondes* kennen. Fontenelle trat auch als Autor von galanten Schäfergedichten hervor, die lange Zeit als vorbildlich galten, bis dann um die Mitte des 18. Jahrhunderts mit den Prosaidyllen des schweizer Dichters Salomonon Geßner eine neue – empfindsame – Epoche der Gattungsgeschichte begann.

Außer Idyllen, die im russischen Klassizismus eine schäferliche Spielart der Liebesklagedichtung sind, hat Sumarokov vor allem Eklogen geschrieben, insgesamt nicht weniger als 67. Das sind längere Gedichte, deren Umfang zwischen 60 und 130 Alexandrinerversen schwankt. Es wird eine kleine Liebesgeschichte erzählt. Ihr Schauplatz ist ein locus amoenus: murmelnde Bächlein, muntere Zephyre, schattenspendende Bäume und grüne Wiesen; es ist immer Frühling oder Sommer. In diesem schäferlichen Arkadien gibt es nur einen Lebenszweck – die Liebe.

Von den Sorgen und Mühen des realen Landlebens ist bei Fontenelle daher ebensowenig die Rede wie bei Sumarokov; der Gegensatz zur ländlichen Realität könnte kaum ausgeprägter sein. Hier liegt die theoretische Problematik dieser galanten Schäferdichtung, denn mit dem klassizistischen Prinzip der Naturnachahmung ist sie selbst dann kaum zu vereinbaren, wenn mit 'Natur' nicht die 'grobe', sondern die 'schöne Natur' (belle nature) gemeint ist. Vielleicht war es dieser betont fiktive Charakter der Gattung, der Sumarokovs Nachfolger davon abgehalten hat, sich eingehender mit ihr zu befassen. Im Gegensatz zu den französischen Autoren, auch zu Fontenelle, war sich Sumarokov dieser Problematik offenbar nicht bewußt. Ohne lange nachzudenken, bietet er seinen Lesern eine schöne Illusion, wobei er den Abstand zur Wirklichkeit durch die Titel seiner Eklogen noch eigens betont: Neben traditionellen Schäfernamen wie „Sil'vija" oder „Filisa" (Phyllis) findet man immer wieder wohlklingende Phantasienamen wie „Amaranta", „Kalista", „Del'fira", „Sil'vanira", „Stratonika" etc.

Wenn in diesen Gedichten die Wirklichkeit zu ihrem Recht kommt, dann allenfalls im stilistischen Gebot der schäferlich-ländlichen Einfachheit. In der Epistel „Über die Verskunst" heißt es: Die Schäferin schmückt sich nicht mit „Gold und Silber", sondern mit Feldblumen; ihre Sprache soll eine Mittellage zwischen der „höflichen" Rede eines „Kavaliers bei Hofe" und der „groben" Rede eines Bauern einhalten (S. 117 f.). Wie man noch sehen wird, nimmt es

---

[64] Vgl.: R. KÖRNER, Materialien zur Typologie und Entwicklung der russischen klassizistischen Idylle von den Anfängen bis zum Beginn der Geßner-Rezeption. Unveröffentlichte Diss. phil. Marburg 1972; J. KLEIN, Die Schäferdichtung des russischen Klassizismus. Wiesbaden 1988.

Kapitel 10. Sumarokov

Sumarokov mit dieser „schäferlichen Einfachheit" in der stilistischen Praxis jedoch nicht so genau; konsequent ist er nur in sprachlicher Hinsicht – in der Beschränkung auf das Russische und dem Verzicht auf die markierten Elemente des Kirchenslavischen.

Der besondere Reiz der Fontenelleschen Eklogen besteht in der psychologischen Feinheit, mit der die Gefühle der verliebten Schäfer und Schäferinnen dargestellt werden. Sumarokov hat eine andere Auffassungen von den Möglichkeiten der Gattung: An die Stelle seelischer Nuancen tritt bei ihm die Pikanterie des Erotischen. Wenn die französische Ekloge glücklich endet, dann geht es in der Regel darum, daß die spröde Schäferin ihren Widerstand schließlich aufgibt und ihre Liebe gesteht. Sumarokovs Eklogen enden mit der Liebesvereinigung, die jedoch nicht im Detail beschrieben, sondern, wie das in der erotischen Dichtung üblich ist, mit Hilfe von Periphrasen nur in Umrissen dargestellt wird; die körperlichen Einzelheiten bleiben der Einbildungskraft des Lesers überlassen.

Der werbende Schäfer spricht vom Pflücken der Blume oder vom Einbringen der Ernte; die spröde Schäferin beharrt auf dem Kleinod, das es zu bewahren gelte. Das glückliche Ende wird mit „Krone der Liebe" oder mit „Venusfreuden" umschrieben; die Schäferin kann auch aufs „grüne Gras" oder in den „Venustempel" geführt werden: Jene mythologischen Motive, die Sumarokov für das Liebeslied verpönt hatte, gehören in seinen Eklogen zum erotischen Stil, aller „schäferlichen Einfachheit" zum Trotz. Das offensichtlich Gemeinte versteckt sich hinter durchsichtigen Tropen – eine sprachliche Maskierung, die den Reiz des Gegenstandes spielerisch erhöht. Manchmal ergibt sich eine humoristische Färbung, zum Beispiel dann, wenn das glückliche Ende durch eine Litotes augenzwinkernd umschrieben wird. Der werbende Schäfer hat endlich sein Ziel erreicht:

> На древе соловей ево победу пел;
> Но слуху пастуха сей голос не внушался,
> Пастух не песнями в то время утешался.[65]

Auf einem Baume besang eine Nachtigall seinen Sieg, / Aber ihre Stimme kam dem Schäfer nicht zu Gehör: / Nicht mit Liedern erfreute sich in diesem Augenblick der Schäfer.

Die Darstellung kann auch mutwillig abgebrochen werden. 'Diskret', wie er ist, unterbricht sich der Erzähler im entscheidenden Moment und weicht auf eine mythologisch-verallgemeinernde Formulierung aus:

> Целуясь говорят стократ: люблю не ложно.
> В последок – етова изобразить не можно.

---

[65] SUMAROKOV, PSS (1781), Bd. VIII, S. 82–84, hier S. 84. NB die phonetische Rechtschreibung; im Zeichen „schäferlicher Einfachheit" signalisiert sie die Nähe zur Umgangssprache: „evo" anstelle von 'ego'; vgl. auch das folgende Textbeispiel: „etova" anstelle von 'étogo'.

Что начал купидон, то гимен окончал,
И жар их, радостным восторгом, увенчал.⁶⁶

Sie küßten sich und sprachen dabei hundertfach: Ich liebe dich von Herzen. / Danach – aber das kann man nicht darstellen. / Was Kupido begann, wurde von Hymen vollendet, / Und er krönte ihre Liebesglut mit freudigem Entzücken.

Dem sprachlichen Versteckspiel, der Stilistik des Verschleierns und Nicht-zu-Ende-Sprechens entspricht die Motivik der Heimlichkeiten. Die Liebenden ziehen sich in einen „dunklen Wald" zurück, oder das glückliche Ende vollzieht sich unter einem Blätterdach, im Schutze der Dunkelheit oder an einem entlegenen Ort. Nicht selten belauscht der Schäfer seine Schäferin beim Baden – ein beliebtes Motiv der erotischen Tradition, nicht nur in der Dichtung, sondern auch in der Malerei. Das Vergnügen am Erotischen ist ein indiskretes Vergnügen, das Dargestellte erhält die reizvolle Aura des Verbotenen. Sie verdichtet sich in dem Maß, wie die jeweils unterstellte Norm an moralischem Gewicht gewinnt. In einem langen Monolog denkt eine spröde Schäferin an die Gefahren, die mit dem Verlust ihrer Jungfernschaft, diesem kostbaren „Schatz", verbunden sind. Sie spricht von „ewiger Schande"; der Schäfer ist ein „Wolf", der nur darauf wartet, das „junge Lamm" aufzufressen. Im folgenden läßt sich die Schäferin jedoch sehr schnell von ihren Bedenken abbringen. Der abschließende Erfolg des Schäfers wird mit den schon bekannten Verfahren der sprachlichen Verschleierung und dabei zeitdehnend geschildert. Im Verhältnis zu dem vorausgegangenen Tugendmonolog der Schäferin wird so ein ironischer Kontrapunkt gesetzt⁶⁷.

Die Fabel

Wenn heutzutage von der russischen Fabel die Rede ist, so denkt man an I. A. Krylov (1769–1844), den Klassiker der Gattung in Rußland. In der zweiten Hälfte des 18. Jahrhunderts war jedoch Sumarokov der tonangebende Fabeldichter; viel bewundert und nachgeahmt, galt er den Zeitgenossen nicht nur als „russischer Racine", sondern auch als „russischer La Fontaine". Im Laufe seines Lebens schrieb er über 370 Fabeln, die er in sechs Fabelbücher gliederte. Neben den Gattungen des hohen und mittleren Stils kommt in seinem Werk nun auch die Fabel als eine Hauptgattung des niederen Stils zu ihrem Recht⁶⁸.

---

[66] Ebd., S. 35.
[67] Ebd., S. 93–95.
[68] Vgl. vor allem: L. VINDT, Basnja sumarokovskoj školy. In: *Poètika. Sbornik statej*. L. 1926, S. 81–92; ferner: A. RAMMELMEYER, Studien zur Geschichte der russischen Fabel des 18. Jahrhunderts. Leipzig 1938; N. L. STEPANOV, Russkaja basnja. In: *Russkaja basnja XVII–XIX vekov*. Hrsg.: Ders. L. 1977, S. 5–62; SERMAN, Russkij klassicizm, S. 188–203 („Spor o basne"), S. 204–225 („Dva tipa basennogo rasskaza"); H. IMENDÖRFFER, Die Geschichte der russischen Fabel im 18. Jahrhundert. Poetik, Rezeption und Funktion eines literarischen Genres. Bd. I–II. Wiesbaden 1998.

Kapitel 10. Sumarokov

Im Rußland des 18. Jahrhunderts war die Fabel keine literarische Neuheit, an die man sich erst hätte gewöhnen müssen: Schon seit dem 15. Jahrhundert war sie dem Leser aus der handschriftlichen Übersetzungsliteratur in zahlreichen Abschriften wohlvertraut. In der Poetik des Feofan Prokopovič findet sich ein Abschnitt über diese Gattung; als Beispiel wird die Fabel von der Landmaus und der Stadtmaus angeführt[69]. Auch Peter I. fand Gefallen an der Fabel und ließ seinen Petersburger Sommerpark mit äsopischen Figuren schmücken. Die älteren russischen Fabeln sind fast durchweg in Prosa gehalten, sie sind kurz, alles zielt auf die Vermittlung einer moralischen Lehre, womit sich die Vorliebe des Zaren für diese Gattung erklärt. Die neuere Geschichte der russischen Fabel beginnt mit dem Übergang zur Versform, die ersten Autoren sind Kantemir, Lomonosov und Trediakovskij. Ihre Fabeln machten jedoch keine Schule: Der eigentliche Begründer der Gattung in Rußland war Sumarokov.

Er nannte seine Fabeln „pritči" – das ist der Gattungsname, der in der älteren Tradition vorherrschte; die Bezeichnung „basnja", die später in Gebrauch kam, wurde von Sumarokov nur gelegentlich verwendet[70]. Ebenso wie andere Fabeldichter legte er kaum Wert auf stoffliche Originalität; meistens begnügte er sich damit, die überkommenen Themen neu zu bearbeiten und zu russifizieren. Er selber sagte in einer Fabel, deren Stoff er dem römischen Dichter Phaedrus verdankte: „Ich werde Phaedrus ins Russische kleiden, / Auf russische Art will ich eine Fabel dichten"[71]. In den meisten Fällen bezog Sumarokov seine Stoffe jedoch wiederum nicht aus der Antike, sondern aus der Neuzeit. Seine Hauptquelle war La Fontaine (1621–1695), aber er kannte auch die neueren Fabeldichter, darunter Christian Fürchtegott Gellert (1715–1769)[72]; außerdem verwendete er Motive aus den Volksbüchern und der Folklore.

Das Ensemble von Sumarokovs Fabeln ist vielfältig – nicht wenige könnten als Epigramm, als schwankhafte Verserzählung oder als Schäfergedicht durchgehen. Meistens erkennt man jedoch das traditionelle Fabelschema. Es wird eine kleine Geschichte erzählt, in der Tiere, aber auch Menschen, Pflanzen oder belebte Gegenstände auftreten. Am Ende oder auch am Anfang steht eine lehrhafte Aussage, manchmal in Form eines russischen Sprichworts. Vielfach geht es um menschliche Schwächen und Laster wie Geiz, Eitelkeit, Hochmut, Undankbarkeit, Trunksucht und Leichtgläubigkeit. Nicht selten verschwimmt die Grenze zur Verssatire und zwar besonders dann, wenn Sumarokov solche Figuren des russischen Alltags aufs Korn nimmt, wie bestechliche Beamte oder geldgierige Aufkäufer.

---

[69] PROKOPOVIČ, Sočinenija, S. 266–269.
[70] Vgl.: D. FREYDANK, Russ. basnja. Die Geschichte der „Europäisierung" eines russischen Wortes. In: *Zeitschrift für Slawistik* 12 (1967), S. 373–389.
[71] SUMAROKOV, PSS (1787), Bd. VII, S. 33 f. (*Vor*), hier S. 33.
[72] Vgl.: A. RAMMELMEYER, Gellertsche Fabeln in der Bearbeitung von A. P. Sumarokov. In: *Colloquium Slavicum Basiliense. Gedenkschrift für Hildegard Schroeder*. Hrsg.: H. Riggenbach. Bern–Frankfurt/M.–Las Vegas 1981, S. 523–555.

Andere Fabeln handeln vom Sozialtypus des Emporkömmlings – dem wohlgeborenen Autor lag die Ausschließlichkeit seiner Standesprivilegien am Herzen. So verhält es sich auch in der Fabel vom „Esel in der Löwenhaut" (*Osel vo l'vovoj kože*, 1760). Dieses Pasquill zielt auf Lomonosov, der sich zu dieser Zeit auf dem Höhepunkt seiner Karriere befand: Eine „Mißgeburt / Von niedrigster Herkunft, / Die von der Natur zur Feldarbeit bestimmt war", kann sich nun mit einem hohen Dienstrang schmücken und übertrifft in seinem Hochmut sogar den „Großen Alexander" (S. 208). Lomonosov blieb die Antwort nicht schuldig und schrieb seine Fabel vom „Schwein im Fuchspelz" (*Svin'ja v lisej kože*, 1760–1761)[73]. Der Fuchspelz zielt auf Sumarokovs Haarfarbe; eine weitere Anspielung gilt seinem nervösen Augenzwinkern.

Sumarokov hätte in diesem und anderen Fällen besser daran getan, sich an die Empfehlungen zu halten, die er in seiner Epistel „Über die Verskunst" ausspricht: Hier findet man das Programm einer Fabel, die gleichzeitig „nobel" und „scherzhaft" sein solle; als einziges Vorbild wird La Fontaine genannt (S. 122). In einem weiteren Lehrgedicht stellt sich Sumarokov als Begründer der russischen Fabel mit La Fontaine auf eine Stufe; gleichzeitig polemisiert er gegen Äsop, den er als „widerlich" und „geschmacklos" abtut[74], wobei er aber wohl eher an Trediakovskij dachte, der in seinen Fabeln Äsop folgte. In der Sache, wenn auch nicht im Ton, schimmert hier das Vorbild La Fontaine durch, denn dieser hatte mit seinen geistreich erzählten Fabeln der trockenen Lehrhaftigkeit der äsopischen Tradition eine Absage erteilt und so eine neue Etappe in der Geschichte der Gattung eingeleitet.

La Fontaine schrieb seine Fabeln im Stil einer eleganten Plauderei und verwendete dabei vers libres – eine lockere Folge gereimter Zeilen von wechselnder Länge, die nicht in Strophen gegliedert sind. Mit seinen freien Jamben, der syllabotonischen Entsprechung des vers libre, folgte Sumarokov dem französischen Vorbild (und begründete damit den russischen „Fabelvers"[75]). Die Unterschiede sind gleichwohl beträchtlich. Von den Freiheiten des vers libre macht La Fontaine nur maßvollen Gebrauch; die Längenunterschiede der einzelnen Zeilen halten sich in Grenzen, meist spürt man die rhythmische Bewegung des vertrauten Achtsilblers oder des Alexandriners. Dagegen herrscht bei Sumarokov das Prinzip des kontrastiven Wechsels; in seinen Fabeln schrumpft die maximal dreizehnsilbige Verszeile nicht selten auf zwei oder auf eine einzige Silbe. Der Abstand der metrischen Pausen verkürzt sich so auf ein Mindestmaß, es entsteht ein unruhiger, harter und stockender Rhythmus, wie in dem folgenden Beispiel. Von der rhythmischen Glätte La Fontaine'scher Verse ist Sumarokov

---

[73] LOMONOSOV, PSS, Bd. VIII, S. 737–741.
[74] *Nastavlenie chotjaščim byti pisateljami* („Belehrung für künftige Autoren", 1774). In: SUMAROKOV, Izbrannye proizvedenija, S. 134–139, hier S. 138.
[75] L. I. TIMOFEEV, Vol'nyj (basennyj) stich XVIII veka. In: DERS., Očerki teorii i istorii russkogo sticha. M. 1958, S. 340–360.

Kapitel 10. Sumarokov   143

hier wie in den meisten seiner Fabeln weit entfernt, wozu auch die rauhe Klanginstrumentierung beiträgt:

Жуки и пчелы

Прибаску
Сложу
И сказку
Скажу.
Невежи жу́ки
Вползли в науки
И стали патоку Пчел делать обучать. (S. 203)

Käfer und Bienen // Ich spreche / Ein Witzwort, / Und erzähle / Eine Geschichte. / Die dummen Käfer / Hielten sich für wer weiß wie klug / Und begannen, die Bienen zu belehren, wie man Honigseim macht.

Dieser harte Rhythmus entspricht einer bestimmten Erzählhaltung, die sich im vorliegenden Zitat auch durch die Verwendung der familiären Diminutivformen und der saloppen Wendung „vpolzli v nauki" andeutet. Damit rückt ein Formelement der Fabel ins Blickfeld, das Sumarokov ebenfalls von La Fontaine übernimmt: Es ist der persönliche Erzähler, der seine Geschichte auf mannigfaltige Weise kommentiert, den Leser direkt anspricht und sich in Abschweifungen ergeht. Bei Sumarokov vergröbert sich jedoch der Ton; eine Kostprobe hiervon haben wir schon in der Fabel vom „Esel in der Löwenhaut" bekommen. Tatsächlich kann von jener „noblen" Scherzhaftigkeit, die Sumarokov in der Epistel „Über die Verskunst" fordert, in den meisten seiner Fabeln keine Rede sein: Sein Erzähler gibt sich nicht als wohlerzogener *raconteur,* sondern als ungehobelter Spaßmacher.

Sumarokov schrieb für andere Leser als La Fontaine, bei denen die grobe Komik seiner Fabeln keinen Anstoß erregte, eher im Gegenteil: Jüngere Fabeldichter wie A. A. Rževskij und V. I. Majkov folgten ihrem Meister auch in dieser Hinsicht; eine Neigung zum Manierlichen äußerte sich erst später, im letzten Viertel des 18. Jahrhunderts (bei I. I. Chemnicer und I. I. Dmitriev). Damit stoßen wir auf einen Tatbestand, der auch bei anderen Autoren und Gattungen ins Auge fällt: In Rußland zeigte man eine viel größere Duldsamkeit für das Vulgäre als im zeitgenössischen Frankreich. Jene Tendenz zur äußersten Verfeinerung, die sich dort im Laufe des Jahrhunderts durchsetzte, war dem russischen Publikum vorläufig noch fremd. Forderungen dieser Art vernimmt man erst im letzten Viertel des Jahrhunderts; hierauf komme ich noch zurück.

Bei Sumarokov ist es nicht selten die burleske Kontrastierung des Vulgären mit dem Erhabenen, die für komisch-derbe Effekte sorgt, zum Beispiel dann, wenn der Erzähler in der Fabel von dem „Floh" (*Blocha*) den Musenanruf des heroischen Epos verwendet: „Oh, Kalliope, singe zum ewigen Ruhme des Flohs", und dabei seinen Titel-„Helden" mit der Göttin Minerva (und sich selbst mit Jupiter) auf eine Stufe stellt, wobei Minerva zu einer „Bojarin", „Gräfin" und „Fürstin" russifiziert wird:

Минерва, вестно всем, богиня не плоха:
Она боярыня, графиня, иль княгиня,
И вышла из главы Юпитера Богиня:
Подобно из главы идет моей блоха.[76]

Wie jeder weiß, ist Minerva keine üble Göttin: / Sie ist eine Bojarin, Gräfin oder Fürstin, / Und entsprang dem Haupt des Jupiter als Göttin: / Auf dieselbe Weise kommt der Floh aus meinem Haupt.

In seinen Fabeln bietet Sumarokov dem Leser Prügelszenen: „Visagen" oder „Schnauzen", Lippen und Zähne werden eingeschlagen; in Kaschemmen betrinken sich die Protagonisten und „grölen" ihre Lieder; es ist die Rede von „Tölpeln", „alten Knackern", „Widerlingen" und „Hundesöhnen": Jener „Reichtum" der nationalen Literatursprache, von dem in der Epistel „Über die russische Sprache" die Rede war, verwirklicht sich bei Sumarokov nicht nur in den hohen und mittleren, sondern auch in den niederen Gattungen, vor allem in der Fabel. Das Vulgäre erscheint so als rechtmäßiger Bestandteil „unserer schönen Sprache".

In Sumarokovs Fabeln verbindet sich das Vulgäre oft genug auf eine Weise mit dem Komischen, die über jeden lehrhaften oder polemischen Zweck hinausgeht, wie zum Beispiel in der Fabel von der „Schlange und dem Bauern" (*Zmeja i mužik*). Eine Schlange, die im Frost erstarrt ist, wird von einem mitleidigen Bauern gefunden und gewärmt. Kaum sind ihre Lebensgeister erwacht, stürzt sie sich auf ihren Wohltäter, dem es jedoch gelingt, das undankbare Tier mit seiner Axt zu töten. So liest man es auch bei La Fontaine (*Le villageois et le serpent*). Der Unterschied liegt im Stil. Bei La Fontaine herrscht der Grundsatz erzählerischer Ökonomie – Sumarokov dagegen ergeht sich in einem Wortschwall. Der einfache Sachverhalt, daß die Schlange im Frost erstarrt ist, wird durch den schwatzhaften Erzähler mit allerlei komischen Einzelheiten und Abschweifungen unmäßig aufgebläht, ohne daß dabei ein Bezug zur moralischen Lehre zu erkennen wäre.

Die Fabel beginnt mit einem Überbietungsvergleich: Schlimmer als der Biß einer Schlange ist der russische Frost. Aus der Sicht von Sumarokovs rationalistischer Poetik kann der Biß einer Schlange jedoch nur mit dem Biß eines anderen Lebewesens verglichen werden – die im Deutschen geläufige Vorstellung vom 'beißenden Frost' erscheint so als widersinnig. Auf andere Art gilt dasselbe für den nun folgenden und wiederum überbietenden Vergleich des russischen Frosts mit dem „französischen", „griechischen" und „römischen" Frost, ein Vergleich, der durch die Bezugnahme auf denselben Fabelstoff bei Äsop, La Fontaine und Phaedrus motiviert ist. Im Dienst des Komisch-Absurden steht auch die Ver-

---

[76] SUMAROKOV, PSS (1787), Bd. VII, S. 22 f., hier S. 22.

menschlichung der Schlange: Der Frost ist so stark, daß ihr nicht nur der Schwanz, sondern auch die „Stirn" erstarrt (in einer anderen Fabel hebt eine Schlange ihre „Augenbrauen"; dasselbe tut an wiederum anderer Stelle auch ein Floh); es ist die Rede von erfrorenen „Lippen" und klappernden „Zähnen". Die Pseudo-Logik des Reimes bringt sich zur Geltung: Der Schlange klappern die Zähne (zuby), denn sie trägt keinen „Pelz" (šuby). Und warum hat sie keinen Pelz? Weil Schlangen kein Geld haben und nicht jedermann bereit ist, umsonst einen Pelz herzugeben – Sumarokovs Fabeldichtung steigert sich hier zur Unsinnpoesie:

Змея и мужик

Змея ползла:
И как она ни зла,
И жестока укуской;
Но зляй ее мороз;
Гораздо от нево бывает больше гроз.
Замерз червяк: мороз был ето Русской
Не Греческой и не Французской,
Не Римской; в истинну мороз был ето Русской:
Пусть Федр о том писал, Делафонтен, Есоп:
Застыл у червяка и хвост и лоп [sic];
Так Русской был мороз: могли замерзнуть губы,
И барабанить зубы:
Змея была без шубы;
У змей и денег нет:
А шубы вить не всяк безденежно дает.
В лесу, рубя дрова, ее мужик увидел: [...][77]

Die Schlange und der Bauer // Die Schlange kroch: / Und wie böse sie auch ist / Und wie arg ihr Biß; / So ist der Frost doch ärger als sie; / Von ihm erlebt man noch viel Schlimmeres. / Der Schlangenwurm ist vor Kälte erstarrt: / Das war ein russischer / Und nicht etwa ein griechischer oder ein französischer Frost, / Und auch kein römischer; das war wirklich ein russischer Frost; / Mag auch Phaedrus darüber geschrieben haben oder La Fontaine oder Äsop: / Dem Schlangenwurm sind Schwanz und Stirn eingefroren; / Das war ein russischer Frost: Die Lippen drohten einzufrieren / Und die Zähne zu klappern; / Die Schlange war ohne Pelz; / Schlangen haben auch kein Geld. / Und ohne Geld bekommt man nicht so leicht einen Pelz. / Im Wald erblickte sie ein Bauer, der Holz hackte: [...].

---

[77] SUMAROKOV, PSS (1787), Bd. VII, S. 344 f., hier S. 344.

KAPITEL 11
DIE ZWEITE GENERATION
DES RUSSISCHEN KLASSIZISMUS

Die Sumarokov-Schule

Die Autoren der „Sumarokov-Schule"[1] waren durchweg Adlige; ebenso wie Sumarokov besuchten einige von ihnen das Petersburger Kadettencorps. Spätestens in den 1750er Jahren schrieben sie ihre ersten Werke. Seit den 1760er Jahren traten sie als eine Gruppe in Erscheinung, die nicht mehr in Sankt Petersburg, sondern in Moskau zu Hause war, im Umfeld der neuen Universität. Den Mittelpunkt dieser Gruppe bildete M. M. Cheraskov, zu ihr gehörten A. A. Rževskij, V. I. Majkov, I. F. Bogdanovič, die Brüder A. V. und S. V. Naryškin, A. A. Nartov und andere. Sie folgten nicht nur einer gemeinsamen literarischen Richtung, sondern bedachten sich auch gegenseitig mit poetischen Sendschreiben, womit sie sich als Mitglieder eines Gesinnungs- und Freundschaftsbundes darstellten. Ihre gemeinsame Plattform war die Zeitschrift *Poleznoe uveselenie* („Nützliche Erheiterung", 1760–1762), die von Cheraskov an der Moskauer Universität herausgeben wurde. Es folgten die Zeitschriften *Nevinnoe upražnenie* („Unschuldige Beschäftigung", 1763), *Svobodnyja časy* („Freie Stunden", 1763) und *Dobroe namerenie* („Gute Absicht", 1764).

Die Autoren der *Poleznoe uveselenie* folgten Sumarokov, gingen aber auch eigene Wege. Auffällig ist insbesondere eine Neigung zum Lehrhaft-Erbaulichen, die sich gerne in Form einer lyrischen Betrachtung äußerte. Cheraskov schrieb meditative Oden; außerdem erschienen umfangreiche Lehrgedichte[2]. Von demselben Cheraskov stammt ein Poem über die „Früchte der Wissenschaften" (*Plody nauk*, 1761); ihm folgte Bogdanovič mit seinem Poem über die „Wahre Glückseligkeit" (*Suguboe blaženstvo*, 1765). Kennzeichnend in dieser Hinsicht ist auch die Umgestaltung der anakreontischen Ode, einer Gattung, die sich seit jeher mit der Thematik des heiteren Lebensgenusses verband – 'Wein, Weib und Gesang'. In den anakreontischen Oden des Cheraskov-Kreises geht es dagegen um das tugendhafte Leben, die Freundschaft, den Nutzen einer guten Erziehung, die Familie und das Lob des Landlebens. Das Profil der Gattung bestimmt sich jetzt nicht mehr durch das Thema, sondern durch die Versform – eine reimlose kurze

---

[1] Vgl.: GUKOVSKIJ, Lomonosov, Sumarokov, škola Sumarokova.
[2] Vgl.: JEKUTSCH, Das Lehrgedicht.

Verszeile (meist im dreifüßigen Jambus), deren Einheit durch syntaktische Parallelismen und andere Formen der Wiederholung gesichert wird[3]. Eine weitere Entwicklungstendenz der 1760er Jahre zeigt sich bei A. A. Rževskij (1737–1804)[4]. In seinen Gedichten vernachlässigt er das klassizistische Ideal der 'Natürlichkeit' und bevorzugt Formen von betont artifiziellem und ornamentalem Gepräge. Eine Fabel Rževskijs hat zum Teil die druckgraphische Form eines Rhombus. In einem seiner Sonette können die jeweils ersten und zweiten Hälften der Verszeile für sich gelesen werden und bilden so zwei weitere Gedichte. In anderen Gedichten Rževskijs findet man Kaskaden symmetrischer Satzgebilde etc. Solche poetischen Kunststücke, die den Leser zum Staunen bringen sollen und für die Barockdichtung kennzeichnend sind, hatte Feofan Prokopovič im Sinn, als er in seiner Rhetorik vor dem „kuriosen Stil" warnte: Das sei „in unserer Zeit eine sehr verbreitete Krankheit"[5]. Ähnliche Stilerscheinungen kann man seit Ende der 1760er Jahre in den Eklogen Sumarokovs beobachten[6]: Offenbar war es der betont fiktive Charakter der Schäferwelt, der diese Abwendung von der 'Natürlichkeit' nahelegte. Erneut zeigt sich damit das Fortleben der Barocktradition im Gattungssystem des russischen Klassizismus.

Majkov und die Burleske

Vasílij Ivánovič Májkov (1728–1778) stammte aus einer angesehenen Adelsfamilie. Seine Eltern hielten es jedoch nicht für notwendig, ihm eine abgeschlossene Schulbildung zu geben; unter den russischen Autoren seiner Zeit ist Majkov einer der wenigen, wenn nicht der einzige, der keine Fremdsprache beherrschte[7]. 1747 begann er seine militärische Laufbahn in einem der Petersburger Garderegimenter, wo auch sein Vater diente, und brachte es ebenso wie dieser zum Range eines Hauptmanns. Der Dienst war nicht drückend, und Majkov hatte genug Zeit für seine Bildungsinteressen. In diesen Jahren knüpfte er die ersten Kontakte zu Sumarokov und dessen Anhängern. Zum Jahresende 1761 quittierte Majkov den Dienst und verlegte seinen Wohnsitz nach Moskau. Dort schloß er sich dem

---

3   Vgl.: G. A. GUKOVSKIJ, Ob anakreontičeskoj ode. In: DERS., Rannie raboty, S. 117–156; D. SCHENK, Studien zur anakreontischen Ode in der russischen Literatur des Klassizismus und der Empfindsamkeit. Frankfurt/M. 1972.
4   Vgl.: G. A. GUKOVSKIJ, Rževskij. In: DERS., Rannie raboty, S. 157–183; R. LAUER, Die lyrischen Experimente Rževskijs. In: *Zeitschrift für Slawistik* 36 (1991), S. 544–562. Eine Buchausgabe von Rževskijs Werken fehlt, vgl. jedoch die Anthologie *Poéty XVIII veka*, Bd. I, S. 189–298. Vgl. auch: C. L. DRAGE, Russian Word-Play Poetry from Simeon Polotskii to Derzhavin. Its Classical and Baroque Context. London 1993.
5   F. PROKOPOVIČ, De Arte rhetorica libri X. Hrsg.: R. Lachmann; B. Uhlenbruch. Köln–Wien 1982, S. 39.
6   KLEIN, Die Schäferdichtung, S. 104 ff.
7   Zur Biographie vgl.: L. N. MAJKOV, Vasilij Ivanovič Majkov. In: DERS., Očerki iz istorii russkoj literatury XVII i XVIII stoletij. SPb. 1889, S. 252–309; JU. V. STENNIK, Majkov Vasilij Ivanovič. In: *Slovar' russkich pisatelej XVIII veka*, Bd. II, S. 258–261.

Schriftstellerkreis um Cheraskov an; seine ersten Gedichte erschienen in den Zeitschriften *Poleznoe uveselenie* und *Svobodnyja časy*. 1766 trat Majkov in den Zivildienst ein und brachte es zum Range eines Staatsrats (5. Rangstufe). Wie überliefert ist, wurde er in den Kreisen der Guten Gesellschaft, in denen er nun verkehrte, nicht gerne auf sein Dichtertum hin angesprochen[8]. Das wirft ein Licht auf das geringe Ansehen des Schriftstellers in der russischen Adelsgesellschaft des 18. Jahrhunderts: Nicht seine literarischen Leistungen empfand Majkov für seine soziale Position als maßgeblich, sondern Dienstrang und adlige Herkunft.

„Elisej oder der erzürnte Bacchus"

Als Dichter gab sich Majkov nur unter Dichtern. Mit der Rückhaltlosigkeit des Autodidakten bewunderte er Sumarokov; in den literarischen Auseinandersetzungen der 1760er – 1770er Jahre versäumte er kaum eine Gelegenheit, ihm seine Anhänglichkeit zu bekunden. Ebenso wie Sumarokov pflegte er möglichst viele Gattungen, wobei dessen Einfluß in den Fabeln besonders deutlich hervortritt. Sein literarisches Ansehen verdankte Majkov jedoch einer Gattung, die Sumarokov in der Epistel „Über die Verskunst" theoretisch zwar vorgesehen, aber selber nicht gepflegt hatte – dem komisch-heroischen Epos, der wichtigsten Spielart der Burleske[9]. Nach seinem *Igrok lombera* („Der Lomberspieler", ersch. 1763), einer kleineren Burleske über das Kartenspielen, erschien 1771 sein Hauptwerk, das komisch-heroische Poem *Elisej, ili razdražennyj vakch* („Elisej oder der erzürnte Bacchus"). Gegenstand der burlesken Parodie ist hier die *Aeneis*, das heroische Epos des Vergil. Damit tritt Majkov in die Fußstapfen von Paul Scarron (1610–1660), der mit seinem *Virgile travesti* in Frankreich seinerzeit eine wahre „burlescomanie" ausgelöst hatte. Gleichzeitig hält sich Majkov treu an das Sumarokovsche Programm der Gattung. Ein Zeitgenosse hebt denn auch lobend hervor, der *Elisej* sei in Rußland das erste „korrekte scherzhafte [...] Poem"[10].

---

[8] MAJKOV, Vasilij Ivanovič Majkov, S. 42.
[9] Vgl.: G. N. ERMOLENKO, Russkaja komičeskaja poėma XVIII – načala XIX vv. i ee zapadnoevropejskie paralleli. Smolensk 1991, und A. VAČEVA, Poėma-burlesk v russkoj poėzii XVIII veka. Sofija 1999. Eine Sammlung von Texten findet man in: *Iroi-komičeskaja poėma*. Red. i primečanija B. V. Tomaševskogo. Vstup. stat'ja V. A. Desnickogo. L. 1933. Grundlegend zu Majkov: M. SCHRUBA, Studien zu den burlesken Dichtungen V. I. Majkovs. Wiesbaden 1997; vgl. ferner: M. DI SALVO, V. I. Majkov na puti k russkoj iroi-komičeskoj poėme. In: *Ricerche Slavistiche* 39–40 (1992–1993), S. 461–473, und J. KLEIN, A Revolt against Polite Manners: V. Maikov's Burlesque Poem *Elisei ili razdrazhennyi Vakkh*. In: *Russian Society and Culture and the Long Eighteenth Century. Essays in Honour of Anthony G. Cross*. Münster 2004, S. 131–142. – Eine Gesamtausgabe von Majkovs Werken fehlt. Die beste Auswahl bietet immer noch: V. I. MAJKOV, Sočinenija i perevody. Hrsg.: P. A. Efremov. SPb. 1867. Leichter zugänglich ist jedoch die Ausgabe V. I. MAJKOV, Izbrannye proizvedenija. Hrsg.: A. V. Zapadov. M.–L. 1966; auf sie beziehen sich im weiteren die eingeklammerten Seitenangaben des Haupttextes.
[10] N. NOVIKOV, Opyt istoričeskago slovarja o rossijskich pisateljach. M. 1987 (Faksimile der Ausgabe SPb. 1772), S. 133–135, hier S. 134.

Mit seinen vielfältigen Abschweifungen und Episoden ist der Handlungsaufbau des *Elisej* verworren – wie man schon an der Sumarokovschen Fabel gesehen hat, verliert das Gebot der kompositorischen Einheit in den niederen Gattungen des russischen Klassizismus seine Gültigkeit: Hier wird eine Welt dargestellt, in der Vernunft und Ordnung ihr Recht verloren haben. Bacchus, der Gott des Weines, beklagt sich bei Zeus über die Branntweinpächter: Diese hätten ihre Preise dermaßen erhöht, daß sich auf Erden niemand mehr einen Rausch leisten könne. Bacchus will diese Missetäter bestrafen, und da kommt ihm der Kutscher Elisej, ein unerschrockener Raufbold und Saufaus, gerade recht – er befiehlt ihm, in die Keller der Branntweinpächter einzubrechen und deren Schnapsvorräte zu vertilgen. Nach mancherlei Um- und Abwegen erledigt Elisej diesen Auftrag mit solchem Eifer, daß er das Mißfallen des Zeus und der übrigen Götter erregt und zur Strafe unter die Soldaten gesteckt wird.

Nach Sumarokovs Theorie der Burleske kann man im *Elisej* zwei Ebenen der Darstellung unterscheiden. Auf der einen werden 'hohe' Gegenstände in eine 'niedere' Stilsphäre von trivialen oder vulgären Ausdrücken und Motiven versetzt (für diese Variante hatte Sumarokov in seiner Epistel „Über die Verskunst" ausdrücklich „sehr niedrige Wörter" vorgesehen[11]). Das betrifft diejenigen Stellen des Poems, deren Schauplatz der Olymp ist. Zeus ist hier die Hauptfigur. Als Bacchus sich mit seiner Klage an ihn wendet, ist er, „der Herrscher der Gebirgshöhen und des wolkenbedeckten Firmaments", gerade aus seinem Rausch erwacht und läßt einen Furz, der seiner Gattin Juno in die Nase steigt. Sie reagiert mit der spöttischen, in volkstümlichem Russisch gehaltenen Frage, ob der gute Zeus wohl „ein bißchen zuviel Nektar" getrunken habe: „Znat', sliškom, bat'ka moj, nektarca ty iskušal?" (S. 83). Dieser Zeus, der sich später über das Treiben des Elisej entrüsten wird, ist nicht nur ein Trunkenbold, sondern auch ein Sexualprotz, der mit seinem abwechslungsreichen Liebesleben und seiner zahlreichen Nachkommenschaft prahlt – ein Wunder, daß ihm nach all diesen amourösen Anstrengungen nicht das Kreuz wehtue.

Die zweite Darstellungsebene von Majkovs Burleske ist das irdische Leben, es geht um die vielfältigen Abenteuer des Elisej. Durch solche Verfahren wie den Musenanruf und den Vergleich mit Helden des klassischen Epos wird immer wieder die Kontrastsphäre des hohen Stils vergegenwärtigt. Kirchenslavische Wendungen und Formen, darunter auch solche, die sonst nur selten verwendet werden, erfüllen dieselbe Aufgabe: der Vokativ („otče moj"), der Dual („očesa", „ušesa"), das Hilfsverb 'sein' in der ersten Person Singular („ja esm'") und der dativus absolutus[12]. Außerdem verwendet Majkov ausgiebig Elemente des niederen Stils, nicht selten Vulgarismen. So kommt es immer wieder zum komischen Zusammenstoß von Wendungen gegensätzlicher Stilhöhe.

---

[11] SUMAROKOV, Izbrannye proizvedenija, S. 123.
[12] Näheres bei KLEIN; ŽIVOV, Zur Problematik und Spezifik des russischen Klassizismus, S. 260–262.

Die Parodie auf die *Aeneis* beherrscht die ersten drei der insgesamt fünf Gesänge von Majkovs Poem. Nach einer Prügelei im Wirtshaus muß Elisej ins Gefängnis – das entspricht Aeneas' Gang in die Unterwelt. Nachdem Elisej mit Hilfe des Götterboten Hermes aus dem Gefängnis freigekommen ist, gerät er in ein Arbeitshaus für sittenlose Frauenzimmer und beginnt dort ein Liebesverhältnis mit der ältlichen Aufseherin; dies ist das burleske Gegenstück zu der tragischen Liebesgeschichte von Aeneas und Dido. Elisej erzählt der Geliebten von einer Massenprügelei in seiner ländlichen Heimat – das ist der Kampf um Troja, von dem Aeneas Dido nach seiner Ankunft in Karthago berichtet.

Man könnte diese Aufzählung burlesker Entsprechungen fortsetzen: Die Nähe zu Scarron, den Majkov zu Beginn des Ersten Gesangs ausdrücklich als sein Vorbild nennt (S. 77), ist nicht zu übersehen. Jedoch stellt sich die Frage nach der möglichen Wirkung. In Scarrons Frankreich war Vergil unter den Autoren der klassischen Antike der berühmteste. Er gehörte zum eisernen Pensum des Schulunterrichts, es gab kaum einen gebildeten Franzosen, der seinen Vergil nicht gekannt hätte – aus dem Lateinunterricht oder aus einer der zwölf Übersetzungen, die in der ersten Hälfte des 17. Jahrhunderts in Frankreich gedruckt wurden.

Freilich war Vergil auch in Rußland nicht ganz unbekannt. Ein Echo seines Ruhmes vernimmt man in den Anmerkungen, mit denen Sumarokov seine Epistel „Über die Verskunst" versehen hat. Vergil sei ein „hochbedeutender römischer Dichter", dessen Werke durchweg „sehr berühmt" seien und dessen „Aeneiden" (sic: „Ėneidy") in dem Ruf stünden, die „beste Dichtung der Welt zu sein"[13]. Der Plural „Aeneiden" läßt vermuten, daß Sumarokov diese „beste Dichtung der Welt" nur vom Hörensagen kannte. Immerhin hatte er damit einen Vorsprung vor dem Publikum, das er voraussetzt und dessen völlige Unkenntnis er unterstellt. Dies allerdings nicht ganz zu Recht, denn die Zöglinge der Priesterschulen, etwa der Geistlichen Akademie zu Moskau, an der auch Trediakovskij und Lomonosov studiert hatten, besaßen sehr wohl Kenntnisse der klassischen Antike. Aber das waren nicht die Leser, die Sumarokov im Auge hatte – er schrieb nicht für Popen, sondern für seine adligen Standesgenossen. Majkovs *Elisej* ist jedoch viel später erschienen – dreiundzwanzig Jahre nach der Sumarokovschen Epistel. In dieser Zeit hatte sich die Bildungssituation in Rußland verbessert. Es waren auch Versuche unternommen worden, Vergil ins Russische zu übertragen: 1769 erschien das I. Buch der *Aeneis* in der Übersetzung von V. Sankovskij, im Jahr darauf die ersten sechs Bücher der *Aeneis* in der Übersetzung von Vasilij Petrov.

Majkov kannte die Übersetzung Petrovs nur allzu gut, mehrfach nimmt er in seinem *Elisej* ihren Stil satirisch aufs Korn (was von Undankbarkeit zeugt, denn wahrscheinlich bezog Majkov, der weder Latein noch Französisch konnte, seine Vergil-Kenntnisse aus dieser Quelle). Seit Mitte der 1760er Jahre war Petrov in Rußland ein bekannter Dichter, der sich in der Gunst der Zarin sonnte. Wie wir schon wissen, wurde er bei Hofe als „zweiter Lomonosov" gepriesen – sehr zum

---

13 SUMAROKOV, Izbrannye proizvedenija, S. 126.

Mißvergnügen Sumarokovs und seiner Anhänger, die nach dem Tode des 'ersten Lomonosov' 1765 hofften, das Feld der russischen Literatur allein zu beherrschen. Der Spott, den Majkov in seinem *Elisej* mit Petrov treibt, konnte daher auf Beifall rechnen.

Insgesamt spielt diese Literatursatire bei Majkov jedoch keine vorherrschende Rolle – viel wichtiger ist der burleske Bezug auf Vergil. Erneut rückt damit Scarron ins Blickfeld. Der parodistische Erfolg des *Virgile travesti* verdankte sich dem außerordentlichen Ansehen, das Vergil nicht nur in Frankreich genoß, sondern auch in Westeuropa, besonders bei den Schulfüchsen. Als ehemalige Zöglinge eines Oratorianer- oder Jesuiten-collège hatten sich Generationen französischer Leser mit dem schwierigen Text des Vergilschen Originals gequält. Umso größer war das Vergnügen, das sie beim Lesen von Scarrons Parodie empfinden mußten. Daß Vergil ein großer Dichter war, stand außer Frage – Scarrons Burleske ist keine Literatursatire. Über dem *Virgile travesti* konnte sich der Leser aber von der Autorität des approbierten Klassikers entlastet fühlen und humoristischen Abstand gewinnen. Im Grunde spekuliert Scarron auf die aufsässige Reaktion eines geplagten Schuljungen, und die Resonanz, die er mit seiner Vergilparodie gefunden hat, gibt ihm darin Recht.

In Rußland war an derlei nicht zu denken, dafür fehlten die Voraussetzungen. Sofern also Majkovs Parodie auf Vergil und die *Aeneis* zielt, geht sie ins Leere. Sie erklärt sich aus dem Bestreben des Dichters, bei dieser ersten 'korrekten' Burleske der russischen Literatur nur ja auch alles richtig zu machen. Umso nachdrücklicher stellt sich die Frage, warum Majkov mit seinem *Elisej* beim russischen Publikum so erfolgreich war.

Zunächst gilt es hervorzuheben, daß die Parodie des *Elisej* nicht allein auf das heroische Epos zielt. Im IV. Gesang findet man eine längere Passage mit einem locus amoenus. Die Wipfel der Bäume spiegeln sich im klaren Wasser der Bäche, die zwischen grünen Büschen dahinfließen, und Schäfer spielen auf ihren Schalmeien. Der Leser ist nun auf eine sanfte Liebeszene eingestellt. Anstelle dessen muß er mitansehen, wie zwei Wüstlinge eine schreiende junge Frau verfolgen, die Ehefrau des Elisej. Eine Prügelszene schließt sich an, und Elisej bleibt als Sieger auf der Wallstatt.

Die Gattung, die hier parodiert wird, ist nicht mehr die hohe, sondern die mittlere Dichtung – die schäferliche Ekloge, eine Gattung, die Majkov selber gepflegt hatte. Mit seinem Spott auf die antike Götterwelt geht Majkov auch über das Literarische hinaus. Die Mythologie der klassischen Antike war dem russischen Publikum nicht nur aus der Dichtung wohlbekannt[14]. Peter I. hatte sich um die Verbreitung mythologischer Kenntnisse in Rußland bemüht – das war ein Teil seiner Europäisierungspolitik. Die antike Mythologie gehörte zum offiziellen Zarenkult, man kannte sie aus feierlichen Umzügen in den Straßen der beiden Hauptstädte, aus Feuerwerken und Illuminationen, aus den Abbildungen auf

---

[14] Vgl.: ŽIVOV, USPENSKIJ, Metamorfozy antičnogo jazyčestva.

Triumphbögen, aus der Druckgraphik und aus der panegyrischen Predigt oder Prunkrede. In solchen Werken erschien Peter I. als russischer Herkules oder Mars, die Zarin Elisabeth wurde auf Grund ihrer Jagdleidenschaft gerne mit der Göttin Diana verglichen, und Katharina II. schließlich war Minerva, die Göttin der Weisheit (dies mit mehr Recht als die Zarin Elisabeth, die ebenfalls Minerva genannt wurde). Mit seiner Parodie auf die klassische Mythologie verspottete Majkov auch ein Stück amtlicher Kultur.

Als Gegenstand von Majkovs Parodie haben die literarischen Gattungen des heroischen Epos und der Schäferdichtung eine wichtige Gemeinsamkeit mit dem mythologischen Apparat zarischer Selbstdarstellung: Es ist ihr westeuropäisches Gepräge und ihre Herkunft aus der petrinischen Kulturrevolution. Wie schon hervorgehoben, ging es Peter nicht nur um die Übertragung der technischen und organisatorischen Errungenschaften Westeuropas nach Rußland. Er wollte auch die Lebenseinstellung seiner Untertanen verändern. Der 'neue Mensch', der in Rußland geschaffen werden sollte, hatte nicht nur wie ein Westeuropäer zu denken, sondern er sollte auch dessen äußerlichen Habitus übernehmen, sich entsprechend kleiden und benehmen – das offizielle Leitbild des Verhaltens war nun nicht mehr das altrussische blagočestie, sondern die westeuropäische politesse; Rückfälle in die altrussische Lebensart galten als barbarisch. Den Kodex dieser neuen Verhaltensnormen findet man in den Benimmbüchern des 18. Jahrhunderts, besonders im „Ehrenwerten Jugendspiegel". Zwar gibt es hier nicht wenig Anweisungen, die, für sich genommen, auch bei den Anhängern des alten Rußland Anklang finden mußten, wie etwa die breit ausgeführten Mahnungen, Vater und Mutter zu ehren. Im Gesamttext des „Jugendspiegel" fügt sich derlei jedoch zu einem westeuropäischen Verhaltensideal.

Damit rückt ein weiterer Funktionsaspekt der Majkovschen Burleske ins Blickfeld: Im *Elisej* geht es nicht nur um die Verletzung des literarischen Dekorums, des harmonischen Verhältnisses von res und verba, sondern allgemein auch um die Verletzung der guten – westeuropäischen – Sitten. Das gilt umso mehr, als der russische Leser meistens nicht im Stande war, die Vergil-Parodie zu verstehen. Von der skatologischen Motivik des *Elisej* war schon die Rede. Die Passage zu Beginn des III. Gesanges, in der Elisej vom Tode seiner Mutter erzählt, enthält ein weiteres Motiv dieser Art, ganz zu schweigen von den pietätlosmakabren Scherzen, die man hier vernimmt. Außerdem bietet das Poem Sauf- und Prügelszenen, die mit Behagen ausgebreitet werden. Auch an derber Erotik läßt Majkov es nicht fehlen, und er scheut sich nicht, auf die obszönen Gedichte der Barkoviana anzuspielen[15]; hierauf komme ich noch zurück. Mit Michail Bachtin könnte man sagen: Was in Majkovs Burleske stattfindet, ist ein karnevalistisches Aufbegehren gegen die guten Sitten und das offizielle Menschenbild

---

[15] SCHRUBA, Studien zu den burlesken Dichtungen V. I. Majkovs, S. 98–107 („Barkov-Zitate im *Elisej*").

westeuropäischer Prägung, das auf diese Weise zum Gegenstand einer „fröhlichen Relativierung" gemacht wird.

Dieser Aufstand gegen die guten Sitten verbindet sich im *Elisej* mit den Formen der russischen Volkslebens, so wie es auch auf den Volksbilderbögen (lubok) dargestellt wird. Elisej beginnt sein tolles Treiben in der Butterwoche, dem russischen Karneval. Vielfach ist von Verkleidung die Rede, und auch die Bärenhatz und der Faustkampf gehören zum russischen Karneval. Dasselbe gilt für die erotischen Motive des *Elisej*: Ebenso wie in Westeuropa ist der Karneval in Rußland eine Zeit der sexuellen Freiheit. Zum Karneval gehört nicht nur die betrunkene Menge im I. Gesang, sondern auch die Gestalt des Bacchus – er verkörpert ja geradezu die karnevalistische Perspektive des Poems. Bei Majkov wird diese Figur der niederen Mythologie für die russische Volkskultur gewissermaßen kooptiert[16]; dies in betontem Gegensatz zu den Gestalten der hohen Mythologie, insbesondere auch zur Göttin Ceres, die als moralische Gegenspielerin des Bacchus auftritt, als Verkörperung von Ordnung und Vernunft.

Wie an der Gestalt der Ceres deutlich wird, fällt es Majkov als adligem Autor des 18. Jahrhunderts und 'russischem Europäer' nicht ganz leicht, sich rückhaltlos zu dem volkstümlich-karnevalesken Element seines Poems zu bekennen. In satirischen Abschweifungen belehrt er seine Leser, daß die Teilnehmer am ausgelassenen Treiben doch nur „Pöbel" seien – „Ignoranten" und „hirnlose Bauern" (S. 79, 129, 131). Auch darin, daß Elisej zur Strafe schließlich Soldat werden muß, äußert sich eine lehrhafte Absicht. Andererseits ist jedoch die Lust nicht zu verkennen, mit der Majkov seinen Helden im I. Gesang vorstellt und später seine Taten schildert:

> Меж прочими вошел в кабак детина взрачный,
> Картежник, пьяница, буян, боец кулачный,
> И словом, был краса тогда Ямской он всей,
> Художеством ямщик, названьем Елисей;
> Был смур на нем кафтан и шапка набекрене,
> Волжаный кнут его болтался на колене,
> Который пьяный дом лишь только посетил,
> Как море пьяных шум мгновенно укротил; (S. 79)

Zusammen mit anderen betrat ein tüchtiger Bursche die Kaschemme, / Ein Kartenspieler, Saufaus, Krakeler und Raufbold, / Er war, mit einem Wort, die Zierde der ganzen Jamskaja-Straße, / Seines Zeichens Kutscher, seines Namens Elisej; / Er trug einen dunklen Rock, und seine Mütze saß ihm keck auf dem Kopf, / Am Knie hing ihm die Peitsche mit dem Weidengriff, / Und kaum hatte er die Schänke betreten, / Bezähmte er augenblicklich das Meer der lärmenden Trinker.

---

[16] Zur Gestalt des Bacchus in der russischen Kultur des 18. Jahrhunderts vgl. A. EBBINGHAUS, Obraz Bachusa v kontekste russkoj kul'tury XVIII – načala XIX vekov. In: *Reflections on Russia in the Eighteenth Century.* Hrsg.: J. Klein; S. Dixon; M. Fraanje. Köln–Weimar–Wien 2001, S. 186–199.

All dies steht im Zeichen des volkstümlich-russischen udal'stvo. Aus dieser Sicht, die in weiten Partien des *Elisej* vorherrscht, verlieren die Bezeichnungen „Kartenspieler, Saufaus, Krakeler und Raufbold" ihre negative Färbung; man hört vielmehr einen Unterton von Bewunderung – was hier stattfindet, ist eine wiederum karnevaleske Verkehrung der Wertakzente.

Majkov befindet sich in einem Zwiespalt: Äußerlich ganz europäisiert und Anhänger der petrinischen Reformen, kann er die Nähe zu den volkstümlichen Traditionen seines Landes nicht verleugnen. Daß er diese verpönte Neigung in seinem *Elisej* zur künstlerischen Entfaltung gebracht hat, begründet seinen Erfolg: Offensichtlich hat er bei seinen Landsleuten damit einen Nerv getroffen. Allerdings war dieser Erfolg nicht von langer Dauer. Zwar konnte noch Puškin an der Komik des *Elisej* seine Freude haben, aber dem jungen Belinskij war schon das Lachen vergangen: Für ihn besteht die Leistung Majkovs vor allem darin, daß er mit seiner Burleske „nicht wenig zur Verbreitung des schlechten Geschmacks in Rußland beigetragen" habe[17].

Barkov und die obszöne Burleske

Wie schon hervorgehoben, gibt es in Majkovs *Elisej* eine Reihe von versteckten Zitaten aus jenen obszön-burlesken Gedichten, die man in Rußland mit dem Namen des notorischen Iván Seměnovič Barkóv (1732–1768) verbindet[18]. Barkov war Sohn eines Priesters, er studierte zunächst am Geistlichen Seminar zu Petersburg und wechselte dann zur Universität der Akademie, wo er bei Lomonosov Vorlesungen über Poetik hörte. Nach Abschluß seiner Studien versah er untergeordnete Tätigkeiten, unter anderem machte er für Lomonosov Schreibarbeiten. Aber Barkov lebte auch für die Literatur, er besorgte die erste russische Ausgabe von Kantemirs Satiren, und er trat mit Übersetzungen aus dem Lateinischen hervor (die Satiren des Horaz, die Fabeln des Phaedrus), wozu er durch sein Studium am Geistlichen Seminar gut vorbereitet war.

Den Zeitgenossen und der Nachwelt hat sich Barkov jedoch mit einer anderen Art von Literatur eingeprägt. Wenn Majkov zu Beginn seines *Elisej* Scarron apostrophiert, dabei auf den Gott der Fruchtbarkeit zu sprechen kommt und vom „prächtigen Thron des wollüstigen Priap" spricht, dann meint er nicht den französischen, sondern den 'russischen Scarron', er denkt an Barkov und dessen obszön-burleske Gedichte: Majkov kokettiert mit der Nähe zum Anrüchigen und

---

[17] V. G. Belinskij, Polnoe sobranie sočinenij. Bd. I. M.–L. 1953, S. 20–104 (*Literaturnye mečtanija*, 1834), hier S. 53.

[18] Zur Biographie vgl.: E. S. Kuljabko; N. V. Sokolova, Barkov – učenik Lomonosova. In: *Lomonosov. Sbornik statej i materialov*. Bd. 6. M.–L. 1965, S. 190–216; V. P. Stepanov, Barkov Ivan Semenovič. In: *Slovar' russkich pisatelej XVIII veka*, Bd. I, S. 57–62; N. Sapov, Ivan Barkov: Biografičeskij očerk. In: *Devič'ja igruška, ili Sočinenija gospodina Barkova*. Hrsg.: A. Zorin; N. Sapov. M. 1992, S. 17–36.

präsentiert seinen *Elisej* als eine nicht-obszöne und damit druckfähige Fortsetzung von Barkovs Werken.

Mit solchen Anspielungen bezieht sich Majkov auf eine ebenso anstößige wie auffällige Erscheinung der russischen Literaturgeschichte[19]. Es handelt sich um einen breiten Strom von Handschriften obszöner Dichtung, der um die Mitte des 18. Jahrhunderts einsetzte, im 19. Jahrhundert mächtig anschwoll und auch im 20. Jahrhundert nicht versickerte (an die Stelle der handschriftlichen trat nun die maschinenschriftliche Wiedergabe, bis dann in nachsowjetischer Zeit die legale Drucklegung in Rußland möglich wurde). Im 18. und in der ersten Hälfte des 19. Jahrhunderts trugen diese Handschriften oft den Titel *Devič'ja igruška* („Jungfernspielzeug") und wurden dem „Herrn Barkov" zugeschrieben.

In Wirklichkeit ist die Attribution dieser Gedichte in den weitaus meisten Fällen jedoch zweifelhaft. Nur von einigen wissen wir mit Sicherheit, daß sie aus Barkovs Feder stammen; die übrigen Texte sind Nachahmungen. Der Autorenname Barkov wandelt sich damit zum Gattungs- oder Markennamen, man spricht auch von 'Barkoviana'. Noch im 20. Jahrhundert wurde der Name Barkovs in dieser überpersönlichen Art verwendet, um das Interesse des Lesers anzuregen. Dabei gewann das Bild des Autors mythische Züge: Barkov erschien nicht nur als der Urvater pornographischer Dichtung in Rußland, sondern auch als russischer Priap: In seiner Person verkörperte sich die Vorstellung einer schrankenlosen und unermüdlichen Sexualität. Auf diesen Mythos bezieht sich ein Gedicht, das dem jungen Puškin zugeschrieben wird – *Ten' Barkova* („Barkovs Schatten"). Wie man hinzufügen kann, haben auch Lermontov und andere namhafte Autoren des 19. Jahrhunderts zum Fortleben der Barkoviana beigetragen.

Wenn diese Tradition der russischen (Sub-)Literatur Beachtung verdient, dann nicht nur deshalb, weil sie so außerordentlich verbreitet war, sondern auch wegen der Milde, mit der sie seinerzeit beurteilt wurde. Erneut gerät damit jene Duldsamkeit ins Blickfeld, mit der das adlige Publikum der beiden Hauptstädte im 18. Jahrhunderts dem Vulgären begegnete. In seinem *Elisej* fand der kaiserlich-russische Beamte Vasilij Majkov nichts dabei, Barkov öffentlich seine Sympathie zu bezeugen. Ein anderer Zeitgenosse nahm keinen Anstand, Barkov in einen Überblick über die russische Literatur aufzunehmen, der für das deutsche Publikum bestimmt war. Die Barkoviana erscheinen hier als eine Dichtung, in der sich der „fröhliche und muntere Sinn" des Autors kundtue. Allerdings bedauert der Autor, daß „stellenweise" (!) die Wohlanständigkeit verletzt werde[20]. Ähnlich

---

[19] Vgl. vor allem: M. SCHRUBA, Zur Spezifik der russischen obszönen Dichtungen des 18. Jahrhunderts (Barkoviana) vor dem Hintergrund der französischen Pornographie. In: *Zeitschrift für Slavische Philologie* 59 (2000), S. 47–65. Vgl. ferner: A. A. ILJUŠIN, Jarost' pravednych. Zametki o nepristojnoj russkoj poèzii XVIII–XIX vv. In: *Literaturnoe obozrenie* 11 (1991), S. 7–14; A. ZORIN, Ivan Barkov – istorija kul'turnogo mifa. In: *Devič'ja igruška*, S. 5–16; M. I. ŠAPIR, Barkov i Deržavin: Iz istorii russkogo burleska. In: A. S. PUŠKIN, Ten' Barkova. Teksty. Kommentarii. Èkskursy. Hrsg.: I. A. Pil'ščikov; M. I. Šapir. M. 2002, S. 397–457.

[20] *Nachricht von einigen russischen Schriftstellern, nebst einem kurzen Berichte vom russischen Theater*. In: *Neue Bibliothek der schönen Wissenschaften und der freyen Künste* 7 (Leipzig

liest man es in Novikovs Lexikon der russischen Schriftsteller von 1772: Barkovs „fröhlicher Charakter" und seine „Sorglosigkeit" hätten ihn veranlaßt, zahlreiche Gedichte „zu Ehren von Bacchus und Aphrodite" zu schreiben[21]. In einer weiteren Bestandsaufnahme der russischen Literatur, dem „Pantheon der russischen Autoren" von 1802, hatte Karamzin ebenfalls keine Bedenken, Barkov, den „russischen Scarron", der „eigenwillige und scherzhafte Gedichte" geschrieben habe, neben Lomonosov, Sumarokov und anderen als Autor der russischen Nationalliteratur anzuerkennen; dies nur mit der Einschränkung, daß Barkov mit dieser Art von Dichtung einen Weg beschritten habe, der nicht zum wahren Ruhm führen könne[22].

Derlei öffentliche Äußerungen über einen poeta laureatus obszöner Dichtung wären in Frankreich undenkbar gewesen: Es war eine Sache, sich im stillen Kämmerlein mit Pornographie zu vergnügen, es war eine andere, derlei im Druck gutzuheißen. Das galt umso mehr, als sich diese Art von Literatur in Frankreich mit der Vorstellung von religiöser Freigeisterei verband. Dieses subversive Element war den Liebhabern der russischen Pornographie fremd – anders wäre die Sympathie, die für Barkov geäußert wurde, auch unter der liberalen Herrschaft Katharinas II. kaum möglich gewesen. Erst im Übergang zum 19. Jahrhundert veränderte sich die Haltung zur Pornographie. Als der junge Puškin an die Tradition der Barkoviana anknüpfte, dann tat er das zu einer Zeit, als der Name Barkovs in guter Gesellschaft schon nicht mehr genannt werden durfte. Diese Art von Dichtung, die früher als ein – wenn auch nicht druckfähiger – Teil der Nationalliteratur galt, wurde nun verpönt. Damit zeigt sich dieselbe Tendenz zur Verengung des literarischen Spektrums im Namen ästhetisch-moralischer Wohlanständigkeit, die auch in der Geschichte der russischen Fabel und der Rezeption von Majkovs *Elisej* hervortritt.

Die obszöne Burleske à la Barkov geht auf ein französisches Vorbild zurück: Es ist die seinerzeit berühmte und berüchtigte *Ode à Priape* von Alexis Piron (1689–1773) – eines Autors, der zeit seines Lebens an den Folgen dieser Jugendsünde zu tragen hatte und dem es also nie gelang, seinen Namen vom Odium des Anrüchigen zu befreien. Pirons Ode wurde in Rußland mehrfach nachgeahmt, wobei es auch einen Übersetzungswettstreit gegeben haben soll. Wie sich im Titel des Gedichts ankündigt, entspricht es in Versgestalt und rhetorischer Ausstattung der Gattungsform der Feierlichen Ode. Der burleske Effekt kommt dadurch zustande, daß sich diese Form hier nicht mit heroischen Themen und erhabenen Gefühlen verbindet, sondern mit sexueller Motivik und einer kraß vulgären Ausdrucksweise.

---

[21] 1768), „Zweytes Stück", S. 188–200 und 382–388, hier S. 383. Der anonyme Autor wird als ein „hierdurch reisender russischer Cavalier" eingeführt.
NOVIKOV, Opyt istoričeskago slovarja, S. 15 f., hier S. 15.
[22] *Panteon rossijskich avtorov*. In: KARAMZIN, Sočinenija v dvuch tomach, Bd. II, S. 100–114, hier S. 109.

Dabei gilt, was schon im Zusammenhang mit Majkov hervorgehoben wurde: Die Parodie der obszönen Burleske zielt nicht auf die satirische Vernichtung ihres Gegenstandes, hier der Feierlichen Ode und des hohen Stils, sondern auf dessen „fröhliche Relativierung" – für einen Augenblick fühlt sich der Leser von jenem autoritativen Anspruch entlastet, den die literarische Sphäre des Ernsten und Erhabenen an ihn stellt. Gleichzeitig drängt sich eine Lebenswirklichkeit in den Vordergrund, die man vom Standpunkt dieser Sphäre aus nicht wahrhaben will, die jedoch auf unübersehbare Weise vorhanden ist: die Welt der obszönen Kraftausdrücke, des russischen 'mat' – der Straße und der Kaschemme, der schnapsgeschwängerten und von Tabakrauch erfüllten Subkultur der Seminaristen, Kadetten, jungen Offiziere und anderer Männergesellschaften. Man kann hinzufügen, daß Barkov sich seinerzeit nicht nur mit obszönen Gedichten hervortat, sondern auch mit alkoholischen Ausschweifungen, Dienstversäumnissen und Rüpeleien – mehrfach wurde er verwarnt und zur Strafe geprügelt, bis er schließlich 1766 aus der Akademie entlassen wurde. Wie er die letzten beiden Jahre seines Lebens verbrachte, ist unbekannt; er starb im Alter von 36 Jahren.

Die priapische Ode Pirons, die in der russischen Literaturgeschichte eine so große Rolle spielte, war in Frankreich jedoch nur eine Randerscheinung: Die französische Pornographie, die im 18. Jahrhundert ihre Blütezeit erlebte, bestand zum weitaus größten Teil nicht aus Versen, sondern aus erzählender Prosa. In Rußland war es umgekehrt: Pornographische Prosa kannte man hier nur aus französischen Büchern, während die einheimischen Obszönitäten in Versen geschrieben wurden. Möglicherweise erklärt sich das durch eine schon bestehende Tradition der Folklore, die man nun, durch das Vorbild Pirons angeregt, ins Literarische übertrug. Ferner ist zu bedenken, daß im russischen Klassizismus die 'wahre' Literatur aus Versen bestand: Wer diese Literatur parodieren wollte, mußte ebenfalls in Versen schreiben. Im übrigen ging es den russischen Autoren nicht oder nur in sehr geringem Maße um jene anschaulich-beschreibende Vergegenwärtigung der sexuellen Vorgänge, die für die obszöne Prosa kennzeichnend ist. Im Vordergrund steht hier die rein verbale Qualität des Obszönen. Auch in dieser Hinsicht bewährt sich die Vorstellung vom vielfältigen Reichtum der russischen Sprache.

Nach dem Vorbild Pirons ist es in Rußland vor allem die Feierliche Ode, die den Gegenstand der obszönen Parodie bildet. Die komische Wirkung steigert sich in dem Maße, wie es dem Parodisten gelang, das Spezifische der Ode in seinem Gedicht einzufangen. In Rußland beschränkte man sich jedoch nicht auf diese eine Gattung: Außer Oden gab es obszöne Elegien, Episteln, Epigramme, Sonette, Fabeln und nicht zuletzt auch Tragödien, wobei man in erster Linie an Sumarokov dachte. Sumarokov ärgerte sich über diese Parodie seiner Dramenwelt und strafte Barkov mit einem bösen Epigramm[23]. Dagegen fühlte sich Lomonosov,

---

[23] Den Text findet man bei BERKOV, Lomonosov i literaturnaja polemika ego vremeni, S. 299.

Autor der ebenfalls obszönen „Hymne auf den Bart", durch die Odenparodien seines Schülers offenbar nicht beleidigt.

Die obszöne Burleske hatte es im Grunde auch nicht auf Dichter abgesehen, sondern auf Gattungen und insgesamt auf das Literatursystem des russischen Klassizismus, so wie es erst vor wenigen Jahrzehnten aus Westeuropa nach Rußland importiert worden war. Umso deutlicher konnte andererseits das unverwechselbar Russische des 'mat' hervortreten. Erneut zeigt sich damit das kulturelle Spannungsverhältnis zu Westeuropa. Mutatis mutandis gilt also wiederum, was schon über Majkov gesagt wurde: Im Namen der volkstümlich-russischen Tradition zielte die burleske Parodie der Barkoviana auf die Literatur des neuen Rußland; Gegenstand des karnevalistischen Aufbegehrens ist in letzter Instanz auch hier die europäisierte Kultur petrinischer Prägung.

Cheraskov und das heroische Epos

In seiner Jugend lebte Michaíl Matvéevič Cheráskov (1733–1807)[24] im Hause seines Stiefvaters, des Fürsten N. Ju. Trubeckoj. Das war ein Herr von hohem Adel und Würdenträger des Reiches, der eine literarische Ader hatte und als Mäzen auftrat (Kantemir widmete ihm seine VII. Satire; derselbe Trubeckoj protegierte den Wettstreit um die Übersetzung des 143. Psalms). Ebenso wie Sumarokov absolvierte Cheraskov das Petersburger Kadettenkorps, wo auch er seine ersten Gedichte schrieb, und trat danach in den Dienst der neugegründeten Moskauer Universität. Seit 1763 bekleidete er die Stellung eines Universitätsdirektors. Unter seiner Ägide wurde das Russische neben dem Lateinischen als Unterrichtssprache der Universität anerkannt. Auf seinen Einfluß ist es auch zurückzuführen, daß die Freimaurerbewegung, zu der seine Beziehungen im Laufe der 1770er Jahre immer enger wurden, an der Moskauer Universität Fuß fassen konnte.

Cheraskovs vierzigjährige Dienstzeit an der Moskauer Universität wurde 1770 für mehrere Jahre unterbrochen, als er zum Vizepräsidenten des Bergkollegiums befördert wurde, was eine Übersiedlung nach Petersburg erforderlich machte. Allerdings scheint ihn diese Tätigkeit nicht befriedigt zu haben, denn er richtete ein Gesuch an Potemkin, den Günstling der Zarin: Ihm möge gestattet werden, in den vorzeitigen Ruhestand zu treten, bei Fortzahlung seines bisherigen Gehalts[25]. Offenbar wünschte sich Cheraskov eine Position als staatlich alimentierter Autor, wie sie Sumarokov seit 1761 innehatte, wobei auch er von dem Bewußtsein durchdrungen war, als Dichter eine Aufgabe von vaterländischer Bedeutung zu erfüllen. Die Antwort fiel jedoch enttäuschend aus: Cheraskov wurde zwar in den Ruhestand versetzt, aber ohne Gehalt – vielleicht war er wegen seiner Tätigkeit als Freimaurer bei der Zarin in Ungnade gefallen. Cheraskov ging nun zurück

---

24 Zur Biographie Cheraskovs vgl.: M. N. LONGINOV, Michail Matveevič Cheraskov. In: *Russkij archiv* 11 (1873), Sp. 1453–1479; V. V. SIPOVSKIJ, Cheraskov, Michail Matveevič. In: *Russkij biografičeskij slovar'*. Bd.: Faber–Cjavlovskij. SPb. 1901, S. 309–318.

25 L. I. KULAKOVA, Cheraskov. In: *Istorija russkoj literatury*, Bd. 4, S. 320–341, hier S. 321.

nach Moskau und lebte dort einige Jahre ohne Amt, bis er 1778 als einer der vier Kuratoren in den Dienst der Moskauer Universität zurückkehren konnte. Zu diesem Glückswechsel hat wohl sein patriotisches opus magnum beigetragen, das heroische Epos *Rossijada*, das zu dieser Zeit schon abgeschlossen war oder kurz vor der Vollendung stand; zur Belohnung für dieses monumentale Werk erhielt er von Katharina 9000 Rubel[26].

In Moskau und Sankt Petersburg führte Cheraskov ein gastfreies Haus. Dabei stand ihm seine Gattin Elizaveta Vasil'evna zur Seite, die in ihrer Jugend selber einige Gedichte geschrieben hatte und dafür als „russische Sappho" und als „russische Mme de La Suze" gerühmt wurde. Es gelang den Cheraskovs, ihr Haus zu einem Mittelpunkt des literarischen Lebens zu machen, von dem sich auch die jüngeren Dichter angezogen fühlten. Von Cheraskovs Tätigkeit als Herausgeber der beiden Moskauer Zeitschriften *Poleznoe uveselenie* und *Svobodnyja časy* war schon die Rede. Die Autoren, die sich um ihn scharten, erhielten so ein Publikationsforum. Denselben Zweck erfüllte in Cheraskovs Petersburger Jahren die Zeitschrift *Večera* („Abende", 1772–1773). Im Laufe seines Lebens konnte Cheraskov auf drei Dichtergenerationen Einfluß nehmen; unter seinen zahlreichen Anhängern und Freunden findet man so klangvolle Namen wie Deržavin und Karamzin.

In den 1770er Jahren befand sich Cheraskov auf dem Höhepunkt seiner literarischen Laufbahn. Lomonosov war 1765 gestorben und Sumarokov geriet immer mehr in das soziale und literarische Abseits. Für einige Jahre war Cheraskov nun die Hauptfigur des russischen Parnaß, bis dann in den 1780er Jahren der Stern Deržavins aufging. Cheraskov hat ein literarisches Werk von beträchtlichem Umfang hinterlassen[27]. Ebenso wie Sumarokov wollte er möglichst alle Gattungen pflegen und verschmähte auch die Prosa nicht – aus seiner Feder stammen drei politische Romane in der Tradition von Fénelons *Aventures de Télémaque*.

Als Vertreter einer jüngeren Generation hatte Cheraskov ein sehr viel freieres Verhältnis zur klassizistischen Doktrin als Sumarokov. Jeder ästhetische Dogmatismus war ihm fremd, und schon in den 1760er Jahren öffnete er seine Dramenproduktion den neueren Tendenzen des westeuropäischen Theaters[28] – eben jenen

---

[26] I. I. DMITRIEV, Vzglyad na moiu zhizn' [1823]. Cambridge 1974 (Nachdruck der Ausgabe SPb. 1895), S. 20.

[27] Die meisten von Cheraskovs Werken sind schwer zugänglich. Eine Gesamtausgabe fehlt; die alten Werkausgaben sind zum Teil sehr schlecht redigiert. Eine kleine Auswahl seiner Werke findet man in: M. M. CHERASKOV, Izbrannye proizvedenija. Hrsg.: A. V. Zapadov. L. 1961. – Zur Charakteristik von Cheraskovs Œuvre vgl. vor allem: GUKOVSKIJ, Russkaja literatura XVIII veka, S. 183–200. Vgl. ferner: KULAKOVA, Cheraskov; A. VLASTO, M. M. Heraskov. A Study in the Intellectual Life of the Age of Catherine the Great. Unveröffentlichte Diss. phil. Cambridge 1952 (war mir nicht zugänglich); A. V. ZAPADOV, Tvorčestvo Cheraskova. In: CHERASKOV, Izbrannye proizvedenija, S. 5–56.

[28] Vgl.: H. SCHLIETER, Studien zur Geschichte des russischen Rührstücks. 1758–1780. Wiesbaden 1968, S. 17–36.

Tendenzen, die Sumarokov im Vorwort zu seinem *Dimitrij Samozvanec* im Namen klassizistischer Rechtgläubigkeit so erbittert bekämpfte. Es war diese Aufgeschlossenheit, die das gute Verhältnis Cheraskovs zu den jüngeren Dichtern ermöglichte.

Seinen größten literarischen Erfolg errang Cheraskov jedoch nicht als Eroberer von Neuland, sondern als Vollender des Überkommenen: Mit seinem heroischen Epos *Rossijada*, dessen erste Fassung 1779 erschien, war er der erste unter den russischen Dichtern, der endlich ein Originalwerk dieser Gattung zustandebrachte (Trediakovskijs *Tilemachida* war ja eine Übersetzung). Ein weiteres – noch umfangreicheres – Epos *Vladimir vozroždennyj* („Der wiedergeborene Vladimir", ersch. 1785) handelt von der Christianisierung Rußlands. Jene Neigung zur Mystik freimaurerischer Prägung, die das Spätwerk Cheraskovs kennzeichnet, tritt hier besonders deutlich hervor.

Die „Rossijada"

Cheraskov wurde von den Zeitgenossen als „unsterblicher Schöpfer der *Rossijada*", als „russischer Homer" und „Vergil der russischen Länder" gepriesen[29]; es gab Versuche, die *Rossijada* ins Deutsche und Italienische zu übertragen. Gleichwohl hat man das Werk seinerzeit wohl mehr gelobt als gelesen. Dieses Schicksal teilt die *Rossijada* mit Klopstocks *Messias*, nicht aber mit Voltaires *Henriade*, die seit 1777 auch in russischer Übersetzung vorlag (eine zweite Übersetzung erschien 1790). Der Ruhm, den Cheraskov mit seiner *Rossijada* erlangte, war denn auch nicht von Dauer, und mit Beginn des neuen Jahrhunderts legte sich die Begeisterung.

Schon 1771 hatte Cheraskov ein kleineres episches Gedicht mit dem Titel *Česmesskij boj* („Die Schlacht von Česme") veröffentlicht. Es enthält fünf Gesänge und feiert den glänzenden Sieg, den die russischen Seestreitkräfte im Vorjahr über die türkische Flotte in der Bucht von Česme errungen hatten. Das Werk war erfolgreich, und Cheraskov konnte sich nun ermutigt fühlen, mit der *Rossijada* zu beginnen – einem vollausgebildeten Epos in zwölf Gesängen[30]. Das Thema ist die Eroberung von Kazan' aus tatarischer Herrschaft im Jahre 1552 durch den jungen Zaren Ivan IV. (Ivan Groznyj), der hier als vorbildlicher Herrscher dargestellt wird.

Im Gegensatz zu Kantemir und Lomonosov, die Peter I. als epischen Helden gewählt hatten, entscheidet sich Cheraskov für eine Gestalt aus der altrussischen Geschichte. Damit befindet er sich im Einklang mit einer Tendenz, die schon in Sumarokovs Tragödien hervorgetreten war. Sie zielte auf eine Aufwertung der

---

[29] Vgl. vor allem: P. THIERGEN, Studien zu M. M. Cheraskovs Versepos *Rossijada*. Materialien und Beobachtungen. Diss. phil. Bonn 1970; zum epischen Gesamtwerk vgl.: A. ORŁOWSKA, Poemat klasycystyczny Michała Chieraskowa. Lublin 1987.

[30] M. M. CHERASKOV, Rossiada [sic]. Poėma v XII-ti pesnjach. SPb. 1895. Im folgenden beziehen sich die eingeklammerten Seitenangaben des Haupttextes auf diese Ausgabe, die ihrerseits auf die dritte und letzte Fassung von 1796 zurückgeht.

vorpetrinischen Vergangenheit, die nun nicht mehr als eine Welt von Finsternis und Barbarei erscheinen sollte. Das entsprach den Bestrebungen Katharinas II., die sich lebhaft für die ältere russische Geschichte interessierte, deren Erforschung förderte und auch selber zu diesem Thema schrieb[31]: Forthin sollte sich Rußland einer ebenso glorreichen Vergangenheit rühmen können, wie die Länder Westeuropas. Außer diesem patriotischen Motiv spielte auch das zwiespältige Verhältnis Katharinas zu Peter I. eine Rolle. Offiziell gab sie sich als Nachfolgerin des Großen Zaren und Vollstreckerin von dessen Vermächtnis; aber sie wollte auch aus seinem Schatten heraustreten und als bedeutende Monarchin aus eigenem Recht anerkannt werden. Es konnte ihr daher nur recht sein, wenn Cheraskov einen Herrscher der älteren russischen Geschichte rühmte und somit Peters Monopol auf historische Größe in Frage stellte[32].

Man versteht nun, warum Cheraskov für sein Epos über Ivan IV. so reichen Lohn erhielt. Auch hatte er mit dem Tatarenkrieg ein Thema gewählt, das im Zeitalter von Katharinas türkischen Feldzügen höchst aktuell war. Als Epos über die 'Befreiung' Kazan's vom 'tatarischen Joch' ist die *Rossijada* ein Stück handfester Regierungspropaganda: Der Krieg mit den Tataren (= Türken) erscheint als gerechter Krieg, den Rußland im Namen des wahren Glaubens gegen die Ungläubigen führt. Der Feind wird mit einer Schlange oder einem Drachen gleichgesetzt – er ist barbarisch, tückisch und grausam, im Gegensatz zu den großmütigen, aufrichtigen und friedliebenden Russen. Man kennt diese Klischees schon aus dem Schuldrama; auch die Feierliche Ode bietet in dieser Hinsicht eine reiche Ausbeute.

Mit ihrem majestätischen Umfang von 8950 Versen ist die *Rossijada* mehr als doppelt so lang wie die *Henriade*. Beim Schreiben verwendete der fleißige Autor nicht nur historische Quellen, sondern auch die epischen Dichtungen der Antike und der Neuzeit: Homer, Lukan, Vergil und Ovid sind ebenso vertreten wie Tasso, Ariost, Milton und Voltaire, in geringerem Maße auch Lomonosov. Diese Quellenvielfalt zeugt von der Gelehrsamkeit Cheraskovs, ist aber der künstlerischen Einheit des Werkes nicht eben förderlich, zumal es sich um Vorlagen von ganz unterschiedlichem Gepräge handelt. Aber das focht Cheraskov nicht an: Es war sein Ehrgeiz, mit der Vielfalt seiner literarischen Anleihen ein Monument universaler Bildung zum Ruhm des Katharinäischen Rußland zu errichten.

In seinem *Essai sur la Poésie épique* von 1733 hatte Voltaire die Regeln des Epos niedergelegt. Die Handlung müsse „*einheitlich und einfach*" (Hervorhebung vom Vf.) sein, sie solle sich kontinuierlich entwickeln, den Leser nicht ermüden und ihm eine „verworrene Anhäufung von ungeheuerlichen Abenteuern" ersparen[33]. Diese Forderungen entsprachen der klassizistischen Poetik, ähnlich liest

---

31 Vgl.: H. ROGGER, National Consciousness in Eighteenth-Century Russia. Cambridge/Mass. 1960, S. 186–257 („The Uses of History").
32 Vgl.: K. RASMUSSEN, Catherine II and the Image of Peter I. In: *Slavic Review* 37 (1978), S. 51–57.
33 [VOLTAIRE], La Henriade. Nouvelle édition. Bd. II. [Paris 1770], S. 24–118, hier S. 30.

man es im III. Gesang von Boileaus *Art poétique*; dasselbe hätte auch Sumarokov sagen können. Cheraskov geht jedoch einen anderen Weg. Die Handlung seiner *Rossijada* ist nicht einheitlich, sondern teilt sich in zwei parallel geführte Linien. Die eine Linie bildet die Nebenhandlung. Sie entwickelt sich vor allem in den ersten fünf Gesängen, wobei es um die Liebesabenteuer der schönen Tatarenfürstin Sumbeka geht (die ihrerseits der Dido aus Vergils *Aeneis* nachempfunden ist). Die andere Linie bildet die Haupthandlung. Sie hat ihren Schwerpunkt in dem umfangreicheren zweiten Teil des Werks. Hier stehen die kriegerischen Ereignisse im Vordergrund – der junge Zar Ioann (der unter seinem kirchenslavischen Namen auftritt) zieht mit seinen Truppen nach Kazan', und nach mancherlei Rückschlägen gelingt es ihm, die Stadt zu erobern.

In beiden Handlungslinien wird der Verlauf der Ereignisse durch vielerlei Episoden und Digressionen verzögert, besonders verwickelt ist die Liebeshandlung. Immer wieder treten auch neue Figuren auf, sodaß man Mühe hat, den Überblick zu behalten. Den Tataren helfen die Mächte der Finsternis, vor allem die „Gottlosigkeit". Allegorische Gestalten findet man auch in der *Henriade*, etwa die „Zwietracht" oder das „Ränkespiel". Bei Voltaire handelt es sich jedoch um Personifikationen von realen politischen Erscheinungen; das entsprach jenem „gesunden Menschenverstand", in dessen Namen „die Exzesse der Einbildungskraft" und das „Extravagante" aus der epischen Welt ausgeschlossen werden sollten[34]. Cheraskov war anderer Auffassung. Ebenso wie die Allegorien des barocken (Schul-)Dramas ist seine „Gottlosigkeit" eine metaphysische Wesenheit, die mit übernatürlichen Kräften ausgestattet ist. Auch Zauberei kommt ins Spiel. Im III. Gesang versucht Sumbeka, eine flüchtige Rivalin durch Beschwörung „höllischer Geister" aufzuhalten, sie kocht eine Schlange im Kessel, reibt eine „kaukasische Wurzel" etc. Um Zauberei geht es auch im XII. Gesang. Der tatarische Magier Nigrin unternimmt einen letzten Versuch, das drohende Unheil abzuwenden und verbündet sich mit den Mächten des Winters; durch Beten gelingt es den Russen jedoch, diese Gefahr abzuwenden.

Auch in anderer Hinsicht vernachlässigt Cheraskov die Forderungen des Klassizismus. Zwar hält er sich an die Gebote der rationalistischen Sprachverwendung und meidet jede ungewohnte Verschiebung der Wortbedeutung; das Lomonosovsche 'parenie' liegt ihm fern. Aber er mißachtet das Ideal der Stilökonomie – seine Neigung zur Barockpoetik der schwelgerischen Fülle ist nicht zu verkennen. Eines von zahlreichen Beispielen bietet die ausführliche Beschreibung des locus terribilis im IV. Gesang, der sich dann im V. Gesang durch Zauberei in einen reich geschmückten locus amoenus verwandelt. Auch an anderen Stellen wird dem Leser eine vielfältige Augenwelt geboten, besonders in den drei aufeinanderfolgenden Ekphrasen des V. Gesangs zeigt sich eine Nähe nicht nur zur epischen Beschreibung, sondern auch zur Malerei. Gerne verwendet Cheraskov die Motivik kostbarer Materialien, wie zum Beispiel im X. Gesang bei der Be-

---

[34] Ebd., S. 75 f., 84 f., 110.

schreibung von Sumbekas Fahrt über die Volga. Das ist eine Anspielung auf jene berühmte Volgafahrt, die Katharina II. 1767 unternommen hatte (eine ausdrückliche Huldigung der Zarin findet sich zu Beginn des X. Gesanges). Die Darstellung ist prunkvoll: Die mit goldenen Stoffen ausgeschlagenen Schiffe gleiten durch silberne Fluten, Sumbeka selber sitzt in einer Kutsche aus Perlmutter, Tritonen blasen in ihre gewundenen Hörner, es erklingt der Gesang von „wunderschönen" Sirenen, Zephyre verbreiten Wohlgerüche und anderes mehr[35].

In seiner *Rossijada* sucht Cheraskov die ornamentalen Möglichkeiten des hohen Stils auszuschöpfen – der Glanz des mittelalterlichen Rußland sollte sich im rhetorischen Glanz seines Epos spiegeln. Auf Schritt und Tritt findet man epitheta ornantia, die hier als epische Epitheta fungieren – „spitze Lanze", „scharfes Schwert", „leichte Pfeile", „gefiederte Vögel", „ausladende Bäume" etc. Dem rhetorischen Schmuck dient auch die Periphrase. Ein Sonnenaufgang wird so beschrieben: „Der goldene Finger des Taggestirns öffnete das Tor des Himmels", oder: „Schon hat Aurora das goldene Tor geöffnet und mit ihrem roten Mantel die Himmel erleuchtet". Besonders häufig findet man Vergleiche. Sie verknüpfen die dargestellte Wirklichkeit mit der Sphäre des Erhabenen (Sturmwind, reißender Fluß, Adler, Löwe etc.) oder sonstwie Bedeutungsvollen (biblische und mythologische Vergleiche). Die ohnehin schon vorhandene Gegenstandsfülle wird auf diese Weise noch vermehrt. Nicht selten reihen sich die Vergleiche zu einer Serie, wie etwa im XII. Gesang, als der feierliche Einzug des Zaren in die eroberte Stadt Kazan' beschrieben wird: „So sieht man auch den von Sternen umringten Mond / Oder den durch eine Vielzahl von Wiesenblumen gesegneten Frühling / Oder Schiffe, die von Wellen umgeben sind, / Oder die Stadt Moskau inmitten von Dörfern" (S. 258).

Am Ende der klassizistischen Epoche bringt sich bei Cheraskov noch einmal die Poetik des Barock zur Geltung – wenn es galt, den Ruhm eines russischen Herrschers zu verkünden, war ihre Anziehungskraft offenbar unwiderstehlich. Aus derselben Quelle stammt die Neigung zum Drastischen, die hier und da hervortritt. Am Ende des VI. Gesanges irrt die Gattin eines gefallenen Tatarenfürsten über das Schlachtfeld. Als sie endlich den Leichnam ihres Mannes gefunden hat, wirft sie, rasend vor Schmerz, den russischen Kriegern das abgeschlagene Haupt eines Verräters entgegen; dann erdolcht sie sich und ihr Herzblut fließt über den toten Gatten. Aber man spürt auch den Einfluß des Sentimentalismus. Erneut zeigt sich damit die eklektische Haltung des Autors. Es ist die Rede von „empfindsamen Seelen", die beim Anblick fremden Unglücks Schmerz verspüren. Zu ihnen gehört auch der Erzähler. Als am Ende des IX. Gesangs Sumbeka von ihren tatarischen Untertanen verraten wird und die Stadt Kazan' verlassen muß, läßt er sich von Mitgefühl überwältigen:

---

[35] Vgl.: P. THIERGEN, Der Triumph der Venus. Zur Rezeption und Funktion eines literarischen Motivs in der russischen Literatur des XVIII. Jahrhunderts. In: *Slavistische Studien zum VII. Internationalen Slavistenkongreß in Warschau 1973*. München 1973, S. 484–496.

> Но, ах! какия мне то Музы возвестят,
> Какой был стон, тоска, коликое рыданье,
> Когда услышала Сумбека о изгнанье?
> Печаль ее вещать мне сил не достает;
> Помедлим!... Я стеню... перо из рук падет. (S.196)

Aber ach! Welche Musen werden mir künden, / Vom Stöhnen, vom Kummer und vom Schluchzen, / Als Sumbeka von ihrer Verbannung erfuhr? / Ich habe keine Kraft mehr ihren Kummer zu beschreiben, / Halten wir inne!... Ich seufze... die Feder fällt mir aus der Hand.

Oft und reichlich fließen bei Cheraskov die Tränen. Es weinen die Kinder, Frauen und Männer, und sie weinen aus Schmerz, Rührung oder Mitleid. Auch Ioann hat „verweinte Augen", er ist ein empfindsamer Held und hat ein weiches Herz. Das ist die sentimentale Variante des russischen Herrscherkults: Der Zar ist nicht nur Selbstherrscher, sondern auch ein fühlender Mensch – die Untertanen sollen ihn nicht nur verehren, sondern auch zärtlich lieben. Auf diese Weise kommt Cheraskov dem literarischen Geschmack des Tages entgegen; dasselbe gilt für den schwärmerischen Kult der Freundschaft und die (vorromantische) Motivik der Ruinen und des Friedhofs. All dies verbindet sich mit moralischer Belehrung. Die Leser werden ermahnt, ihre Leidenschaften zu zügeln, allen Luxus zu meiden und ihr Leben der Pflichterfüllung und der Nächstenliebe zu weihen.

Dritter Teil

Die Epoche Katharinas II.: Literatur im Zeichen aufgeklärter Herrschaft

KAPITEL 12
ÜBERBLICK

Bücher und Leser

Seit den 1760er Jahren zeigten sich in der russischen Kultur bemerkenswerte Veränderungen. In „weniger als zwanzig Jahren" stieg die Zahl der jährlich hergestellten Zeitschriften und Bücher „von etwa 50 bis über 190", wobei die weltlichen Schriften im Verhältnis zu den religiösen kräftig zulegten[1]. Gleichzeitig stieg der Anteil von literarischen Werken gegenüber Fachbüchern und staatlichen Verlautbarungen. Insgesamt wurden im letzten Viertel des Jahrhunderts um die achttausend verschiedene Titel produziert – mehr als drei Mal so viel, als in den vorangegangenen zwei Jahrhunderten.

Diese sprunghafte Entwicklung ist aufs engste mit dem Namen des Schriftstellers und Verlegers N. I. Novikov (1744–1818) verknüpft. Als geborener Unternehmer war Novikov eine Ausnahmeerscheinung unter seinen adligen Standesgenossen; in ihm verband sich lebhafter Geschäftssinn mit dem missionarischen Eifer eines Aufklärers, Freimaurers und Philanthropen[2]. Seine verlegerische Tätigkeit erreichte 1788 ihren Höhepunkt, als er nicht weniger als 41% der gesamten russischen Produktion an gedruckten Büchern bestritt.

Zur beschleunigten Entwicklung des russischen Buchwesens leistete auch Katharina II. einen Beitrag. Nach ihrem Ukaz vom 15. Januar 1783 brauchten sich Privatpersonen, die eine Druckerei betreiben und Bücher verlegen wollten, nicht mehr um ein staatliches Privileg zu bemühen. Sie waren nur verpflichtet, der örtlichen Polizei Meldung zu erstatten und ihr die Manuskripte zur Freigabe vorzulegen, was in jenen liberalen Jahren jedoch keine Schwierigkeiten bereitete. Zwischen 1776 und 1801 wurden in Petersburg und Moskau 33 private Druckereien gegründet, und auch in der Provinz gab es nun eine Reihe solcher Betriebe. Gleichzeitig steigerte sich die Zahl der Buchläden in Petersburg von etwa 15 in der Mitte der 1770er Jahre bis auf über 50 in den 1790er Jahren; um 1800 fand man auch in der Provinz etwa 50 Buchhändler. Leser, die das Französische oder Deutsche beherrschten, konnten seit Beginn der 1770er Jahre in Petersburg und

---

[1] Vgl. hier und im folgenden MARKER, Publishing, Printing, S. 70 ff., hier S. 71.
[2] Grundlegend: W. G. JONES, Nikolay Novikov. Enlightener of Russia. Cambridge 1984. Vgl. ferner: G. MAKOGONENKO, Nikolaj Novikov i russkoe prosveščenie XVIII veka. M.–L. 1951; A. V. ZAPADOV, Novikov. M. 1968; A. MONNIER, Un publiciste frondeur sous Catherine II. Nicolas Novikov. Paris 1981.

Moskau Leihbibliotheken besuchen; Leihbibliotheken für russische Bücher gab es seit den 1780er Jahren.

Im Vergleich zu Westeuropa waren die Verhältnisse in Rußland immer noch bescheiden genug, und von einer „Lesewut", wie sie gegen Ende des Jahrhunderts in Deutschland um sich griff, konnte hier keine Rede sein. Auch war der Anteil der Personen, die am geistigen Leben der neuen Zeit teilnahmen, im Verhältnis zur Gesamtbevölkerung immer noch sehr gering. Aber dieses Publikum zählte nun nicht mehr nach Hunderten, sondern nach Tausenden. Die Früchte staatlicher Bildungspolitik zeigten sich. Zahlreiche junge Adlige hatten inzwischen das Petersburger Kadettenkorps absolviert. Ähnliche Bildungsanstalten waren für die künftigen Offiziere anderer Waffengattungen gegründet worden, ganz zu schweigen von den zahlreichen Priesterseminaren, die in der ersten Hälfte des 18. Jahrhunderts ihre Tore geöffnet hatten.

Wie schon erwähnt, nahm die Moskauer Universität 1755 den Lehrbetrieb auf: Neben Petersburg wurde nun auch die alte Hauptstadt ein Schwerpunkt des geistigen Lebens. Von den literarischen Zeitschriften, die zu Beginn der 1760er Jahre im Umkreis der Moskauer Universität erschienen, war ebenfalls schon die Rede. 1771 wurde eine literarische Gesellschaft gegründet, das „Vol'noe Rossijskoe sobranie pri Moskovskom Universitete" (Freie Russische Versammlung an der Moskauer Universität). Die Arbeiten dieser Literaturgesellschaft erschienen in den sechs Bänden des „Opyt trudov Rossijskago sobranija" („Werke der Russischen Versammlung", 1774–1783). Außerdem bildeten sich informelle Zirkel (kružki) um solche Hauptfiguren des literarischen Lebens wie Cheraskov und Deržavin; von den organisatorischen Bemühungen der Freimaurer wird noch die Rede sein.

Die Kulturpolitik Katharinas II.

Der kulturelle Aufschwung, der in der zweiten Hälfte des 18. Jahrhunderts stattfand, war zum guten Teil das Verdienst der Zarin Katharina II., die mit dem Staatsstreich vom 28. Juni 1762 die Nachfolge ihres unglücklichen Gatten Peter III. angetreten hatte[3]. Tendenzen, die sich in der Regierungszeit Elisabeths nur angedeutet hatten, gelangten jetzt zur vollen Ausprägung: Der Zarenhof wurde zum nationalen Forum schöngeistiger Interessen. In den Jahren der Zarin Elisa-

---

[3]   Vgl.: I. DE MADARIAGA, The Role of Catherine II in the Literary and Cultural Life of Russia. In: DIES., Politics and Culture in Eighteenth-Century Russia. New York 1998, S. 284–295; A. KAMENSKIJ, „Pod seniju Ekateriny...". Vtoraja polovina XVIII veka. SPb. 1992, S. 351–385 („Prazdnik rossijskich muz"); A. LAWATY, Kulturpolitik und Öffentlichkeit im Zeitalter Katharinas II. In: *Handbuch der Geschichte Rußlands*, Bd. II.2, S. 807–848; S. DIXON, Catherine the Great. Harlow etc. 2001, S. 88 ff. Zum Verhältnis von Literatur und Politik im Zeitalter Katharinas vgl.: A. L. ZORIN, Kormja dvuglavogo orla... Literatura i gosudarstvennaja ideologija v poslednej treti XVIII – pervoj treti XIX veka. M. 2001; V. PROSKURINA, Mify imperii. Literatura i vlast' v ėpochu Ekateriny II. M. 2006 (dieses Buch konnte ich nicht mehr berücksichtigen).

beth waren es die Würdenträger des Reiches, die als Mäzene auftraten. Diese Rolle wurde nun von Katharina übernommen. Literatur und Theater förderte sie nicht weniger großzügig als bildende Kunst und Architektur. Man hat ihre Epoche daher ein „Goldenes Zeitalter" der russischen Kultur genannt[4], eine Bezeichnung, die man lieber der Puškinzeit vorbehalten sollte. Aber auch ohne Übertreibung läßt sich sagen, daß die umfassende Förderung des geistigen Lebens in der Epoche Katharinas zum Gegenstand einer zielbewußten Kulturpolitik wurde.

Den geistigen Führungsanspruch, den die Zarin damit erhob, brachte sie zu Beginn ihrer Herrschaft vor aller Augen zur Geltung. Nach den Krönungsfeierlichkeiten in Moskau wurde hier zu Beginn des Jahres 1763 ein prächtiger Straßenumzug veranstaltet. Bei dessen Organisation und literarischer Ausgestaltung waren Sumarokov und seine Anhänger beteiligt: Das Bündnis von Macht und Geist, das sich in der Person der Zarin verkörperte, wurde durch das Mittun der Schriftsteller bekräftigt. Der Festzug stand im Zeichen der „Triumphierenden Minerva": An die petrinische Tradition des mythologisierenden Herrscherkults anknüpfend, zeigte sich die neugekrönte Zarin ihren Untertanen als Göttin der Weisheit und als Schirmherrin von Kunst und Wissenschaft[5].

Katharina sah sich als aufgeklärte Monarchin, als 'Philosophin auf dem Thron'. Angesichts so mancher Realitäten ihrer Herrschaft wird man diesen Anspruch mit Skepsis betrachten – die expansionistische Außenpolitik der Zarin und ihre passive Stellung zur Leibeigenschaft bieten dazu Anlaß genug. Wenn es jedoch eine Seite ihrer Regierungstätigkeit gab, die ohne Einschränkung das Prädikat 'aufgeklärt' verdient, so war das ihre Bildungspolitik[6]. Auch hierin folgte sie Peter I., setzte jedoch neue Akzente. Für Peter bedeutete Bildung vor allem Ausbildung, er wollte den brauchbaren Fachmann. Katharina dagegen war es auch um die sittliche Formung der Persönlichkeit zu tun. Im Zeichen dieses neuen Ideals stand auch die Frauenbildung, die dank Katharina zum ersten Mal in der russischen Geschichte institutionell verankert wurde. 1764 stiftete sie in einem Flügel des Petersburger Smol'nyj-Klosters ein Pensionat für 200 adlige Mädchen; ein Jahr später wurde hier ein weiteres Pensionat für nichtadlige Mädchen gegründet. An diesen beiden Bildungsstätten, an deren Entwicklung Katharina regen Anteil nahm, sollten Generationen russischer Leserinnen heranwachsen; bis 1794 erhielten über 1300 Mädchen hier eine Schulbildung.

---

[4] KAMENSKIJ, „Pod seniju Ekateriny...", S. 432.
[5] Vgl.: GUKOVSKIJ, Očerki po istorii russkoj literatury XVIII veka. Dvorjanskaja fronda v literature 1750-ch – 1760-ch godov, S. 169–178; L. N. VDOVINA, Ritorika prazdnika: Moskva v dni maskarada „Toržestvujuščaja Minerva". In: *Rossija v srednie veka i novoe vremja. Sbornik statej k 70-letiju čl.-korrespondenta RAN L. V. Milova*. Hrsg.: V. A. Kučkin. M. 1999. S. 265–271.
[6] Vgl.: ROŽDESTVENSKIJ, Očerki, Bd. I, S. 250–551; BLACK, Citizens for the Fatherland, S. 70 ff.; *Russische Aufklärungsrezeption im Kontext offizieller Bildungskonzepte (1700–1825)*. Hrsg.: G. Lehmann-Carli; M. Schippan; B. Scholz; S. Brohm. Berlin 2001.

Katharina lag daran, Rußland in die geistige Landschaft des zeitgenössischen Europa einzugliedern. 1768 gründete sie die „Gesellschaft für die Übersetzung ausländischer Werke"[7]. Das war eine großangelegte Unternehmung, die mit jährlich 5000 Rubeln aus der Schatulle der Zarin finanziert wurde. Diese Gesellschaft beschäftigte über hundert Übersetzer, insgesamt erschienen 112 Werke in 173 Bänden. Daß es oft schwierig war, diese umfangreiche Produktion über den Buchhandel an den Mann zu bringen, beleuchtet die schon bekannte Kehrseite staatlicher Kulturpolitik in Rußland. Unter den übersetzten Autoren standen französische Aufklärer an erster Stelle, wie denn auch allgemein Übersetzungen aus dem Französischen in diesen Jahren immer zahlreicher wurden und Übersetzungen aus dem Deutschen weit hinter sich ließen[8]. Das Französische war nicht zuletzt auch die Sprache, durch deren Vermittlung die Autoren anderer Länder zugänglich wurden, besonders die britischen. Ferner übersetzte man zahlreiche Werke der klassischen Antike, um auch in diesem Punkt den Bildungsrückstand zu Westeuropa aufzuholen; gegenüber dem einseitigen Vorrang der neuzeitlichen Literatur sollte damit ein Ausgleich geschaffen werden. Ferner wurden wissenschaftliche Bücher übersetzt, vor allem historische und geographische.

Katharinas Übersetzungsgesellschaft bestand bis zur Gründung der Russischen Akademie im Jahre 1783, die nach dem Vorbild der Académie française zur Pflege der russischen Literatur und Sprache gegründet wurde; ihr erster Direktor war eine Frau, die hochgebildete und weitgereiste Fürstin E. R. Daškova (1743–1810), Katharinas Mitstreiterin in den bewegten Tagen des Thronwechsels. Die Russische Akademie widmete sich denjenigen Zielen, die seinerzeit auch Trediakovskij mit der Russischen Versammlung von 1735 vor Augen hatte. Das sechsbändige „Wörterbuch der Russischen Akademie" (*Slovar' Akademii Rossijskoj*, ersch. 1789–1794) kam in elf Jahren zustande (100 Jahre zuvor hatte die Schaffung des *Dictionnaire de l'Académie françoise* 59 Jahre in Anspruch genommen); es beteiligten sich zahlreiche Schriftsteller, darunter Deržavin, Fonvizin und Bogdanovič. Vor aller Augen wurde mit diesem Wörterbuch der Status des Russischen als einer europäischen Kultursprache besiegelt. Wie man hinzufügen kann, hatte es zu Beginn der 1770er Jahre mit Novikovs „Versuch eines historischen Wörterbuchs der russischen Schriftsteller" eine ähnliche Bewandtnis. Gegen die ausländischen Verächter der russischen Kultur, an denen es in der Tat nicht fehlte, sollte diese Bestandsaufnahme der älteren und neueren russischen Literatur den Nachweis erbringen, daß es auch in Rußland ein blühendes Geistesleben gab, wobei im Vorwort die Verdienste „Katharinas der Großen" besonders hervorgehoben wurden: Dank ihrer Bemühungen „verbreiten sich [in Rußland] die Wissenschaften und die Künste, und unsere Schriftsteller erwerben

---

[7] V. P. SEMENNIKOV, Sobranie starajuščeesja o perevode inostrannych knig, učreždennoe Ekaterinoj II. 1768–1783 gg. Istoriko-literaturnoe issledovanie. SPb. 1913.

[8] *Istorija russkoj perevodnoj chudožestvennoj literatury*, Bd. I, S. 155.

sich Ruhm"[9]. Bei der Zusammenstellung seines Lexikons ließ Novikov große Sorgfalt walten; für die Literaturgeschichte des 18. Jahrhunderts ist es eine wertvolle Quelle.

Bei ihren Bemühungen um das geistige Leben der Untertanen ging Katharina mit gutem Beispiel voran. Als sie im Frühjahr 1767 in Begleitung ihres Hofstaates und ausländischer Diplomaten eine Schiffsreise auf der mittleren Volga unternahm, beschäftigte sie sich und ihre Umgebung mit einer Übersetzung. Die Vorlage war Marmontels didaktisch-politischer Roman *Bélisaire*, der im Januar desselben Jahres erschienen war und bald in ganz Europa Furore machen sollte. Katharinas Würdenträger bekamen je ein Kapitel zugeteilt, sie selber übersetzte das Kapitel über den aufgeklärten Herrscher[10]. In Frankreich wurde Marmontels Roman wegen seines Eintretens für religiöse Toleranz verboten – umso heller konnte so der Ruhm der aufgeklärten Zarin erstrahlen. Dazu trug auch der rege Briefwechsel bei, den Katharina über viele Jahre mit den Koryphäen der französischen Aufklärung pflegte – mit Voltaire, d'Alembert und Diderot, ferner mit Friedrich Melchior Grimm, dem Herausgeber der einflußreichen *Correspondance littéraire, philosophique et critique,* und Mme Geoffrin, die in Paris einen berühmten Salon der Aufklärung unterhielt. Grimm und Diderot besuchten Rußland auf Einladung der Zarin und verbrachten viele Stunden mit ihr im Gespräch. Ebenso wie das Schloß Sanssouci im Preußen Friedrichs II. wurde Katharinas Winterpalast zu einer Begegnungsstätte des europäischen Geisteslebens: Rußland sollte sich dem Bewußtsein Westeuropas nicht mehr nur als Militärmacht, sondern auch als Kulturnation einprägen.

Katharina trat auch mit Originalwerken hervor[11], darunter Schriften zur russischen Geschichte; sie wollte bei ihren Untertanen ein historisches Bewußtsein wecken und das Nationalgefühl vertiefen. Demselben Zweck dienten ihre historischen Dramen über die altrussischen Fürsten Rjurik und Oleg. Außerdem schrieb Katharina eine Reihe von satirischen Komödien und andere Bühnenwerke. Wie man noch sehen wird, spielen ihre Komödien in der russischen Literaturgeschichte des 18. Jahrhunderts eine beachtliche Rolle. Ihr künstlerischer Rang ist allerdings bescheiden; auch beherrschte die deutschstämmige Zarin das Russische nur unvollkommen und mußte sich von ihren Mitarbeitern helfen lassen. Die eigentliche Bedeutung von Katharinas Schriftstellerei liegt denn auch wiederum darin, daß sie ihren Untertanen ein gutes Beispiel gab: Wenn sich forthin ein russischer Adliger in seiner Freizeit im Schreiben literarischer Werke übte, dann war das

---

[9] NOVIKOV, Opyt istoričeskago slovarja o rossijskich pisateljach, hier ohne Pag.; vgl.: I. F. MARTYNOV, *Opyt istoričeskago slovarja o rossijskich pisateljach* N. I. Novikova i literaturnaja polemika 60–70-ch godov XVIII veka. In: *Russkaja literatura* 3 (1968), S. 184–191.

[10] J. BREUILLARD, Catherine II traductrice: le Bélisaire de Marmontel. In: *Catherine II & l'Europe.* Ed.: A. Davidenkoff. Paris 1997. S. 71–84.

[11] Vgl.: I. DE MADARIAGA, Catherine II et la littérature. In: *Histoire de la littérature russe,* S. 656–669; M. C. LEVITT, Catherine the Great. In: *Russian Women Writers.* Bd. I. Hrsg.: Ch. Tomei. New York/NY 1999, S. 3–10.

keine Schrulle mehr, sondern eine hochachtbare Tätigkeit, die den Bestrebungen der Regierung entsprach. Im Zeitalter Katharinas waren literarische Aktivitäten denn auch ausgesprochen förderlich für das dienstliche Fortkommen – die Karriere Deržavins ist hierfür ein bekanntes, aber keineswegs vereinzeltes Beispiel.

Dank Katharinas Kulturpolitik gewann das geistige Leben Rußlands an Selbständigkeit. In der literarischen Öffentlichkeit, die sich im Lauf der Jahre herausbildete, konnten Meinungen vertreten werden, die mit den Auffassungen der Zarin nicht übereinstimmten; hierauf komme ich im nächsten Kapitel noch zurück. Gleichzeitig verringerte sich der Einfluß des Hofes auf die literarische Geschmacksbildung. Das sieht man an der Meinungsverschiedenheit um den „zweiten Lomonosov" Vasilij Petrov. Katharina schätzte ihn sehr; ihrer Meinung nach hatte sich Petrov mit seiner Vergil-Übersetzung die „Unsterblichkeit" verdient[12]. Aber davon ließen sich Sumarokov und die Autoren des Cheraskov-Kreises nicht beeindrucken – sie weigerten sich, dieses Allerhöchste Urteil zu übernehmen und wurden nicht müde, Petrov wegen seines schlechten Stils zu verspotten – Majkov in seinem *Elisej* ist in dieser Hinsicht nur einer von vielen[13].

Adliges Standesbewußtsein und Adelskultur

Privatpersonen begannen nun, unabhängig vom Hof eigene Ansichten zu vertreten und kulturelle Initiativen zu entfalten. Neben dem Staat suchte sich jetzt auch die Gesellschaft als Träger des geistigen Lebens zu etablieren. Diese Gesellschaft war eine Adelsgesellschaft, die allmählich ein korporatives Selbstbewußtsein entwickelte. Spätestens nach der Befreiung des russischen Adels von der Dienstpflicht, die 1762 von Peter III. verkündet und 1785 von Katharina II. bestätigt wurde, konnte man sich nicht mehr nur als Untertan der Zarin fühlen, sondern mit verstärktem Selbstbewußtsein auch als Mitglied des wohlgeborenen Standes und Träger eines entsprechenden Verhaltenskodex. Die besondere Stellung des Adels sollte auch kulturell begründet sein: Nicht nur durch seine Privilegien hatte sich der Adlige von den übrigen Schichten der Bevölkerung zu unterscheiden, sondern auch durch Verhalten und Ehrgefühl[14].

Zur kulturellen Selbstvergewisserung des russischen Adels leistete auch die Literatur ihren Beitrag. Die tonangebenden Autoren der Epoche waren Adlige, die für Adlige schrieben: Jene ständische Verengung der Literatur, die sich mit Sumarokov angebahnt hatte, verfestigte sich im letzten Drittel des Jahrhunderts; das ständeübergreifende Bildungspathos eines Trediakovskij oder Lomonosov gehörte nun der Vergangenheit an. In den Einleitungen zu ihren Werken verwie-

---

[12] [KATHARINA II], Antidote ou examen du mauvais livre superbement intitulé *Voyage en Sibérie* […]. Bd. II. Amsterdam 1772, S. 213.

[13] N. D. KOČETKOVA, Petrov Vasilij Petrovič. In: *Slovar' russkich pisatelej XVIII veka*, Bd. II, S. 425–429.

[14] GUKOVSKIJ, Očerki po istorii russkoj literatury XVIII veka. Dvorjanskaja fronda v literature 1750-ch – 1760-ch godov, pass.

sen die Autoren gerne auf ihren adligen Stand, scheuten sich dabei jedoch, ihren Namen preiszugeben und veröffentlichten ihre Werke vielfach anonym: Gegenüber dem maßlosen Geltungsdrang eines Sumarokov übte man sich nun in vornehmer Zurückhaltung. Der adlige Dilettant pflegte die Literatur als Freizeitbeschäftigung, die allerdings einen guten Zweck erfüllte: Das Publikum sollte nicht nur unterhalten, sondern auch zu standesgemäßem Verhalten angeleitet werden. Eine typische Figur der Komödie dieser Jahre ist der 'wahre' Edelmann, die russische Entsprechung des französischen honnête homme und des englischen gentleman.

Die russischen Freimaurer und das Ende der aufgeklärten Monarchie in Rußland

In dem Maße, wie im Rußland des 18. Jahrhunderts Privatpersonen aus eigenem Antrieb sich um die Organisation des kulturellen Lebens kümmerten, begann sich der Schwerpunkt des geistigen Lebens vom Staat auf die sich nun formierende Gesellschaft zu verlagern. Dabei spielten die russischen Freimaurer eine besondere Rolle: Ihre Bedeutung für die Entwicklung und Verselbständigung der russischen Kultur im 18. und beginnenden 19. Jahrhunderts ist kaum zu überschätzen[15].

Die Anfänge der russischen Freimaurerbewegung liegen in der petrinischen Zeit. Zunächst waren nur Ausländer beteiligt, später traten auch Russen den Logen bei. Sie stammten aus den beiden Hauptstädten, später auch aus der Provinz. I. P. Elagin, früher Mitglied der Sumarokov-Schule, inzwischen Würdenträger bei Hofe, war seit 1772 Großmeister der russischen Freimaurer. Zu ihnen gehörten auch Novikov und zahlreiche Schriftsteller, darunter Sumarokov, Majkov, Rževskij und Cheraskov.

Das russische Freimaurertum war zunächst kaum mehr als ein Adelsklub, in dem man gut essen, trinken, sich unterhalten und Billard spielen konnte. Im Lauf der Jahre zeigte sich jedoch ein Streben nach Ernsthaftigkeit und Tiefe – eine Neigung zur Mystik trat nun hervor, die in der Orthodoxen Amtskirche und ihrer geistlichen Literatur kein Genügen mehr fand. In Cheraskovs Spätwerk, besonders in seinem Epos vom „Wiedergeborenen Vladimir", fanden diese Tendenzen ihren literarischen Ausdruck. All dies ging einher mit einem verstärkten Hang zum geheimen Ritual und den okkulten Wissenschaften, zu Hermetik und Al-

---

[15] Vgl.: A. N. PYPIN, Russkoe masonstvo: XVIII i pervaja četvert' XIX v. Pg. 1916; G. V. VERNADSKIJ, Russkoe masonstvo v carstvovanie Ekateriny II. Pg. 1917; R. FAGGIONATO, Un' utopia rosacrociana. Massoneria, rosacrocianesimo e illuminismo nella Russia settecentesca: il circolo di N. I. Novikov. In: *Archivio di storia della cultura* 10 (1997), S. 11–276; I. DE MADARIAGA, Freemasonry in Eighteenth-Century Russian Society. In: DIES., Politics and Culture in Eighteenth-Century Russia, S. 150–167; D. SMITH, Working the Rough Stone. Freemasonry and Society in Eighteenth-Century Russia. DeKalb/Ill. 1999.

chemie[16]. Diese rosenkreuzerische Etappe der russischen Freimaurerbewegung ist eng verbunden mit dem Namen des charismatischen J. G. Schwar(t)z (1751–1784), eines Deutschen aus Siebenbürgen, der als Hauslehrer nach Rußland gekommen war und seit 1779 als Professor an der Moskauer Universität lehrte. Bis zu seinem frühen Tod war Schwarz eine Hauptfigur des geistigen Lebens in Moskau. Er war mit Cheraskov und besonders auch mit Novikov befreundet.

Die mystischen Neigungen der russischen Freimaurer stehen in Gegensatz zum Rationalismus der Aufklärung. Aber es gab auch verwandte Züge, und es wäre jedenfalls verfehlt, das russische Freimaurertum als Gegner der Aufklärung zu betrachten; Novikov sah keine Schwierigkeit darin, neben den Werken Voltaires auch okkulte Schriften zu drucken und zu vertreiben. Gemeinsam war das Streben nach Bildung und Humanität, gemeinsam war auch die Abneigung gegen die radikalen Strömungen der Aufklärung im zeitgenössischen Frankreich.

Im Rußland des 18. Jahrhunderts war die Aufklärung im allgemeinen ebenso gemäßigt wie in Deutschland, und sie war auch nicht regierungsfeindlich. Dasselbe gilt für das russische Freimaurertum. Man pflegte den Kult der Freundschaft und strebte nach Selbstvervollkommnung. Mit Nachdruck bekannten sich die russischen Freimaurer zum christlichen Glauben; eine schwärmerische Liebe zur Menschheit und der Glaube an eine universale Brüderlichkeit äußerten sich in tätiger Philanthropie.

Die Moskauer Freimaurer bemühten sich sehr um die Organisation des geistigen Lebens. 1779 gründeten Schwarz und Cheraskov an der Moskauer Universität ein „Pädagogisches Seminar" zur Ausbildung russischer Lehrer, später wurde hier auch ein Übersetzerseminar eingerichtet. 1781 folgte die Gründung einer „Gesellschaft von Absolventen der Universität" (Sobranie universitetskich pitomcev). Im Bannkreis der Moskauer Freimaurer stand auch die „Gesellschaft Gelehrter Freunde" (Družeskoe učenoe obščestvo) von 1782; zu ihren Mitgliedern zählten außer Novikov, Schwarz und Cheraskov die Spitzen der Moskauer Gesellschaft. 1784 gründeten die Moskauer Rosenkreuzer im Einvernehmen mit Novikov eine „Druckgesellschaft" (Tipografičeskaja kompanija) zur Verbreitung ihrer Ideen.

Demselben Zweck dienten die Zeitschriften der Freimaurer. Eine von ihnen heißt *Utrennjaja zarja* („Morgenlicht"): Wahre Erkenntnis sollte nicht aus dem rationalistischen Westen, sondern aus dem Osten kommen. Die Zeitschrift erschien 1777–1779, zunächst in Petersburg, dann in Moskau. Viele Subskribenten bezahlten mehr als den üblichen Bezugspreis, denn die Erlöse der *Utrennjaja zarja* waren dazu bestimmt, Schulen für arme Kinder einzurichten.

An der Geschichte der russischen Freimaurer zeigt sich jene Widersprüchlichkeit, die dem Begriff des aufgeklärten Absolutismus innewohnt. Katharina wollte das geistige Leben ihrer Untertanen anregen. In dem Maße, wie das ge-

---

[16] S. BAEHR, Alchemy and Eighteenth-Century Russian Literature: An Introduction. In: *Reflections on Russia in the Eighteenth Century*, S. 151–165.

Kapitel 12. Überblick　　　　　　　　　　　　　　　　　　　　　　175

lang, ergab sich jedoch ein Gegensatz zum Kontrollanspruch des Staates. Auch war der nüchterne Sinn Katharinas jeder Schwärmerei abhold; dem Freimaurertum konnte sie nichts abgewinnen, zumal diese Gesellschaft den Frauen verschlossen blieb.

Zunächst begegnete Katharina den Freimaurern, unter denen sich viele Würdenträger ihrer Umgebung befanden, mit ironischer Toleranz. Aber das änderte sich gegen Ende der 1770er Jahre, als das Zentrum der Bewegung vom Petersburger Hof nach Moskau überwechselte. Die geheimen Rituale der Freimaurer, die man vorher noch als Kuriosum betrachten konnte, erregten nun den Argwohn der Zarin. Auch suchten die Freimaurer die Nähe zum Thronfolger, dem künftigen Zaren Paul I., der in Opposition zu seiner Mutter stand. Solche Kontakte konnten daher leicht als verschwörerische Tätigkeit ausgelegt werden. Ferner unterhielten die Freimaurer Verbindungen zu ausländischen Logen und deren hochgestellten Mitgliedern, etwa zum Herzog von Braunschweig oder zur schwedischen Königsfamilie. Für Katharina war das eine Bedrohung ihres außenpolitischen Monopolanspruchs. In dieser feindseligen Haltung wurde sie durch die Orthodoxe Kirche bestärkt, die im Freimaurertum eine Konkurrenz in Fragen der geistlichen Autorität witterte.

Das Mißtrauen der Obrigkeit verstärkte sich, als 1784 in Bayern die Organisation der Illuminaten verboten wurde, eines revolutionären Ablegers der internationalen Freimaurerbewegung. Damit waren auch die russischen Freimaurer kompromittiert: Ob Illuminaten oder Rosenkreuzer – aus amtlicher Sicht verwischten sich die Unterschiede. In den Jahren 1785–1786 verfaßte Katharina einen Zyklus von drei satirischen Komödien gegen die Freimaurer[17]. Zur selben Zeit sahen sich Novikov und seine Gesinnungsfreunde amtlichen Schikanen ausgesetzt; 1786 wurden die Moskauer Logen geschlossen. Zu einer weiteren Verschlechterung der Lage kam es in den Jahren der Französischen Revolution. 1792 wurde Novikov wegen seiner freimaurerischen Umtriebe in einem außergerichtlichen Verfahren zu fünfzehnjähriger Haft in der Petersburger Schlüsselburg verurteilt; erst nach Katharinas Tod, unter der Herrschaft ihres Sohnes und Nachfolgers Paul I., wurde er 1796 aus der Haft entlassen. 1790 war auch Radiščev als Autor der „Reise von Petersburg nach Moskau" verhaftet worden; davon wird im einzelnen noch die Rede sein.

In den 1790er Jahren brach Katharina mit ihrer liberalen Politik und den französischen Aufklärern. 1794 ließ sie den Druck einer Voltaire-Ausgabe einstellen; die ersten drei Bände, die schon erschienen waren, wurden beschlagnahmt. 1793–1794 kam es zu einer Reihe von Bücherverbrennungen. Im September 1796, wenige Wochen vor dem Tod der Zarin, wurden die Grenzen des Reiches geschlossen, um die Einfuhr revolutionärer Schriften zu verhindern. Derselbe Ukaz annullierte die 1783 erteilte Erlaubnis zur Gründung privater Druckereien. Gleich-

---

17　Vgl.: M. ŠRUBA [= M. SCHRUBA], Antimasonskie komedii Ekateriny II kak dramatičeskij cikl. In: *Verenica liter. K 60-letiju V. M. Živova*. M. 2006, S. 413–426.

zeitig wurde die Zensur, die in Rußland bisher von verstreuten Instanzen und ohne großen Eifer ausgeübt wurde, auf gesamtstaatlicher Ebene neu organisiert und auf eine professionelle Grundlage gestellt[18].

Literarischer Epochenwandel

Ein epochaler Vorgang westeuropäischer Literaturgeschichte im 18. Jahrhundert ist der Aufstieg der erzählenden Prosa, vor allem des Romans. In den 1760er Jahren erreichte diese Entwicklung auch Rußland[19]. Neben zahlreichen Übersetzungen erschienen nun auch russische Originalromane. Sie wurden von meist nichtadligen Autoren für ein breiteres Publikum geschrieben, wie etwa M. D. Čulkovs *Prigožaja povaricha, ili Pochoždenie razvratnoj ženščiny* („Die hübsche Köchin oder die Abenteuer eines liederlichen Frauenzimmers", ersch. 1770), die empfindsamen Romane von F. A. Ėmin, zum Beispiel *Pis'ma Ėrnesta i Doravry* („Die Briefe des Ėrnest und der Doravra", ersch. 1766) und andere mehr. Literarische Anerkennung sollte die erzählende Prosa jedoch erst mit den Erzählungen Karamzins in den 1790er Jahren erhalten.

Seit den 1770er Jahren verlor die klassizistische Lehre ihre Überzeugungskraft; der Glaube an die universale Verbindlichkeit der literarischen Regeln geriet ins Wanken, allen Protesten Sumarokovs zum Trotz. Bei einigen Autoren und in einigen Gattungen, vor allem in der Tragödie, konnte sich der Klassizismus allerdings bis ins 19. Jahrhundert behaupten. Manche seiner Grundsätze wie Wahrscheinlichkeit, Natürlichkeit, Einheit und rationale Durchsichtigkeit sollten um die Mitte des 19. Jahrhunderts in der realistischen Epoche sogar eine Wiedergeburt erleben, ganz zu schweigen von der erneuten Konjunktur klassizistischer Grundsätze im Sozialistischen Realismus der Sowjetepoche.

Im letzten Drittel des 18. Jahrhunderts verlor der Klassizismus seine ehemals vorherrschende Stellung als Epochenstil russischer Literatur und mußte sich nun als Zeitstil in der Konkurrenz mit anderen Zeitstilen der Epoche behaupten[20]. Einer dieser Zeitstile, die neben dem Klassizismus aufkamen, war das russische Rokoko, wie es sich vor allem in Bogdanovičs scherzhaftem Poem *Dušen'ka* ausprägte. Auch die Vorromantik ist hier zu nennen. Im Jahre 1730 hatte James Thomson seinen Gedichtzyklus *The Seasons* veröffentlicht und damit die europäische Landschaftsdichtung begründet. Es erschienen zahlreiche Übersetzungen

---

[18] Vgl.: SKABIČEVSKIJ, Očerki istorii russkoj cenzury, S. 40 ff.; PAPMEHL, Freedom of Expression, S. 29 ff.

[19] Vgl.: V. V. SIPOVSKIJ, Očerki iz istorii russkogo romana. Bd. I.1–2. SPb. 1909–1910.

[20] Vgl. zum folgenden: G. A. GUKOVSKIJ, U istokov russkogo sentimentalizma. In: DERS., Očerki po istorii russkoj literatury i obščestvennoj mysli XVIII veka. L. 1938, S. 235–314; L. V. PUMPJANSKIJ, Sentimentalizm. In: *Istorija russkoj literatury*, Bd. IV.2, S. 430–445; R. NEUHÄUSER, Towards the Romantic Age: Essays on Sentimental and Preromantic Literature in Russia. The Hague 1974; P. A. ORLOV, Russkij sentimentalizm. M. 1977; L. SUCHANEK, Preromantyzm w Rosji. Kraków 1991; N. D. KOČETKOVA, Literatura russkogo sentimentalizma (Ėstetičeskie i chudožestvennye iskanija). SPb. 1994.

und Nachahmungen, bis diese literarische Mode in den 1770er Jahren auch Rußland erreichte[21]. Dasselbe gilt für die „Nachtgedanken" (*The Complaint, or Night Thoughts on Life, Death and Immortality*, ersch. 1742–1745) von Edward Young mit ihrer melancholischen Poesie von Grab und Tod. Nicht minder einflußreich war die Ossian-Dichtung von James Macpherson (*Fingal, An Ancient Epic Poem in Six Books...*, ersch. 1762)[22]. Auch in Rußland nahm man diese literarische Mystifikation für bare Münze und bewunderte in ihr die Poesie des europäischen Nordens und den authentischen Ausdruck einer heroischen Vorzeit. Seinerseits förderte der Ossianismus das Interesse für die Eigenart der Nationalkulturen und für die Volksdichtung. 1768 veröffentlichte M. I. Popov (1742 – ca. 1790) ein Buch über die slavische Mythologie (*Opisanie drevnjago slavenskago jazyčeskago basnoslovija*). 1780–1781 erschien in vier Bänden M. D. Čulkovs Sammlung russischer Lieder und wurde in den folgenden Jahren mehrfach wiederaufgelegt (*Novoe i polnoe sobranie rossijskich pesen...*). Außer Kunstliedern findet man hier zahlreiche Volkslieder.

Neben der Vorromantik war im letzten Drittel des 18. Jahrhunderts vor allem der Sentimentalismus von Bedeutung. Es zeigte sich ein neues Interesse an der Einzelpersönlichkeit und ihrem Gefühlsleben. Man pflegte den Kult der Freundschaft und das schwärmerische Erleben der Natur, das 'Naturgefühl'. Der lehrhafte Impuls des Klassizismus wirkte fort, wandte sich in erster Linie jedoch nicht mehr an den Verstand, sondern das Gemüt. Rührung und Tugendpathos gingen nun Hand in Hand.

Eine wichtige Etappe in der Entwicklung des russischen Sentimentalismus bildet die Rezeption des schweizer Dichters Salomon Geßner[23], in dessen Prosaidyllen (ersch. 1756) sich das reich detaillierte und gemütvolle Bild vom Schäferdasein inmitten einer genau beobachteten Natur entfaltet. In den russischen Übersetzungen dieser Idyllen, die seit Beginn der 1770er Jahre erschienen, wurde Geßners rhythmische Prosa zunächst in Verse übertragen; als man später den Reiz des Originals zu würdigen vermochte, war damit schon jener Weg betreten, der in den 1790er Jahren zu Karamzin führen sollte.

Aber auch in den übrigen Gattungen spielte der Sentimentalismus eine wesentliche Rolle. Vom Drama wird noch die Rede sein. In der Lyrik äußerten sich die sentimentalistischen Tendenzen in einer Abwendung vom hohen Stil und der Feierlichen Ode zugunsten der intimen und persönlichen Formen. Gleichzeitig kam es zur Auflösung des rationalistischen Stils. Am Anfang dieser Entwicklung standen in den 1770er Jahren M. N. Murav'ev (1757–1807), N. A. L'vov (1751–1803) und Ju. A. Neledinskij-Meleckij (1752–1829).

---

[21] Vgl.: JU. D. LEVIN, Anglijskaja poèzija i literatura russkogo sentimentalizma. In: DERS., Vosprijatie anglijskoj literatury v Rossii. L. 1990, S. 134–230.
[22] Vgl.: JU. D. LEVIN, Ossian v russkoj literature. Konec XVIII – pervaja tret' XIX veka. L. 1980.
[23] Vgl.: R. JU. DANILEVSKIJ, Rossija i Švejcarija: Literaturnye svjazi XVIII–XIX vv. L. 1984, S. 59 ff.; KLEIN, Die Schäferdichtung, S. 29 f., 117–121, 128 f.

Ebenso wie L'vov hatte Murav'ev seine Dichterlaufbahn als Anhänger Sumarokovs begonnen. In seiner Lyrik zeigt sich auf beispielhafte Weise der Übergang vom Klassizismus zum Sentimentalismus[24]. Bei Murav'ev verlieren die Wörter jene festumrissene und quasi-terminologische Bedeutung, die sie bei Sumarokov und seinen Nachfolgern hatten. Der emotionale Bestandteil der Wortbedeutung rückte nun in den Vordergrund. Damit wurden Wendungen möglich, die eher assoziativ als logisch, mehr durch Obertöne als durch Bedeutungskerne geprägt waren; Epitheta und Periphrasen häuften sich. In dem Maße, wie die Empfindungen und Werthaltungen des lyrischen Subjekts die begriffliche Substanz der Wortbedeutungen überlagerten und diese aufzulösen drohten, verschwammen die Gattungsgrenzen: Die Gestaltung folgte nun nicht mehr einer poetischen Doktrin, sondern dem Ausdrucks- und Gestaltungsbedürfnis des Autors.

---

[24] Vgl.: GUKOVSKIJ, U istokov, S. 252 ff.

KAPITEL 13
DIE MORALISCHEN WOCHENSCHRIFTEN

Katharina und die russische Öffentlichkeit

Eines der kulturpolitischen Ziele Katharinas war es, in ihrem Herrschaftsbereich eine Öffentlichkeit herzustellen, innerhalb deren sie in dialogischen Kontakt mit ihren Untertanen treten konnte. Diesem Zweck diente die 1767 eröffnete Kommission für die Schaffung eines neuen Gesetzbuches. Die von überall her angereisten Delegierten der verschiedenen Bevölkerungsgruppen sollten Gelegenheit bekommen, sich unter den Augen der Zarin über die Angelegenheiten des Gemeinwesens auszusprechen; Vertreter der leibeigenen Bauern waren allerdings nicht zugelassen. Als sich nach Beginn des türkischen Krieges von 1768–1774 ein großer Teil der Delegierten zu ihren Truppenteilen begeben mußten, wurde die Kommission zunächst vorläufig, und, wie sich dann herausstellte, auch endgültig geschlossen. Katharina suchte nun nach Wegen, um mit ihren Untertanen erneut ins Gespräch zu kommen und gründete die Wochenzeitschrift *Vsjakaja vsjačina* („Buntes Allerlei")[1].

Die Beiträge der *Vsjakaja vsjačina* erschienen anonym, und auch der Herausgeber vermied es, namentlich in Erscheinung zu treten. Das war mehr als eine Formalität: Die Zeitschrift durfte nicht in den Ruch des Offiziellen kommen – die Tatsache, daß sie unter der Ägide Katharinas und mit einigen Artikeln aus ihrer Feder erschien, wurde dank gelehrter Archivstudien erst in der zweiten Hälfte des 19. Jahrhunderts bekannt[2]. Vielleicht ahnten die Zeitgenossen, wer hinter der neuen Zeitschrift stand, aber sie wußten nichts Bestimmtes[3]. Die *Vsjakaja vsjačina* erschien von Anfang 1769 bis Mitte 1770; seit Januar 1770 führte sie den veränderten Namen *Baryšek vsjakoj vsjačiny* („Zugabe zum Bunten Allerlei").

---

[1] Vgl.: V. SOLNCEV, *Vsjakaja vsjačina* i „Spektator" (K istorii russkoj satiričeskoj žurnalistiki XVIII veka). In: *Žurnal Ministerstva narodnago prosveščenija*, Januar 1892, č. 279, S. 125–156; BERKOV, Istorija russkoj žurnalistiki XVIII veka, S. 156–307 („Satiričeskie žurnaly 1769–1774 gg.").

[2] P. PEKARSKIJ, Materialy dlja žurnal'noj dejatel'nosti Ekateriny II. SPb. 1863.

[3] In der Forschung wird oft G. V. Kozickij als Herausgeber der Zeitschrift genannt. Bei Novikov liest man über ihn: „Sein Stil war rein, ernst, geschmückt und angenehm; daraus schließen einige, die *Vsjakaja vsjačina* [...] sei ein Produkt seiner Feder" (NOVIKOV, Opytističeskago slovarja, S. 101–102). Kozickij war seit 1768 Staatssekretär Katharinas; er hätte also im Auftrag der Zarin handeln und für die *Vsjakaja vsjačina* tätig sein können. Für Novikov war die Verbindung Kozickijs mit der Zeitschrift jedoch keine gesicherte Tatsache, sondern ein Gerücht; er selber enthält sich jeden Kommentars.

In einem scherzhaften „Glückwunsch zum Neuen Jahr" wirft der Herausgeber in der ersten Nummer der Zeitschrift einen Blick in die Zukunft und sieht zu seiner Genugtuung viele Nachfolger, die seine Anstrengungen zur Förderung der Vernunft in der russischen Öffentlichkeit fortsetzen würden:

> Ich sehe, daß ihr [der *Vsjakaja vsjačina*] eheliche und nichteheliche Kinder nachfolgen werden. Es wird auch Mißgeburten geben, die an ihre Stelle treten. Aber durch die Wolken sehe ich den guten Geschmack und das gesunde Urteil, die mit der einen Hand Dummheit und Unsinn vertreiben und mit der anderen eine gute Generation von buntem Allerlei an der Hand führen werden.[4]

Diese Hoffnung sollte sich alsbald erfüllen: In der Nachfolge der *Vsjakaja vsjačina* erschienen 1769–1774 nicht weniger als vierzehn Zeitschriften, davon allein sieben im Jahre 1769. Allerdings hatten diese Zeitschriften kein langes Leben – es war schon viel erreicht, wenn es der einen oder anderen gelang, auch nur ein Jahr zu überstehen. Für den Augenblick jedoch konnte sich Katharina in ihrer Rolle als Minerva des russischen Geisteslebens aufs Glänzendste bestätigt sehen. Unter den „ehelichen und nichtehelichen Kindern" der *Vsjakaja vsjačina* ragen die vier Zeitschriften Novikovs hervor: *Truten'* („Die Drohne", 1769–1770), *Pustomelja* („Die Plaudertasche", 1770), *Živopisec* („Der Maler", 1772–1773) und schließlich *Košelek* („Der Haarbeutel", 1774). Unter diesen Zeitschriften waren *Truten'* und *Živopisec* die bedeutendsten und erfolgreichsten.

Volkspädagogik

Was die Novikovschen Zeitschriften mit der *Vsjakaja vsjačina* verbindet, ist die Gattungstradition der Moralischen Wochenschriften[5]. Sie wurde zu Anfang des 18. Jahrhunderts in England durch die oft wiederaufgelegten und in ganz Europa, vor allem in Deutschland vielfach nachgeahmten Zeitschriften von R. Steele und J. Addison begründet – *The Tatler* (1709–1711), *The Spectator* (1711–1712, 1714) und *The Guardian* (1713). Übersetzungen aus diesen Zeitschriften, die auf französische oder deutsche Vermittlung zurückgehen, findet man in den russischen Periodika des 18. Jahrhunderts auf Schritt und Tritt, auch in den Zeitschriften Katharinas und Novikovs[6]; in Novikovs *Pustomelja* wiederholt sich

---

[4] *Vsjakaja vsjačina*, 1769, nicht pag. Im folgenden wird diese Ausgabe im Haupttext mit der eingeklammerten Angabe der Seitenzahl zitiert.

[5] Grundlegend zu den Novikovschen Zeitschriften: JONES, Nikolay Novikov; vgl. auch: I. KLEJN [= J. KLEIN], „Nemedlennoe iskorenenie vsech porokov": O moralističeskich žurnalach Ekateriny II i N. I. Novikova. In: *XVIII vek*. Bd. 24. SPb. 2006, S. 153–165. – Im Gegensatz zur *Vsjakaja vsjačina* sind die Novikovschen Zeitschriften in einem Neudruck bequem zugänglich: *Satiričeskie žurnaly N. I. Novikova*. Hrsg.: P. N. Berkov, M.–L. 1951. Im folgenden wird diese Ausgabe ebenso wie die *Vsjakaja vsjačina* durch eingeklammerte Seitenangaben zitiert.

[6] JU. D. LEVIN, Anglijskaja prosvetitel'skaja žurnalistika v russkoj literature XVIII veka. In: *Ėpocha Prosveščenija. Iz istorii meždunarodnych svjazej russkoj literatury*. Hrsg.: M. P. Alekseev. L. 1967, S. 3–109.

der Titel des englischen *Tatler*. Wichtiger als diese Einzelheiten ist jedoch die Gemeinsamkeit, die sich im Gattungsbegriff 'Moralische Wochenschriften' ausdrückt. Auch in Rußland verfolgten die Zeitschriften dieses Typus in erster Linie keine informativen oder literarischen Ziele – im Geiste des horazischen docere aut delectare wollten sie vielmehr die „Botschaft der Tugend"[7] verkünden, das Publikum auf vergnügliche Weise moralisch belehren, in seinem Hang zum Guten bestärken und die Neigung zum Schlechten bekämpfen.

Welche staatspolitische Bedeutung Katharina diesen Bemühungen beimaß, erhellt aus einer rhetorischen Frage, die in der *Vsjakaja vsjačina* kursiv hervorgehoben wird: „*Welchen Nutzen haben die Gesetze, wenn die Sitten verdorben sind?*" (S. 9). Die Moralischen Wochenschriften stellen sich die Aufgabe, ihre Leser zu guten Untertanen und Staatsbürgern zu erziehen. Sobald dieses Ziel erreicht war, konnte die Staatsmaschine, die durch die Gesetze der weisen Herrscherin reguliert wurde, ohne jede Störung für das Gemeinwohl arbeiten.

In den Augen der Zeitgenossen war eine solche Erziehung der Bevölkerung keineswegs ein aussichtsloses Unterfangen. Maßgeblich war hier die optimistische Grundüberzeugung der europäischen Aufklärung, daß der Mensch im Gegensatz zum Tier perfektibel sei und moralische Vollkommenheit erreichen könne. In einer weiteren Äußerung der *Vsjakaja vsjačina* tritt diese Auffassung deutlich zutage. In seiner Antwort auf den vorher abgedruckten Brief eines sympathisierenden Lesers schreibt der Herausgeber ohne jede Ironie und in vollem Vertrauen auf den baldigen Erfolg seiner Bemühungen:

> Wir zweifeln nicht an einer unverzüglichen Verbesserung der Sitten, und wir erwarten die schleunige Ausrottung aller Laster; inzwischen hat man ja schon begonnen, die *Vsjakaja vsjačina* auswendig zu lernen, wie aus dem oben abgedruckten Brief deutlich hervorgeht. Der Schreiber dieses Briefes hat die Bedeutsamkeit unserer Tätigkeit klar erkannt [...]. (S. 123–124)

In den Moralischen Wochenschriften erscheint das Ziel der volkspädagogischen Tätigkeit also nicht als fernes Ideal, dem man sich allenfalls ein wenig nähern kann, sondern als mögliche Realität. Ihrerseits wirft diese utopische Auffassung ein Licht auf jene Tugendhelden, denen man in den Moralischen Wochenschriften ebenso wie in den satirischen Komödien der Epoche begegnet: Diese Gestalten sollten dem Publikum mit dem Ideal der Tugend auch dessen Erreichbarkeit vor Augen führen.

Der Gedanke von der Perfektibilität des Menschen begründet das aufgeklärte Vertrauen auf die Allmacht der Erziehung, wobei man sich auf die Philosophie

---

[7] Vgl.: W. MARTENS, Die Botschaft der Tugend. Die Aufklärung im Spiegel der Moralischen Wochenschriften. Stuttgart 1968. Gegenüber dem Gattungsnamen 'Moralische Wochenschriften', wie er in Westeuropa gebräuchlich ist, spricht man in Rußland von 'satirischen Zeitschriften'. Zwar spielt die Satire in diesen Zeitschriften eine große Rolle, aber wie man noch sehen wird, sind auch andere literarische Mittel im Spiel. Die Bezeichnung 'Moralische Wochenschriften' hat ferner den Vorteil, daß sie die Gattungsverwandtschaft zwischen den russischen und den westeuropäischen Zeitschriften hervorhebt.

des englischen Sensualismus mit seinem berühmtesten Vertreter John Locke (1632–1704) berufen konnte. Aus dieser Sicht ist der Mensch am Anfang seiner Entwicklung eine tabula rasa, auf der die Eindrücke der Außenwelt dann ihre Schriftzeichen hinterlassen. Unter solchen Voraussetzungen war es die Aufgabe der Erziehung, „den idealen Menschen und den vollkommenen Staatsbürger" zu schaffen – eine Formulierung, die von Katharina II. stammen könnte und ihr auch manchmal zugeschrieben wird, tatsächlich aber auf ihren Korrespondenten F. M. Grimm zurückgeht[8]. Die Bosheit wäre somit nicht Bestandteil der menschlichen Natur, sondern eine Folge schlechter Erziehung. Zuweilen sprechen die russischen Autoren in diesem Zusammenhang auch vom Erbgut, aber von ungünstigen Sozialverhältnissen ist nicht die Rede. Für die Zeitgenossen verhielt es sich eher umgekehrt: Der Weg zum gedeihlichen Zusammenleben führte nicht über die Veränderung der gottgegebenen Gesellschaftsordnung, sondern über die Erziehung des Einzelnen.

Niemals zuvor wurde über Pädagogik mehr gesprochen und geschrieben, als im 18. Jahrhundert, diesem „Zeitalter der Erziehung". In Rußland erschienen seit den 1760er Jahren die Hauptwerke der westeuropäischen Pädagogik, wie zum Beispiel *Some Thoughts Concerning Education* von John Locke in der Übersetzung des Lomonosov-Schülers N. N. Popovskij (drei Auflagen im Laufe des Jahrhunderts). Seit Kantemirs VII. Satire „Über die Erziehung" erscheint dieses Thema immer wieder auch in den Originalwerken der russischen Autoren: Die Folgen schlechter Erziehung werden nicht nur in den Moralischen Wochenschriften angeprangert, sondern auch in der satirischen Komödie. Als Dramatiker war Fonvizin von diesem Thema geradezu besessen; davon zeugen nicht nur seine beiden Hauptwerke, die Komödien *Brigadir* („Der Brigadier") und *Nedorosl'* („Der Landjunker"), sondern auch die beiden unvollendeten Komödien, die er am Ende seines Lebens schrieb – *Dobryj nastavnik* („Der gute Lehrer") und *Vybor guvernera* („Die Wahl eines Hauslehrers"). Seit Beginn der 1760er Jahre, nach der Thronbesteigung Katharinas II., rückte die Volkserziehung in den Mittelpunkt der Kulturpolitik. Das zeigte sich in zahlreichen Programmschriften und in solchen Neugründungen, wie den schon bekannten Pensionaten für adlige und nichtadlige Mädchen auf dem Smol'nyj-Gelände.

Von diesen pädagogischen Bestrebungen lebten auch die Moralischen Wochenschriften. Allerdings ging es nun nicht mehr um Kinder und Jugendliche, sondern um Erwachsene – die Käufer und Leser der *Vsjakaja vsjačina*, des *Truten'* etc. Die erzieherische Programmatik dieser Zeitschriften wurzelt im Rationalismus der Frühaufklärung. Letztlich geht es um eine Form der Wissensvermittlung, deren moralische Inhalte mit literarischen Mitteln einprägsam dargestellt und durch den Appell an das Gefühl mit dem nötigen Nachdruck versehen werden. Für die aufgeklärten Zeitgenossen gingen Tugend und Wissen, Laster und Ignoranz Hand in Hand. Mit dem nötigen Wissen ausgerüstet, war jedermann

---

[8] ROŽDESTVENSKIJ, Očerki, S. 314.

imstande, Gut und Böse zu unterscheiden, seine „Leidenschaften" zu unterdrücken und den Pfad der Tugend zu beschreiten.

In späteren Jahren, in der Epoche des Sentimentalismus, verliert die Idee der Tugend ihr rationalistisches Gepräge und wird zu einer Sache des Gemüts; der Anblick des Guten erzeugt jetzt nicht nur eine vernünftige Genugtuung, sondern auch Tränen der Rührung. Aber diese empfindsame Spielart des Tugendkults ist dem nüchternen Geist der in Rußland vorerst noch herrschenden Frühaufklärung fremd; sentimentale Anwandlungen findet man in den Moralischen Wochenschriften nur selten. In der Regel ist hier jeder Appell an die Tugend ein Appell an die Vernunft. Im Idealfall erscheint der menschliche Wille als gehorsames Werkzeug dieser Vernunft, die ihrerseits nicht naturgegeben ist, sondern durch Erziehung entwickelt werden muß.

Allerdings neigen Kinder wie auch Erwachsene dazu, das Wissen, das sie zur Tugend befähigt, zu vergessen; es muß ihnen daher stets aufs Neue eingeschärft werden. Das weiß auch der Herausgeber der *Vsjakaja vsjačina*, dem es im folgenden Zitat um die Bestechlichkeit der russischen Ämter geht:

> Ich bin davon überzeugt, daß die Habsucht nicht mehr so viel von sich reden lassen wird, wenn man in den Behörden Menschen mit Erziehung und Wissen beschäftigt. Jemand, der von Jugend an gewöhnt ist, den Lobpreis der Tugenden und die Kritik der Laster zu hören und davon zu lesen, wird sich zweifellos in höherem Maße der letzteren enthalten und dafür die ersteren ehren, als jemand, dem der Unterschied zwischen Tugend und Laster fast unbekannt ist. (S. 200)

Das hohe Ziel der Moralischen Wochenschriften war nur dann zu erreichen, wenn man sich klar ausdrückte und jeden gelehrten Aufwand mied. In der *Vsjakaja vsjačina* wird ein Leser vom Herausgeber gebeten, aus seinem Lebenskreis Material über verbesserungsbedürftige Sitten einzusenden; dies mit der Aufforderung, sich dabei eines „gewöhnlichen einfachen Stils" zu befleißigen (S. 172). Ein weiterer Leser bittet die Redaktion um Verständnis dafür, „daß ich weder hohe Gedanken, noch geistreiche Wörter und auch keine ausgeklügelten Syllogismen verwende, sondern im allereinfachsten Stil schreibe, in dem man gewöhnlich spricht, und dabei auf Klarheit und Genauigkeit achte" (S. 259). Offensichtlich befindet sich dieser allzu bescheidene Leser im Einklang mit den redaktionellen Grundsätzen der Zeitschrift. Die literaturgeschichtliche Bedeutung der Moralischen Wochenschriften liegt nicht zuletzt in ihrem Beitrag zur Entwicklung der russischen Prosa.

Eine neue Ethik für das adlige Publikum

Mit ihrer Pädagogik konnten die Moralischen Wochenschriften an die Bestrebungen der petrinischen Epoche anknüpfen. Wie wir schon wissen, wollte Peter I. bei seinen Untertanen einen grundlegenden Wandel der Geisteshaltung herbeiführen: Das 'neue' Rußland brauchte 'neue' Menschen. Dazu war es erforderlich, das blagočestie, das altrussische Ideal christlicher Lebensführung, durch eine moderne Verhaltenslehre zu ersetzen. In seinen Petersburger Predigten versuchte Feofan Prokopovič, die überkommene Lehre auf petrinische Art neu zu fassen. Im Mittelpunkt seiner Predigt von 1718 zum Fest des Hl. Aleksandr Nevskij steht das leitmotivisch wiederholte Ziel des christlichen Lebenswandels: „kak mne spastisja" – wie kann der Mensch das Seelenheil erlangen?[9] Die herkömmliche Antwort würde lauten: durch Fasten, Keuschheit, Beten und tätige Nächstenliebe. Bei Feofan dagegen erlangt man das Himmelreich durch Pflichterfüllung im Dienste des Zaren. Unter der Herrschaft Peters I. sollte sich das Leitbild des guten Christen nicht mehr hinter Klostermauern verwirklichen, sondern in der Dienststube des gewissenhaften Beamten.

In den Moralischen Wochenschriften setzten sich die Versuche zur Neufassung der religiösen Begriffe fort, wobei diese nun in die Nachbarschaft von 'Ehre' (čest') und 'Tugend' (dobrodetel') gerieten – Schlüsselbegriffe einer weltlichen Ethik, die in einem meist unausgesprochenen Spannungsverhältnis zur religiösen Überlieferung standen. Im Europa des 18. Jahrhunderts war besonders die Tugend in aller Munde. In Rußland kannte man das Wort aus dem kirchenslavischen Schrifttum, aber seine eigentliche Karriere begann erst im 18. Jahrhundert, wobei es sich mit einem neuem Inhalt füllte, der den Säkularisierungsbemühungen der europäischen Aufklärung und des petrinischen Rußland entsprach.

Diese neue Verhaltenslehre orientierte sich nicht mehr nur am Willen Gottes und der christlichen Lehre, sondern auch an der irdischen Vernunft. Jene Hinwendung zum Jenseits, die der sittlichen Haltung des alten Rußland zugrundelag, sollte nun durch eine Einstellung ersetzt werden, die zwar keineswegs religionsfeindlich war, jedoch vor allem den Erfordernissen des Diesseits Rechnung trug. In den Moralischen Wochenschriften tritt dies besonders dann zutage, wenn es um das Verhältnis der Geschlechter geht, wenn also von der tugendhaften Liebe die Rede ist, und wenn vor Koketterie und Flatterhaftigkeit gewarnt wird. Einer solchen Ethik geht es in erster Linie nicht mehr um die ewige Glückseligkeit nach dem Tode, sondern um jene zeitliche Glückseligkeit, die der Lohn der Tugend im Diesseits ist.

Den russischen Moralisten des 18. Jahrhunderts lag es fern, ihre aufgeklärteudämonistische Tugendlehre polemisch gegen den christlichen Glauben auszuspielen. Das unterscheidet sie von den französischen und verbindet sie mit den englischen und deutschen Aufklärern. Auch in diesem Zusammenhang gilt: In Rußland hielt man es mit der gemäßigten Richtung der europäischen Aufklärung. Die herkömmliche Religion sollte nicht abgeschafft, sondern mit dem Diesseits versöhnt werden. Die religionskritischen Töne, die in den Zeitschriften Katharinas und Novikovs zu vernehmen sind, zielen nicht auf das Christentum schlechthin, sondern nur auf gewisse Formen religiöser Weltverachtung.

---

[9] *Slovo v den' svjatago blagovernago knjazja Aleksandra Nevskago.* In: PROKOPOVIČ, Sočinenija, S. 94–103.

Jene Polemik setzt sich fort, die sich schon in der petrinischen Zeit gegen die „Frömmler" richtete: Menschen, die zwar die Vorschriften des altrussischen blagočestie mit Inbrunst und bis ins rituelle Detail beachten, dabei jedoch ihre Pflichten gegenüber dem Zaren und den Mitmenschen vernachlässigen; vgl. Feofans Polemik gegen die „Heuchler" und die „Scheinheiligen" in seiner Predigt zum Fest des Aleksandr Nevskij[10]. Ebenso wie die Publizisten der petrinischen Epoche bekämpfen die Moralischen Wochenschriften auch den „Aberglauben" – ein Lieblingswort der europäischen Aufklärung, das nicht nur auf die Hirngespinste des weltlichen Alltags zielte, sondern auch auf gewisse Aspekte der religiösen Tradition.

Die aufgeklärte Kritik an Frömmelei und Aberglauben mußte bei den Anhängern des vorpetrinischen Rußland, die auch in der zweiten Hälfte des 18. Jahrhunderts noch keineswegs ausgestorben waren, auf Ablehnung stoßen. Ein anonymer Leser von Novikovs *Truten'* möchte keine weltlichen Bücher lesen, denn: „[...] meine Tante hat mir gesagt, daß dort viel Ketzerei zu finden sei" (S. 161). Ähnlich liest man es in einem weiteren Brief, den ein ebenfalls anonymer Leser an die Redaktion der *Vsjakaja vsjačina* richtet. Es geht um einen Streit zwischen Jungen und Alten. Die Jungen, zu denen sich der Briefschreiber rechnet, vertreten die „heutige Welt", während die „hochbetagten Menschen" „in allem der alten Zeit anhängen". Diese Alten sind der *Vsjakaja vsjačina* nicht wohl gesonnen. Sie sprechen zwar nicht von Ketzerei, aber sie lassen keinen Zweifel daran, daß sie die „geistlichen Bücher" der religiösen Überlieferung bevorzugen, Bücher, die „nützlich für die Seele" sind, also dem altrussischen Ideal der dušepoleznost' folgen. Außerdem ärgert sie, daß die hergebrachte „Frömmigkeit" (blagočestie) als „Aberglauben" abgetan werde.

In ihrer Antwort auf diesen Brief verfährt die Redaktion der *Vsjakaja vsjačina* ebenso wie seinerzeit Feofan Prokopovič – sie übernimmt die religiösen Begriffe der vorpetrinischen Vergangenheit und füllt sie mit den Leitvorstellungen der neuen Zeit. Allerdings vermeidet sie dabei jenen groben Ton, der in der petrinische Epoche üblich war: Vielmehr „respektiert" sie „die Bemerkungen der Alten", ist jedoch der Ansicht, daß diese, wenn sie nur frei von „Vorurteilen" seien, auch in der *Vsjakaja vsjačina* genug Belehrungen finden könnten, die „nützlich für die Seele" seien. Es sei ja die Absicht des Herausgebers, einen Krieg gegen die Laster zu führen und die Tugend zu verherrlichen: Was könne schließlich „nützlicher für die Seele" sein, wie es erneut heißt, als die Tugend, und „dazu noch eine Tugend in heiterem Gewande"? (S. 161-162)

In den Moralischen Wochenschriften wird die Sittenlehre nicht mehr von jenem schweren Ernst getragen, der für die altrussische Kultur charakteristisch war. Auch in dieser Hinsicht konkurrierten die Moralischen Wochenschriften mit den Kirchenbüchern. Damit setzte sich auch im letzten Drittel des 18. Jahrhunderts

---

[10] Ebd., S. 101.

der petrinische Kulturkampf fort, wobei die russische Kirche ihr Monopol der moralischen Unterweisung vollends einbüßte. Mit ihrer neuen Verhaltenslehre konnten die Zeitschriften Katharinas und Novikovs nicht nur an die Predigten des Feofan Prokopovič anknüpfen, sondern auch an solche Werke wie den „Ehrenwerten Tugendspiegel" und die Satiren Kantemirs. Der tugend- oder ehrenhafte Mensch der neuen Zeit sollte nicht nur mehr ein frommer Christ sein, sondern auch ein Staatsbürger, der seine beruflichen Pflichten getreu erfüllt, in Herzensangelegenheiten Ehrlichkeit und Treue walten läßt und dabei auch die Regeln westeuropäischer Wohlerzogenheit nicht vergißt. Der *Vsjakaja vsjačina* lag besonders das Benehmen der Damen am Herzen: Sie dürfen in Gesellschaft nicht die Beine übereinanderschlagen, nicht gar zu laut sprechen und nicht „zwölf und mehr Tassen Tee, Kaffee, saure Kohlsuppe oder Limonade trinken", denn davon könne man krank werden, und „der Bauch wird wie eine Trommel"; auch solle man in Gegenwart der Jugend nicht über so heikle Dinge wie Krankheit und Geburt sprechen (S. 156–158).

Mit ihrer Liebe zu Tugend und Schicklichkeit konnten sich die Moralischen Wochenschriften auf die englischen und deutschen Vorbilder berufen. Der Unterschied liegt im Adressaten. Das Publikum, das die englischen und deutschen Wochenschriften vor Augen hatten, stammte aus dem gehobenen Bürgertum, in zweiter Linie auch aus dem niederen Adel. Zum Herrenklub des Mr. Spectator gehört ein wohlhabender Kaufmann mit dem sprechenden Namen Sir Andrew Freeport. Die Hauptbetonung liegt hier nicht auf dem Adelstitel, sondern auf jener praktisch-bürgerlichen Welterfahrung, die sich in der Person des weitgereisten Handelsherrn verkörpert. In seiner Doppelrolle als adliger Geschäftsmann konnte zwar auch Novikov als Vertreter einer solchen Welterfahrung gelten. Unter seinen Standesgenossen war er jedoch ein Außenseiter – der russische Adlige war in der Regel Militär oder Beamter, wenn er es nicht vorzog, sein Landgut zu bewirtschaften.

Die Moral der westeuropäischen Wochenschriften ist im wesentlichen eine Moral für das bürgerliche Publikum. Davon konnte im Rußland des 18. Jahrhunderts keine Rede sein – hier war es allein der Adel, der den Ton angab; ein Bürgertum im westeuropäischen Sinne fehlte. Die Welt der russischen Wochenschriften ist daher vor allem von Adligen bevölkert; wenn es um den Landadel geht, hört man auch von leibeigenen Bauern. Außerdem ist von Federfuchsern (pod'jačie), also von Beamten, die Rede, wobei jedoch nicht immer klar ist, um welche Dienstränge es sich handelt, ob man es also mit Adligen oder Nichtadligen zu tun hat (im Zivildienst war der achte der insgesamt vierzehn Dienstränge mit der Erhebung in den Adelsstand verbunden). Andere Gruppen der Bevölkerung wie Kaufleute oder Kleinbürger (meščane) kommen weit seltener vor.

Wenn die Moralischen Wochenschriften in Rußland bei ihren pädagogischen Bemühungen vor allem auf den Adel blicken, befinden sie sich im Einklang mit den Bestrebungen, die seit der Mitte des Jahrhunderts auf die Schaffung einer adligen Standeskultur zielten. Die Vorstellung, daß die neuen Verhaltensnormen auch für die nichtadlige Bevölkerungsmehrheit gelten könnten, wird nicht in Betracht gezogen. Allerdings scheint es, als ob diese Haltung den sozialen Gegebenheiten des literarischen Marktes in den letzten Jahrzehnten des 18. Jahrhunderts schon nicht mehr ganz entsprach. Davon zeugt Novikovs Vorwort „An den Leser" zur dritten Auflage des *Živopisec* von 1775. Hier liest man, daß sich der anhaltende Erfolg der Zeitschrift nicht oder nicht nur dem Adel verdanke, sondern auch den „meščane", den Kleinbürgern – „einfachen Menschen", die keine fremden Sprachen beherrschen und daher das russische Schrifttum bevorzugen[11]. Von dieser Feststellung bis zur bewußten Hinwendung der russischen Zeitschriften zu den Wünschen und Bedürfnissen der nichtadligen Leser war allerdings noch ein weiter Weg.

**Spielerische Fiktion und heitere Anonymität;
ein neuer Typus von Öffentlichkeit**

Wie schon hervorgehoben, konnten die Zeitgenossen bestenfalls vermuten, wer sich hinter dem anonymen Herausgeber der *Vsjakaja vsjačina* verbarg. Seit dem *Tatler* und dem *Spectator* ist Anonymität ein typisches Merkmal der Moralischen Wochenschriften. Die Tatsache, daß Novikov der Herausgeber der *Pustomelja* war, wurde der Forschung ebenfalls erst spät bekannt, in den ersten Jahrzehnten des 20. Jahrhunderts[12]. An die Stelle des realen Herausgebers trat eine erfundene Gestalt. Der englische Mr. Spectator mit seinem ebenfalls erfundenen Herrenklub war das Vorbild.

Von einem solchen Freundeskreis ist auch in der *Vsjakaja vsjačina* die Rede[13]. Außerdem tritt hier eine redaktionelle „Oma" in Erscheinung, was zu der Metaphorik der „ehelichen und nichtehelichen Kinder" paßt. Dieser „Oma" fehlen jedoch die erzählerischen Umrisse; dasselbe gilt für die ebenfalls auftretende „gospoža Vsjakaja vsjačina" (Frau Buntes Allerlei). Deutlicher umrissen ist eine männliche Ich-Figur ohne Namen, die in der *Vsjakaja vsjačina* unter der Bezeichnung „gospodin sočinitel'" erscheint. Im Vorwort gibt sich dieser „Herr Verfasser" im gattungsüblich scherzhaften Plauderton und mit unverkennbarem Standesbewußtsein als ein Herr, der keineswegs auf den Verkauf seiner Zeitschrift angewiesen ist. Wie er mit behaglicher Ironie hinzufügt, hat er genug Geld, um sich zweimal am Tag sattzuessen und obendrein noch seine Leser zu bewirten. Gleichzeitig weiß er jedoch, daß er dieses Einkommen Menschen verdankt, „die im Schweiße ihres Angesichts mehr als ich arbeiten", womit er wohl seine leibeigenen Bauern meint (nicht pag.).

---

[11] N. I. NOVIKOV, Izbrannye sočinenija. Hrsg. G. P. Makogonenko. M.–L. 1951, S. 96.
[12] Vgl.: BERKOV, Istorija russkoj žurnalistiki XVIII veka, S. 269.
[13] Vgl.: K. J. MCKENNA, Empress behind the Mask: The *persona* of Md. Vsiakaia vsiachina in Catherine the Great's Periodical Essays on Morals and Manners. In: *Neophilologus* 74 (1990), S. 1–11.

Im „Vorwort" zu Novikovs *Truten'* tritt der literarische Charakter der Herausgeberfigur offen zu Tage: ein junger Edelmann, der dem Namen der Zeitschrift alle Ehre macht und es in puncto Trägheit sogar mit den „allerfaulsten Spaniern" aufnehmen kann. Dieser junge Herr will sich nicht dazu bequemen, den üblichen Dienst beim Militär, bei der Zivilverwaltung oder im Hofdienst anzutreten. Weil er keine Lust hat, sich anzukleiden, bleibt er manchmal eine ganze Woche lang zu Hause – ein Oblomov des 18. Jahrhunderts. Ebenso wie den Oblomov des 19. Jahrhunderts plagt ihn jedoch das schlechte Gewissen, und er hat das Bedürfnis, seinem „Vaterland wenigstens einen winzigkleinen Dienst zu erweisen". Allerdings möchte er sich dabei nicht allzusehr anstrengen; als Herausgeber des *Truten'* will er selber nur „sehr wenig schreiben" und lieber „die mir zugesandten Briefe, Werke und Übersetzungen in Prosa und in Versen veröffentlichen, insbesondere satirische, kritische und andere, die der Verbesserung der Sitten dienen, denn solche Werke bringen durch das Verbessern der Sitten großen Nutzen, was auch meine Absicht ist". Im weiteren bittet er seine Leser, ihm „durch Zusendung ihrer Werke zu helfen, die alle in meinen Blättern abgedruckt werden sollen" (S. 46–47). Wie aus einer Fußnote deutlich wird, gilt diese Einladung jedoch nicht für Schriften, die sich „gegen Gott, die Regierung, die Wohlanständigkeit und den gesunden Menschenverstand" richten (S. 47).

Daß der Herausgeber des *Truten'* seine Leser zur Mitarbeit auffordert, entspricht wiederum der überkommenen Praxis der Moralischen Wochenschriften, ist jedoch für Rußland eine bemerkenswerte Neuerung. Dasselbe gilt für seine Höflichkeit im Umgang mit dem Publikum. Man denke etwa an Sumarokovs Epistel „Über die Verskunst" von 1748: Mit seinem groben Ton, der keinen Widerspruch duldet, steht dieses Lehrgedicht noch ganz in der petrinischen Tradition einer Aufklärung 'von oben'. Die Moralischen Wochenschriften pflegen einen anderen Stil: Der Leser ist hier nicht mehr unwissendes Objekt der Belehrung, sondern wird als mitdenkender Partner in den pädagogischen Vorgang einbezogen. Es geht hier um ein lesekundiges und urteilsfähiges Publikum, in dem auch die weiblichen Leser ihre Stimme haben. Wenn die Zeitschriften miteinander polemisieren, wird dieses Publikum als letzte Instanz des Urteils angerufen; in seiner Auseinandersetzung mit der „gospoža Vsjakaja vsjačina" appelliert zum Beispiel der Herausgeber des *Truten'* ausdrücklich an die „Aufmerksamkeit der unparteiischen und vernünftigen Leser" (S. 99); wie man unterstellen kann, sind damit wieder auch die Leserinnen gemeint.

Die einzelnen Texte der Moralischen Wochenschriften stammen zum guten Teil aus der Feder des Herausgebers. Das gilt auch für den *Truten'*, dessen Herausgeber in Wirklichkeit also nicht gar so faul ist, wie er vorgibt. Das übrige Material wird von den Lesern und Leserinnen gezeichnet, die oftmals unter sprechenden Namen auftreten. Man kennt solche Namen aus den Komödien des 18. Jahrhunderts. Ein Leser der *Vsjakaja vsjačina* ist ein gehörnter Ehemann und heißt daher Pantelemon Rogonosec ('rog' = 'das Horn', 'nesti' = 'tragen'). Eine Leserin, die über Schlaflosigkeit klagt, heißt Agaf'ja Chripuchina ('chripet'' =

'röcheln'); in seiner Antwort empfiehlt ihr der Herausgeber als Schlafmittel die Lektüre von Trediakovskijs *Tilemachida.* Neben komischen Figuren findet man aber auch einen Herrn Pravdoljubov ('ljubit' pravdu' = 'die Wahrheit lieben'), der mancherlei nützliche und kluge Dinge sagt.

Allerdings ist meistens unklar, ob diese Einsendungen tatsächlich Leserbriefe sind, oder ob sie nicht doch wieder aus der Feder des Herausgebers stammen. Die Verfasser wären dann wiederum erfundene Gestalten, wofür auch die Wahl der witzigen Namen spricht. Auf diese Weise entsteht in den Moralischen Wochenschriften eine Atmosphäre spielerischer Fiktion, heiterer Anonymität und Ungezwungenheit. In dieser Atmosphäre verwirklicht sich ein Dialog von einander gleichgestellten und gebildeten Privatpersonen beiderlei Geschlechts im Zeichen von Freiheit, Vernunft und Moral. Zum ersten Mal in der russischen Geschichte wird auf diese Weise eine Öffentlichkeit von westeuropäischem Zuschnitt modelliert.

In dieser Atmosphäre finden auch die Wortgefechte statt, die sich die Zeitschriften untereinander liefern. In thematischer Hinsicht sind sie keineswegs belanglos, wie vor allem der Streit um die Satire, auf den ich noch zurückkomme. Gleichwohl sollte man auch hier nicht alles gar zu ernst und wörtlich nehmen. Was im Alltag vielleicht kränkend sein mochte, war oft genug nur Spiegelfechterei: Es entsteht „ein allgemeiner Eindruck von literarischer Komplizenschaft, Neckerei und schlimmstenfalls einer Scheinentrüstung unter eingeweihten Herausgeberkollegen"[14].

Zum Beispiel macht Herr Pravdoljubov im *Truten'* der „gospoža Vsjakaja vsjačina" den Vorwurf, daß sie das Russische nur mangelhaft beherrsche (S. 68). Oft wird behauptet, das sei eine boshafte Anspielung auf das schlechte Russisch der deutschstämmigen Zarin. Der Vorwurf sprachlicher Unfähigkeit wird in den literarischen Auseinandersetzungen der Zeit jedoch oft erhoben; meist traf er gebürtige Russen und mußte daher nicht notwendig auf Katharina bezogen werden, ganz zu schweigen von der Tatsache, daß sich ein Publizist im Rußland des 18. Jahrhunderts einen solchen Ausfall gegen die Zarin kaum erlauben konnte. Vor allem aber verkennt diese Interpretation die besondere Kommunikationsform der Moralischen Wochenschriften, die auf den Prinzipien der spielerischen Fiktion und freien Anonymität beruht.

Es wurde ein „Maskenspiel"[15] aufgeführt, hinter dem die wirklichen Personen verschwanden. Dessen war sich offenbar auch Katharina bewußt. Weit entfernt davon, Novikov in diesen Jahren als Gegner zu betrachten, machte sie ihm am 31. Juli 1772 ein Geschenk von 200 Rubeln, nachdem er ihr die ersten Nummern des *Živopisec* „dargebracht" hatte[16]. Schon aus diesem Grunde sollte man sich

---

14 JONES, Nikolay Novikov, S. 38.
15 LEVITT, Catherine the Great, S. 5.
16 V. P. STEPANOV, Novikov i ego sovremenniki. (Biografičeskie utočnenija). In: *XVIII vek.* Bd. 11. L. 1976, S. 211–219, hier S. 217–219.

davor hüten, den Moralischen Wochenschriften eine Gegnerschaft zur Regierung zu unterstellen, wie das seit jeher üblich ist[17].

Satire

Die Moralischen Wochenschriften erfüllen ihren erzieherischen Auftrag auf vielfältige Art – das Arsenal der Mittel reicht vom Ausdrücklichen des moralischen Appells bis hin zu literarischen Formen wie der Fabel, der Erzählung und des allegorischen Traums; neben ernsthaft belehrenden Stellen findet man in mancherlei Zwischenstufen auch Heiteres und Satirisches[18].

Eine besondere Rubrik des *Truten'* führt den Titel „Vedomosti" und bietet den Lesern satirische „Nachrichten" aus den russischen Städten. Eine dieser „Nachrichten" ist besonders gelungen und wird daher gerne angeführt; sie stammt angeblich aus Kronštadt und richtet sich gegen eine Adelsjugend, die wir schon aus Kantemirs II. Satire kennen – die petits-maîtres. Oft ist auch von koketki (Koketten) oder von ščegoli und ščegolichi (Modegecken und Modepuppen) die Rede (in der deutschen Literatur ist die männliche Variante dieses Typus der Alamode-Kavalier). Der trockene Ton der genannten „Nachricht" bereitet eine Pointe vor, deren komische Wirkung sich aus der unerwarteten Realisierung der satirischen Tiermetaphorik ergibt:

> Ein junges russisches Ferkel, das zur Bildung seines Verstandes in fremde Länder gereist war, hat dieses Unternehmen mit Nutzen abgeschlossen und ist nun vollausgebildet als Schwein zurückgekehrt; das interessierte Publikum kann es unentgeltlich in vielen Straßen dieser Stadt beobachten. (S. 63)

Außer solchen „Nachrichten" findet man bei Novikov auch satirische Verlust- oder Verkaufsanzeigen; medizinische „Rezepte" sollen die Leser von ihren moralischen Gebrechen heilen. Die vorherrschende Form ist jedoch der echte oder vorgebliche Leserbrief. In diesen Briefen und in den Antworten der Redaktion bietet sich mancherlei Gelegenheit zu Geplänkel und Satire.

Eine besonders beliebte Darbietungsform der Moralischen Wochenschriften ist das satirische Porträt. Eine buntscheckige Reihe lächerlicher oder abstoßender Gestalten tritt auf: außer Modegecken, jungen und alten Koketten auch Schürzenjäger, Geizkragen, geldgierige Pfaffen, Prozeßhanseln, schmeichlerische Höflinge, eitle oder talentlose Dichter, Trunkenbolde, Verschwender, die ihr Vermögen am Kartentisch durchbringen, ferner Grobiane, bestechliche Beamte, vor allem Richter, die sich hemmungslos bereichern, und nicht zuletzt auch Gutsherren, die ihre leibeigenen Bauern nach Kräften ausbeuten und mißhandeln. Manchmal reihen sich diese Porträts zu einer satirischen Galerie, wie in der 28. Nummer des *Truten'*. Die einzelnen Figuren werden hier mit ihren Lastern und Schwächen

---

[17] Vgl. etwa: BURANOK, Russkaja literatura XVIII veka, S. 164 ff., oder LEBEDEVA, Istorija russkoj literatury XVIII veka, S. 171 ff., 186.

[18] Vgl.: STENNIK, Russkaja satira XVIII veka, S. 199–290.

kurz skizziert und dem Spott des „Lachenden Demokrit" ausgesetzt (S. 146–149). Typengalerien dieser Art findet man auch in den satirischen Komödien der Epoche, wie etwa in Fonvizins *Brigadir*, wobei sich ein wirkungsvoller Kontrast zu den positiven Figuren ergibt. Wie schon erwähnt, sorgen diese Tugendhelden auch in den Moralischen Wochenschriften für die Erbauung des Lesers. In einer nicht vollendeten längeren Erzählung der *Pustomelja* mit dem Titel *Istoričeskoe priključenie* („Historisches Abenteuer") geht es zum Beispiel um den tugendhaften Dobroserd (Gutherz), den würdigen Sohn seines Vaters Dobronrav ('dobryj nrav' = 'guter Charakter'), und um die schöne Milovida ('milyj vid' = 'anmutiger Anblick'), die ihrem Liebsten in moralischer Hinsicht nicht nachsteht (S. 257–262).

Der Streit um die Satire

Die Moralischen Wochenschriften wenden sich nicht nur an ihre Leser, sondern auch an die übrigen Zeitschriften. Besonders lebhaft ist der Dialog, den die *Vsjakaja vsjačina* mit Novikovs *Truten'* führt. In erster Linie geht es dabei um eine Frage, die auch für die Literatur der englischen und der deutschen Frühaufklärung von Bedeutung war – die Frage nach der rechten Satire. Ebenso wie die deutschen Wochenschriften folgt die *Vsjakaja vsjačina* dabei dem englischen Vorbild und bevorzugt eine Satire, die nicht bestimmte Personen angreift, die also kein Pasquill sein will, sondern in gemäßigtem Ton auf das Allgemeine der menschlichen Schwächen zielt. In der *Vsjakaja vsjačina* wird dieser Standpunkt von einem Leser geteilt, der seinen Brief mit dem scherzhaften Namen Afinogen Peročinov ('činit' pero' = 'die Feder spitzen') zeichnet. Für diesen Leser ist die gar zu scharfe Satire Ausdruck von Menschenfeindlichkeit, und er nennt die folgenden Grundsätze: 1. Menschliche Schwächen dürften niemals als „Laster" bezeichnet werden; 2. „in allen Fällen" sei der Grundsatz der „Menschenliebe" zu beachten; 3. auf Erden gebe es keine „vollkommene Menschen"; 4. man solle daher zu Gott beten, „daß er uns Sanftmut und Nachsicht schenke" (S. 142).

Mit diesem Programm einer milden Satire versuchte die *Vsjakaja vsjačina* einer Verwilderung der Umgangsformen zu steuern. Vielleicht dachte sie dabei an jene wüste Polemik, die zu Beginn der 1750er Jahre in Petersburg von anonymen Autoren in handschriftlich verbreiteten Gedichten ausgetragen wurde[19]. Elagin, der spätere Würdenträger Katharinas II., hatte den Stein mit einer Epistel an den damals von ihm noch verehrten Sumarokov ins Rollen gebracht[20]. In seinen satirischen Partien wendet sich dieses Gedicht gegen die Modegecken, aber es enthält auch spöttische Anspielungen auf Lomonosovs Odenstil. Der satirische Ton, der hier noch zurückhaltend ist, verschärft sich bei den Autoren, die sich in den nun begonnenen Streit einmischen[21]. Der unmittelbare Angriff ad hominem ist die

---

[19] Vgl.: SERMAN, Iz literaturnoj polemiki 1753 goda.
[20] *Ėpistola g. Elagina k g. Sumarokovu*. In: *Poėty XVIII veka*, Bd. II, S. 372–377.
[21] Die Texte findet man ebd., S. 377 ff.

Regel, wobei das rötliche Haar und das nervöse Augenzwinkern Sumarokovs ebenso aufs Korn genommen werden, wie Lomonosovs Hang zum Alkohol. Unter den Schimpfwörtern sind „Dummkopf" oder „Schwätzer" noch die sanftesten; außerdem findet man Perlen wie „Vieh", „Hundesohn", „Weinfaß", „Säufer", „Satan", „Giftschlange", „Schwein", „Krokodil" und „Vampir". Das ist der Wortschatz, den wir schon aus Sumarokovs satirischen Fabeln kennen.

Mit solchen Waffen wurde auch jener „Literaturkrieg" geführt, den sich Sumarokov und Trediakovskij in diesen Jahren lieferten. Besonders Sumarokov war als Meister der aggressiven Satire bekannt, der seinem polemischen Temperament in Verssatire, Fabel, Lehrgedicht, Komödie und anderen Gattungen die Zügel schießen ließ. Als Satiriker geriet er sogar mit Katharina II. in Konflikt. In dem Straßenumzug, den sie zu Beginn des Jahres 1763 im Zeichen der „Triumphierenden Minerva" veranstaltete, sollten mancherlei allegorische und mythologische Gestalten „die Häßlichkeit der Laster und den Ruhm der Tugend" vor Augen führen. Ein literarischer Beitrag Sumarokovs zu dieser Unternehmung – sein „Chor auf die verkehrte Welt" – war jedoch so heftig ausgefallen, daß er den Unmut der Zarin erregte[22].

Katharinas Haltung zur Satire entsprach einer bestimmten Politik. In bewußtem Gegensatz zu Peter I., der eine Verbesserung der russischen Sitten mit drakonischen Strafen zu bewirken suchte, gab sich Katharina als liebevolle Landesmutter, die ihre erzieherischen Absichten durch solche humanen Mittel wie moralische Belehrung und sanftmütige Satire zu erreichen suchte – all dies im Namen jener „Menschenliebe", von der Peročinov in der *Vsjakaja vsjačina* spricht. An anderer Stelle mahnt der Herausgeber zu „Barmherzigkeit", wobei er seinem Widerpart Pravdoljubov unterstellt, dieser wolle für alle Verfehlungen nur „mit der Knute schlagen" und empfiehlt ihm, sich wegen seiner „schwarzen Dämpfe und seiner Galle" in ärztliche Behandlung zu begeben (S. 174 f.).

Im Einklang mit Katharinas Ideal einer milden Herrschaft wollte die *Vsjakaja vsjačina* mit ihrer menschenfreundlichen Satire einen Beitrag zum russischen 'Prozeß der Zivilisation' leisten. Es gelang ihr – oder genauer: ihren fiktiven Gewährsleuten, also der „Oma" und der „gospoža Vsjakaja vsjačina" – jedoch nicht, sich mit diesem Standpunkt durchzusetzen, und es wirft ein Licht auf die Duldsamkeit der Zarin in diesen Jahren, daß sie nichts unternahm, um die abweichenden Meinungen zu unterdrücken.

Für Novikovs Pravdoljubov konnte nur eine angriffslustige Satire, die auch Personen nicht schont, mit Erfolg das Laster bekämpfen. Für diese Auffassung hätte er das Prinzip des decorum anführen können, also der Angemessenheit von Stil und Thema. Wenn es um solche Dinge ging, wie das manierliche Betragen in Gesellschaft, mochte eine sanftmütige Satire tatsächlich am Platz sein. Wie aber stand es mit solchen Mißständen wie der allgegenwärtigen Bestechlichkeit oder

---

[22] GUKOVSKIJ, Očerki po istorii russkoj literatury XVIII veka. Dvorjanskaja fronda v literature, S. 169–182.

dem unmenschlichen Verhalten der adligen Gutsherren gegenüber ihren Leibeigenen? Man kann nicht behaupten, die *Vsjakaja vsjačina* hätte solche Themen mißachtet, aber sie zeigte auch keine Neigung, sie mit besonderem Nachdruck zu behandeln. Dies im Gegensatz zu den Novikovschen Zeitschriften, die in ihrer Satire nicht der milden „Oma" folgen, sondern Sumarokov – einem Autor, dessen Name in Novikovs Zeitschriften mit der größten Hochachtung genannt wird; als Motto bringt der *Truten'* auf dem Titelblatt der ersten Nummer ein Zitat aus einer Fabel des Meisters.

Ščegoli und ščegolichi

Modegecken und Modepuppen sind ein satirisches Hauptthema der Moralischen Wochenschriften wie in der zweiten Hälfte des 18. Jahrhunderts insgesamt auch der russischen Literatur[23]. Zu den Modepuppen gehört zum Beispiel die anonyme Schreiberin eines Leserbriefs, der an Novikovs *Truten'* gerichtet ist (S. 201–203). Wie bei so vielen anderen Leserbriefen der Moralischen Wochenschriften handelt es sich um eine literarische Fiktion, die hier im Dienste einer 'mimetischen' (oder 'objektiven') Satire steht. Diese Art der satirischen Darstellung ähnelt der dramatischen. Der Autor verzichtet auf die Vermittlerfigur eines satirisch beschreibenden und kommentierenden Sprechers und überläßt das Wort seiner Briefschreiberin, wobei deren Brief einer Bühnentirade gleichkommt. Als Gegenstand der satirischen 'Mimesis' erhält die Briefschreiberin damit ausgiebig Gelegenheit, sich im vollen Ausmaß ihrer Dummheit selber bloßzustellen.

Diese Art der Satire ist dann am wirkungsvollsten, wenn die Rede der satirischen Figur spontan wirkt, wenn also die Regie des Autors unsichtbar bleibt. Gleichwohl gibt es natürlich eine solche Regie. Damit entsteht ein ironischer Doppelsinn, der sich aus der Überformung der expliziten Personenrede durch die implizit bleibende Bedeutungsabsicht des Satirikers ergibt: In dem Maße, wie Novikovs Modepuppe von den Geboten des gesunden Menschenverstandes (und damit auch vom Standpunkt des Satirikers) abweicht, werden diese Gebote dem Leser e contrario in Erinnerung gerufen.

Die komische Wirkung des in Rede stehenden Briefs verdankt sich jener naiven Selbstsicherheit, mit der die Modepuppe, ein achtzehnjähriges Adelsfräulein, von sich und ihrem Treiben spricht. Die Möglichkeit, daß man auch vernünftig denken und handeln könnte, kommt ihr nicht in den Sinn: Sie und ihresgleichen leben in einer satirisch-'verkehrten Welt', in der die Wertvorstellungen, die der Autor vertritt und bei seinen Lesern voraussetzt, ihre Gültigkeit verloren haben und durch andere – 'verkehrte' – Werte ersetzt worden sind. Für die Briefschreiberin ist die Mode das Höchste; solche Werte der vernünftigen Welt wie Erzie-

---

[23] V. I. POKROVSKIJ, Ščegoli v satiričeskoj literature XVIII veka. In: *Čtenija v Obščestve istorii i drevnostej rossijskich pri Moskovskom universitete.* 1903, Bd. II, Abt. 4, S. 1–87; DERS., Ščegolichi v satiričeskoj literature XVIII veka, ebd., 1903, Bd. III, Abt. 2, S. 1–139.

hung, Bildung und Wissenschaft werden von ihr genannt, aber mit einer Bedeutung, die sich ins Gegenteil verkehrt hat.

Mit erheiternder Zutraulichkeit beklagt sich die Briefschreiberin über die „schlechte" Erziehung, die sie auf dem väterlichen Landgut erhalten habe: Das Hüten von Hühnern und Gänsen sei schließlich nicht Sache einer „wohlgeborenen Adligen", und nur ein „Dummkopf von einem Gutsverwalter" müsse wissen, wann es Zeit sei, das Getreide zu säen oder Kohl, Gurken, Rüben, Erbsen und Bohnen zu pflanzen. Wie sie erst nach ihrer Übersiedlung nach Moskau erkannt habe, sei sie durch diese Erziehung zur Landpomeranze gemacht worden: „Ich konnte weder tanzen noch mich richtig anziehen, und ich wußte überhaupt nicht, was *Mode* ist". Zum Glück habe sie jedoch eine „französische Madame" kennengelernt, die sie über ihre „Unwissenheit" aufgeklärt, sich um ihre „Bildung" gekümmert und sie in der nötigen „Wissenschaft" unterwiesen habe: Unter dieser sachkundigen Anleitung

> ließ ich mir Tag und Nacht keine Ruhe, sondern saß vor meinem Toilettentisch, setzte das Kornett [die bebänderte Haube der Rokokotracht] auf und wieder ab und wieder auf, verdrehte die Augen auf verschiedene Weise, übte mich im Blickewerfen, legte Rouge und Salbe auf, klebte Schönheitspflästerchen und studierte die verschiedenen Arten, den Fächer zu halten, übte das Lachen, das Gehen und das Sich-Ankleiden [...]. (S. 202)

Dieser Lerneifer habe Früchte getragen, sodaß sich die Briefschreiberin schon nach drei Monaten als „modnaja ščegolicha" fühlen konnte. Seither fehlt sie bei keiner Komödie, Maskerade oder Volksbelustigung. Vor allem aber beherrscht sie nun die hohe Kunst des Kokettierens und bricht „zu Dutzenden" die Herzen der jungen Männer, womit sie jenem Ideal tugendhafter Liebe Hohn spricht, das in den Moralischen Wochenschriften gepredigt wird.

Der Satiriker hat es auch auf die Sprache der Modegecken abgesehen[24] – ein Jargon, mit dem sie „das Russische verderben" (S. 293) und alle patriotischen Bemühungen um die Entwicklung der Muttersprache untergraben. Bei dem Kampf, den die Moralischen Wochenschriften gegen die modische Verfälschung des Russischen führen, bewährt sich erneut die Form des erfundenen Leserbriefs und der mimetischen Satire. Der schon bekannte Brief der Modepuppe an den *Truten'* ist bei weitem nicht der einzige seiner Art, wobei die Wendungen des Geckenjargons oft graphisch hervorgehoben werden. Der *Živopisec* bietet seinen Lesern sogar ein kleines Lexikon dieser Sprache: *Opyt modnogo slovarja Ščegol'skogo narečija* („Versuch eines modischen Wörterbuchs der Geckensprache", S. 315–319).

Bei der jugendlichen Korrespondentin des *Truten'* findet man die Spuren dieses Jargons schon am Anfang ihres Briefes, als sie dem Herausgeber mit Begei-

---

[24] E. È. BIRŽAKOVA, Ščegoli i ščegol'skoj žargon v russkoj komedii XVIII veka. In: *Jazyk russkich pisatelej XVIII veka*, S. 96–129.

sterung versichert, wie sehr seine Zeitschrift bei allen ihren Freunden im Schwange sei:

> Г. издатель! Не поверишь, радость, в какой ты у нас моде. Ужесть как все тебя хвалят и все тобою довольны. (S. 201)
>
> Lieber Herr Herausgeber! Du glaubst nicht, mein Guter, wie sehr Du bei uns in Mode bist. Einfach toll, wie Dich alle gut finden und Dich mögen.

Die vertrauliche Anrede „radost'" (mein Guter, wörtl.: meine Freude) wird im folgenden oft wiederholt und ist somit als Formel des Geckenjargons zu erkennen. Der umgangssprachlich deformierte Ausruf „užest' kak" ('užas kak' = 'ach, wie toll') ist ebenfalls eine solche Formel. Man kennt ihn in dieser Schreibweise zum Beispiel aus der schon erwähnten Epistel Elagins[25]. Als die Modepuppe weiter unten den Versuch unternimmt, ein Werk des Feofan Prokopovič aus dem Bücherschrank ihres Vaters zu lesen, „brummt" ihr davon „der Schädel" – eine Wendung, die vom Autor hervorgehoben und in einer Fußnote als „modischer Ausdruck" glossiert wird; dasselbe könnte für das schon bekannte „ach, wie toll!" und das „Ehrenwort" gelten:

> Один раз развернула *Феофана* и хотела читать, но не было мочи; не поверишь, радость, какая сделалась *теснота в голове*, а что надлежит для [sic] твоего Трутня, то, по чести, я никогда не устаю его читая, ужесть как хорош! (S. 201)
>
> Einmal habe ich den *Feofan* aufgeschlagen und wollte ihn lesen, aber ich kriegte das nicht hin; Du glaubst einfach nicht, mein Guter, wie mir davon *der Schädel brummte*, was aber Deinen Truten' betrifft, so kann ich davon nicht genug bekommen, Ehrenwort, er ist einfach toll!

Gallophobie

Als russische Modepuppe ist die Korrespondentin des *Truten'* eine Gallomanin. Ihrer Ansicht nach wären sie und ihre Standesgenossen „ohne die Franzosen Dummköpfe"; mit unfreiwilligem Doppelsinn vermerkt sie dankbar, daß die französischen Lehrmeister ihre Dienste auch dann anbieten, „wenn wir sie nicht darum bitten" und dabei nur „wenig Geld" verlangen. Vorher hatte sie voll argloser Bewunderung geschrieben:

> [...] aus einer dummen Gans vom Lande in drei Monaten eine modische ščegolicha zu machen, ist für einen Menschen unmöglich, aber nicht für einen Franzosen. (S. 202)

Mit dem Thema der Gallomanie zeigt sich in den Moralischen Wochenschriften ein Überdruß am französischen Kultureinfluß, der sich seit den 1730er Jahren

---

25 *Poėty XVIII veka*, Bd. II, S. 373.

in Rußland ausgebreitet hatte[26]. Es ist kein Zufall, daß gerade die Schriftsteller als Sprachrohr solcher Empfindungen auftraten, denn ein großer Teil des gebildeten Publikums las lieber französische als russische Bücher. Um diesem Übel abzuhelfen, macht ein Korrespondent des *Živopisec* den satirischen Vorschlag, die Werke der vaterländischen Autoren mit „französischen Buchstaben" drucken zu lassen: Das sei eine gute Methode, die „jungen russischen Herrlein" zum Lesen russischer Bücher zu bringen, und zwar gerade auch diejenigen unter ihnen, denen „die russische Sprache zuwider ist" (S. 300).

Von der Kritik der Gallomanie zur Gallophobie war es nur ein Schritt. Für diese Entwicklung gab es jedoch noch andere als literarische Gründe, etwa das zunehmende Unbehagen, mit dem man im letzten Drittel des Jahrhunderts die radikalen Tendenzen der französischen Aufklärung beobachtete. In dieser Hinsicht tat sich der *Košelek* besonders hervor. Schon der Name dieser Zeitschrift steht im Zeichen der gallophoben Polemik: Mit „košelek" ist hier nicht, wie man gelegentlich liest, eine Geldbörse gemeint, sondern ein modisches Detail der französischen Männerkleidung – der Haarbeutel. In der Einleitung beklagt der Herausgeber mit bewegten Worten den „Sittenverfall" der französischen Autoren, die er mit bitterer Ironie als „unsere Lehrer" bezeichnet und deren „Klügeleien" sich von aller „Tugend" himmelweit entfernt hätten (S. 478). Was mit diesen „Klügeleien" gemeint ist, erhellt aus dem patriotischen Leserbrief, den ein anonymer „Russe" an den *Živopisec* richtet: Hier wird eine Wissenschaft an den Pranger gestellt, deren Naturerkenntnis unter französischem Einfluß ohne Gott auszukommen meint (S. 451).

In der außenpolitischen Situation, die Ende der 1760er Jahre durch den sogenannten Ersten Türkischen Krieg entstanden war, erhielten derlei Gefühle zusätzlichen Auftrieb, denn die türkische Seite wurde von Frankreich unterstützt, was auch in den Moralischen Wochenschriften vermerkt wird (in einer Satire der *Pustomelja* bitten die geschlagenen Türken ihre französischen Freunde um Hilfe, S. 262–264). Schließlich hatte man auch guten Grund, über das französische Rußlandbild empört zu sein, wobei an erster Stelle der 1768 erschienene Reisebericht des Abbé Chappe d'Auteroche *Voyage en Sibérie* zu nennen ist. Dieses Buch veranlaßte Katharina II., in höchsteigener Person zur Feder zu greifen und in französischer Sprache unter dem vielsagenden Titel *L'Antidote* („Gegengift") eine umfangreiche Streitschrift zu verfassen, in der sie Rußland gegen den Vorwurf der Barbarei in Schutz nahm[27]; demselben Zweck diente Novikovs Schriftstellerlexikon.

---

[26] Vgl.: É. HAUMANT, La culture française en Russie (1700–1900). Paris ²1923, S. 119–129 („La gallophobie"), und M. LUBENOW, Französische Kultur in Rußland. Entwicklungslinien in Geschichte und Literatur. Köln–Weimar–Wien 2002, S. 115–130.

[27] Vgl.: M. C. LEVITT, An Antidote to Nervous Juice: Catherine the Great's Debate with Chappe d'Auteroche over Russian Culture. In: *Eighteenth Century Studies*. 1998, Bd. 32, Nr. 1, S. 49–63.

Kapitel 13. Die Moralischen Wochenschriften   197

In der Zeitschrift *Košelek* äußert sich das antifranzösische Ressentiment besonders heftig. Vielfach tritt hier die literarische Satire zugunsten einer Propaganda in den Hintergrund, die ohne Umschweife und in eiferndem Ton vorgetragen wird. Das Motiv des Schmarotzertums, das sich bei der briefschreibenden Modepuppe in der Gestalt der „französischen Madame" andeutet, wird hier mit grober Deutlichkeit und wortreich ausgeführt. Viel ist auch von der moralischen Überlegenheit 'der Russen' über 'die Franzosen' die Rede. Allerdings sei das eine Sache der Vergangenheit: Heutzutage habe man die ursprüngliche Reinheit der altrussischen Sitten unter französischem Einfluß schon längst verloren. Erfüllt von patriotischem Zorn, nimmt der Herausgeber in der Fußnote zu einem frankophilen Leserbrief das alte Rußland gegen „höchst lächerliche Verleumdungen" in Schutz, Verleumdungen, „die von Rußlandhassern ersonnen wurden" (S. 493), womit wiederum die französischen Autoren gemeint sind.

Wie man sieht, haben sich im letzten Drittel des 18. Jahrhunderts die Akzente des russischen Geschichtsbildes verschoben: Im Zeichen eines sich verstärkenden Nationalgefühls erscheint nun jene Verunglimpfung des alten Rußland, die für die petrinische Propaganda kennzeichnend war, als ausländische Machenschaft. Wenn das ein Rückfall in die altrussische Xenophobie ist, dann allerdings mit der Einschränkung, daß sie im nachpetrinischen Rußland nicht mehr religiös begründet ist – die Fremdenfeindlichkeit richtet sich jetzt nicht mehr gegen das ('heidnische') Ausland schlechthin, sondern nur noch gegen einzelne Länder, vor allem Frankreich und hat sich also auch in dieser Hinsicht 'europäisiert'.

Beamte, Gutsbesitzer und leibeigene Bauern

Mit der Satire auf Modegecken und Modepuppen verurteilen die Moralischen Wochenschriften eine Erscheinung, die auf die petrinischen Reformen zurückging und als deren Pervertierung aufgefaßt wurde. Anderseits wußte man jedoch, daß der größte Teil der adligen Standesgenossen zu einem anderen Extrem neigte: Ein weiteres Hauptthema der Satire ist die Rückständigkeit des russischen Provinzadels. Wie wir im einzelnen noch sehen werden, ist dieser Adel im letzten Drittel des 18. Jahrhunderts auch ein beliebter Gegenstand der satirischen Komödie. Die thematische Tradition, die auf diese Weise entstand, setzte sich in der russischen Literatur des 19. Jahrhunderts fort, in Gogol's „Toten Seelen", in Gončarovs „Oblomov", in der Versdichtung Nekrasovs, in der satirischen Prosa Saltykov-Ščedrins und bei vielen anderen Autoren.

Mit dem rückständigen Adel beschäftigt sich auch die *Vsjakaja vsjačina*; zur vollen Entfaltung kommt dieses Thema jedoch erst in Novikovs Zeitschriften, wobei die Form des satirischen Briefs wieder zum Einsatz kommt, aber mit mehr Geschick als bei der schon bekannten Modepuppe. Jene irregeleitete Vertraulichkeit, mit der sich dieses Adelsfräulein an den Herausgeber des *Truten'* wendet, war nicht ganz überzeugend motiviert, denn im Grunde ist sie damit ja an der falschen Adresse. Auch versteht man nicht recht, warum ausgerechnet der *Truten'* bei der gallomanen Jugend so sehr „in Mode" sein soll, wie das die Briefschreiberin behauptet. Beim Thema des rückständigen Adels ist dieses Problem besser gelöst, denn die fiktiven Absender, die hier die Zielscheibe der mimetischen Satire bilden, sind adlige Provinzbewohner, die mit wiederum naiver Vertraulichkeit an einen jungen Verwandten schreiben. Dieser wohnt in Petersburg und ist inzwischen dem schädlichen Einfluß der neuen Zeit erlegen. Mit ihren Briefen versuchen die Verwandten, ihn auf den rechten Weg seiner Vorväter zurückzuführen. Im *Truten'* heißt dieser jugendliche Adressat Ivanuška, im *Živopisec* – Falalej. Erneut liegt hier das satirische Motiv der verkehrten Welt zugrunde, denn in der Vorstellung von dem, was die Verwandten aus der Provinz für den rechten Weg halten, konzentriert sich all das, was aus der Sicht des Satirikers im Argen liegt.

Es sind die allerbesten Absichten, die im *Truten'* den Onkel veranlassen, seinen „liebsten Neffen" Ivanuška zu ermahnen, endlich in die heimatliche Provinz zurückzukehren, dort in den Staatsdienst zu treten und sich auf bewährte Art die Taschen zu füllen (S. 49–51). Mit dem satirischen Kampf gegen die Bestechlichkeit der Staatsdiener wird ein wichtiger Punkt der Reformpolitik Peters I. und Katharinas II. aufgegriffen – ein Thema, das in Rußland noch lange aktuell bleiben sollte, wie man an Gogol's Komödie vom „Revisor" sieht. Im zweiten Brief des Onkels verschiebt sich der thematische Schwerpunkt: Ivanuškas Onkel ist nicht nur ein korrupter Beamter, sondern auch ein Betbruder (S. 100–103).

In diesen Briefen kontrastiert der väterlich-besorgte, manchmal strenge, jedoch meistens gemütvolle Ton mit einer unerfreulichen Wirklichkeit, die im Verlauf der Darstellung immer wieder durchschimmert. Diese Wirklichkeit war so manchem Leser nur zu gut bekannt. Die satirische Form des verwandtschaftlichen Briefes bot ihm somit die Möglichkeit, sich mit Ivanuška oder Falalej zu identifizieren, wobei Vernunft und Tugend wieder auf Seiten der Jugend und der neuen Zeit waren. Die Tatsache, daß es mit Ivanuška und Falalej einer jungen Generation gelungen war, mit der schlechten Tradition zu brechen, mochte Anlaß zu den schönsten Hoffnungen geben.

Dieser Optimismus liegt letztlich auch den Briefen zugrunde, die Falalej im *Živopisec* von Vater, Mutter und wiederum von einem Onkel erhält. Die Satire richtet sich jetzt nicht mehr gegen Beamte, sondern gegen Gutsbesitzer. Dabei kommt es zu einer fühlbaren Verschärfung des Tons. Was nun im Blickfeld des Satirikers steht, ist ein Alptraum von Unterdrückung und Gewalttätigkeit; die Provinzbewohner empfinden diese Greuel im Zeichen der 'verkehrten Welt' jedoch als normal und erwähnen sie nur beiläufig. Aus einem Brief des Onkels erfährt Falalej vom Tod seiner Mutter und dem untröstlichen Schmerz seines Vaters. Die satirische Wirkung dieser Stelle beruht auf der barbarischen Einfalt des Briefschreibers, auf dem gänzlichen Fehlen eines humanen Normbewußtseins. Durch den dissonanten Zusammenklang von Komischem und Ungeheuerlichem wird dieser Effekt noch gesteigert, wobei der Einsatz der satirischen Tiermotivik ein übriges tut:

Kapitel 13. Die Moralischen Wochenschriften

Als die Sidorovna [Falalejs Mutter] noch lebte, da prügelte Dein Vater sie wie ein Schwein, aber nach ihrem Tod, da weint er, als ob sein Lieblingspferd gestorben sei. Komm nach Hause, mein Lieber, Falalejuška, komm um Gottes Willen so schnell wie möglich, wenn auch nur für kurze Zeit, und wenn das möglich ist, auch für immer. Du wirst selber sehen, das Leben bei uns ist lustiger als in Petersburg. (S. 367)

Der Abstand zur sanftmütigen Satire der *Vsjakaja vsjačina* könnte nicht größer sein. Eine weitere Stelle dieser Art findet sich im ersten der beiden Briefe, den Falalej von seinem Vater erhält. Auch hier verbindet sich das Monströse mit dem Verwandtschaftlich-Sentimentalen, was auf eine schauerliche Weise wiederum komisch wirkt. Falalejs Vater schwelgt in Familienerinnerungen, liebevoll denkt er daran zurück, wie sein Sohn als Kind einst auf dem heimatlichen Landgut im Schatten einer Eiche gespielt habe. Die Rohheit, die der Junge in dieser idyllischen Umgebung gegen Tier und Mensch an den Tag legte, gibt ihm Anlaß zu väterlichem Stolz:

[...] dort hast Du die Hunde, die sich bei der Hasenjagd nicht genug angestrengt hatten, an den Ästen aufgehängt und die Jäger dafür geprügelt, daß ihre Hunde Deine Hunde überholt hatten. Was warst Du doch für ein Lausejunge! Wenn Du die Bauern verdroschen hast, dann hörte man ein Gebrüll und ein Klatschen, als ob jemand in der Folterkammer wegen eines Verbrechens geprügelt werde – man mußte sich einfach den Bauch halten vor Lachen. (S. 363)

In demselben Brief erzählt der Vater seinem Sohn auch von sich selber. Er klagt über die schlechten Zeiten, die unter der Herrschaft Katharinas II. für ihn und seinesgleichen eingetreten seien. Er selber wurde wegen Bestechlichkeit aus dem Dienst entlassen und sieht sich nun auf die Fronarbeit seiner Leibeigenen zurückgeworfen, die jedoch nicht sehr einträglich ist. Anstelle der üblichen drei Tage in der Woche müssen seine Bauern fünf Tage für ihn arbeiten, sodaß ihnen für die eigene Wirtschaft nur zwei Tage bleiben. Es ist daher nicht erstaunlich, daß sie von Jahr zu Jahr ärmer werden – ein offensichtlicher Zusammenhang, der dem Briefschreiber jedoch verborgen bleibt. Seine Klage trägt er im Brustton eines frommen Christen vor, einem Ton, der auf wiederum schockierende Weise mit der Routine gutsherrlicher Brutalität kontrastiert:

Gott beschenkt ja nicht jeden mit Reichtum, und den Bauern kannst Du noch so sehr das Fell über die Ohren ziehen, aber es kommt doch nicht viel heraus. [...] fünf Tage in der Woche arbeiten sie für einen – aber was bringen sie schon in fünf Tagen zustande! Ich prügele sie ohne Gnade, aber auch damit erreiche ich nicht viel, von Jahr zu Jahr werden die Bauern ärmer, Gott ist zornig auf uns [...]. (S. 335 f.)

Im folgenden kommt Falalejs Vater mit Empörung auf eine Kritik zu sprechen, die im *Živopisec* an der unmenschlichen Behandlung der Leibeigenen geübt wurde. Zur Rechtfertigung führt er eine Stelle der Heiligen Schrift ins Feld und formuliert dann bündig seine eigene Auffassung vom gottgewollten Verhältnis des Gutsherren zu seinen Bauern: „Sie arbeiten für uns, und wir prügeln sie" (S. 336).

Wenn die russische Satire des 18. Jahrhunderts in diesen Beispielen eine neue Qualität erreicht, dann gilt das nicht nur in stilistischer Hinsicht. Die moralischen Werte, die für die Beamtensatire maßgeblich waren, gehen auf das petrinische Ideal des pflichtgetreuen Staatsdieners zurück. Dagegen äußert sich in der Satire auf den ländlichen Adel ein neues Mitgefühl für die Schwachen und Gequälten im Zeichen aufgeklärter Humanität.

KAPITEL 14
DAS THEATER

Hoftheater und adliges Privattheater

Auch im letzten Drittel des 18. Jahrhunderts stand das Hoftheater im Mittelpunkt des russischen Theaterlebens[1]. Wenn man als russischer Dramatiker Erfolg haben wollte, tat man weiterhin gut daran, dem Geschmack des Hofes zu folgen; eine Aufführung bei Hofe, womöglich in Gegenwart der Zarin, blieb ein höchst erstrebenswertes Ziel. Das Hoftheater unterstand der allgemeinen Hofverwaltung, dem Hofkontor, bis dann im Jahre 1766 bei Hofe eine spezielle Theaterverwaltung eingerichtet wurde. Zum Hoftheater gehörten das Ballett, die Tanz- und Kammerorchester, die Oper und das Sprechtheater mit seinem französischen und russischen Ensemble. Das russische Ensemble hatte nach seiner Gründung im Jahre 1756 zunächst einen Sonderstatus, wurde jedoch 1759 dem Theaterbetrieb bei Hofe eingegliedert.

In den Aufführungen des russischen Ensembles wurden die weiblichen Rollen zunächst von Männern gespielt; spätestens seit März 1757 traten auch Frauen auf, für deren sittliches Betragen eine eigens eingestellte „Madame" sorgte. Zu Katharinas Zeiten wurden die russischen Schauspieler nicht schlecht bezahlt, Spitzenkräfte verdienten soviel wie höhere Beamte; ab 1766 gab es eine Alterssicherung. Dennoch waren sie gegenüber ihren ausländischen Kollegen im Nachteil. Aber das waren oft Mitglieder von berühmten Ensembles, die nur gegen hohe Bezahlung bereit waren, die Reise in das ferne Petersburg anzutreten.

In den Veranstaltungen des Hoftheaters zeigte sich der Glanz der russischen Monarchie. Man scheute keine Kosten, die Etats wurden nach Bedarf erhöht, und wenn Engpässe entstanden, was immer wieder vorkam, half Katharina mit Zuschüssen. Besonders prunkvoll waren Oper und Ballett, aber auch das Sprechtheater kam nicht zu kurz. Nach wie vor folgten der Stil der Inszenierungen und die Kunst der Schauspieler dem westeuropäischen Beispiel. I. A. Dmitrevskij

---

[1] Immer noch unentbehrlich: B. V. VARNEKE, Teatr pri Ekaterine II. In: *Istorija russkago teatra*, S. 155–210. Vgl. ferner: V. N. VSEVOLODSKIJ-GERNGROSS, Istorija russkogo dramatičeskogo teatra, S. 165–385 („Russkij teatr vtoroj poloviny XVIII veka"); T. E. KUZOVLEVA, Pridvornyj teatr v Peterburge. In: *Sumarokovskie čtenija. Jubilejnye toržestva k 275-letiju so dnja roždenija A. P. Sumarokova. Materialy vserossijskoj naučno-praktičeskoj konferencii*. Hrsg.: G. A. Lapkina. SPb. 1993, S. 69–72; *Teatral'nyj Peterburg. Načalo XVIII veka – oktjabr' 1917 goda. Obozrenie-putevoditel'*. Hrsg.: I. Petrovskaja; V. Somina. SPb. 1994, S. 9–94 („XVIII vek"); J. T. ALEXANDER, Catherine the Great and the Theatre. In: *Russian Society and Culture*, S. 116–130.

(1736–1821), der berühmteste unter den russischen Schauspielern seiner Zeit und Protégé der Zarin, holte sich in den 1760er Jahren bei einem längeren Aufenthalt in Paris und London den letzten Schliff. Wie man von dem deutschen Akademieprofessor Stählin erfährt, stellte Dmitrevskij nach der Rückkehr seine „neuerworbene Geschicklichkeit" mit großem Erfolg bei Hofe zur Schau und bewies damit nicht nur,

> daß er den Zweck seiner Versendung genau getroffen, sondern in der That auch die von ihm gehegte Hoffnung weit übertroffen habe. Die Kaiserin ließ ihn nach vollendetem Trauerspiele [Sumarokovs Tragödie *Sinav i Truvor*] nach ihrer Loge kommen, gab ihm die Hand zu küssen und bezeugte ihm ihre Zufriedenheit. Acht Tage hernach mußte dieses Trauerspiel abermals aufgeführt werden.[2]

Unter der Zarin Elisabeth fanden viele Vorstellungen des Hoftheaters im 1750 eröffneten Opernhaus statt, dem „Großen Theater" am Zusammenfluß der Neva und des Lebjažij-Kanals in der Nähe des Sommergartens. Aber es gab auch Aufführungen in den Räumen des Zarenpalasts, wobei man zerlegbare Bühnen verwendete. In der Intimität solch eines „kleinen Theaters" wurde am 8. Februar 1750 von den Zöglingen des Kadettenkorps Sumarokovs *Chorev* aufgeführt. Nach ihrem Regierungsantritt ließ Katharina nicht weit von ihren Privatgemächern im zweiten Stockwerk des Winterpalastes ein weiteres „Opernhaus" einrichten. Außer Opern und Balletts konnte man hier auch französische und russische Dramen sehen; als erste der bekannten Vorstellungen wurde hier am 14. Dezember 1763 *Sinav i Truvor* aufgeführt (einige Jahre später gab es auch eine Liebhaberaufführung des Stücks, wobei die Rollen von Mitgliedern der Hofgesellschaft übernommen wurden[3]).

Am 16. November 1785 wurde das nach einem Entwurf des italienischen Architekten G. Quarenghi erbaute und prachtvoll eingerichtete Ermitage-Theater eröffnet. In unmittelbarer Nähe des Winterpalastes gelegen und baulich mit diesem verbunden, ist es auch heute noch in Betrieb. Das Ermitage-Theater war in erster Linie für den „Hausgebrauch" Katharinas II. und ihrer näheren Umgebung bestimmt. Der nicht sehr große Zuschauersaal, der die Form eines Amphitheaters hatte, bot Platz für 200–300, vielleicht auch 400 Personen. In zehn Nischen des Zuschauerraums konnte man Apoll und die neun Musen bewundern. In den Quadraten über ihnen befanden sich Medaillons mit den Porträts berühmter Theaterleute und Komponisten; neben Molière, Racine und Voltaire hatte hier auch Sumarokov seinen Platz. Im Sommer fanden die Vorstellungen des Hoftheaters in einem der umliegenden Paläste statt, etwa in Peterhof, später auch in Carskoe Selo, Katharinas Sommerresidenz. Seit 1765 wurde in einem neuerbauten kleinen Theater innerhalb des Palastgebäudes von Carskoe Selo gespielt; 1772 gab es hier die Premiere von Fonvizins Komödie *Brigadir*. Ab 1777 konnte man in Carskoe Selo auch ein Theater besuchen, das im Geschmack der Rokoko-

---

[2] STÄHLIN, Zur Geschichte des Theaters in Rußland, S. 429.
[3] POROŠIN, Zapiski, S. 276 f.

Kapitel 14. Das Theater   203

Chinoiserien dekoriert war und deshalb „Chinesisches Theater" hieß. Bei schönem Wetter fanden die Aufführungen unter freiem Himmel im Park statt. Die Vorstellungen des Hoftheaters waren kostenlos. Die Sitzordnung richtete sich nach dem Dienstrang, wobei das Parterre in erster Linie der „Generalität" vorbehalten war, also den ersten fünf Diensträngen. Auch die Damen waren zugelassen, wobei die Zarin Elisabeth Wert darauf legte, daß sie nicht allzu prunkvoll gekleidet waren – sie sollten ein Hauskleid (šlafor) ohne Überwurf, allerdings kein Häubchen oder Kopftuch tragen. Auch für die nicht so hochgestellten Zuschauer war der Eintritt frei, aber sie mußten sich vor der Vorstellung im Hofkontor eine Eintrittskarte abholen. Wenn die Zarin der Aufführung beiwohnte, dann war sie es, die den Einsatz für den Beifall gab – spontanes Klatschen hätte gegen die Hofetikette verstoßen; unter Katharina wurde diese Regel jedoch nicht mehr so streng eingehalten. Zu den Zeiten ihrer Vorgängerin Elisabeth war die Anwesenheit bei den Theateraufführungen für die Mitglieder des Hofstaates obligatorisch; wer fehlte, zog den Unwillen der Zarin auf sich (ob man in solchen Fällen tatsächlich 50 Rubel Strafe zahlen mußte, ist jedoch nicht verbürgt). Als die Zarin einmal bemerkte, daß bei einer Vorstellung im Parterre keine einzige der Staatsdamen zu sehen war, wurden sie durch einen berittenen Kurier herbeizitiert. Um den Raum des „Großen Theaters" besser zu füllen, gestattete Elisabeth in einem Ukaz vom 15. Juni 1751 auch den Spitzen der Kaufmannschaft den Eintritt, sofern sie nur „nicht garstig" gekleidet waren[4].

Das „kleine" Hoftheater der Zarin Elisabeth stand nur einem erlesenen Publikum offen. Katharinas Ermitage-Theater war noch exklusiver, nur geladene Gäste hatten hier Zutritt. Die Aufführungen fanden dienstags und donnerstags statt; zweimal im Monat wurde für das diplomatische Corps und die weitere Hofgesellschaft gespielt. An anderen Spieltagen waren die Zarin und ihre Vertrauten unter sich, insgesamt etwa zehn bis zwölf Personen; die Etikette war dabei außer Kraft gesetzt, es gab keine Sitzordnung. Oft gehörten die Aufführungen des Ermitage-Theaters zu einem festlichen Ganzen – die Gäste wurden zum Diner geladen, dann gab es ein Theaterstück, nachher einen Ball und schließlich ein Souper. Bei den „Kavaliersaufführungen" konnte man die crème der höfischen Gesellschaft auf der Bühne bewundern, allen voran den Thronfolger und späteren Zar Paul I., der ebenso wie seinerzeit in Frankreich der junge Ludwig XIV. bei den Darbietungen des Hofballetts seine Tanzkunst zeigte. Nach der Aufführung des allegorischen Balletts „Galatea und Acis", in dem er die Rolle des Gottes Hymen spielte, ertönte „zur Bezeugung allgemeinen Beifalls und Bewunderung über sein geschicktes und artiges Tanzen ein fast beständig fortwährendes Händeklatschen"[5]. Auch bei der schon erwähnten Premiere von Fonvizins *Brigadir* in Carskoe Selo handelte es sich um eine solche Liebhaberaufführung; dasselbe gilt

---

[4] Den Text des Ukaz findet man bei VSEVOLODSKIJ-GERNGROSS, Teatr pri imperatrice Elisavete Petrovne, S. 134.
[5] STÄHLIN, Zur Geschichte des Theaters in Rußland, S. 422.

für die Inszenierung von Katharinas Komödie *O vremja!* („Oh, welche Zeiten!")
am 28. Januar 1773.
Die Großen des Reiches, die Apraksins, Stolypins, Voroncovs, Dolgorukijs, Razumovskijs etc. wollten dem Beispiel der theaterliebenden Zarin nicht nachstehen und hielten sich in ihren Stadtpalais oder auf ihren Landsitzen eigene Theater, wie das auch in Frankreich üblich war; in Rußland bestanden die Ensembles jedoch meist aus Leibeigenen[6]. Der steinreiche Graf N. P. Šeremetev tat sich besonders hervor[7]. Sein Ensemble bestand aus fünfzig Mitgliedern, die hervorragend ausgebildet waren und den Vergleich mit den Hofschauspielern nicht zu scheuen brauchten. In seinen verschiedenen Residenzen unterhielt er nicht weniger als vier Theater, darunter das berühmte Theater von Ostankino bei Moskau, heutzutage ein beliebtes Ausflugsziel. Bei manchen Aufführungen dieser Privattheater wurde gewaltiger Aufwand getrieben – auch in dieser Hinsicht suchte man dem Hof nachzueifern. Im Februar 1766 ließ der Vater des Grafen Šeremetev in seiner Petersburger Residenz vor geladenen Gästen Theater spielen. Außer der Gräfin A. P. Šeremeteva, der Tochter des Hausherrn, standen die drei Töchter des Grafen P. G. Černyšev auf der Bühne; bei ihrem Auftritt sollen sie Brillanten im Wert von zwei Millionen Rubeln getragen haben[8]. Gegen Ende des Jahrhunderts zählte man allein in Moskau nicht weniger als 15 Privattheater mit insgesamt 160 Schauspielern und 226 Musikern und Sängern, ganz zu schweigen von den zahlreichen mittleren und kleinen Adligen in Stadt und Land, die bei sich zu Hause ebenfalls Theater spielten, im Familienkreis oder mit Leibeigenen.

Öffentliches Theater

Katharina förderte nicht nur das Hoftheater, sondern auch das öffentliche Theater. 1783, zwei Jahre vor dem Ermitage-Theater, öffnete in Petersburg das staatliche Bol'šoj-Theater seine Pforten (nicht zu verwechseln mit dem Opern- und Ballett-Theater gleichen Namens, das 1825 in Moskau eingeweiht wurde und auch heute noch in Betrieb ist). Es bestand fast dreißig Jahre lang, bis es 1811 einem Brand zum Opfer fiel. Gegen Eintrittsgeld stand dieses Theater allen Ständen offen. Die Preise lagen bei 10 Rubel für eine Loge im ersten Rang und bei 25 Kopeken für einen Platz im Paradies. Nach den Worten eines Zeitgenossen war das Petersburger Bol'šoj-Theater ein „riesiges Gebäude" im klassizistischen Stil, das einen „majestätischen Anblick" bot[9]. Über dem Haupteingang befand sich eine sitzende Minerva aus Carrara-Marmor – sie erinnerte den Besucher an die allerhöchste Schirmherrin des russischen Theaters. Gleichzeitig bot sich hier dem aufgeklärten

---

[6] T. DYNNIK, Krepostnoj teatr. L. 1933.
[7] N. A. ELIZAROVA, Teatry Šeremetevych. M. 1944.
[8] N. V. DRIZEN, Očerki ljubitel'skago teatra (1730–1824). In: DERS., Materialy k istorii russkago teatra. M. 1913, S. 13–149, hier S. 51.
[9] I. G. GEORGI, Opisanie rossijsko-imperatorskogo stoličnogo goroda Sankt-Peterburga i dostopamjatnostej v okrestnostjach onogo [1794]. SPb. 1996, S. 100.

Staat Gelegenheit, sein Interesse am technischen Fortschritt zu zeigen, denn die Lanze der Minerva diente als Blitzableiter (der 1752 von Benjamin Franklin erfunden worden war). Das Gebäude hatte acht Flügel, sechzehn Ausgänge und bot Platz für 3000 Zuschauer. In der Mitte des Zuschauersaales, im Schnittpunkt der perspektivischen Linien befand sich die Loge Katharinas II. Das Theater wurde gut besucht; dennoch entstanden hohe Fehlbeträge, die durch die Zarin ausgeglichen werden mußten.

Die Gründung des Petersburger Bol'šoj-Theaters fiel in eine Zeit, als das russische Theater sehr an Beliebtheit gewonnen hatte. Zwar gab es immer noch religiöse Vorbehalte. In den Erinnerungen von E. P. Jan'kova, einer 1768 geborenen Adelsdame aus Moskau, liest man: „[...] damals verurteilten nicht nur viele Menschen aus dem Volk die Darbietungen des Theaters, sondern auch in unseren Kreisen hielten manche diese Darstellungen für sündhaft"[10]. Aber im letzten Drittel des Jahrhunderts war der Siegeszug des Theaters auch in Rußland nicht mehr aufzuhalten. Die in Frankreich schon lange grassierende „théâtromanie" erfaßte in den beiden Hauptstädten immer weitere Kreise der Bevölkerung.

Schon in den ersten Jahrzehnten des Jahrhunderts hatten die Schüler der Geistlichen Akademie und der Hospitalschule in den Ferien auf eigene Faust öffentliche Theatervorstellungen organisiert. Auch später gab es immer wieder Unternehmungen dieser Art. Im Frühjahr 1765 entstand in Petersburg unter freiem Himmel ein „Theater für alle" (Vsenarodnyj teatr)[11]. Ein Arbeiter der Akademiedruckerei war die treibende Kraft; unter den Schauspielern befanden sich Amtsschreiber und Handwerksgesellen. Dieses Theater wurde vom Staat und seiner Polizei nicht nur beaufsichtigt, sondern auch gefördert. Die Schauspieler erhielten für jede Aufführung fünfzig Kopeken. Gegen ein geringes Eintrittsgeld gab es fast täglich um vier Uhr nachmittags Vorstellungen. Nach Aussage eines Zeitgenossen „zeigte das einfache Volk so große Begierde [für dieses Theater], daß es seine übrigen Unterhaltungen vernachlässigte [...] und sich täglich zu diesen Darbietungen einfand"[12]. Wie man aus anderer Quelle erfährt, fehlte es auch nicht „an vornehmen Zuschauern und Zuschauerinnen [...] mit ihren sechsspännigen und anderen prächtigen Kutschen"[13].

Im weiteren Verlauf des Jahrhunderts sollte sich das jedoch ändern, denn die feinen Leute besuchten nun lieber das französische Theater. Der Schauspieler und Dramatiker P. A. Plavil'ščikov (1760–1812) schreibt zu diesem Thema:

---

[10] *Rasskazy babuški. Iz vospominanij pjati pokolenij. Zapisannye i sobrannye ee vnukom D. Blagovo.* L. 1989, S. 152.
[11] D. D. ŠAMRAJ, „Vsenarodnyj teatr" akademičeskich naborščikov 1765–1766 godov. In: *XVIII vek*. Bd. 4. M.–L. 1959, S. 404–414. Ein solches Theater gab es zu dieser Zeit auch in Moskau auf dem Jungfernfeld (Devič'e pole), vgl.: STARIKOVA, Teatr v Rossii, S. 69–78.
[12] V. I. LUKIN, Pis'mo k gospodinu El'čaninovu. In: V. I. LUKIN; B. E. EL'ČANINOV, Sočinenija i perevody. Hrsg.: P. A. Efremov. SPb. 1868, S. 183–189, hier S. 184 (Anm.).
[13] STÄHLIN, Zur Geschichte des Theaters in Rußland, S. 426.

Wer neugierig ist, sollte einmal während einer französischen Vorstellung am Theater vorbeigehen – er wird sehen, daß sich auf dem Vorplatz die Sechsspänner drängen; dagegen sieht man während einer russischen Vorstellung kaum jemals einen Sechsspänner. Nur die Fußgänger sehen größtenteils gerne Vorstellungen in ihrer eigenen Sprache; aber was kann schon der Beifall von hundert Fußgängern gegen den von zwei Mehrspännern ausrichten![14]

Die snobistische Geringschätzung des russischen Theaters sollte sich zu Beginn des folgenden Jahrhunderts noch steigern[15]. Unter den Adligen, die das Französische beherrschten, galt es nun geradezu als unpassend, das russische Theater zu besuchen – das überließ man der ungebildeten Menge, den raznočincy, den Kaufleuten und den Gutsbesitzern aus der Provinz, die nach Moskau kamen, um dort die Wintersaison zu verbringen und ihre Töchter zu verheiraten.

Angesichts der zunehmenden Beliebtheit des Theaters fühlten sich einige Unternehmer in den beiden Hauptstädten ermutigt, auf eigene Rechnung und Risiko Theater zu gründen, die im Gegensatz zu den staatlichen Theatern „freie" (vol'nye) genannt wurden. Meistens stammten diese Unternehmer aus dem Ausland. Einer von ihnen war der Deutsche Karl Knipper. Nachdem er in Petersburg ein deutsches Theater betrieben hatte, eröffnete er im Winter 1779 das „Freie russische Theater" (Vol'nyj rossijskij teatr). Es befand sich in einer hölzernen Manege auf der Petersburger Zarenwiese, dem heutigen Marsfeld; das Gebäude war jedoch altersschwach und wurde 1781 durch ein neues Theatergebäude ersetzt. Im Gegensatz zum Peterburger Bol'šoj-Theater, das auch als „Steinernes Theater" bekannt war, erhielt das Knippersche Theater später den Beinamen „Hölzernes Theater" oder „Kleines Theater" (Malyj teatr, wiederum nicht zu verwechseln mit dem gleichnamigen Theater in Moskau). Obwohl das Knippersche Theater gut besucht wurde, konnte es sich als Privatunternehmen nicht lange halten und wurde schon drei Jahre später vom Staat übernommen. Während im Bol'šoj-Theater Oper und Ballett vorherrschten, wurde hier das Sprechtheater gepflegt; 1782 brachte es mit großem Erfolg die Premiere von Fonvizins Komödie *Nedorosl'* („Der Landjunker").

Kommerzielle Unternehmungen dieser Art kamen auch Moskau zugute. Am 29. Januar 1759 öffnete im Stadtzentrum, beim Roten Tor, auf dem Gelände des heutigen Kazan'er Bahnhof ein Opernhaus seine Pforten, das von dem Italiener G. B. Locatelli erbaut und betrieben wurde. Aber schon 1762 mußte auch er Bankrott erklären. Der Engländer M. Maddox hatte zunächst mehr Erfolg[16]. Sei-

---

[14] P. A. PLAVIL'ŠČIKOV, Teatr. In: DERS., Sobranie dramatičeskich sočinenij. SPb. 2002, S. 533–560, hier S. 538.
[15] W. KOŚNY, Vorgeschichte und Einführung des Vaudevilles in Rußland. In: *Zeitschrift für Slawistik* 46 (2001), S. 127–156, hier S. 131.
[16] Vgl. vor allem: O. Ė. ČAJANOVA, Teatr Maddoksa v Moskve. 1776–1805. M. 1927; ferner: G. R. SEAMAN, Michael Maddox – English Impresario in Eighteenth-Century Russia. In: *Slavic Themes. Papers from two Hemispheres. Festschrift for Australia.* Hrsg.: B. Christa u.a. Neuried 1988. S. 319–326.

ner Tatkraft war der Bau eines stattlichen Theatergebäudes aus Stein zu verdanken; der Vorstellungsbetrieb wurde 1780 aufgenommen. Dieses Theater befand sich auf dem Gelände des heutigen Bol'šoj-Theaters, auf der Petrovskaja-Straße, und war daher als Petrovskij-Theater bekannt; 1805 brannte es ab, ebenso wie sechs Jahre später das Petersburger Bol'šoj-Theater. Die 111 Logen des Maddox'schen Theaters konnten von den Besuchern gemietet und nach eigenem Geschmack eingerichtet werden – je luxuriöser, desto besser. Die Abonnenten benutzten ihre Logen wie Wohnzimmer und besuchten sich gegenseitig.

Im Lauf der 1780er Jahre entstand unter den Zuschauern des Petrovskij-Theaters ein Publikum im engeren Sinne des Wortes – Theaterfreunde, die nicht nur die Vorstellungen regelmäßig besuchten, sondern auch bei den Proben zugegen waren und sich dabei zu Kennern entwickelten, sodaß zwischen Bühne und Zuschauerraum eine Wechselbeziehung entstand. Unterschiedliche Geschmacksrichtungen meldeten sich zu Wort und beeinflußten den Stil der Inszenierungen ebenso wie die Zusammensetzung des Repertoires. Das Petrovskij-Theater litt jedoch unter der Konkurrenz der zahlreichen Privattheater. Vor allem das Theater des Grafen Šeremetev in Ostankino bot Maddox Grund zur Klage: Mit regelmäßigen Aufführungen – jeden Sonntag, zeitweise auch häufiger – und kostenlosem Eintritt lockte es ein breites Publikum. Obwohl Maddox ebenso wie vor ihm schon Locatelli außer Theateraufführungen auch Maskeraden und andere Belustigungen für die zahlende Kundschaft veranstaltete, geriet auch er in Schwierigkeiten, bis schließlich wiederum die Obrigkeit einspringen mußte. 1789 wurde Maddox' Theater verstaatlicht und unter seinem Direktorat mit einem Jahresetat ausgestattet.

Theater und Adelskultur

Dieselbe Obrigkeit war bestrebt, das Theater auch in der russischen Provinz einzubürgern. Auf Geheiß der örtlichen Behörden wurde 1787 in Voronež ein Theater eröffnet; im selben Jahr gründete Deržavin als Gouverneur in Tambov ebenfalls ein Theater; 1789 folgte Char'kov. In Voronež war es das Ziel des Gouverneurs, seine Beamten mit den „Grundbegriffen der dramatischen Kunst vertraut zu machen"[17]. Zur pädagogischen Aufgabe des Provinztheaters äußert sich auch das „Dramatische Wörterbuch" von 1787. Mit Genugtuung und Optimismus spricht der anonyme Autor in seinem Vorwort vom „Triumph der Bildung, der Sittsamkeit und der eleganten Umgangsformen". Seiner Ansicht nach verdankt sich dieser Fortschritt dem Aufblühen des russischen Theaters, und er lobt die Bemühungen der Gouverneure, in ihren Provinzhauptstädten „mit Hilfe des dortigen Adelskorps edle und nützliche Vergnügungen einzuführen". Wie der Autor weiter hervorhebt, bemühten sich die Adligen an vielen Orten, dramatische Werke zu verfassen und zu übersetzen. Außerdem schreibt er, „daß

---

[17] VARNEKE, Teatr pri Ekaterine II, S. 204 (ohne Quellenangabe).

die Kinder von Edelleuten und sogar von Raznočincen sich für Theatervorstellungen begeistern und die Stücke diskutieren, anstatt Tauben zu jagen, um die Wette zu reiten oder Hasen zu hetzen". Mit strengen Worten wendet sich der Autor gegen solche volkstümliche Belustigungen wie den Faustkampf „und andere Vergnügungen [...] früherer Jahrhunderte"; ferner betont er, daß der „wohlgeborene russische Adel" dank „unserer weisen Herrscherin" inzwischen Geschmack an den schönen Künsten gefunden habe: Nun suche er seinen Zeitvertreib „im Lesen von Büchern, in der Musik, im Theaterbesuch und anderen gesitteten Vergnügungen"[18].

Die Entwicklung des russischen Theaters wird hier mit den Augen des neuen Rußland und der petrinischen Kulturrevolution betrachtet; das Theater erscheint als Waffe im Kampf gegen die 'Barbarei' des alten Rußland. Gleichzeitig zeigt sich die ständisch verengte Sichtweise des Autors: Das Theater soll dem russischen Adel gesellschaftlichen Schliff vermitteln und ihn damit, wie man hinzufügen kann, seinen westeuropäischen Standesgenossen ebenbürtig machen; wenn dabei auch etwas für die übrigen Gruppen der Bevölkerung abfiel – desto besser.

Im Dienste der ständischen Bildungsaufgabe stand auch das Theaterspielen im Smol'nyj-Institut für Mädchen. Die Aufführungen fanden nicht nur in russischer, sondern auch in französischer Sprache statt und wurden gerne von den Spitzen der Gesellschaft besucht; unter den Zuschauern sah man oft die Zarin. In einem ihrer Briefe an Voltaire macht sie sich Gedanken über ein Repertoire, das für junge Mädchen geeignet wäre: Das Liebesthema der Tragödien war bedenklich – nur solche Stücke sollten aufgeführt werden, in denen nicht „allzuviel Leidenschaft" vorkam[19].

Freilich entsprach der Alltag des russischen Theaterlebens nicht immer den idealen Bestrebungen; bis zum Erreichen des hochgesteckten Bildungsziels war noch ein weiter Weg[20]. Tatsächlich ging es bei den Privatvorstellungen adliger Häuser nicht immer sehr manierlich zu. Auch in den öffentlichen Theatern gab es Grund zur Klage; offenbar waren die Zuschauer in Moskau noch ungehobelter als in Petersburg. Oft genug hatte die Polizei alle Hände voll zu tun, um das Publikum zu bändigen. Steine und Holzklötze flogen durch die Luft, Scheiben wurden zerschlagen. Wegen des Lärms konnte man vielfach nicht verstehen, was auf der Bühne gesprochen wurde. 1765 berichtet ein Autor, die Zuschauer hätten bei der Aufführung seiner Komödie während des ersten Aktes „gelärmt, gehustet, sich geschneuzt und Tabak geschnupft"; auch habe man alte Zeitungen „durch das

---

18 *Drammatičeskoj slovar'*, hier ohne Pag.
19 Brief vom 30. Januar 1772. In: *Voltaire's Correspondence*. Hrsg.: Th. Besterman. Bd. 81. Genève 1963, S. 66–68, hier S. 66.
20 Vgl.: L. N. MAJKOV, Teatral'naja publika vo vremena Sumarokova. In: DERS., Očerki iz istorii russkoj literatury XVII i XVIII stoletij. SPb. 1889, S. 310–322; V. FILIPPOV, Teatral'naja publika XVIII veka po satiričeskim žurnalam. In: *Golos minuvšago* 2 (1914), Nr. 11, S. 95–103; BRODSKIJ, Teatr v épochu Elizavety Petrovny, S. 147–153; M. BURGESS, Russian Theatre Audiences of the 18th and Early 19th Centuries. In: *The Slavonic and East European Review* 37 (1958), S. 160–183.

Parterre getragen und den Zuschauern gesagt, es sei unterhaltsamer, diese zu lesen, als dem Unsinn auf der Bühne zu lauschen"[21].
Derlei hört man auch von Sumarokov. Im Vorwort zu seinem *Dimitrij Samozvanec* stellt er die rhetorische Frage, ob man denn auch in London und Paris während der Vorstellung Nüsse knacke, und ob es auch dort üblich sei, in dem Augenblick, da das Stück auf der Bühne seinen Höhepunkt erreicht, betrunkene Kutscher zu prügeln, die sich in die Haare geraten waren. Im übrigen sollten sich die Zuschauer nur ja nicht einbilden, daß sie mit dem Eintrittsgeld auch das Recht erworben hätten, im Parterre Faustkämpfe auszutragen, in den Logen lauthals über die Ereignisse der Woche zu reden und dabei wiederum Nüsse zu knacken, denn Nüsse knacken könne man schließlich auch zu Hause[22].

Ähnlich äußert sich Anfang der 1770er Jahre eine ungenannte Dame in einem Leserbrief an die *Večera,* Cheraskovs Petersburger Literaturzeitschrift: Mit „äußerster Betrübnis" habe sie bemerkt, daß während der Vorstellung im Theater „unaufhörlich" gesprochen werde; viele Damen bestellten sich Getränke, andere Zuschauer äßen und lachten an den falschen Stellen. Angesichts solcher Zustände könne man sich gegenüber den ausländischen Theaterfreunden leider nicht damit entschuldigen, daß das „Paradies oder an manchen Orten auch das Parterre in den kommerziellen Theatern von gemischtem Publikum bevölkert" sei. Vielmehr benehme sich das adlige Publikum im Hoftheater auch nicht besser [d. h. wenn die Zarin nicht anwesend war][23]. Der historischen Gerechtigkeit zuliebe muß man jedoch hinzufügen, daß Sumarokov und die genannte Dame eine gar zu positive Vorstellung von den westeuropäischen Theatersitten hatten. Tatsächlich war zum Beispiel das englische Publikum kaum weniger ungebärdig als das russische. Ein deutscher Reisender, der 1782 ein Theater auf dem Londoner Haymarket besuchte, erzählt nicht nur vom „Schreien und Stampfen" der Zuschauer, sondern auch von Wurfgeschossen: „[...] alle Augenblicke kam eine faule Apfelsine bei mir oder meinem Nachbarn vorbei, mir wohl auch auf den Hut geflogen, ohne daß ich es wagen durfte, mich umzusehen, wenn mir nicht auch eine ins Gesicht geflogen kommen sollte"[24].

---

[21] LUKIN, im Vorwort zu seiner Komödie *Mot, ljuboviju ispravlennyj.* In: LUKIN; ELČANINOV, Sočinenija i perevody, S. 6–16, hier S. 14.
[22] A. P. SUMAROKOV, Vorwort zu *Dimitrij Samozvanec.* In: DERS., PSS, Bd. IV (1781), S. 61–67, hier S. 63.
[23] *Večera,* 1772, Teil II, S. 51–53, hier S. 52.
[24] C. PH. MORITZ, Reisen eines Deutschen in England im Jahr 1782. Frankfurt/M. 2005 (Faksimile der zweiten Auflage Berlin 1785), S. 69.

KAPITEL 15
FONVIZIN UND DIE KOMÖDIE

Die Anfänge der russischen Komödie

In der Glanzzeit Sumarokovs, in den späten 1740er und 1750er Jahren, war die Tragödie unter den dramatischen Gattungen führend. Seit den 1760er Jahren verschob sich jedoch der Schwerpunkt – ebenso wie in Frankreich bevorzugte man nun die Komödie: Bis 1787 wurden in Rußland 188 Komödien, aber nur 52 Tragödien gedruckt (Übersetzungen und russische Originaltexte)[1]. Ebenso deutlich zeigt sich das Übergewicht der Komödie, wenn man die Zahl der aufgeführten Werke betrachtet. Von 1760 bis 1785 wurden in Petersburg und Moskau 47 Originalkomödien aufgeführt, gegenüber nur 20 Originaltragödien; bei den übersetzten Stücken ergibt sich sogar ein Verhältnis von 73 Komödien zu 8 Tragödien[2]. Offenbar war Katharina II. in diesen Jahren nur eine von vielen Theaterfreunden, die sich lieber eine Komödie als eine Tragödie ansahen[3].

Mit den angeführten Zahlen ist allerdings noch nichts über den Status der Gattung in der Hierarchie der literarischen Werte gesagt. Das sieht man am Beispiel Sumarokovs. Für die neue russische Literatur hat er nicht nur die Tragödie begründet, sondern – mit viel geringerem Erfolg und Prägekraft – auch die Komödie. Die zwölf Komödien, die er 1750–1772 schrieb, waren durchweg kurze Prosatexte, darunter eine Reihe von Einaktern. Sumarokov maß diesen anspruchslosen Stücken nur wenig Bedeutung bei: Für ihn war die Komödie nur das Beiwerk eines Theaterabends, in dessen Mittelpunkt die Tragödie stand; nach eigener Aussage schrieb er den Einakter *Tresotinius* in zwei Tagen herunter[4].

---

[1] Vgl.: JU. V. STENNIK, Dramaturgija russkogo klassicizma. Komedija. In: *Istorija russkoj dramaturgii. XVII – pervaja polovina XIX veka*. Hrsg.: L. M. Lotman. L. 1982, S. 109–162, hier S. 109. Zur Geschichte der russischen Komödie im 18. Jahrhundert vgl. ferner: P. N. BERKOV, Istorija russkoj komedii XVIII v. L. 1977; S. KARLINSKY, Russian Drama from its Beginnings to the Age of Pushkin. Berkeley–Los Angeles–London 1985; O. B. LEBEDEVA, Russkaja vysokaja komedija XVIII veka. Genezis i poėtika žanra. Tomsk 1996. – Eine Reihe von Texten findet man in den Anthologien *Russkaja komedija i komičeskaja opera XVIII veka*. Hrsg.: P. N. Berkov. M.–L. 1950, und *Stichotvornaja komedija. Komičeskaja opera. Vodevil' konca XVIII – načala XIX veka. V dvuch tomach*. Hrsg.: A. A. Gozenpud. L. 1990.

[2] JU. D. LEVIN, Kap. 3. In: *Istorija russkoj perevodnoj chudožestvennoj literatury*, Bd. II. S. 27–68, hier S. 28.

[3] Vgl.: POROŠIN, Zapiski, S. 464. Diese Aussage bestätigt sich durch den gesamten Text der „Aufzeichnungen", in denen immer wieder von Theaterbesuchen der Zarin und des Thronfolgers die Rede ist.

[4] SUMAROKOV, *Tresotinius*. In: DERS., Dramatičeskie sočinenija, S. 294–308, hier S. 294.

Kapitel 15. Fonvizin und die Komödie

Aber schon bald sollte es der Komödie gelingen, aus dem Schatten der Tragödie herauszutreten und zur dramatischen Gattung aus eigenem Recht aufzusteigen. Ein Etappenziel auf diesem Weg war erreicht, als 1765 in Petersburg „Der durch Liebe gebesserte Verschwender" (*Mot, ljuboviju ispravlennyj*) von V. I. Lukin (1737–1794) aufgeführt wurde. Dieses Stück war zwar immer noch in Prosa geschrieben, gliederte sich aber nach klassischem Vorbild in fünf Akte. Der neue Geltungsanspruch der russischen Komödie äußert sich auch in Lukins umfangreichem Vorwort und gewinnt dabei eine moralische Dimension: Mit Hilfe der Komödie sollte das Publikum nicht nur erheitert, sondern auch gebessert und von seinen Lastern befreit werden; die Komödie hatte also dieselbe Aufgabe, wie später die Moralischen Wochenschriften. Damit folgte Lukin einer Neigung zum Didaktischen, die im französischen Theater des 18. Jahrhunderts immer stärker hervorgetreten war und die auch die russische Komödie prägen sollte.

Gleichwohl gibt es einen wesentlichen Unterschied. Die französische Komödie entwickelte sich im Zeichen empfindsamer Tugendliebe; es sind die Formen einer zunehmend ernsten Komödie, die sich hier im 18. Jahrhundert durchsetzten – zunächst die comédie moralisante, dann die comédie larmoyante und schließlich das drame Diderot'scher Prägung. Im letzten Drittel des 18. Jahrhunderts waren diese Komödientypen dem russischen Publikum durch Übersetzungen wohlbekannt. Auch gab es Originalstücke in dieser Art[5]. Aber sie stammten von poetae minores, die bedeutenden Autoren schlugen einen anderen Weg ein. Die russische Komödie des 18. Jahrhunderts ist daher eine viel eigenständigere Gattung als die Tragödie. Die Autoren beharrten zwar auf dem lehrhaften Anspruch der Komödie, setzten dabei jedoch nicht auf Erbauung, sondern auf Satire, wobei gerade auch das Komische zu seinem Recht kam: Für die meisten russischen Theaterfreunde blieb die 'ernste Komödie' ein Unding.

In Rußland entschied man sich damit für einen Komödientypus, der in Frankreich schon seit Beginn des 18. Jahrhunderts aus der Mode gekommen war (der letzte bedeutende Vertreter der satirischen Komödie war dort Lesage mit seinem *Turcaret,* Erstauff. 1709). Die satirische Komödie wurde in Rußland zunächst von Sumarokov gepflegt, dann von Fonvizin, Katharina II., Knjažnin und Kapnist. Unabhängig vom französischen Vorbild entstand somit jene glänzende Tradition, die sich im 19. Jahrhundert bei Griboedov, Gogol', Ostrovskij und Suchovo-Kobylin fortsetzte und in den zwanziger Jahren des folgenden Jahrhunderts mit den satirischen Komödien Majakovskijs, Bulgakovs und Ėrdmans einen vorläufig letzten Höhepunkt erreichen sollte.

Anpassung „an unsere Sitten"

Eine Hauptsorge des russischen Theaterlebens im 18. Jahrhundert betraf das Repertoire: Die Stücke der einheimischen Autoren reichten bei weitem nicht aus, um die wachsende Nachfrage zu decken. Man mußte sich daher mit Übersetzungen

---

[5] Vgl.: SCHLIETER, Studien zur Geschichte des russischen Rührstücks.

behelfen, meist wieder aus dem Französischen. In dieser Situation stellte Lukin eine Forderung, die ihrerseits eine schon bestehende Praxis rechtfertigte: Wenn man schon auf Übertragungen angewiesen war, so sollten die Übersetzer doch wenigstens auf die Bedürfnisse des russischen Publikums eingehen und ihre Vorlagen nicht nur sprachlich, sondern auch inhaltlich russifizieren, um sie auf diese Weise „unseren Sitten anzupassen"[6], was einer in Westeuropa verbreiteten Praxis entsprach. Lukin begründet seine Forderung mit dem moralischen Nutzen der Komödie: Sie könne ihre volkspädagogische Aufgabe in Rußland nur dann erfüllen, wenn sie das russische Leben darstelle. Die Zuschauer, die in einer Komödie vom Leben fremder Länder erführen, hätten davon keinen moralischen Vorteil, denn sie müßten denken, daß sich der Spott des Autors gegen die ausländischen und nicht gegen die russischen 'Laster' richte.

Unter den russischen Autoren gelang es vor allem Fonvizin mit seinen beiden fünfaktigen Prosakomödien *Brigadir* („Der Brigadier", 1768–1769) und *Nedorosl'* („Der Landjunker", wörtl. „Der Minderjährige", Erstauff. 1782) Lukins Forderung zu erfüllen. In seinen Lebenserinnerungen erzählt er vom Erfolg seines „Brigadier". Einem hochgestellten Herrn bei Hofe habe die Ehefrau des Titelhelden besonders gut gefallen: „Ich sehe, – sagte er mir, – daß Sie unsere Sitten sehr gut kennen, denn mit der Frau des Brigadiers sind wir alle verwandt; niemand kann sagen, er hätte nicht so eine Akulina Timofeevna als Großmutter, Tante oder Schwägerin"[7].

Fonvizins Biographie

Denís Ivánovič Fonvízin[8] (1744 oder 1745–1792) stammte aus einer baltendeutschen Adelsfamilie, die schon seit Generationen den Zaren diente und sich längst assimiliert hatte (gleichwohl wurde noch lange die deutsche Schreibweise des Namens verwendet: 'fon Vizin' – von Wiesen). Den ersten Unterricht erhielt Fonvizin von seinem Vater, bis er dann 1755 das Adelsgymnasium der eben erst gegründeten Moskauer Universität besuchen konnte (es gab auch ein Gymnasium für Nichtadlige). Hier lernte er Deutsch, Latein und Französisch, und hier konnte

---

[6] Vgl. sein Vorwort zu der von ihm übersetzten Komödie *Nagraždennoe postojanstvo* („Belohnte Standhaftigkeit"). In: LUKIN; EL'ČANINOV, Sočinenija i perevody, S. 110–120, hier S. 115; hierzu G. L. MAIELLARO, Lo „sklonenie na russkie nravy" nelle comedie di Vladimir Lukin. In: *Europa orientalis* 15 (1996), S. 25–49.

[7] *Čistoserdečnoe priznanie v delach moich i pomyšlenijach* („Offenherziges Bekenntnis meiner Taten und Gedanken"). In: D. I. FONVIZIN, Sobranie sočinenij v dvuch tomach. Hrsg.: G. P. Makogonenko. Bd. II. M.–L. 1959, S. 81–105, hier S. 98 f.

[8] Grundlegend zu Fonvizins Leben und Werk: K. V. PIGAREV, Tvorčestvo Fonvizina. M. 1954. Ferner: P. A. VJAZEMSKIJ, Fon-Vizin. SPb. 1848; G. P. MAKOGONENKO, Denis Fonvizin. Tvorčeskij put'. M.–L. 1961; A. STRYCEK, La Russie des Lumières. Denis Fonvizine. Paris 1976; Ch. MOSER, Denis Fonvizin. Boston 1979; N. D. KOČETKOVA, Fonvizin v Peterburge. L. 1984; DIES., Fonvizin Denis Ivanovič. In: *Tri veka Sankt-Peterburga*. Bd. I.2, S. 464–466; S. B. RASSADIN, Satiry smelyj vlastelin. Kniga o D. I. Fonvizine. M. 1985.

er auch die Liebhaberaufführungen russischer Theaterstücke besuchen, die spätestens seit 1757 unter der Leitung Cheraskovs an der Moskauer Universität stattfanden. 1762 bestand Fonvizin die Abschlußprüfung, zog nach Petersburg und begann dort seinen Dienst als Übersetzer im Kollegium für Auswärtige Angelegenheiten.

Ebenso wie Lukin und die meisten anderen russischen Schriftsteller des 18. Jahrhunderts war Fonvizin ein Beamter, der sich in seiner freien Zeit mit Literatur beschäftigte; wie wir schon wissen, wurde das unter der aufgeklärten Herrschaft Katharinas gern gesehen und nützte auch der Karriere. 1763 übersetzte Fonvizin *Alzire*, die seinerzeit berühmte Tragödie Voltaires. Diese Arbeit, die Fonvizin in seinen Lebenserinnerungen selber als „Jugendsünde" bezeichnete, erregte jedoch „viel Aufsehen"[9]. Einer der Leser, denen diese Übersetzung gefiel, war der schon mehrfach erwähnte I. P. Elagin (1725–1793), Staatssekretär und Vertrauter der Zarin, seit dem Rücktritt Sumarokovs de facto-Leiter des russischen Ensembles und seit 1766 Direktor des Hoftheaters. Fonvizin wurde Elagins Sekretär, womit er gleichzeitig Zugang zu einem Kreis von Theaterfreunden erlangte, dem auch Lukin angehörte. Die Mitglieder des Elagin-Kreises sorgten sich um das Repertoire des Russischen Theaters, sie verfaßten Übersetzungen, in denen sie die Anpassung „an unsere Sitten" praktizierten, und schrieben auch Originalwerke[10]. Wie man hinzufügen kann, gehörte in gewisser Weise auch Katharina II. zum Elagin-Kreis. Als im Oktober 1765 bei Hofe die petit-maître-Komödie *Jean de France* des dänischen Autors Ludvig Holberg in Elagins Übersetzung aufgeführt wurde, lobte die Zarin diese Übersetzung, die „sehr frei und kühn" sei. Außerdem fand sie die Anpassung des Stücks „an unsere Sitten"[11] „sehr gelungen", womit sie ein Prinzip nannte, das auch für ihre eigenen Komödien maßgeblich sein würde.

1769 erreichte Fonvizin mit dem „Brigadier" den ersten Höhepunkt seiner schriftstellerischen Laufbahn. Nach eigener Aussage verstand er es „meisterhaft", seine Stücke vorzulesen[12]. Tatsächlich fand er mit seinem Vortrag soviel Anklang, daß schließlich auch Katharina II. von dem literarischen Ereignis erfuhr. So kam es, daß Fonvizin im Juli 1769 nach Peterhof eingeladen wurde, um dort in Gegenwart der Zarin das Stück vorzulesen. In seinen Erinnerungen erzählt Fonvizin, wie ihm „der Blick der russischen Wohltäterin und ihre Stimme, die mir zu Herzen ging", die Befangenheit genommen habe, sodaß er seinen Text mit gewohnter Kunstfertigkeit vortragen konnte. „Während der Lesung gab ihr Lob mir neuen Mut, und ich wagte einige Scherze; nachdem ich ihre rechte Hand

---

9   *Čistoserdečnoe priznanie v delach moich i pomyšlenijach*. In: FONVIZIN, Sobranie sočinenij, Bd. II, S. 81–105, hier S. 94.
10   Vgl.: V. P. STEPANOV, Elagin Ivan Perfil'evič. In: *Slovar' russkich pisatelej XVIII veka*, Bd. I, S. 304–309, hier S. 306 f.; SCHLIETER, Studien. S. 37–89.
11   POROŠIN, Zapiski, S. 465.
12   FONVIZIN, *Čistoserdečnoe priznanie*, S. 97.

geküßt und einen huldvollen Gruß für meinen Vortrag erhalten hatte, ging ich hinaus"[13].

Es folgten zahlreiche Einladungen bei den Spitzen der Hofgesellschaft. Unter Fonvizins Zuhörern befand sich auch Graf N. I. Panin, Erzieher des Thronfolgers und Vorsitzender des Kollegiums für Auswärtige Angelegenheiten, in moderner Ausdrucksweise also der Außenminister des Reiches. Das war derselbe hochgestellte Herr, dem die Ehefrau des Brigadiers so gut gefallen hatte. Panin schlug dem jungen Autor vor, in seine Behörde überzuwechseln und dort sein Sekretär zu werden. Fonvizin nahm das Angebot an und war von nun an Mitglied einer der großen Hofparteien; von seiner Loyalität zu Panin zeugt eine Reihe von politischen Arbeiten, darunter vor allem die „Vita des Grafen Panin", die 1784, ein Jahr nach dem Tod seines Gönners, auf Französisch in Petersburg veröffentlicht wurde (der russische Text erschien zwei Jahre später unter dem Titel *Sokraščennoe opisanie žitija grafa Nikity Ivanoviča Panina*).

Fonvizin, der sich nun im Nervenzentrum der russischen Außenpolitik befand, gelang es bald, das Vertrauen seines neuen Vorgesetzten zu erwerben. Er mußte jedoch viel arbeiten, sodaß für die Literatur kaum Zeit blieb. In den Jahren 1777–1778 konnte er allerdings eine Reise nach Deutschland und nach Frankreich unternehmen; eine weitere Reise führte ihn 1784–1785 nach Italien. Unterwegs schrieb Fonvizin eine Reihe von Briefen, in denen sich auf eindrucksvolle Weise jene zwiespältigen Gefühle ausdrückten, die ein nationalbewußter Russe im letzten Drittel des 18. Jahrhunderts bei seiner Begegnung mit Westeuropa, vor allem mit Frankreich empfinden mochte[14]. Ebenso wie Novikovs gallophobe Zeitschrift *Košelek* bieten diese Briefe eine Lektüre, die nicht immer erfreulich ist: Allzu häufig äußert sich auch hier das Ressentiment gegen eine Kultur, die in Rußland vielfach als überlegen empfunden wurde. Erst Karamzin sollte es mit seinen „Briefen eines russischen Reisenden" gelingen, zu einer gelasseneren Haltung zu finden.

Gegen Ende der 1770er Jahre besann sich Fonvizin wieder auf sein dramatisches Talent. Inzwischen war die Stellung Panins bei Hofe nicht mehr zu halten; 1781 zog er sich verbittert auf seine Güter zurück. Als Klient und vertrauter Mitarbeiter Panins nahm Fonvizin an dieser Situation leidenschaftlichen Anteil; 1782 quittierte auch er den Dienst. In diesen Jahren entstand die satirische Komödie vom „Landjunker", der Höhepunkt seines dramatischen Werks. Die kritischen, an die Adresse Katharinas gerichteten Töne, die in diesem Stück laut werden, verstärkten sich in den publizistischen und literarischen Arbeiten der letzten Lebensjahre. 1788 plante Fonvizin die Gründung einer Zeitschrift mit dem programmatischen Titel: „Der Freund anständiger Menschen, oder Starodum. Ein periodisch erscheinendes Werk, das der Wahrheit gewidmet ist" (*Drug čestnych ljudej, ili*

---

13 Ebd.
14 Vgl. die Beiträge in: D. FONVIZINE, Lettres de France (1777–1778). Traduites du russe et commentées par H. Grosse, J. Proust et P. Zaborov. Préface de W. Berelowitch. Paris–Oxford 1995.

Kapitel 15. Fonvizin und die Komödie 215

Starodum. Periodičeskoe sočinenie, posvjaščennoe istine), wobei sich der Name Starodum auf die ideologische Leitfigur des „Landjunker" und dessen Kritik an den politischen Zuständen bezieht. Was jedoch zu Beginn des Jahrzehnts noch tragbar schien, wurde nun, im unmittelbaren Vorfeld der Französischen Revolution, nicht mehr geduldet – die Zensur griff ein und „Der Freund anständiger Menschen" konnte nicht erscheinen.

„Der Landjunker"

Eine Satire auf den rückständigen Adel

Bei der Petersburger Premiere des „Landjunker"[15] am 24. September 1782 war das Theater überfüllt, die begeisterten Zuschauer warfen Geldbörsen auf die Bühne[16]. In Moskau spielte man das Stück im Laufe eines Jahres acht Mal, was für eine Komödie ungewöhnlich war. In den folgenden Jahren wurde das Stück auch in Privattheatern aufgeführt, und es kam in die Provinz. Der „Landjunker" wurde vielfach übersetzt und nachgeahmt; seine Figuren erlangten sprichwörtliche Geltung. Im russischen Theaterrepertoire eroberte sich das Stück auch nach dem 18. Jahrhundert einen festen Platz[17].

Ebenso wie in der Komödie „Brigadier" sucht Fonvizin in seinem „Landjunker" das Charakteristische des russischen Lebens zu erfassen. Dabei interessiert er sich besonders für ein Milieu, das wir schon aus den Moralischen Wochenschriften kennen – das Milieu des fortschrittsfeindlichen Provinzadels. Ansätze zu einer solchen Darstellung findet man in der russischen Komödie schon vorher, etwa in Sumarokovs *Rogonosec po voobraženiju* („Der eingebildete Hahnrei", ca. 1772). In Fonvizins „Brigadier" ist der Ort des Geschehens ebenfalls ein Landgut, aber von der Einheit eines Milieus kann auch hier noch keine Rede sein, denn die Galerie der satirischen Figuren, die in diesem Stück auftreten, ist gar zu buntscheckig – ein grober Militär, ein bestechlicher Richter, ein gallomaner Modegeck und andere. Die Einheit eines Milieus finden wir erst in Katharinas Komödie *O vremja!* („Oh, welche Zeiten!", 1772) und dann, mit ungleich mehr Über-

---

[15] FONVIZIN, Nedorosl'. Komedija v pjati aktach. In: DERS., Sobranie sočinenij v dvuch tomach, Bd. I, S. 105–177; im folgenden beziehen sich die eingeklammerten Seitenangaben im Haupttext auf diese Ausgabe. – Zur Interpretation vgl. vor allem: L. G. BARAG, Komedija Fonvizina *Nedorosl'* i russkaja literatura konca XVIII veka. In: *Problemy realizma v russkoj literature XVIII veka*. Hrsg.: N. K. Gudzij. Leipzig 1983 (Nachdruck der Ausgabe M.–L. 1940), S. 68–120. Ferner: V. O. KLJUČEVSKIJ, *Nedorosl'* Fonvizina (Opyt istoričeskogo ob-jasnenija učebnoj p'esy) [1896]. In: DERS., Sočinenija v devjati tomach. Bd. IX. M. 1990, S. 55–77; I. KLEJN [= J. KLEIN], Literatura i politika: *Nedorosl'* Fonvizina. In: DERS., Puti kul'turnogo importa, S. 197–210.

[16] *Drammatičeskoj slovar'*, S. 88.

[17] Vgl.: M. P. TROJANSKIJ, K sceničeskoj istorii komedij D. I. Fonvizina. *Brigadir* i *Nedorosl'* v XVIII veke. In: *Teatral'noe nasledstvo. Soobščenija. Publikacii*. Hrsg.: G. A. Lapkina. M. 1956, S. 7–23; L. G. BARAG, Sud'ba komedii *Nedorosl'*. In: *Učenye zapiski kafedry literatury (Minskij gos. ped. institut im. A. M. Gor'kogo)*. 1940, vyp. II, S. 109–125.

zeugungskraft, auch in Fonvizins „Landjunker". Bei Katharina zielt die Satire auf die rückwärtsgewandte Gesinnung des Moskauer Adels; auf ähnliche Weise geht es bei Fonvizin um den Landadel[18].

Mit dem konservativen Adelsmilieu entschieden sich Fonvizin und Katharina für ein Thema, wie es 'russischer' kaum sein konnte, das also die Eigenart und den wunden Punkt der nationalen Kulturverhältnisse zielsicher ins Auge faßte – die Rückständigkeit im Verhältnis zu Westeuropa. Ebenso wie in den Moralischen Wochenschriften bringt sich dabei die Sichtweise jenes Kulturkampfes zur Geltung, den Zar Peter I. gegen die Anhänger der altmoskauer Vergangenheit geführt hatte.

Fonvizin ist ein russischer Aufklärer, mit seinem „Landjunker" will er den zivilisatorischen Fortschritt seines Landes fördern. Wie das in den Komödien des 18. Jahrhunderts und wieder auch in den Moralischen Wochenschriften üblich war, läßt sich die satirische Absicht schon an den Namen der Figuren ablesen: Prostakova ('prostak' = 'Dummkopf') und Skotinin ('skot' = 'Vieh'). Titelheld ist der fünfzehnjährige Mitrofan, vertraulich auch Mitrofanuška genannt, der faule und gefräßige Sohn des Hauses. Im selben Haus lebt die tugendhafte und gebildete Waise Sof'ja. Nach dem Tod von Sof'jas Eltern üben die Prostakovs die Vormundschaftsgewalt über sie aus. Sof'ja hat ein gutes Erbteil zu erwarten; die Prostakova will sie daher mit Mitrofanuška verheiraten. Damit kommt sie jedoch ihrem Bruder Skotinin in die Quere, der ebenfalls ein Auge auf die junge Erbin geworfen hat. Sof'ja liebt jedoch weder Mitrofanuška noch Skotinin, sondern den jungen Offizier Milon ('milyj' = 'lieb', 'sympathisch'), und auch Milon ist ihr aufrichtig zugetan. Das glückliche Ende verdankt sich dem unverhofften Auftauchen von Sof'jas Onkel Starodum (= 'einer, der nach der rechten alten Weise denkt'). Das ist der deus ex machina des Stücks: Als nächster Verwandter Sof'jas kann Starodum über ihr Schicksal entscheiden, und der Heirat mit Milon steht nun nichts mehr im Wege.

Die Funktion dieser konventionellen, nicht sehr geschickt aufgebauten, von Zufällen geprägten und mit wenig Spannung dargebotenen Liebeshandlung besteht vor allem darin, daß sie den negativen Figuren der Komödie Gelegenheit gibt, sich in ihrer ganzen Dummheit und Gemeinheit auf der Bühne bloßzustellen. Unter den positiven Gestalten finden wir außer Sof'ja, Milon und Starodum auch Pravdin ('pravda' = 'Wahrheit', 'Gerechtigkeit'). Er hat mit der Liebeshandlung nichts zu tun; als Vertreter einer aufgeklärten Obrigkeit ist es seine Aufgabe, die umliegenden Landgüter zu inspizieren und Mißstände aufzudecken.

Der Gegensatz der positiven und negativen Figuren zeigt sich auch in der Sprache. Aus heutiger Sicht ist die volkstümlich-derbe und reichdifferenzierte Ausdrucksweise der negativen Figuren, besonders der Prostakova, ein Hauptreiz des Stücks; die wohlgesetzte Rede der positiven Figuren wirkt dagegen farblos.

---

[18] Zu den Gemeinsamkeiten der beiden Autoren vgl.: V. V. SIPOVSKIJ, Imperatrica Ekaterina II i russkaja bytovaja komedija eja épochi. In: *Istorija russkago teatra*, Bd. I, S. 317–340, hier S. 330; LEBEDEVA, Russkaja vysokaja komedija, S. 180 ff.

Gleichwohl liegt der negative Akzent auf der Sprache der Prostakovs und des Skotinin. Sie ist Ausdruck dessen, was der Satiriker für altrussische Barbarei hält – auf der Bühne hört man solche Schimpfwörter wie „Bestie", „Mistvieh" (sobač'ja doč'), „alte Kuh" (staraja chryčovka) und „Gaunerfresse". Im Gegensatz zu den schon angeführten Beispielen aus der handschriftlichen Literaturpolemik vom Anfang der 1750er Jahre ist die Vulgärsprache hier jedoch nicht mehr Mittel, sondern Gegenstand der Satire.

Die Bildungsfeindlichkeit des russischen Provinzadels und des „minderjährigen" Mitrofanuška ist ein satirisches Hauptthema des Stücks (seit der petrinischen Zeit galten alle jungen Adligen als 'minderjährig', die ihre Prüfung zum Eintritt in den Staats- oder Militärdienst noch nicht abgelegt hatten); dasselbe Thema findet sich in Katharinas Komödie „Oh, welche Zeiten!", hier mit dem besonderen Akzent auf der Frauenbildung[19]. Mit einem sprichwörtlich gewordenen Ausdruck will Mitrofanuška „nicht lernen, sondern heiraten" (III.7, S. 143).

In diesem Wunsch wird er von seiner Mutter bestärkt, die ihn abgöttisch liebt und nach Kräften verwöhnt. Zwar hat die Prostakova, wie es scheint, die Zeichen der neuen Zeit erkannt und für Mitrofanuška nicht weniger als drei Hauslehrer eingestellt, darunter einen Deutschen. Im Grunde teilt sie jedoch die Bildungsverachtung ihrer Vorfahren und unterstützt die Faulheit ihres Sohnes, wobei ihr der deutsche Hauslehrer hilfreich zur Seite steht – ein ehemaliger Kutscher mit dem vielsagenden Namen Vral'man ('vrat'' = 'schwatzen', 'schwindeln'), dessen schlechtes Russisch zur Erheiterung des Lesers in phonetischer Schreibweise vorgeführt wird (in der deutschen Übersetzung von 1787 verwandelt sich Vral'man in einen Franzosen und heißt nun Du Bavard[20]).

Die Früchte von Mitrofanuškas Erziehung werden im 8. Auftritt des IV. Akts gezeigt – als Bewerber um die Hand der Sof'ja unterwirft sich der junge Herr auf Bitten seiner irregeleiteten Mutter einer Wissensprüfung durch Starodum. Das ist ein komischer Höhepunkt des Stücks: Schon mit den einfachsten Fragen aus Grammatik, Geschichte und Erdkunde ist Mitrofanuška hoffnungslos überfordert und gibt die haarsträubendsten Antworten, sehr zur Genugtuung der stolzen Prostakova.

---

[19] EKATERINA II, *O vremja!* In: DIES., Sočinenija. Hrsg.: O. N. Michajlov. M. 1990, S. 240–269, hier S. 266 (III.3). Eine der weiblichen Figuren fragt: „Wozu soll ein Mädchen Lesen und Schreiben lernen? Damit kann es doch überhaupt nichts anfangen: Je weniger ein Mädchen weiß, desto weniger Unsinn schwatzt es. Ich mußte seinerzeit meiner Mutter feierlich versprechen, daß ich vor meinem Fünfzigsten keine Feder in die Hand nehmen würde. Aber man sagt, daß die Mädchen heutzutage in Petersburg alles Mögliche beigebracht kriegen. Da wird was Feines herauskommen!" Mit der Erwähnung Petersburgs wird auf die beiden Mädchenpensionate im Smol'nyj-Kloster angespielt.

[20] E. CHEKSEL'ŠNAJDER [= E. HEXELSCHNEIDER], O pervom nemeckom perevode *Nedoroslja* Fonvizina. In: *XVIII vek*. Bd. 4. M.–L. 1959, S. 334–338, hier S. 338; G. WYTRZENS, Eine unbekannte Wiener Fonvizin-Übersetzung aus dem Jahre 1787. In: *Wiener Slavistisches Jahrbuch* 7 (1959), S. 118–128, hier S. 123.

An anderen Stellen der Komödie vergeht dem Zuschauer jedoch das Lachen, oder es vermischt sich mit Grausen (auch in dieser Hinsicht fühlt man sich an die Gutsbesitzersatiren der Moralischen Wochenschriften erinnert). Im 5. Auftritt des III. Akts unterhält sich die Prostakova mit Starodum und erzählt ihm in aller Harmlosigkeit von ihrem Elternhaus; ebenso wie bei den Gutsbesitzern der Novikovschen Zeitschriften gehört in ihrer 'verkehrten Welt' das, was dem Leser abstoßend und schockierend vorkommt, zum gewohnten Verlauf des Alltags:

> Mein seliger Vater heiratete meine selige Mutter. Sie stammte aus der Familie Priplodin [das russische Wort 'priplod' bezieht sich auf die Jungen eines Tieres; die satirische Bedeutung des sprechenden Namens ist also eine 'viehische Fruchtbarkeit'; dasselbe Motiv findet man auch wieder in Katharinas Komödie „Oh, welche Zeiten!"[21]]. Wir Kinder waren zu achtzehn; außer mir und meinem Bruder leben durch Gottes Willen alle nicht mehr. Manche von ihnen hat man tot aus dem Badehaus gezogen. Drei sind daran gestorben, daß sie Milch aus einem Bleikessel getrunken haben. Zwei sind zur Karwoche vom Glockenturm gefallen, und die übrigen, mein lieber Herr, sind von selbst gestorben. (S. 139 f.)

Fonvizin gehört nicht zu den zahnlosen Satirikern, im Gegenteil: In der makaber-aggressiven Komik der angeführten Stelle spürt man den Haß des petrinischen Kulturkampfes. Auch in dieser Hinsicht hält Fonvizin es mit Novikov, er stellt sich gegen Katharinas menschenfreundliche Satire und macht ausgiebig vom „Recht" des Satirikers Gebrauch, das „Laster in seiner ganzen Widerwärtigkeit darzustellen, damit jedermann sich davon abgestoßen fühle" (dagegen zeigt er mit seinen positiven Gestalten „die Tugend in all ihrer Schönheit", „um mit ihr den Leser zu bezaubern"[22]). Fonvizins negative Figuren, allen voran die „bitterböse Furie" Prostakova (II.1, S. 117), sind in ihrer Dummheit und Gemeinheit unverbesserlich; damit unterscheiden sie sich von Lukins „Verschwender", der ja „durch Liebe gebessert" wird und damit in der erbaulichen Tradition der comédie moralisante steht (das Stück geht auf die Komödie *Le Dissipateur* von Ph. N. Destouches zurück, einem Hauptvertreter dieses Komödientyps).

Bei Fonvizin stellt der sprechende Name Priplodin Mensch und Tier auf eine Stufe; dasselbe gilt für den Namen Skotinin. Derlei gehört zum traditionsgeheiligten Inventar der Satire (und des alltäglichen Schimpfens). Im „Landjunker" ist dieses Verfahren ein Leitmotiv – auf die eine oder andere Weise kommt die Wesensverwandtschaft von Schurken und Tieren immer wieder zur Sprache. Besonders kraß zeigt sie sich an Skotinin. Er hat nur ein Lebensinteresse – seine Schweine, die ihm viel mehr am Herzen liegen, als jeder Mensch; das verbindet ihn mit Mitrofanuška. Seine leibeigenen Bauern beutet er bis zum Letzten aus; die Prostakova bewundert ihn wegen der Meisterschaft, zu der er es in dieser Kunst gebracht hat (I.5, S. 111). Sie selber steht ihrem Bruder jedoch kaum nach: Die Bösartigkeit, mit der sie das leibeigene Gesinde behandelt, bildet ein zweites

---

21 EKATERINA II, Sočinenija, S. 267 (III.4).
22 Vgl. die Einleitung zur satirischen Zeitschrift *Zritel'*, 1792, S. 3–4, hier S. 3.

Hauptthema des Stücks und zeigt sich schon in der Eingangsszene, dort allerdings noch auf erheiternde Weise. Mit Empörung stellt die Prostakova im Gespräch mit Starodum später die berühmte Frage, ob man denn als Adliger noch nicht einmal mehr das Recht habe, seine Leibeigenen „ein bißchen zu prügeln" (V.4, S. 172). Besonders schwer hat es die alte Eremeevna, Mitrofanuškas Amme. Mit dieser Gestalt weckt Fonvizin in seiner Komödie das Mitleid der Zuschauer und macht damit ein Zugeständnis an den Sentimentalismus. Die Eremeevna liebt ihren Schützling nicht weniger als dessen Mutter und ist bereit, mit Zähnen und Klauen für ihn einzustehen. Diese Hingabe bringt ihr jedoch nur Undank ein, und die Prostakova läßt sich auch durch ihre Tränen nicht erweichen (II.6, S. 127 f.). Etwas später beklagt sich die Eremevna wiederum unter Tränen: Für ihre treuen Dienste von vierzig Jahren erhalte sie von der Prostakova „fünf Rubel im Jahr und fünf Ohrfeigen am Tag" (S. 128).

Das Bündnis von Macht und Geist

Mit der schlechten Behandlung der Leibeigenen hat Fonvizin ein Thema aufgegriffen, das sich wiederum auch in Katharinas Komödie „Oh, welche Zeiten!" findet, und zwar im 2. Auftritt des I. Akts, wo die adlige Hausherrin einen Diener prügeln läßt, der sie beim Beten gestört hat[23]. Zwar hielt die Zarin die Befreiung der Leibeigenen angesichts des adligen Widerstands für ein aussichtsloses und sogar staatsgefährdendes Unternehmen. Aber man konnte wenigstens einen humanen Umgang mit den Leibeigenen verlangen und Exempel statuieren. Besonderes Aufsehen erregte 1762 der Fall der Moskauer Gutsbesitzerin Saltykova, abfällig auch Saltyčicha genannt, die für die unmenschliche Behandlung ihrer Leibeigenen mit lebenslanger Kerkerhaft bestraft wurde. Mit seiner Darstellung des Themas 'Leibeigenschaft' folgt Fonvizin also der Regierungspolitik – als Besitzer von über Tausend Leibeigenen ist er nicht für die Befreiung der Leibeigenen, wohl aber für deren anständige Behandlung.

Daß Fonvizin in seinem Stück mit der Regierungspolitik weithin übereinstimmt, ist kein Zufall. Die russische Aufklärung hat dem französischen Vorbild viel zu verdanken. Dennoch gibt es große Unterschiede. In Frankreich befanden sich Voltaire, Diderot, d'Alembert und die anderen Aufklärer in Opposition zur Regierung; Voltaire selber hatte die Bastille kennengelernt und mußte einige Jahre in englischer Verbannung verbringen. Wie wir dagegen schon am Beispiel Sumarokovs gesehen haben, fühlten sich die russischen Schriftsteller nicht als Gegner, sondern als Verbündete der Obrigkeit: Was sie mit dieser Obrigkeit und mit der Zarin Katharina verband, war die petrinische Tradition und die europäische Aufklärung.

Besonders eindrucksvoll zeigt sich dieser Einklang von Staat und Literatur am Ende des „Landjunkers", denn Pravdin fungiert hier als Vollstrecker einer menschenfreundlichen Obrigkeit: Als sich die Prostakova in einem Anfall blinder

---

[23] EKATERINA II, Sočinenija, S. 244 f.

Wut anschickt, das Gesinde zu mißhandeln, entzieht ihr Pravdin im Namen der Provinzregierung das Verfügungsrecht über das Landgut und die dazugehörenden Leibeigenen. Gleichzeitig muß die Prostakova die Folgen ihrer närrischen Mutterliebe tragen: Als sie ihre Strafe erhält und ins Unglück gerät, will Mitrofanuška nichts mehr von ihr wissen – abermals erweist sich, daß Unbildung und Gemeinheit Hand in Hand gehen.

Starodum

Die politische Bedeutung von Fonvizins Komödie steht in engem Zusammenhang mit der Gestalt des Starodum. Er ist nicht nur ein deus ex machina, sondern auch ein raisonneur, der die Lebensauffassungen des Autors verkündet. Im Zeichen von Vernunft und Tugend zielen seine umfangreichen Ausführungen auf die Verbesserung der schlechten Wirklichkeit. Mit diesen Tiraden konnte sich Fonvizin auf das Vorbild der französischen Komödie und des Diderot'schen 'drame' berufen. Gleichwohl bleibt Starodum eine auffallende Erscheinung: Seine lehrhaften Reden sind viel länger als die der französischen raisonneurs, und er läuft daher in noch höherem Maße Gefahr, die Geschlossenheit des literarischen Kunstwerks im Namen seiner didaktischen Ziele zu sprengen.

In aller Ausführlichkeit richtet Starodum das Wort zunächst an Pravdin, dann auch an Sof'ja, die ihm ihrerseits zustimmen und Stichwörter für weitere Ausführungen geben. Eigentlich könnte Starodum seine Ansichten auch als Monolog und frontal zum Publikum vortragen. Die dialogische Einbettung, so notdürftig sie auch anmutet, ist jedoch nicht überflüssig: Auf nachdrücklichere Weise, als das in der unmittelbaren Gegenüberstellung mit den Zuschauern möglich wäre, wird so die Vorstellung nahegelegt, daß Starodum mit seinen Auffassungen nicht allein steht: Starodum ist Mitglied einer aufgeklärten Gemeinschaft; vgl. dagegen später die ideologische Einsamkeit des aufgeklärten Helden Čackij in Griboedovs Komödie *Gore ot uma* („Verstand schafft Leiden"). Im Gegensatz zu Čackij ist Starodum kein romantischer Held, kein einsamer Rufer in der Wüste – er fühlt sich als Träger einer Vernunft, die sich im Konsens bewährt.

Diese aufgeklärte sociabilité zeigt sich besonders deutlich bei Starodums Begegnung mit Milon im 6. Auftritt des IV. Akts. Starodum erkennt sogleich die weltanschauliche Verwandtschaft, die ihn mit dem Jüngeren verbindet: Gegenüber dem rückständigen Landadel fühlen sich beide als Mitglieder einer fortgeschrittenen Gesinnungspartei, die außer ihnen auch Sof'ja und Pravdin umfaßt. Und diese Partei ist umso geschlossener, als ihre Grundsätze in einer Weise verkündet und aufgenommen werden, die jeden Zweifel ausschließt: Im Rußland des 18. Jahrhunderts vollzieht sich Aufklärung nicht als dialogisch geprägter und prinzipiell unabschließbarer Prozeß der Wahrheitssuche, sondern als Vermittlung von Lehrsätzen, die eine selbstverständliche Geltung beanspruchen und keiner Diskussion bedürfen.

Starodums gute Lehren betreffen ganz unterschiedliche Gegenstände und lösen sich nicht selten vom Inhalt des Stücks. Oft sind sie rein moralischer Natur, in anderen Fällen spielen sie hinüber ins Politische. Das gilt vor allem für die Kritik am Zarenhof. Starodums Urteil ist schonungslos: Unter den Höflingen herrscht nur Habsucht, Karrierismus und Intrige; eine Aussicht auf Besserung gibt es nicht – als Mann von Ehre kehrt man dieser Welt am besten den Rücken zu. Eben das hat Starodum als junger Mann getan – er hat den Militärdienst quittiert, ist nach Sibirien gegangen und hat dort als Privatperson, unabhängig von der offiziellen Hierarchie, ein Vermögen erworben. Man wüßte gerne, wie er dies angestellt hat, aber für Fonvizin ist das nicht der springende Punkt: Ihm geht es um den 'Nachweis', daß ein erfolgreiches Leben auch ohne Dienst und Rangtabelle möglich sei.

Mit seinem Urteil über das Hofleben spricht Starodum Fonvizin aus dem Herzen, der während seiner Dienstzeit im Kollegium für Auswärtige Angelegenheiten mehr als genug Gelegenheit hatte, den Hof mit allen seinen Schattenseiten kennenzulernen – für ihn war das eine „Hölle"[24]. Was Starodum besonders erbittert und ihn seinerzeit veranlaßt hatte, sich ins Privatleben zurückzuziehen, ist die Günstlingswirtschaft. Dieser Mißstand herrscht nicht nur bei Hofe, sondern auch in der Armee; als junger Offizier wurde er zugunsten eines unfähigen Konkurrenten bei der Beförderung übergangen.

Auf den weiteren Inhalt von Starodums Reden brauchen wir nicht weiter einzugehen. Wesentlich ist die Tatsache, daß sich mit diesen Digressionen die politische Perspektive des gesamten Stücks verschiebt. Wie schon hervorgehoben, stellt sich Fonvizin mit seiner Satire auf die Rückständigkeit des russischen Landadels in eine Tradition, die auf den petrinischen Kulturkampf mit der altmoskowitischen Vergangenheit zurückgeht. Wie wir ebenfalls schon wissen, zeigt sich dieselbe Perspektive in der I. Satire Kantemirs und den Moralischen Wochenschriften. Besonders auffällig ist wiederum Fonvizins Nähe zu Katharina II. und ihrer Komödie „Oh, welche Zeiten!", in der es ja nicht nur um adlige Bildungsfeindlichkeit und 'viehische Fruchtbarkeit' geht, sondern auch um die schlechte Behandlung der leibeigenen Dienerschaft.

Bei Katharina fügt sich die Satire ohne Schwierigkeiten dem überkommenen Gegensatz von altem und neuem Rußland. Wie am sprechenden Namen des Starodum deutlich wird, liegen die Dinge bei Fonvizin jedoch nicht mehr so einfach. Starodum beharrt auf den Werten einer guten alten Zeit. Für ihn ist diese Vergangenheit jedoch nicht die des alten Rußland – das wäre die Auffassung der Prostakovs und Skotinins –, sondern der Zeit Peters I. Sein Vater hatte dem Zaren als Offizier gedient, und er selber, Starodum, wurde im petrinischen Geist erzogen. Die Konventionen einer glatten Höflichkeit sind ihm zuwider – er strebt nach Aufrichtigkeit und spricht ohne Umschweife, in knappen Sätzen; seine Re-

---

[24] Vgl. den Brief von 1773 an seine Schwester – FONVIZIN, Sobranie sočinenij v dvuch tomach, Bd. II, S. 353–356, hier S. 356.

deweise ist die eines Soldaten, nicht eines Höflings. Auch zählt für Starodum nicht der formelle Rang eines Menschen, sondern nur dessen innerer Wert; er spricht von einer staatlichen Ordnung, in der man nicht durch Liebedienerei oder Geld zum Erfolg käme, sondern durch Verdienst. Was ihm vorschwebt, ist eine petrinische Utopie – die Alleinherrschaft des Leistungsprinzips.

In der Epoche Peters I. verkörpert sich für Starodum ein Ideal, das er der schlechten Gegenwart vorhält. Auf seine Weise reproduziert er damit den Mythos des Großen Zaren, so wie dieser von diesem selber geschaffen, von den nachfolgenden Regierungen in wiederum propagandistischer Absicht aufgegriffen und je nach eigenen Bedürfnissen verändert wurde; für die Zarin Elisabeth gilt das ebenso wie für Katharina II. Zu der Zeit, als Fonvizin seine Komödie schrieb, strebte dieser offizielle Kult einem Höhepunkt zu: der feierlichen Enthüllung von Falconets Reiterstandbild Peters I., die am 6. August 1782 auf dem Petersburger Senatsplatz mit großem Aufwand inszeniert wurde. Die Statue trägt bekanntlich die lateinische und russische Inschrift „Petro Primo Catarina Secunda – Petru Pervomu Ekaterina Vtoraja". Mit dieser lapidaren Formel präsentierte sich die Zarin ihren Untertanen als ebenbürtige Nachfolgerin des großen Vorgängers. Das war kein geringer Anspruch. De facto war Katharina jedoch davon überzeugt, daß sie Peter in mancher Hinsicht nicht nur ebenbürtig, sondern auch überlegen sei. In dieser Auffassung wurde sie von ihren Anhängern bestärkt, nicht zuletzt von Voltaire, der in einem seiner Briefe an die Zarin dem „großen" Peter die „größere" Katharina gegenüberstellte[25].

Mit der Gestalt des Starodum läßt Fonvizin durchblicken, daß er anderer Meinung ist, er will das schöne Bild, das Katharina von ihrer Herrschaft entworfen hatte, Lügen strafen. Das lief auf einen Affront gegen die Zarin hinaus, die ja nach gut zwanzigjähriger Herrschaft für die von Starodum angeprangerten Zustände verantwortlich war. Unter den positiven Gestalten der Komödie findet man außer Starodum jedoch auch Pravdin, der am Ende des Stücks als Vertreter einer humanen Obrigkeit auftritt. Molières *Tartuffe* schließt auf ähnliche Weise; dasselbe gilt für die satirische Komödie *Jabeda* („Prozeßintrige", Erstauff. 1798) von Fonvizins Nachfolger V. V. Kapnist (1758–1823). Hier wie dort ist das keine Verlegenheitslösung; im Auftreten des deus ex machina äußert sich bei allen drei Autoren vielmehr das Vertrauen in einen wohlwollenden und gerechten Staat, der wie eine Vorsehung über seine Schutzbefohlenen wacht – ein Vertrauen, das offenbar auch Fonvizin noch nicht verloren hatte. Insgesamt ergibt sich so ein zwiespältiges Bild: Das Bündnis von Geist und Macht wird bei Fonvizin nicht aufgekündigt, aber es zeigt die ersten Risse. In den letzten Jahren von Katharinas Regierung sollten sich diese Risse vertiefen: Man befand sich nun am Anfang jener Entwicklung, die im Dezember 1825 in der Revolte aufgeklärter Offiziere auf dem Senatsplatz in Petersburg gipfeln sollte.

---

25 Brief vom 16. Dezember 1774. In: *Voltaire's Correspondence*, Bd. 89, S. 168–169, hier S. 168.

Nur ein politischer Skandal?

Man kann vermuten, daß Fonvizins kritische Haltung an höchster Stelle nicht unbeachtet blieb. Von jener Begeisterung, mit der sein „Brigadier" bei Hofe aufgenommen worden war, konnte jedenfalls keine Rede mehr sein (das gilt trotz der apokryphen Anekdote von Potemkin, der nach der Aufführung des „Landjunkers" voller Bewunderung zu Fonvizin gesagt haben soll: „Stirb jetzt, Denis, oder schreib nichts mehr!"[26]). Ursprünglich war geplant, die Erstaufführung im Petersburger Hoftheater stattfinden zu lassen; aber das war vorerst nicht zu machen. Die Gründe sind unklar. Es scheint jedoch, als habe es Widerstände seitens der Hofgesellschaft gegeben, die sich durch Starodum angegriffen fühlte; ein Zeitgenosse spricht von „bösen Pfeilen", die von „allen Seiten" auf das Stück abgeschossen worden seien[27]. Mit einiger Verzögerung wurde es dann am 24. September 1782 zu Petersburg in Knippers Holztheater aufgeführt – mit dem schon bekannten Erfolg. Im Vorfeld der Moskauer Erstaufführung, die in Maddox' Petrovskij-Theater stattfinden sollte, gab es jedoch erneut Schwierigkeiten, die diesmal vom örtlichen Zensor ausgingen. Dagegen konnte Fonvizin geltend machen, daß die Petersburger Premiere mit „schriftlicher Erlaubnis der Regierung" stattgefunden hatte[28], sodaß die Moskauer Aufführung nach einigem Hin und Her am 14. Mai 1783 doch noch über die Bühne ging, wiederum mit großem Erfolg.

Jahre später, am 1. September 1787, wurde das Stück endlich auch bei Hofe gegeben, in Gegenwart der Zarin. Katharinas politische Langmut wurde jedoch in dieser Aufführung nicht allzusehr auf die Probe gestellt, denn offenbar hatte zu dieser Zeit schon jene „Tradition der Kürzungen"[29] eingesetzt, die für die Aufführungsgeschichte des „Landjunkers" kennzeichnend ist. Über diese Praxis hat Fonvizin bittere Klage geführt. Anhand eines erhaltenen Regieexemplars läßt sich feststellen, welche Teile seines Stücks betroffen waren[30]. Wie man sich denken kann, waren das vor allem die Auftritte des Starodum, wobei wir freilich nicht wissen, ob und in welchem Maße diese Kürzungen politisch oder vielleicht auch ästhetisch begründet waren. Im letzteren Fall hätte man die „didaktische Prosa" des Starodum schon im 18. Jahrhundert als „zum Weglaufen langweilig" empfunden[31].

Allerdings sollte man die historische Perspektive beachten. Es ist ja keineswegs ausgemacht, daß jener Verdruß, den man heute bei den Predigten des Starodum empfindet, vom russischen Publikum des 18. Jahrhunderts geteilt wurde. Aufschlußreich in diesem Sinne ist die Aussage Karamzins, der in seiner Jugend

---

26 VJAZEMSKIJ, Fon-Vizin, S. 219.
27 PIGAREV, Tvorčestvo Fonvizina, S. 209.
28 Vgl. seinen Brief vom September 1782 an Maddox – FONVIZIN, Sobranie sočinenij, Bd. II, S. 496.
29 PIGAREV, Tvorčestvo Fonvizina, S. 212.
30 TROJANSKIJ, K sceničeskoj istorii komedij D. I. Fonvizina.
31 VJAZEMSKIJ, Fon-Vizin, S. 215, 216.

der Erstaufführung des *Nedorosl'* beigewohnt hatte: „Die komischen Stellen reizten das Publikum nur zu flüchtigem Lachen; die Aufmerksamkeit galt vor allem den ernsten Szenen. Damals liebte man solche Expektorationen auf der Bühne, vor allem dann, wenn sie reichlich spitze Bemerkungen über die gesellschaftlichen Sitten und Gewohnheiten enthielten"[32]. Fonvizin selber war davon überzeugt, daß er den Erfolg seiner Komödie Starodum verdanke, dessen Reden das Publikum „auch heute noch mit Vergnügen lauscht"[33]. Auch hielt kein Geringerer als Dmitrevskij die Rolle des Starodum für dankbar genug, um sie in der Petersburger Erstaufführung des Stücks, einer Benefizveranstaltung zu seinen Gunsten, selber zu übernehmen – der Erfolg gab ihm recht. Auch wurde die Gestalt des Starodum in den folgenden Jahrzehnten vielfach nachgeahmt: „Von allen Figuren des «Landjunkers» hatte Starodum die zahlreichste literarische Nachkommenschaft"[34].

Dabei ist jedoch nur von Epigonen die Rede: Bei den bedeutenden Nachfolgern Fonvizins hat das Beispiel Starodums keine Schule gemacht hat, eher im Gegenteil. Das gilt nicht nur für Ja. B. Knjažnin (1740–1791), sondern auch für Kapnist und seine „Prozeßintrige". Bei Kapnist und Fonvizin gibt es eine Reihe von Berührungspunkten. Auch in der „Prozeßintrige" geht es um den rückständigen Provinzadel, denn aus der Sicht des neuen Rußland war Bestechlichkeit ein Überbleibsel der schlechten alten Zeit. Vom glücklichen Ende dieses Stücks war schon die Rede: Auch hier verdankt es sich dem Eingreifen der aufgeklärten Obrigkeit. Andere Gemeinsamkeiten betreffen einzelne Motive und Figuren; zum Beispiel ist die Ehefrau von Kapnists Richter eine nahe Verwandte der „bitterbösen Furie" Prostakova.

Umso auffälliger sind die Unterschiede der formalen Gestaltung. Aus dieser Sicht gewinnt die „Prozeßintrige" eine poetologische Bedeutung – sie erscheint als Versuch des Autors, einer gattungsgeschichtlichen Fehlentwicklung zu steuern. In deutlicher Abkehr von Fonvizin und ebenso wie vor ihm Knjažnin als Autor der Komödien *Chvastun* („Der Prahlhans", Erstauff. 1785 oder 1786) und *Čudaki* („Sonderlinge", Erstauff. ca. 1793) hält sich Kapnist an die geschlossene Form der grande comédie. Jene Tendenz zur literarischen Aufwertung der Komödie, die in Lukins „Verschwender" hervorgetreten war, setzt sich bei Kapnist (und Knjažnin) fort: Er schreibt nicht mehr in Prosa, sondern in Versen, und er verwendet große Sorgfalt auf die Handlung seines Stückes, die nicht mehr nur ein kompositorisches Vehikel ist, sondern unmittelbar zur Verwirklichung der satirischen Absicht beiträgt. Zwar hebt auch Kapnist gerne den Zeigefinger, aber er

---

[32] Diese Äußerung wurde durch den Publizisten und Literaturkritiker N. I. Greč (1787–1867) überliefert (N. GREČ, Čtenija o russkom jazyke. Čast' vtoraja. SPb. 1840, S. 121). Den Hinweis auf diese Quelle verdanke ich N. D. Kočetkova.

[33] So äußert sich Fonvizin als Herausgeber seiner Zeitschrift *Drug čestnych ljudej* – FONVIZIN, Sobranie sočinenij, Bd. II, S. 40.

[34] BARAG, Komedija Fonvizina *Nedorosl'*, S. 119.

vermeidet Abschweifungen, womit er die spätere Kritik an den Exzessen Fonvizins vorwegnimmt. Mit seiner Komödie hatte Fonvizin auf eklatante Weise gegen das klassizistische Formbewußtsein verstoßen. Bei Knjažnin und Kapnist bringt sich dieses Formbewußtsein erneut und mit Nachdruck zur Geltung. Aus dieser Sicht konnten die Tiraden des Starodum auch schon im 18. Jahrhundert nicht nur als politischer, sondern auch als ästhetischer Skandal empfunden werden.

Kapitel 16
Die Komische Oper

Eine neue Gattung

In dem Maße, wie die klassizistische Lehre im letzten Drittel des Jahrhunderts an Überzeugungskraft verlor, erweiterte sich der Spielraum der Autoren. Formen und Gattungen konnten nun erprobt werden, die im traditionellen Kanon der literarischen Möglichkeiten nicht vorgesehen waren. Das zeigte sich besonders an den dramatischen Gattungen. In Sumarokovs Epistel „Über die Verskunst" gab es nur zwei Formen des Dramas, die streng voneinander getrennt waren: Tragödie und Komödie. Beide Gattungen unterschieden sich durch ihr Personal – Monarchen und Heroen in der Tragödie, gewöhnliche Menschen in der Komödie (Ständeklausel). Ein weiterer Unterschied betraf den emotionalen Gehalt: Die Tragödie war ernst, die Komödie heiter. In seiner Epistel ermahnt Sumarokov die künftigen Dramatiker, Thalia, die Muse der Komödie, nicht mit Tränen und Melpomene, die Muse der Tragödie, nicht mit Gelächter zu „ärgern"[1]. Um die Mitte des 18. Jahrhunderts war Sumarokov mit dieser Forderung jedoch schon nicht mehr auf der Höhe seiner Zeit – in Westeuropa war die künstlerische Praxis der klassizistischen Theorie längst davongelaufen. Als Fonvizin die weinende Eremeevna in seinen „Landjunker" einfügte und damit Thalia „ärgerte", folgte er einer Praxis der Gattungsmischung, die sich längst eingebürgert hatte.

Durch das Aufkommen der ernsten und dann auch tränenseligen Komödie war in Frankreich spätestens seit den 1730er Jahren die Grenze zwischen den dramatischen Gattungen durchlässig geworden. Daß diese Auflösung der überkommenen Ordnung auch auf Rußland übergriff, war spätestens dann nicht mehr zu übersehen, als am 18. Mai 1770 die russische Übersetzung von Beaumarchais' 'drame' *Eugénie* mit großem Erfolg zu Moskau im Petrovskij-Theater aufgeführt wurde; dieses pathetisch-moralisierende Stück trug in der russischen Übersetzung den Gattungstitel „Komödie". Im Vorwort zu seinem *Dimitrij Samozvanec* reagierte Sumarokov auf dieses Bühnenereignis und schleuderte seinen Bannfluch gegen diese „neue und abscheuliche Gattung der Tränenkomödien", die sich in Rußland „eingeschlichen" habe[2].

Im Zuge dieser Entwicklung gelang es noch einer weiteren Gattung, sich zunächst auf der französischen, dann auch auf der europäischen Bühne durchzusetzen – der 'opéra comique', auch 'comédie mêlée d'ariettes' genannt. Seit 1764

---

1 Sumarokov, Izbrannye proizvedenija, S. 117.
2 Ders., PSS, Bd. IV (1781), S. 61–68, hier S. 62.

konnten die Petersburger diese Gattung in den Aufführungen einer Truppe kennenlernen, die frisch aus Frankreich eingetroffen war[3]. Ihre ersten Anhänger, darunter den Thronfolger und späteren Zaren Paul I., gewann die Komische Oper bei Hofe. Durch Übersetzungen wurde sie auch einem breiteren Publikum zugänglich; in den öffentlichen Theatern der beiden Hauptstädte brachten es die russischen Versionen der französischen Opern manchmal bis auf fünfzig Aufführungen.

Auch die Privattheater bemächtigten sich der Komischen Oper. Dem Grafen Šeremetev pflegte ein Pariser Korrespondent die neuesten Exemplare der Gattung zu schicken und zu berichten, welche Bühnenbilder und Kostüme gerade im Schwange waren. Šeremetev ließ diese Stücke sofort übersetzen und von seinen leibeigenen Ensembles nach dem letzten Stand französischer Inszenierungskunst einstudieren. Die neue Theatermode erfaßte auch das Petersburger Smol'nyj-Institut für Mädchen – in Gegenwart der Zarin und der höfischen Gesellschaft wurden hier die neuesten Komischen Opern in französischer Sprache aufgeführt.

Die allgemeine Begeisterung mußte die russischen Autoren zur Nachahmung reizen; trotz aller Bedenken, die sich aus der Sicht der klassizistischen Orthodoxie aufdrängten, gelang es ihnen im Lauf der 1770er Jahre, eine russische Spielart der Komischen Oper zu schaffen. Anfangs bestand noch Unsicherheit bei der Verwendung des Gattungsnamens – ein Autor fragt sich, ob er von einem „Drama mit Melodien", von einer „Komödie mit Liedern" oder von einer „opéra comique" sprechen solle; im Untertitel seines Stücks entschied er sich dann für die erste Variante[4]. Mit der Zeit gewöhnte man sich jedoch an die Bezeichnung 'komičeskaja opera'.

Im 18. Jahrhundert haben die russischen Autoren etwa achtzig Komische Opern geschrieben[5]. Den Anfang machten zwei Werke – *Ljubovnik-koldun* („Der Liebhaber als Zauberer") und *Anjuta*. Das erste Stück wird Majkov zugeschrieben, dem Autor des *Elisej*; der Titel verweist auf *Le Devin du village* („Der Dorfzauberer", Erstauff. 1752), die vielfach nachgeahmte Komische Oper von J.-J. Rousseau. 1772 wurde *Ljubovnik-koldun* „für eine wohlgeborene Gesell-

---

[3] Die Geschichte der Komischen Oper in Rußland ist gut erforscht, was zum großen Teil der Musikwissenschaft zu verdanken ist: A. S. RABINOVIČ, Russkaja opera do Glinki. M. 1948; LIVANOVA, Russkaja muzykal'naja kul'tura XVIII veka, Bd. II, S. 105–207; R.-A. MOOSER, L'Opéra-comique française en Russie au XVIIIe siècle. Genève–Monaco 1954; D. LEHMANN, Rußlands Oper und Singspiel in der zweiten Hälfte des 18. Jahrhunderts (mit dreiundzwanzig Notenbeispielen). Leipzig 1958; A. GOZENPUD, Muzykal'nyj teatr v Rossii. Ot istokov do Glinki. Očerk. L. 1959. Ferner: BERKOV, Istorija russkoj komedii XVIII v., S. 180–211, 252–276; KARLINSKY, Russian Drama from its Beginnings to the Age of Pushkin, S. 116–149; E. D. KUKUŠKINA, Komičeskaja opera XVIII v. In: *Istorija russkoj dramaturgii*, S. 163–180. – Eine Reihe von Texten findet man in den Anthologien *Russkaja komedija i komičeskaja opera XVIII veka* und *Stichotvornaja komedija*.

[4] Vgl. das Vorwort von N. P. Nikolev zu seiner Komischen Oper *Rozana i Ljubim* (Erstauff. 1778). In: *Russkaja komedija i komičeskaja opera XVIII veka*, S. 171–173, hier S. 171.

[5] MOOSER, L'opéra-comique, S. 171. Es wird auch die Zahl neunzig genannt.

schaft"[6] aufgeführt. Der Autor des zweiten Stücks ist M. I. Popov, den man schon als Autor eines Buchs über die slavische Mythologie kennt. Seine *Anjuta* hatte im selben Jahr am Hoftheater von Carskoe Selo in Gegenwart Katharinas II. ihre Premiere. Durch den Pugačev-Aufstand von 1773–1775, einer Staatskrise ersten Ranges, kam das russische Theaterleben für einige Zeit zum Erliegen. Seit Ende der 1770er Jahre eroberten sich die Komischen Opern der russischen Autoren jedoch einen festen Platz auf der Bühne, und es waren keineswegs nur Unbekannte, die sich auf diese Modegattung einließen. Unter ihnen findet man außer Majkov auch Cheraskov, Knjažnin, L'vov, Deržavin und – nicht zuletzt – Katharina II.

Die Komische Oper ist eine kleine Komödie in zwei oder drei Akten, die mit Gesangseinlagen angereichert ist. Wie die französische Bezeichnung 'comédie mêlée d'ariettes' nahelegt, handelt es sich in erster Linie nicht um eine musikalische, sondern um eine literarische Gattung. Die gedruckten Texte erschienen nicht unter dem Namen des Komponisten, der oft unbekannt blieb, sondern des Autors; für die Gesangspartien wurden oft schon vorhandene Melodien übernommen, sodaß man sich auch ohne Komponisten behelfen konnte. Auf der Bühne wurden die musikalischen Partien in der Regel nicht von geschulten Sängern vorgetragen, wie in der großen Oper, sondern von Schauspielern, die ein wenig singen konnten.

Ebenso wie die französischen Vorbilder haben die Komischen Opern der russischen Autoren eine thematische Vorliebe für das Leben der unteren Volksschichten; dies im Gegensatz zur russischen Komödie, in deren Mittelpunkt der Adel steht. Die Komische Oper handelt von Bauern, Kaufleuten, Gewerbetreibenden, Beamten, Soldaten und sogar von Geistlichen. Ferner wurden Märchen- und Sagenstoffe verwendet, wie etwa in Katharinas *Novgorodskij bogatyr' Boeslavič* („Der Novgoroder Recke Boeslavič", 1786); die Themen aus dem Volksleben blieben jedoch vorherrschend.

Manche Autoren zeigten die volkstümlichen Figuren nach der gewohnten Art des Klassizismus in satirischer oder komischer Beleuchtung. Andere Autoren lösten sich jedoch von diesem Schema und boten ihren Zuschauern Genrebilder, die von sympathischen 'Landleuten' (poseljane) bevölkert waren; solche Gestalten findet man später auch in den Prosawerken des Sentimentalismus. Die literaturgeschichtliche Bedeutung der Komischen Oper besteht nicht zuletzt darin, daß sie den Weg für eine freundliche Darstellung des einfachen Volkes gebahnt hat.

Wie in den Regieanweisungen zu lesen ist, wird die Welt der Komischen Oper nicht nur sprachlich und musikalisch vergegenwärtigt, sondern auch durch das Bühnenbild, das oft von Akt zu Akt wechselt. In dieser neuen Gattung konnte man also die klassizistische Regel von der Einheit des Ortes vernachlässigen. Das hatte Folgen für die Inszenierung der Stücke, denn die wechselnden Bühnendeko-

---

[6] *Drammatičeskoj slovar'*, S. 75.

rationen erforderten einen viel größeren Aufwand, als in der Komödie oder der Tragödie; im Extremfall wetteiferte man in dieser Hinsicht mit der großen Oper – die Aufführungen von Katharinas Komischer Oper *Fevej*, die im Herbst 1791 im Ermitage-Theater stattfanden, sollen von märchenhafter Pracht gewesen sein. Dieser Inszenierungsaufwand erklärt die Tatsache, daß viele Komische Opern nicht zur Aufführung kamen – von den Komischen Opern der russischen Autoren wurden bis 1785 in Petersburg und Moskau nur 24 aufgeführt, dies gegenüber 47 (Original-)Komödien[7]. Dafür hatten manche Inszenierungen der Komischen Oper jedoch gewaltigen Zulauf, wie wir noch sehen werden.

Ablesimovs „Müller"

Ein Sensationserfolg

Der erfolgreichste unter den russischen Autoren der Komischen Oper war Aleksándr Onísimovič Ablésimov (1742–1783) mit seinem *Mel'nik – koldun, obmanščik i svat* („Der Müller als Zauberer, Schwindler und Brautwerber")[8] – auch hier fühlt man sich an Rousseau und seine Komische Oper *Le Devin du Village* erinnert. Ablesimov, der außer seinem „Müller" kaum etwas Erwähnenswertes in der Literatur zustande gebracht hat, schrieb das Stück schon 1772; offenbar wegen des Pugačev-Aufstandes kam es jedoch erst 1779 (in Moskau) auf die Bühne, wurde dafür aber gleich 22 mal hintereinander gespielt[9]. Man erinnert sich an Fonvizin, der mit den acht Aufführungen seines „Landjunkers", die in einem Jahr stattfanden, schon sehr zufrieden sein konnte: Im Wettstreit um die Gunst der Zuschauer war die Komödie als moralisch und ästhetisch viel anspruchsvollere Gattung der Komischen Oper nicht gewachsen.

In Knippers Holztheater zu Petersburg erlebte der „Müller" sogar 27 sukzessive Aufführungen[10]. Unter den Zuschauern befand sich ein „Würdenträger L. A. N.", der von der Kunst des Hauptdarstellers A. M. Krutickij so begeistert war, daß er eine „mit Gold und Silber gefüllte Geldbörse" auf die Bühne warf[11] (diese Art von Beifallsbekundung kennen wir schon von der Erstaufführung des „Landjunkers" im selben Theater). Das Stück fand auch bei Hofe Anklang, denn mit ihm wurde am 22. November 1785 das Ermitage-Theater eröffnet (eine Probeaufführung hatte schon am 16. November stattgefunden). Nach der Vorstel-

---

[7] Vgl.: LEVIN, Kap. 3, in: *Istorija russkoj perevodnoj chudožestvennoj literatury*, Bd. II, S. 28. In derselben Zeit wurden in den beiden Hauptstädten 16 übersetzte Komische Opern gegenüber 73 übersetzten Komödien aufgeführt.
[8] In: *Russkaja komedija i komičeskaja opera XVIII veka*, S. 217–246. Im weiteren beziehen sich die eingeklammerten Seitenangaben des Haupttextes auf diese Ausgabe.
[9] E. D. KUKUŠKINA, Ablesimov Aleksandr Onisimovič. In: *Slovar' russkich pisatelej XVIII veka*, Bd. I, S. 18–19, hier S. 18.
[10] *Drammatičeskoj slovar'*, S. 77–78, hier S. 78.
[11] [N. M. KARAMZIN], Nečto o Krutickom. In: *Severnyj vestnik* 1804, Nr. 2, S. 216–223, hier S. 218.

lung ließ Katharina den Hauptdarsteller – es war wiederum Krutickij – im Kostüm zu sich kommen, reichte ihm die Hand zum Kuß und beschenkte ihn mit einer Uhr[12].

Nach einer Äußerung von Plavil'ščikov aus dem Jahre 1808 gab es von Ablesimovs Komischer Oper „über 200" Aufführungen; der Grund für diesen außerordentlichen Erfolg liege darin, daß es sich bei allen Schwächen nicht um ein ausländisches Stück handele, sondern um ein russisches[13]. Desto bemerkenswerter ist andererseits die Tatsache, daß Ablesimov von seinem Werk offenbar keinen finanziellen Vorteil hatte. Damit fällt ein Licht auf die materielle Seite der russischen Literaturverhältnisse im 18. Jahrhundert, besonders auf das Fehlen von Autorenrechten. Dieses Manko hätte durch die Gunst der theaterliebenden Zarin wettgemacht werden können, aber zu seinem Unglück konnte Ablesimov die Aufführung seines Stücks im Ermitage-Theater nicht mehr erleben – zwei Jahre zuvor war er in Armut gestorben.

Ein verklärtes Bild des russischen Landlebens

Der „Müller" besteht aus drei kurzen Akten. Die Regieanweisung zu Beginn des I. Aktes beschreibt eine freundliche Landschaft mit Hügeln, Wald und Dörfern. Im Vordergrund befindet sich ein Baum und eine Mühle mit Karren und Säcken; im II. und III. Akt wechselt das ländliche Dekor. Der Titelheld des Stücks ist der Müller Faddej, eine liebenswerte Schelmengestalt. Als Wahrsager versteht er sich darauf, den leichtgläubigen Bauern das Geld aus der Tasche zu ziehen. Außerdem ist er Brautwerber – darin besteht seine Bedeutung für die Handlung des Stücks. Die beiden jungen Bauersleute Anjuta und Filimon wollen heiraten (Anjuta ist ein beliebter Name der Komischen Oper, vgl. schon die Titelheldin von Popovs *Anjuta*). Gegen diese Verbindung hat ihr Vater nichts einzuwenden, wohl aber ihre Mutter. Sie ist von adliger Herkunft, wurde aber mit einem Bauern verheiratet; sie wünscht sich einen Adligen zum Schwiegersohn. Der Konflikt löst sich mit Hilfe des Müllers, der Anjutas Eltern davon überzeugt, daß Filimon als Einhöfer jedem Wunsch gerecht wird: ein Adliger, der aber wie ein Bauer lebt und selber seinen Acker pflügt.

Durch Vermittlung des Müllers wird jener ländliche Einklang wiederhergestellt, der durch das Bühnenbild des I. Aktes angekündigt wurde. Die Landleute, die bei Ablesimov auftreten, sind keine Leibeigenen, sondern Freie; Anjutas Bräutigam ist wohlhabend. Sorgfältig vermeidet es der Autor, die Schattenseiten des russischen Landlebens zur Sprache zu bringen – die Nähe zur Idyllendichtung ist nicht zu übersehen. Allerdings wird die bäuerliche Idealwelt hier nicht in ein fernes Arkadien entrückt, sondern liegt mitten in Rußland: Es ist die Absicht des Autors, seine Zuschauer mit einem poetisch verklärten Bild des russischen Landlebens zu bezaubern.

---

[12] Ebd., S. 218.
[13] PLAVIL'ŠČIKOV, Teatr, S. 536.

Ein großer Teil der Gesangspartien ist mit den Melodien russischer Volkslieder unterlegt; die Texte stammen ebenfalls aus dem Volkslied oder sind entsprechend stilisiert. Zu Beginn des III. Aktes haben sich die Mädchen des Dorfes nach ländlichem Brauch zu einer posidelki-Gruppe zusammengesetzt und singen Hochzeitslieder. In ihrem rhythmischen Gepräge nähern sich auch manche Dialoge der Volksdichtung. Die Sprache folgt dem Gebrauch des ländlichen Alltags. Einige Wörter werden in phonetischer Schreibweise wiedergegeben; gelegentlich findet man Vulgarismen.

Zur Darstellung des Landlebens verwendet der Autor zahlreiche Einzelheiten – der episch-beschreibende Impuls, der in diesem Bühnenstück wirkt, ist offenkundig. Von dem Karren und den Mehlsäcken der ersten Regieanweisung war schon die Rede. Zu Beginn des Stücks hobelt der Müller ein Brett; im 2. Auftritt des II. Aktes erscheint ein Pferd auf der Bühne. Wie reagierte wohl das Publikum auf solche Bühneneffekte? Ein Zeitgenosse erinnert sich an eine Aufführung des Stücks im 1789 gegründeten Theater von Char'kov:

> Ein Mechaniker hatte eine Mühle mit drehbarem Rad und ein Pferd mit beweglichen Beinen gebaut; da gab es etwas zu sehen! Aber als im Lauf der Vorstellung erst eine große rote Kugel hinter einem grünen Berg aufstieg und die Schauspieler sagten: Der Mond ist aufgegangen, da wurde die Luft von Beifall erschüttert!..[14]

Als der Held für seine Zauberkünste belohnt werden soll, feilscht er um einen halben Rubel und ein Viertelmaß Roggen. Immer wieder besteht er darauf, mit starken Getränken bewirtet zu werden (es ist die Rede von „sivucha", „vinco" und „bražka"). Seinen eigenen Schnaps trinkt er aus einer ledernen und mit einem Riemen versehenen Reiseflasche, die er auf einer Schulter hält (S. 233). Nicht minder detailliert ist die Darstellung seiner Zauberkunst, bei der ein Mühlstein, eine Augenbinde und ein Stück Kreide ins Spiel kommen. Anjuta, die sich am Abend eine Weissagung über ihren Bräutigam bestellt hat, muß sich mit dem Rücken zum Mond stellen und in einem Spiegel das Bild ihres Künftigen mit rhythmischem Zauberspruch beschwören (S. 233).

Der Appell an das Nationalgefühl

Ablesimov schenkt seinem Publikum eine schöne Illusion, und er schmeichelt auch seinem Nationalgefühl. Der Vorzug der Komischen Oper gegenüber den übrigen Gattungen bestand nicht zuletzt darin, daß sie den Autoren die Möglichkeit bot, ihren patriotischen Zuschauern die russische Volksart vor Augen zu führen. Das lag auf der Linie von Lukins „Anpassung an unsere Sitten" und enthielt gleichzeitig eine Spitze gegen die Gallomanie. In Ablesimovs „Müller" wird die Heimatliebe der Zuschauer durch das 'typisch russische' Gepräge der Darstellung befriedigt. Man versteht nun, warum sich das Stück nicht nur im 19., sondern

---

[14] G. F. KVITKA, Istorija teatra v Char'kove. In: DERS., Sočinenija. Bd. IV. Char'kov 1890, S. 499–515, hier S. 503.

auch im 20. Jahrhundert noch auf der Bühne hielt. Eine dieser Inszenierungen wurde 1951 vom „Musikalischen Kollektiv" der Moskauer Gummifabrik „Kaučuk" aufgeführt[15], im Einklang mit der Literaturdoktrin des Sozialistischen Realismus und dessen Forderung nach „Volkstümlichkeit"; offenbar gab es auch eine Radioversion des Stücks[16].

Das russische Kolorit des „Müllers" wird durch die Sprache ebenso verbürgt, wie durch das ländliche Brauchtum und die Einzelheiten des dörflichen Alltags. Der halb adlige, halb bäuerliche Typus des Einhöfers war eine charakteristische Erscheinung des russischen Landlebens. Dasselbe gilt für den listigen und trinkfreudigen Titelhelden: Sein Hang zum Alkohol, dem er so unbefangen nachgibt, erscheint als liebenswerter Zug des russischen Nationalcharakters. Zum glücklichen Ende des Stücks ist der Müller „betrunken" und schickt sich an, auf einer Balalajka zu spielen (S. 242). Zur humoristischen Darstellung des ländlichen Alltags gehört auch die Abreibung, die Anjutas Vater seiner streitsüchtigen Frau am Ende des zweiten Akts verpassen möchte:

> Мне на спорщицу-женищу
> Купить добрую плетищу.
> Настрехтать ее спинищу...
> Будем жить, как я хочу.

> Für meine zänkische Frau / Will ich mir eine gute Peitsche kaufen / Und ihr damit den Rücken versohlen... / Wir werden so leben, wie ich es will.

Sie ist jedoch nicht auf den Mund gefallen und singt ihrerseits:

> А я старому хрычу
> Сама втроя отплачу,
> [...] (S. 239)

> Und ich werde es dem alten Knacker / Dreifach heimzahlen, [...]

Proteste im Namen des 'guten Geschmacks'

Bei solchen Stellen konnte Ablesimov auf jene duldsame Haltung hoffen, die das russische Publikum gegenüber dem Vulgären einzunehmen pflegte; im Petersburger Hoftheater scheint sein „Müller" jedenfalls keinen Anstoß erregt zu haben. Inzwischen hatte sich in Frankreich jedoch schon längst ein Geschmackswandel angebahnt. In Fragen der Schicklichkeit wurde man hier immer anspruchsvoller und beugte sich den Forderungen eines Damengeschmacks, der im Theater auf die geringsten Verletzungen des Anstands reagierte. Molière galt nun als vulgär (man denke etwa an die Klistiere im „Eingebildeten Kranken"), und das Publikum bevorzugte solche zweitrangigen, aber manierlichen Autoren wie Des-

---

[15] Vgl.: *Ogonek*, 1951, Nr. 30, S. 27.
[16] Vgl.: F. PETIZON, De l'opéra-comique russe. Naissance et développement en Russie au cours du XVIIIe siècle. Bd. I. Unveröffentlichte Diss. phil. Paris 1999, S. 224.

touches oder Nivelle de la Chaussée. Ein weiteres Opfer dieser neuen Zimperlichkeit war Voltaire, der sich als Bühnenautor über die „misérables bienséances françaises" beklagte[17].

Im letzten Drittel des Jahrhunderts forderte dieser neue Geschmack auch in Rußland sein Recht. Dabei verband sich die Bereitschaft, dem französischen Vorbild zu folgen, mit den Bestrebungen, eine russische Adelskultur zu schaffen, eine Kultur mithin, der es um Distinktion zu tun war – um die Abgrenzung von den unteren Bevölkerungsschichten. Unter solchen Umständen schienen die Derbheiten Ablesimovs nicht mehr tragbar. Ein anonymer Kritiker aus Tula schrieb 1781 eine burleske Ode auf ihn und nahm dabei die Bühneneffekte (Mond und Pferd) und die gar zu ungezwungene Wortwahl aufs Korn[18]. Außerdem findet der Autor, die posidelki-Szene mit den volkstümlichen Hochzeitsliedern sei in einem Theaterstück fehl am Platze; derlei war ihm offenbar zu trivial. Insgesamt ist er der Ansicht, Ablesimov habe sich mit seinem Stück trotz aller Mühen keinen „Lorbeerkranz" verdient.

Ähnlich äußert sich N. P. Nikolev (ca. 1758–1815) im Vorwort zu seiner Komischen Oper *Rozana i Ljubim* (1776): „Als ich begann, das vorliegende Stück zu schreiben, hielt ich es für meine Pflicht, keine Figuren auf die Bühne zu stellen, die ich nach der niederen und vulgären Redeweise des russischen Pöbels sprechen lassen müßte [...]"[19]. Aus diesem Grunde habe er, Nikolev, den sozialen Stand seiner beiden Helden etwas angehoben – Rozana sei die Tochter eines Soldaten, Ljubim gehöre zum Hausgesinde. Im übrigen weiß der Autor, daß er in den Gesangspartien des Stücks nicht nur eine unangemessen feine Sprache verwendet, sondern auch Gefühle darstellt, „die für unseren Pöbel gar zu zart" seien[20]. In diesem Punkt nehme er für sich jedoch die Freiheit des Künstlers in Anspruch. Mit seiner sozial verengten Literaturauffassung fühlt sich Nikolev also berechtigt, das Stildekorum zu vernachlässigen.

All dies hindert ihn jedoch nicht daran, auch seinerseits einen groben Ton anzuschlagen: In einem satirischen Gedicht, das seinem Vorwort beigefügt ist, attackiert er die „Orang-Utangs" im russischen Publikum und deren schlechten Geschmack; zu den Werken, die solche Leser in ihre „Pfoten" nähmen, gehöre auch Majkovs *Elisej*. Wie man hinzufügen kann, fiel nach Ansicht mancher Leser auch Fonvizins „Landjunker" in diese Kategorie. In einem Epigramm protestiert I. Bogdanovič, der Autor des scherzhaft-eleganten Poems *Dušen'ka*, gegen den Anfang des 3. Auftritts im III. Akt, wo sich die Prostakova mit Skotinin in die Haare gerät:

---

[17] Brief vom 17. September 1755 an d'Argental. In: *Voltaire's Correspondence*, Bd. 28, S. 47–49, hier S. 48.
[18] *Oda pochval'naja avtoru „Mel'nika", soč[inennaja] v Tule 1781 goda*. In: *Russkaja stichotvornaja parodija (XVIII – načalo XX v.)*. Hrsg.: A. A. Morozov. L. 1960, S. 112–114.
[19] „Ob-jasnenie". In: *Russkaja komedija i komičeskaja opera XVIII veka*, S. 171–173, hier S. 172.
[20] Ebd.

От зрителя комедии „Недоросля"

Почтенный Стародум,
Услышав подлый шум,
Где баба непригоже
С ногтями лезет к роже,
Ушел скорей домой.
Писатель дорогой!
Прости, я сделал то же. (1782?)[21]

Von einem Zuschauer der Komödie „Landjunker" // Der ehrenwerte Starodum / Hörte einen ordinären Lärm: / Ein Weibstück / Fährt jemandem ungeniert / Mit den Nägeln in die Visage. / Da ging er schleunigst nach Hause. / Lieber Autor! / Verzeih' mir, ich habe dasselbe getan.

Knjažnins „Unglückskutsche"

Zu den Autoren, die den volkstümlichen Stil mieden, gehört auch Knjažnin mit seiner Komischen Oper *Nesčast'e ot karety* („Die Unglückskutsche", Erstauff. 1779)[22]. Er war der Ansicht, daß bei Ablesimov manches „gar zu sehr der einfachen und rohen Natur" nahekomme[23], wozu er offensichtlich auch die Volksdichtung rechnet. Diese Haltung prägt nicht nur den Stil seines Stücks, sondern auch dessen Musik, die von dem Petersburger Hofkapellmeister V. A. Paškevič (ca. 1742–1797) komponiert wurde. Wie man unterstellen kann, war die Folklore für Paškevič ebenso wie für Knjažin ein Ausdruck von Unbildung. Wie wir noch sehen werden, entspringt diese epochentypische Auffassung bei Knjažnin jedoch keinem sozialen Hochmut, wie das bei Nikolev der Fall ist.

„Die Unglückskutsche" wurde am 7. November 1779, über ein halbes Jahr nach der Moskauer Erstaufführung des „Müllers", im Petersburger Hoftheater aufgeführt, in Gegenwart Katharinas II. und des Thronfolgers. Wenn Knjažnin mit seinem Stück auch insgesamt weniger erfolgreich war als Ablesimov, so hatte er doch keinen Grund, mit dieser Premiere unzufrieden zu sein. Die Zarin schenkte ihm 400 Rubel; das Ensemble der Darsteller und Musiker wurde mit 2500 Rubeln bedacht[24]. Von diesem Erfolg beflügelt, schrieb Knjažnin in den folgenden Jahren noch weitere Komische Opern, die ebenfalls gerne aufgeführt wurden – darunter *Skupoj* („Der Geizige", Erstauff. um 1782) und vor allem *Sbitenščik* („Der Metverkäufer", Erstauff. 1784), der „Die Unglückskutsche" in der Gunst der Zuschauer noch übertraf.

---

[21] BOGDANOVIČ, Stichotvorenija i poėmy, S. 166.
[22] In: *Russkaja komedija i komičeskaja opera XVIII veka*, S. 247–262. Im folgenden beziehen sich die eingeklammerten Seitenangaben des Haupttextes wieder auf diese Ausgabe.
[23] *Repertuar russkogo teatra*, 1841, kn. 12, S. 22, zit. nach GOZENPUD, Muzykal'nyj teatr v Rossii, S. 144.
[24] V. A. ZAPADOV, Knjažnin Jakov Borisovič. In: *Slovar' russkich pisatelej XVIII veka*, Bd. II, S. 70–81, hier S. 76.

Sozialkritik: Gallomanie und Leibeigenschaft

„Die Unglückskutsche" besteht aus zwei Akten, der Schauplatz ist ein Landgut „nicht weit von Sankt Petersburg" (S. 248). Ebenso wie bei Ablesimov und anderen Autoren steht ein heiratslustiges Paar junger Bauern im Mittelpunkt – Luk'jan und seine Braut, die den gattungstypischen Namen Anjuta trägt. Die beiden sind jedoch keine freien, sondern leibeigene Bauern. Ihr Gutsherr heißt Firjulin. Das ist ein sprechender Name, der auf 'firjulja' für 'Dummkopf' zurückgeht und sich mit 'Herr Firlefanz' verdeutschen läßt. Seinerseits verweist dieser Name auf die ebenfalls lächerliche Gestalt des Firljufjuškov aus Katharinas Komödie *Imeniny gospoži Vorčalkinoj* („Der Namenstag der Frau Mäklerin", Erstauff. 1772) – die schriftstellernde Zarin sollte sich durch diese Anspielung geschmeichelt fühlen.

Ebenso wie Katharinas Firljufjuškov ist Knjažnins Firjulin ein gallomaner Modegeck. Zusammen mit seiner Gattin ist er kürzlich aus Frankreich zurückgekehrt; beide schwärmen für alles Französische und verachten alles Russische. Zu Anjutas und Luk'jans Unglück haben die Firjulins es sich in den Kopf gesetzt, zum bevorstehenden Feiertag eine französische Kutsche zu kaufen. Für Herrn Firjulin ist das eine Sache der „Ehre"; ein Leben ohne diese Kutsche kann er sich nicht vorstellen – lieber will er sich „aufhängen" (S. 253). Nach einer schlechten Ernte fehlt ihm aber das Geld. Seinem Dorfschulzen befiehlt er daher, einige Bauern als Rekruten an die Armee zu verkaufen, was einer üblen und weitverbreiteten Usance entsprach. Die Wahl des Dorfschulzen fällt auf Luk'jan: Er kann auf diese Weise seinen Nebenbuhler loswerden, denn er hat ein Auge auf die hübsche Anjuta geworfen. In Afanasij, der bei den Firjulins die Rolle des Hausnarren spielt, findet das junge Paar jedoch einen einfallsreichen Bundesgenossen. Bei seinen Bemühungen kann sich Afanasij einen besonderen Umstand zunutze machen: Firjulins verstorbener Vater war Anjuta und Luk'jan väterlich zugetan und hatte ihnen eine gute Erziehung angedeihen lassen; die beiden durften sogar ein bißchen Französisch lernen. Das erweist sich als entscheidend, denn für Madame und Monsieur Firjulin ist es sonnenklar, daß man einen jungen Mann, der Französisch spricht, unmöglich an die Armee verkaufen kann. Auf diese Weise entgeht Luk'jan seinem bösen Schicksal und kann mit Anjuta glücklich werden.

Im Gegensatz zu Ablesimov ist Knjažnin nicht bereit, die Mißstände des russischen Landlebens aus seiner Komischen Oper auszublenden; gegen Ende der 1770er Jahre konnte er damit noch auf die Zustimmung Katharinas hoffen. Zehn Jahre später, als sich das politische Klima im Umfeld der Französischen Revolution verschlechtert hatte, wurde die „Unglückskutsche" jedoch nicht mehr aufgeführt; erst zu Beginn des neuen Jahrhunderts, unter dem anfangs liberalen Regime Alexanders I., kam sie wieder auf die Bühne und hielt sich dort bis in die 1810er Jahre.

Knjažnin bringt die politische Tendenz seiner Komischen Oper mit unverblümtem Nachdruck zur Sprache. Im 3. Auftritt des I. Akts sagt Luk'jan:

> Mein Gott! Wie unglücklich sind wir doch! Wir müssen essen, trinken und heiraten nach der Willkür derer, die sich an unseren Qualen erheitern und die ohne uns vor Hunger sterben müßten. (S. 252)

In den Repliken des närrischen Afanasij äußern sich dieselben Vorstellungen auf satirisch-groteske Weise. Durch das glückliche Ende des Stücks werden solche Aussagen keineswegs entschärft, denn wenn die Firjulins Luk'jan auch verschonen, haben sie sich ihren Wunsch nach einer französischen Kutsche doch nicht aus dem Kopf geschlagen: Sie trösten sich mit dem Gedanken, daß sie außer Luk'jan „noch viele andere Leute haben", die sie ans Militär verkaufen können (S. 261).

Aufhebung der Ständeklausel

Knjažnins Kritik an der Gesellschaftsordnung vertieft sich durch die Charakteristik der Personen – der Zuschauer erkennt schon früh, daß Anjuta und Luk'jan moralisch weit über ihrer adligen Herrschaft stehen. Diese Überlegenheit gründet in der Reinheit und Tiefe ihres Gefühls. Als die beiden im 5. Auftritt des II. Aktes den Gutsherrn mit einem rührenden Duett um Gnade anflehen, ist dieser höchst erstaunt: „Parbleu! Ich hätte nie geglaubt, daß auch russische Menschen so zärtlich lieben könnten. Ich bin außer mir vor Verwunderung! Bin ich vielleicht nicht doch in Frankreich?" (S. 260).

Daß „auch russische Menschen so zärtlich lieben" können, mochte für Firjulin eine Überraschung sein, nicht jedoch für diejenigen Theatergänger, denen die Liebestragödien Sumarokovs bekannt waren – denn auch dort sind es ja „russische Menschen", die große Gefühle empfinden. Das eigentlich Bemerkenswerte an Luk'jans und Anjutas Liebe ist denn auch nicht die russische Nationalität der beiden, sondern vielmehr die Tatsache, daß sie nicht Helden einer Tragödie sind, sondern einer Komischen Oper – kein Monarch und keine Prinzessin, sondern leibeigene Bauern. Damit verliert die dramatische Ständeklausel ihre Gültigkeit. Anjutas und Luk'jans Liebe weist sogar heroische Züge auf. Als Anjuta erfährt, daß ihr Geliebter an die Armee verkauft werden soll, will sie ihm bis ans Ende der Welt folgen (S. 253). Ebenso wie die Heldin einer Tragödie ist sie in ihrer Gesangspartie am Ende des I. Aktes auch bereit, mit dem Geliebten zusammen Ketten zu tragen und für ihn zu sterben (S. 256); das Pathos dieser Szene wird durch die musikalische Untermalung noch gesteigert[25]. Mit seinen hochgespannten Gefühlen steht der in Ketten geschlagene Luk'jan Anjuta nicht nach: In seiner Arie zu Beginn des II. Aktes singt auch er vom Liebestod (S. 257).

---

25   Vgl. die musikwissenschaftliche Analyse dieser Partie bei GOZENPUD, Muzykal'nyj teatr v Rossii, S. 145 f.

Die Absicht des Autors und die Wirklichkeit der Inszenierung

Der Abstand zu Ablesimovs „Müller" könnte nicht größer sein. Es ist jedoch fraglich, ob die sozialkritische Haltung Knjažnins in der zeitgenössischen Inszenierungspraxis zum Tragen kam. Die Komischen Opern Ablesimovs und Knjažnins wurden nicht nur im Petersburger Hoftheater, sondern auch beim Grafen Šeremetev aufgeführt. Leider ist über die Aufführung des „Müller" nichts bekannt. Über die Inszenierung der „Unglückskutsche", die im Theater von Kuskovo stattfand, sind wir jedoch gut unterrichtet[26]. Als gallomaner Adelsherr spreizte sich Firjulin im Kostüm eines französischen Kavaliers. Unter seinem grünen Rock, der mit Silbergaze und blitzenden Knöpfen reich verziert war, trug er ein rosafarbenes Kamisol. Lackstiefel mit Sporen, ein Degen und ein Federhut vervollständigten seine Erscheinung. Das Kostüm seiner Gattin war nicht minder exquisit.

Im Theater des Grafen Šeremetev hätte man bei diesen beiden Modegecken kaum etwas anderes erwartet. Die Schwierigkeit liegt bei Luk'jan und Anjuta. Sie waren zwar einfacher gekleidet als ihre Herrschaft, dabei jedoch eher „wie eine höfische Kammerzofe und wie der Page einer Marquise anzusehen, als wie ein Bauernmädchen und ein Bauernbursche"[27]. Anjuta trug ein Mieder mit braunweiß gestreiftem Seidenrock, darüber eine grün bebänderte und wiederum seidene Schürze; Luk'jans Kostüm war mit hellroten Bändern geschmückt. Diese Aufmachung, die bei den Firjulins überzeugend motiviert war, wird hier zum gefälligen Selbstzweck. Das Gesamtbild ähnelt daher viel eher der fête champêtre eines Rokokomalers, als jener Wirklichkeit, um deren kritische Darstellung es dem aufgeklärten Autor zu tun war.

---

[26] ELIZAROVA, Teatry Šeremetevych, S. 226 f.
[27] Ebd.

KAPITEL 17
BOGDANOVIČ UND SEINE *DUŠEN'KA*

Mythos und Wirklichkeit

In einem Nachruf auf seinen älteren Schriftstellerkollegen Bogdanovič zeichnet Karamzin zu Beginn des 19. Jahrhunderts das Bild eines Dichters, der in einem „stillen und abseits gelegenen Häuschen" auf der Petersburger Vasilij-Insel ein sorgloses und freies Leben im Dienste der Musen geführt habe[1]. Aus der kurzen Autobiographie, die Bogdanovič gegen Ende seines Lebens schrieb[2], gewinnt man jedoch einen anderen Eindruck. Hier ist nur wenig von Dichtung die Rede – Bogdanovičs Hauptwerk, die scherzhafte Verserzählung *Dušen'ka* („Seelchen"), wird nicht erwähnt, vielmehr geht es um so prosaische Dinge wie Beförderungen und Gunstbeweise von Höhergestellten. Der Gegensatz zu Karamzins Bild poetischer Muße ist offenkundig. In Wirklichkeit war die Dichtung für Bogdanovič ebenso wie für andere Autoren seiner Zeit nicht oder nicht nur künstlerischer Selbstzweck, sondern auch ein Mittel, auf der sozialen Stufenleiter nach oben zu kommen. Tatsächlich wäre es Bogdanovič ohne sein Talent und ohne die Protektion einflußreicher Gönner kaum gelungen, sich aus seiner Lage als schlecht bezahlter Beamter in untergeordneter Stellung zu befreien.

Biographie

Ippolít Fédorovič Bogdanóvič (1743–1803) stammte aus einer wenig begüterten Familie des Kleinadels in der ukrainischen Provinz[3]. Mittellos, wie er war, kam er schon früh nach Moskau und hatte hier das Glück, in Cheraskov einen großzügigen Förderer zu finden. Er durfte bei ihm wohnen, durch seine Vermittlung konnte er das Adelsgymnasium der Universität und später die Universität besuchen. Nach Abschluß des Studiums arbeitete Bogdanovič als Übersetzer zunächst in Moskauer, dann auch in Petersburger Behörden, wobei er sich durch redaktionelle Mitarbeit an verschiedenen Zeitschriften ein Zubrot verdiente. Sein Debüt

---

[1] KARAMZIN, O Bogdanoviče i ego sočinenijach [1803]. In: DERS., Sočinenija v dvuch tomach, Bd. II, S. 128–154, hier S. 134.

[2] Den seinerzeit nicht gedruckten Text findet man in: *Russkaja poèzija*. Bd. I. Hrsg.: S. A. Vengerov. SPb. 1897, S. 552–554. Vgl.: I. Z. SERMAN, I. F. Bogdanovič. In: BOGDANOVIČ, Stichotvorenija i poèmy, S. 5–42, hier S. 5 f.

[3] Zur Biographie vgl.: SERMAN, I. F. Bogdanovič, und N. D. KOČETKOVA, Bogdanovič Ippolit Fedorovič. In: *Slovar' russkich pisatelej XVIII veka*, Bd. I, S. 104–109.

als Dichter machte er wiederum unter den Fittichen Cheraskovs und veröffentlichte in dessen Zeitschrift *Poleznoe uveselenie* zahlreiche Gedichte unterschiedlicher Gattungen. Besonderen Anklang fand seine 1763 erschienene Übersetzung von Voltaires Poem über das Erdbeben von Lissabon.

Den Durchbruch zum literarischen Ruhm brachte ihm jedoch erst die Veröffentlichung seines scherzhaften Poems *Dušen'ka* im Jahre 1783[4]. Ein Fragment unter dem Titel *Dušin'kiny pochoždenija* („Die Abenteuer der Dušen'ka") war schon fünf Jahre früher erschienen[5], aber ohne großen Eindruck zu hinterlassen. Ganz anders verhielt es sich mit der umgearbeiteten und vollständigen Fassung von 1783. Karamzin berichtet, das Gedicht sei von „allen Freunden der russischen Verskunst einhellig gepriesen" worden, und auch seine eigene Besprechung ist sehr freundlich. Katharina II. habe das Werk „mit Vergnügen" gelesen und dies dem Autor mitgeteilt; in der Hofgesellschaft sei es Mode geworden, die von der Zarin angestrichenen Stellen des Poems auswendig zu lernen – Bogdanovič „'war auf Rosen gebettet', wie die Franzosen sagen"[6]. Außerhalb des Hofes fand er mit seinem Poem nicht weniger Zustimmung: „Die damaligen Dichter schrieben Episteln, Oden und Madrigale", um den Autor der *Dušen'ka* zu ehren[7]. Auch in der ersten Hälfte des 19. Jahrhunderts wurde das Werk gerne gelesen und nachgedruckt – „1815 brachte die siebente Auflage, 1841 waren es schon fünfzehn"[8].

Mit diesem Erfolg besserten sich Verhältnisse des Autors. Er wurde zum Hofrat (7. Rangstufe) befördert, erhielt Zuwendungen verschiedener Art, und seine Schulden wurden bezahlt. Ähnlich wie der Odendichter Petrov, aber auf dem Gebiet der leichten Muse, erfüllte Bogdanovič nun die Aufgaben eines Hofdichters. Wie er in seiner Autobiographie mit Genugtuung berichtet, schenkte ihm die Zarin für die „lyrische Komödie" *Radost' Dušin'ki* („Dušen'kas Freude"), die er in ihrem Auftrag für das Hoftheater geschrieben hatte, zwei wertvolle Tabaksdosen – die erste für den vollendeten Text, die zweite nach der Premiere des Stücks[9]. Obwohl sich Bogdanovič in der Gunst der Zarin sonnte, mußte er jedoch noch lange in jener untergeordneten Stellung am Petersburger Archiv ausharren, die er 1780 angetreten hatte. Erst acht Jahre später, als Fünfundvierzigjähriger, wurde er zum Leiter dieser Behörde im Range eines Kollegienrats (6. Rangstufe)

---

4 Den Text findet man in: BOGDANOVIČ, Stichotvorenija i poėmy, S. 43–126. Im folgenden beziehen sich die eingeklammerten Seitenangaben des Haupttextes auf diese Ausgabe.
5 Wie auch die Fassung von 1783 ist diese erste Fassung von 1778 anonym erschienen; man findet sie in: I. F. BOGDANOVIČ, Dušen'ka. Drevnjaja povest' v vol'nych stichach. M. 2002, S. 301–322.
6 KARAMZIN, Sočinenija v dvuch tomach, Bd. II, S. 150.
7 Ebd.
8 H. SCHROEDER, „Psyché" in Rußland. In: *Der Vergleich. Literatur- und sprachwissenschaftliche Interpretationen. Festgabe für Hellmuth Petriconi zum 1. April 1955*. Hrsg.: R. Grossmann. Hamburg 1955, S. 51–64, hier S. 52.
9 *Russkaja poėzija*, S. 554.

ernannt. Nachdem dieses Lebensziel endlich erreicht war, schrieb Bogdanovič kaum noch etwas. 1795 wurde er mit „vollem Gehalt" vom Dienst befreit[10].

Wie sich ein jüngerer Zeitgenosse und Dichterkollege erinnert, verkehrte Bogdanovič gerne in feiner Gesellschaft, wobei er es vermied, „den Menschen mit seinen Versen lästig zu fallen" – er „liebte es nicht, sie auch nur zu erwähnen"[11]. Im Gegensatz zu seiner zarischen Gönnerin und ebenso wie Majkov war Bogdanovič offenbar der Ansicht, daß der Status eines Dichters mit dem eines besseren Herrn nicht recht vereinbar war, womit er wohl auf die Zustimmung seiner Standesgenossen rechnen konnte.

Dušen'ka

Noch ein weiterer Zug verbindet Bogdanovič mit Majkov: Auch er ist als homo unius libri in die russische Literaturgeschichte eingegangen – als Autor der *Dušen'ka*[12]. In den Jahrzehnten nach seinem Tod wurde das Werk vielfach zitiert und nachgeahmt[13]; auch in *Ruslan i Ljudmila*, dem Märchenpoem des jungen Puškin, hinterließ es seine Spuren. Im Gefolge von La Fontaines kleinem Roman *Les Amours de Psyché et de Cupidon* von 1669, der seinerseits auf die „Metamorphosen" des Apuleius zurückgreift (beide Werke lagen zur Entstehungszeit der *Dušen'ka* in russischer Übersetzung vor), schrieb Bogdanovič eine neue Variante der mythologischen Geschichte von Amor und Psyche, wobei die Psyche der antiken Überlieferung bei ihm den russifizierend-verniedlichenden Namen Dušen'ka trägt.

Dušen'ka ist eine griechische Prinzessin aus mythischer Vorzeit, die durch ihre Schönheit alle Sterblichen bezaubert und so die Mißgunst der Göttin Venus erregt. Auf Betreiben dieser mächtigen Feindin muß Dušen'ka ihr Elternhaus verlassen und einen wüsten Ort aufsuchen. Zum Glück hat sich jedoch Amor, der Sohn der Venus, unsterblich in sie verliebt. Gegen den Willen seiner Mutter befreit er sie aus ihrer mißlichen Lage und holt sie zu sich in seinen überirdischen Palast. Als Gattin des Amor verbringt Dušen'ka hier drei herrliche Jahre, umgeben von Nymphen, Zephyren und Amouretten, die ihr jeden Wunsch von den Augen ablesen.

Allerdings gibt es auch in diesem Paradies eine verbotene Frucht: Dušen'ka ist es nicht erlaubt, Amor bei Licht zu betrachten. Als typische Evastochter wird

---

10   Ebd.
11   DMITRIEV, Vzglyad na moiu zhizn', S. 38.
12   Zur Interpretation vgl.: SCHROEDER, „Psyché" in Rußland; A. L. ZORIN, Nezabvennaja Dušen'ka. In: BOGDANOVIČ, Dušen'ka. Drevnjaja povest' v vol'nych stichach, S. 7–27; A. KAHN, Russian Rewritings in the Eighteenth Century of La Fontaine's *Les Amours de Psyché et de Cupidon*. In: *EMF: Studies in Early Modern France*. Bd. 8: *Strategic Rewriting*. Charlottesville/VA 2002, S. 207–225; I. KLEJN [= J. KLEIN], Bogdanovič i ego *Dušen'ka*. In: DERS., Puti kul'turnogo importa, S. 459–477.
13   A. N. SOKOLOV, Iz istorii 'legkoj poèzii' (Ot *Dušen'ki* k *Katin'ke*). In: *XVIII vek*. Bd. 7. M.–L. 1966, S. 320–327.

sie jedoch von Neugierde geplagt; auch hat sie zwei böse Schwestern, die ihr Glück und Schönheit neiden und sie deshalb dazu anstacheln, das Verbot zu mißachten. Zur Strafe wird sie von Amor verstoßen und sieht sich nun erneut den Verfolgungen der Venus ausgesetzt. Amor ist jedoch nicht imstande, Dušen'ka für immer böse zu sein – nachdem sie zahlreiche Abenteuer und Prüfungen bestanden hat, gelingt es ihm, seine Mutter mit ihr zu versöhnen. Zum guten Ende sind Amor und Dušen'ka erneut vereint und bekommen eine Tochter.

Das Prinzip des 'plaire' und das neue Bild des Autors

In seinem Nachruf auf Bogdanovič vergleicht Karamzin *Dušen'ka* mit der französischen Vorlage, was den klassizistischen Prinzipien von Nachahmung und Wettbewerb entsprach. Karamzin kommt zu dem für seine patriotischen Leser erfreulichen Ergebnis, daß Bogdanovič als russischer Autor dem französischen Original nicht nur gleichkomme, sondern es in mancher Hinsicht sogar übertreffe. Allerdings stellt sich dabei erneut jene Frage, die sich schon bei Majkovs *Elisej* aufgedrängt hatte: Karamzin war ein Literaturkenner; aber waren auch die anderen Leser zu solch einer gelehrten Lektüre der *Dušen'ka* imstande?

Vielleicht war so etwas auch nicht im Sinne des Autors. In der Einleitung zu *Les Amours de Psyché et de Cupidon* spricht La Fontaine über sein Verhältnis zu Apuleius. Für ihn ist die Form des Kunstwerks wichtiger als dessen Stoff; auf thematische Originalität legt er keinen Wert. Mit seinem Roman verfolge er vor allem ein Ziel: dem Publikum zu gefallen[14]. Wie wir noch sehen werden, könnte diese Aussage auch von Bogdanovič stammen. Allerdings setzt er in seiner Bearbeitung des überlieferten Stoffes andere Akzente, und er hat auch eine andere Vorstellung davon, was die Leser von ihm erwarteten. Man kann hinzufügen, daß er mit seinem Werk erfolgreicher war als La Fontaine, der beim französischen Publikum bei weitem nicht so viel Anklang fand, wie Bogdanovič beim russischen Leser.

Mit seiner Wirkungsabsicht beruft sich La Fontaine auf ein Prinzip, das für die Autoren der französischen Klassik selbstverständlich war, für Molière und Racine ebenso wie für Boileau – auf das Prinzip des 'plaire'. Auch Bogdanovič will seinem Publikum gefallen. Der Unterschied liegt in den kulturellen Voraussetzungen: Ein ästhetisches Prinzip, das in Frankreich keiner besonderen Erläuterung bedurfte, konnte in Rußland als neu und provokant empfunden werden.

Den für Bogdanovič maßgeblichen Hintergrund bildet der russische Klassizismus, so wie er von Trediakovskij, Lomonosov und Sumarokov begründet worden war. In einer Situation, die sich den Autoren als literaturgeschichtliche tabula rasa darstellte, war es nicht nur ihre Aufgabe, die neue Literatur zu schaffen, sondern sich auch das entsprechende Publikum heranzuziehen. Unter solchen Umständen konnte das Prinzip des 'plaire' keine entscheidende Rolle spielen: In

---

[14] LA FONTAINE, Les Amours de Psyché et de Cupidon. Hrsg.: F. Charpentier. Paris 1990, S. 38.

erster Linie galt es nicht, den Lesern zu gefallen, sondern sie zu unterrichten und auf die Höhe des neuen Literaturbewußtseins zu bringen. Besonders deutlich zeigt sich das in den Anmerkungen zu Sumarokovs Epistel „Über die Verskunst", die für ein Publikum bestimmt sind, dem die einfachsten Kenntnisse fehlen.

Die Autoren des russischen Klassizismus erfüllten ihre literarische Bildungsaufgabe nicht nur durch praecepta, also durch ausdrückliche Belehrung, sondern auch durch exempla – durch das Schaffen von literarischen Werken, die dem Ideal literarischer Vollkommenheit möglichst nahekommen und so als Vorbilder gelten sollten. Aus klassizistischer Sicht war das nur möglich, wenn man den Regeln folgte. Ein Kunstwerk mußte vor allem korrekt und erst in zweiter Linie gefällig sein.

Diesem ästhetischen Dogmatismus erteilt Bogdanovič eine Absage. Das Bild, das er in seiner *Dušen'ka* von sich selber entwirft, hat eine polemische Bedeutung, die gegen jene Vorstellung eines ernsthaften, gelehrten und unermüdlich formbewußten Dichters gerichtet ist, die in Sumarokovs Epistel zum Ausdruck kommt und sich in dessen eigener Person verkörperte. Dagegen gibt sich Bogdanovič als heiterer und sorgloser Dilettant – ein Dichterbild, das man später nicht nur in Karamzins Nachruf finden sollte, sondern auch in den Freundschaftsepisteln der Puškinzeit, zum Beispiel in Batjuškovs berühmtem Gedicht *Moi penaty* („Meine Hausgötter").

Bogdanovič, der sich beim Schreiben der *Dušen'ka* als schlecht bezahlter Subalternbeamter durchschlagen mußte, erzählt den Lesern in seinem Vorwort, daß er sein Poem in Mußestunden und „ausschließlich" zum „eigenen Vergnügen" geschrieben habe (S. 45). Im Haupttext heißt es dann auch, er liebe seine „Freiheit" und schreibe nicht, um sich Ruhm zu erwerben, sondern um in Stunden sommerlicher „Kühle, des Frohsinns und der Muße" seiner Herzensfreundin, die den poetischen Namen Chloe führt, ein „anmutiges Lachen" zu entlocken:

> Любя свободу я мою,
> Не для похвал себе пою;
> Но чтоб в часы прохлад, веселья и покоя
> Приятно рассмеялась Хлоя. (S. 47)

Der Blick auf das weibliche Publikum

An dieser Stelle tritt das Prinzip des 'plaire' unverhüllt zutage, und zwar mit Blick auf das Unterhaltungsbedürfnis weiblicher Leser. Es ist bemerkenswert, wie häufig Bogdanovič in seinem Werk das Wort „prijatnyj" (anmutig) verwendet; weitere Schlüsselwörter dieser Art sind „prelestnyj" (reizend), „sladkij" (süß) und „nežnyj" (zart). In dieselbe Richtung weist die Art, wie Bogdanovič die gattungspoetischen Aspekte seines Werks bestimmt. Durch den Musenanruf am Beginn des Ersten Buchs – insgesamt umfaßt das Poem drei „Bücher" – zitiert er das homerische Epos, um sich gleich darauf scherzhaft von ihm abzusetzen: Nicht den Zorn des Achilles und die Belagerung von Troja, wo „im Getöse ewigen

Zanks die Helden ihr Leben verloren", wolle er besingen, sondern seine Dušen'ka:

> Не Ахиллесов гнев и не осаду Трои,
> Где в шуме вечных ссор кончали дни герои,
> Но Душеньку пою. (S. 46)

Gegenüber den beiden langen Verszeilen, die von den erhabenen Gegenständen der Ilias handeln, setzt die kurze Verszeile mit Bogdanovičs anspruchsloser Heldin einen ironischen Kontrapunkt. In einer heiteren Dichterlaune stellt der Autor seine Dušen'ka über die Heroen des homerischen Epos und über all das, was sich ihm, dem Herzensfreund der „anmutig" lachenden Chloe, als „ewiges (Männer-)Gezänk" darstellt. Im folgenden treibt er sein Spiel noch weiter und richtet den herkömmlichen Musenanruf nicht etwa an Kalliope, die Muse der epischen Dichtung, sondern an Dušen'ka: Sie solle seine Muse sein und sein „Lied schmücken", das er in „Einfachheit und Freiheit" singe. Dabei kontrastiert die „lauttönende" Lyra, das sinnbildliche Instrument nicht nur der Ode, sondern allgemein auch des hohen Stils, mit der Schalmei, dem leiseklingenden Instrument der schäferlichen Liebesdichtung[15]:

> Тебя, о Душенька! на помощь призываю
> Украсить песнь мою,
> Котору в простоте и вольности слагаю.
> Не лиры громкий звук – услышишь ты свирель. (S. 46)

Die spöttische Haltung gegenüber der klassischen Antike, die Bogdanovič an den Tag legt, kennt man aus Majkovs Burleske. Allerdings spielt die Parodie auf das Epos bei Bogdanovič nur eine Nebenrolle. Auch kontrastiert er dessen heroische Gestalten nicht mit einem Trunkenbold wie Elisej, sondern mit der reizenden Dušen'ka. Mit seinem Poem wendet sich Bogdanovič gegen die Grobheit des niederen Stils; er meidet alles Vulgäre und pflegt einen scherzhaft-eleganten Ton: In der Dušen'ka ist die angestrebte Wirkung nicht das laute Lachen einer Männergesellschaft, sondern eher das Lächeln einer Damenrunde. Damit setzt sich jene Linie fort, die wir schon aus der Kritik an den Vulgarismen Ablesimovs und dem Epigramm kennen, das Bogdanovič gegen Fonvizin und dessen „Landjunker" richtete.

Die „Freiheit" des Rokokodichters

Als Autor der *Dušen'ka* nimmt Bogdanovič außer „Einfachheit" auch „Freiheit" für sich in Anspruch. Einfachheit ist eine Norm des Klassizismus; Sumarokov war seinerzeit nicht müde geworden, diesen Begriff in polemischer Absicht gegen Lomonosov auszuspielen. Mit der „Freiheit" hat es eine anderere Bewandtnis.

---

15 Vgl.: J. KLEIN, Trompete, Schalmei, Lyra und Fiedel. Poetologische Sinnbilder im russischen Klassizismus. In: *Zeitschrift für Slavische Philologie* 44 (1984), S. 1–19.

Bei Bogdanovič bezieht sich dieser Begriff zunächst auf das Leben des Dichter-Dilettanten, der seine Unabhängigkeit liebt und von der Ruhmsucht des Berufsautors nichts wissen will. Gleichzeitig prägt diese „Freiheit" aber auch die Versgestalt der *Dušen'ka*. Eigentlich hätte es für Bogdanovič nahegelegen, für sein Poem den russischen Alexandriner zu wählen, also den sechsfüßigen Jambus, denn das war der Vers der erzählenden Dichtung; auch Majkov hatte in seinem *Elisej* den Alexandriner verwendet. Wie jedoch aus den schon angeführten Textstellen hervorgeht, geht Bogdanovič in seinem Poem einen anderen Weg und entscheidet sich für freie Jamben (gereimte jambische Verse wechselnder Länge).

In Rußland war Bogdanovič nicht der erste, der freie Jamben schrieb – Sumarokov hatte diese Versform in der russischen Literatur eingebürgert und sie besonders erfolgreich in seinen Fabeln verwendet. Bei Bogdanovič verändert sich jedoch die Bedeutung dieses Metrums – es verliert den Beigeschmack von grober Komik, den es in Sumarokovs Fabeln angenommen hatte, und bildet nun die metrische Grundlage einer Dichtungsart, die in der Puškinzeit als „leichte Poesie" (poésie fugitive, legkaja poėzija) bezeichnet wurde. Wir haben schon gesehen, wie wirkungsvoll Bogdanovič den Unterschied der Zeilenlängen einsetzt. Meistens handelt es sich dabei um die Kontrastierung von sechsfüßigen und drei- oder vierfüßigen Zeilen. Die ganz kurzen, manchmal nur aus einem Versfuß bestehenden Zeilen, die Sumarokov zur komischen Wirkung verwendet, findet man bei Bogdanovič nur selten, zum Beispiel dort, wo sich der göttliche Amor wortkarg und mit Seufzen und Gähnen schlafen legt – wie ein ganz gewöhnlicher Ehemann:

> Он мало говорил, вздохнул,
> Зевнул,
> Заснул. (S. 91)

Meistens macht Bogdanovič von seiner versifikatorischen „Freiheit" jedoch nur maßvollen Gebrauch und vermeidet einen allzu schroffen oder häufigen Wechsel der Zeilenlänge; sein Gedicht setzt sich daher zum guten Teil aus längeren Passagen zusammen, die entweder im sechsfüßigen oder im drei- oder vierfüßigen Jambus gehalten sind. Seinerseits kontrastiert das ruhige Fließen, das auf diese Weise zustande kommt, mit dem bewegteren Rhythmus anderer Stellen und sorgt damit für eine wiederum 'anmutige' Abwechslung.

Mit der Wahl der freien Jamben und der Absage an den gravitätischen Alexandriner bricht Bogdanovič im Namen dichterischer Freiheit mit der Formstrenge des Klassizismus und wählt einen Vers, der in Verbindung mit dem scherzhaft-eleganten Stil seines Poems typisch für die europäische, auch für die deutsche Rokokodichtung ist. Am Anfang des Ersten Buches erhält diese antiklassizistische Haltung ihren programmatischen Ausdruck. Der Sprecher apostrophiert hier außer seiner „Muse" Dušen'ka auch den verehrungswürdigen Homer – den „Sänger der Götter" und den „Vater" der „zweigeteilten, gleichlangen, harmonischen und zum Singen geeigneten Verse". Das Merkmal des Zweigeteilten verweist auf die Zäsur des Alexandrinerverses, der in Westeuropa und in Rußland den epischen Hexameter ersetzte; das „Singen" steht metaphorisch für die Dichtkunst:

> О ты, певец богов,
> Гомер, отец стихов,
> Двойчатых, равных, стройных
> И к пению пристойных! (S. 46)

Als „Vater" des epischen Verses verkörpert Homer klassizistische Formstrenge und Regeltreue. Dagegen setzt Bogdanovič seine freien Jamben – einen Vers, der ursprünglich zum klassizistischen Formenschatz gehörte, der nun aber in einer neuen Stil- und Gattungsumgebung verwendet wird. Dabei erhält er eine antiklassizistische Bedeutung und erscheint als Inbegriff poetisch-graziöser Regellosigkeit. Bogdanovičs Sprecher bittet Homer ironisch um Verzeihung, daß er sich „um die Form seiner Verszeilen keine Sorgen" mache, daß er keine ordentlich-gemessenen Lieder singe, keine einheitliche Zeilenlänge durchhalte und auch mit dem Reim höchst sorglos umgehe, ohne sich dabei vor dem strengen Urteil der Kritiker zu fürchten; es folgt die schon bekannte Distanzierung von den Berufsdichtern und die Hinwendung zur Herzensfreundin Chloe (S. 46).

Guter Geschmack, Salonstil, Stilkapriolen

Diese neue Freiheit, die sich Bogdanovič herausnimmt, tritt auch darin zutage, daß seine Verserzählung nicht in die Gattungsschemata des russischen Klassizismus paßt. Bei Karamzin liest man: „Ippolit Bogdanovič war der *erste*, der in russischer Sprache in leichten Versen mit der Einbildungskraft sein Spiel trieb: Lomonosov, Sumarokov und Cheraskov konnten für ihn nur in anderen Gattungen vorbildlich sein" (Hervorhebung vom Autor)[16].

Schon vorher hatte Karamzin betont, daß die *Dušen'ka* „ein leichtes Spiel der Einbildungskraft" sei, ein Spiel, das allein die „Regeln des guten Geschmacks" beachte, für die es „keinen Aristoteles" gebe[17]. Die „Regeln" des guten Geschmacks sind hier ironisch gemeint, denn darunter hatte man eigentlich die starren Vorschriften des Klassizismus zu verstehen. Die Gegenposition zu dieser rationalistischen Poetik bildet der „gute Geschmack", also eine Fähigkeit ästhetischer Beurteilung, die dem subjektiven Meinen näher steht als jener doktrinären Gewißheit, die sich auf eine zeitlose Wahrheit beruft. Gleichzeitig bezeichnet der gute Geschmack auch jene Grenze, die der „Freiheit" des Dichters gesetzt ist, wenn er den Damen gefallen will, wobei man wieder an den Ausschluß des Vulgären zu denken hat.

---

[16] KARAMZIN, Sočinenija v dvuch tomach, Bd. II, S. 150.
[17] Ebd., S. 135.

Unter den Bildungsvoraussetzungen des 18. Jahrhunderts galt der gute Geschmack vor allem als Domäne der Frauen, während die literarische Gelehrsamkeit eher als Männersache betrachtet wurde. Der gesellschaftliche Rahmen, in dem der gute Geschmack gepflegt wurde, war der Salon. Diese informelle, aber wohlausgebildete Institution der französischen Gesellschaft lebte in bestimmten gastlichen Häusern, wobei die Dame des Hauses den Ton angab: Der Salon ist eine Erscheinungsform der Frauenkultur. Im Gegensatz zu einer verbreiteten Meinung gab es im Rußland des 18. Jahrhunderts zwar keine Salons[18] – dazu waren die patriarchalischen Traditionen vorerst noch zu stark –, aber es gab Bestrebungen, entsprechende Werte und Verhaltensnormen zu übernehmen. Mit seiner galanten „Reise zur Liebesinsel" von 1730 hatte der junge Trediakovskij den Anfang gemacht; im letzten Drittel des 18. Jahrhunderts wurden seine Bemühungen von anderen Autoren fortgesetzt, unter ihnen besonders Karamzin.

Bogdanovičs Abwendung von der klassizistischen Formstrenge entspricht ein sprachlicher Stil, der von den Zeitgenossen wegen seiner „zwanglosen Freiheit"[19] gepriesen wurde und den wir mit Blick auf das Prinzip des 'plaire' als Salonstil kennzeichnen können. Der Satzbau der *Dušen'ka* verzichtet weitgehend auf die Inversionen der überkommenen Schriftsprache und nähert sich der gesprochenen Rede, wodurch er an Glätte und Natürlichkeit gewinnt. Altertümliche Wendungen werden nur in besonderen Fällen, meistens ironisch verwendet. Wörter oder Formen kirchenslavischer Herkunft sind in der Regel nur schwach markiert; sie werden zu Poetismen und bilden somit eine stilistische Entsprechung zu jener mythologisch-fiktiven Welt, in der sich die Handlung der *Dušen'ka* abspielt. Bogdanovič verwendet aber auch gerne Ausdrücke aus der russischen Umgangssprache, die als solche mit dem poetischen Gepräge dieser Welt kontrastieren; hierher gehört der russisch-familiäre Eigenname 'Dušen'ka' anstelle von 'Psyche'.

Die scherzhaften Möglichkeiten, die sich aus dieser Verbindung von klassischer Mythologie und russischem Alltag ergeben, werden von Bogdanovič weidlich ausgenutzt – erneut bewährt sich die „Freiheit" eines (Rokoko-)Dichters, der mit den literarischen Konventionen seinen Schabernack treibt und verschiedene Stil- und Gegenstandssphären mutwillig vermengt. Als Venus im Ersten Buch mit prunkvollem Gefolge ihre Rückreise nach Kythera antritt, befiehlt sie, „sechzehn Postzephyre" für ihr Reisegefährt anzuspannen (S. 52). Auf dem Bock sitzt ein Tritone, der sich wie ein herrschaftlicher 'lichač' (Kutscher) aufführt, gebieterisch mit den Zügeln fuchtelt und die „frechen Meeresungeheuer" überfährt, die hier die unbotmäßigen Fußgänger ersetzen:

> Другой, на козлы сев проворно,
> Со встречными бранится вздорно,
> Раздаться в стороны велит,

---

[18] Vgl.: KLEIN, Die Schäferdichtung des russischen Klassizismus, S. 32 f., und weiterführend W. BERELOWITCH, La vie mondaine sous Catherine II. In: *Catherine II et l'Europe*, S. 99–106.
[19] Belege bei SERMAN, I. F. Bogdanovič, S. 37, und KLEJN, Bogdanovič i ego *Dušen'ka*, S. 468.

Вожжами гордо шевелит,
От камней дале путь свой правит
И дерзостных чудовищ давит. (S. 54)

Dasselbe Verfahren findet man im Zweiten Buch, in der Beschreibung jenes prunkvollen Empfangs, der Dušen'ka im Palast des Amor zuteil wird. Sie wird von Kupidos umschwärmt, die sich in dienstbarem Eifer gegenseitig überbieten. Sie revanchiert sich, indem sie ihnen ein „halbes (Schnaps-)Gläschen Nektar" anbietet; andere Kupidos stehen einfach da und „sperren Mund und Nase auf" (S. 71).

Kürze und Einfachheit; Apsychologismus

Im Zeichen der Freiheit steht die Komposition des gesamten Werkes. Der Erzählfluß wird immer wieder durch beschreibende Partien und Abschweifungen unterbrochen, was die Illusion eines zwanglos-intimen Plaudertons begünstigt – auch das gehört zum literarischen Rokoko. Damit folgt Bogdanovič dem Beispiel La Fontaines, ist mit seinen Digressionen jedoch maßvoller als dieser. Die einzige Ausnahme bildet im Ersten Buch die Beschreibung vom Triumphzug der Venus, die bei Bogdanovič deutlich länger ausfällt als bei La Fontaine[20]. Insgesamt ist die *Dušen'ka* jedoch kaum halb so umfangreich wie *Les Amours de Psyché et de Cupidon*.

Im Verhältnis zu ihrer französischen Vorlage ist die *Dušen'ka* auch einfacher im Aufbau. La Fontaines Roman liegt eine aufwendige Rahmenkonstruktion zugrunde: Vier Freunde treffen sich im Park von Versailles, betrachten die Sehenswürdigkeiten, die im einzelnen beschrieben werden, führen gelehrte Gespräche, und einer von ihnen erzählt die Geschichte von Amor und Psyche, die wiederum durch gelehrte Diskussionen unterbrochen wird. In aller Ausführlichkeit geht es zum Beispiel um die Frage, was ästhetisch wertvoller sei: das Lachen oder das Weinen? Solche Gespräche findet man auch innerhalb der Erzählung. In der Unterhaltung, die Psyche mit zwei Schäferinnen führt, gibt sie eine Apologie der Liebe. An anderer Stelle erläutert sie Amor ihre Vorstellung von der wahren Liebe – einer Liebe, die durch ihre Teilhabe an der geistigen Welt von der „Tyrannei" der Zeit und des Schicksals befreit wäre; vergänglich sei nur die körperliche Liebe, die im übrigen eher zu den Tieren als zu einer „schönen Seele" passe[21].

Das sind Themen, über die man in den Salons der französischen Klassik zu sprechen pflegte. Bogdanovič hatte jedoch mit einem anderen Publikum zu rechnen und verzichtet auf solche Gespräche. Dasselbe gilt für die psychologischen Beschreibungen und Erörterungen, mit denen La Fontaine die Ereignisse seines Romans kommentiert: Jene Neigung zum Apsychologismus, die wir schon an den Tragödien und an der Liebesdichtung des russischen Klassizismus beobachtet

---

20 THIERGEN, Der Triumph der Venus, S. 487.
21 LA FONTAINE, Les Amours de Psyché et de Cupidon, S. 187.

haben, zeigt sich auch bei Bogdanovič. Weiter fehlt bei ihm die Motivik des Erotisch-Ambivalenten, etwa die androgyne Schönheit des Kupido, dessen halb entblößte Arme nicht den Armen eines Herkules, Atlas oder einer Amazone gleichen, sondern einer „Venus im Alter von zwanzig Jahren"[22]. In der *Dušen'ka* ist auch keine Rede von jener „Purpurröte", die nach dem Willen der grausamen Venus auf dem „alabasterweißen" Körper der Psyche erscheinen soll, nachdem sie von den Furien mit Ruten gezüchtigt wurde[23]. Tatsächlich verfährt Bogdanovič in diesem Punkt „sehr viel gnädiger mit seiner Heldin, als La Fontaine"– bei ihm fehlt diese „barbarische" Episode[24], ganz zu schweigen von der gewagten Pikanterie ihrer Ausgestaltung.

Erotik in männlicher Perspektive

Aber das bedeutet nicht, daß Bogdanovič in seiner Verserzählung auf Erotik verzichtet hätte, eher im Gegenteil. Dabei konnte er an die Schäferdichtung Sumarokovs anknüpfen, speziell an die Eklogen.

Wie wir schon wissen, spielt die erotische Dichtung mit dem Reiz des Verbotenen; bedeutungsvolles Verschweigen und die Perspektive des heimlichen Lauschers spielen eine große Rolle. So auch an derjenigen Stelle bei La Fontaine, wo es um die Schönheit des Kupido geht. Als perspektivisches Subjekt tritt hier Psyche auf, die zum ersten Male ihren schlafenden Gatten gegen dessen Verbot bei Licht betrachtet und über seine Schönheit staunt. Dieses indiskrete Schauen findet man immer wieder auch bei Bogdanovič, allerdings mit dem Unterschied, daß es sich dabei meistens um die Perspektive eines männlichen Betrachters handelt; in diesem Punkt stößt Bogdanovičs Orientierung am weiblichen Publikum an ihre Grenze.

Die männliche Perspektive zeigt sich zum Beispiel in der Episode des Dritten Buches, wo die von Amor verstoßene und von Venus verfolgte Dušen'ka ihren dritten von insgesamt fünf Selbstmordversuchen unternimmt. Bogdanovič übernimmt dieses Motiv von La Fontaine (der es allerdings bei drei Selbstmordversuchen belassen hatte). Zum Glück bleibt Dušen'ka mit ihrer Todessehnsucht ebenso erfolglos wie Psyché, aber man fragt sich, ob dieses makabre Motiv in seiner auffälligen Häufung dem leichten Ton einer scherzhaften Verserzählung zuträglich ist, zumal sich hier auch noch eine 'launige' Randbemerkung findet, die bei La Fontaine fehlt: In „alten Zeiten" habe man das Erhängen noch nicht als schmachvolle Todesart betrachtet, und bei den Türken gelte es geradezu als Wohltat, wenn man für eine „Sünde" nicht enthauptet, sondern aufgehängt werde (S. 102).

Das Motiv des Selbstmords ist jedoch nicht nur gruseliger Selbstzweck, sondern verschafft dem Autor auch Gelegenheit, eine erotische Stelle einzuführen,

---

[22] Ebd., S. 94.
[23] Ebd., S. 162.
[24] KARAMZIN, Sočinenija v dvuch tomach, Bd. II, S. 149.

die bei La Fontaine wiederum fehlt. Dušen'ka versucht, sich an einem Ast aufzuhängen, aber der mitleidige Baum läßt das nicht zu und neigt sich zur Erde, sodaß sie unversehrt auf die Füße zu stehen kommt. Einer der „frechen" Zweige hält jedoch ihren Rock fest, worauf Feld und Wald etwas „Wundervolles" zu sehen bekommen (S.103).

Bei Bogdanovič sind es meistens die wiederum „frechen" Zephyre, die als Träger der erotischen Perspektive auftreten und sich am Anblick weiblicher Schönheit weiden. Sie umschwärmen Venus bei deren Triumphzug und versuchen sie zu küssen; dem einen gelingt es, durch ihr Haar einen Blick auf ihre „reizende Brust" zu erhaschen; ein anderer versucht, ihre Kleider wegzupusten (S. 55 f.). Andere Zephyre spähen durch Ritzen und Spalten[25], um Dušen'ka beim Baden zu beobachten. Als Vermittler zwischen dargestellter Welt und Leser schaltet sich hier der Erzähler ein, er wendet sich an die Zephyre und bittet sie, ihm und den Lesern „im einzelnen" zu beschreiben, was in schriftlicher Form wiederzugeben „nicht schicklich" wäre – die weiblichen Reize der badenden Dušen'ka. Dem 'diskreten' Verschweigen entsprechen die vielsagenden Pünktchen ebenso wie der abschließend-überbietende Unsagbarkeitstopos – die Zephyre sind nicht imstande, die Bitte des Erzählers zu erfüllen, und ihm selber fehlt der Mut, denn zur Beschreibung von Dušen'kas „göttlichen" Formen bedarf es auch seinerseits einer „göttlichen" Begabung:

> Зефиры! коих я пресчастливыми чту,
> Вы, кои видели Царевны красоту;
> Зефиры! вы меня как должно научите
> Сказать читателям, иль сами вы скажите
>   И части, и черты,
> И все приятности царевнины подробно,
> Которых мне пером представить неудобно;
> Вы видели тогда не сон и не мечты...
> Но здесь молчите вы... молчанье разумею:
> К изображению божественных даров
> Потребен вам и мне особый дар богов;
> Я здесь красот ее описывать не смею. (S. 69 f.)

Die Motivik des russischen Volksmärchens

Bogdanovič verwendet Dušen'kas Selbstmordversuche nicht nur der erotischen Pikanterie zuliebe. Auf dieselbe Art motiviert er eine der Märchenepisoden seiner Verserzählung. Derlei findet man wiederum auch bei La Fontaine, der seinerseits Apuleius folgt, wie zum Beispiel mit dem gesamteuropäischen Märchenmotiv der zwei bösen Schwestern, die ihre jüngere Schwester um deren Schönheit beneiden. In einem Zusammenhang, der überwiegend von der antiken Mythologie geprägt

---

[25] Vgl. die metaphorische Interpretation dieser Stelle bei M. ŠRUBA [= SCHRUBA], O funkcijach ėkspressivnoj leksiki v russkoj poėzii XVIII – načala XIX veka. Im Druck.

ist, hat es Bogdanovič jedoch speziell auf die Motivik des russischen Volksmärchens abgesehen. In dieser Vermischung von heterogenen Elementen zeigt sich erneut die Freiheit des mutwilligen Dichters, der sein Publikum mit amüsanten Stilbrüchen erheitern will.

In der genannten Episode geht es um den vierten von Dušen'kas Selbstmordversuchen: Sie will sich ertränken, wird aber von einem freundlichen Hecht gerettet, einer bekannten Figur des russischen Volksmärchens; im weiteren wird dann noch ein ganzer „Konvoi" von Hechten, die sich „pflichtgemäß in Reih und Glied aufstellen", zu Dušen'kas Schutz abkommandiert. Der schwatzhafte Erzähler vermutet, daß die Hechte in Wirklichkeit Najaden (Wassernymphen) seien, die in „Schwadrons"-Stärke herbeigeeilt sind (S. 104). Aus dem russischen Volksmärchen stammt auch der böse Zauberer Kaščej mit seinem Schwert Samosek (das Schwert, das 'von selbst schneidet', S. 90 f.); dasselbe gilt für die drei schweren und eigentlich unlösbaren Aufgaben, die Dušen'ka von der zornigen Venus gestellt werden.

Der Blick auf das höfische Publikum

Vielleicht verdankte Bogdanovič diese Motive einer Sammlung russischer Volksmärchen und -sagen, deren erste vier Bände 1780 von V. A. Levšin veröffentlicht wurden. Das Interesse an der russischen Volkskultur[26] trug seit den 1770er Jahren zum Erfolg der Komischen Oper bei, hatte sich am Petersburger Hof aber schon in den 1760er Jahren gezeigt. Treibende Kraft war Katharina II., die auch in diesem Punkte ihre patriotische Verbundenheit mit Rußland zur Schau stellte. Das Porträt eines unbekannten Malers zeigt die Zarin in Volkstracht[27]; nach ihrem Beispiel trugen auch die Damen bei Hofe Kleider à la russe[28]. Außerdem interessierte sich Katharina für die russischen Sprichwörter und beauftragte Bogdanovič, einen Sammelband zusammenzustellen, der 1785 in drei Teilen erschien. Schließlich schrieb sie für ihre Enkel Alexander und Konstantin noch volkstümlich stilisierte Märchen; das „Märchen vom Prinzen Chlor" (*Skazka o careviče Chlore*) war eine Quelle für Deržavins berühmte Ode *Felica* von 1782.

Mit seiner Verwendung des russischen Volksmärchens traf Bogdanovič zielsicher den Geschmack Katharinas und ihres Hofs. Mit der Wirkungsabsicht des 'plaire', von der er sich als Autor der *Dušen'ka* leiten läßt, gerät so ein klar umrissenes Publikum ins Blickfeld. Gleichzeitig fällt damit ein Licht auf Bogdanovičs Orientierung am Damengeschmack, denn auch in dieser Hinsicht war Katharina bei Hofe tonangebend. In den kleinen Gesellschaften, die sie in der Ermitage für einen exklusiven Kreis nahestehender Personen zu geben pflegte, herrschte eine wohlerzogen-heitere und informelle Geselligkeit; offenbar war es das Be-

---

26 ROGGER, National Consciousness, S. 126–185 („The Discovery of the Folk").
27 Vgl. den Katalog der Ausstellung *Volti dell' Impero Russo. Da Ivan il Terribile a Nicola I.* Hrsg.: F. Ciofi degli Atti. Milano 1991, S. 175.
28 M. I. PYLJAEV, Staryj Peterburg. M. 1990, S. 190.

Kapitel 17. Bogdanovič und seine *Dušen'ka* 251

streben der Gastgeberin, so etwas wie einen russischen Salon zu schaffen[29]. An diesen Abenden durfte nur Russisch gesprochen werden, und man unterhielt sich über die russische Literatur. Wer gegen die Verhaltensregeln verstieß, die von der Zarin für diese Abende festgelegt worden waren, wurde dazu verurteilt, entweder ein Glas kaltes Wasser zu trinken oder eine Seite aus der *Tilemachida* vorzulesen. In einer solchen Umgebung mußte Bogdanovičs Spott über die epische Poesie im Namen der leichten Muse und des Salonstils eine freundliche Aufnahme finden.

Bogdanovič spart im übrigen nicht mit schmeichelhaften Anspielungen auf Katharina und ihre Herrschaft[30]; auf solche Weise hatte seinerzeit auch La Fontaine versucht, das Wohlwollen Ludwigs XIV. zu gewinnen. Eine dieser Anspielungen zielt auf die große Maskerade der „Triumphierenden Minerva", die Katharina mit Unterstützung der russischen Autoren (darunter auch Bogdanovičs) zu Beginn des Jahres 1763 für die Moskauer Bevölkerung veranstaltet hatte (S. 48). Eine weitere Stelle handelt von den milden Strafen, mit denen Dušen'kas Vater auch die bösartigsten unter seinen Untertanen belegt (S. 47 f.); der Leser konnte sich hier an Katharinas Bemühungen um die Humanisierung des Strafrechts erinnert fühlen. Im Zweiten Buch wird erzählt, wie sich Dušen'ka im Palast des Amor mit Theaterspielen die Zeit vertreibt; dabei wird neben Voltaire, dem Korrespondenten der Zarin, auch Sumarokov erwähnt (S. 83). Ebenso wie Katharina interessiert sich Dušen'ka für literarische Übersetzungen (S. 84), und auch sie hat nicht die Absicht, die „Freiheit der Schreiberlinge" (ebd.) zu behindern.

Im Lichte solcher Anspielungen versteht man schließlich auch die aktuelle Bedeutung jenes Spotts, den Bogdanovič gegen das Orakel der klassischen Antike mit seinen vieldeutigen Weissagungen richtet (S. 58 f., 63) – so etwas mußte der aufgeklärten Zarin angenehm in den Ohren klingen; bei La Fontaine, der in der Querelle des anciens et des modernes als Bewunderer der klassischen Antike zu den 'anciens' gehörte, findet man nichts dergleichen. Schließlich sollte man beachten, daß die ausführliche Beschreibung von Dušen'kas Leben im Palast des Amor vom Geist des Hoflebens erfüllt ist. Mit seiner prachtvollen Sammlung von Gemälden und anderen Kunstgegenständen gleicht der Palast des Amor einem Zarenschloß; durch die umgebende Parklandschaft mochte man sich an die Szenerie von Katharinas Sommerresidenz in Carskoe Selo erinnert fühlen.

---

[29] BERELOVITCH, La vie mondaine, S. 104 ff.
[30] Vgl. den Kommentar von I. Z. Serman in: BOGDANOVIČ, Stichotvorenija i poėmy, S. 229 ff.

KAPITEL 18
DERŽAVIN

Deržavin und Lomonosov

Zusammen mit Lomonosov gilt Deržavin als der bedeutendste unter den russischen Dichtern des 18. Jahrhunderts. Ebenso wie Lomonosov war er ein Hofdichter. In seinen panegyrischen Werken ließ sich Deržavin jedoch nicht nur von der Opportunität des Augenblicks, sondern auch von einer sittlichen Forderung leiten – der 'Aufrichtigkeit des Panegyrikers'. Wie wir noch sehen werden, hat Radiščev in seiner Kritik an Lomonosovs Oden diesen Maßstab ausdrücklich zur Sprache gebracht. Im übrigen war Deržavin keineswegs nur ein Hofdichter: In seinem lyrischen Werk zeigt er mehr Vielseitigkeit als Lomonosov, seine poetische Welt ist weiträumiger. Schließlich kann man sich bei der vergleichenden Beurteilung der beiden Autoren auch auf den Standpunkt stellen, daß Deržavin mit dem selbstironischen Humor, der Leichtigkeit und dem sinnlichen Zauber vieler seiner Gedichte dem 'Urteil der Jahrhunderte' insgesamt besser standgehalten hat, als der gravitätische und abstrakte Lomonosov.

Biographie

Gavriíl Románovič Deržávin (1743–1816) stammte aus einer verarmten Adelsfamilie aus der Nähe von Kazan'[1]. Lesen und Schreiben lernte er zunächst bei seiner Mutter, später bei einem Kirchendiener. Ein Strafverschickter gab ihm Unterricht im Deutschen; Französisch hat er im Gegensatz zu den meisten seiner gebildeten Zeitgenossen nicht gelernt. Seit 1759 besuchte Deržavin die adlige Klasse des neu eröffneten Gymnasiums von Kazan'. 1762 stellte sich jedoch heraus, daß er durch den Fehler eines Kanzlisten in eines der Petersburger Garderegimenter eingeschrieben worden war. Deržavin mußte das Gymnasium daher vorzeitig verlassen, als einfacher Soldat zum Preobraženskij Regiment einrücken und lange Jahre Gamaschendienst tun. Bei Beförderungen wurde er wegen feh-

---

[1] Zur Biographie vgl.: JA. GROT, Žizn' Deržavina [1883]. M. 1997, und V. CHODASEVIČ, Deržavin. Hrsg.: A. L. Zorin. M. 1988. – Eine vollständige Werkausgabe fehlt; zahlreiche Schriften Deržavins liegen noch in den Archiven. Die nach wie vor beste Werkausgabe stammt aus vorrevolutionärer Zeit; mir stand die zweite Auflage zur Verfügung: G. R. DERŽAVIN, Sočinenija. Bd. I–VII. Hrsg.: Ja. Grot. SPb. 1868–1878. Leichter zugänglich ist jedoch die sowjetische Ausgabe: G. R. DERŽAVIN, Stichotvorenija. Hrsg.: D. D. Blagoj. L. 1957; auf sie beziehen sich im folgenden die eingeklammerten Seitenangaben im Haupttext.

Kapitel 18. Deržavin 253

lender Protektion übergangen, bis es ihm schließlich gelang, sich bei der Niederschlagung des Pugačev-Aufstandes auszuzeichnen. Als Hauptmann wechselte er 1777 in den Zivildienst und begann nun eine Karriere, die ihn trotz mancher Rückschläge in eine Reihe von hohen Staatsämtern unter Katharina II., Paul I. und Alexander I. brachte; er beendete diese glänzende Laufbahn 1803 als Justizminister im Range eines Wirklichen Geheimrats (2. Rangstufe).

Wie so viele andere Autoren im Rußland des 18. Jahrhunderts war Deržavin gleichzeitig Staatsdiener und Dichter. In seinem geistigen Haushalt nahmen Dichtung und Dichterruhm jedoch einen viel größeren Raum ein, als das zum Beispiel bei Fonvizin oder gar bei Bogdanovič der Fall war. Sein poetisches Werk ist entsprechend umfangreich, und auch sein Selbstwertgefühl war, wie wir noch sehen werden, in hohem Maße von seiner poetischen Tätigkeit bestimmt. Andererseits sah er im Dienst jedoch keineswegs nur einen Brotberuf. Deržavins autobiographische Schriften handeln in erster Linie von dienstlichen Angelegenheiten[2], ihnen widmete er sich mit Tatkraft und Unbestechlichkeit; für das dichterische Werk blieb nur der Feierabend. In seiner Neujahrsode von 1780/81 schreibt er: „In den arbeitsfreien Stunden, / Singe ich die Freude meiner Tage" (S. 94).

So gut es ging, erwarb sich Deržavin die Grundbegriffe der Dichtkunst im Laufe seiner Militärzeit durch Selbststudium, mit Hilfe von Trediakovskijs „Leitfaden zur Verfertigung russischer Verse". Zu den Vorbildern seiner frühen Dichtung gehörte außer Sumarokov und Lomonosov auch der Preußenkönig Friedrich II., dessen französische Oden er in deutscher Übersetzung las und zum Teil übersetzte. Außerdem übersetzte Deržavin in diesen Jahren die beiden ersten Gesänge von Klopstocks christlichem Epos *Messias*; auch in späteren Jahren sollte die deutsche Dichtung in seinem Werk eine wichtige Rolle spielen[3].

1779 machte Deržavin Bekanntschaft mit dem Petersburger Dichterkreis um N. A. L'vov, mit V. V. Kapnist und I. I. Chemnicer; später lernte er auch M. N. Murav'ev kennen. Für ihn als Autodidakten war die Beziehung zu diesen hochgebildeten Leuten sehr wertvoll. Die neuen Freunde machten ihn auf die aktuellen Erscheinungen der europäischen Literatur aufmerksam, ermutigten ihn zum Schreiben, lasen seine Werke und erteilten ihm Ratschläge; in Deržavins Manuskripten findet man kritische Randbemerkungen aus ihrer Feder. In den 1780er Jahren bildete sein gastfreies Haus einen kulturellen Mittelpunkt von Petersburg (in Moskau spielte Cheraskov eine ähnliche Rolle). Hier verkehrten außer den älteren Autoren Bogdanovič und dem schon schwer kranken Fonvizin auch die Dichter der jüngeren Generation, unter ihnen vor allem Karamzin und Dmitriev. Ebenso wie Cheraskov und im Gegensatz zu Sumarokov sperrte sich Deržavin nicht gegen die neuen literarischen Strömungen, was seinen Beziehungen zu den

---

[2] Vgl.: I. JU. FOMENKO, Avtobiografičeskaja proza G. R. Deržavina i problema professionalizacii russkogo pisatelja. In: *XVIII vek*. Bd. 14. L. 1983, S. 143–164.

[3] G. ROSENDAHL, Deutscher Einfluß auf Gavriil Romanovič Deržavin. Unveröffentlichte Diss. phil. Bonn 1953.

jüngeren Dichtern zugute kam. Um 1804 bildete sich um ihn ein neuer Kreis, aus dem schließlich die konservative *Beseda ljubitelej russkogo slova* (Gesellschaft der Freunde des russischen Worts) hervorgehen sollte.

Seinen ersten großen Erfolg hatte Deržavin mit seiner *Felica* (1782), einer Ode auf Katharina II. Die Adressatin war entzückt, sie schenkte ihm eine Tabaksdose, die mit Brillianten übersät war und fünfhundert Goldstücke enthielt, und ließ ihn sich auch vorstellen. In den folgenden Jahren schrieb Deržavin weitere Lobgedichte auf die Zarin, was nicht ohne Folgen für sein dienstliches Fortkommen blieb. Zum Hofdichter fehlte ihm jedoch die Geschmeidigkeit. Als er sich zu Beginn der 1790er Jahre als Staatssekretär in der unmittelbaren Umgebung der Zarin befand, sie dabei auch in ihren Schwächen kennenlernte, sah er sich außerstande, weiterhin seine Rolle als „Katharinas Sänger" zu spielen: Die Aufrichtigkeit des Panegyrikers war für ihn mehr als nur eine rhetorische Formel. Mit seiner aufbrausenden Wesensart scheute sich Deržavin auch nicht, in Gegenwart der Zarin unverblümt seine Meinung zu sagen; von Paul I. wurde er für eine ungehörige Antwort gerügt und im Dienst zurückgesetzt.

Mit seiner *Felica* erregte Deržavin auch außerhalb des Hofes Aufsehen. Dieser Ruhm sollte sich im Lauf der Jahre festigen, und seit den 1790er Jahren war er der führende russische Dichter (Karamzin, der sich in diesem Jahrzehnt ebenfalls auf der Höhe seines literarischen Ruhms befand, war in erster Linie Prosaiker). Deržavins Nachfolger in dieser Position war Puškin. Die Begegnung des alten Dichterfürsten mit dem fünfzehnjährigen Puškin bei einer Examensfeier des Lyzeums von Carskoe Selo sollte in der russischen Geistesgeschichte die mythischen Züge einer „translatio genii" erlangen[4].

Jenseits von Regel und Konvention: die Ode *Felica*

Deržavins Gesamtwerk umfaßt außer den Gedichten noch eine Reihe von Bühnenstücken aus der Spätzeit; unter den Prosaschriften ist vor allem seine Autobiographie zu nennen. Bedeutend ist jedoch nur das lyrische Werk[5]. Mit Deržavin betrat ein für Rußland neuer Dichtertypus die Bühne – ein Dichter, der sich gleichsam mühelos von der literarischen Tradition löste, um unabhängig von allen Regeln nur seinem eigenen Kunstwollen zu folgen. Wenn sich Bogdanovič vom Klassizismus befreit, dann spürt man dabei stets einen literaturpolemischen

---

[4] M. SCHRUBA, Translatio genii: A. S. Puškins und N. I. Grečs Erinnerungen an G. R. Deržavin. In: *Porta Slavica. Beiträge zur Slavistischen Sprach- und Literaturwissenschaft.* Hrsg.: B. Althaus u.a. Wiesbaden 1999, S. 289–298.

[5] Vgl. vor allem: B. M. ÈJCHENBAUM, Deržavin. In: DERS., Skvoz' literaturu. Sbornik statej. 's Gravenhage 1962 (Nachdruck der Ausgabe L. 1924), S. 5–36, und die Arbeiten von G. A. Gukovskij, etwa seine Einleitung zu: G. DERŽAVIN, Stichotvorenija. M. 1947, S. V–LVI. Vgl. ferner: I. Z. SERMAN, Gavrila Romanovič Deržavin. L. 1967; H. SMORCZEWSKA, Liryka pejzażowa Gawriły Dierżawina. Białystok 1991; A. L. CRONE, The Daring of Deržavin: The Moral and Aesthetic Independence of the Poet in Russia. Bloomington/Indiana 2001.

Impuls, der bei Deržavin fehlt. Seine Stärke liegt in seiner poetischen Naivität – in der elementaren Unbekümmertheit, mit der er seinen eigenen Weg ging.

Ein besonders schönes Beispiel dieser Haltung bietet *Felica*, das schon genannte Huldigungsgedicht auf Katharina von 1782. Es führt den Gattungsnamen „Ode" im Titel und ist mit 27 Strophen recht umfangreich; der Strophenaufbau folgt der Odenform (je 10 Verse im vierfüßigen Jambus), und das Gedicht schließt mit der üblichen Fürbitte für das Wohlergehen der Adressatin. Im Gegensatz zur herkömmlichen Ode ist *Felica* jedoch an keinen Anlaß gebunden, wie etwa den Namenstag der Zarin oder den Jahrestag der Thronbesteigung; die damit gewonnene Freiheit von den zeremoniellen Bindungen der Hofpoesie prägt das gesamte Gedicht.

In Deržavins Ode erscheint Katharina II. nicht mit den Regalien der russischen Monarchie, sondern in exotischer Kostümierung – als die kirgisische Herrscherin Felica. Dieser Name enthält eine ebenso artige – wie aktuelle Anspielung, denn er stammt aus dem „Märchen vom Prinzen Chlor", das die Zarin für ihren fünfjährigen Enkel, den späteren Zaren Alexander I., geschrieben und im Vorjahr veröffentlicht hatte. Dort erscheint eine kirgisische Herrscherin mit dem sprechenden Namen Felica. Mit der exotischen Verkleidung seiner Adressatin folgt Deržavin der spielerischen Vorliebe des Rokoko für das Orientalische (zum Beispiel gab es im Park von Carskoe Selo außer dem „chinesischen Theater" auch ein „chinesisches Dorf"). Als lyrischer Sprecher seines Gedichts zeigt sich auch Deržavin in orientalischer Tracht – der Titel der ersten Druckfassung nennt einen tatarischen Edelmann, einen „Murza", der seit langem schon in Moskau lebe, sich nun aber geschäftlich in Petersburg aufhalte; das Gedicht *Felica* sei „aus dem Arabischen übersetzt". Später motivierte Deržavin die tatarische Herkunft dieses Murza mit der geographischen Lage seines heimatlichen Guts im Gouvernement Orenburg, in der Nähe des Kirgisengebiets (er selber pflegte seine Abkunft auf ein Tatarengeschlecht zurückzuführen). Der umfangreiche Titel des Gedichts lautet: *Oda k premudroj kirgizkajsackoj carevne Felice, pisannaja tatarskim murzoju, izdavna poselivšimsja v Moskve, a živuščim po delam svoim v Sanktpeterburge. Perevedena s arabskogo jazyka 1782* (S. 374).

In *Felica* wird das überkommene Verhältnis von panegyrischem Sprecher und Adressat, von Untertan und Herrscher mit Hilfe einer graziösen Mystifikation von seinem formellen Gepräge befreit und in eine exotische Spielwelt entrückt. Katharina hat bei dieser Maskerade mitgetan; die goldene Tabaksdose, die sie Deržavin schicken ließ, trug die Inschrift „Aus Orenburg von der kirgisischen Herrscherin für Deržavin"[6].

Zu dieser Tändelei hätte der pathetische Stil einer Feierlichen Ode nicht gepaßt. Trotz einiger kirchenslavischer Wendungen und einem Bibelzitat dominiert in *Felica* die Stillage eines umgangssprachlich und persönlich gefärbten, in wei-

---

[6] Vgl. Deržavins eigenen Kommentar zu der Ode *Felica* – DERŽAVIN, Sočinenija, Bd. III, S. 484.

ten Partien sogar scherzhaften Sprechens. Das Gedicht dreht sich um einen Gegensatz, der seinerseits eine eigenwillige Abwandlung des überkommenen Verhältnisses von Odensprecher und Adressat darstellt. Zwei Schreibweisen und Tonlagen treffen hier zusammen – das Panegyrische und das Satirische. Den einen Pol bildet das Idealbild der Herrscherin, das auch bei Deržavin im Gestus des direkten Lobpreisens, allerdings mit einfachen Worten, gezeichnet wird. Am anderen Pol steht der lyrische Sprecher, der aus der überkommenen Rolle des panegyrischen Subjekts herausgetreten ist: Zum Idealbild der Herrscherin entwirft Deržavins Murza von sich selber und von seinen Standesgenossen ein scherzhaft-satirisches Gegenbild. Mit dem selbstironischen Porträt des lyrischen Sprechers erhält der Leser auch das Gruppenbild einer Petersburger Herrschaftselite, auf die mit Hilfe zahlreicher Anspielungen spöttisch verwiesen wird.

Umso heller können andererseits die Tugenden der Adressatin erstrahlen, wobei die populäre Vorstellung vom guten Herrscher mitspielt, der von eigensüchtigen Höflingen umringt ist. Bei Deržavin führt die Zarin ein einfaches und arbeitsreiches Leben; ihre Würdenträger schwelgen in Luxus und Müßiggang. Der Murza, der stellvertretend für die Granden des Reiches auftritt, lebt nur seinen Launen. Jeder Tag ist ihm ein Feiertag, er schläft bis zur Mittagsstunde, raucht, trinkt Kaffee und überläßt sich seinen Tagträumen. Zum Beispiel stellt er sich vor, daß er ein Sultan sei und das Weltall mit seinem Blick in Schrecken versetze; im nächsten Augenblick springt er auf, um sich beim Schneider einen neuen Rock zu bestellen. Solche Stellen bieten ein humorvolles Genrebild vom adligen Landleben:

> Иль, сидя дома, я прокажу,
> Играя в дураки с женой;
> То с ней на голубятню лажу,
> То в жмурки резвимся порой;
> То в свайку с нею веселюся,
> То ею в голове ищуся;
> То в книгах рыться я люблю,
> Мой ум и сердце просвещаю,
> Полкана и Бову читаю;
> За библией, зевая, сплю. (S. 100)

Oder ich verlustiere mich zu Hause / Und spiele Schafskopf mit meiner Frau; / Mal klettere ich mit ihr auf den Taubenschlag, / Mal spielen wir Blindekuh; / Mal vergnügen wir uns beim Schlagballspielen, / Mal lasse ich mich von ihr lausen; / Mal schmökere ich in Büchern. / Um Verstand und Gemüt zu erleuchten, / Lese ich den *Polkan* und den *Bova* [= volkstümliches Lesefutter]; / Über der Bibel muß ich gähnen, und ich schlafe ein.

In den Erläuterungen zu seinen Werken, die Deržavin im Alter schrieb, geht es auch um die Zeile „Za biblij zevaja, splju" – (Über der Bibel muß ich gähnen, und ich schlafe ein), wobei er von sich selber in der dritten Person spricht: Die gesamte Stelle beziehe sich „auf den Fürsten Vjazemskij [Generalprokureur des

Regierenden Senats und Deržavins Vorgesetzter], der gerne Romane las (die ihm der Autor als sein Untergebener oftmals vorlas, wobei der eine und der andere manchmal einschlief und nichts verstand)"[7]. Weitere hohe Herren, auf die in der Ode *Felica* ebenfalls angespielt wird, sind Potemkin, der allmächtige Günstling der Zarin, und A. G. Orlov, der Held der Seeschlacht von Česme. Bei Deržavin verbindet sich auf diese Weise das Panegyrische mit Scherz und Klatsch – das Ganze ist gleichzeitig ein Lobpreis der Zarin und eine chronique scandaleuse der höfischen Gesellschaft. Man versteht nun, daß Deržavin ursprünglich Bedenken hatte, seine *Felica* zu veröffentlichen; tatsächlich sollte Vjazemskij ihm den Spott über seinen anspruchslosen Literaturgeschmack nie verzeihen.

Daß sich Katharina in dieser Sache auf die Seite ihres Murza schlug, machte die Angelegenheit für Deržavin nicht besser: Nachdem sie die entsprechenden Anspielungen eigens unterstrichen hatte, schickte sie Exemplare der *Felica* an die Mitglieder ihrer Umgebung. Allerdings ließ sich Deržavin durch die Feindseligkeit seiner hochgestellten Opfer auch in den folgenden Jahren nicht beirren. Das zeigt sich vor allem an der satirischen Ode *Vel'moža* („Der Würdenträger") von 1794. Die fünfte Strophe nimmt die Unfähigkeit hochgestellter Staatsdiener aufs Korn; dabei geht die Tiermetaphorik der satirischen Invektive mit dem Pathos des hohen Stils eine wiederum unkonventionelle Verbindung ein:

> Осел останется ослом,
> Хотя осыпь его звездами;
> Где должно действовать умом,
> Он только хлопает ушами.
> О! тщетно счастия рука,
> Против естественного чина,
> Безумца рядит в господина,
> Или в шумиху дурака. (S. 212)

Ein Esel bleibt ein Esel, / Auch wenn man ihn mit Orden behängt; / Wo er seinen Verstand einsetzen müßte, / Wackelt er nur mit den Ohren. / Oh! Zu Unrecht macht die Hand der Fortuna, / Gegen die natürliche Ordnung der Dinge, / Den Dummkopf zum großen Herrn / Oder sie kleidet den Trottel in ein Flitterkleid.

In *Vel'moža* verschärft sich die spielerisch-humorvolle Satire der *Felica* zu einem heftigen, von Anspielungen wiederum durchsetzten Angriff auf jene politische Klasse des Reiches, zu der Deržavin inzwischen selber gehörte. Als lyrischer Sprecher zieht er gegen seine unfähigen und bestechlichen Amtskollegen zu Felde; er gibt sich als 'ehrlicher Mann bei Hofe', der nicht davor zurückschreckt, die Werte der petrinischen Tradition einzufordern und auch den mächtigsten Herren die Wahrheit ins Gesicht zu sagen.

Mit seiner *Felica* fand Deržavin nicht nur bei seiner Adressatin Anklang, sondern auch bei einem breiteren Leserkreis. Dessen freudige Zustimmung erklärt sich aus dem Überdruß an jenen Oden, die seit Lomonosov zu Hunderten in der

---

[7] DERŽAVIN, Sočinenija, Bd. III, S. 481.

bekannten Manier geschrieben wurden. In einer satirischen Versepistel Knjažnins von 1783 liest man: „Ich weiß, daß die kühnen Oden, / Die schon aus der Mode gekommen sind, / Sehr langweilig sein können"[8]. In dieser Situation mußten die Leser Deržavins *Felica* als befreiend empfinden. Ein anderer Dichter schreibt, „daß unser Ohr von den lauten Tönen" der herkömmlichen Ode schon „fast taub geworden" sei; dagegen habe Deržavin mit seiner *Felica* einen „nicht ausgetretenen und neuen Weg" gebahnt[9].

All dies hat Deržavin jedoch nicht daran gehindert, die Feierliche Ode herkömmlicher Art auch weiterhin und mit Erfolg zu pflegen, zum Beispiel mit seiner Ode von 1790/91 auf die Eroberung der türkischen Festung Izmail. Im Motto des Gedichtes erinnert Deržavin an Lomonosovs Ode auf Katharinas Thronbesteigung von 1762 – über die Köpfe der Epigonen hinweg verneigt er sich vor dem Klassiker der Gattung. Deržavin war kein Bilderstürmer, bei ihm gab es keinen Gegensatz von Neuem und Altem. Auch hierin zeigt sich seine Unbekümmertheit. Der ästhetische Dogmatismus eines Sumarokov war ihm fremd; Anhänger oder gar Führer einer literarischen Partei ist er nie gewesen.

Deržavin nimmt sich die Freiheit, von Fall zu Fall selber zu entscheiden, ob er den Regeln und den Vorbildern folgen oder ob er nach eigenen Lösungen suchen sollte. So auch in *Felica*: Jenseits aller Vorschriften herrscht allein der Formwille des Autors – der literarische Text wird zum künstlerisch vermittelten Ausdruck der „Dichterpersönlichkeit selber, seiner unverwechselbaren, konkreten Individualität"[10]. Die Eigenwilligkeit Deržavins zeigt sich auch in der Sprache. Bei ihm schließen das Hohe und das Niedere einander nicht mehr aus – wie man schon am Beispiel des *Vel'moža* gesehen hat, gibt es auch in seinen Oden immer wieder Ausdrücke und Formen, die aus dem sprachlichen Alltag stammen, mit dem hohen Stil der Gattung zusammenstoßen und dem heutigen Leser manchmal als fehlerhaft erscheinen[11].

Autobiographische Dichtung

Die Maßstäbe ästhetischer Wertung brauchten nun nicht mehr in den Lehrbüchern der Poetik gesucht werden, sondern ergaben sich aus der Eigengesetzlichkeit des einzelnen Kunstwerks. In engem Zusammenhang mit dieser neuen Dichtungsauf-

---

[8] *K knjagine Daškovoj. Pis'mo na slučaj otkrytija Akademii rossijskoj.* In: JA. B. KNJAŽNIN, Izbrannye proizvedenija. Hrsg.: L. I. Kulakova. L. 1961, S. 649–653, hier S. 651. In einer Fußnote beeilt sich Knjažnin hinzuzufügen, daß die „unsterblichen Oden des großen Lomonosov und eine gewisse Zahl anderer" von diesem Urteil ausgeschlossen seien.

[9] E. I. KOSTROV, Pis'mo k tvorcu ody, sočinennoj v pochvalu Felicy, carevne Kirgizkajsackoj [1783]. In: *Poėty XVIII veka*, Bd. II, S. 151–154, hier S. 153, 151.

[10] GUKOVSKIJ, Einleitung zu: DERŽAVIN, Sočinenija, S. XXXIII.

[11] Vgl. JA. GROT, Jazyk Deržavina. In: *Gavriil Romanovič Deržavin. Ego žizn' i sočinenija*. Hrsg.: V. I. Pokrovskij. M. 1911, S. 93–111; VINOGRADOV, Očerki po istorii russkogo literaturnogo jazyka, S. 139–143 („Vnedrenie prostorečija v srednij i vysokij slog. Jazyk Deržavina"); B. A. USPENSKIJ, Jazyk Deržavina. In: DERS., Izbrannye trudy, Bd. III, S. 409–433.

fassung steht ein weiteres Merkmal, das sich in dem verallgemeinerten und orientalisch verfremdeten Bild des lyrischen Sprechers in *Felica* nur andeutet: Das Ich des Autors und seine Lebensverhältnisse werden zu einem Hauptgegenstand der Dichtkunst, wie zum Beispiel in dem Gedicht *Progulka v Sarskom sele* („Spazierfahrt in Carskoe Selo", 1791; 'Sarskoe Selo' ist die ältere Schreibweise). Deržavin spricht hier nicht nur über die Parklandschaft von Carskoe Selo, sondern auch über die Umstände, unter denen er sie erlebte – auf einer Bootsfahrt, die er zusammen mit seiner Frau an einem schönen Maientag unternommen hatte. Ebenso wie in anderen Gedichten trägt Deržavins Frau hier den literarischen Namen Plenira. Als sie einige Jahre später starb, schrieb Deržavin ein Gedicht über diesen Verlust (*Lastočka* – „Die Schwalbe", 1794). Aber schon im folgenden Jahr heiratete er aufs Neue, und in dem Gedicht *Priglašenie k obedu* („Einladung zum Essen", 1795) konnte man nun von einer „jungen und stattlichen Hausfrau" lesen, die den geladenen Gästen die Hand zum Willkomm reicht – Deržavins zweite Frau Dar'ja Alekseevna.

In der russischen Lyrik ist auch das autobiographische Thema etwas Neues. Die Autoren der älteren Generation sprechen in ihren Gedichten kaum jemals von sich selber. Bei Lomonosov und bei Sumarokov erscheint das lyrische Ich nur in derjenigen Rolle, die durch die Gattung vorgegeben war, etwa als verzückter Sprecher der Feierlichen Ode oder als unglücklich Liebender der Elegie. Wenn Sumarokov diese Regel einmal durchbricht, wie in der Elegie *Vse mery prevzošla teper' moja dosada* („Jedes Maß hat mein Verdruß nun überschritten", 1770), so ist das eine seltene Ausnahme.

Für die Autoren des russischen Klassizismus gehörte die Dichtung zu einer anderen Welt als die empirische Person des Dichters. Nur das Allgemeine hatte Anspruch auf poetische Bedeutsamkeit; das Individuelle und Persönliche war belanglos. Umso bemerkenswerter ist nicht nur die quasi-selbstverständliche Art, wie Deržavin die eigene Person in die Mitte seines lyrischen Œuvres rückt, sondern auch der Erfolg, den er damit bei den Lesern hatte. Hierin zeigt sich ein Wertewandel, der über das Literarische hinausgeht und auf die beginnende Emanzipation des Individuums und seiner Privatsphäre im Zeitalter der Aufklärung verweist. In der Literatur richtet sich diese Entwicklung gegen die überpersönlichen, auf das Universale gerichteten Normen des Klassizismus; im Politischen richtet sich dieselbe Entwicklung gegen den allumfassenden Verfügungsanspruch des absolutistischen Staates, wobei man im Falle Rußlands in erster Linie an die Befreiung des Adels von der Dienstpflicht im Jahre 1762 zu denken hat.

Die Gedichte Deržavins konnten nun auf eine neue Art gelesen werden – nicht mehr als Verwirklichung eines Regelkanons, sondern als Bausteine einer poetischen Autobiographie. Ein besonderer Reiz der Lektüre lag somit in der Wahrnehmung jener Veränderungen, die sich im Leben des Autors vollzogen, wobei die einzelnen Gedichte Etappen seiner Biographie vergegenwärtigten. Dieses autobiographische Moment zeigt sich schon an Deržavins frühen Čitalagaj-Oden (ersch. 1776)[12]. Der gemeinsame Bezugspunkt dieser thematisch und formal heterogenen Sammlung liegt in den persönlichen Lebensumständen des Dichters, der sich in einem bestimmten Jahr an einem bestimmten Ort der Volgagegend befand; der Titel des Zyklus lautet: „Oden, die im Jahre 1774 am Berg Čitalagaj übersetzt und verfaßt wurden" (*Ody, perevedennye i sočinennye pri gore Čitalagae, 1774 goda*).

„*Žizn' zvanskaja*"

Im Autobiographischen liegt auch der Reiz des poetischen Sendschreibens, das Deržavin im letzten Jahrzehnt seines Lebens an einen Freund, den Bischof Evgenij (E. A. Bolchovitinov), gerichtet hat – *Evgeniju. Žizn' zvanskaja* („An Evgenij. Das Leben von Zvanka", 1807). Ebenso wie die Landlebengedichte der europäischen Tradition ist diese Epistel eine Variation auf die II. Epode des Horaz mit der berühmten Eingangszeile: „Beatus ille qui procul negotiis…" – „Wohl dem, der fern von den Geschäften…". Mit der Wendung „Blažen, kto…" wiederholt Deržavin das „Beatus ille…" der horazischen Vorlage, von der es auch eine freie Übersetzung Deržavins aus dem Jahre 1798 gibt – *Pochvala sel'skoj žizni* („Lob des Landlebens").

Schon einige Jahre vor der Entstehung von *Žizn' zvanskaja* hatte Deržavin – wenn auch nicht ganz freiwillig – das getan, was für den lyrischen Sprecher des Horaz ein Wunschtraum bleibt: Nachdem er wegen dienstlicher Querelen im Jahre 1803 als Justizminister entlassen wurde, zog er sich ins Privatleben zurück. Die Sommermonate verbrachte er auf seinem Landgut Zvanka im russischen Norden. Mit seiner zweiten Frau, umgeben von Verwandten, Freunden und leibeigenem Gesinde, führte er dort in ländlicher Abgeschiedenheit das Leben eines wohlhabenden Gutsbesitzers. Dieser autobiographische Stoff wird durch die traditionellen Formen und Motive der Landlebendichtung poetisch überhöht. Von Deržavins dienstlichen Mißhelligkeiten ist nur andeutungsweise die Rede, aber der Ärger über das Hofleben, das er hinter sich gelassen hatte, äußert sich gleich in der ersten Strophe (die von Deržavin gewählte Form der sapphischen Strophe ist ebenso wie die alkäische Strophe kennzeichnend für die europäische Tradition der horazischen Ode):

> Блажен, кто менее зависит от людей,
> Свободен от долгов и от хлопот приказных,
> Не ищет при дворе ни злата, ни честей
> И чужд сует разнообразных! (S. 326)

Wohl dem, der nicht von anderen abhängt, / Der, von Pflichten und amtlicher Geschäftigkeit befreit, / Bei Hofe nicht nach Gold und Ehren strebt / Und alles eitle Tun vergessen kann.

---

12 Vgl.: R. VROON, *Čitalagajskie ody* (K istorii liričeskogo cikla v russkoj literature XVIII veka). In: *Gavriil Deržavin (1763–1816)*. Hrsg.: E. Ėtkind; S. Elnitsky. Northfield/Vermont 1995, S. 185–201, hier S. 186 f.

Die epistoläre Hinwendung zu dem Adressaten Evgenij schafft die Illusion einer freundschaftlich-intimen Mitteilung. Ebenso wie viele andere Landlebengedichte ist auch *Žizn' zvanskaja* als Beschreibung eines Tagesablaufes aufgebaut. Es entfaltet sich ein detailliertes und abwechslungsreiches Bild ländlichen Behagens – eine patriarchalische Idylle, die von jenem Schreckbild des adligen Landlebens, das Novikov in seinen Moralischen Wochenschriften und Fonvizin in seinem „Landjunker" entworfen hatte, Lichtjahre entfernt ist. Deržavin war zwar nicht der erste russische Dichter, der ein verklärtes Bild vom adligen Landleben gezeichnet hatte, denn in den 1760er Jahren war das ein beliebtes Thema des Cheraskov-Kreises[13]. Erst ihm ist es jedoch gelungen, den Mythos vom adligen Landleben auf eine für die Nachwelt gültige Weise zu gestalten. In der russischen Literatur wurde dieser Mythos nicht nur vielfach wiederaufgegriffen, sondern auch in Frage gestellt – etwa in dem ambivalenten Bild einer ländlichen Idylle, das man in Gončarovs Roman *Oblomov* findet („Oblomovs Traum"), in der Satire auf das Leben des adligen Gutsbesitzers Obolt-Obolduev in Nekrasovs Poem „Wer ist glücklich in Rußland?"; einen wehmütigen Nachklang auf das ländliche Herrenleben findet man in Čechovs „Kirschgarten".

„Pamjatnik"

Als Lyriker spricht Deržavin nicht nur von seinem Alltag, sondern auch von seinem Künstlertum, wie vor allem in dem Gedicht *Pamjatnik* („Das Denkmal", 1795) mit der Eingangszeile „Ja pamjatnik sebe vozdvig čudesnyj, večnyj" („Ich habe mir ein wundersames, ewiges Denkmal gesetzt")[14]. Auch hier tritt Deržavin in die Fußspuren des Horaz – das Gedicht ist eine Paraphrase von dessen Ode auf den eigenen Dichterruhm *Exegi monumentum aere perennius* („Also schuf ich ein Mal dauernder noch als Erz"); später sollte Puškin Deržavins *Pamjatnik* für eine weitere Variation auf die horazische Ode verwenden (*Ja pamjatnik sebe vozdvig nerukotvornyj*, 1836).

Mit *Pamjatnik* stützt sich Deržavin auf die traditionsgeheiligte Autorität des Horaz; gleichwohl blieb ein dichterisches Selbstlob im Rußland des 18. Jahrhundert ein gewagtes Unterfangen. Die zeitgenössischen Satiren nehmen oft die Ruhmredigkeit der Schriftsteller aufs Korn, zum Beispiel N. P. Nikolevs Komödie vom „Eitlen Dichter" (*Samoljubivyj stichotvorec*, Erstauff. 1781), die den Geltungsdrang Sumarokovs verspottet. Deržavin wußte, daß auch er zu diesen Prahlhänsen gezählt werden konnte. 1804 schrieb er das Gedicht *Lebed'* („Der Schwan"), ebenfalls eine Horazparaphrase, die wiederum von der Unsterblichkeit

---

[13] GUKOVSKIJ, Očerki po istorii russkoj literatury XVIII veka. Dvorjanskaja fronda, S. 93–97. Vgl. auch: L. G. AGAMALJAN, Izobraženie dvorjanskoj usad'by v russkoj poèzii konca XVIII – 1-j poloviny XIX veka. In: *Deržavinskie čtenija*. Vyp. 1. SPb. 1997, S. 116–125; E. P. ZYKOVA, Poèma o sel'skoj usad'be v russkoj idilličeskoj tradicii. In: *Mif. Pastoral'. Utopija.* Hrsg.: Ju. G. Kruglov. M. 1998, S. 58–71.

[14] Vgl.: J. KLEIN, Poèt-samochval: Deržavins *Pamjatnik* und der Status des Dichters im Rußland des 18. Jahrhunderts. In: *Zeitschrift für Slavische Philologie* 62 (2003), S. 83–110.

seines Dichterruhms handelt. Später gab Deržavin den folgenden Kommentar zu diesem Gedicht, wobei er von sich selber wieder in der dritten Person spricht:

> Eigentlich wäre es unverzeihlich, sich selber so zu loben; aber da nun einmal Horaz und andere Dichter der Antike sich dieses Privileg erworben haben, so nimmt es auch der Autor für sich in Anspruch und hofft, daß er dafür von seinen Landsleuten nicht verurteilt wird.[15]

Um seinen Ruhm ins rechte Licht zu setzen, verwendet Deržavin in der dritten Strophe von *Pamjatnik* jene imperiale Motivik des gewaltigen Raumes, die man aus der Feierlichen Ode kannte:

> Слух пройдет обо мне от Белых вод до Черных,
> Где Волга, Дон, Нева, с Рифея льет Урал;
> [...] (S. 233)

> Die Kunde von mir wird vom Weißen bis zum Schwarzen Meer erklingen, / Wo Volga, Don, Neva strömen, und wo sich der Uralfluß vom Rifäischen Gebirge ergießt; [...]

Die Feierliche Ode ist eine Gattung des Herrscherlobs. Mit seiner odenhaften Raummotivik hätte sich Deržavin also mit der Zarin auf eine Stufe gestellt. Ob das wirklich seine Absicht war, kann man bezweifeln, aber es ist doch ein sehr hoch gespannter Anspruch, der sich hier äußert. In den folgenden zwei Strophen, die das Gedicht abschließen, sucht der lyrische Sprecher diesen Anspruch zu begründen und nennt seine poetischen Verdienste. Als „erster" habe er „sich erkühnt", die Tugenden der Felica in „heiterem russischen Stil" zu besingen; an zweiter Stelle nennt er seine Ode *Bog* („Gott"), und drittens hält er sich zugute, „den Zaren mit einem Lächeln die Wahrheit" gesagt zu haben, wobei er offenbar an das satirische Element seiner Dichtung denkt; die Formulierung geht wiederum auf Horaz zurück, auf das vielzitierte „ridentem dicere verum" der Satiren (*Sermones*, I, 1, V. 24).

Im Lichte jenes hohen Anspruchs, der sich in *Pamjatnik* ausdrückt, wirkt der Leistungskatalog, an dessen Spitze die poetische Erneuerung des Herrscherlobes steht, nicht ganz überzeugend. Deržavins Auffassung von seiner poetischen Lebensleistung ist gar zu bescheiden: Für ihn besteht sie vor allem in der Begründung eines neuen Stils, mit dessen Hilfe er die Zarin auf eine ungewohnte und damit besonders wirksame Art besingen konnte. Sein eigener Ruhm erscheint damit als abgeleiteter Ruhm: An erster Stelle steht nicht er, sondern Katharina II., in deren Dienst er sein Talent gestellt hat. Dasselbe Motiv findet man in anderen Gedichten Deržavins, etwa in *Moj istukan* („Mein Standbild", 1794). In *Prinošenie monarchine* („Für die Monarchin", 1795), äußert der Sprecher die Überzeu-

---

[15] Diese Äußerung findet sich nur in der ersten Auflage der Akademieausgabe von Deržavins Werken, die ich hier ausnahmsweise zitiere: G. R. DERŽAVIN, Sočinenija. Hrsg.: Ja. Grot. Bd. IX. SPb. 1883, S. 260.

gung, daß seine Lyra als „Echo" von Katharinas Ruhm auch nach seinem Tode noch erklingen werde[16].

Es scheint, als ob Deržavin in *Pamjatnik* vor seiner eigenen Kühnheit zurückweicht und sich im Gegensatz zur tatsächlichen Bedeutung seines poetischen Werks nun doch mit der traditionellen Rolle eines Hofdichters abfindet. Eine gewisse Unsicherheit äußert sich auch in dem defensiven Ton, den man in der Schlußpartie des Gedichts vernimmt. Der lyrische Sprecher wendet sich an seine Muse und ermahnt sie zum berechtigten Stolz auf ihr Verdienst: Sie solle ihre Verächter verachten und sich „mit ungezwungener und bedächtiger Hand" den Kranz des ewigen Ruhms aufsetzen. Daß dieser Ruhmeskranz, den Deržavin in verblaßter Form ebenfalls von seiner horazischen Vorlage übernimmt – dort ist die Rede von einem Lorbeerkranz –, ihn abermals mit Heroen und Monarchen auf eine Stufe stellt, ist ihm wohl wiederum kaum bewußt gewesen:

> О муза! возгордись заслугой справедливой,
> И презрит кто тебя, сама тех презирай;
> Непринужденною рукой неторопливой
> Чело твое зарей бессмертия венчай. (S. 233)

„Malende Poesie":
Die Entdeckung der sinnlichen Wirklichkeit

Deržavin ist stolz darauf, daß er den Ruhm der Zarin als erster im „heiteren russischen Stil" besungen habe. Die damit erneuerte Gattung des Herrscherlobs hatte gegen Ende des 18. Jahrhunderts jedoch kaum noch Zukunft. Aus literarhistorischer Sicht möchte man daher andere Seiten von Deržavins lyrischem Œuvre hervorheben: die Befreiung von den Zwängen der Regelpoetik und die Begründung des empirischen Autoren-Ich als dichterisches Thema. Und noch eine weitere Leistung Deržavins gilt es zu würdigen – die poetische Entdeckung der Sinnenwelt. Ein besonders schönes und berühmtes Beispiel hierfür bieten in *Žizn' zvanskaja* die Strophen 24–26 mit der Beschreibung einer reich gedeckten Mittagstafel. Der horazische Topos von den ländlich-einfachen Speisen wird hier ins Heimatlich-Russische übertragen:

> Бьет полдня час, рабы служить к столу бегут;
> Идет за трапезу гостей хозяйка с хором.
> Я озреваю стол – и вижу разных блюд
>   Цветник, поставленный узором.

Es schlägt die Mittagsstunde, die Knechte eilen herbei, um bei Tisch zu bedienen, / Die Hausfrau schreitet mit der Gästeschar zum Mahl. / Ich blicke auf den Tisch – und sehe das Blumenbeet / Der mannigfaltigen Gerichte, die zierlich aufgestellt sind.

---

[16] DERŽAVIN, Sočinenija, Bd. I, S. 491 f., hier S. 492.

Багряна ветчина, зелены щи с желтком,
Румяно-желт пирог, сыр белый, раки красны,
Что смоль, янтарь – икра, и с голубым пером
Там щука пестрая: прекрасны!

Der Schinken ist rötlich, grün die Kohlsuppe mit Eigelb, / Die Pastete ist rosiggelb, weiß der Käse, rot die Krebse, / Wie Pech und Bernstein – der Kaviar, und mit bläulicher Flosse / Prangt dort der buntschillernde Hecht: wie herrlich!

Прекрасны потому, что взор манят мой, вкус;
Но не обилием иль чуждых стран приправой,
А что опрятно все и представляет Русь:
Припас домашний, свежий, здравый. (S. 329)

Herrlich, weil verlockend für Auge und Geschmack; / Aber nicht durch Üppigkeit oder fremdländische Zubereitung, / Sondern weil alles appetitlich ist und aus Rußland stammt: / Eine heimische, frische und gesunde Nahrung.

Das lyrische Thema des Gedichts ist Lebensfreude. Auch das ist etwas Neues in der russischen Literatur – der Gegensatz zur weltabgewandten Strenge des altrussischen Weltbildes könnte nicht größer sein. Zwar kommt in der 20. Strophe auch Gott zur Sprache, aber das ist kein fordernder und strafender Gott, sondern der Schöpfer irdischer Schönheit. Ihm gilt der dankbare Ausruf des lyrischen Sprechers: „O, kol' prekrasen mir!" („Oh, wie schön ist doch die Welt!", S. 329). Jenes neuzeitliche Weltverhältnis, dem auf seine Weise schon Lomonosov in den kosmologischen Gedichten das Wort geredet hatte, ist bei Deržavin nicht mehr wissenschaftlich, sondern ästhetisch begründet und verbindet sich mit einer Haltung unbefangenen Genießens.

Für Deržavin ist die Schönheit der Welt in erster Linie nicht geistiger, sondern sinnlicher Natur, wobei in *Žizn' zvanskaja* der Geschmack ebenso angesprochen wird wie der Farbsinn. Wie kein russischer Dichter vor ihm hat es Deržavin verstanden, seinen Lesern diese Art von Schönheit nahezubringen. Zwar hat auch der Klassizismus die Außenwelt nicht völlig ignoriert. In der Feierlichen Ode findet man die Motivik des gewaltigen Raumes mit seinen Abgründen, Berggipfeln und Ozeanen; die Schäferdichtung spricht von murmelnden Bächen, grünen Wiesen, schattigen Bäumen und anderen Requisiten des locus amoenus. Aber das waren nur Formeln – bei Deržavin gewinnt die Außenwelt einen sinnlichen Zauber, den man bei den Autoren des russischen Klassizismus vergeblich sucht; allenfalls die prunkvollen Beschreibungen in Cheraskovs *Rossijada* sind hier eine Ausnahme.

Mit Fug und Recht kann man viele von Deržavins Gedichten als 'malende Poesie' bezeichnen[17]. In manchen Fällen folgte er tatsächlich der bildenden Kunst,

---

17 Vgl.: E. JA. DAN'KO, Izobrazitel'noe iskusstvo v poèzii Deržavina. In: *XVIII vek*. Bd. 2. Düsseldorf–The Hague 1968 (Nachdruck der Ausgabe M.–L. 1940), S. 166–247, hier S. 182 f.; H. KÖLLE, Farbe, Licht und Klang in der malenden Poesie Deržavins. München 1966. Vgl. ferner: T. SMOLJAROVA, „Javis'! i byst'". Optika istorii v lirike pozdnego Deržavina. K 200-

wie in *Videnie Murzy* („Die Vision des Murza", entstanden vermutlich 1783–1784), einem seiner Felica-Gedichte. Unter dem Eindruck des eben erst vollendeten Herrscherporträts Katharinas II. von D. G. Levickij beschreibt Deržavin hier die hoheitsvolle Gestalt der Zarin. Für ihn ist Dichtung denn auch „nichts anderes als sprechende Malerei"[18], eine Wendung, die auf das horazische „ut pictura poesis" zurückgeht. Im 18. Jahrhunderts war diese Vorstellung einer Wesensverwandschaft von Malerei und Dichtkunst nach wie vor geläufig. Erst unter dem Eindruck von Lessings Essay *Laokoon: oder über die Grenzen der Mahlerey und Poesie* (ersch. 1766) sollte sie ihre selbstverständliche Geltung verlieren. Ob Deržavin diese neuere Entwicklung zur Kenntnis genommen hat, ist jedoch zweifelhaft: Ohne sich lange den Kopf über theoretische Fragen zu zerbrechen, folgte er seinem poetischen Ingenium – aus der Tradition nahm er sich das, was er gerade brauchte und eroberte so der russischen Lyrik neues Terrain.

Wie schon aus der Beschreibung der Mittagstafel in *Žizn' zvanskaja* hervorgeht, war Deržavin als 'malender' Dichter vor allem Kolorist. Auf besonders eindrucksvolle Weise zeigt sich das in *Pavlin* („Der Pfau", 1795). Das Gedicht enthält eine moralische Lehre, die sich gegen die Eitelkeit richtet. Beim Lesen vergißt man das jedoch und überläßt sich dem Farbenrausch. Zwei- und sogar dreigliedrige Verbindungen von Farbadjektiven verbinden sich mit Bewegungsmotiven und beschreiben so das Funkeln, Glänzen und Leuchten der Federn, wobei die Metaphorik der kostbaren Metalle und Steine für weitere Farb- und Lichteffekte sorgt. Dies sind die ersten beiden Strophen des Gedichts:

> Какое гордое творенье,
> Хвост пышно расширяя свой,
> Черно-зелены в искрах перья
> Со рассыпною бахромой
> Позадь чешуйной груди кажет,
> Как некий круглый, дивный щит?

Welches stolze Geschöpf, / Fächert üppig seinen Schwanz, / Und zeigt die grünschwarz funkelnden Federn / Mit ihrer lockeren Franse / Hinter der schuppigen Brust / Wie einen runden, wundersamen Schild?

> Лазурно-сизы-бирюзовы
> На каждого конце пера,
> Тенисты круги, волны новы
> Струиста злата и сребра;
> Наклонит – изумруды блещут!
> Повернет – яхонты горят! (S. 232)

---

18 letiju stichotvorenija *Fonar'*. In: *Istorija i povestvovanie*. Hrsg.: G. V. Obatnin; P. Pesonen. M. 2006. S. 69–99.
Razsuždenie o liričeskoj poèzii („Erörterungen über die lyrische Poesie"). In: DERŽAVIN, Sočinenija, Bd. VII, S. 530–618, hier S. 575 (im Abschnitt über „Vergleiche und Analogien").

Blau-grau-türkisfarben / Am Ende jeder Feder / Sind schattenhaft die Kreise, neu die Wellen / Des fließenden Goldes und Silbers; / Der Pfau neigt seinen Fächer – und Smaragde blitzen! / Er dreht ihn – und Rubine leuchten!

Ein weiteres Beispiel für Deržavins Augendichtung bietet die schon erwähnte „Spazierfahrt" im Park von Carskoe Selo. Hier geht es nicht nur um das Gesehene, sondern, wiederum in lehrhafter Absicht, auch um das Sehen: Der lyrische Sprecher erzählt, wie er seine Begleiterin ermahnt habe: „Schau doch nur, schau und sieh – die Schönheiten der Natur / Sind gleichsam plötzlich auf uns zugekommen [...]" („Vzgljani, vzgljani vokrug, / I vižd' – krasy prirody / Kak by steklis' k nam vdrug [...]", S. 173). Dieser Appell richtet sich auch an die Leser, die bei Deržavin in die Schule gehen, das Sehen lernen und die Schönheit der Sinnenwelt für sich entdecken sollen. Eben diese Sinnenwelt ist hier gemeint, wenn von „Natur" die Rede ist – im Blickfeld des lyrischen Sprechers liegt ja nicht nur die (durch den Menschen veredelte) Natur der Parklandschaft, sondern auch die „purpur-goldenen" Dächer des Zarenpalastes.

Im Landschaftsbild der „Spazierfahrt" dominiert wiederum die Motivik der leuchtenden Farben und der kostbaren Materialien – alles funkelt, glitzert und spiegelt sich im Wasser, das durch die Metaphorik der Perlmutter und des Kristalls auch seinerseits zum Erlesenen hin überhöht wird. Diese Farb- und Lichteffekte gehen auf die deutsche Barockdichtung zurück, die Zweite Schlesische Schule, so wie diese in der Frühaufklärung bei B. H. Brockes fortlebte – einem Dichter, der uns schon im Zusammenhang mit Lomonosovs geistlicher Dichtung begegnet ist. Bei Brockes findet man auch jene mehrgliedrigen Kombinationen von Farbadjektiven, die von Deržavin in die russische Literatur eingeführt wurden[19].

So eindringlich die Sinnenwelt bei Deržavin zur Geltung kommt, so hat sie, wie wir schon am Beispiel des „Pfauen" gesehen haben, doch auch eine 'höhere' Bedeutung in lehrhafter Absicht. Bei aller sinnlichen Fülle können die Landschaften, die Deržavin vor seinem Leser ausbreitet, daher ein allegorisches Gepräge erhalten, wie in dem berühmten Gedicht *Vodopad* aus den Jahren 1791–1794. Der „Wasserfall", der hier im Mittelpunkt steht, heißt Kivač und befindet sich am Fluß Suna, der seinerseits in den Onega-See fließt. Von einer Reise durchs nördliche Rußland im Jahre 1785 kannte Deržavin ihn aus eigener Anschauung.

Die Metaphorik des Kostbaren und Prächtigen, die auch in dieser Beschreibung vorwaltet (Diamanten, Perlen, Silber), steht nicht mehr im Dienste des Festlich-Heiteren, sondern des Erhabenen und verbindet sich mit einer Darstellungsweise, die auf den Aufbau eines räumlichen Zusammenhangs zielt. Erneut bewährt sich so das Prinzip der „sprechenden Malerei"; wie man hinzufügen kann, hat Deržavins Gedicht im Laufe des 19. Jahrhunderts eine Reihe von

---

[19] Vgl.: L. V. PUMPJANSKIJ, Poèzija F. I. Tjutčeva. In: *Uranija. Tjutčevskij al'manach. 1803–1928*. Hrsg.: E. P. Kazanovič. L. 1928, S. 36–57.

Künstlern veranlaßt, auch ihrerseits mit der Dichtung zu wetteifern und den Kivač zu zeichnen oder in Öl zu malen. Deržavins Beschreibung beginnt mit der gegenläufigen Bewegung des über vier Stufen fallenden und dann in Wellen wieder aufsteigenden Wassers, wobei sich die senkrechte Raumachse durch adverbiale Bestimmungen wie „von der Höhe", „unten", und „nach oben" andeutet. Durch den Gegensatz von abrupter Bewegung und dem scheinbaren Stillstand eines „tiefblauen Hügels" von Sprühwasser wird die Dramatik des Naturgeschehens zusätzlich betont. Im folgenden beruhigt sich das herabstürzende Wasser und verschwindet schließlich mit der Suna „unter dem schwankenden Dach" des Waldes aus dem Blickfeld des lyrischen Sprechers. Gleichzeitig wird deutlich, daß der Wasserfall zu einer Landschaft gehört, die nicht nur aus Wald und Fluß besteht, sondern in der Ferne auch aus einer Eisenschmelzerei. In erster Linie wird jetzt nicht mehr das Sehen, sondern das Hören angesprochen: Das Klopfen der Hämmer, das Kreischen der Sägen, das „Stöhnen" der Blasebalge werden durch den Wind zum Standort des lyrischen Sprechers 'herüber' getragen. Der Gegensatz von Natur und Menschenwerk ist aufgehoben – für Deržavin sind beide gleichermaßen Erscheinungen der einen Sinnenwelt und deshalb gleichermaßen poesiefähig.

Den vorläufigen Abschluß der Beschreibung bildet eine Apostrophe des lyrischen Sprechers an den Wasserfall, in der sich seine Bestürzung über dessen allesverschlingende Gewalt äußert – ein Motiv, das weiter unten in der Wendung von der „schrecklichen Schönheit" des Wasserfalls wiederkehrt; ein Zeilen- und ein Strophenenjambement suggeriert die Vorstellung eines unaufhaltsamen Strömens:

>   Алмазна сыплется гора
>   С высот четыремя скалами,
>   Жемчугу бездна и сребра
>   Кипит внизу, бьет вверх буграми;
>   От брызгов синий холм стоит,
>   Далече рев в лесу гремит.

Ein diamantener Berg ergießt sich / Von der Höhe über vier Felsen, / Ein Abgrund von Perlen und von Silber / Siedet unten und schlägt in Hügeln empor; / Die Spritzer bilden einen tiefblauen Buckel, / Weithin schallt das Tosen im Wald.

>   Шумит, и средь густого бора
>   Теряется в глуши потом;
>   Луч чрез поток сверкает скоро;
>   Под зыбким сводом древ, как сном
>   Покрыты, волны тихо льются,
>   Рекою млечною влекутся,

Es rauscht, und mitten im dichten Forst / Verliert es sich dann im Dickicht; / Ein Lichtstrahl blitzt durchs Wasser; / Unter dem schwankenden Dach der Bäume wie durch einen Schlaf / Bedeckt, ergießen sich still die Wellen, / Und fließen dahin wie ein Strom von Milch,

Седая пена по брегам
Лежит буграми в дебрях темных;
Стук слышен млатов по ветрам,
Визг пил и стон мехов подъемных:
О водопад! в твоем жерле
Все утопает в бездне, в мгле! (S. 178 f.)

Der graue Schaum liegt in Hügeln / An den Ufern in dunklem Gebüsch; / Durch den Wind hört man das Pochen der Hämmer, / Das Kreischen der Sägen und das Stöhnen der Blasebälge: / Oh du Wasserfall! In deinem Schlund / Ertrinkt alles in einem Abgrund, im Dunst!

Das mit dieser Landschaftsbeschreibung eingeleitete Gedicht ist mit 74 Strophen sehr umfangreich. Deržavin schrieb es unter dem Eindruck einer Todesnachricht: Am 5. Oktober 1791 war unerwartet Potemkin gestorben, der Favorit der Zarin, aber als Feldherr und Staatsmann auch eine bedeutende Figur aus eigenem Recht. Wie Deržavin in der 49. Strophe eigens hervorhebt, hatte er mit seiner Ode auf die Eroberung von Izmail erst kürzlich einen militärischen Erfolg des Verstorbenen gefeiert. Seine Bestürzung über den jähen Tod des großen Mannes mündet in eine lyrische Betrachtung, in der es nicht nur um die Vergänglichkeit irdischer Macht und irdischen Ruhms geht, sondern auch um die Zerstörungen, mit denen dieser Glanz bezahlt wird – eine Betrachtung, die ihren sinnbildlichen Ausgangspunkt in der „schrecklichen Schönheit" des gewaltsam stürzenden Wassers nimmt.

Religiöse Dichtung

In *Vodopad* fehlen christliche Gedanken, die in einer Betrachtung über Tod und Vergänglichkeit doch nahegelegen hätten. Anstelle dessen findet man hier den modischen Ossianismus mit seiner Vorstellung einer vorchristlich-nordischen Urzeit, außerdem zahlreiche Namen aus der Antike (die Feldherren Alkibiades, Caesar und Belisar, die Dichter Pindar und Vergil etc.). Das Christentum fehlt auch in dem Gedicht auf den Tod des Fürsten Meščerskij (*Na smert' knjazja Meščerskogo,* 1779) mit seinem abschließenden Motiv horazischer Lebensbejahung. Ganz erfüllt von antikischem Geist sind die anakreontischen Gedichte mit ihrer „Poetik der Leidenschaft und des Genusses"[20], die Deržavin 1804 in einer besonderen Ausgabe veröffentlicht hat; später schrieb er noch eine ganze Reihe von Gedichten dieser Art[21]. Ebenso wie die meisten russischen Dichter des 18. Jahrhunderts ist er aber auch mit religiöser Lyrik hervorgetreten, darunter außer Psalmenparaphrasen vor allem *Bog* („Gott") von 1784.

---

[20] ĖJCHENBAUM, Deržavin, S. 33.
[21] G. R. DERŽAVIN, Anakreotičeskie pesni. Hrsg.: G. P. Makogonenko; G. N. Ionin; E. N. Petrova. M. 1987.

Wie wir schon aus *Pamjatnik* wissen, hatte dieses Gedicht für Deržavin eine besondere Bedeutung. In seinen Lebenserinnerungen liest man, die Ode *Bog* sei „von allen gelobt" worden[22]. Tatsächlich gab es in der russischen Literatur des 18. Jahrhunderts kein anderes Gedicht mit einer vergleichbaren Ausstrahlung: Bis heute wurde *Bog* 18 mal ins Französische und 9 mal ins Deutsche übersetzt, ganz zu schweigen von den Übertragungen in andere Sprachen und von den russischen Nachahmungen[23].

Das Gedicht ist eine lyrische Meditation, den Ausgangspunkt bildet ein Hauptproblem des europäischen Denkens im 18. Jahrhundert: der Gegensatz von traditioneller Religion und neuzeitlichem Weltbild, so wie es sich im Zuge der wissenschaftlichen Revolution seit dem 16. Jahrhundert herausgebildet hatte. Im Übergang vom 17. zum 18. Jahrhundert hatte dieser Zwiespalt eine „Krise des europäischen Bewußtseins"[24] verursacht. Mit dem Säkularisationsschub der petrinischen Reformen hatte diese Krise im 18. Jahrhundert auch Rußland erreicht und im Zeichen des Kulturgegensatzes zu Westeuropa eine zusätzliche Dimension erhalten. Ebenso wie seinerzeit Lomonosov mit seinen beiden Gedichten „Über die Größe Gottes" unternimmt es Deržavin mit seiner Ode, den russischen Glauben mit der westeuropäischen Neuzeit zu vermitteln, wobei es auch seine Absicht ist, bei aller Rücksichtnahme auf das Überkommene zu einer zeitgemäßen Auffassung vom Verhältnis des Menschen zu Gott und seiner Stellung im Weltall zu gelangen.

Deržavins Erfolg zeigt, daß ihm dies auf eine für die Zeitgenossen und Nachgeborenen überzeugende Weise gelungen ist. Zu diesem Erfolg hat ihm nicht nur seine poetische, sondern auch seine rhetorische Begabung verholfen – es zeigt sich ein sicheres Gespür für die seinerzeit gängigen Denk- und Ausdrucksformen und auch dafür, was ein Publikum hören wollte, das in religiösen Dingen unsicher geworden war. Aus dieser Sicht gewinnen die poetischen Anleihen des Gedichts (vor allem bei Klopstock), die in der älteren Forschung zum Streit um Deržavins Originalität Anlaß gaben, eine positive Bedeutung: Sie bezogen sich auf schon Bekanntes, schlugen damit eine kommunikative Brücke zwischen Autor und Leser und bildeten somit eine Voraussetzung für den Publikumserfolg der Ode.

Das Gedicht beginnt mit einem hymnischen Lob Gottes. Deržavin faßt dieses Thema jedoch nicht, wie das nahegelegen hätte, in die freie Form einer Psalmenparaphrase und damit der religiösen Lyrik. Sein Gedicht führt zwar kei-

---

[22] DERŽAVIN, Sočinenija, Bd. VI, S. 402. Die letzte deutsche Übersetzung findet man in: *Russische Gedichte*. Ins Deutsche übertragen von Ludwig Müller. München 1979, S. 19–22.

[23] Vgl.: N. STRUVE, L'ode intitulée „Dieu". In: *Derjavine. Un poète dans l'Europe des Lumières*. Hrsg.: A. Davidenkoff. Paris 1994, S. 117–120, hier S. 117. Zur Interpretation vgl.: A. LEVICKIJ, Ody *Bog* – u Cheraskova i Deržavina. In: *Gavriil Derzhavin*, S. 341–360; E. ÈTKIND, Dve dilogii Deržavina, ebd., S. 234–247; A. L. CRONE, Deržavin's *Bog*: the Internalization of Lomonosov's *Božie veličestvo*. In: *Russian Literature* 44 (1998), S. 1–16; J. KLEIN, Religion und Aufklärung im 18. Jahrhundert. Deržavins Ode *Bog*. In: *Zeitschrift für Slavische Philologie* 60 (2001), S. 297–306.

[24] P. HAZARD, La Crise de la conscience européenne. 1680–1715. Paris 1961.

nen Gattungsnamen, aber die Strophenform – zehn Zeilen, die im vierfüßigen Jambus gehalten sind – verweist auf die Feierliche Ode, die trotz ihrer religiösen Anklänge im Rußland des 18. Jahrhunderts die Hauptgattung der weltlichen Lyrik war. Dieses Ineinander von Sakralem und Profanem zeigt sich auch dann, wenn Gott in einer Sprache, die von kirchenslavischen Archaismen geprägt ist, als Schöpfer einer 'millionenfachen Vielheit der Welten' gepriesen wird. Bemerkenswert ist hier nicht allein die wiederholte Verwendung des Zahlwortes „Million" (S. 115, V. 41, 56), das auf die wiederum profane Sphäre wissenschaftlicher Rationalität verweist, sondern auch die Tatsache, daß Wörter wie „Sonne" und – mehrfach – „Welt" in der Pluralform verwendet werden (S. 114, V. 36: „solncy"; S. 115, V. 56: „miry" und S. 116, V. 81: „mirov"). Die damit nahegelegte Vorstellung einer 'Vielheit der Welten (oder Sonnen)', verweist auf Fontenelles *Entretiens sur la pluralité des mondes*; wie wir schon wissen, hatte dieses berühmte Buch in Kantemirs Übersetzung gegen den Widerstand der Kirche zur Verbreitung des kopernikanischen Weltbildes in Rußland beigetragen. Seine Spuren sind auch in der religiösen Lyrik anderer Autoren zu finden – in Sumarokovs Paraphrase des 106. Psalms ebenso wie in Cheraskovs Ode *Mir* („Die Welt").

Sumarokovs Psalmenparaphrase, die 1755 in der Akademiezeitschrift *Ežemesjačnyja sočinenija* erschienen war, hatte seinerzeit Trediakovskij veranlaßt, sich an den Hl. Synod zu wenden. Wie schon hervorgehoben, war Trediakovskij zehn Jahre zuvor auf Fürsprache dieser obersten Kirchenbehörde und gegen das Votum seiner zukünftigen Kollegen zum Akademieprofessor ernannt worden. Jetzt nahm er die Gelegenheit wahr, der Kirche einen Dienst zu erweisen, die Aufgabe eines ideologischen Wachhundes zu übernehmen und den jüngeren Rivalen anzuschwärzen. In jungen Jahren hatte Trediakovskij wegen seiner freigeistigen Ansichten bei der Geistlichkeit Ärgernis erregt; in seiner Denunziationsschrift führt er nun Sumarokovs Gedicht auf die Lehre „der neuesten Philosophen" von der Vielheit der Welten zurück und stellt es als ketzerisch bloß[25]. In der geistigen Atmosphäre von Elisabeths Regierungszeit konnte Trediakovskij mit diesem Vorgehen auf Erfolg hoffen; ob und in welcher Weise er seinem Feind tatsächlich geschadet hat, ist allerdings nicht bekannt.

In den folgenden Jahrzehnten, unter der aufgeklärten Herrschaft Katharinas II., änderten sich die Verhältnisse. In ihrem Kampf gegen die westeuropäische Moderne geriet die russische Kirche jetzt weiter ins Hintertreffen. Die Lehre des Kopernikus erfreute sich staatlicher Unterstützung und wurde im Zuge der großen Schulreform von 1786 sogar in den allgemeinbildenden Unterricht aufgenommen.

---

[25] Vgl.: P. PEKARSKIJ, Redaktor, sotrudniki i cenzura v russkom žurnale 1755–1764 godov. SPb. 1864, S. 42–45. Die genannte Episode ist nur ein Scharmützel in dem „Literaturkrieg", den Trediakovskij und Sumarokov gegeneinander führten. Man kann hinzufügen, daß Trediakovskij nicht der einzige war, der im Streit mit seinen Kollegen zur Waffe der Denunziation griff – ebenso verfuhr Lomonosov in der Auseinandersetzung mit seinem Petersburger Kollegen, dem Historiker G. F. Müller; vgl.: SKABIČEVSKIJ, Istorija russkoj cenzury, S. 21 ff.

Gleichwohl konnte sie auch weiterhin Anstoß erregen. Noch 1783 wurde in der Zeitschrift *Sobesednik ljubitelej rossijskago slova* („Gesprächspartner der Freunde des russischen Worts") eine entsprechende Kontroverse ausgetragen[26]; das war dieselbe Zeitschrift, in der ein Jahr später Deržavins Ode erscheinen sollte.

In vollem Bewußtsein der neuzeitlichen Wissenschaft sieht Deržavin Gott als eine Wesenheit, die alles menschliche Begreifen übersteigt, die „weder Ort noch Ursache" hat, und deren Größe nach „Maß und Zahl" nicht zu bestimmen ist. Die Unfaßlichkeit Gottes wird ferner durch eine Reihe von paradoxen Formulierungen nahegelegt, die als solche in ihrer Sinnstruktur erschwert und somit auch ihrerseits 'unfaßlich' gemacht werden (derlei kennt man auch aus Trediakovskijs Psalmenübersetzung). Es geht um die Vorstellung einer Ewigkeit, die als Ewigkeit doch einen Anfang hat – in Gott; es ist die Rede von Gott, der sich selber aus sich selber geschaffen hat und der wiederum aus sich selber heraus leuchtend den Anfang allen Lichts bildet. Durch zahlreiche Klangwiederholungen erhält das Überrationale dieser Sprechweise eine suggestive Resonanz:

> Себя собою составляя,
> Собою из себя сияя,
> Ты свет, откуда свет истек. (S. 114)

Sich selber durch sich selber schaffend, / Durch sich selber aus sich selber leuchtend, / Bist Du das Licht, woher das Licht gekommen ist.

Im mystisch-ekstatischen Gepräge dieser Verse erhält der traditionelle Glaube eine eindrucksvolle Bestätigung – allen neueren Tendenzen einer westeuropäischen Vernunftreligion zum Trotz. Die damit vorgegebene Sichtweise bleibt auch dann maßgeblich, als Deržavin die aus kirchlicher Sicht höchst anstößige, wenn nicht ketzerische Vorstellung einer 'Vielheit der Welten' aufgreift und sie ebenso wie vor ihm Sumarokov und Cheraskov dem Lob Gottes dienstbar macht: Seine Größe zeigt sich in der unendlichen Vielheit der von ihm geschaffenen „Welten", die ihrerseits, wie es in extrem übersteigernder und wiederum das Absurde streifender Ausdrucksweise heißt, durch eine „Million anderer Welten hundertfach" vermehrt werden (S. 115). Dieser Vielheit der „Welten" entspricht die ebenso unfaßbare Vielheit der „Sonnen", denn im heliozentrischen Universum der kopernikanischen Lehre hat jede der zahllosen Welten ihre eigene Sonne.

Auf höchst einprägsame Weise vergleicht Deržavin diese Sonnen zunächst mit sprühenden Funken, dann auch mit den flirrenden und glitzernd-bewegten Rauhreifpartikeln eines klaren Wintertags. Dieser Vergleich betont die Schönheit der Schöpfung und dient somit ebenfalls dem Lob Gottes. Die Vorstellung einer dynamisierten Materie, die gleichzeitig anklingt, verweist jedoch wiederum auf die neuzeitliche Wissenschaft: Sie konnte als Entsprechung der Cartesianischen

---

[26] RAJKOV, Očerki po istorii geliocentričeskogo mirovozzrenija v Rossii, S. 343 f.

Lehre von der Entstehung des Sonnensystems aus Materiewirbeln aufgefaßt werden; von ihnen ist in Fontenelles „Gesprächen" ebenfalls die Rede[27]:

> Как искры сыплются, стремятся,
> Так солнцы от Тебя родятся;
> Как в мразный, ясный день зимой
> Пылинки инея сверкают,
> Вратятся, зыблются, сияют,
> Так звезды в безднах под Тобой. (S. 114 f.)

So wie Funken sprühen und fliegen, / Werden Sonnen aus Dir geboren; / Wie an einem frostigen Wintertag / Die Stäubchen des Rauhreifs blitzen, / Sich drehen, schwirren, glänzen, / So sind die Sterne in den ungeheuren Räumen unter Dir.

Vom Standpunkt des überkommenen Glaubens war diese grenzenlose 'Vielheit der Welten' deshalb so beunruhigend, weil sie auf eine Dezentralisierung des Universums hinauslief: Die vertraute Vorstellung vom Menschen und seiner Erde als Mittelpunkt der Schöpfung wurde hinfällig. Es ist schade, daß die russische Kirche auf diese geistesgeschichtliche Situation nur mit Verbotsanträgen zu reagieren wußte. Die Folge war ein Autoritätsverlust, und man versteht nun, warum sich ein großer Teil des gebildeten Publikums den Freimaurern zuwandte.

Es ist diese unbewältigte Krise des religiösen Bewußtseins, die Deržavin in der zweiten Hälfte seines Gedichts vor Augen hat. In einem Universum von abermillionen Welten scheint der Mensch vor Gott zu verschwinden – er ist ein „Nichts". Das Motiv der kosmologischen Verzweiflung, das sich damit andeutet, wird im Übergang zur folgenden Strophe wieder aufgegriffen, nun aber mit Hilfe eines wiederum suggestiven Vergleichs jäh ins Positive gewendet: Mag der Mensch auch ein „Nichts" sein, so spiegelt sich in ihm doch die Größe und Güte Gottes, so wie sich die Sonne in einem Wassertropfen spiegelt (wobei es eine mögliche Verbindung mit der berühmten Wendung vom „Tropfen am Eimer" aus Klopstocks *Frühlingsfeier* gibt):

> А я перед Тобой – ничто.
>
> Ничто! – Но Ты во мне сияешь
> Величеством Твоих доброт;
> Во мне себя изображаешь,
> Как солнце в малой капле вод. (S. 115)

Und ich bin vor Dir ein Nichts. // Nichts! – Aber Du leuchtest in mir / Durch die Größe Deiner Güte; / In mir bildest Du Dich ab, / Wie die Sonne in einem kleinen Wassertropfen.

---

27 [B. DE FONTENELLE], Razgovory o množestve mirov gospodina Fontenella Parižskoj akademii nauk sekretarja. S francuzskago perevel i potrebnymi primečanijami iz-jasnil knjaz' Antioch Kantemir v Moskve 1730 godu. SPb. 1740, nicht pag. („Avtorovo predislovie", 5. Anm.) und S. 115 ff.

Es ist seine Gottesebenbildlichkeit – „In mir bildest Du Dich ab" –, die den Menschen im grenzenlosen Weltall der Neuzeit vor dem Verschwinden rettet. Als Ebenbild Gottes ist der Mensch zudem ein geistiges Wesen und daher imstande, Gott zu denken, womit die Existenz Gottes für Deržavin jedem Zweifel entzogen ist. Diesen Gedankengang kennt man als psychologischen Gottesbeweis; weiter unten verbindet er sich mit einem weiteren Gottesbeweis, der in der Aufklärung besonders beliebt war – dem teleologischen oder physikotheologischen: Die „Ordnung der Natur" (S. 115, V. 71) läßt auf einen Weltbaumeister schließen und begründet somit ebenfalls die Existenz Gottes – wie man sieht, hat die physikotheologische Lehre nicht nur das Denken Lomonosovs, sondern auch Deržavins geprägt. Im vorliegenden Zusammenhang sind diese Gottesbeweise jedoch kein Selbstzweck, sondern tragen auch ihrerseits wieder dazu bei, die zurückgewonnene Dignität des Menschen zu begründen: Herz und Verstand rufen ihm zu, daß Gott existiere – und so ist auch der Mensch, der auf diese Weise an der Existenz Gottes teilhat, „kein Nichts" mehr:

Я есмь – конечно, есь[28] и Ты!

Ты есь! – природы чин вещает,
Гласит мое мне сердце то,
Меня мой разум уверяет,
Ты есь – и я уж не ничто. (S. 115 f.)

Ich bin – natürlich bist auch Du! // Du bist! – die Ordnung der Natur verkündigt es, / Mein Herz sagt es mir, / Und mein Verstand überzeugt mich davon: / Du bist – und ich bin nicht mehr ein Nichts.

Die besondere Stellung des Menschen im Universum wird hier negativ bestimmt – als 'nicht Nichts'. Für Deržavin ist das jedoch zu wenig, er will die Stellung des Menschen im Weltall unter den geistigen Voraussetzungen der Neuzeit auch positiv begründen. Dabei folgt er einer Lehre vom Aufbau der Wirklichkeit, die aus der klassischen Antike stammt, im Europa des 18. Jahrhunderts jedoch wiederum sehr verbreitet war. Es ist die Lehre von der Stufenleiter oder Kette des Seins: „Neben dem Wort 'Natur' war die 'Große Kette des Seins' die geheiligte Wendung des achzehnten Jahrhunderts, in gewisser Weise analog zu dem gesegneten Wort 'Evolution' im späten neunzehnten"[29]. So spricht auch Deržavin in seinem Gedicht wiederholt von der „Kette der Wesenheiten" (cep' suščestv, S. 114, V. 31 und S. 116, V. 80)[30]. In dieser Kette befindet sich der

---

28 In sowjetischen Ausgaben steht fälschlicherweise die russische Form der 2. Person Singular 'ty est'' statt der kirchenslavischen Form 'ty es'': vgl. die Ausgabe von Grot (DERŽAVIN, Sočinenija, Bd. I, S. 132).

29 A. LOVEJOY, The Great Chain of Being. Cambridge/Mass.–London 1964, S. 183–207 („The Chain of Being in Eighteenth-Century Thought, and Man's Place and Rôle in Nature"), hier S. 184.

30 P. R. HART, Derzhavin's Ode „God" and the Great Chain of Being. In: *Slavic and East European Journal* 14 (1970), S. 1–10.

Mensch an jener mittleren Stelle, an der sich der geistige mit dem stofflichen Teil der Schöpfung berührt.

Im 18. Jahrhundert war auch das eine geläufige Vorstellung. Oft wurde sie dazu verwendet, die Teilhabe des Menschen an der materiellen (oder tierischen) Welt hervorzuheben und damit seinen anthropozentrischen Hochmut zu dämpfen. Das ist jedoch nicht die Absicht Deržavins, im Gegenteil: Die Lehre von der Stufenleiter des Seins gibt ihm die Möglichkeit, dem Menschen jene Stellung im Mittelpunkt des Universums zurückzuerobern, die er angesichts der 'Vielheit der Welten' zu verlieren drohte.

Aus seiner mittleren Position in der Kette des Seins gewinnt der Mensch bei Deržavin ein neues Selbstbewußtsein, das sich in einer anaphorischen Häufung des Personalpronomens der 1. Person Singular ausdrückt: „Ich bin das Verbindungsglied der Welten [...], / Ich bin die äußerste Stufe der Dingwelt, / Ich bin der Mittelpunkt der lebenden Wesen, / [...]". Der Gedanke von dieser nun positiv gefaßten Doppelnatur des Menschen wird dann weitergeführt: Als materielles Wesen „bin ich" nur Staub, aber „mit meinem Geist" kann „ich den Blitzen befehlen", womit Benjamin Franklins Blitzableiter gemeint ist (man erinnert sich an die Fassade des Steinernen Theaters in Petersburg und and die Lanze der Minerva: Der Blitzableiter war ein Modethema des 18. Jahrhunderts). Auf triumphale Weise mündet diese Passage schließlich in eine zweifache Antithese, immer noch unter Verwendung der Ich-Form: Der Mensch ist gleichzeitig „König und Knecht", und, wie es überbietend heißt, „Wurm und Gott" – eine Formulierung, für die man wiederum Parallelen aus der westeuropäischen Vorromantik anführen kann, aus Youngs *Night Thoughts* ebenso wie aus Klopstocks Ode *An Gott*:

> Я связь миров, повсюду сущих,
> Я крайня степень вещества;
> Я средоточие живущих,
> Черта начальна божества;
> Я телом в прахе истлеваю,
> Умом громам повелеваю,
> Я царь – я раб – я червь – я бог![31]
> [...] (S. 116)

Ich bin das Bindeglied der überall seienden Welten, / Ich bin die äußerste Stufe der Dingwelt; / Ich bin der Mittelpunkt der lebenden Wesen, / Als erste Stufe, die zur Gottheit führt; / Mit meinem Körper vergehe ich im Staub, / Mit meinem Geist befehle ich den Blitzen, / Ich bin ein König – ich bin ein Knecht – ich bin ein Wurm – ich bin ein Gott!

Nachdem das Gedicht an dieser Stelle seinen emotionalen Höhepunkt erreicht hat, lenkt der Sprecher, nun wieder in einer demütigeren Haltung, auf das Kreatürliche des Menschen zurück, und das Gedicht schließt mit einem erneuten

---

[31] NB die Kleinschreibung von „бог": nicht „Gott", sondern „ein Gott".

Lobpreis des Schöpfers, wobei das Eingangsmotiv von Gottes Unfaßlichkeit wiederholt und im Lichte der inzwischen gewonnenen Einsichten mit neuem Nachdruck bestätigt wird.

KAPITEL 19
RADIŠČEV

Ein militanter Aufklärer

Ähnlich wie Lomonosov, aber mit anderen ideologischen Akzenten, wurde Radiščev in Rußland zu einer Kultfigur von mythischen Ausmaßen gemacht – ein „großer Sohn des Volkes" und eine sozialrevolutionäre Lichtgestalt. Umso mehr gilt es, die Proportionen zurechtzurücken und seiner tatsächlichen Bedeutung aus historischer Perspektive gerecht zu werden. Ein nüchternes Urteil dieser Art wäre immer noch positiv genug: Mit allen seinen Schwächen und Widersprüchen ist Radiščev wie kein anderer russischer Autor des 18. Jahrhunderts in seinem Werk für das Menschenrecht der leibeigenen Bauern und das Prinzip der freien Meinungsäußerung eingetreten.

Biographie

Aleksándr Nikoláevič Radíščev (1749–1802) war adliger Herkunft und stammte aus der Familie eines Gutsbesitzers im Gouvernement Saratov[1]. Sein Vater war gebildet, kannte mehrere Fremdsprachen und wollte seinen Kindern eine möglichst gute Erziehung verschaffen. Lesen und Schreiben lernte Radiščev zu Hause, auf herkömmliche Weise mit Gebetbuch und Psalter. Im Alter von acht Jahren wurde er nach Moskau geschickt, wo er bei Verwandten lebte und zusammen mit deren Kindern Privatunterricht von Professoren der Moskauer Universität erhielt. 1762 wurde Radiščev als Dreizehnjähriger in das Petersburger Pagenkorps aufgenommen, eine Lehranstalt für junge Herren aus den besten Familien, die hier, ähnlich wie im Kadettenkorps, eine standesgemäße Ausbildung erhielten und bei Hofe zu Dienstleistungen herangezogen wurden.

1766, im Alter von siebzehn Jahren, wurde Radiščev auf Veranlassung Katharinas II. mit einer Gruppe junger Adliger für fünf Jahre nach Leipzig zum

---

[1] Nach wie vor unentbehrlich: M. I. SUCHOMLINOV, A. N. Radiščev. In: DERS., Izsledovanija i stat'i po russkoj literature i prosveščeniju. SPb. 1889, S. 541–671; V. P. SEMENNIKOV, Radiščev. Očerki i issledovanija. Leipzig 1974 (Nachdruck der Ausgabe M.–Pg. 1923); G. A. GUKOVSKIJ, Radiščev kak pisatel'. In: *A. N. Radiščev. Materialy i issledovanija*. Hrsg.: A. S. Orlov. M.–L. 1936, S. 143–192. Spätestens seit Ende der 1930er Jahre stellte sich die russische Forschung in den Dienst der amtlichen Heldenverehrung; vgl. stellvertretend für viele: G. P. MAKOGONENKO, Radiščev i ego vremja. M. 1956. Die beste Einführung in Leben und Werk des Autors bietet A. MCCONNELL, A Russian Philosophe. Alexander Radishchev (1749–1802). The Hague 1964.

Jurastudium geschickt. In dieser Zeit kam er nicht nur mit der deutschen, sondern auch der französischen Aufklärung in Berührung. Wie er selber erzählt, lasen die Studenten in Leipzig das radikale Hauptwerk *De l'esprit* von C.-A. Helvétius, wobei sie recht eigentlich „denken lernten"[2]. Nach seiner Rückkehr in die Heimat hatte Radiščev verschiedene Stellen im Staats- und Militärdienst. 1778 trat er in den Dienst der Petersburger Zollbehörde, 1790 ernannte man ihn zu deren Direktor im Range eines Kollegienrats (6. Rangstufe). Sachkundig, standfest und unbestechlich wie er war, gewann Radiščev das Vertrauen und schließlich auch die Freundschaft seines Dienstherren, des Grafen A. R. Voroncov, der als Präsident des Kommerzkollegiums die Stellung eines Wirtschaftsministers innehatte und die politischen Auffassungen seines Untergebenen in mancher Hinsicht teilte.

In seiner Freizeit beschäftigte sich Radiščev mit literarischen Arbeiten. 1773 veröffentlichte er die Übersetzung eines Buches, das wegen seiner politischen Tendenz unliebsames Aufsehen erregt hatte – die *Observations sur l'histoire de la Grèce* (ersch. 1766) des radikalen Abbé G. B. de Mably. Im Jahr zuvor war in Novikovs *Živopisec* das „Fragment einer Reise des I*** T*** nach ***" (*Otryvok putešestvija v *** I*** T****) erschienen. Ähnlich wie später in Radiščevs „Reise von Petersburg nach Moskau" empört sich hier ein empfindsamer Reisender über die Greuel der Leibeigenschaft. Ob der Autor dieses Werks tatsächlich Radiščev war, bleibt jedoch umstritten. Dasselbe gilt für die Entstehungszeit des *Dnevnik odnoj nedeli*. Dieses wiederum empfindsame „Tagebuch einer Woche" konzentriert sich auf das Gefühlsleben der Ich-Figur.

In der ersten Hälfte der 1780er Jahre schrieb Radiščev seine Ode *Vol'nost'* („Freiheit"). In diesem umfangreichen Gedicht, das nicht weniger als 54 Strophen umfaßt, wird ein hochpathetischer Ton angeschlagen. Den politischen Bezugspunkt bildet die amerikanische Unabhängigkeitsbewegung. Die Verve des lyrischen Sprechers richtet sich gegen jede Art von Willkürherrschaft; das dabei unterstellte Widerstandsrecht der Bevölkerung folgt der Lehre vom Gesellschaftsvertrag in dessen aufgeklärter Spielart. Diese Freiheitsode wurde seinerzeit nicht veröffentlicht, aber Teile von ihr sollte man später in der „Reise von Petersburg nach Moskau" finden. 1789 erschien Radiščevs *Žitie Fedora Vasil'eviča Ušakova* („Vita des Fedor Vasil'evič Ušakov"). Der Gattungsname dieses schmalen Prosawerks verweist auf die russischen Heiligenviten; auf schwärmerisch-idealisierende Weise gedenkt der Autor seines frühverstorbenen Kommilitonen aus den Leipziger Studienjahren und zollt damit dem Freundschaftskult der Empfindsamkeit seinen Tribut. Im folgenden Jahr 1790 erschien Radiščevs Hauptwerk, die „Reise von Petersburg nach Moskau" (*Putešestvie iz Peterburga v Moskvu*).

Das Leben des erfolgreichen, mit dem Orden des Hl. Vladimir ausgezeichneten und in der Guten Gesellschaft der Hauptstadt wohlgelittenen Kollegienrates

---

2   *Žitie Fedora Vasil'eviča Ušakova, s priobščeniem nekotorych ego sočinenij.* In: A. N. RADIŠČEV, Polnoe sobranie sočinenij. Bd. I. Düsseldorf 1969 (Nachdruck der Ausgabe M.–L. 1938), S. 153–186, hier S. 174.

nahm damit eine unheilvolle Wendung. Radiščev hatte seine „Reise" in aller Stille geschrieben und auch Voroncov nicht ins Vertrauen gezogen. Der größte Teil entstand in der zweiten Hälfte der 1780er Jahre. Radiščev versuchte zunächst, das Buch in Moskau zu veröffentlichen. Dort nahm der Zensor jedoch erheblichen Anstoß, und der Moskauer Druckereibesitzer, dem Radiščev sein Manuskript anvertrauen wollte, lehnte es rundweg ab, sich auf eine so bedenkliche Sache einzulassen. Dank dem Erlaß von 1783 zur Freiheit des Druckwesens konnte Radiščev das Buch jedoch im Selbstverlag herausgeben. Vorher mußte es der Petersburger Polizeibehörde vorgelegt werden, was jedoch keine Schwierigkeiten machte: Am 22. Juli 1789 gab der zuständige Oberpolizeimeister das Werk frei, offenbar ohne es vorher gelesen zu haben.

Mit Hilfe von Untergebenen aus seiner Zollbehörde und einigen Leibeigenen vom väterlichen Gut druckte Radiščev das umfangreiche Werk bei sich zu Hause auf eigener Presse. Wie viele andere russische Autoren der Epoche veröffentlichte er seine „Reise" anonym. Einige Exemplare schenkte er Bekannten, darunter Deržavin und Bogdanovič. Etwa 80 Exemplare, nach anderen Angaben waren es nur 26, überließ Radiščev einem Petersburger Buchhändler zum Verkauf. Das Buch erregte alsbald großes Aufsehen, die einzelnen Exemplare gingen von Hand zu Hand; es gab Leser, die für die Lektüre des skandalumwitterten Werks 25 Rubel bezahlten. Auch im Winterpalast wurde man hellhörig, und am 25. Juni befand sich die „Reise" im Besitz Katharinas II.

Wie wir schon wissen, übten russische Autoren auch vor Radiščev scharfe Kritik an russischen Zuständen, vor allem an der unmenschlichen Behandlung der Leibeigenen, ohne daß die Obrigkeit eingeschritten wäre. Radiščev verurteilt jedoch nicht nur den Mißbrauch, sondern auch das Prinzip der Leibeigenschaft, ganz zu schweigen von all den anderen Fehlentwicklungen des Russischen Reiches, die von ihm bloßgestellt werden. Zudem hatte Katharina guten Grund, manche Stellen des Buchs als Angriffe auf ihre eigene Person zu verstehen.

Auch die äußeren Umstände waren für eine nachsichtige Beurteilung nicht eben günstig[3]. Ein knappes Jahr vorher, zu der Zeit mithin, als Radiščev die Veröffentlichung seiner „Reise" vorbereitete, war mit der Erstürmung der Bastille am 14. Juli 1789 die Französische Revolution ausgebrochen. Ferner befand sich Rußland 1790, dem Erscheinungsjahr des Werks, in einer schwierigen Situation – es mußte an zwei Fronten Krieg führen, mit Schweden und der Türkei. Am 23. Mai konnte man im Winterpalast den ganzen Tag über die „schreckliche Kanonade" einer Seeschlacht hören[4], die sich die russische und die schwedische Flotte lieferten; weite Kreise der Bevölkerung murrten über die Kriegslasten.

Katharina las Radiščevs „Reise" mit Erbitterung; ihre zahlreichen Randbemerkungen sprechen eine nur zu deutliche Sprache. Die Zarin glaubte, die Aus-

---

[3] D. M. LANG, The First Russian Radical. Alexander Radishchev. 1749–1802. London 1959, S. 126 ff.

[4] Vgl. die Aufzeichnungen von Katharinas Sekretär: A. V. CHRAPOVICKIJ, Dnevnik. Hrsg.: N. Barsukov. M. 1901, S. 195.

wirkungen des „französischen Gifts"[5] zu erkennen, sie befürchtete eine Minderung ihrer Autorität und einen Zusammenbruch der politischen Ordnung: Radiščev war für sie ein „Aufrührer, schlimmer als Pugačev"[6]. Nachdem sie die ersten dreißig Seiten gelesen hatte, ließ sie den Buchhändler festnehmen, der das Werk zum Verkauf anbot. Radiščev erkannte, daß sich etwas über ihm zusammenbraute und vernichtete die Exemplare, die sich noch in seinem Haus befanden. Gleichwohl scheint er nicht geahnt zu haben, was tatsächlich auf ihn zukam – als am 30. Juni die Polizei seine Wohnung betrat, fiel er in Ohnmacht[7]. Er wurde verhaftet und in die Peter-und-Pauls-Festung verbracht (knapp zwei Jahre später traf Novikov dasselbe Schicksal).

Obwohl sich der Moskauer Druckereibesitzer seinerzeit geweigert hatte, die „Reise" zu verlegen, war sich Radiščev über die politische Sprengkraft seines Buches offenbar nicht ganz im Klaren. Auch kam ihm nicht in den Sinn, daß er diejenigen Bekannten, denen er ein Exemplar schenkte, als mögliche Mitverschwörer kompromittierte. Das gilt besonders für den Jugendfreund A. M. Kutuzov, dem er das Werk gewidmet hatte. Radiščevs Leichtsinn wurde allerdings durch ein politisches Klima begünstigt, das immer noch als liberal empfunden werden konnte. Fonvizins Zeitschrift „Der Freund anständiger Menschen oder Starodum" war zwar 1788 verboten worden, aber Radiščevs „Vita des Fedor Vasil'evič Ušakov" hatte im folgenden Jahr erscheinen können – ein Buch, das an einigen Stellen politische Bedenken hervorrufen mußte. Obwohl sich manche Leser entrüsteten, schwieg die Obrigkeit und zog den Autor nicht zur Rechenschaft. Bemerkenswert in diesem Sinne ist auch die Tatsache, daß sich die russische Presse der beiden Hauptstädte nicht scheute, ausführlich über die revolutionären Ereignisse in Frankreich zu berichten und sogar die Menschenrechtserklärung der französischen Nationalversammlung in russischer Sprache veröffentlichte[8]. Unter solchen Umständen versteht man nicht nur die Sorglosigkeit Radiščevs, sondern auch die des Petersburger Oberpolizeimeisters, der die „Reise" freigegeben hatte.

Die Peter-und-Pauls-Festung, in deren Kasematten Radiščev einsaß, ist jener berüchtigte Ort, an dem schon seit Ende der 1710er Jahre politische Häftlinge eingekerkert wurden, unter ihnen vor allem Aleksej, der Sohn Peters I., der dort am 26. Juni 1718 an den Folgen der Folter starb. Im Verlauf der Untersuchung, die streng nach Katharinas Richtlinien verlief, flehte Radiščev um Gnade; ihn quälte der Gedanke, daß er seine Familie mit drei minderjährigen Kindern ins

---

[5] Man findet Katharinas Randbemerkungen bei D. S. BABKIN, Process A. N. Radiščeva. M.–L. 1952, S. 156–164, hier S. 159.
[6] CHRAPOVICKIJ, Dnevnik, S. 199.
[7] Vgl. die von Radiščevs Sohn Pavel verfaßte Biographie: P. A. RADIŠČEV, Biografija A. N. Radiščeva. In: *Biografija A. N. Radiščeva, napisannaja ego synov'jami*. Hrsg.: D. S. Babkin. M.–L. 1959, S. 47–102, hier S. 63.
[8] M. M. ŠTRANGE, Russkoe obščestvo i Francuzskaja revoljucija 1789–1794 gg. M. 1956, S. 47 ff.

Unglück gestürzt habe. Seine Reuebekundungen vermochten aber weder den Untersuchungsbeamten noch die Zarin zu überzeugen. Als Staatsverbrecher wurde Radiščev seiner Adelsrechte entkleidet und zum Tode verurteilt; zum Schwedischen Frieden am 4. September 1790 wurde diese Strafe in eine zehnjährige Verbannung nach Sibirien umgewandelt.

Die äußeren Umstände dieses Exils waren nicht unerträglich. Radiščev litt unter der gesellschaftlichen Isolation, aber er brauchte keine Zwangsarbeit zu leisten; zusammen mit seinen Angehörigen und dienstbarem Personal bewohnte er ein geräumiges Haus, und er genoß ein beträchtliches Maß an Bewegungsfreiheit. Sein Gönner Voroncov hielt ihm die Treue und zahlte ihm eine Pension von jährlich 500, dann 800 und schließlich 1000 Rubel. Auch mußte Radiščev nicht die gesamte Strafe verbüßen. Am 23. November 1796 erlaubte ihm Katharinas Nachfolger Paul I., nach Rußland zurückzukehren und sich unter Polizeiaufsicht auf dem väterlichen Gut Nemcovo aufzuhalten. 1801, im liberalen Tauwetter nach dem Regierungsantritt Alexanders I., wurde Radiščev nicht nur in seine früheren Rechte als Adliger und Ritter des Vladimir-Ordens wiedereingesetzt, sondern er bekam auch den ehrenvollen Auftrag, in einer Kommission mitzuarbeiten, die mit der Systematisierung der russischen Gesetze beauftragt war.

Bald stellte sich jedoch heraus, daß Radiščev seinen alten Überzeugungen nicht abgeschworen hatte. Als Mitglied der Kommission vertrat er sie vielmehr mit einem Nachdruck, der ihm nicht nur eine freundschaftliche Warnung Voroncovs eintrug, sondern auch eine Rüge des Kommissionsvorsitzenden. Sie wurde in mildem Ton vorgetragen, enthielt aber das unheilvolle Wort „Sibirien". Bald darauf setzte Radiščev seinem Leben ein Ende.

Exkurs über Radiščevs Selbstmord

Mit seinem Selbstmord tat Radiščev etwas, dessen moralische Rechtmäßigkeit für ihn seit langem feststand. Im Geiste der Aufklärung und im Gegensatz zum Christentum vertrat er seit jeher die Auffassung, daß der Mensch in bestimmten Situationen das natürliche Recht habe, sich zum Herrn über das eigene Leben aufzuwerfen. Auf besonders nachdrückliche Weise kommt diese Vorstellung in der „Reise von Petersburg nach Moskau" zur Sprache. Im Kapitel „Krest'cy" verabschiedet ein Vater seine beiden Söhne, die zum Dienstantritt nach Petersburg aufbrechen. In einer umfangreichen und rhetorisch aufgehöhten Tirade gibt dieser ehrwürdige Mann, der als alter ego des Autors erscheint, seinen Söhnen Lebensregeln mit auf den Weg. Eine von ihnen betrifft das Verhalten in auswegloser Situation, wobei der stoische Tugendheld Cato, der sich lieber ins Schwert stürzte, als seine Ideale zu verraten, als Vorbild genannt wird:

> Wenn die haßerfüllte Fortuna alle ihre Pfeile auf dich verschossen hat, wenn es für deine Tugend auf Erden keine Heimstatt mehr gibt, wenn du, zum Äußersten getrieben, auf keine Rettung von der Unterdrückung hoffen kannst, – dann erinnere dich daran, daß du ein Mensch bist, dann erinnere dich deiner Größe und greife

nach der Krone der Glückseligkeit, die man dir zu entreißen droht. – Stirb. – Als Vermächtnis hinterlasse ich dir das Wort des sterbenden Cato.[9]

Aus dieser Sicht erscheint der Selbstmord Radiščevs als zwingende – und heroische – Konsequenz eines bestimmten Weltbildes. Ein Autor kommt daher zu diesem Schluß: „Die Selbsttötung Radiščevs [...] war kein Akt der Verzweiflung, kein Eingeständnis seiner Niederlage. Das war ein von langer Hand durchdachter Akt des Kampfes, eine Lektion in patriotischer Standhaftigkeit und unbeugsamer Freiheitsliebe"[10].

Die Begleitumstände der Tat sprechen jedoch eine andere Sprache. Man kennt sie aus der schon genannten Biographie Radiščevs, die von seinem dritten Sohn gegen Ende der 1850er Jahre verfaßt wurde. Pavel Radiščev stand seinem Vater zeit seines Lebens sehr nahe. Er war auch Zeuge von Radiščevs Tod[11]. Trotz des großen Abstandes von über fünfzig Jahren, der die Aufzeichnung von dem Ereignis trennt, sehe ich keinen Anlaß, an seiner Aussage zu zweifeln.

Was also war geschehen? Nach der Zurechtweisung Radiščevs durch seinen Vorgesetzten verschlechterte sich seine Gesundheit, er konsultierte einen Arzt und nahm Medikamente. Pavel spricht von einer „seelischen Krankheit"[12]. Am Morgen des 11. September 1802 fand Radiščev in seiner Wohnung ein Glas mit Salpetersäure, die zum Reinigen von Epauletten seines ältesten Sohnes Vasilij bestimmt war. Er trank das Glas leer und versuchte außerdem, sich mit einem Rasiermesser die Kehle durchzuschneiden, woran er jedoch von Vasilij gehindert wurde. Über viele Stunden hatte Radiščev nun Qualen zu leiden, bis er in den frühen Stunden des folgenden Tages verstarb.

Außer dem Element des Zufälligen gilt es hier auch jene außerordentliche, geradezu panische Aggressivität hervorzuheben, die Radiščev gegen sich selber an den Tag legte. Beides widerspricht der Vorstellung eines heroischen Aktes, der sorgfältig geplant und aus freiem Willensentschluß durchgeführt wurde. Damit wird das Element einer intellektuellen Vorbereitung nicht geleugnet: Wenn Radiščev der christlichen Ethik treu geblieben wäre und den Selbstmord als Todsünde aufgefaßt hätte, hätte ihn das vielleicht von seiner Tat abgehalten. Wer weiß? Eine unmittelbare Ableitung seiner Tat aus intellektuellen Voraussetzungen verbietet sich jedoch. Im übrigen sollte man sich auch vor psychologisierenden Spekulationen über die 'eigentlichen Gründe' von Radiščevs Selbstmord hüten,

---

[9] A. N. RADIŠČEV, Putešestvie iz Peterburga v Moskvu. Vol'nost'. Hrsg.: V. A. Zapadov. SPb. 1992, S. 55. Im weiteren beziehen sich die eingeklammerten Seitenangaben im Haupttext auf diese Ausgabe.

[10] JU. M. LOTMAN, Poėtika bytovogo povedenija v russkoj kul'ture XVIII veka. In: DERS., Izbrannye stat'i, Bd. I, S. 248–268, hier S. 265. Lotmans Auffassung, die letztlich auf die revolutionäre Bewegung der 1860er Jahre zurückgeht, war in sowjetischer Zeit verbreitet; vgl. R. BAUDIN, La mort de Radiščev ou la fabrique des mythes. In: *Russica Romana* 12 (2005), S. 39–57.

[11] Vgl. seinen Brief vom 18. Dezember 1858 an die Redaktion der Zeitschrift *Sovremennik*. In: SEMENNIKOV, Radiščev. Očerki i issledovanija, S. 438.

[12] RADIŠČEV, Biografija A. N. Radiščeva, S. 95.

ob man diesen nun auf eine Protesthaltung, auf Furcht oder Schuldgefühle zurückführt – keine dieser Erklärungen läßt sich schlüssig begründen.

Die „Reise von Petersburg nach Moskau"

Moralisches Pathos, altertümelnder Stil

Auf dem Titelblatt der „Reise" findet sich als Motto ein Zitat aus Trediakovskijs *Tilemachida*: „Čudišče oblo, ozorno, ogromno, stozevno i lajaj" (S. 5)[13]. In diesem „gewaltigen, wüsten, riesigen, mit hundert Schlünden bellenden Ungeheuer" verkörpern sich für Radiščev die Mißstände des russischen Reiches, darunter vor allem die Leibeigenschaft. Gleichzeitig kündigt sich in diesem Zitat jener Stil an, der in weiten Partien des Buches vorherrscht: Es ist der Stil einer „radikalen weltlichen Predigt"[14], deren weihevoller Ton sich nicht nur dem moralischen Pathos verdankt, das über weite Strecken vorherrscht, sondern auch der reichlichen und überreichlichen Verwendung kirchenslavischer Ausdrücke und Formen[15]. Dem Vorbild des Kirchenslavischen folgt auch ein Satzbau, der durch Inversionen sehr erschwert ist. Die „Reise" ist daher nicht leicht zu lesen; während seines Prozesses sagte Radiščev selber aus, sein Buch sei „in einem Stil geschrieben, der für das einfache Volk unverständlich ist"[16], womit er den Vorwurf der Volksaufwiegelung entkräften konnte.

Mit seiner Darstellung der Leibeigenschaft und anderer Mißstände sucht Radiščev bei den Lesern Mitleid und moralische Empörung hervorzurufen. Am Anfang des Buches, in der Widmungspassage, liest man diesen programmatischen Satz: „Ich blickte um mich her, und meine Seele ward durch die Leiden der Menschheit verwundet" (S. 6). Hier ist es der Autor, der als Träger des humanen Gefühls und als Vermittlungsinstanz zwischen dargestellter Wirklichkeit und Leser in Erscheinung tritt. Im Haupttext wird diese Rolle dann vom Reisenden übernommen, dem Ich-Erzähler und alter ego des Autors[17].

---

[13] Vgl.: A. A. KOSTIN, „Čudišče oblo" i „monstrum horrendum". Vergilij – Trediakovskij – Radiščev. In: *V. K. Trediakovskij: k 300-letiju so dnja roždenija*, S. 135–147.

[14] R. FIEGUTH, Zum Stil des Erzählberichts in A. N. Radiščevs Reise. Versuch der ästhetischen Lektüre eines „langweiligen Buches". In: *Semantic Analysis of Literary Texts*. Hrsg.: E. de Haard e. a. Amsterdam 1990, S. 153–182, hier S. 171.

[15] Zur sprachlichen Analyse der „Reise" vgl. vor allem: A. A. ALEKSEEV, Staroe i novoe v jazyke Radiščeva. In: *XVIII vek*. Bd. 12. L. 1977, S. 99–112. Zum Stil vgl.: A. SKAFTYMOV, O stile *Putešestvija iz Peterburga v Moskvu* A. N. Radiščeva. In: DERS., Stat'i o russkoj literature. Saratov 1958, S. 77–103; L. B. LECHTBLAU, Stil' *Putešestvija iz Peterburga v Moskvu* A. N. Radiščeva. In: *Problemy realizma v russkoj literature XVIII veka*. Hrsg.: N. K. Gudzij. Leipzig 1983 (Nachdruck der Ausgabe M.–L. 1940), S. 226–256.

[16] Aussage vom 6. Juli 1790. In: BABKIN, Process Radiščeva, S. 167–170, hier S. 171.

[17] Aus ganz unterschiedlichen Blickwinkeln hierzu K. STÄDTKE, Zur Erzählstruktur von A. N. Radiščevs Putešestvie iz Peterburga v Moskvu. In: *A. N. Radiščev und Deutschland. Beiträge zur russischen Literatur des ausgehenden 18. Jahrhunderts*. Hrsg.: E. Hexelschneider. Berlin 1969, S. 73–77, und A. KAHN, Self and Sensibility in Radishchev's *Puteshestvie iz Peterburga*

Realismus?

Die sozialkritischen Partien der „Reise" sind oft zweigeteilt. Zuerst wird ein Mißstand dargestellt; danach geht es um die Art und Weise, wie der Reisende mit seinen Gefühlen und Gedanken, manchmal auch mit seinem Handeln reagiert. An die Stelle des Reisenden kann auch einer seiner zahlreichen Gewährsleute treten – Personen, denen er unterwegs begegnet und die ihm ihre Erlebnisse und Gedanken mitteilen.

Ein Beispiel für diese zwiefältige, gleichermaßen auf das Objektive und das Subjektive gerichtete Darstellung findet sich im Kapitel „Mednoe" (jedes Kapitel trägt den Namen einer Reisestation). Der Reisende wird hier Zeuge einer Praxis, die im Rußland des 18. und 19. Jahrhunderts verbreitet war: Ein junger Herr hat Schulden gemacht und sieht sich nun veranlaßt, einige seiner Leibeigenen auf einer Auktion feilzubieten. Eine Zeitungsanzeige, die im Wortlaut angeführt wird, nennt „sechs Seelen männlichen und weiblichen Geschlechts" (S. 93), verschweigt jedoch, daß es sich um die Mitglieder einer Familie handelt, die einzeln verkauft werden sollen. Der mitfühlende Kommentar des Reisenden lautet: Nachdem „diese Unglücklichen" „viele Jahre in herzlicher Gemeinschaft zusammengelebt hatten", werden sie „über die Schmach des Verkauftwerdens hinaus auch den Schmerz der Trennung erleiden" (S. 94).

In der Forschung spricht man nicht selten von Radiščevs „Realismus"[18]. Was damit gemeint ist, bleibt jedoch unklar. Auf jeden Fall lag Radiščev auch in den berichtenden Partien der „Reise" nichts ferner, als eine Haltung distanzierter Sachlichkeit. Seine Darstellung folgt vielmehr dem rhetorischen Prinzip der höchstmöglichen Wirkung. So auch der Auktionsbericht, der ganz auf einen schroffen Gegensatz hin zugeschnitten ist: einerseits die zum Verkauf stehenden Leibeigenen, die ihrer Herrschaft mit selbstloser Hingabe ein Leben lang gedient haben, andererseits die himmelschreiende Undankbarkeit dieser Herrschaft.

Eine eigene Bewandtnis hat es mit einer hübschen jungen Frau von achtzehn Jahren, der Mutter eines Kleinkindes. Hier kommt ein affektiv besonders stark geladenes Motiv zur Sprache, das in der „Reise" mehrfach abgewandelt wird: das Motiv des sexuellen Machtmißbrauchs. Der Gutsherr hatte der jungen Frau, die nun verkauft werden soll, seinerzeit Avancen gemacht, war aber abgewiesen worden. Kraft seiner verbrieften Autorität hatte er sie daraufhin mit einem jungen Mann aus dem Gesinde verheiratet. Sein Plan war es, den Bräutigam im Dunkel der Hochzeitsnacht zu vertreten, um auf diese Weise doch noch zu seinem Ziel zu kommen. Der Betrug gelingt, und es wird ein Kind gezeugt, das der gewissenlose

---

[18] *v Moskvu*: Dialogism and the Moral Spectator. In: *Oxford Slavonic Papers*. New Series 30 (1997), S. 40–66. Zur Interpretation der „Reise" vgl. auch D. UFFELMANN, Radiščev lesen. Die Strategie des Widerspruchs im *Putešestvie iz Peterburga v Moskvu*. In: *Wiener Slawistischer Almanach* 43 (1999), S. 5–25; I. KLEJN [= J. KLEIN], „Ptency učat matku". Princip kritičeskogo razuma v *Putešestvii iz Peterburga v Moskvu* A. N. Radiščeva. In: *Verenica liter*, S. 403–412.
So noch BURANOK, *Russkaja literatura XVIII veka*, S. 257 f.

Vater nun zusammen mit den anderen „Seelen" zum Kauf anbietet. Der Reisende reagiert mit einem Aufschrei der Entrüstung: „Ein Säugling... dein Sohn, du Barbar, dein Blut!" (S. 93). Schon vorher hatte er diesen Adelsherrn als „wildes Tier, Ungeheuer, Auswurf der Menschheit" bezeichnet (ebd.). Zu einer ausführlichen Schilderung seiner Reaktion hat der Reisende jedoch erst nach Abschluß der Auktionsszene Gelegenheit. Die versammelte Menge ergeht sich in „Tränen, Schluchzen und Stöhnen". Aber er durchschaut dieses Mitleid als oberflächlich, da es ohne tätige Folgen bleibt und schilt die Anwesenden als „versteinerte Herzen" (S. 94). Er selber würde die Familie gerne freikaufen, aber dazu fehlt ihm das Geld. Ebenso wie Radiščev hat er jedoch juristische Kenntnisse und kann so immerhin verhindern, daß man das Kind von seiner Mutter trennt. Dennoch ist sein „Herz so bedrückt", daß er „den Unglücklichen" den „letzten Groschen" aus seinem Geldbeutel schenkt (S. 94) und sich dann eilends entfernt. Ein Gespräch mit einem zufällig hinzutretenden Bekannten gibt ihm weitere Gelegenheit, seine Gefühle zu äußern und den Tränen freien Lauf zu lassen.

Ein kompositorisches Durcheinander

Wie Radiščev im Verlauf seines Prozesses aussagte, schrieb er seine „Reise" unter dem Eindruck von Laurence Sternes berühmtem Reisebuch *Sentimental Journey through France and Italy*, das er in deutscher Übersetzung gelesen hatte. Dennoch haben die beiden Werke nur wenig gemeinsam – was bei Sterne vor allem fehlt, ist das sozialkritische Pathos Radiščevs. Bei ihm konnte Radiščev lediglich solche Kompositionsverfahren finden, wie den Bericht einer Reisebekanntschaft oder das zufällige Finden von Aufzeichnungen, die dann 'im Wortlaut' wiedergegeben werden. Die Bedeutung seiner Sterne-Lektüre liegt vor allem darin, daß sie ihm die technischen Mittel an die Hand gab, eine Reihe unterschiedlicher Texte, die im Laufe mehrerer Jahre entstanden waren, zu einem Buch zusammenzufügen.

Die „Reise von Petersburg nach Moskau" bietet denn auch einen höchst buntscheckigen Anblick. Zwar dominiert die stets erneuerte und mit zahlreichen Einzelfällen begründete Anklage der Leibeigenschaft. Weitere Themen dieser Art sind die Blindheit des Herrschers, das unmenschliche Verhalten pflichtvergessener Bürokraten und die Ungerechtigkeit des Beförderungswesens. Ein besonders umfangreiches Kapitel wendet sich gegen die Zensur, wobei es Radiščev nicht versäumt, den Leser anhand von Dokumenten, die zum großen Teil aus einer deutschen Quelle stammen[19] und seitenlang zitiert werden, über die Geschichte der Zensur in Westeuropa zu unterrichten. Außerdem geht es um so verschiedenartige Dinge wie die krausen Lehren der Rosenkreuzer, die juristische Problematik bestimmter Formen des Geldverkehrs, die übermäßige Verwendung von Jam-

---

[19] Vgl.: H. GRAßHOFF, Radiščevs „Reise" und ihre Stellung innerhalb der zeitgenössischen literarischen Strömungen. In: *A. N. Radiščev und Deutschland*, S. 59–71, hier S. 64 ff.

ben in der russischen Dichtung, die Mängel des Ausbildungsbetriebs in den Priesterschulen, die mittelalterliche Geschichte der Stadt Novgorod, das Verhältnis von Eltern und Kindern und die Prinzipien fortschrittlicher Erziehung. Das Buch schließt mit einer kritischen Betrachtung über Lomonosovs Stellung in der russischen Geistesgeschichte. Die zahlreichen Reisebekanntschaften, die Radiščevs Buch bevölkern, sind meistens nur pauschal umrissen. In der Regel haben sie die Aufgabe, das Einfügen neuer Materialien zu motivieren.

In formaler Hinsicht ist die „Reise" ebenfalls heterogen: Das klassizistische Gebot der Einheitlichkeit hat für Radiščev keine Gültigkeit mehr, eher im Gegenteil; man spricht von einer „kolossalen Amplitude stilistischer Schwankungen"[20]. Zwar dominiert der hohe Stil, aber manche Stellen sind in anspruchsloser oder vulgärer Umgangssprache gehalten; hier und da zeigt sich eine Nähe zur Volksdichtung. Auch ist der vorherrschende Ernst der „Reise" keineswegs unvereinbar mit ironischen oder komischen Partien. Eine frivole Erzählung handelt von einem ehemaligen Straßenmädchen, das sich als Kupplerin ein Vermögen erworben hat; im reifen Alter von zweiundsechzig Jahren gelingt es dieser Dame schließlich, sich einen achtundsiebzigjährigen Baron mit dem sprechenden Namen Duryndin (= Trottel) als Ehemann zu ergattern. Die Funktion solcher Partien ist nicht schwer zu ergründen; der Autor selber sagte während seiner Haft: „Die scherzhaften Stellen habe ich eingefügt, damit das umfangreiche und ernste Werk nicht langweilig sei"[21].

Im übrigen zeigt die Entstehungsgeschichte des Buchs, daß der Autor sich beim Zusammenfügen der einzelnen Teile bemühte, manche Übergänge zu glätten und allzu störende Längen zu vermeiden[22]. Aber es bleibt bei Ansätzen, und insgesamt entsteht der Eindruck, daß Radiščev bei der Komposition seines Reisebuches ebenso verfährt, wie Fonvizin in seinem „Landjunker": Hier wie dort müssen ästhetische Rücksichten gegenüber der kritisch-moralischen Zielsetzung zurückstehen.

Zu den Lesern der „Reise" gehörte auch Puškin. Er kommt zu dem Schluß, Radiščev biete in seinem Buch kaum mehr als „einige Bruchstücke"; er habe seine Gedanken „ohne jeden Zusammenhang oder Ordnung" niedergeschrieben[23]. In diesem Sinn äußern sich auch andere Autoren des 19. und des frühen 20. Jahrhunderts. Noch 1936 spricht Gukovskij von dem „innerlich chaotischen

---

20 ALEKSEEV, Staroe i novoe v jazyke Radiščeva, S. 109.
21 Aussage vom 1. Juli 1790. In: BABKIN, Process Radiščeva, S. 167–170, hier S. 167.
22 Vgl.: V. A. ZAPADOV, Istorija sozdanija *Putešestvija iz Peterburga v Moskvu* i *Vol'nosti* A. N. Radiščeva. In: RADIŠČEV, Putešestvie iz Peterburga v Moskvu, S. 475–623, hier S. 601 und pass.; zu den kompositorischen Bemühungen Radiščevs vgl. auch: P. THIERGEN, Der 'Proömiale Eingang' von Radiščevs „Reise". In: *Zeitschrift für Slavische Philologie* 37 (1973), S. 102–116.
23 A. S. PUŠKIN, Putešestvie iz Moskvy v Peterburg. In: DERS., Polnoe sobranie sočinenij v desjati tomach. Bd. VII. L. ⁴1978, S. 184–210, hier S. 186.

Charakter" eines Werks, das mit seinem Aufbau nicht nur „die klassischen Regeln" verletze, „sondern auch die Norm der leichten oder sogar klaren Rede"[24].

Die kritische Vernunft als einheitsstiftendes Prinzip

In dem Maße, wie Radiščev zum mythischen Helden verklärt wurde, schienen solche Auffassungen jedoch nicht mehr tragbar: Radiščev war nun nicht nur ein standhafter Revolutionär, sondern auch ein makelloser Künstler. In der textkritischen Standardausgabe der „Reise" scheut sich der Herausgeber nicht, von einem „durchkomponierten und selten einheitlichen Buch" zu sprechen, „das durch den künstlerischen Gedanken des Autors in allen Punkten fest gefügt" sei, und im folgenden ist sogar von einer „'eisernen' Komposition" die Rede (wie die Anführungszeichen des Verfassers zeigen, war er nicht ganz glücklich mit dieser Formulierung)[25].

So abwegig derlei Behauptungen auch sein mögen, fragt man sich andererseits doch, ob Gukovskij mit der Kennzeichnung des „Chaotischen" nicht übertrieben hat; dasselbe gilt für die Äußerung Puškins über das gänzliche Fehlen von „Zusammenhang oder Ordnung". Tatsächlich läßt sich, wenn man von den komischen Partien der „Reise" einmal absieht, bei aller heterogenen Vielfalt unter der Oberfläche von Radiščevs „Reise" doch ein Prinzip ausmachen, das die meisten Themen und Motive miteinander verbindet. In seiner Einfachheit wirkt dieses Prinzip geradezu banal; mit Blick auf die aufklärerische Zielsetzung der „Reise" ist es jedoch von Bedeutung: Es geht um jenes Prinzip der kritischen Vernunft, von der sich Radiščev und sein Reisender bei ihrer Wahrnehmung und Beurteilung der Wirklichkeit leiten lassen und die sich ohne Schwierigkeit mit dem Ausdruck stärkster Empfindungen verbindet.

Wenn es darum geht, die mannigfaltigen Übel der russischen Gesellschaft anzuprangern, dann versteht sich der Gebrauch der kritischen Vernunft von selber. Sie meldet sich bei Radiščev aber auch dann zu Wort, wenn es um solche Dinge geht wie das Übermaß der Jamben in der russischen Dichtung. Kennzeichnend in diesem Sinn ist schon das Motto der „Reise" – das Zitat aus Trediakovskijs *Tilemachida*. Radiščev verwendet das Bild des mythischen Ungeheuers zur symbolischen Kennzeichnung all dessen, woran Rußland krankt. Aber es gilt auch, den altertümlichen Stil dieses Zitats zu beachten, wie er sich zum Beispiel in der kirchenslavischen Form des Partizipium Präsens Aktiv „lajaj" anstelle des russischen 'lajuščee' ausdrückt. Solche Archaismen sind ja nicht nur für Trediakovskij typisch, sondern auch für Radiščev selber. Mit seinem Zitat sagt er daher auch etwas über die Herkunft des eigenen Stils.

Radiščev verbündet sich mit einem Dichter, der als Stümper und Pedant verschrien war. Hierin zeigt sich eine für ihn typische Haltung. N. S. Il'inskij, ein

---

[24] GUKOVSKIJ, Radiščev kak pisatel', S. 184, 185.
[25] ZAPADOV, Istorija sozdanija, S. 601, 602; vgl. noch: LEBEDEVA, Istorija russkoj literatury XVIII veka, S. 351 ff.

Kollege Radiščevs in der Kommission zur Systematisierung der Gesetze, hat ihn folgendermaßen charakterisiert:

> [...] er war in seinen Gedanken [gar zu] frei und betrachtete alles mit Kritik. Wenn wir Senatsangelegenheiten besprachen und im Sinne des Gesetzes zu Schlußfolgerungen kamen, dann äußerte er jedesmal im Widerspruch zu uns eine besondere Meinung, die sich allein auf philosophische Freidenkerei gründete.[26]

Dasselbe gilt für das Verhalten des Reisenden: Immer wieder tritt sein Bestreben zu Tage, sich in seiner Darstellung und Beurteilung der Dinge von überkommenen Vorstellungen freizumachen und die eigene Sichtweise zu betonen. Über die Gestalt des Seminaristen, dem er seine „Rede über Lomonosov" in den Mund legt, wendet sich Radiščev wiederum gegen eine herrschende Meinung. Zwar läßt er die Verdienste Lomonosovs in vieler Hinsicht gelten, aber er bringt auch solche Dinge zur Sprache, wie die Unaufrichtigkeit der Lobgedichte auf die Zarin Elisabeth. Mit den Feierlichen Oden Lomonosovs stellt Radiščev den wichtigsten Teil von dessen poetischem Werk moralisch in Frage.

Dieser kritische Impuls zielt auch auf die eigene Person des Reisenden. Schon in einem der ersten Kapitel („Ljubani") stellt er sich die selbstquälerische Frage, ob er denn mit seinem Diener Petruška tatsächlich so viel menschenfreundlicher umgehe, als jener Gutsbesitzer, dessen Herzlosigkeit gegenüber den leibeigenen Bauern er soeben noch angeprangert hatte (S. 11). Nachdem Petruška seinem Herrn auf diese Weise Gelegenheit verschafft hat, Selbstkritik zu üben, verschwindet er von der Bühne. Die selbstkritische Haltung des Reisenden zeigt sich auch im Kapitel „Edrovo", wo er der idealisierten Gestalt des Bauernmädchens Anjuta begegnet und dabei als Adliger seiner moralischen Unterlegenheit innewird.

Diese Fähigkeit zur Selbstkritik ist eines derjenigen Merkmale, die Radiščevs Reisenden von den positiven Figuren anderer Autoren unterscheidet – man denke etwa an Fonvizins Starodum und dessen eherne Selbstgewißheit. Ein zweiter Punkt, in dem sich diese beiden Gestalten unterscheiden, ist die Empfindsamkeit des Reisenden, der stets bereit ist, beim Anblick der leidenden Menschheit Tränen zu vergießen; dagegen wirkt Starodum wie ein trockener Rechthaber. Mit seinem Reisenden hat Radiščev für die russische Literatur einen neuen Typ des Helden geschaffen – nicht nur ein klarsichtig urteilender, sondern auch ein leidenschaftlich fühlender und anteilnehmender Mensch, der jene Verbindung von Empfindsamkeit und kritischer Vernunft verkörpert, die für die späte Phase der europäischen Aufklärung kennzeichnend ist.

Im Kapitel „Jažełbicy" äußert sich die selbstkritische Haltung des Reisenden auf besonders eindrucksvolle Weise. Erneut geht es um Sexualität, in diesem Fall sogar um die eigene Sexualität. Die Schonungslosigkeit, die der Reisende hier gegen sich an den Tag legt, verweist auf das Vorbild von J.-J. Rousseaus

---

[26] N. S. IL'INSKIJ, Iz Zapisok Nikolaja Stepanoviča Il'inskago. In: *Russkij archiv* 12 (1879), S. 377–434, hier S. 416.

Confessions, ist aber in der russischen Literatur des 18. Jahrhunderts ohne Beispiel. Der Reisende stellt sich die bange Frage, ob er nicht durch jene „stinkende Krankheit" (S. 57), die er sich durch die Ausschweifungen seiner Jugend zugezogen habe, nicht nur seine eigenen Kinder angesteckt, sondern auch den frühen Tod seiner Ehefrau verschuldet habe. In einem Text, der durch seine Ich-Form als autobiographisch gekennzeichnet ist, wirkt derlei besonders schockierend. Den Biographen Radiščevs ist von einer solchen Krankheit allerdings nichts bekannt; ein Stück biographischer Realität liegt allenfalls darin, daß der qualvolle Tod des Jugendfreundes Ušakov, der in Leipzig an den Folgen einer Syphilis gestorben war, auf ihn seinerzeit einen tiefen Eindruck gemacht hatte (vgl. die „Vita des Fedor Vasil'evič Ušakov").

Mit Blick auf die Allgegenwart einer kritischen Vernunft, die auch die eigene Person nicht verschont, gewinnt die buntscheckige Vielfalt der Gegenstände, die bei Radiščev dargestellt und beurteilt werden, eine programmatische Bedeutung: Es ist der allumfassende Geltungsanspruch der kritischen Vernunft, der hier zutage tritt. Derselbe Geltungsanspruch hatte sich in der russischen Literatur auf weniger radikale Weise schon vor Radiščev geäußert – in den Moralischen Wochenschriften und in den lehrhaften Tiraden des Starodum: Hier wie dort haben wir eine Vielfalt unterschiedlicher Themen, die gleichermaßen dem Urteil der kritischen Vernunft ausgesetzt werden. Keine Erscheinung der äußeren oder inneren Wirklichkeit, die sich der Beurteilung dieser Instanz entziehen könnte: Jede Sache und jede Person wird vor den Gerichtshof der kritischen Vernunft zitiert und auf seine – meist moralische – Rechtmäßigkeit geprüft.

Wie vor ihm schon Novikov und Fonvizin verwirklicht Radiščev damit jene Forderung, die Immanuel Kant in seiner berühmten Antwort auf die Preisfrage *Was ist Aufklärung?* im Jahre 1784 ausgesprochen hat:

> *Aufklärung ist der Ausgang des Menschen aus seiner selbstverschuldeten Unmündigkeit. Unmündigkeit* ist das Unvermögen, sich seines Verstandes ohne Leitung eines anderen zu bedienen. *Selbstverschuldet* ist diese Unmündigkeit, wenn die Ursache derselben nicht am Mangel des Verstandes, sondern der Entschließung und des Mutes liegt, sich seiner ohne Leitung eines andern zu bedienen. Sapere aude! Habe Mut, dich deines *eigenen* Verstandes zu bedienen! ist also der Wahlspruch der Aufklärung. [Hervorhebungen vom Verfasser][27]

„Die Küken belehren die Henne"

Wahrscheinlich hat Radiščev die Werke Kants nicht gelesen. Im Zeichen der europäischen Aufklärung besteht dennoch eine Verwandtschaft: Radiščevs „Reise" bietet das eindrucksvolle Zeugnis eines russischen Schriftstellers, der den Mut hatte, sich mit seinem Buch in aller Öffentlichkeit „des eigenen Verstandes ohne Leitung eines anderen zu bedienen". Tatsächlich ist das Ideal der mündigen Per-

---

[27] Vgl.: *Was ist Aufklärung? Kant, Erhard, Hamann, Herder, Lessing, Mendelssohn, Riem, Schiller, Wieland. Thesen und Definitionen.* Hrsg.: E. Bahr. Stuttgart 1996, S. 9–17, hier S. 9.

sönlichkeit für Radiščev ebenso maßgeblich wie für Kant. Das zeigt sich im Kapitel „Toržok". Die Zensur erscheint hier in kritischer Beleuchtung als „Kinderfrau des Verstandes, des Scharfsinns, der Einbildungskraft, alles Großen und Schönen"; sie ist daran schuld, daß die Menschen auf der Entwicklungsstufe von „minderjährigen, unreifen Köpfen" verharren, „die sich selber nicht zu leiten vermögen" (S. 79).

Im 18. Jahrhunderts war es jedoch nicht immer ungefährlich, die Ideale der Aufklärung zu verwirklichen. Wenn Radiščev den kritischen Gebrauch des „eigenen Verstandes" in seinem Buch nur auf die Literatur und die eigene Person gerichtet hätte, wäre das ohne böse Folgen geblieben. Aber ihm ging es auch um die politischen und sozialen Mißstände des Russischen Reiches. Damit war ein Schritt von höchster Tragweite getan: Radiščev löst sich von der Rolle des braven Untertanen und bringt öffentlich Dinge zur Sprache, deren Beurteilung 'eigentlich' Sache der staatlichen Obrigkeit war. Ebenso wie vor ihm schon Fonvizin mit seinem Starodum scheut sich Radiščev mit seinem Reisenden nicht, eben dieser Obrigkeit und letztlich auch der Zarin als kritisch räsonnierendes Subjekt aus eigenem Recht gegenüberzutreten.

Im Kapitel „Spasskaja Polest'" erfährt man, wie sich Radiščev eine solche Begegnung vorstellt. Hier ist die Rede von einem Mann, wie es ihn mit seinem „standhaften Herzen" vielleicht nur einmal in hundert Jahren gibt (S. 25). Diese Prophetengestalt, mit der sich Radiščev offenkundig identifiziert, stammt „aus der Mitte des Volkes", ist also kein Würdenträger, sondern ein Jedermann. Ohne „Hoffnung auf Belohnung, ohne knechtische Furcht" tritt er dem Herrscher entgegen und tadelt seine Handlungen (ebd.). Derselbe Herrscher wird belehrt, wie er sich seinem Kritiker gegenüber zu verhalten habe: Er soll ihn nicht als Aufrührer bestrafen, sondern gastfreundlich einladen und bewirten, damit er in Zukunft zurückkehre, um ihm „ohne Schmeichelei" erneut die Wahrheit zu sagen (ebd.).

Radiščevs Hoffnung auf einen kritischen Dialog mit der Zarin hat sich jedoch nicht erfüllt. Zu dieser Zeit, im Mai–Juni des Jahres 1790, als Katharina die „Reise" las, war sie nicht mehr bereit, sich wie eine aufgeklärte Herrscherin zu verhalten, ihr Monopol des politischen Urteils in Frage stellen zu lassen und die Untertanen als Staatsbürger anzuerkennen. Auf das Kapitel „Spasskaja Polest'" reagierte sie mit der sarkastischen Randbemerkung: „Die Küken belehren die Henne"[28]; an anderer Stelle spricht sie zornig von der „seltenen Kühnheit" des Autors, dessen Verhalten sie auf eine „kriminelle Absicht" zurückführt und wiederum als „aufrührerisch" brandmarkt[29].

Radiščevs 'Schuld' bestand darin, daß er mit seinem Buch in aller Öffentlichkeit als mündiger Staatsbürger aufgetreten war. Damit sind wir bei jenem Punkt angelangt, in dem er sich bei seinem Strafprozeß selber untreu wurde. In den

---

[28] BABKIN, Process Radiščeva, S. 156–164, S. 157: „Ptency učat matku".
[29] Ebd., S. 163.

zahlreichen Verhören, die Radiščev über sich ergehen lassen mußte, zeigte er Bußfertigkeit, er nahm Abstand von der Rolle des Staatsbürgers und wurde wieder zum Untertanen. Wenn er sich dabei der „Frechheit", „Kühnheit" oder „Anmaßung" bezichtigt, übernimmt er damit den Standpunkt des absoluten Herrschers (bei Kant hatte der Begriff der Kühnheit einen anderen Klang: „sapere aude!"). Voller Zerknirschung stellt sich Radiščev selber die Frage, wie er denn ein „so dreistes Werk" vor der Zarin rechtfertigen könne[30]. Auf die Frage des Untersuchungsbeamten, warum er die Regierung kritisiere, spricht er von „möglichen Mißbräuchen [...], über die zu urteilen, wie ich gestehe, nicht meine Sache ist"[31]. An anderer Stelle verbindet sich dieses Motiv mit der flehentlichen Bitte an die „allergroßmütigste Zarin", ihm Gnade zu gewähren[32].

All dies widerspricht den stoischen Idealen, die Radiščev in seiner „Reise" verkündigt, besonders im Kapitel „Krest'cy". Man muß jedoch seine Situation bedenken. Radiščev war kein Berufsrevolutionär (ob er überhaupt ein Revolutionär war, ist eine strittige Frage, die hier nicht erörtert zu werden braucht). Für ihn gab es keinen ausgearbeiteten Kodex, wie man sich nach der Verhaftung zu verhalten hatte. Er war auch nicht Mitglied einer oppositionellen Gruppe, auf deren Rückhalt er sich hätte stützen können. Zwar fehlte es in den letzten Regierungsjahren Katharinas nicht an Menschen, die mit ihr unzufrieden waren, aber sie bildeten kein politisches Milieu, und auch von einer öffentlichen Meinung, die sich als solche unabhängig und im Gegensatz zur Regierung entwickelt hätte, konnte in Rußland gegen Ende des 18. Jahrhunderts noch keine Rede sein. Als Kritiker der Zarin und der russischen Verhältnisse war Radiščev allein auf sich gestellt. Ferner quälte ihn, wie schon hervorgehoben, der Gedanke an seine Kinder, die er mit seiner unbedachten, oder, wenn man will, staatsbürgerlich-kühnen Handlung ins Verderben gestürzt zu haben glaubte, ganz zu schweigen von den Umständen seiner Haft in den Verliesen der Peter-und-Pauls-Festung und dem seelischen Druck, den ein so gefürchteter Untersuchungsbeamter wie S. I. Šeškovskij auf ihn ausübte.

Man kann annehmen, daß Radiščevs Reuebekundungen aufrichtig waren. Allerdings war seine Reue nicht allumfassend: Wenn er unter dem Druck des Augenblicks auch vom Ideal der autonomen Vernunft abrückte, so ging er doch nicht so weit, Überzeugungen, die ihm noch wichtiger waren, zu widerrufen. Vor allem widerstand er der Zumutung, seine Worte über die unerträgliche Situation der leibeigenen Bevölkerung zurückzunehmen, und sei es auch nur aus taktischer Berechnung.

---

[30] Ebd., S. 169.
[31] Ebd., S. 175.
[32] Ebd., S. 170.

KAPITEL 20
KARAMZIN

Ein erfolgreicher Schriftsteller in der „Gesellschaft von Generälen und Ministern"

Am Ende seines Lebens konnte Karamzin auf eine glänzende Laufbahn zurückblicken. Als Autor war es ihm gelungen, den Kreis der russischen Leser und Leserinnen erheblich zu erweitern – nicht nur in den beiden Hauptstädten begeisterte man sich für seine Werke, sondern auch in der Provinz. Ein Zeitgenosse erzählt:

> [...] wie ich mich erinnere, wurde in unserer stillen Gegend im Smolensker Gouvernement unweit der Stadt Duchovnica in meiner frühen Kindheit nicht viel gelesen, und außer Büchern geistlichen Inhalts gab es kaum welche. – ... Plötzlich tauchten bei uns zu Hause „Meine Bagatellen" auf [Karamzins erste Werkausgabe von 1794]. Man hatte uns dieses Buch aus Moskau geschickt, und wie soll ich den Eindruck beschreiben, den es auf uns machte? Alle stürzten sich auf das Werk und versenkten sich in es: Man las, las, las es noch einmal und lernte es schließlich auswendig. Von uns aus gelangte das Buch in den gesamten Landkreis und kam dann völlig zerlesen zurück. So ist es den ersten Versuchen Karamzins wohl überall ergangen.[1]

Und noch ein Punkt ist zu bedenken. In der zweiten Hälfte des 18. Jahrhunderts genoß der Schriftsteller in Westeuropa höchstes Ansehen – in Frankreich vor allem Voltaire, in Deutschland zunächst Klopstock. Davon konnte in Rußland auch am Ende des Jahrhunderts noch keine Rede sein. 1802 schreibt Karamzin:

> Bei uns gibt es noch nicht viele Menschen, die gerne lesen; der Name eines guten Autors hat bei uns noch nicht denselben Wert, wie in anderen Ländern; wenn man auf ein höfliches Lächeln oder ein freundliches Wort erpicht ist, muß man ein anderes Recht [als das des Schriftstellers] anmelden.[2]

Unter den russischen Autoren des 18. Jahrhunderts war Karamzin der erste, der diese Regel zu durchbrechen vermochte: als Privatmann und homme de lettres gelang es ihm, sich unabhängig von allen Diensträngen eine herausragende Posi-

---

[1] Persönliche Mitteilung des Dichters und Publizisten F. N. Glinka (1786–1880) in: M. P. POGODIN, Nikolaj Michajlovič Karamzin, Bd. I–II. M. 1866, hier Bd. I, S. 216.

[2] Otčego v Rossii tak malo avtorskich talantov? In: N. M. KARAMZIN, Sočinenija v dvuch tomach. Hrsg. G. P. Makogonenko. Bd. I. L. 1984, S. 123–126, hier S. 125.

tion in der russischen Gesellschaft zu schaffen, sodaß er schließlich gegen Ende seines Lebens einem hochgestellten Bekannten schreiben konnte:

> [...] ohne mir in lächerlicher Weise etwas auf mein Autorenhandwerk einzubilden, kann ich mich ohne Verlegenheit in der Gesellschaft von Generälen und Ministern bewegen...[3]

Es ist nicht das geringste von Karamzins Verdiensten um das russische Geistesleben, daß er mit seiner Person maßgeblich dazu beigetragen hat, dem „Autorenhandwerk" in Rußland gesellschaftliches Ansehen zu verschaffen. Zu derjenigen Stellung, die Dostoevskij und Tolstoj dereinst in der russischen Öffentlichkeit einnehmen sollten, war es freilich immer noch ein weiter Weg.

Biographie

Nikoláj Michájlovič Karamzín (1766–1826)[4] stammte aus dem Adel, sein Vater war ein mittlerer Gutsbesitzer aus der Gegend von Simbirsk. Lesen und Schreiben lernte er beim Dorfgeistlichen. Nach einem kurzen Aufenthalt in einem Simbirsker Adelspensionat, das von einem Franzosen geleitet wurde, schickten ihn seine Eltern nach Moskau, wo er im Internat des deutschen Professors J. M. Schaden eine gediegene Bildung geisteswissenschaftlicher Prägung erhielt. Karamzin beherrschte mehrere Fremdsprachen, außer Deutsch und Französisch konnte er auch etwas Englisch.

1781 verließ er das Schadensche Internat, um seinen Dienst bei einem der Petersburger Garderegimenter anzutreten, in das er, wie allgemein üblich, schon als Kind eingeschrieben worden war. Karamzin hätte es nach eigener Aussage jedoch vorgezogen zu studieren, am liebsten in Leipzig, und nahm seine dienstlichen Pflichten daher nicht sehr ernst; von den gut drei Jahren seiner Militärzeit ver-

---

[3] Undatierter Brief an den Grafen Capo d'Istria, in: N. M. KARAMZIN, Neizdannyja sočinenija i perepiska. Bd. I. SPb. 1862, S. 133–136, hier S. 134.

[4] Zur Biographie nach wie vor unentbehrlich: POGODIN, Nikolaj Michajlovič Karamzin; vgl. auch: N. D. KOČETKOVA, Karamzin Nikolaj Michajlovič. In: *Slovar' russkich pisatelej*, Bd. II, S. 32–43. Den besten Überblick über Karamzins Leben und Werk findet man bei G. A. GUKOVSKIJ, Karamzin. In: *Istorija russkoj literatury v desjati tomach*. Bd. V. Düsseldorf–Den Haag 1967 (Nachdruck der Ausgabe M.–L. 1941), S. 55–105. Außerdem: A. G. CROSS, Karamzin. A Study of his Literary Career. 1783–1803. Carbondale etc. 1971; N. KOCHETKOVA [= N. D. KOČETKOVA], Nikolay Karamzin. Boston 1975; JU. M. LOTMAN, Sotvorenie Karamzina. M. 1987. – Unter den Ausgaben der gesammelten Werke vor allem: N. M. KARAMZIN, Sočinenija. Hrsg.: A. F. Smirdin. Bd. I–III. SPb. 1848. Leichter zugänglich ist jedoch KARAMZIN, Sočinenija v dvuch tomach. Es gibt eine textkritische Ausgabe der Gedichte: N. M. KARAMZIN, Polnoe sobranie stichotvorenij. Hrsg.: Ju. M. Lotman. M.–L. 1966, und der Reisebriefe: N. M. KARAMZIN, Pis'ma russkogo putešestvennika. Hrsg.: Ju. M. Lotman; N. A. Marčenko; B. A. Uspenskij. L. 1984. – Zur bibliographischen Orientierung: *N. M. Karamzin. Biobibliografičeskij ukazatel'*. Hrsg.: N. I. Nikitina; V. A. Sukajlo. Ul'janovsk 1990; *Nikolaj Michajlovič Karamzin. Ukazatel' trudov, literatury o žizni i tvorčestve. 1883–1993.* Hrsg.: A. A. Liberman. M. 1999.

brachte er die weitaus meiste Zeit auf Urlaub. 1784 quittierte er den Dienst, um in Zukunft nur seinen geistigen Neigungen zu leben. Nachdem er im heimatlichen Simbirsk der Freimaurerloge „Zlatoj venec" (Goldener Kranz) beigetreten war, zog er um die Jahreswende 1784–1785 nach Moskau, wo er sich dem Freimaurer-Kreis um Novikov anschloß.

Karamzin verließ den Militärdienst gegen den Willen seiner Eltern – sein Vater war zwei Jahre zuvor gestorben – und mit der Absicht, Schriftsteller zu werden. In der russischen Adelsgesellschaft des 18. Jahrhunderts war das ein ungewöhnlicher Schritt. Zwar hatte Peter III. im Jahre 1762 die adlige Dienstpflicht abgeschafft – eine Maßnahme, die von Katharina II., seiner Gattin und Nachfolgerin auf dem Zarenthron, 1785 bestätigt wurde. Dennoch gab es für einen jungen Edelmann nach wie vor nur einen Weg, soziale Anerkennung zu gewinnen, und das war der „Dienst" – der Zivil-, Militär- oder Hofdienst. Gesellschaftliches Ansehen war in erster Linie keine Sache des Geldes und selbst nicht des Stammbaumes, sondern des Dienstranges, also derjenigen Position, die man in der petrinischen Rangtabelle erreicht hatte. Warum gab es in Rußland so wenig Dichter? Karamzin erklärt das folgendermaßen: „[…] der Grund hierfür liegt darin, daß in einem Land, wo der Dienstrang alles bedeutet, der [Dichter-]Ruhm nur wenig Anziehungskraft besitzt"[5].

Wenn Karamzin schon so wenig Neigung für den Militärdienst spürte, hätte er in den Zivildienst wechseln und zum Beispiel jene Sekretärsstelle in der Kanzlei für die Bearbeitung von Bittschriften annehmen können, die ihm Deržavin 1790 anbot. Ebenso wie Deržavin selber, ebenso wie Fonvizin und die meisten anderen russischen Autoren des 18. Jahrhunderts hätte Karamzin seiner Schriftstellerei dann in der Freizeit nachgehen können. Ein solcher Kompromiß zwischen Beamtenlaufbahn und Literatur kam für ihn jedoch nicht in Frage. Er lehnte den Vorschlag Deržavins ab; trotz einer Reihe von ehrenvollen Angeboten zeigte er auch in Zukunft keinerlei Neigung, in den Staatsdienst zu treten: Für ihn war die Literatur eine gar zu ernste und bedeutende Angelegenheit, um sie nur mit der linken Hand zu betreiben.

Die materiellen Voraussetzungen für ein Leben ganz im Zeichen der Literatur bot ihm das väterliche Erbteil – das Dorf Ključevka in der Gegend von Simbirsk, das von seinem älteren Bruder, einem tüchtigen Landwirt, für ihn verwaltet wurde. Das ist ein wichtiger Punkt. In der Forschung wird Karamzin gerne als einer der ersten, wenn nicht als der erste russische „Berufsautor" im heutigen Sinn des Wortes bezeichnet, als ein Autor mithin, der seinen Lebensunterhalt hauptsächlich mit seiner Feder bestreitet[6]. Aber das ist eine zweifelhafte Kennzeichnung. Karamzins Schriften machten ihn in Rußland berühmt, aber finanziell brachten sie ihm über viele Jahre nur wenig, wenn überhaupt etwas ein; dasselbe gilt für

---

5 Vgl. seinen Brief von 1797 an die Hamburger Emigrantenzeitung *Le Spectateur du Nord*. In: KARAMZIN, Pis'ma russkogo putešestvennika, S. 449–463, hier S. 457 f.; das Original ist in französischer Sprache geschrieben.

6 Vgl. z. B.: LOTMAN, Sotvorenie Karamzina, S. 200.

seine Tätigkeit als Herausgeber und Übersetzer[7]. Erst im neuen Jahrhundert änderten sich die Verhältnisse. Ohne sein Erbteil hätte Karamzin als „Berufsautor" also kaum leben können – dazu war der literarische Markt in Rußland auch am Ende des 18. Jahrhunderts noch gar zu wenig entwickelt.

Der Moskauer Kreis um Novikov, in den der junge Karamzin eingetreten war, gehörte zu jener mystischen Richtung der Freimaurerei, die als Rosenkreuzertum bekannt ist. Im Lauf der Jahre erkannte Karamzin jedoch, daß ihm diese Gedankenwelt fremd blieb, und er beschloß, sich von den Freimaurern loszusagen. Die Trennung erfolgte im guten und wurde durch ein Abschiedsessen besiegelt. Im selben Jahr 1789 begab sich Karamzin für gut vierzehn Monate auf eine Bildungsreise nach Westeuropa, die er mit 1800 Rubeln aus eigener Tasche bezahlte[8]. Das literarische Resultat dieser Unternehmung waren die *Pis'ma russkogo putešestvennika* („Briefe eines reisenden Russen").

Nach seiner Rückkehr entwickelte Karamzin eine lebhafte Tätigkeit als Schriftsteller, Herausgeber und Übersetzer. Damit erwarb er sich eine Schlüsselstellung im russischen Literaturbetrieb, dessen Schwerpunkt sich nun von Petersburg nach Moskau verlagerte. Karamzin gründete die literarische Zeitschrift *Moskovskoj žurnal* („Moskauer Zeitschrift", 1791–1792), die er zum größten Teil mit eigenen Werken füllte – mit Gedichten, Erzählungen und einem Teil der Reisebriefe. Unter seiner Ägide erschien 1794–1795 auch die zweibändige Anthologie *Aglaja* (so heißt eine der drei Grazien); in den Jahren 1796–1799 folgten die drei Bände der *Aonidy* („Die Aoniden" = die Musen), des ersten russischen Almanachs. Die *Aonidy* sollten auf holländischem Papier in kleinem Format gedruckt werden, so daß „unsere Damen" die einzelnen Bände bequem in der Tasche tragen konnten[9]. Die Beiträge stammten nicht nur von bekannten Autoren, sondern auch von Anfängern – das Publikum sollte einen Eindruck vom gegenwärtigen Stand der russischen Dichtung erhalten.

Aber Karamzin lag auch daran, den russischen Lesern die Literatur Westeuropas und der klassischen Antike nahezubringen – seine dreibändige Anthologie *Panteon inostrannoj slovesnosti* („Pantheon der ausländischen Literatur") er-

---

[7] Näheres bei I. KLEJN [= J. KLEIN], Meždu Apollonom i Fortunoj. Karamzin–pisatel' v sociologičeskoj perspektive. Im Druck.

[8] Vgl.: POGODIN, Nikolaj Michajlovič Karamzin, Bd. I, S. 169, ohne Quellenangabe – möglicherweise hat der Autor diese Auskunft von Karamzin persönlich erhalten. Einer anderen Auffassung zufolge wäre Karamzins Reise von den Moskauer Freimaurern bezahlt worden; vgl.: G. P. ŠTORM, Novoe o Puškine i Karamzine. In: *Izvestija AN SSSR. Otdelenie literatury i jazyka* 19 (1960), vyp. 2, S. 144–151, hier S. 150 f. Vgl. dagegen: POGODIN, Nikolaj Michajlovič Karamzin, Bd. I, S. 213 (Aussage des prominenten Freimaurers N. N. Trubeckoj); *Perepiska moskovskich masonov XVIII-go veka. 1780–1792 gg.* Hrsg.: Ja. L. Barskov. Pg. 1915,
S. 88–90, hier S. 89 (Brief des wiederum prominenten Freimaurers I. V. Lopuchin vom 3. Februar 1791 an A. M. Kutuzov); vgl. auch die Erinnerungen von Karamzins lebenslangem Freund DMITRIEV, Vzgljad na moiu žizn', S. 27.

[9] Vgl. seinen Brief an Dmitriev vom 17. Oktober 1795. In: *Pis'ma N. M. Karamzina k I. I. Dmitrievu*. Hrsg.: Ja. Grot; P. Pekarskij. SPb. 1866, S. 60–62, hier S. 61.

schien 1798. Die Übersetzungen stammen von Karamzin, der damit die Bildungsarbeit Kantemirs, Trediakovskijs und vieler anderer fortsetzte.

Allerdings spielten hierbei auch die äußeren Umstände eine Rolle. Jene Verschärfung der russischen Zensur, die sich in den letzten Regierungsjahren Katharinas II. angebahnt hatte, erreichte unter der despotischen Herrschaft ihres Sohnes und Nachfolgers Paul I. ein Extrem: Wie ein „schwarzer Bär" versperrte sie den russischen Autoren den Weg in die Öffentlichkeit[10]. In dieser Situation boten literarische Übersetzungen noch die geringste Angriffsfläche. Trotzdem hatte Karamzin Grund zur Klage, denn vom amtlichen Standpunkt war zum Beispiel Demosthenes ein gefährlicher „Republikaner", und auch bei solchen Autoren wie Cicero und Sallust schien Vorsicht am Platze[11]. Das änderte sich erst im Jahre 1801, als Alexander I. seinem ermordeten Vater Paul I. auf dem Zarenthron nachfolgte.

Nun belebte sich der literarische Markt. Die Zensur wurde nicht abgeschafft, aber sie verlor ihre Schrecken, und die Autoren konnten nun für eine Reihe von Jahren ihre Werke ohne große Schwierigkeiten veröffentlichen. Dank der staatlichen und privaten Bildungsanstalten hatte auch die Zahl der Leser und Leserinnen weiter zugenommen. Die Moskauer Buchhändler und Verleger witterten Morgenluft, und einer von ihnen machte Karamzin 1801 den Vorschlag, für das sehr beträchtliche Jahresgehalt von 6000 Rubeln eine neue Zeitschrift herauszugeben, den *Vestnik Evropy* („Europäischer Bote"). Karamzin nahm das Angebot an und nutzte die Gelegenheit, um eine weitere Neuerung in das russische Publikationswesen einzuführen: Als erste der russischen Zeitschriften enthielt sein *Vestnik Evropy* neben dem literarischen auch einen politischen Teil. Karamzin bot hier seinen Lesern regelmäßig einen sachkundigen Überblick der Zeitläufte in Westeuropa und Amerika. Seinerseits eröffnete der *Vestnik Evropy* die Reihe jener politisch-literarischen „tolstye žurnaly" (dicken Zeitschriften), die im 19. Jahrhundert eine so bedeutende Rolle im russischen Geistesleben spielen sollten.

Die zweimal im Monat erscheinende Zeitschrift war ungewöhnlich erfolgreich; gleichwohl trat Karamzin schon nach zwei Jahren als Herausgeber zurück. Seit jeher hatte er eine lebhafte Neigung für Geschichte gezeigt. Dieses Interesse mündete schließlich in das Vorhaben, ein großangelegtes Werk über die „Geschichte des russischen Staates" zu schreiben – die vielbändige *Istorija gosudarstva rossijskogo*. Für ein solches Projekt brauchte man Muße. Karamzin bat daher den Zaren, ihm eine (bescheidene) Pension von 2000 Rubeln jährlich zu bewilligen, damit er seinen Plan in aller Ruhe verwirklichen konnte. Dem Gesuch wurde stattgegeben. Nachdem Karamzin in den 1790er Jahren die literarische Bühne Moskaus beherrscht hatte, verschwand er nun für viele Jahre aus der Öffentlichkeit, er schrieb kaum noch literarische Werke und beschränkte sich auf

---

10   Brief an Dmitriev vom 18. August 1798, ebd., S. 98–99, hier S. 99.
11   Brief an Dmitriev vom 27. Juli 1798, ebd., S. 97–98, hier S. 97.

seine Arbeit als Historiker. Die ersten acht Bände der *Istorija* erschienen 1818 und waren wiederum außerordentlich erfolgreich – die erste Auflage von 3000 Exemplaren war in weniger als einem Monat ausverkauft (insgesamt umfaßte das Werk zwölf Bände, von denen der letzte unvollendet blieb).

Über Literatur und Sprache

Die „heilige Poesie"

1794 veröffentlichte Karamzin die schon erwähnte Werkausgabe mit dem spielerisch-koketten Titel *Moi bezdelki* („Meine Bagatellen"). Damit empfahl er sich dem Publikum als Salonpoet. Unter seinen Gedichten findet man zum Beispiel eine „Antwort auf die Verse einer jungen Dame, in denen sie ihrer Freundin Chloe schwört, sie feurig und ewig zu lieben und in ihrem Herzen dem Kupido nur einen kleinen Winkel vorzubehalten"[12]. Graziöse Nichtigkeiten dieser Art sind keine Ausnahme in Karamzins Werk. Daß er dennoch eine ganz andere – und sehr hohe – Meinung von der Literatur hatte, zeigt sich in seinen Gedichten über die Dichtkunst[13].

Eines von ihnen heißt *Darovanija* („Die Gaben", 1796). Die Strophik – gereimte Zehnzeiler im vierfüßigen Jambus – und der sehr beträchtliche Umfang verweisen auf die Feierliche Ode. Gemeinsam ist auch die panegyrische Schreibart. Es ist es jedoch nicht der Herrscher, der hier gepriesen wird, sondern die Dichtung. Ihre erhabene Bestimmung ist es, den moralisch-zivilisatorischen Fortschritt der Menschheit zu fördern. Derlei Vorstellungen findet man auch in einem Gedicht, das ganz am Anfang von Karamzins Laufbahn steht – in *Poèzija* von 1785. Der hymnische Ton, der Verzicht auf Reim und Strophik erinnern an Klopstock. Das Motto ist ein Zitat, das in deutscher Sprache angeführt wird. Es stammt aus dem ersten Gesang von Klopstocks christlichem Epos *Messias*: „Die Lieder der göttlichen Harfenspieler schallen mit Macht, wie beseelend"[14]. Die „göttlichen Harfenspieler" sind die Dichter; im Gedicht ist mehrfach von der „heiligen Poesie" die Rede; Klopstock selber, dem ein längerer Abschnitt gewidmet ist, erscheint als „heiliger Poet". Jener quasi-religiöse Kult um die Dichtung und den Dichter, der sich in Deutschland um Klopstock entwickelt hatte, wird von Karamzin fortgesetzt: Er war es, der die russische Spielart des romantischen Dichterkults begründet hat.

---

[12] *Otvet na stichi odnoj devicy, v kotorych ona kljanetsja Chloe, drugu svoemu, ljubit' ee plamenno i večno, ostavljaja dlja Kupidona tol'ko malen'kij ugolok v serdce* [1795]. In: KARAMZIN, Polnoe sobranie stichotvorenij, S. 179 f.

[13] Vgl.: M. ŠRUBA [= M. SCHRUBA], Poètologičeskaja lirika N. M. Karamzina. In: *XVIII vek*. Bd. 24. SPb. 2006, S. 296–311, hier S. 299 ff.

[14] KARAMZIN, Polnoe sobranie stichotvorenij, S. 58–63, hier S. 58; den Quellenhinweis verdanke ich M. Schruba.

Empfindsame Aufklärung

Bei aller Schwärmerei seiner jungen Jahre war Karamzin jedoch ein Aufklärer. Dichtung ist für ihn kein Selbstausdruck des genialen Individuums, sondern Mittel zur moralisch-ästhetischen Bildung der Leser und dient somit dem Fortschritt[15]. Gleich zu Anfang seines Gedichts *Darovanija* wendet sich Karamzin gegen die „Feinde der poetischen Eingebung, des Geistes und aller seiner Hervorbringungen"[16]. An anderer Stelle schreibt er lapidar: „Die Bildung ist das Palladium der Sittlichkeit"[17].

Ebenso wie seine russischen Schriftstellerkollegen der älteren Generation ist Karamzin durchdrungen vom erzieherischen Wert der Literatur und der Bildung. Allerdings übt er in dieser Hinsicht mehr Zurückhaltung als zum Beispiel Fonvizin oder die Autoren der Moralischen Wochenschriften (eine Ausnahme bildet allenfalls sein Kapitel über das englische Familienleben in den Reisebriefen). Ebensowenig wie die ausdrückliche Belehrung liegt ihm das Satirische; ein Gedicht wie die späte „Hymne an die Dummköpfe" (*Gimn glupcam*, 1802) ist bei ihm eine seltene Ausnahme. Karamzin blieben die kämpferischen Töne eines Sumarokov, Novikov oder Radiščev fremd. Er vertraute darauf, daß der Umgang mit dem Schönen, Wahren und Guten für sich genommen schon ausreiche, um das moralische Gefühl der Leser zu verfeinern und ihren Geschmack zu bilden[18].

Aus dieser Sicht sind jene Tränen, die bei Karamzin so gerne und reichlich vergossen werden, Ausdruck eines Gefühlslebens, dem die vielfältigen Regungen der Liebe und der Freundschaft zugänglich sind. Für Karamzin ist die Fähigkeit zu solchen Empfindungen nicht naturgegeben, sondern Ergebnis einer – mit Schiller gesprochen – „ästhetischen Erziehung", die gleichzeitig eine moralische Erziehung ist. Sie kommt auch der Liebe zugute. Im Gedicht *Darovanija* ist es dem zivilisatorischen Einfluß der Poesie zu verdanken, daß der Mensch nicht mehr mit tierischem Egoismus seinen Lüsten frönt, wie in der wilden Urzeit, sondern eine höhere Kulturstufe erreicht hat. Die Liebe ist nun gleichbedeutend mit der „irdischen Vollkommenheit der Seele"; in ihrem Namen wird ein „Bund zweier flammender Herzen" geschlossen[19].

„Was braucht ein Autor?"

Im Verhältnis zum Klassizismus zeigt sich bei Karamzin eine grundsätzlich veränderte Literaturauffassung. An die Stelle der überkommenen Normpoetik tritt nun eine Poetik der moralisch-emotionalen Wirkung; in seinen literaturkritischen

---

[15] Vgl.: KOČETKOVA, Literatura russkogo sentimentalizma, S. 24–74 („Literatura russkogo sentimentalizma i Prosveščenie").
[16] KARAMZIN, Polnoe sobranie stichotvorenij, S. 213.
[17] *Nečto o naukach, iskusstvach i prosveščenii*. In: KARAMZIN, Sočinenija v dvuch tomach, Bd. II, S. 44–60, hier S. 58.
[18] KOČETKOVA, Literatura russkogo sentimentalizma, S. 122–139 („Edinstvo krasoty i dobra").
[19] KARAMZIN, Polnoe sobranie stichotvorenij, S. 220.

Äußerungen stellt sich Karamzin immer wieder die Frage, ob ein Werk imstande sei, das „Herz zu rühren". Jene Kunstregeln, die Sumarokov in der „Epistel über die Verskunst" niedergelegt hatte, verlieren damit viel von ihrer Bedeutung. Das literarische Kunstwerk erscheint jetzt nicht mehr deshalb als wertvoll, weil es einem bestimmten Formideal entspricht, sondern weil es in sittlicher Absicht auf das Gemüt der Leser zu wirken vermag. Wie Karamzin in seinem kleinen Essay *Čto nužno avtoru?* („Was braucht ein Autor?", 1794) hervorhebt, ist es nicht damit getan, daß der Schriftsteller sich auf „Stil, Figuren, Metaphern, Bilder und Ausdrücke" versteht – all dies muß auch von „Gefühl" durchdrungen sein: „Wenn dieses [Gefühl] nicht die Einbildungskraft des Lesers erwärmt, wird ihn [den Autor] niemals meine Träne, niemals mein Lächeln belohnen"[20].

Mit dem Literaturbegriff ändert sich die Vorstellung vom Schriftsteller. Ebenso wie Sumarokov und Boileau ist Karamzin zwar der Ansicht, daß es sehr schwierig sei, ein gutes Gedicht zu schreiben; die Voraussetzungen hierfür sind auch bei ihm Talent, unermüdlicher Fleiß und Wissen, außerdem noch jenes 'je ne sais quoi' des guten Geschmacks, das man sich in der Guten Gesellschaft erwirbt. Noch wichtiger ist für Karamzin jedoch ein weiterer Punkt. Er muß auch moralische Eigenschaften besitzen – nicht nur ein poeta doctus, sondern auch ein Mensch, der mit seiner „fühlenden Brust" imstande ist, sich all dem zu öffnen, was es im menschlichen Leben an „Schmerz", „Unterdrückung" und „Tränen" gegeben hat[21].

Gleichzeitig verändert sich der Zeichencharakter des Kunstwerks, denn bei Karamzin prägt der Autor mit seinen persönlichen Eigenschaften nicht mehr nur dessen (Wert-)Perspektive, sondern er wird auch selber zum Gegenstand der Darstellung. Damit ist mehr gemeint, als die schon bekannte Verwendung autobiographischer Thematik. Was im sprachlichen Kunstwerk abgebildet wird, ist nicht nur die objektive Wirklichkeit, wie man das aus der Sicht des Klassizismus und seinem Gebot der Naturnachahmung erwarten müßte, sondern auch das, was wir in moderner Ausdrucksweise als impliziten Autor bezeichnen würden: Jeder, der sich unterfängt, ein literarisches Werk zu schreiben, malt nolens volens „ein Porträt seiner Seele und seines Herzens"[22].

Eine neue Art der Lektüre wird somit nahegelegt: Das literarische Kunstwerk erscheint nicht als mehr oder weniger gelungenes Artefakt, sondern als mehr oder weniger authentischer Ausdruck der Autorenpersönlichkeit. Das ist für Karamzin jedoch kein Selbstzweck, sondern steht wiederum im Dienst einer höheren Aufgabe: Nur dann, wenn der Autor, der sich stets auch selber mit abbildet, kein „Heuchler"[23] ist, sondern ein guter Mensch, gewinnt das literarische Kunstwerk jene Überzeugungskraft, deren es im Dienste seiner ästhetisch-moralischen Sendung bedarf – nur unter dieser Voraussetzung gelingt es ihm, die Herzen der

---

20   KARAMZIN, Sočinenija v dvuch tomach, Bd. II, S. 60–62, hier S. 61 f.
21   Ebd., S. 61.
22   Ebd.
23   Ebd., S. 60 f.

Leser zu rühren und sie zum Guten zu bewegen. Der letzte Satz von Karamzins Essay lautet: „Ein schlechter Mensch kann kein guter Autor sein"[24].

Als leuchtendes Beispiel eines solchen „guten Autors" hatte Karamzin zuvor Jean-Jacques Rousseau genannt. Warum fühlen wir uns von „allen seinen Schwächen und Verirrungen" nicht gestört? Warum lesen wir ihn auch dann noch gerne, „wenn er ins Schwärmen gerät oder sich in Widersprüche verstrickt"? Die Antwort lautet: „Weil selbst in seinen Verirrungen die Funken einer leidenschaftlichen Menschenliebe aufblitzen; weil selbst in seinen Schwächen eine liebe Gutherzigkeit sichtbar wird"[25]. Das Kunstwerk wird somit auf dieselbe Weise gelesen, wie ein persönliches Dokument, wie ein Brief. An die Stelle ästhetischer Distanz zum Text tritt nun eine emotionale Nähe zum Autor, der dem Leser als Freund, Vorbild oder Lehrer erscheint. Die Sympathie und Verehrung, die das russische Publikum Karamzin entgegenbrachte, sind ein Ausdruck dieser neuen Auffassung vom literarischen Kunstwerk.

Feminisierung der Literatur

Das Publikum, das Karamzin mit seinen Schriften zu erreichen sucht, sind vor allem die Frauen[26]; man erinnert sich an die *Aonidy*, die dank ihrem kleinen Format von „unseren Damen" bequem in der Tasche getragen werden können. Mit der Orientierung am weiblichen Publikum setzt sich eine Linie fort, die schon in der Schäferdichtung Sumarokovs hervorgetreten war – die Ausgabe seiner Eklogen von 1774 ist „Dem schönen weiblichen Geschlecht des russischen Volkes" gewidmet[27] –, und die dann in Bogdanovičs *Dušen'ka* erneut sichtbar wird.

Seinen entschiedensten Ausdruck findet Karamzins Hinwendung zum weiblichen Publikum in seiner poetologischen Versepistel *Poslanie k ženščinam* („Sendschreiben an die Frauen", 1796)[28]. Der lyrische Sprecher gibt sich hier als Dichter, der für die Frauen schreibt. Die oft wiederholten Schlüsselwörter sind „nežnyj" (zart), „nežnost'" (Zärtlichkeit), „milyj" (lieb, reizend) und „čuvstvitel'nyj" (empfindsam). Jene spöttische Geringschätzung des Kriegerisch-Heroischen, die man aus Bogdanovičs *Dušen'ka* kennt, zeigt sich auch hier. In scherzhaft-ironischem Ton erzählt der lyrische Sprecher von seiner Jugend: Damals habe er sich zunächst nach Kriegsruhm gesehnt – er wollte „Feinde", die ihm „doch nichts Böses getan hatten", „niederhauen", um von seinen Mitbürgern mit Hochachtung und von den Damen mit einem Kuß belohnt zu werden. Bald habe er sich

---

[24] Ebd., S. 62.
[25] Ebd.
[26] Vgl.: G. HAMMARBERG, Nikolai Mikhailovich Karamzin. In: *Early Modern Russian Writers. Late Seventeenth and Eighteenth Centuries.* Hrsg.: M. C. Levitt. Detroit etc. 1995, S. 135–150, hier S. 143 ff.; vgl. auch: J. VOWLES, The „Feminization" of Russian Literature: Women, Language, and Literature in Eighteenth-Century Russia. In: *Women Writers in Russian Literature.* Hrsg.: T. W. Clyman; D. Greene. Westport/Conn.–London 1994, S. 35–60.
[27] A. P. SUMAROKOV, Eklogi […]. SPb. 1774, S. 5.
[28] KARAMZIN, Polnoe sobranie stichotvorenij, S. 169–179.

jedoch eines Besseren besonnen, das „Schwert in die Scheide" gesteckt und „ein Blatt Papier, ein Tintenfaß und eine Feder in die Hand" genommen, um den Frauen zuliebe Schriftsteller zu werden[29].

Dieselbe Abwendung von den heroischen Themen und Gattungen äußert sich im Titel von Karamzins „Bagatellen", allgemein auch in seiner Salondichtung, deren Bedeutung man nur dann gerecht wird, wenn man diesen polemischen Impuls erkennt. Freilich war Karamzin in dieser Hinsicht nicht immer konsequent, denn in späteren Jahren schrieb er einige Feierliche Oden, zum Beispiel auf die Thronbesteigung Alexanders I. Insgesamt zeigt sein dichterisches Werk jedoch ein deutliches Übergewicht der intimen Gattungen, besonders der Freundschaftsepistel. Aus dieser Sicht erklärt sich auch die poetische Neigung Karamzins zum Alltäglichen und Durchschnittlichen[30]. Das ist wiederum ein typisches Merkmal des Sentimentalismus. Im Vorwort zum zweiten Band der *Aonidy* heißt es: „Man muß nicht denken, daß allein die großen Themen den Dichter begeistern und zum Beweis seines Talents dienen können, – im Gegenteil, der wirkliche Dichter findet an den gewöhnlichsten Dingen eine poetische Seite [...]"[31].

Man versteht nun, daß die Zeitgenossen Karamzin gerne Lomonosov gegenüberstellten: Er verkörperte den 'weiblichen' Pol des literarischen Kräftefeldes und Lomosov den 'männlichen'. Gegenüber den heroischen Tugenden der Männerwelt betont Karamzin in seiner Epistel „An die Frauen" solche friedlichen – und 'weiblichen' – Werte wie die Liebe, die Ehe und die Freundschaft. Das Gedicht endet mit einer überschwänglichen Apostrophe an die ältere Herzensfreundin A. I. Pleščeeva, die hier mit dem literarischen Namen „Nanina" angesprochen wird. Beim Thema Mutterliebe erinnert sich der lyrische Sprecher an seine eigene Mutter und beklagt ihren frühen Tod. Ein weiteres Kennzeichen des Weiblichen ist die Barmherzigkeit, das tätige Mitgefühl mit den Kranken und Sterbenden. Aber auch von der weiblichen Heiterkeit ist die Rede, die sich vorteilhaft vom schweren Ernst der Männer unterscheidet. Eine besondere Gabe der Frauen ist die Intuition, jenes spontane „Gefühl der Wahrheit", von dem Karamzin in einer erläuternden Fußnote spricht. Es befähigt die Frauen, das Wesentliche oft schneller und zuverlässiger zu verstehen, als die Männer mit ihrer umständlichen Gelehrsamkeit[32].

Bei Karamzin ist die Verehrung, die man den Frauen schuldet, ein Wesenszug von Bildung und Humanität: Überall dort, wo „Ignoranz" und „Vorurteile" herrschten, wo man „die Würde und die Rechte der Menschen" verachte, wie in den asiatischen Ländern, verachte man auch die Frauen[33]. Gerade auch in seiner

---

29 Ebd., S. 170.
30 JU. M. LOTMAN, Poèzija Karamzina. In: KARAMZIN, Polnoe sobranie stichotvorenij, S. 5–52, hier S. 31 f.
31 [„Nachodit' v samych obyknovennych veščach piitičeskuju storonu"]. In: KARAMZIN, Sočinenija v dvuch tomach, Bd. II, S. 88–90, hier S. 89.
32 KARAMZIN, Polnoe sobranie stichotvorenij, S. 175.
33 Ebd., S. 177 f.

Epistel „An die Frauen" gibt sich Karamzin als Aufklärer: Jener universalhistorische 'Prozeß der Zivilisation' und des Fortschritts, den zu fördern Karamzin als Aufgabe der Literatur ansieht, kommt erst dann zu seinem Recht, wenn die Männer endlich bereit sind, den Frauen und den von ihnen verkörperten Werten den gebührenden Platz einzuräumen.

Feminisierung der Sprache

Jene Verfeinerung der Kultur, die Karamzin im Zeichen des weiblichen Prinzips vorschwebte, hat auch einen sprachlichen Aspekt[34]. In seinem Essay „Warum gibt es in Rußland so wenig Schriftstellertalente?" findet er die Ursachen dieses Mißstandes nicht nur in der allgegenwärtigen Jagd nach dem Dienstrang, sondern auch im geringen Entwicklungsstand der Literatursprache. Anders als in Frankreich biete die literarische Tradition in Rußland dem angehenden Autor in dieser Hinsicht kaum einen Rückhalt; dazu habe es „bei uns" noch zu wenig „wahre" Schriftsteller gegeben[35]. Um die russische Sprache besser kennenzulernen, solle der Autor daher seine Bücher beiseite legen und lieber den Gesprächen zuhören, die um ihn her geführt werden.

Damit zeigt sich eine bemerkenswerte Verwandtschaft mit dem sprachlichen Programm, das über ein halbes Jahrhundert zuvor der junge Trediakovskij im Vorwort seiner „Reise zur Liebesinsel" entworfen hatte. Beide Autoren schöpfen aus derselben Quelle – der Lehre des französischen Klassizismus vom linguistischen Vorrang der Umgangssprache. Ebenso wie für den jungen Trediakovskij ist die Literatursprache für Karamzin nur dann auf dem richtigen Weg, wenn sie der Umgangssprache folgt, was auch bei ihm einer Absage an das Kirchenslavische gleichkommt. Indem Karamzin diese Vorstellungen wiederaufgreift, bricht er mit dem russischen Klassizismus, der eine Synthese von kirchenslavischer Schriftsprache und russischer Umgangssprache vorgesehen hatte. Wie man sich erinnert, war es neben dem älteren Trediakovskij und Sumarokov vor allem Lomonosov, der dieses Programm in seinem „Vorwort über den Nutzen der geistlichen Bücher in der russischen Sprache" vertreten hatte. Auch in diesem Punkt erscheint Karamzin daher als Gegenpol zu Lomonosov.

Wenn die nationale Schriftsprache in Zukunft nur noch dem mündlichen Gebrauch folgen sollte, dann stellte sich die Frage nach dessen sozialem Träger. Ebenso wie für die Sprachtheoretiker des französischen Klassizismus kommt für

---

34   Grundlegend: B. A. USPENSKIJ, Iz istorii russkogo literaturnogo jazyka XVIII – načala XIX veka; ferner: JA. K. GROT, Karamzin v istorii russkago literaturnago jazyka. In: DERS., Trudy. Bd. II: Filologičeskija razyskanija (1852–1892). SPb. 1899, S. 46–98; VINOGRADOV, Očerki po istorii russkogo literaturnogo jazyka, S. 148–188; V. D. LEVIN, Očerk stilistiki russkogo literaturnogo jazyka konca XVIII – načala XIX v. Leksika. M. 1964, S. 115–153; J. BREUILLARD, Nikolaj Karamzin et la pensée linguistique de son temps. In: *Revue des Etudes Slaves* 74 (2002–2003), S. 759–776.

35   *Otčego v Rossii tak malo avtorskich talantov?* [1802]. In: KARAMZIN, Sočinenija v dvuch tomach, Bd. II, S. 123–126, hier S. 124.

Karamzin in dieser Hinsicht nur die Oberschicht in Frage, die Gute Gesellschaft, wobei er speziell wieder an die Damen dachte. Im Rußland des 18. Jahrhunderts war das eine naheliegende Vorstellung, denn die Frauen standen auf Grund ihrer Bildungsvoraussetzungen dem Kirchenslavischen ferner als die Männer; ihr sprachlicher Habitus war in viel höherem Maße russisch geprägt[36]. Das Kirchenslavische konnte so als 'Männersprache' und das Russische als 'Frauensprache' aufgefaßt werden.

Als Trägerinnen russischer Sprachkultur spielen die Damen der Guten Gesellschaft bei Karamzin die Rolle eines literarischen arbiter elegantiarum. Ihr Wertungsmaßstab ist nicht mehr die Grammatik oder der klassizistische Regelkanon, sondern der gute „Geschmack"[37] – eine ästhetische Urteilskraft, die sich jenseits aller Vernunftgründe auf das Gefühl beruft. Sie erhebt auch keinerlei Anspruch auf zeitlose Gültigkeit, sondern ist sich ihrer historischen Veränderlichkeit bewußt.

Wenn es jedoch galt, dieses Sprachprogramm zu verwirklichen, gab es eine Schwierigkeit, über deren Tragweite Karamzin sich keine Illusionen machte: In den „guten Häusern", in denen der angehende Autor verkehren sollte, war die Sprache der gepflegten Unterhaltung nicht das Russische, sondern das Französische. Beim Schreiben konnte der Autor also nicht auf eine sprachliche Realität zurückgreifen, sondern war auf das ideale Konstrukt einer solchen Realität angewiesen – er mußte zum Sprachschöpfer werden und selber

> Ausdrücke erfinden und schaffen; die beste Auswahl der Wörter erraten; alten Wörtern eine neue Bedeutung geben, sie in einem neuen Zusammenhang verwenden, aber dabei die Leser mit Geschick über das Ungewöhnliche solcher Ausdrücke hinwegtäuschen![38]

Wie man sieht, haben jene sprachlichen Aufgaben, mit denen die Übersetzer der petrinischen Epoche, mit denen Kantemir und Trediakovskij zu kämpfen hatten, auch für Karamzin noch nichts von ihrer Dringlichkeit verloren. Er und seine Nachfolger nahmen beim Schreiben oft französische Ausdrücke zu Hilfe, meist als Lehnübersetzungen[39]. Mit Zeit und Gewöhnung erhielten viele solcher Wendungen das Bürgerrecht. Seitens der konservativen Zeitgenossen war damit jedoch dem Vorwurf der kulturellen Überfremdung Tür und Tor geöffnet.

Mit dem sprachlichen Programm, das er in seinem Essay „Warum gibt es in Rußland so wenig Schriftstellertalente?" auf knappem Raum entworfen hat, sanktioniert Karamzin einen Stil, den er seit Beginn der 1790er Jahre auf eine für seine Zeitgenossen beispielhafte Weise selber gepflegt hatte – jener Abstand von

---

[36] A. A. ALEKSEEV, Jazyk svetskich dam i razvitie jazykovoj normy v XVIII veke. In: *Funkcional'nye i social'nye raznovidnosti russkogo literaturnogo jazyka XVIII v.* Hrsg.: V. V. Zamkova. L. 1984, S. 82–95.
[37] KOČETKOVA, Literatura russkogo sentimentalizma, S. 93–105 („Predstavlenija o vkuse").
[38] KARAMZIN, Sočinenija v dvuch tomach, Bd. II, S. 124.
[39] Vgl.: G. HÜTTL-WORTH, Die Bereicherung des russischen Wortschatzes im XVIII. Jahrhundert. Wien 1956, S. 42–62 („N. M. Karamzin").

Theorie und Praxis, der für den jungen Trediakovskij noch kennzeichnend war, fehlt bei Karamzin: Auf dem langen Weg der wechselseitigen Annäherung von Literatursprache und Umgangssprache war man inzwischen ein großes Stück weitergekommen.

Mit Blick auf den großen Einfluß, den Karamzins „neuer Stil" seinerzeit ausübte, ist es nicht übertrieben, wenn man seinen Namen mit einer Epoche in der Geschichte der russischen Literatursprache verbindet. Wie schon angedeutet, stieß Karamzin mit seinen Vorstellungen jedoch nicht nur auf begeisterte Zustimmung, sondern auch auf erbitterten Widerstand. Unter den Gegnern, die ihn und seine zahlreichen Nachfolger, die 'Karamzinisten', als Verräter am kirchenslavischen Erbe und damit auch an Religion und Vaterland betrachteten, stand der Admiral Šiškov mit seiner „Abhandlung über den neuen und den alten Stil der russischen Sprache" von 1803 an vorderster Front[40]. Der nun erneut aufflammende Streit um das Wesen und die Entwicklung der nationalen Literatursprache sollte als Streit der „Archaisten und Neuerer" in die russische Geistesgeschichte eingehen.

Nivellierung des Stilsystems

Die Karamzinsche Sprachreform führte zu einem tiefgreifenden Wandel des überkommenen Stilssystems. Dieses System beruhte auf dem wohlabgestuften Einsatz russischer und kirchenslavischer Elemente je nach Stilhöhe. Wenn jedoch das Kirchenslavische das Russische nicht mehr ergänzen, sondern ihm weichen sollte, dann verschwanden die sprachlichen Unterschiede der Stile und Gattungen. Im äußersten Fall konnten diese Unterschiede nur noch durch rhetorische Verfahren und die Verwendung entsprechender ('hoher' oder 'niedriger') Motive sichtbar gemacht werden.

In seiner Praxis ging Karamzin jedoch nicht ganz so weit. Wenn es um erhabene Dinge geht, dann findet man bei ihm auch kirchenslavische Wörter, die jedoch nur sparsam und mit Bedacht eingesetzt werden. Im Gedicht *Darovanija* gibt es zum Beispiel solche Ausdrücke, wie „zercalo mudrogo Tvorca" (anstelle von russ. 'zerkalo'), oder „Priroda ... rekla" (anstelle von russ. 'skazala') und „Pokrovy krasoty otversty" (anstelle von russ. 'otkryty'). Wenn allerdings Konsequenz gefordert war und alles Kirchenslavische ausgeschlossen werden sollte, dann stellte sich die Frage, wie man zum Beispiel eine Feierliche Ode schreiben sollte. Eine praktische Lösung dieses Problems findet sich in Karamzins „Antwort an meinen Freund, der wollte, daß ich auf die Große Katharina eine Lobesode schreibe"[41].

---

40 A. S. ŠIŠKOV, Rassuždenie o starom i novom sloge rossijskogo jazyka. SPb. 1803.
41 *Otvet moemu prijatelju, kotoryj chotel, čtoby ja napisal pochval'nuju odu Velikoj Ekaterine* [1793]. In: KARAMZIN, Polnoe sobranie stichotvorenij, S. 126 f.

Entgegen einer verbreiteten Meinung ist dieses Gedicht keine Absage an die panegyrische Schreibart[42]; dagegen sprechen schon die Feierlichen Oden, die Karamzin in späteren Jahren selber geschrieben hat. Wie besonders in der dritten und letzten Strophe deutlich wird, geht es vielmehr um die stilistische Erneuerung des poetischen Herrscherlobs. Es wird in actu vorgeführt, wie man unter Verzicht auf das Kirchenslavische, allein mit den sprachlichen Mitteln des Russischen ein gelungenes Lobgedicht auf Katharina II. schreiben könne.

Auf traditionell odenhafte Art erscheint die Zarin hier als „Große" und als „Göttin". Seine panegyrische Überzeugungskraft verdankt das Gedicht jedoch nicht diesen Formeln, sondern einer geistreichen Verwendung des Unsagbarkeitstopos. Die Huldigung gipfelt in der Aussage, daß die Worte des Dichters zu schwach seien, um den herrlichen Taten der Zarin und ihrem weltweiten Ruhm gerecht zu werden; es bleibt ihm daher nichts anderes übrig, als in Ehrfurcht zu verstummen. Aus der poetischen Antwort auf die Frage, warum der lyrische Sprecher kein Lobgedicht auf die Zarin schreiben wolle, ist 'unter der Hand' und paradoxerweise doch noch eins geworden:

> Что богине наши оды?
> Что Великой песнь моя?
> Ей певцы – ее народы,
> Похвала – дела ея;
> Им дивяся, умолкаю
> И хвалить позабываю.

Was liegt der Göttin an unseren Oden? / Was liegt ihr an meinem Lied? / Ihre Sänger sind ihre Völker, / Ihr Loblied – ihre Taten; / In ehrfürchtigem Staunen befangen, verstumme ich / Und vergesse allen Lobpreis.

Salonliteratur

Man kann sich vorstellen, daß Karamzin mit dieser eleganten Ode den Beifall jener Damen gefunden hat, auf deren Urteil er so großen Wert legte. In seiner Stiltheorie und zum guten Teil auch in seinen literarischen Werken folgt Karamzin den Maßstäben der Salonliteratur, so wie diese in Frankreich seit dem zweiten Drittel des 17. Jahrhunderts gepflegt wurde (daß Karamzin mit dieser Tradition wohlvertraut war, geht aus den Reisebriefen hervor[43]). Auch in dieser Hinsicht zeigt sich seine Nähe zum jungen Trediakovskij, der mit seiner „Reise zur Liebesinsel" den Roman des galanten Abbé Tallemant übersetzt hatte. 1778 wurde Trediakovskijs „Reise" trotz ihrer veralteten Sprache erneut aufgelegt; ein weiteres Zeugnis für das Interesse an der Salonliteratur in diesen Jahren bietet Bogdanovičs *Dušen'ka*.

---

[42] ŠRUBA, Poėtologičeskaja lirika N. M. Karamzina, S. 299–304.
[43] KARAMZIN, Pis'ma russkogo putešestvennika, S. 217–225 („Pariž, Aprelja.... 1790"), hier S. 224 f.

Ein jeder Salon beruht auf Exklusivität, auf gesellschaftlicher Abgrenzung. Für die Literatur des Salons ist damit der Ausschluß 'unpassender' Elemente gefordert, wobei im gegebenen Fall außer dem Kirchenslavischen als Sprache gelehrter 'Pedanten' auch die volkstümlichen oder vulgären Elemente des Russischen betroffen waren. Ein Brief des jungen Karamzin an Dmitriev ist in dieser Hinsicht aufschlußreich. Karamzin kommt hier auf eine von Dmitrievs Fabeln zu sprechen und hält sich dabei an der Stilqualität von zwei Wörtern auf – „pičužečka" (Vögelchen), das er als „angenehm" qualifiziert, und „paren'" (Bursche), das ihm „abstoßend" erscheint:

> Bei dem ersten Wort denke ich an einen schönen Sommertag, an einen grünen Baum auf einer blühenden Wiese, an ein Vogelnest, an ein umherflatterndes Rotkehlchen oder einen Laubsänger und an einen bedächtigen Landmann, der mit stillem Vergnügen auf die Natur blickt und sagt: *ein Nest! ein Vögelchen!* Beim zweiten Wort stelle ich mir einen dicken Bauernlümmel vor, der sich auf unanständige Weise kratzt oder sich den feuchten Schnurrbart mit dem Ärmel wischt und sagt: *Das ist mir ein Bursche! was für ein guter Kvas!* Man muß zugeben, daß es hier nichts gibt, was unsere Seele ansprechen könnte.[44]

Das Gattungs- und Stilsystem des russischen Klassizismus lebte von der sprachlich-motivischen Vielfalt, wobei gerade auch das Vulgäre in den niederen Gattungen seinen Platz hatte. Dagegen fordert Karamzin eine Verengung des künstlerischen Spielraums, womit er einer Tendenz entgegenkommt, die sich schon vor ihm in der Kritik an der Komischen Oper, an Majkovs *Elisej* und Fonvizins „Landjunker" gezeigt hatte. Die volkstümlich-derbe Komik, die den Reiz dieser Werke ausmacht, erscheint dem Salongeschmack als deplaciert. Dasselbe gilt für die sozialkritischen Themen, die bei Novikov, Fonvizin und später auch Radiščev mit solcher Eindringlichkeit dargestellt werden – all dies fehlt bei Karamzin, denn hierin lag in der Tat nichts, was „die Seele" einer Salondame „ansprechen könnte". Der Karamzinschen Empfindsamkeit fehlt die soziale Dimension. Jene Empfänglichkeit für den „Schmerz", die „Unterdrückung" und die „Tränen" der Menschheitsgeschichte, die Karamzin von den Autoren fordert, sucht man in seinem Werk vergebens, und auch von der „leidenschaftlichen Menschenliebe" eines J.-J. Rousseau kann nicht die Rede sein.

Die „Briefe eines reisenden Russen"

Publikationsgeschichte; literarische Vorbilder

Wie wir schon wissen, erschienen Karamzins Reisebriefe zunächst im *Moskovskij žurnal* (1791–1792) und dann in der *Aglaja* (1794–95)[45]. Aber das waren nur Teilveröffentlichungen; der vollständige Text sollte 1797 in einer mehrbändigen

---

44 Brief vom 22. Juni 1793. In: *Pis'ma N. M. Karamzina k I. I. Dmitrievu*, S. 38–40, hier S. 39.
45 Vgl.: N. A. MARČENKO, Istorija teksta *Pisem russkogo putešestvennika*, In: KARAMZIN, Pis'ma russkogo putešestvennika, S. 607–612.

Separatausgabe erscheinen. Als es dann soweit war, ließ die Zensur jedoch nur die ersten vier Bände passieren; die letzten zwei erreichten die Leser erst viel später, im Jahre 1801, nach dem Tod Pauls I. In Leipzig erschien um die Jahrhundertwende die von Karamzin gebilligte deutsche Version[46] (beim Versand nach Rußland machte die Zensur an der Grenze erneut Schwierigkeiten). Später gab es auch Übersetzungen ins Englische, Französische und andere Sprachen, die ihrerseits auf die deutsche Fassung zurückgingen. Der russische Text erschien zu Karamzins Lebzeiten in mehreren Auflagen, die fast alle vom Autor neu bearbeitet wurden – mal veränderte er einzelne Wörter, mal ganze Seiten. Der hier zugrundegelegte Text geht auf die Ausgabe letzter Hand von 1820 zurück[47].

Literarische Reisebeschreibungen waren im 18. Jahrhundert eine sehr beliebte Gattung, fast so beliebt wie der Roman. Tatsächlich konkurrierten die beiden Gattungen miteinander, wobei der Informationsgehalt der Reiseliteratur gegen die 'unnützen' Fiktionen des Romans ausgespielt wurde[48]. Im Gegensatz zu Reiseführern oder zu wissenschaftlichen Darstellungen galten sie dann als 'literarisch', wenn die Informationen über die bereisten Länder aus dem Blickwinkel des persönlichen Erlebens dargeboten wurden, nicht selten in der Form von Briefen[49]. Gegenüber dem informativen Anteil der Darstellung spielte dieses persönliche Moment zunächst nur eine geringe Rolle. Das änderte sich spätestens 1768 mit dem Erscheinen von Sternes *Sentimental Journey through France and Italy*. Wie wir schon wissen, folgte Radiščev diesem Buch bei der Komposition seiner „Reise von Petersburg nach Moskau"; in Karamzins Reisebriefen wird es vielfach erwähnt und zitiert.

Bei Sterne kommt es zu einer radikalen Verschiebung vom objektiven zum subjektiven Pol der Darstellung – der Leser erfährt kaum etwas über Frankreich oder Italien, aber sehr viel über die Gefühle und Gedanken des Reisenden. Unter den zahlreichen Nachahmern Sternes gehen in dieser Hinsicht jedoch keineswegs alle so weit wie ihr Vorbild, sondern sie bemühen sich vielmehr um einen Ausgleich zwischen dem Persönlichen und dem Sachlichen. Zu diesem „hybri-

---

[46] N. M. KARAMSIN, Briefe eines reisenden Russen. Übersetzt von Johann Richter. München 1966 (urspr. Leipzig 1799–1801). Soweit tunlich, stütze ich mich bei der deutschen Wiedergabe der russischen Zitate auf diese Übersetzung.

[47] KARAMZIN, Pis'ma russkogo putešestvennika. Im folgenden beziehen sich die eingeklammerten Seitenangaben im Haupttext auf diese Ausgabe.

[48] Vgl. dagegen: H. ROTHE, N. M. Karamzins europäische Reise: Der Beginn des europäischen Romans. Bad-Homburg v.d.H.–Berlin–Zürich 1968. Mit Blick auf den fundamentalen Gattungsunterschied von Reisebeschreibung und Roman ist die Konzeption, die sich im Untertitel des genannten Werks ausdrückt, nicht zu halten.

[49] Vgl.: CH. L. BATTEN, JR., Pleasurable Instruction. Form and Convention in Eighteenth-Century Travel Literature. Berkeley/CA etc. 1978. Hier geht es um die britische Reiseliteratur. Zur deutschen Ausprägung der Gattung vgl. etwa *Der Reisebericht. Die Entwicklung einer Gattung in der deutschen Literatur*. Hrsg.: P. J. Brenner. Frankfurt/M. 1989, oder U. HENTSCHEL, Studien zur Reiseliteratur am Ausgang des 18. Jahrhunderts. Autoren – Formen – Ziele. Frankfurt/M. 1999.

den" Typus des Reisebuchs gehören auch die „Briefe eines reisenden Russen"[50]. Die Kenntnisse, die hier in reichem Maße vermittelt werden, betreffen Sehenswürdigkeiten ebenso wie solche alltäglichen Dinge wie die Preise in den Herbergen oder den Zustand der Straßen. Aber der Reisende erzählt auch viel von sich selber, wobei die Darstellung an manchen Stellen einem Stimmungstagebuch ähnelt.

Insgesamt ist die Abhängigkeit vom westeuropäischen Modell der Gattung offenkundig, und Karamzin hat daraus keinen Hehl gemacht. Besonders ausgeprägt ist die Verwandtschaft mit den *Reisen eines Deutschen in England* von Karl Philipp Moritz (Berlin 1783, russ. M. 1795), den anonym erschienenen *Briefen eines Sachsen aus der Schweiz* von K. G. Küttner (Leipzig 1785) und schließlich den *Lettres sur l'Italie en 1785* von Charles Dupaty (Paris 1788, russ. SPb. 1800). Moritz und Dupaty werden in den Reisebriefen erwähnt; außerdem nennt Karamzin Reiseführer, Geschichtsbücher und andere Werke dieser Art.

Die Briefform

Wie schon hervorgehoben, sind viele Reisebücher des 18. Jahrhunderts in Form von Briefen geschrieben. So verhält es sich auch bei Karamzin; nur in der zweiten Hälfte seines Buchs wird die Reihe der Briefe durch Kapitel über die französischen Akademien, das englische Familienleben und andere Themen unterbrochen. Die Briefe folgen oft in kurzem Zeitabstand, wodurch sich wiederum eine Nähe zum Tagebuch ergibt. Das ist besonders dann der Fall, wenn als Datum nicht nur der Tag, sondern auch die Uhrzeit genannt wird, zum Beispiel: „Eine Schenke, eine Meile von Tilsit entfernt, am 15. Juni 1789, 11 Uhr nachts" (S. 14).

Auf diese Weise sucht Karamzin den Eindruck epistolärer Echtheit zu vermitteln. Gleichzeitig zeigt er uns, wie frisch seine Erfahrungen sind – zwischen Erleben und Aufzeichnen liegen jeweils nur einige Stunden. All dies ist jedoch nur Schein, denn die Briefe in Karamzins Reisebuch sind ebenso wie bei vielen anderen Reiseschriftstellern des 18. Jahrhunderts keine realen, sondern fiktive Briefe – in Wirklichkeit hat er unterwegs nur wenig von sich hören lassen, sehr

---

[50] Grundlegend: V. V. SIPOVSKIJ, N. M. Karamzin, avtor *Pisem russkago putešestvennika*. SPb. 1899, und T. ROBOLI, Literatura „putešestvij". In: *Russkaja proza. Sbornik statej*. Hrsg.: B. Èjchenbaum; Ju. Tynjanov. The Hague 1963, S. 42–73 (Nachdruck der Ausgabe L. 1926). Ferner: ROTHE, N. M. Karamzins europäische Reise; R.-R. WUTHENOW, Die erfahrene Welt. Europäische Reiseliteratur im Zeitalter der Aufklärung. Frankfurt/M. 1980, S. 268–350 („Die Künstler- und Bildungsreise"), über Karamzin S. 326–338; JU. M. LOTMAN; B. A. USPENSKIJ, *Pis'ma russkogo putešestvennika* Karamzina i ich mesto v razvitii russkoj kul'tury. In: KARAMZIN, Pis'ma russkogo putešestvennika, S. 525–606; A. SCHÖNLE, Authenticity and Fiction in the Russian Literary Journey. 1790–1840. Cambridge/Mass.–London 2000, hier S. 42–67 („Karamzin's Journey and the Taste of Fiction"); A. KAHN, Nikolai Karamzin's Discourses of Enlightenment. In: N. KARAMZIN, Letters of a Russian Traveller. Oxford 2003, S. 459–551; S. DICKINSON, Breaking Ground: Travel and National Culture in Russia from Peter I to the Era of Pushkin. Amsterdam–New York/NY 2006, S. 105–142; I. KLEJN [= J. KLEIN], „Iskusstvo žit'" u Karamzina (*Pis'ma russkogo putešestvennika*). Im Druck.

zum Leidwesen seiner Freunde. Wenn Karamzin auf seiner Reise etwas geschrieben hat, dann waren das meistens keine Briefe, sondern Notizen, die er nach eigenen Worten „bald hier, bald da, wo es sich gerade traf" „auf abgerissenen Stückchen Papier, mit Bleistift" festhielt[51]. Wie man annehmen kann, dienten sie ihm nach der Rückkehr als Gedächtnisstütze. Ebenso wie andere Touristen des 18. Jahrhunderts hatte Karamzin außer den „abgerissenen Stückchen Papier" wohl auch ein Notizbuch im Gepäck; vom Notizbuch seines Reisenden ist jedenfalls oft die Rede[52]. Wenn es ein solches Notizbuch tatsächlich gegeben hat, ist es jedoch nicht erhalten – zusammen mit den übrigen Papieren Karamzins fiel es vermutlich 1812 dem Brand von Moskau zum Opfer.

Die Adressaten, an die sich der Reisende in seinen Briefen wendet, sind innig geliebte Freunde. Karamzin gibt seinem Buch damit eine empfindsame Färbung. Die Briefform soll bei ihm nicht nur die Illusion einer 'eben erst' wahrgenommenen Realität beglaubigen, sondern sie bietet dem Autor auch Gelegenheit, dem sentimentalen Zeitgeschmack zu frönen. Der erste Brief beginnt mit den Worten: „So bin ich denn von euch getrennt, Ihr Lieben! Mein Herz hängt an Euch mit den zartesten Gefühlen, und ich entferne mich immer weiter von Euch" (S. 5).

Karamzins Reisebriefe sind voll von diesen „zartesten Gefühlen" – der Reisende freut sich aufs Herzlichste, wenn er von seinen Freunden einen Brief erhält, und ergeht sich in Wehklagen, wenn ein solcher Brief einmal ausbleibt. In Berlin hofft er, einen Freund zu treffen, dessen Namen er aus Diskretionsgründen abkürzt – „A***". Bei seiner Ankunft ist dieser Freund jedoch schon abgereist. Als der Reisende das erfährt, wirft er sich „auf einen Stuhl und ist den Tränen nahe". Es häufen sich die gefühlvollen Epitheta: „Ich kam mir vor wie ein armes, bemitleidenswertes, unglückliches Waisenkind, und zwar einzig deshalb, weil A*** in Berlin nicht auf mich warten wollte!" (S. 34). Mit der Formulierung „und zwar einzig deshalb" gibt uns der Reisende zu verstehen, daß die Heftigkeit seiner Gefühle über den Anlaß hinausschießt. Das ist jedoch nicht selbstkritisch gemeint. Wie wir schon wissen, ist das Weinen bei Karamzin nicht Ausdruck affektiver Schwäche, sondern jener seelischen Verfeinerung, die den gebildeten Menschen vom Wilden unterscheidet und ihrerseits das Ziel des Kulturfortschritts bildet. Mit seiner 'übertriebenen' Reaktion verkörpert sein Reisender ein Höchstmaß dieses Fortschritts.

Karamzin und 'Karamzin'

Mit der Fiktion des freundschaftlichen Briefs schafft Karamzin für seine Leserinnen und Leser eine Atmosphäre liebevoller Intimität. Sie sind es ja, die über den Kopf der fiktiven Adressaten hinweg als reale Personen angesprochen und in die Gefühlswelt der Reisebriefe einbezogen werden. Sie sollen sich innerlich auf die

---

[51] Vgl. das Vorwort zur ersten Separatausgabe der Reisebriefe von 1797 (S. 393).
[52] G. S. PANOFSKY, Karamzin's Travel through Germany. In: *Welt der Slaven* 50 (2005), S. 119–156, hier S. 148.

Darstellung einlassen, den Reisenden als empfindenden und denkenden Menschen näher kennenlernen und ihn sogar liebgewinnen, so wie das Karamzin in seinem Essay „Was braucht ein Autor?" theoretisch vorgesehen hat.

Wie man sich erinnert, wird das literarische Kunstwerk dort als „Portrait" bezeichnet, in dem die Persönlichkeit des Autors widerscheint. Diese Vorstellung wiederholt sich im letzten Brief des Reisenden. In nachdenklichem Rückblick bezeichnet er seine Briefe hier als „Spiegel meiner Seele", womit er den sachlich-informativen Aspekt seines Werks zugunsten des psychologischen vernachlässigt (S. 388). Im Sinne des genannten Essays sollten die Leser das Werk mithin als ein „Porträt" auffassen, das der Reisende von „seiner Seele und seinem Herzen" gemalt hat, wobei sie gehalten waren, den Reisenden mit dem Autor zu identifizieren – in einem der schweizer Briefe erscheint der Reisende denn auch als jener „Monsieur K*[aramzine], âgé de 24 ans, Gentilhomme Russe", dem von den Genfer Behörden im Frühjahr 1790 in französischer Sprache ein Reisedokument ausgestellt wurde (S. 190).

Wer sich eine solche Lektüre zu eigen macht, hat jedoch damit zu rechnen, daß es hier wie bei jeder Art von Selbstdarstellung nicht ohne ein gewisses Maß von Stilisierung abgeht. Zum Beispiel wissen wir aus den zahlreichen (echten) Briefen, die Karamzin im Laufe seines Lebens an Freunde und Verwandte geschrieben hat, daß er im Gegensatz zu seinem Reisenden als Korrespondent zurückhaltend war und keine Neigung zu Herzensergießungen zeigte[53]. Wir tun daher nach wie vor gut daran, zwischen Karamzin und seinem Reisenden zu unterscheiden, man könnte auch sagen: zwischen Karamzin und 'Karamzin'[54].

Wenn man in dieser Richtung noch einen Schritt weitergeht, dann erscheint der Reisende nicht nur als Selbstporträt des Autors, sondern auch als literarische Gestalt aus eigenem Recht, als eine Kunstfigur, die in Karamzins Reisebuch bestimmte Funktionen wahrnimmt. Ähnlich wie Radiščev in seiner „Reise von Petersburg nach Moskau", wenn auch mit ganz anderen Wertakzenten, läßt sich Karamzin von einer pädagogischen Absicht leiten: Mit seinem Reisenden modelliert er ein für seine Epoche aktuelles Verhaltens- und Persönlichkeitsideal, einen 'positiven Helden'. Wie man noch sehen wird, sind die Werte, die Karamzin seinem Publikum damit nahebringt, nicht nur Empfindsamkeit, sondern auch Weltoffenheit, Toleranz, Lebensfreude und „Lebenskunst". In den Reisebriefen geht es also nicht allein um die Selbstdarstellung des Autors, sondern auch um das Vorführen einer bestimmten Welthaltung in exemplarischer Absicht, einer Welthaltung, die sich in dem Reisenden verkörpert und an der sich die Leser ein Beispiel nehmen konnten.

Bei all dem fragt man sich jedoch, in welchem Maß die Reisebriefe nicht doch auch als biographische Quelle aufgefaßt werden können. Aus dem Gesagten wird klar, daß sie als „Spiegel" von Karamzins „Seele" nur wenig hergeben, daß sie

---

[53] Vgl.: LOTMAN, Sotvorenie Karamzina, S. 17.
[54] Ebd., S. 29–32 („Zwei Reisende"), S. 227–232 („Autobiographie und Selbstentwurf") et pass.

also über sein Gefühlsleben und wohl auch über seinen Charakter kaum etwas Zuverlässiges aussagen. Von seinem geistigen Horizont, von seiner Belesenheit, von seinen literarischen Neigungen erhalten wir jedoch ein gutes Bild. Aus der Art und Weise, wie Karamzin mit seinem Reisenden die Wirklichkeit sieht und beurteilt, lassen sich auch gewisse Aspekte seiner Weltauffassung erschließen. Kennzeichnend ist hier zum Beispiel wiederum das Desinteresse an sozialen Fragen. Ferner kann man die politischen Äußerungen des Reisenden, vor allem seine Kritik an den revolutionären Zuständen in Frankreich, getrost für bare Münze nehmen. Zwar ist anzunehmen, daß er mit Rücksicht auf die Zensur so manches verschwiegen hat, aber es besteht kein Anlaß anzunehmen, daß er ihr jemals nach dem Mund geredet hätte.

Was die äußeren Umstände der Reise betrifft, so wurde in der Forschung mit viel Aufwand die Ansicht vertreten, daß zwischen der Reiseroute Karamzins und der seines Reisenden ein erheblicher Unterschied bestünde: 'In Wirklichkeit' sei Karamzin abseits seiner dargestellten Reiseroute auch mit einer Angelegenheit befaßt gewesen, die er aus Zensurgründen verschweigen mußte[55]. Diese Auffassung konnte sich jedoch nicht durchsetzen – aus guten Gründen[56]. Heutzutage neigt man vielmehr dazu, den dokumentarischen Wert der Reisebriefe ziemlich hoch einzuschätzen. Das gilt auch dann, wenn man bedenkt, daß Karamzin einige der von ihm beschriebenen Sehenswürdigkeiten wohl nur aus Büchern und nicht aus eigener Anschauung kannte.

„Neugier"

Im Gegensatz zu Sternes *Sentimental Journey* sind Karamzins Reisebriefe in der europäischen Literatur des 18. Jahrhunderts keine herausragende Erscheinung. In ihren übersetzten Fassungen wurden sie in Westeuropa meist freundlich zur Kenntnis genommen, aber sie erregten kein besonderes Aufsehen[57]. Dagegen fanden die Reisebriefe beim russischen Publikum ein begeistertes Echo. In einem französischen Artikel von 1797 über die russische Literatur, der in der Hamburger Emigrantenzeitschrift *Le Spectateur du Nord* erschien, konnte Karamzin daher feststellen, daß sein Werk, das er bescheiden einem Anonymus zuschreibt, in Rußland „so etwas wie eine Sensation" gewesen sei (S. 458). Zum Teil läge das daran, daß ihr Autor in Rußland der erste gewesen sei, der seine Reise nach Westeuropa „mit der Feder in der Hand" unternommen habe (ebd.).

---

55 LOTMAN; USPENSKIJ, *Pis'ma russkogo putešestvennika* Karamzina, pass., und LOTMAN, Sotvorenie Karamzina, pass.

56 Vgl.: S. GELLERMAN, Karamzine à Genève. Notes sur quelques documents d'archives concernant les *Lettres d'un Voyageur russe*. In: *Fakten und Fabeln. Schweizerisch-slavische Reisebegegnung vom 18. bis zum 20. Jahrhundert*. Hrsg.: M. Bankowski u.a. Basel–Frankfurt/M. 1991, S. 73–90, und PANOFSKY, Karamzin's Travel through Germany, S. 150 f.

57 CROSS, Karamzin, S. 93 ff.

In Wirklichkeit hatte es in Rußland jedoch schon vor Karamzin Reiseberichte gegeben, darunter auch literarische und sogar einen der empfindsamen Art[58]. Dennoch wurde sein Werk von den russischen Lesern als Neuheit empfunden. Das lag zunächst an jenem Stil, der sich in seiner umgangssprachlichen Einfachheit und Eleganz den Zeitgenossen als „neuer Stil" eingeprägt hat und dessen Programm wir schon aus Karamzins theoretischen Schriften kennen. Als neu konnte aber auch die Auffassung vom Reisen erscheinen, die hier zugrundeliegt. In der Nähe von Dresden kommt der Reisende mit einer schönen Sächsin ins Gespräch. Sie fragt ihn, was ihn denn bewogen habe, aus dem fernen Moskau nach Sachsen zu reisen. Seine lapidare Antwort lautet: „Neugierde, Madame" (S. 51). Ähnlich liest man es in einer Zeitungsannonce von 1790, mit der Karamzin das Erscheinen des *Moskovskij žurnal* und der ersten Reisebriefe ankündigt, wobei er auch hier sein Werk einem anderen zuschreibt, einem „Freund", der seine Reise nach Westeuropa „aus Neugierde" unternommen habe[59].

Im Rußland des 18. Jahrhunderts war das eine ungewöhnliche Aussage, denn hier gab es für eine Privatperson eigentlich nur einen triftigen Grund, die Heimat zu verlassen und nach Westeuropa zu reisen – daß man etwas Nützliches lernen wollte. Zar Peter I. hatte ein weithin leuchtendes Beispiel gegeben, als er auf seiner ersten Reise eine Lehrzeit an den Werften des holländischen Zaandam absolvierte und sich dafür auch ein Zeugnis ausbat. Im weiteren Verlauf des 18. Jahrhunderts waren Lomonosov und Radiščev bei weitem nicht die einzigen, die zum Lernen ins Ausland geschickt wurden. Reisen war kein Vergnügen, sondern ein Dienst, dem man sich oft nur ungern unterwarf. Vor diesem Hintergrund gewinnt die Aussage von Karamzins Reisendem, er habe seine Reise aus „Neugier" – man könnte auch sagen 'aus müßiger Neugier' – unternommen, einen frivolen Klang[60]. Sie liegt auf derselben Linie wie ein Leitmotiv von Karamzins Lebensgeschichte: das Beharren auf persönlicher Unabhängigkeit und die hartnäckige Weigerung, in den Staatsdienst einzutreten. Auch mit der „Neugier", die er seinem Reisenden unterstellt, wendet sich Karamzin gegen den universalen Verfügungsanspruch des absolutistischen Staates und pocht auf seinen Status als unabhängige Privatperson. Wenn sein Reisender den Lesern als Vorbild dienen sollte, dann gerade auch in dieser Hinsicht.

Weltoffenheit

Die sich hier andeutende kritische Haltung zeigt sich bei Karamzin auch in anderer Hinsicht. In seinem Artikel von 1797 über die russische Literatur will er dem Leser einen Eindruck von seinem Reisebuch vermitteln und zitiert eine Stelle des letzten – aus Kronštadt geschriebenen – Briefes (diese Passage fehlt im russischen Text der Reisebriefe ebenso wie in der Richterschen Übersetzung). Der

---

[58] SIPOVSKIJ, N. M. Karamzin, avtor *Pisem russkago putešestvennika*, S. 525.
[59] KARAMZIN, Sočinenija v dvuch tomach, Bd. II, S. 6.
[60] LOTMAN, Sotvorenie Karamzina, S. 57 f.

Reisende zieht Bilanz: Unterwegs habe er „gelernt, in Zukunft mit meinen Urteilen über das Gute oder *Schlechte* ganzer Völker zurückhaltender zu sein" (S. 462, Kursiv des Vf.).

In typisch aufgeklärter Manier richtet sich diese Äußerung gegen das Vorurteil – Reisen bedeutet für Karamzin die unvoreingenommene Begegnung mit fremden Lebensformen. Den aktuellen Hintergrund dieser Auffassung bildet eine in Rußland verbreitete Abneigung gegen das Ausland, deren antifranzösische Variante wir schon aus Novikovs *Košelek* und aus den Reisebriefen Fonvizins kennen. Bei der Lektüre dieser (echten) Briefe, die seinerzeit nicht veröffentlicht wurden, gewinnt man über weite Strecken den Eindruck, als habe Fonvizin die Reise nur unternommen, um seine nationalistischen Ressentiments zu bestätigen. Offenbar will er jene hirnlose Begeisterung für die französische Kultur Lügen strafen, die sich in der Gestalt des petit-maître Ivanuška aus seinem „Brigadier" verkörpert. Im Umfeld der französischen Revolution erhielt die russische Gallophobie dann noch weiteren Auftrieb.

Anders als Fonvizin vermeidet Karamzin mit großer Sorgfalt, sich in den „Briefen eines reisenden Russen" auf einen Gegensatz zu den westeuropäischen Ländern festzulegen. Sein Reisender ist nicht nur Russe, sondern auch Europäer, für den das Wort „Kosmopolit" eine positive Bedeutung hat (S. 47); in Paris fühlt er sich als „Weltbürger" (S. 321). Unterwegs macht der Reisende schon früh die unangenehme Erfahrung, daß es nicht nur antifranzösische, sondern auch antirussische Vorurteile gab. In Kurland wird er Zeuge eines Gesprächs, in dem zwei Deutsche „aus Langeweile anfingen, über das russische Volk zu schimpfen" (S. 12). Die Frage, ob sie denn Rußland jemals besucht hätten, müssen die beiden verneinen, gehen aber sofort zum Angriff über und bezweifeln, daß der Reisende, der mit ihnen Deutsch spricht, ein Russe sei, denn in Rußland spreche man doch „keine fremden Sprachen" (ebd.).

In Westeuropa bietet sich dem Reisenden vielfach Gelegenheit, seine Vaterlandsliebe unter Beweis zu stellen. Desto nachdrücklicher bemüht er sich andererseits um eine abgewogene Beurteilung der fremden Länder. Jene Auslassungen zum Nationalcharakter 'der Deutschen', 'der Schweizer', 'der Franzosen' und 'der Engländer', die man bei Karamzin ebenso wie bei anderen Reiseschriftstellern des 18. Jahrhunderts findet, stehen unter diesem Vorbehalt: Dem Anspruch nach beruhen sie nicht etwa auf Vorurteilen, sondern auf Erfahrungen, die der Reisende unterwegs gesammelt hat. Das gilt umsomehr, als er mit seinen beschränkten Mitteln ja nicht die teure 'Extrapost' benutzen konnte, sondern bloß die 'ordinäre Post' und daher den Platz in der Kutsche mit anderen teilen mußte. Auf diese Weise kommt der sprachkundige Reisende mit zahlreichen Menschen ins Gespräch; weitere Möglichkeiten dieser Art ergeben sich in Gasthöfen und bei Theaterbesuchen. In den Reisebriefen werden solche Gespräche zum Teil 'wörtlich' wiedergegeben. Auf der Grundlage solcher Erfahrungen scheut sich der Reisende keineswegs, Kritik zu üben, wozu er als treuer Anhänger des monarchischen Prinzips im revolutionären Frankreich reichlich Anlaß hat. Allerdings hält

er sich zu einer Zeit in Frankreich auf, als die revolutionäre Bewegung vorerst in ruhigeres Fahrwasser geraten war. Im Rückblick kann der Reisende daher betonen, daß er in Paris „nur Erfreuliches" erlebt habe (S. 322).
Diese positive Grundhaltung zeigt er auch in Deutschland, der Schweiz und England – durchweg verbindet sich die „Neugierde" des Reisenden mit einer elementaren Freude an der Vielfalt des Gesehenen und Erfahrenen:

> Alles interessiert ihn: die Sehenswürdigkeiten der Städte, die feinen Unterschiede, durch die sich die Lebensart der Bewohner unterscheidet, die Denkmäler, die ihn an die eine oder andere geschichtliche Tatsache, an ein berühmtes Ereignis erinnern; die Spuren großer Männer, die nicht mehr unter uns weilen, angenehme Landschaften, der Anblick fruchtbarer Felder und des ungeheuren Meeres. (S. 458)

Mit diesen Worten charakterisiert Karamzin in seinem Artikel von 1797 für den *Spectateur du Nord* die Haltung jenes ungenannten Autors, dem er die Reisebriefe zuschreibt.

Mit seiner Haltung grundsätzlicher Weltoffenheit kann der Reisende die unterschiedlichen und manchmal gegensätzlichen Lebensformen der von ihm besuchten Länder nicht nur gelten lassen, sondern sie auch mit Sympathie betrachten. Die altväterische Sittenstrenge der Züricher beschreibt er ebenso wohlwollend, wie das lockere Leben der Pariser. In den schweizer Alpen singt er das Loblied des einfachen Lebens, und im Dasein der „unschuldigen" Hirten entdeckt er einen Rest des Goldenen Zeitalters. Bei anderer Gelegenheit rühmt der Reisende jedoch auch den Fortschritt und bewundert jene hohe Stufe der Zivilisation, deren er in England ansichtig wird – über die Straßenbeleuchtung in London ist er ebenso begeistert wie über das Geschworenengericht. Er freut sich an den luxuriösen Geschäftsauslagen der City und hält eine kleine Lobrede auf das Geld als eine „wundervolle Erfindung" des modernen Lebens (S. 355).

Toleranz

Die moralische Entsprechung dieser Weltoffenheit ist Toleranz[61]. In Deutschland stört sich der Reisende an der Neigung der Gelehrten, sich in öffentliche Polemiken zu stürzen, die ebenso uferlos wie bösartig sind:

> Wo soll man denn Duldsamkeit suchen, wenn sogar die Philosophen, wenn sogar die Aufklärer – so nennen sie sich ja – denjenigen soviel Haß entgegenbringen, die nicht so denken wie sie? Für mich ist derjenige ein wahrer Philosoph, der sich mit allen verträgt; der auch diejenigen Menschen liebt, die mit seinen Gedanken nicht einverstanden sind. (S. 38)

Die antikatholische Polemik der Berliner Aufklärer ist Ausdruck eines eifernden Protestantismus. Dagegen gibt der Reisende Voltaire den Vorzug, dem das Eintreten für konfessionelle Toleranz „zur Ehre" gereiche. In einer Fußnote merkt er

---

[61] Vgl.: PANOFSKY, Karamzin's Travel through Germany, S. 149: „Throughout the *Pis'ma* the leitmotif is pluralistic tolerance".

allerdings kritisch an, daß Voltaire in seinem Kampf gegen den „Aberglauben" dem „wahren Christentum" nicht gerecht geworden sei (S. 159).

Der Reisende spricht nicht nur von religiöser Toleranz, sondern er praktiziert sie auch. Als Angehöriger der Russisch-Orthodoxen Kirche läßt er sich in der Dresdener Hofkirche von der Schönheit des katholischen Gottesdienstes überwältigen:

> Mir schien, als habe ich Zugang zu einer Welt der Engel gefunden und als hörte ich die Stimmen der seligen Geister, die den Unsagbaren loben. Meine Beine gaben nach; ich kniete nieder und betete von ganzem Herzen. (S. 55)

In Erfurt spricht der Reisende voller Hochachtung von Martin Luther, in der Schweiz besucht er kalvinistische Gottesdienste, und in England interessiert er sich für die Frömmigkeit der Quäker. In einem Brief aus Frankfurt am Main tadelt er die Intoleranz der lutherischen Stadtregierung, die der hugenottischen Minderheit die Bürgerrechte verweigert (S. 87). Er beschreibt auch das Elend der Frankfurter Juden, die in ihrem Ghetto eingepfercht sind, er äußert Mitgefühl und bemüht sich um Verständnis für ihre Religion, die ihm allzu freudlos vorkommt (S. 88).

Lebensfreude

Die aufgeklärt-kritische Aussage der Reisebriefe richtet sich in einem wesentlichen Punkt auch gegen die Weltauffassung der Moskauer Freimaurer, in deren Kreis Karamzin vier Jahre verbracht hatte[62], bevor er sich im Vorfeld seiner Reise von ihnen trennte. Wie wir schon wissen, erfolgte die Trennung im guten; umso bemerkenswerter ist die Ablehnung, die Karamzin nach seiner Rückkehr seitens der Moskauer Freimaurer entgegenschlug. An erster Stelle ist hier A. M. Kutuzov zu nennen, der nicht nur mit Radiščev, sondern auch mit Karamzin eng befreundet war. Etwa zur selben Zeit wie Karamzin hielt er sich in Deutschland auf, wo er im Auftrag der Freimaurer tätig war. Er ist es wohl auch, der sich hinter „A***" verbirgt, jenem Freund, den der Reisende in Berlin nicht mehr antraf.

In einem Brief, den Kutuzov im Mai 1791 an den gemeinsamen Freund A. A. Pleščeev schrieb, nimmt er indirekt auf Karamzin Bezug, der inzwischen nach Rußland zurückgekehrt und als Herausgeber des *Moskovskij žurnal* hervorgetreten war. Mit deutlicher Spitze gegen Karamzin spricht Kutuzov vom Zweck der schriftstellerischen Tätigkeit. Als Autor müsse man immer die „Wahrheit" sagen und sich um die „Besserung des Nächsten" bemühen. „Aber um zu bessern, muß man selber gebessert sein; um mit Erfolg zu bessern, muß man das, was man bessert, von Grund auf kennen." Die Passage, die nun unvermittelt folgt, zielt offensichtlich auf die Reisebriefe:

---

[62] Näheres bei N. S. TICHONRAVOV, Četyre goda iz žizni Karamzina. 1785–1788. In: DERS., Sočinenija. Bd. III.1. M. 1898, S. 258–275.

All dies überzeugt mich davon, daß nicht das Äußere der Einwohner, nicht ihre Röcke und Fräcke, nicht ihre Häuser, in denen sie wohnen, nicht die Sprache, die sie sprechen, nicht die Berge, nicht das Meer, die aufgehende oder untergehende Sonne den [wahren] Gegenstand unserer Aufmerksamkeit ausmachen, sondern der Mensch und seine Eigenarten.[63]

Kutuzov verwirft all das als belanglos, was Karamzin in seinem Reisebuch für mitteilenswert hält. Das Interesse an der Außenwelt mißbilligt er: Diese Dinge gehören für ihn zu einer niederen Seinssphäre – jener sündhaft-materiellen Welt, von der man sich als Freimaurer durch unablässiges Streben nach moralischer Läuterung befreien mußte. Aus dem Brief Kutuzovs spricht die Enttäuschung über einen Freund, der die gemeinsamen Ideale verraten habe. Damit fällt ein Licht auf die biographische Bedeutung, die das Reisebuch für den jungen Karamzin hatte: Auf eine für die Freimaurer kränkende Weise zeigt er in aller Öffentlichkeit, wie sehr es ihm inzwischen gelungen war, sich von ihrem Einfluß zu befreien. In der Zeitungsannonce, mit der er das Erscheinen des *Moskovskij žurnal* ankündigt, nimmt Karamzin in einer für ihn untypischen Weise sogar die Gelegenheit wahr, die Freimaurer offen zu brüskieren. Er fordert die Leser auf, eigene Beiträge zu schicken, betont jedoch, daß er nicht bereit sei, „*theologische, mystische*, allzu gelehrte [...] Arbeiten" zu drucken[64].

In den Reisebriefen sucht man Angriffe dieser Art vergebens, und der Reisende scheut sich auch nicht, im Gespräch mit Leipziger Gelehrten Cheraskovs Freimaurer-Epos vom „Wiedergeborenen Vladimir" als ein bedeutendes Werk der russischen Literatur zu rühmen (S. 66). Dennoch liegt seine Abkehr von der Ideenwelt der Freimaurer zu Tage. Trotz melancholischer Anwandlungen, die ihn zuweilen heimsuchen, gibt sich der Reisende als Anhänger eines aufgeklärten Eudämonismus; er ist davon überzeugt, daß Gott die Menschen geschaffen habe, „damit sie das Leben genießen und glücklich seien" (S. 56). Der Gegensatz zur asketischen Weltsicht seiner ehemaligen Mentoren könnte nicht schärfer sein. In Mainz läßt sich der Reisende am Ufer des Rheins eine Flasche Hochheimer schmecken und ist „glücklich wie ein König" (S. 91); in Oppenheim kostet er den Niersteiner Wein, der ihm jedoch nicht ganz so zusagt (S. 92). In den französischen Abschnitten des Buches beschreibt der Reisende ausführlich, wie er sich Paris erobert – als ein Flaneur, der außer Kunstschätzen und dem Theater auch die französische Küche, den ausgezeichneten Kaffee und die Geschicklichkeit der Friseure zu schätzen weiß.

Dem schönen Geschlecht ist der Reisende ebenfalls nicht abgeneigt. Mit „unschuldiger Gelassenheit" weidet er sich an den „Reizen" der hübschen Sächsin, die ihm nach dem Grund seiner Reise fragt – er bewundert „ihre wunderschönen blauen Augen, ihre regelmäßige griechische Nase, ihre rosigen Lippen und Wan-

---

[63] *Pis'ma A. M. Kutuzova.* Hrsg.: Ja. Barskov. In: *Russkij istoričeskij žurnal* 1 (1917), kn. 1–2, S. 131–135, hier S. 134.

[64] KARAMZIN, Sočinenija v dvuch tomach, Bd. II, S. 6 (Hervorhebung vom Vf.).

gen" (S. 50). Mit demselben Wohlgefallen betrachtet er in England die „kleinen Schönheiten" mit „ihren sauberen, weißen Miedern, herabgelassenen Locken und der schneeigen Brust" (S. 329). Auf erotische Abenteuer läßt sich der Reisende allerdings nicht ein. Bei seiner nächtlichen Fahrt nach Frankfurt befindet er sich viele Stunden lang mit einer jungen Frau allein in der Kutsche. Er selber benimmt sich dabei, wie er selbstironisch hervorhebt, „so ehrenhaft, wie ein keuscher Ritter". Am nächsten Morgen liegt es der schönen Karoline jedoch fern, ihm für sein tadelloses Benehmen zu danken, und sie verabschiedet sich „auf sehr trockene Weise" (S. 83).

Wie fremd Karamzin der weltverneinende Moralismus der Freimaurer inzwischen geworden war, zeigt auch das lebhafte Interesse seines Reisenden an den „Nymphen der Freude", denen er unterwegs begegnet. Wenn er davon absieht, auf die Angebote solcher „Circen", „Bacchantinnen" oder „Venusnymphen" einzugehen, dann nicht aus sittlichem Abscheu. Über die zahlreichen „Sirenen" von Paris heißt es:

> [...] ihr Gesang ist so süß, so einschläfernd... Wie leicht ist es, zu vergessen und einzuschlafen! Aber das Erwachen ist doch fast immer bitter – und der erste Gegenstand, den man vor sich hat, ist der leere Geldbeutel. (S. 244)

„Lebenskunst", Bildungstourismus

Mit derlei Pikanterien konnte Karamzin auf den Beifall der petits-maîtres und der koketki unter seinen Lesern rechnen; er selber soll sich nach seiner Rückkehr der Guten Gesellschaft von Petersburg in modischem Frack, mit Tolle und bebänderten Schuhen gezeigt haben[65]. Dennoch stehen seine Reisebriefe nicht nur im Zeichen des Luxus und der Moden. Ebenso wie so viele seiner russischen Schriftstellerkollegen fühlt sich Karamzin auch als Reiseautor dem petrinischen Bildungsauftrag verpflichtet.

Für ihn hat dieser Bildungsauftrag jedoch eine besondere Bedeutung. In Paris besucht der Reisende die Vorstellung einer Komischen Oper mit dem Titel *Pierre le Grand*. In diesem sentimentalen Stück wird Peter I. auf eine Weise idealisiert, daß dem Reisenden die Tränen kommen und er sich freut, ein Russe zu sein (S. 241). Eines der Lieder, das ihm besonders gut gefällt, gibt er in russischer Übersetzung wieder. Es handelt sich um eine Variation auf das damals schon gängige Motiv vom 'Arbeiter auf dem Zarenthron': Peter befindet sich auf seiner ersten Reise nach Westeuropa und ist nun auf der Werft von Zaandam im Schweiße seines Angesichts damit beschäftigt, mit Axt und Hammer ein Schiff zu bauen. Von körperlicher Arbeit ist in Karamzins Übersetzung jedoch nicht die Rede[66]. Dafür gibt es eine Strophe, die im Original fehlt; sie antwortet auf Fragen, die in den vorangehenden Strophen gestellt werden: Zu welchem Zweck

---

[65] POGODIN, Nikolaj Michajlovič Karamzin, Bd. I, S. 168.
[66] Ich folge hier dem Kommentar von Ju. M. Lotman in: KARAMZIN, Pis'ma russkogo putešestvennika, S. 651 f.

Kapitel 20. Karamzin

nahm Peter die Mühsal der weiten Reise auf sich? Und warum wollte er „Geist und Herz mit den Blüten der Bildung und den Früchten des Fleißes schmücken"? In seiner Antwort betont Karamzin die entscheidende Stelle durch Kursivdruck:

> Чтобы мудростью своей
> Озарить умы людей,
> Чад и подданных прославить
> И в *искусстве жить* наставить. (S. 240)

Um mit seiner Weisheit / Den Verstand der Menschen zu erleuchten, / Seine Kinder und Untertanen berühmt zu machen / Und in der *Lebenskunst* zu unterweisen.

Offensichtlich versteht Karamzin den petrinischen Bildungsauftrag im Sinne derjenigen Ziele, die er mit seinen eigenen Schriften verfolgt, auch mit den Reisebriefen[67]. Aus dieser Sicht dient das Reisen nicht dem Erwerb von brauchbaren Kenntnissen; als eine kultivierte Freizeitbeschäftigung steht sie vielmehr im Zeichen eines weltläufigen savoir vivre, das den russischen Lesern in pädagogischer Absicht nahegebracht werden soll. Auch in dieser Hinsicht bietet die Gestalt des Reisenden ein nachahmenswertes Vorbild. Auf seine Weise leistet Karamzin damit seinen Beitrag zur Schaffung einer russischen Adelskultur.

Die Reise, die er in seinem Werk beschreibt, ist eine Bildungsreise (nicht zu verwechseln mit der älteren Kavalierstour, wie sie seit der Renaissance von jungen Leuten aus dem Hochadel zum krönenden Abschluß ihrer Erziehung und stets in Begleitung eines Hofmeisters unternommen wurde). In Westeuropa erfreute sich die Bildungsreise seit Anfang des 18. Jahrhunderts besonders beim englischen Publikum zunehmender Beliebtheit; am liebsten fuhr man nach Frankreich und Italien; auch die schon erwähnten Reisen von Dupaty, Moritz und Küttner sind Bildungsreisen. In Rußland war diese Art des Reisens noch weitgehend unbekannt. Inzwischen war der russische Adel jedoch nicht nur von der Dienstpflicht befreit worden, sondern hatte auch die Erlaubnis erhalten, nach Belieben ins Ausland zu fahren. Jenseits von Dienst und heimischem Alltag öffnete sich dem russischen Adelspublikum bei der Lektüre von Karamzins Reisebriefen somit eine neue Art der Welterfahrung – die Welterfahrung des Bildungstourismus.

Aus der Sicht des 'Arbeiters auf dem Zarenthron' war die Welt in erster Linie eine Werkstatt. Für Karamzins Reisenden ist sie eine Ansammlung von Sehenswürdigkeiten. Der Reisende genießt schöne Aussichten auf Städte und Landschaften, er geht oft ins Theater und freut sich an musikalischen Aufführungen, Parks, Bauwerken und Denkmälern. Ferner interessiert er sich für das Leben der großen Städte, für politische Institutionen wie die Nationalversammlung in Paris, das Londoner Parlament und für musterhafte Errungenschaften der modernen Zivilisation – er besucht eine Züricher Töchterschule, ein Lyoner Krankenhaus, das Veteranenhospiz von Greenwich, die Londoner Gefängnisse und die berühmte Irrenanstalt von Bedlam.

---

[67] Ebd.

Die in Westeuropa modische Begeisterung für die Naturwissenschaften fehlt bei Karamzin: Trotz der populärwissenschaftlichen Bemühungen Lomonosovs gehörten Astronomie, Chemie, Physik und die übrigen Zweige der 'Naturphilosophie' nicht zum Bildungskanon eines russischen Adligen. Gegenüber der petrinischen Epoche und einer Gestalt wie Kantemir zeigt sich bei Karamzin jene Verengung des geistigen Horizonts, die für die russische Adelskultur der zweiten Hälfte des 18. Jahrhunderts kennzeichnend ist. Zwar besucht der Reisende eine Sitzung der Académie des sciences in Paris und der Royal Society in London, aber für ihn sind das nur Pflichtübungen.

Bemerkenswert ist bei Karamzin auch das Fehlen der Arbeitswelt. Zwar kommt sein Reisender gegen Anfang des Buches, in dem Brief aus Riga, kurz auf die Arbeitsumstände der livländischen Bauern zu sprechen (S. 9). Aber das ist eine Ausnahme. Wenn er sonst zum Beispiel wohlbestellte Felder wahrnimmt, dann nur im Vorbeifahren; auf Einzelheiten oder Erklärungen läßt er sich nicht ein. Besonders auffällig ist diese Haltung in England, das gegen Ende des 18. Jahrhunderts wegen seiner hochentwickelten Landwirtschaft berühmt und daher ein beliebtes Ziel für Studienreisen war; dasselbe gilt für die englischen Manufakturen, in denen seit Mitte des Jahrhunderts die industrielle Revolution eingesetzt hatte[68]. Derlei Dinge kommen bei Karamzin nicht vor. Es zeigt sich die Haltung eines russischen Herrn von Stand, eines jungen 'barin', der etwas Land besaß, von der Arbeit seiner leibeigenen Bauern lebte, die Verwaltung dieses Anwesens jedoch seinem älteren Bruder überließ[69] und es selber vorzog, in Moskau zu leben (oder auf Reisen zu gehen).

Wie wir noch sehen werden, schenkt Karamzins Reisender in erster Linie denjenigen Dingen Beachtung, die zum Gebiet der Humaniora gehören; sein Urteil ist entweder ästhetisch-literarischer oder moralischer Art. Wie sich schon gezeigt hat, sind ihm bestimmte Ideale der Aufklärung keineswegs fremd. Was jedoch fehlt, ist der Sinn für diejenige Seite der Aufklärung, die sich auf das Handfeste und Nützliche richtete und die in Rußland vor allem durch Peter I., dann auch durch Lomonosov (vgl. etwa die „Epistel über den Nutzen des Glases") und die seit 1765 bestehende „Freie ökonomische Gesellschaft" vertreten war. Offensichtlich waren solche prosaischen Dinge mit dem weltmännischen Ideal der „Lebenskunst" nicht zu vereinbaren. Für Karamzin ereignete sich der Fortschritt, an den die Aufklärung glaubte, in erster Linie auf ästhetisch-moralischem Gebiet.

Von seinem Desinteresse für soziale Mißstände und die Lebensverhältnisse des einfachen Volkes war schon die Rede; auch in dieser Hinsicht bildet die Stelle über die livländischen Bauern eine Ausnahme. Der Abstand zu Radiščev

---

[68] Vgl. etwa A. G. CROSS, „By the Banks of the Thames". Russians in Eighteenth-Century Britain. Newtonville/Mass. 1980, oder aus deutscher Sicht: M. MAURER, Reisen interdisziplinär – Ein Forschungsbericht in kulturgeschichtlicher Perspektive. In: *Neue Impulse der Reiseforschung.* Hrsg.: M. Maurer. Berlin 1999, S. 287–410, hier S. 385–395 („Englandreisen").

[69] Vgl. seine Korrespondenz mit Vasilij Karamzin: *Pis'ma N. M. Karamzina k V. M. Karamzinu (1795–1798).* Hrsg.: V. È. Vacuro. In: *Russkaja literatura* 2 (1993), S. 80–132.

könnte nicht größer sein. In den Hirten und Bauern der Schweizer Alpen sieht der Reisende kaum etwas anderes als jene bukolischen Idealgestalten, die ihm aus Salomon Geßners Idyllen und Albrecht von Hallers Lehrgedicht *Die Alpen* vertraut waren. Bei seinem Besuch der Londoner Gefängnisse stehen ihm keine literarischen Formeln mehr zur Verfügung, sodaß er nur noch über die „abscheulichen" Physiognomien der Häftlinge staunen und daraus den Schluß ziehen kann: „Laster und Verbrechen entstellen die Menschen auf schreckliche Weise!" (S. 340); in seiner Beschreibung des Irrenhauses von Bedlam dominiert das Interesse am Absonderlichen und Anekdotischen.

Im Zeichen der Bildung, so wie er sie versteht, ist es dem Reisenden in erster Linie nicht um Zeitvertreib oder Erholung zu tun, sondern um jene innere Bereicherung, die man sich vom Umgang mit Kulturgütern erhofft. Einer solchen Reise fehlt das Abenteuerliche der Entdeckungsfahrt. Auch bei Karamzin ist die Welt der Sehenswürdigkeiten eine normierte und beschränkte Welt, in der das Unvorhergesehene keinen Platz hat. Der Reisende hat sich zu Hause fleißig vorbereitet; dank seiner ausgedehnten Lektüre weiß er schon vor der Abfahrt, was ihn unterwegs erwartet und worauf er zu achten hat. Unterwegs erhält er dann Gelegenheit, das vorher nur in Umrissen Bekannte mit eigenen Augen zu sehen, und er freut sich, wenn der Eindruck nachhaltiger als erwartet ausfällt.

„Große Männer"

Zu den Sehenswürdigkeiten, auf die man als Bildungsreisender des 18. Jahrhunderts erpicht war, gehörten auch berühmte Gelehrte und Dichter. In einer Zeit, da die Internationale der Gebildeten noch überschaubar war, konnte man im Zeichen aufgeklärter sociabilité hoffen, daß solche Besuche nicht als aufdringlich empfunden wurden. Karamzins Reisendem liegt daran, den Eindruck, den er beim Lesen eines Autors von dessen Persönlichkeit gewonnen hatte, an der Realität zu messen, wie das seiner Theorie vom literarischen Kunstwerk als einem „Porträt" des Autors entsprach. Seinen Besuch bei dem Leipziger Schriftsteller Christian Felix Weiße kommentiert er folgendermaßen: „Mit einem Wort, wenn ich Weiße als Autor schätzte, so habe ich ihn jetzt, nach persönlicher Bekanntschaft als Menschen noch mehr liebgewonnen" (S. 67).

Mit solchen Besuchen wird dem russischen Publikum vorgeführt, welche Verehrung man als gebildeter Mensch den Heroen des Geistes schuldig ist. Damit setzt Karamzin seine Bemühungen fort, das Ansehen geistiger Tätigkeit und besonders der Literatur bei den russischen Lesern zu fördern. Die meisten Berühmtheiten besucht sein Reisender in Deutschland und der Schweiz – in Königsberg ist es Kant, in Berlin Nicolai und Moritz, in Weimar Herder und Wieland. Eine Begegnung mit Goethe kommt nicht zustande; an einen Besuch bei Schiller im benachbarten Jena, dem von ihm geschätzten Autor des *Fiesko* und des *Don Karlos,* scheint der Reisende nicht gedacht zu haben. In Zürich wird er von Lavater und in Genf von dem Philosophen (und Naturforscher) Charles Bonnet freundlich empfangen.

Eine Schwierigkeit solcher Besuche lag darin, daß der Reisende als junger Adliger ohne besonderen Status oft keine Empfehlungsbriefe vorweisen konnte. In Weimar verhält sich Wieland zunächst abweisend, und der unerwartete Besucher muß seine ganze Liebenswürdigkeit aufbieten, um die peinliche Situation zum Guten zu wenden. Dagegen verläuft die Begegnung mit Kant in Königsberg ohne Schwierigkeiten. Der Reisende stellt sich mit diesen Worten vor:

> Ich bin ein russischer Adliger, ich bin ein Verehrer großer Männer und habe den Wunsch, Kant meine Ehrerbietung zu bezeugen. (S. 20)

Im Verlauf der dreistündigen Unterhaltung schreibt ihm Kant den Titel von zwei seiner Abhandlungen auf einen Zettel, und der Reisende ist entschlossen, dieses Stück Papier „wie ein heiliges Denkmal aufzubewahren" (S. 21). Dieser Kult der „großen Männer", den Karamzin in seinen Reisebriefen so ausgiebig zelebriert, prägt nicht selten auch seine Wahrnehmung des Raumes. Die Orte seiner Reise sind für ihn daher oft Erinnerungsorte. Ein eindrucksvolles Beispiel für diese Sichtweise bietet ein Brief aus Zürich. Ebenso wie bei anderen Beschreibungen dieser Art verwendet der Reisende hier das syntaktische Schema 'dort, wo...' (von mir im folgenden kursiv gesetzt) in anaphorischer Wiederholung. Seine grenzenlose Bewunderung für die hier aufgezählten Dichter entlädt sich in einer weitausladenden und ebenfalls grenzenlosen Folge von parallel gebauten Nebensätzen:

> Mit großem Vergnügen näherte ich mich Zürich; mit großem Vergnügen blickte ich auf seine anmutige Lage, auf den klaren Himmel, auf die heitere Umgebung, auf den hellen, spiegelnden See und auf seine schönen Ufer, *wo* der zarte Geßner Blumen pflückte, um seine Schäfer und Schäferinnen zu schmücken; *wo* die Seele des unsterblichen Klopstock sich mit den großen Ideen der heiligen Liebe zum Vaterlande füllte, Ideen, die sich später in wilder Größe in sein Drama *Hermann*[70] ergießen sollten; *wo* Bodmer die Einzelheiten für die Bilder seines [biblischen Epos] *Noah* sammelte und den Geist der Patriarchenzeit in sich aufnahm; *wo* Wieland und Goethe sich in süßer Trunkenheit mit den Musen umarmten und für die Nachwelt dichteten; *wo* Friedrich Stolberg durch den Dunst von neunundzwanzig Jahrhunderten im Geiste den ältesten der griechischen Autoren, den Sänger der Götter und der Heroen, den graukörpfigen und mit Lorbeer gekrönten Homer, der mit seinen Liedern die griechische Jugend entzückte – erblickte, ihn vernahm, und seine Lieder in treuer Übereinstimmung in der Sprache der Teutonen wiederholte; *wo* unser L[enz][71] sich mit seinem Liebeskummer erging und jedes Blümchen mit einem Seufzer seiner Weimarer Göttin widmete. – (S. 106)

---

[70] Es geht um eines von Klopstocks drei Dramen über Hermann den Cherusker – *Herrmanns Schlacht* (1769), *Hermann und die Fürsten* (1784) und *Hermanns Tod* (1787).

[71] Der baltendeutsche Dichter des Sturm und Drang Jakob Michael Reinhold Lenz (1751–1792) ist gemeint. Lenz hatte seine letzten Lebensjahre in geistiger Zerrüttung in Moskau verbracht,

Der Reisende folgt auch den Spuren Rousseaus. Im schweizerischen Vevey pilgert er mit dem Buch in der Hand zu den Schauplätzen der *Nouvelle Héloïse*. Von Genf aus macht er einen Ausflug auf die Petersinsel, wo Rousseau, dieser „größte unter den Schriftstellern des 18. Jahrhunderts", Zuflucht vor seinen zahlreichen Feinden gesucht hatte. „In wenigen Stunden ging ich durch die ganze Insel und überall suchte ich die Spuren des Genfer Bürgers und Philosophen" (S. 181). Bei wiederum anaphorischer Wiederholung des Wörtchens „hier" faßt der Reisende auf seinem Spaziergang einzelne Orte ins Auge, die er in seiner Vorstellungskraft mit den Gedanken und Gefühlen verbindet, die Rousseau seinerzeit bewegt haben mochten (ebd.). Später besucht er von Paris aus Ermenonville, wo Rousseau die letzten Monate seines Lebens verbracht hatte, und widmet diesem denkwürdigen Ort einen umfangreichen Brief (S. 307–312).

Landschaften

Allerdings ist der Reisende imstande, in den von ihm besuchten Orten nicht bloß Spuren literarischer Berühmtheiten zu sehen, sondern sie auch als Gegenstände ästhetischen Wohlgefallens zu betrachten. Wie man unterstellen kann, war diese Art der Betrachtung auch gegen Ende des 18. Jahrhunderts für die meisten russischen Leser noch etwas Ungewohntes. Wie der Reisende seinem Publikum dieses neue Sehen und damit einen weiteren Aspekt adliger „Lebenskunst" vermittelt, zeigt sich zum Beispiel in dem Brief aus Danzig. Die Postkutsche hat in dem preußischen Flecken Stolzenberg haltgemacht:

> Danzig liegt nun zu unseren Füßen wie auf einem Teller, so daß man die Dächer zählen kann. Diese schöne und regelmäßig gebaute Stadt, das Meer, der Hafen, die Schiffe, die am Kai liegen und über die wogende, unabsehbare Ausdehnung des Wassers verstreut sind – all das, meine geliebten Freunde, macht ein Bild, wie ich es in meinem Leben noch nicht gesehen habe und das ich zwei Stunden lang schweigend betrachtete, in süßer Selbstvergessenheit. (S. 26)

Der Reisende sieht die vor ihm liegende Landschaft als „Bild" und führt den Lesern dann vor, wie man sich einem solchen Quasi-Kunstwerk zu nähern habe – in einer Haltung ästhetischer Kontemplation, in stiller Versenkung. Als Signal dieser Betrachtungsweise findet sich das „Bild"-Motiv in den Reisebriefen auf Schritt und Tritt. Über den Genfer See mit den dahinter liegenden Gebirgsketten heißt es zum Beispiel: Die „über seine Ufer verstreuten Dörfer und Städtchen [...] fügen sich zu einem reizenden, vielfältigen Bild"; vorher war auch die Rede von „malerischen Ansichten" (S. 148). Der ästhetische Wert einer solchen Landschaft mußte den Lesern ausdrücklich klar gemacht und eingeschärft werden. In einer Apostrophe an die „lieben Freunde" fährt der Reisende daher fort:

---

in der unmittelbaren Umgebung Karamzins und des Novikov-Kreises. Vgl.: G. LEMANN-KARLI [= G. LEHMANN-CARLI], Ja. M. Lenc i N. M. Karamzin. In: *XVIII vek*. Bd. 20. SPb. 1996, S. 144–156.

Wenn Ihr mich jetzt fragen würdet: Wovon kann man niemals genug bekommen?, dann würde ich antworten: Von einer schönen Aussicht. Wie viele herrliche Gegenden habe ich gesehen! Und bei all dem blicke ich auf neue Gegenden mit der lebhaftesten Genugtuung. (ebd.)

Immer wieder freut sich der Reisende an lieblichen Szenerien mit rauschenden Bächlein, grünen Wiesen und schattenspendenden Bäumen. Maßgeblich für diese Sichtweise ist die Topik des locus amoenus: Es zeigt sich wieder jene literarisch vorgeprägte – und beschränkte – Perspektive, die auch bei der Begegnung mit den schweizer Hirten vorherrscht. Auf seinen Wanderungen im Hochgebirge lernt der Reisende auch den entgegengesetzten Landschaftstyp kennen. Nun tritt das Erhabene[72] an die Stelle des Anmutigen, wobei sich das ästhetische Erleben einer vermischten Empfindung von Staunen, Bangigkeit und religiöser Ehrfurcht verdankt. Aus dieser Sicht verlieren die Felsen und Abgründe des Hochgebirges ihre Schrecken und können wiederum zum Gegenstand ästhetischer Betrachtung werden. Zum Beispiel „genießt" der Reisende in den Schweizer Alpen das „großartige Schauspiel" eines Unwetters, wobei der ohnehin schon starke Eindruck durch das abschließende Kontrastverfahren noch weiter betont wird. Andererseits macht dieser starke Eindruck den Reisenden jedoch nicht blind für die dekorativen Aspekte des Unwetters mit seinen „purpurnen und goldenen Blitzen", die sich um die Bergkämme „schlängeln". Zum opernhaften Gepräge des Ganzen trägt auch die Wendung vom „himmlischen Blitzeschleuderer" bei:

> Около двух часов продолжалась ужасная гроза. Естьли бы вы видели, как пурпуровыя и золотыя молнии вились по хребтам гор, при страшной канонаде неба! Казалось, что небесный Громовержец хотел превратить в пепел сии гордыя вышины: но оне стояли, и рука Его утомилась – громы умолкли, и тихая луна сквозь облака проглянула. (S. 123)

> Das fürchterliche Unwetter währte etwa zwei Stunden. Ihr hättet sehen sollen, wie die purpurnen und goldenen Blitze sich mit einer schrecklichen Kanonade des Himmels um die Bergkämme schlängelten! Es schien, als wollte der himmlische Blitzeschleuderer diese stolzen Höhen in Asche verwandeln: Aber sie hielten stand und seine Hand ermattete – die Donnerschläge verstummten und ein sanfter Mond lugte durch die Wolken.

Wie die Großschreibung des Possessivpronomens „Ego" und des Substantivs „Gromoveržec" im russischen Text andeutet, ist mit dem „Blitzeschleuderer" kein Zeus oder Perun gemeint, sondern der Christengott, der sich auf diese Weise in das Gesamt-„Bild" einfügt; die kirchenslavisch gefärbte Sprache – „sii gordyja vyšiny", „one stojali" – steht ebenfalls im Dienste des hohen Stils und des Erhabenen.

Einen weiteren und womöglich noch stärkeren Eindruck bietet sich dem Reisenden am Rheinfall von Schaffhausen, schon damals ein außerordentlich belieb-

---

[72] V. BILENKIN, The Sublime Moment: „Velichestvennoe" in N. M. Karamzin's *Letters of a Russian Traveler*. In: *Slavic and East European Journal* 42 (1998), S. 605–620.

tes Touristenziel[73]; Deržavins Gedicht vom „Wasserfall" ist etwa gleichzeitig entstanden. Im Gegensatz zu seinem älteren Dichterkollegen verzichtet Karamzin jedoch auf eine lehrhaft-allegorische Überhöhung und setzt ganz auf die Unmittelbarkeit des Sinneseindrucks.

Als der Reisende dieses Naturschauspiel zum ersten Mal erblickt, ist er enttäuscht; auf Grund seiner Lektüre hatte er mehr erwartet: „[...] wo ist denn jener donnerdröhnende, schreckliche Wasserfall, der das Herz vor Furcht erzittern läßt?" (S. 112). Als er sich dem Wasserfall aber aus einer anderen Richtung nähert, kommt er ebenso auf seine Kosten, wie die zahlreichen Touristen vor ihm. Beim Anblick des Wasserfalls ist der Reisende sehr beeindruckt, aber im Gegensatz zu anderen Touristen verliert er keineswegs die Fassung und ringt auch nicht um Worte, sondern macht das Naturschauspiel zum Gegenstand einer wohlkonstruierten und dabei suggestiven Darstellung von ausgeprägtem Kunstcharakter. Das umfangreiche Satzgefüge, das der Reisende in seiner Beschreibung aufbaut, wird durch mehrere Partizipialnebensätze 'gestaut'. Auf diese Weise imitiert die Syntax jene steinernen Hindernisse, die der Strom zu überwinden hat, bis er sich bei der letzten und höchsten Schranke jäh in einen Wasserfall verwandelt. Rasende Dynamik verbindet sich mit ohrenbetäubendem Lärm; die reichlich verwendeten Epitheta betonen das Gewaltige und Furchterregende:

> Теперь, друзья мои, представьте себе большую реку, которая, преодолевая в течении своем все препоны, полагаемыя ей огромными камнями, мчится с ужасною яростию, и наконец, достигнув до высочайшей гранитной преграды, и не находя себе пути под сею твердою стеною, с неописанным шумом и ревом свергается вниз, и в падении своем превращается в белую, кипящую пену. (S. 113)

> Liebe Freunde, stellt Euch jetzt einen großen Fluß vor, der in seinem Lauf alle Hindernisse, die ihm von ungeheuren Felsbrocken in den Weg gelegt werden, überwindet, mit entsetzlichem Wüten dahinbraust und endlich auf ein granitnes Hindernis von gewaltiger Höhe stößt, dabei unterhalb dieser undurchdringlichen Mauer kein Durchkommen findet, daher mit unbeschreiblichem Lärm und Getöse nach unten stürzt und sich beim Fallen in weißen, siedenden Schaum verwandelt.

Die Erzählungen

Karamzin ist es zu verdanken, daß die Erzählung im russischen Sentimentalismus zur führenden Gattung erzählender Prosa aufstieg[74] (die Stunde des russischen

---

[73] S. DICKINSON, Four Writers and a Waterfall: Questions of Genre in Russian Travel Writing about Western Europe, 1791–1825. In: *Germano-Slavica* 11 (1999), S. 3–26; HENTSCHEL, Studien zur Reiseliteratur, S. 203–237 („Rheinfall bei Schaffhausen"), hier S. 204: Seit den 1770er Jahren zählt der Vf. allein in der deutschsprachigen Reiseliteratur über 80 Beschreibungen des Rheinfalls.

[74] Vgl. vor allem: K. SKIPINA, O čuvstvitel'noj povesti. In: *Russkaja proza. Sbornik statej.* Hrsg.: B. Ėjchenbaum; Ju. Tynjanov. L. 1926, S. 13–41, und P. BRANG, Studien zu Theorie und Pra-

Romans sollte erst viel später schlagen). Sie löste sich aus der kompromittierenden Nachbarschaft des Abenteuer- und Ritterromans und konnte jetzt denselben künstlerischen Rang wie die Versdichtung beanspruchen. Niemand Geringerer als Deržavin schrieb: „Singe, Karamzin. Auch in der Prosa / Hört man die Nachtigall"[75]. In Karamzins Gefolge nahm das Interesse der Autoren für diese Gattung denn auch erheblich zu, und bis zum Ende des Jahrhunderts erschienen in den russischen Zeitschriften 58 Originalerzählungen. Diese Konjunktur hielt sich im ersten Jahrzehnt des neuen Jahrhunderts mit mehr als 60 weiteren Titeln und flaute erst dann merklich ab[76].

Karamzins Erzählungen bilden ein Ensemble von 15 ganz unterschiedlichen Texten – als ob der Autor den künstlerischen Spielraum dieser für Rußland neuen Gattung ausmessen wollte. Aber es gibt natürlich auch gemeinsame Züge. Neben der Kürze gehört hierzu die geradlinige Einfachheit des Sujets, die sich ihrerseits von den ausschweifenden Verwicklungen der Abenteuerliteratur abhebt. An die Stelle des unbekümmerten Fabulierens und der Anhäufung zufälliger Ereignisse treten nun eine wohlüberlegte Komposition und das Prinzip der psychologischen Motivierung. Oft liegt der Schauplatz des Geschehens nicht mehr in einer exotischen Ferne, sondern verlagert sich nach Rußland. Im Dienste der Wirklichkeitsillusion, die damit angestrebt wird, steht auch die Neigung, den Fiktionscharakter des Erzählten zu verschleiern und dessen Tatsächlichkeit zu beteuern. Dem Leser wurde es auf diese Weise erleichtert, sich mit dem Helden emotional zu identifizieren. Als Vermittler wirkt dabei ein persönlicher Erzähler, der das Geschehen kommentiert, am Schicksal seiner Figuren Anteil nimmt und immer wieder auch das Wort an die Leser richtet. Ebenso wie seine Figuren verwendet er meist eine Sprache, die dem mündlichen Gebrauch nahesteht, dabei jedoch zum Poetischen gesteigert ist. Ihren rhythmisch-musikalischen Charakter verdankt diese Prosa der reichlichen Verwendung von syntaktischen Parallelismen und Klangwiederholungen. Als Vorbild diente Karamzin Salomon Geßner mit seinen Prosa-Idyllen (die erste literarische Arbeit aus seiner Feder, die im Druck erschien, war eine Übersetzung von Geßners Idylle *Das hölzerne Bein*).

---

[75] xis der russischen Erzählung. 1770–1811. Wiesbaden 1960; vgl. ferner: R. B. ANDERSON, N. M. Karamzin's Prose. The Teller in the Tale. A Study in Narrative Technique. Houston/Texas 1974; ORLOV, Russkij sentimentalizm; G. HAMMARBERG, From the Idyl to the Novel: Karamzin's Sentimentalist Prose. Cambridge etc. 1991.

Progulka v Sarskom sele – DERŽAVIN, Stichotvorenija, S. 172–174, hier S. 174: „Poj, Karamzin! – I v proze / Glas slyšen solov'in". Als Entstehungszeit des Gedichts wird 1791 angegeben. Das angeführte Zitat stammt jedoch aus der letzten Fassung des Gedichts von 1798, aus einer Zeit mithin, als der größte Teil von Karamzins Erzählungen bereits erschienen war.

[76] Zahlen nach BRANG, Studien zu Theorie und Praxis der russischen Erzählung, S. 21.

„Die arme Liza"

Ein Publikumserfolg

Unter Karamzins Erzählungen ist die empfindsam-pastorale Liebesgeschichte *Bednaja Liza* („Die arme Liza", 1792) die bekannteste[77]. Sie erschien zuerst in *Moskovskij žurnal* und wurde dann wiederholt neu aufgelegt, nicht nur innerhalb von Werkausgaben, sondern auch in drei Einzeldrucken, was von dem ungewöhnlichen Anklang zeugt, den die Erzählung beim Publikum fand. Der in der Nähe des Moskauer Simonov-Klosters gelegene Teich, in dem sich Liza das Leben nimmt – „Lizas Teich" –, wurde zu einem beliebten Ausflugsziel: Dank Karamzin und seiner „Armen Liza" hatte man nun auch in Rußland einen literarischen Wallfahrtsort. Die Leserinnen und Leser strömten in Scharen zu diesem Teich, um dort in melancholischen Gefühlen zu schwelgen und nach Idyllenart verliebte Verse in die Rinde der Bäume zu ritzen. Schon früh gab es allerdings auch Spott. Ein Unbekannter schrieb 1792 dieses Epigramm:

> Здесь бросилася в пруд Эрастова невеста.
> Топитесь, девушки: в пруду довольно места!

Hier warf sich in den Teich unsres Erastes Schatz [= Liza]. / Ertränkt euch, Mädchen, hier: Im Teich hat es noch Platz!"[78]

Karamzins zahlreiche Nachahmer ließen sich durch solche Mißklänge jedoch nicht beirren – im Gefolge der „Armen Liza" gab es eine „Arme Maša", eine „Verführte Henriette", eine „Geschichte von der armen Marija", eine „Unglückliche Margarita", eine „Arme Chloe" und eine „Unglückliche Liza"[79].

---

[77] Den Text findet man in: KARAMZIN, Sočinenija v dvuch tomach, Bd. I, S. 506–519; im folgenden beziehen sich die eingeklammerten Seitenangaben im Haupttext auf diese Ausgabe. – Zur Interpretation vgl.: J. D. GARRARD, Poor Erast, or Point of View in Karamzin. In: *Essays on Karamzin*. Hrsg.: J. L. Black. Den Haag 1975, S. 40–55; P. BRANG, Karamsin. Die arme Lisa. In: *Die russische Novelle*. Hrsg.: B. Zelinsky. Düsseldorf 1982, S. 23–33; A. L. ZORIN; A. S. NEMZER, Paradoksy čuvstvitel'nosti. In: *„Stolet'ja ne sotrut..."*: *russkie klassiki i ich čitateli*. Hrsg.: A. A. Il'in-Tomič. M. 1989, S. 7–54; V. N. TOPOROV, *Bednaja Liza* Karamzina. Opyt pročtenija. M. 1995; P. E. BUCHARKIN, O *Bednoj Lize* N. M. Karamzina (Ėrast i problemy tipologii literaturnogo geroja). In: *XVIII vek*. Bd. 21. SPb. 1999, S. 318–326; M. FRAANJE, Selbstmord aus Liebe. Karamzins „Arme Lisa" im ideengeschichtlichen Kontext. In: *Zeitschrift für Slavische Philologie* 59 (2000), S. 305–316; A. ŠENLE [= A. SCHÖNLE], Meždu „drevnej" i „novoj" Rossiej: Ruiny u rannego Karamzina kak mesto „Modernity". In: *Novoe literaturnoe obozrenie* 59 (2003), S. 125–141.

[78] *Russkaja ėpigramma (XVIII – načalo XX veka)*. Hrsg.: M. I. Gillel'son; K. A. Kumpan. L. 1988, S. 132. Die deutsche Übersetzung übernehme ich von BRANG, Karamsin. Die arme Lisa, S. 292.

[79] Die Texte findet man in diesen Anthologien: *Russkaja sentimental'naja povest'*. Hrsg.: P. A. Orlov. M. 1979, und *Landšaft moich voobraženij. Stranicy prozy russkogo sentimentalizma*. Hrsg.: V. I. Korovin. M. 1990.

Lyrischer Auftakt; eine 'wahre' Geschichte

Die Erzählung von der „Armen Liza" beginnt nicht in medias res, sondern mit einer umfangreichen Einleitung, die in rhythmischer Prosa gehalten ist. Die Sprache dient hier in erster Linie nicht mehr der Mitteilung von Gedanken und Sachverhalten, sondern der Evokation von Stimmungen. Ein persönlicher Erzähler tritt in den Vordergrund und spricht von seiner empfindsamen Neigung zu ausgedehnten Spaziergängen in der ländlichen Umgebung von Moskau, die er in einem breit angelegten und topographisch wohlgegliederten Landschaftsbild beschreibt. Dieses Abbild einer vorgefundenen Landschaft ist mit seinen Einzelheiten gleichzeitig auch Träger von Gefühlswerten – eine 'Stimmungs'- oder 'Seelen'-Landschaft. Diese Art Art der Darstellung sollte in der russischen Literatur eine große Zukunft haben: „Das lyrische Element von Turgenevs Erzählen, von Turgenevs Landschaften und vorher die Lyrik und das Pathos von Gogol's Erzählungen gehen auf eine Tradition zurück, die von Karamzin begründet wurde"[80].

Im weiteren Verlauf der Einleitung verengt sich die Perspektive, bis schließlich nur noch ein verfallenes Bauernhäuschen im Blickfeld steht – hier lebte einmal Liza mit ihrer alten Mutter. Diese Reduktion des Blickwinkels wird von einer emotionalen Eintrübung begleitet. Die zunächst frühlingshafte Stimmung des Erzählers weicht herbstlicher Melancholie; an die Stelle einer lieblichen, mit idyllischen Zügen ausgestatteten Landschaft tritt nun die von Stürmen durchtoste Ruine des Simonov-Klosters, das hier mit deutlicher Anspielung auf seine reale Existenz in abgekürzter Form als „Si...v-Kloster" erscheint. In assoziativem und wiederum nur stimmungshaftem Zusammenhang mit der Ruine überläßt sich der Erzähler einer Folge trostloser Vorstellungen von mühseligem Alter, frühem Tod, von Hilflosigkeit und Not, bis er schließlich seine Erzählung vom „traurigen Schicksal Lizas, der armen Liza" (S. 507) beginnt.

Sein persönliches Verhältnis zu diesem Thema beschreibt der Erzähler als empfindsames Genießen melancholischer Gefühle – eine Haltung, die er damit auch dem Leser nahegelegt:

> Ach! Ich liebe solche Gegenstände, die mein Herz rühren und mich dazu bringen, Tränen zarter Trauer zu vergießen. (S. 507)

Durch die schon im Titel enthaltene und dann mehrfach erneuerte Vorausdeutung auf das unglückliche Ende wird diese „zarte Trauer" beim Leser im Verlauf der gesamten Erzählung lebendig gehalten. Die emotionale Wirkung verstärkt sich durch die Wirklichkeitsfiktion: Wie der Erzähler vorgibt, ist Lizas Geschichte kein „Roman", sondern eine „wahre Geschichte" (S. 518), die sich „vor dreißig Jahren" (S. 507) abgespielt habe. Seine Quelle sei Lizas Herzensfreund Èrast, den er ein Jahr vor dessen Tod kennengelernt haben will (S. 519). Bei all dem läßt sich Karamzin als Autor jedoch wiederum nicht von seinen Gefühlen überwältigen. Im einzelnen werden wir noch sehen, wie planvoll er schreibt, wie sorgfältig

---

[80] GUKOVSKIJ, Karamzin, S. 80.

er den Fortgang der Handlung motiviert, und wie überlegt er mit solchen Kompositionsverfahren wie Parallelismus, Kontrast und Leitmotivik umgeht.

Jenseits der konventionellen Moral

Das schöne und tugendhafte Bauernmädchen Liza lebt nach dem frühen Tod des Vaters mit der altersschwachen Mutter und ernährt sie durch seiner Hände Arbeit – Liza strickt Strümpfe, webt Leinen und verkauft Blumen. Eines Tages begegnet ihr der sympathische junge Edelmann Ėrast, und die beiden verlieben sich ineinander. Ihr Glück ist jedoch nur so lange ungetrübt, wie das Verhältnis platonisch bleibt. Als das nicht mehr der Fall ist, wird Ėrast seiner Geliebten überdrüssig und heiratet eine reiche Witwe; Liza nimmt sich aus Kummer das Leben.

Anfang, Mitte und Ende dieser einfachen Handlung sind deutlich gekennzeichnet. Die Szene, in der sich Liza Ėrast hingibt, bildet den Wendepunkt, wie das dem symmetrischen Aufbau einer Novelle entspricht. Hier steigert sich die emotionale Intensität der Darstellung – eine Serie von kurzen und parallel gebauten Sätzen, die nur durch Gedankenstrich miteinander verbunden sind, suggeriert ein leidenschaftliches Überschreiten von Grenzen. Am Ende dieser Passage gibt sich der Erzähler als hilfloser Zeuge des Geschehens und ruft bekümmert aus: „Ach, Liza, Liza! Wo ist dein Schutzengel? Wo ist deine Unschuld?" (S. 515 f.). Die moralische Verurteilung, die damit anklingt, wiederholt sich im folgenden: Nach ihrer „Verirrung", die nur „eine Minute" in Anspruch nimmt, empfindet Liza Reue und fühlt sich als „Verbrecherin" (ebd.). Durch einen Wetter-Parallelismus wird die unheilvolle Bedeutung des Geschehens weiter betont: „Drohend rauschte der Sturm, der Regen ergoß sich aus schwarzen Wolken" (ebd.). Seinerseits kontrastiert dieses Unwetter mit jener heiteren Frühlingsszenerie, die vorher das noch 'unschuldige' Glück des Paares umgeben hatte. Damit wird jene Vorausdeutung eingelöst, die in dem Wetter- und Stimmungskontrast der lyrischen Einleitung gegeben wurde.

Die Verführungsszene legt die Vorstellung vom gefallenen Mädchen nahe, dessen Fehltritt schließlich zum Selbstmord führt. Karamzin evoziert dieses Klischee jedoch nur, um sich von ihm abzusetzen. Liza begeht ja nicht aus Reue Selbstmord, sondern aus Kummer über den Liebesverrat des Ėrast. Als ihr Leichnam aus dem Wasser gezogen wird, kommentiert der Erzähler: „Auf diese Weise beendete sie ihr Leben, schön an Leib und Seele" (S. 519). Der Gegensatz zur christlichen Tradition, die eine Verurteilung von Lizas Verzweiflungstat erfordert hätte, ist nicht zu übersehen. Das Hauptthema der Erzählung ist denn auch nicht Lizas „Verirrung" mit ihren bösen Folgen, sondern die Unbedingtheit ihres Gefühls, ihrer großen Liebe.

Was Ėrast betrifft, so begnügt sich Karamzin nicht mit dem allgemeinen Hinweis auf die Oberflächlichkeit seines Gefühls, sondern sucht ein Höchstmaß an psychologischer Konkretisierung zu erreichen. Ėrast ist kein gewissenloser Verführer, sondern nur ein schwacher Charakter. Seine Liebe beruht auf einem literarischen Trugbild: Des Lebens in der Guten Gesellschaft überdrüssig, hat er „Romane und Idyllen" (S. 510) gelesen; mit Liza, die er seine „Schäferin" nennt, glaubt er nun, ein idyllisches Glück nach Art des Goldenen Zeitalters gefunden zu haben.

Was es mit Èrasts Liebe und seiner Sehnsucht nach „Natur" in Wirklichkeit auf sich hat, wird am Leitmotiv des Geldes sichtbar[81]. Die erste Begegnung des künftigen Liebespaars findet in Moskau statt, wo Liza Maiglöckchen – und nicht etwa Rosen oder Lilien – zum Kauf anbietet. Èrast, der von ihrer Schönheit entzückt ist, versucht sie nicht nur durch sein anziehendes Wesen für sich einzunehmen, sondern auch durch Geld, denn er bietet ihr für die Blumen einen vielfach erhöhten Kaufpreis, was Liza mit den Worten zurückweist: „Ich nehme nur das, was mir zusteht" (S. 508). Dieses Bestechungsmotiv wiederholt sich, als Èrast Liza zum ersten Mal besucht und ihrer Mutter das Angebot macht, die von Liza hergestellten Strümpfe und Leintücher aufzukaufen. Er wäre dann Lizas einziger Kunde, sie müßte nicht mehr in die Stadt gehen, und er hätte einen Vorwand, sie öfter zu besuchen. Geld ist auch bei Èrasts Untreue im Spiel: Durch die Heirat mit der reichen Witwe hofft er, seine durch Glücksspiel zerrütteten Verhältnisse zu ordnen. Besonders schnöde bringt sich das finanzielle Motiv bei der letzten Begegnung der beiden zur Geltung: In dürren Worten teilt Èrast Liza mit, daß er sich von ihr trennen wolle, steckt ihr hundert Rubel zu und läßt sie durch einen Diener vor die Tür setzen.

Èrast versucht Liza zu 'entschädigen' und verkennt damit die Tiefe ihres Gefühls. Ebenso wie er hat auch sie die Möglichkeit, eine gute Partie zu machen, denn der Sohn eines reichen Bauern aus der Nachbarschaft bemüht sich um ihre Hand. Aber die Vorstellung, Èrast zu verlieren, ist Liza unerträglich, und sie erteilt dem Brautwerber eine Absage. Dabei ist ihr sehr wohl bewußt, daß für sie als Bauerstochter eine Heirat mit dem Adelsherrn („barin") Èrast aus Standesrücksichten nicht in Frage kommt. Das weiß im Grunde auch Èrast und überredet Liza daher, ihre Liebesbeziehung vor der Mutter zu verheimlichen. Später mag er noch so sehr beteuern, daß er sie zu sich nehmen wolle, um „unzertrennlich" in Wald und Feld mit ihr zusammenzuleben. Auf diese Schwüre antwortet Liza „mit einem stillen Seufzer": „Aber für dich ist es doch unmöglich, jemals mein Mann zu werden!" (S. 514).

Liebe ist für Liza gleichbedeutend mit selbstvergessener Hingabe. In den Augenblicken, da sie Èrast zu Willen ist, wird er von längst bekannten Gefühlen übermannt, Gefühlen, auf die er „*nicht stolz sein*" kann (S. 515, Kursiv des Vf.). Liza dagegen „lebte und atmete" in solchen Momenten „nur für ihn", „in allem war sie ihm gefügig wie ein Lamm, und sein Vergnügen war für sie das Glück" (S. 515). Damit fällt ein Licht auf ihren Selbstmord: Die Liebe zu Èrast steht für Liza nicht nur höher als ihr Glück, sondern auch höher als ihr Leben – mit dem Scheitern ihrer Liebe hat es seinen Sinn verloren.

---

81   Vgl.: ORLOV, Russkij sentimentalizm, S. 213 f.

Liza ist ist eine „Märtyrerin der Liebe"[82] – die Liebe ist für sie ein absoluter und höchster Wert. Die Theorie zu dieser Auffassung finden wir in einem kleinen Essay, den Karamzin auf Französisch geschrieben und seinerzeit nicht veröffentlicht hat – *Quelques idées sur l'amour* von 1797. Unter anderem liest man hier:

> Ach! Ein wirklich Liebender würde tausendmal für seine Geliebte sterben und würde doch noch nichts für sie vollbringen, nichts von dem, was sein Herz für sie gerne vollbrächte, um ihr die Unendlichkeit seiner Liebe zu beweisen.

Die Liebe erscheint hier als „ein erhabener Rausch des Gefühls, das heiligste Feuer, das in unserer Seele brennt und sie über die Menschheit erhebt"[83].

Ständeklausel und Sentimentalismus

Man kennt diese schwärmerische Auffassung der Liebe schon aus Sumarokovs Tragödien und aus Knjažnins Komischer Oper von der „Unglückskutsche". Ebenso wie bei Knjažnin und im Gegensatz zu Sumarokov ist die Trägerin dieses erhabenen Gefühls bei Karamzin keine Fürstin, sondern 'bloß' eine Bäuerin. Allerdings hat Karamzin seine Liza überzeugender dargestellt, als Knjažnin seine Anjuta, denn Lizas Ausdrucksweise ist von pastoraler Einfachheit und damit frei von jedem Tragödienpathos.

Erneut rückt damit die Aufhebung der Ständeklausel ins Blickfeld. Das ist eine typische Erscheinung des europäischen und auch des russischen Sentimentalismus: Im Gegensatz zu den literarischen Gepflogenheiten der klassizistischen Epoche löst sich die Darstellung einfacher Menschen aus dem komischen oder satirischen Zusammenhang der niederen Gattungen und verbindet sich mit moralischen Idealvorstellungen. So verhält es sich nicht nur bei Knjažnin und Karamzin, sondern auch bei Radiščev, dessen Reisender im Kapitel „Edrovo" erkennen muß, daß die junge Bauersfrau Anjuta ihm, dem Adligen, moralisch weit überlegen ist. Für die literarische Empfindsamkeit verliert die überkommene Standesordnung ihre moralische Legitimität.

Die zerstörte Idylle

In Karamzins Erzählung ist Liza nicht die einzige, die einer großen Liebe fähig ist, denn die Gefühle, die ihre Mutter für den verstorbenen Mann hegt, sind nicht weniger tief. Der Erzähler kommentiert dies mit den berühmten Worten: „[...] denn auch Bäuerinnen verstehen es zu lieben" (S. 507). Die Idealisierung des bäuerlichen Standes, die sich hier andeutet, findet ihre Entsprechung im Schauplatz des Geschehens, der mit Hilfe von Pastoralmotivik ebenfalls idealisiert wird. Die innere Verwandtschaft von Karamzins Erzählung mit der Schäfer-

---

82   FRAANJE, Selbstmord aus Liebe, S. 314.
83   *Pis'ma N. M. Karamzina k I. I. Dmitrievu*, S. 85–88, hier S. 86; vgl.: FRAANJE, Selbstmord aus Liebe, S. 311.

dichtung ist denn auch nicht zu verkennen, wobei man in erster Linie wiederum an Geßners Idyllen zu denken hat[84]. Bei Karamzin ist die ländliche Umgebung von Moskau ein locus amoenus, an dem die fleißige Liza mit ihrer Mutter in reinlicher Armut ein erfülltes Leben führt – ein Leben, das im Gegensatz zu den literarischen Phantasien des Ėrast nicht in der blauen Ferne eines Goldenen Zeitalters liegt, sondern in der ländlichen Umgebung von Moskau realiter vorhanden ist.

Die Nähe zur großen Stadt bedeutet für die Idylle jedoch eine Gefährdung: Die reale Idylle ist auch eine bedrohte Idylle. Lizas Mutter, der dies wohl bewußt ist, sagt ihr: „Jedesmal, wenn du in die Stadt gehst, ist mir das Herz schwer; jedesmal stelle ich dann eine Kerze vor das Heiligenbild und bete zu Gott, daß er dich vor Not und Unheil schützen möge" (S. 509). Wie sich im Lauf der Erzählung herausstellt, sind diese Befürchtungen nur allzu berechtigt. Mit Ėrast dringt die Stadt in die harmonische Welt der bäuerlichen Idylle ein und zerstört sie. Auf diese Weise bringt sich bei Karamzin der ehrwürdige Topos vom verderbten Stadtleben und vom gesunden Landleben zur Geltung. Die Vorstellung ländlich-'natürlicher' Unschuld verbindet sich dabei mit Unwissenheit, denn im Gegensatz zu Ėrast kann Liza ja weder lesen noch schreiben.

Mit dem Motiv unwissender Unschuld fällt ein kritischer Schatten auf die überlegene Bildung des Ėrast, die damit in die Nähe städtischer Untugenden wie Kartenspiel und Leichtfertigkeit in Liebesdingen gerät. In bemerkenswertem Gegensatz zu jener bildungsfreudigen Haltung, die Karamzin in seinen Schriften sonst an den Tag legt, liegt hierin ein Stück rousseauistischer Kulturkritik. Gleichzeitig verliert das Motiv des Standesunterschieds seine sozialkritische Spitze, denn im Bedeutungsfeld des genannten Topos erscheint Ėrast in erster Linie ja nicht als Repräsentant des Adels, sondern des 'lasterhaften' und 'naturfernen' Stadtlebens. Aus dieser Sicht erscheint das Motiv des Standesunterschieds nur noch als ein Verfahren, das die Unmöglichkeit einer Ehe zwischen Liza und Ėrast begründet, das also vor allem dazu dient, die Selbstlosigkeit von Lizas Gefühlen zu betonen und dem Leser „Tränen zarter Trauer" zu entlocken.

---

[84] Vgl.: A. KROSS [= A. CROSS], Raznovidnosti idillii v tvorčestve Karamzina. In: *XVIII vek*. Bd. 8. L. 1969, S. 210–228.

BIBLIOGRAPHIE

ACHINGER, G., Der französische Anteil an der russischen Literaturkritik des 18. Jahrhunderts unter besonderer Berücksichtigung der Zeitschriften (1730–1780). Bad Homburg v. d. H. etc. 1970.

ADRIANOVA-PERETC, V., Scena i priemy postanovki v russkom škol'nom teatre XVII–XVIII st. In: *Starinnyj spektakl' v Rossii,* S. 7–63.

AGAMALJAN, L. G., Izobraženie dvorjanskoj usad'by v russkoj poėzii konca XVIII – 1-j poloviny XIX veka. In: *Deržavinskie čtenija.* Vyp. 1. SPb. 1997, S. 116–125.

Aleksandr Petrovič Sumarokov. 1717–1777. Žizn' i tvorčestvo. Sbornik statej i materialov. Hrsg.: E. P. Mstislavskaja. M. 2002.

ALEKSEEV, A. A., Staroe i novoe v jazyke Radiščeva. In: *XVIII vek.* Bd. 12. L. 1977, S. 99–112.

ALEKSEEV, A. A., Ėpičeskij stil' Tilemachidy. In: *Jazyk russkich pisatelej XVIII veka,* S. 68–95.

ALEKSEEV, A. A., Ėvoljucija jazykovoj teorii i jazykovaja praktika Trediakovskogo. In: *Literaturnyj jazyk XVIII veka,* S. 86–128.

ALEKSEEV, A. A., Jazyk svetskich dam i razvitie jazykovoj normy v XVIII veke. In: *Funkcional'nye i social'nye raznovidnosti russkogo literaturnogo jazyka XVIII v.* Hrsg.: V. V. Zamkova. L. 1984, S. 82–95.

ALEKSEEV, M. P., Pervoe znakomstvo s Šekspirom v Rossii. In: *Šekspir i russkaja kul'tura.* Hrsg.: M. P. Alekseev. M.–L. 1965, S. 9–69.

ALEKSEEVA, N. JU., Lomonosov Michajlo Vasil'evič. In: *Slovar' russkich pisatelej XVIII veka,* Bd. II, S. 212–226.

ALEKSEEVA, N. JU., Stanovlenie russkoj ody. 1650–1730 gody. Unveröffentlichte Diss. phil. SPb. 2000.

ALEKSEEVA, N. JU., Russkaja oda. Razvitie odičeskoj formy v XVII–XVIII vekach. SPb. 2005.

ALEXANDER, J. T., Catherine the Great and the Theatre. In: *Russian Society and Culture,* S. 116–130.

ANDERSON, R. B., N. M. Karamzin's Prose. The Teller in the Tale. A Study in Narrative Technique. Houston/Texas 1974.

ANISIMOV, E. V., Vremja petrovskich reform. L. 1989.

ANISIMOV, E. V., Volynskij Artemij Petrovič. In: *Tri veka Sankt-Peterburga,* Bd. I.1, S. 198.

A. N. Radiščev und Deutschland. Beiträge zur russischen Literatur des ausgehenden 18. Jahrhunderts. Hrsg.: E. Hexelschneider. Berlin 1969.

Antioch Kantemir i russkaja literatura. Hrsg.: A. S. Kurilov. M. 1999.

AVTUCHOVIČ, T. E., Prokopovič Elisej (Elizar). In: *Slovar' russkich pisatelej XVIII veka,* Bd. II, S. 488–496.

BABKIN, D. S., Process A. N. Radiščeva. M.–L. 1952.

BAEHR, S. L., The Paradise Myth in Eighteenth-Century Russia. Utopian Patterns in Early Secular Russian Literature and Culture. Stanford/CA 1991.
BAEHR, S. L., Alchemy and Eighteenth-Century Russian Literature: An Introduction. In: *Reflections on Russia in the Eighteenth Century*, S. 151–165.
BARAG, L. G., Komedija Fonvizina *Nedorosl'* i russkaja literatura konca XVIII veka. In: *Problemy realizma v russkoj literature XVIII veka.* Hrsg.: N. K. Gudzij. Leipzig 1983 (Nachdruck der Ausgabe M.–L. 1940), S. 68–120.
BARAG, L. G., Sud'ba komedii *Nedorosl'*. In: *Učenye zapiski kafedry literatury* (Minskij gos. ped. institut im. A. M. Gor'kogo) 1940, vyp. II, S. 109–125.
BARKOV – s. *Devič'ja igruška.*
BATTEN JR., CH. L., Pleasurable Instruction. Form and Convention in Eighteenth-Century Travel Literature. Berkeley/CA etc. 1978.
BAUDIN, R., La mort de Radiščev ou la fabrique des mythes. In: *Russica Romana* 12 (2005), S. 39–57.
BELINSKIJ, V. G., Polnoe sobranie sočinenij. Bd. 1–13. M.–L. 1953–1959.
BERELOWITCH, W., La vie mondaine sous Catherine II. In: *Catherine II & l'Europe,* S. 99–106.
BERKOV, P. N., Lomonosov i literaturnaja polemika ego vremeni. 1750–1765. M.–L. 1936.
BERKOV, P. N., Istorija russkoj žurnalistiki XVIII veka. M. 1952.
BERKOV, P. N., Istorija russkoj komedii XVIII v. L. 1977.
BERKOV, P. N., Neskol'ko spravok dlja biografii A. P. Sumarokova. In: *XVIII vek.* Bd. 5. M.–L. 1962, S. 364–375.
BERNDT, M., Die Predigt Dimitrij Tuptalos. Studien zur ukrainischen und russischen Barockpredigt. Bern–Frankfurt 1975.
BILENKIN, V., The Sublime Moment: „Velichestvennoe" in N. M. Karamzin's „Letters of a Russian Traveler". In: *Slavic and East European Journal* 42 (1998), S. 605–620.
Biografija A. N. Radiščeva, napisannaja ego synov'jami. Hrsg.: D. S. Babkin. M.–L. 1959.
BIRŽAKOVA, E. Ė., Ščegoli i ščegol'skoj žargon v russkoj komedii XVIII veka. In: *Jazyk russkich pisatelej XVIII veka,* S. 96–129.
BLACK, J. L., Citizens for the Fatherland. Education, Educators, and Pedagogical Ideals in Eighteenth-Century Russia. New York/NY 1979.
BOGDANOVIČ, I. F., Stichotvorenija i poėmy. Hrsg.: I. Z. Serman. L. 1957.
BOGDANOVIČ, I. F., Dušen'ka. Drevnjaja povest' v vol'nych stichach. M. 2002.
BOLOTOV, A. T., Žizn' i priključenija Andreja Bolotova, opisannye samim im dlja svoich potomkov. Bd. I–III. M. 1993.
BRANG, P., Studien zu Theorie und Praxis der russischen Erzählung. 1770–1811. Wiesbaden 1960.
BRANG, P., Karamsin. Die arme Lisa. In: *Die russische Novelle.* Hrsg.: B. Zelinsky. Düsseldorf 1982, S. 23–33.
BREITSCHUH, W., Die Feoptija V. K. Trediakovskijs. Ein physiko-theologisches Lehrgedicht im Rußland des 18. Jahrhunderts. München 1979.
BREUILLARD, J., Catherine II traductrice: le *Bélisaire* de Marmontel. In: *Catherine II & l'Europe,* S. 71–84.
BREUILLARD, J., Nikolaj Karamzin et la pensée linguistique de son temps. In: *Revue des Etudes Slaves.* 74 (2002–2003), S. 759–776.
BRODSKIJ, N. L., Teatr v ėpochu Elizavety Petrovny. In: *Istorija russkago teatra,* S. 103–153.

BUCHARKIN, P. E., Topos „tišiny" v odičeskoj poėzii M. V. Lomonosova. In: *XVIII vek.* Bd. 20. SPb. 1996, S. 3–12.
BUCHARKIN, P. E., O *Bednoj Lize* N. M. Karamzina (Ėrast i problemy tipologii literaturnogo geroja). In: *XVIII vek.* Bd. 21. SPb. 1999, S. 318–326.
BULIČ, N., Sumarokov i sovremennaja emu kritika. SPb. 1854.
BURANOK, O. M., Žanrovoe svoeobrazie p'esy Feofana Prokopoviča *Vladimir*. In: *Problemy izučenija russkoj literatury XVIII veka. Metod i žanr*. Hrsg.: V. A. Zapadov. L. 1985, S. 3–11.
BURANOK, O. M., Russkaja literatura XVIII veka. Učebno-metodičeskij kompleks. M. 1999.
BURGESS, M., Russian Theatre Audiences of the 18th and Early 19th Centuries. In: *The Slavonic and East European Review* 37 (1958), S. 160–183.
BURGI, R., A History of the Russian Hexameter. Hamden/Conn. 1954.
ČAJANOVA, O. Ė., Teatr Maddoksa v Moskve. 1776–1805. M. 1927.
Catherine II & l'Europe. Hrsg.: A. Davidenkoff. Paris 1997.
ČERNOV, S. N., M. V. Lomonosov v odach 1762 g. In: *XVIII vek.* [Bd. 1]. M.–L. 1935, S. 133–180.
CHEKSEL'ŠNAJDER, Ė. [= E. HEXELSCHNEIDER], O pervom nemeckom perevode *Nedoroslja* Fonvizina. In: *XVIII vek.* Bd. 4. M.–L. 1959, S. 334–338.
CHERASKOV, M. M., Rossiada. Poėma v XII-ti pesnjach. SPb. 1895.
CHERASKOV, M. M., Izbrannye proizvedenija. Hrsg.: A. V. Zapadov. L. 1961.
CHICHKINE – s. auch ŠIŠKIN.
CHICHKINE, A. [= A. ŠIŠKIN], Vasili Trédiakovski. In: *Histoire de la littérature russe. Des origines aux Lumières,* S. 373–385.
CHODASEVIČ, V., Deržavin. Hrsg. A. L. Zorin. M. 1988.
CHOLODOV, E. G., Teatr i zriteli. Stranicy istorii russkoj teatral'noj publiki. M. 2000.
CHRAPOVICKIJ, A. V., Dnevnik. Hrsg.: N. Barsukov. M. 1901.
ČISTOVIČ, I., Prokopovič i ego vremja. Nendeln 1966 (Nachdruck der Ausgabe SPb. 1868).
ČIŽEVSKIJ – s. auch TSCHIŽEVSKIJ.
ČIŽEVSKIJ, D., History of Russian Literature from the Eleventh Century to the End of the Baroque. 's Gravenhage 1960.
COOPER, B. F., The History and Development of the Ode in Russia. Unveröffentlichte Diss. phil. Cambridge 1972.
CRACRAFT, J., Feofan Prokopovich. In: *The Eighteenth Century in Russia,* S. 75–105.
CRONE, A. L., Deržavin's *Bog*: the Internalization of Lomonosov's *Božie veličestvo*. In: *Russian Literature* 44 (1998), S. 1–16.
CRONE, A. L., The Daring of Deržavin: The Moral and Aesthetic Independence of the Poet in Russia. Bloomington/Indiana 2001.
CROSS – s. auch KROSS.
CROSS, A. G., Karamzin. A Study of his Literary Career. 1783–1803. Carbondale etc. 1971.
CROSS, A. G., „By the Banks of the Thames". Russians in Eighteenth-Century Britain. Newtonville/Mass. 1980.
DANILEVSKIJ, R. JU., Rossija i Švejcarija: Literaturnye svjazi XVIII–XIX vv. L. 1984.
DAN'KO, E. JA., Izobrazitel'noe iskusstvo v poėzii Deržavina. In: *XVIII vek.* Bd. 2. Düsseldorf–The Hague 1968 (Nachdruck der Ausgabe M.–L. 1940), S. 166–247.

DELLA CAVA, O. T., The Sermons of Feofan Prokopovič: Themes and Style. Unveröffentlichte Diss. phil. Columbia 1972.
DEMIN, A. S., Èvoljucija moskovskoj škol'noj dramaturgii. In: *P'esy škol'nych teatrov Moskvy*, S. 7–48.
Derjavine. Un poète dans l'Europe des Lumières. Hrsg.: A. Davidenkoff. Paris 1994.
DERJUGIN, A. A., Trediakovskij – perevodčik. Saratov 1985.
Der Reisebericht. Die Entwicklung einer Gattung in der deutschen Literatur. Hrsg.: P. J. Brenner. Frankfurt/M. 1989.
DERŽAVIN, G. R., Sočinenija. Hrsg.: Ja. Grot. Bd. I–IX. SPb. 1864–1883.
DERŽAVIN, G. R., Sočinenija. Hrsg.: Ja. Grot. Bd. I–VII. SPb. 1868–1878.
DERŽAVIN, G. R., Stichotvorenija. Hrsg.: D. D. Blagoj. L. 1957.
DERŽAVIN, G. R., Anakreontičeskie pesni. Hrsg.: G. P. Makogonenko; G. N. Ionin; E. N. Petrova. M. 1987.
DERŽAVINA, O. A.; A. S. DEMIN; A. N. ROBINSON, Rukopisnaja dramaturgija i teatral'naja žizn' pervoj poloviny XVIII v. In: *Rannjaja russkaja dramaturgija (XVII – pervaja polovina XVIII v.).* Bd. V: *P'esy ljubitel'skich teatrov*, S. 7–52.
Devič'ja igruška, ili Sočinenija gospodina Barkova. Hrsg.: A. Zorin; N. Sapov. M. 1992, S. 17–36.
DICKINSON, S., Four Writers and a Waterfall: Questions of Genre in Russian Travel Writing about Western Europe, 1791–1825. In: *Germano-Slavica* 11 (1999), S. 3–26.
DICKINSON, S., Breaking Ground: Travel and National Culture in Russia from Peter I to the Era of Pushkin. Amsterdam–New York/NY 2006.
DI SALVO, M., V. I. Majkov na puti k russkoj iroi-komičeskoj poème. In: *Ricerche Slavistiche* 39–40 (1992–1993), S. 461–473.
DIXON, S., Catherine the Great. Harlow etc. 2001.
DMITRIEV, I. I., Vzgljad na moiu zhizn' [1823]. Cambridge 1974 (Nachdruck der Ausgabe SPb. 1895).
DOROVATOVSKAJA, V., O zaimstvovanijach Lomonosova iz Biblii. In: *1711–1911. M. V. Lomonosov*, S. 33–65.
DRAGE, C. L., The Introduction of Russian Syllabo-Tonic Prosody. In: *The Slavonic and East European Review* 54 (1976), S. 481–503.
DRAGE, C. L., Russian Word-Play Poetry from Simeon Polotskii to Derzhavin. Its Classical and Baroque Context. London 1993.
Drammatičeskoj slovar' [1787]. SPb. 1880.
DRIZEN, N. V., Očerki ljubitel'skago teatra (1730–1824 gg.). In: DERS., Materialy k istorii russkago teatra. M. 1913, S. 13–149.
Duchovnyj reglament. In: P. V. VERCHOVSKOJ, Učreždenie Duchovnoj kollegii i Duchovnyj reglament. K voprosu ob otnošenii cerkvi i gosudarstva v Rossii. Bd. I. Rostov-na-Donu 1916, S. 12–76.
DYNNIK, T., Krepostnoj teatr. L. 1933.
EBBINGHAUS, A., Obraz Bachusa v kontekste russkoj kul'tury XVIII – načala XIX vekov. In: *Reflections on Russia in the Eighteenth Century*, S. 186–199.
EHRHARD, M., Le prince Cantemir à Paris 1738–1744. Lyon 1938.
The Eighteenth Century in Russia. Hrsg.: J. G. Garrard. Oxford 1973.
ÈJCHENBAUM, B. M., Deržavin. In: DERS., Skvoz' literaturu. Sbornik statej. 's Gravenhage 1962 (Nachdruck der Ausgabe L. 1924), S. 5–36.
EKATERINA II – s. auch KATHARINA II. und *Mémoires.*

EKATERINA II, Sočinenija. Hrsg.: O. N. Michajlov. M. 1990.
ELEONSKAJA, A. S., Tvorčeskie vzaimosvjazi škol'nogo i pridvornogo teatrov v Rossii. In: *P'esy stoličnych i provincial'nych teatrov*, S. 7–46.
ELIZAROVA, N. A., Teatry Šeremetevych. M. 1944.
ERMOLENKO, G. N., Russkaja komičeskaja poėma XVIII – načala XIX vv. i ee zapadnoevropejskie paralleli. Smolensk 1991.
ĖTKIND, E., Dve dilogii Deržavina. In: *Gavriil Derzhavin*, S. 234–247.
FAGGIONATO, R., Un' utopia rosacrociana. Massoneria, rosacrocianesimo e illuminismo nella Russia settecentesca: il circolo di N. I. Novikov. In: *Archivio di storia della cultura* 10 (1997), S. 11–276.
FENSTER, A., Bevölkerung und Wirtschaft des Petersburger Imperiums in der nachpetrinischen Zeit (1725–1762). In: *Handbuch der Geschichte Rußlands*, Bd. II.1, S. 489–520.
FIEGUTH, R., Zum Stil des Erzählberichts in A. N. Radiščevs „Reise". Versuch der ästhetischen Lektüre eines 'langweiligen Buches'. In: *Semantic Analysis of Literary Texts*. Hrsg.: E. de Haard etc. Amsterdam 1990, S. 153–182.
F. G. Volkov i russkij teatr ego vremeni. Sbornik materialov. Hrsg.: Ju. A. Dmitriev. M. 1953.
FILIPPOV, V., Teatral'naja publika XVIII veka po satiričeskim žurnalam. In: *Golos minuvšago* 2 (1914), Nr. 11, S. 95–103.
FLOROVSKIJ, G., Puti russkogo bogoslovija. Paris ³1983.
FOMENKO, I. JU., Avtobiografičeskaja proza G. R. Deržavina i problema professionalizacii russkogo pisatelja. In: *XVIII vek*. Bd. 14. L. 1983, S. 143–164.
[FONTENELLE, B. DE], Razgovory o množestve mirov gospodina Fontenella Parižskoj akademii nauk sekretarja. S francuzskago perevel i potrebnymi primečanijami iz-jasnil knjaz' Antioch Kantemir v Moskve 1730 godu. SPb. 1740.
FONVIZIN, D. I., Sobranie sočinenij. Hrsg.: G. P. Makogonenko. Bd. I–II. M.–L. 1959.
FONVIZINE, D., Lettres de France (1777–1778). Traduites du russe et commentées par H. Grosse, J. Proust et P. Zaborov. Préface de W. Berelowitch. Paris–Oxford 1995.
FRAANJE, M., Selbstmord aus Liebe. Karamzins „Arme Lisa" im ideengeschichtlichen Kontext. In: *Zeitschrift für Slavische Philologie* 59 (2000), S. 305–316.
FRAANJE, M., The Epistolary Novel in Eighteenth-Century Russia. München 2001.
FREYDANK, D., Russ. basnja. Die Geschichte der „Europäisierung" eines russischen Wortes. In: *Zeitschrift für Slawistik* 12 (1967), S. 373–389.
FRIZMAN, L. G., Žizn' liričeskogo žanra. Russkaja ėlegija ot Sumarokova do Nekrasova. M. 1973.
GARRARD, J. D., Poor Erast, or Point of View in Karamzin. In: *Essays on Karamzin*. Hrsg.: J. L. Black. Den Haag 1975, S. 40–55.
GASPAROV, M. L., Očerk istorii russkogo sticha. Metrika. Ritmika. Rifma. Strofika. M. 1984.
GASPAROV, M. L., Stil' Lomonosova i stil' Sumarokova – nekotorye korrektivy. In: *Novoe literaturnoe obozrenie* 59 (2003), S. 235–243.
Gavriil Derzhavin (1763–1816). Hrsg.: E. Etkind; S. Elnitsky. Northfield/Vermont 1995, S. 341–360.
GELLERMAN, S., Karamzine à Genève. Notes sur quelques documents d'archives concernant les „Lettres d'un Voyageur russe". In: *Fakten und Fabeln. Schweizerisch-slavische Reisebegegnung vom 18. bis zum 20. Jahrhundert*. Hrsg.: M. Bankowski u.a. Basel–Frankfurt/M. 1991, S. 73–90.

GEORGI, I. G., Opisanie rossijsko-imperatorskogo stoličnogo goroda Sankt-Peterburga i dostopamjatnostej v okrestnostjach onogo [1794]. SPb. 1996.
GEYER, D., Peter und St. Petersburg. In: *Jahrbücher für Geschichte Osteuropas* 10 (1962), S. 181-200.
GIESEMANN, G., Die Strukturierung der russischen literarischen Romanze im 18. Jahrhundert. Köln–Wien 1985.
GLINKA, M. E., M. V. Lomonosov (Opyt ikonografii). M.–L. 1961.
GLUCHOV, V. I., Kantemir i žanr stichotvornoj satiry (K voprosu o tvorčeskoj évoljucii satirika). In: *Antioch Kantemir*, S. 76–94.
GOTTSCHED, J. CHR. (Rez.), Sinave et Trouvore, Tragédie Russe en vers, faite par Mr. Soumarokoff et traduite en françois par Mr. Le Prince Alexandre Dolgorouky [...]. In: *Das Neueste aus der anmuthigen Gelehrsamkeit* 1753 (Wintermonat), S. 684–691.
GOZENPUD, A., Muzykal'nyj teatr v Rossii. Ot istokov do Glinki. Očerk. L. 1959.
GRAßHOFF, H., Die deutsche Ausgabe der Satiren Antioch Dmitrievič Kantemirs vom Jahre 1752 und ihr Übersetzer. In: *Deutsch-slawische Wechselseitigkeit in sieben Jahrhunderten.* Berlin 1956, S. 256–267.
GRAßHOFF, H., Antioch Dmitrievič Kantemir und Westeuropa. Ein russischer Schriftsteller des 18. Jahrhunderts und seine Beziehungen zur westeuropäischen Literatur und Kunst. Berlin 1966.
GRAßHOFF, H., Radiščevs „Reise" und ihre Stellung innerhalb der zeitgenössischen literarischen Strömungen. In: *A. N. Radiščev und Deutschland,* S. 59–71.
GREBENJUK, V. P., Publičnye zreliŝa petrovskogo vremeni i ich svjaz' s teatrom. In: *Novye čerty v russkoj literature i iskusstve (XVII – načalo XVIII v.).* Hrsg.: A. N. Robinson. M. 1976, S. 133–145.
GREBENJUK, V. P., Petr I v tvorčestve M. V. Lomonosova, ego sovremennikov, predšestvennikov i posledovatelej. In: *Lomonosov i russkaja literatura.* Hrsg.: A. S. Kurilov. M. 1987, S. 64–80.
GREČ, N., Čtenija o russkom jazyke. Čast' vtoraja. SPb. 1840.
GRIC, T.; V. TRENIN; M. NIKITIN, Slovesnost' i kommercija. Knižnaja lavka A. F. Smirdina [1929]. M. 2001.
GRINBERG, M. S., Ob otnošenijach Sumarokova i Lomonosova v 1740-ch godach. In: *Slavica* 24 (1990), S. 113–124.
GRINBERG, M. S.; B. A. USPENSKIJ, Literaturnaja vojna Trediakovskogo i Sumarokova v 1740-ch – načale 1750-ch godov. M. 2001.
GROT, JA., Karamzin v istorii russkago literaturnago jazyka. In: DERS., Trudy. Bd. II: Filologičeskija razyskanija (1852–1892). SPb. 1899, S. 46–98.
GROT, JA., Jazyk Deržavina. In: *Gavriil Romanovič Deržavin. Ego žizn' i sočinenija.* Hrsg.: V. I. Pokrovskij. M. 1911, S. 93–111.
GROT, JA., Žizn' Deržavina. M. 1997.
GUKOVSKIJ, G. A., Literaturnye vzgljady Sumarokova. In: SUMAROKOV, Stichotvorenija, S. 333–343.
GUKOVSKIJ, G. A., Očerki po istorii russkoj literatury XVIII veka. Dvorjanskaja fronda v literature 1750-ch – 1760-ch godov. M.–L. 1936.
GUKOVSKIJ, G. A., Radiščev kak pisatel'. In: *A. N. Radiščev. Materialy i issledovanija.* Hrsg.: A. S. Orlov. M.–L. 1936, S. 143–192.
GUKOVSKIJ, G. A., U istokov russkogo sentimentalizma. In: DERS., *Očerki po istorii russkoj literatury i obščestvennoj mysli XVIII veka.* L. 1938, S. 235–314.

GUKOVSKIJ, G. A., Russkaja literatura XVIII veka. Učebnik dlja vysšich učebnych zavedenij. M. 1939.
GUKOVSKIJ, G. A., Einleitung zu: G. DERŽAVIN, Stichotvorenija. M. 1947, S. V–LVI.
GUKOVSKIJ, G. A., Karamzin. In: *Istorija russkoj literatury v desjati tomach.* Bd. V. Düsseldorf–Den Haag 1967 (Nachdruck der Ausgabe M.–L. 1941), S. 55–105.
GUKOVSKIJ, G. A., Rannie raboty po istorii russkoj poèzii XVIII veka. Hrsg.: V. M. Živov. M. 2001.
GUKOVSKIJ, G. A., K voprosu o russkom klassicizme (Sostjazanija i perevody). In: DERS., Rannie raboty, S. 251–276.
GUKOVSKIJ, G. A., Lomonosov, Sumarokov, škola Sumarokova. In: DERS., Rannie raboty, S. 40–71.
GUKOVSKIJ, G. A., O russkom klassicizme. In: DERS., Rannie raboty, S. 277–328.
GUKOVSKIJ, G. A., Iz istorii russkoj ody XVIII veka (Opyt istolkovanija parodii). In: DERS., Rannie raboty, S. 229–250.
GUKOVSKIJ, G. A., Lomonosov, Sumarokov, škola Sumarokova. In: DERS., Rannie raboty, S. 40–71.
GUKOVSKIJ, G. A., O sumarokovskoj tragedii. In: DERS., Rannie raboty, S. 214–228.
GUKOVSKIJ, G. A., Ob anakreontičeskoj ode. In: DERS., Rannie raboty, S. 117–156.
GUKOVSKIJ, G. A., Rževskij. In: DERS., Rannie raboty, S. 157–183.
GUKOVSKIJ, G. A., Èlegija v XVIII veke. In: DERS., Rannie raboty, S. 72–116.
GUKOVSKIJ, G. A., Racine en Russie au XVIIIe siècle: les imitateurs. In.: DERS., Rannie raboty, S. 348–367.
HAMMARBERG, G., From the Idyl to the Novel: Karamzin's Sentimentalist Prose. Cambridge etc. 1991.
HAMMARBERG, G., Nikolai Mikhailovich Karamzin. In: *Early Modern Russian Writers. Late Seventeenth and Eighteenth Centuries.* Hrsg.: M. C. Levitt. Detroit etc. 1995, S. 135–150.
Handbuch der Geschichte Rußlands. Bd. I–V. Hrsg.: M. Hellmann. Stuttgart 1981–2003.
HARDER, H. B., Studien zur Geschichte der russischen klassizistischen Tragödie. 1747–1769. Wiesbaden 1962.
HART, P. R., Derzhavin's Ode „God" and the Great Chain of Being. In: *Slavic and East European Journal* 14 (1970), S. 1–10.
HAUMANT, É., La culture française en Russie (1700–1900). Paris ^{2}1923.
HAZARD, P., La Crise de la conscience européenne. 1680–1715. Paris 1961.
HELDT, K., Der vollkommene Regent. Studien zur panegyrischen Casuallyrik am Beispiel des Dresdner Hofes Augusts des Starken. Tübingen 1997, S. 77–84.
HENTSCHEL, U., Studien zur Reiseliteratur am Ausgang des 18. Jahrhunderts. Autoren – Formen – Ziele. Frankfurt/M. etc. 1999.
Histoire de la littérature russe. Des Origines aux Lumières. Hrsg.: E. G. Ètkind. Paris 1992.
HUGHES, L., Russia in the Age of Peter the Great. New Haven–London 1998.
HÜTTL-WORTH, G., Die Bereicherung des russischen Wortschatzes im XVIII. Jahrhundert. Wien 1956.
IGNATOV, S. S., Teatr Petrovskoj èpochi. In: *Istorija russkago teatra*, S. 69–88.
IL'INSKIJ, N. S., Iz Zapisok Nikolaja Stepanoviča Il'inskago. In: *Russkij archiv* 12 (1879), S. 377–434.

ILJUŠIN, A. A., Jarost' pravednych. Zametki o nepristojnoj russkoj poèzii XVIII–XIX vv. In: *Literaturnoe obozrenie* 11 (1991), S. 7–14.
IMENDÖRFFER, H., Hohn und Spott für den klassizistischen Dichter. Puškin über Sumarokov. In: *Arion. Jahrbuch der Deutschen Puschkin-Gesellschaft.* Bd. 4. Bonn 1996, S. 96–118.
IMENDÖRFFER, H., Die Geschichte der russischen Fabel im 18. Jahrhundert. Poetik, Rezeption und Funktion eines literarischen Genres. Bd. I–II. Wiesbaden 1998.
Iroi-komičeskaja poèma. Red. i primečanija B. V. Tomaševskogo. Vstup. stat'ja V. A. Desnickogo. L. 1933.
Istorija russkago teatra. Hrsg.: V. V. Kallaš; N. E. Èfros. Bd. I. M. 1914.
Istorija russkoj dramaturgii. XVII – pervaja polovina XIX veka. Hrsg.: L. M. Lotman. L. 1982.
Istorija russkoj literatury. Bd. I–X. M. 1946–1956.
Istorija russkoj perevodnoj chudožestvennoj literatury. Drevnjaja Rus'. XVIII vek. Bd. I–II. Hrsg.: Ju. D. Levin. SPb. 1995–1996.
Jazyk russkich pisatelej XVIII veka. Hrsg.: Ju. S. Sorokin. L. 1981.
JEKUTSCH, U., Das Lehrgedicht in der russischen Literatur des 18. Jahrhunderts. Wiesbaden 1981.
JONES, W. G., Nikolay Novikov. Enlightener of Russia. Cambridge 1984.
KAGARLICKIJ, JU. V., Ritoričeskie strategii v russkoj propovedi perechodnogo perioda. 1700–1775. Unveröffentlichte Diss. phil. M. 1999.
KAHN, A., Self and Sensibility in Radishchev's *Puteshestvie iz Peterburga v Moskvu:* Dialogism and the Moral Spectator. In: *Oxford Slavonic Papers.* New Series 30 (1997), S. 40–66.
KAHN, A., Russian Rewritings in the Eighteenth Century of La Fontaine's *Les Amours de Psyché et de Cupidon.* In: *EMF: Studies in Early Modern France.* Bd. 8: *Strategic Rewriting.* Charlottesville/VA 2002, S. 207–225.
KAHN, A., Nikolai Karamzin's Discourses of Enlightenment. In: N. KARAMZIN, Letters of a Russian Traveller. Oxford 2003, S. 459–551.
KAMENSKIJ, A. V., Lomonosov i Miller: dva vzgljada na istoriju. In: *Lomonosov. Sbornik statej i materialov.* Bd. 9. SPb. 1991, S. 39–48.
KAMENSKIJ, A. V., „Pod seniju Ekateriny...". Vtoraja polovina XVIII veka. SPb. 1992.
KANTEMIR, A. D., Sočinenija, pis'ma i izbrannye perevody. Hrsg.: P. A. Efremov. Bd. I–II. SPb. 1867–1868.
KANTEMIR, A. D., Sobranie stichotvorenij. Hrsg.: Z. I. Gerškovič. L. 1956.
KARAMSIN, N. M., Briefe eines reisenden Russen. Übersetzt von Johann Richter. München 1966 (urspr. Leipzig 1799–1801).
[KARAMZIN, N. M.], Nečto o Krutickom. In: *Severnyj vestnik* 2 (1804), S. 216–220.
KARAMZIN, N. M., Sočinenija. Hrsg.: A. F. Smirdin. Bd. I–III. SPb. 1848.
KARAMZIN, N. M., Neizdannyja sočinenija i perepiska. Bd. I. SPb. 1862.
KARAMZIN, N. M., Polnoe sobranie stichotvorenij. Hrsg.: Ju. M. Lotman. M.–L. 1966.
KARAMZIN, N. M., Pis'ma russkogo putešestvennika. Hrsg.: Ju. M. Lotman; N. A. Marčenko; B. A. Uspenskij. L. 1984.
KARAMZIN, N. M., Sočinenija v dvuch tomach. Hrsg. G. P. Makogonenko. Bd. I–II. L. 1984.
KARLINSKY, S., Tallemant and the Beginning of the Novel in Russia. In: *Comparative Literature* 15 (1963), S. 226–233.

KARLINSKY, S., Russian Drama from its Beginnings to the Age of Pushkin. Berkeley–Los Angeles–London 1985.
KATAJEW, N., Geschichte der Predigt in der russischen Kirche. Eine kurze Darstellung ihrer Entstehung und Entwickelung bis auf das XIX. Jahrhundert. Stuttgart 1889.
KATHARINA II. – s. auch EKATERINA II. und *Mémoires*.
[KATHARINA II.], Antidote ou examen du mauvais livre superbement intitulé *Voyage en Sibérie* […]. Amsterdam 1771–1772.
KEIPERT, H., Pope, Popovskij und die Popen. Zur Entstehungsgeschichte der russischen Übersetzung des *Essay on Man* von 1757. Göttingen 2000.
KLEIN, J. – s. auch KLEJN, I.
KLEIN, J., Trompete, Schalmei, Lyra und Fiedel. Poetologische Sinnbilder im russischen Klassizismus. In: *Zeitschrift für Slavische Philologie* 44 (1984), S. 1–19.
KLEIN, J., Die Schäferdichtung des russischen Klassizismus. Wiesbaden 1988.
KLEIN, J., Sumarokov und Boileau. Die Epistel „Über die Verskunst" in ihrem Verhältnis zur *Art poétique*: Kontextwechsel als Kategorie der vergleichenden Literaturwissenschaft. In: *Zeitschrift für Slavische Philologie* 50 (1990), S. 254–304.
KLEIN, J., Liebe und Politik in Sumarokovs Tragödien. In: *Zeitschrift für Slavische Philologie* 60 (2001), S. 105–122.
KLEIN, J., Religion und Aufklärung im 18. Jahrhundert. Deržavins Ode *Bog*. In: *Zeitschrift für Slavische Philologie* 60 (2001), S. 297–306.
KLEIN, J., Poèt-samochval: Deržavins *Pamjatnik* und der Status des Dichters im Rußland des 18. Jahrhunderts. In: *Zeitschrift für Slavische Philologie* 62 (2003), S. 83–110.
KLEIN, J., A Revolt against Polite Manners: V. Maikov's Burlesque Poem *Elisei ili razdrazhennyi Vakkh*. In: *Russian Society and Culture,* S. 131–142.
KLEIN, J.; V. ŽIVOV, Zur Problematik und Spezifik des russischen Klassizismus: Die Oden des Vasilij Majkov. In: *Zeitschrift für Slavische Philologie* 47 (1987), S. 234–288.
KLEJN, I. [= J. KLEIN], Russkij Bualo? Èpistola Sumarokova *O stichotvorstve* v vosprijatii sovremennikov. In: *XVIII vek*. Bd. 18. SPb. 1993, S. 40–58.
KLEJN, I. [= J. KLEIN], Puti kul'turnogo importa. Trudy po russkoj literature XVIII veka. M. 2005.
KLEJN, I. [= J. KLEIN], Reforma sticha Trediakovskogo v kul'turno-istoričeskom kontekste. In: DERS., Puti kul'turnogo importa, S. 235–262.
KLEJN, I. [= J. KLEIN], Lomonosov i tragedija. In: DERS., Puti kul'turnogo importa, S. 263–279.
KLEJN, I. [= J. KLEIN], Rannee Prosveščenie, religija i cerkov' u Lomonosova. In: DERS., Puti kul'turnogo importa, S. 287–300.
KLEJN, I. [= J. KLEIN], Sumarokov i Rževskij. *Dimitrij Samozvanec* i *Podložnyj Smerdij*. In: DERS., Puti kul'turnogo importa, S. 377–390.
KLEJN, I. [= J. KLEIN], Bogdanovič i ego *Dušen'ka*. In: DERS., Puti kul'turnogo importa, S. 459–477.
KLEIN, J., Literatura i politika: *Nedorosl'* Fonvizina. In: DERS., Puti kul'turnogo importa, S. 478–488.
KLEJN, I. [= J. KLEIN], „Ptency učat matku". Princip kritičeskogo razuma v *Putešestvii iz Peterburga v Moskvu* A. N. Radiščeva. In: *Verenica liter. K 60-letiju V. M. Živova*. M. 2006, S. 403–412.
KLEJN, I. [= J. KLEIN], „Nemedlennoe iskorenenie vsech porokov": o moralističeskich žurnalach Ekateriny II i N. I. Novikova. In: *XVIII vek*. Bd. 24. SPb. 2006, S. 153–165.

KLEJN, I. [= J. KLEIN], Meždu Apollonom i Fortunoj. Karamzin–pisatel' v sociologičeskoj perspektive. Im Druck.

KLEJN, I. [= J. KLEIN], „Iskusstvo žit'" u Karamzina (*Pis'ma russkogo putešestvennika*). Im Druck.

KLJUČEVSKIJ, V. O., *Nedorosl'* Fonvizina (Opyt istoričeskogo ob-jasnenija učebnoj p'esy) [1896]. In: DERS., Sočinenija v devjati tomach. Bd. IX. M. 1990, S. 55–77.

KNJAŽNIN, JA. B., Izbrannye proizvedenija. Hrsg.: L. I. Kulakova. L. 1961.

KOČETKOVA, N. D., Oratorskaja proza Feofana Prokopoviča i puti formirovanija literatury klassicizma. In: *XVIII vek*. Bd. 9. L. 1974, S. 50–80.

KOČETKOVA, N. D., Fonvizin v Peterburge. L. 1984.

KOČETKOVA, N. D., Literatura russkogo sentimentalizma. Ėstetičeskie i chudožestvennye iskanija. SPb. 1994.

KOČETKOVA, N. D., Bogdanovič Ippolit Fedorovič. In: *Slovar' russkich pisatelej XVIII veka*, Bd. I, S. 104–109.

KOČETKOVA, N. D., Karamzin Nikolaj Michajlovič. In: *Slovar' russkich pisatelej*, Bd. II, S. 32–43.

KOČETKOVA, N. D., Petrov Vasilij Petrovič. In: *Slovar' russkich pisatelej XVIII veka*, Bd. II, S. 425–429.

KOČETKOVA, N. D., Fonvizin Denis Ivanovič. In: *Tri veka Sankt-Peterburga*, Bd. I.2, S. 464–466.

KOCHETKOVA, N. [= N. D. KOČETKOVA], Nikolay Karamzin. Boston/Mass. 1975.

KÖLLE, H., Farbe, Licht und Klang in der malenden Poesie Deržavins. München 1966.

KÖRNER, R., Materialien zur Typologie und Entwicklung der russischen klassizistischen Idylle von den Anfängen bis zum Beginn der Geßner-Rezeption. Unveröffentlichte Diss. phil. Marburg 1972.

KOŚNY, W., Vorgeschichte und Einführung des Vaudevilles in Rußland. In: *Zeitschrift für Slawistik* 46 (2001), S. 127–156.

KOSTIN, A. A., „Čudišče oblo" i „monstrum horrendum". Vergilij – Trediakovskij – Radiščev. In: *V. K. Trediakovskij: k 300-letiju so dnja roždenija*, S. 135–147.

KOTOMIN, M. A., Ljubovnaja ritorika A. P. Sumarokova: *Elegii ljubovnye* i ich chudožestvennoe svoeobrazie. In: *Aleksandr Petrovič Sumarokov*, S. 133–160.

KRONEBERG, B., Studien zur Geschichte der russischen klassizistischen Elegie. Wiesbaden 1972.

KROSS – s. auch CROSS.

KROSS, A. [= A. Cross], Raznovidnosti idillii v tvorčestve Karamzina. In: *XVIII vek*. Bd. 8. L. 1969, S. 210–228.

KUKUŠKINA, E. D., Komičeskaja opera XVIII v. In: *Istorija russkoj dramaturgii*, S. 163–180.

KUKUŠKINA, E. D., Ablesimov Aleksandr Onisimovič. In: *Slovar' russkich pisatelej XVIII veka*, Bd. I, S. 18–19.

KULAKOVA, L. I., Cheraskov. In: *Istorija russkoj literatury*, Bd. IV, S. 320–341.

KULJABKO, E. S.; N. V. SOKOLOVA, Barkov – učenik Lomonosova. In: *Lomonosov. Sbornik statej i materialov*. Bd. 6. M.–L. 1965, S. 190–216.

KUTINA, L. L., Feofan Prokopovič. Slova i reči. Problema jazykovogo tipa. In: *Jazyk russkich pisatelej XVIII veka*, S. 7–46.

KUTINA, L. L., Feofan Prokopovič. Slova i reči. Leksiko-stilističeskaja charakteristika. In: *Literaturnyj jazyk XVIII veka*, S. 5–51.

[KÜTTNER, K. G.], Briefe eines Sachsen aus der Schweiz. Leipzig 1785.
KUZOVLEVA, T. E., Pridvornyj teatr v Peterburge. In: *Sumarokovskie čtenija. Jubilejnye toržestva k 275-letiju so dnja roždenija A. P. Sumarokova. Materialy vserossijskoj naučno-praktičeskoj konferencii.* Hrsg.: G. A. Lapkina. SPb. 1993, S. 69–72.
KVITKA, G. F., Istorija teatra v Char'kove. In: DERS., Sočinenija. Bd. IV. Char'kov 1890, S. 499–515.
LACHMANN, R., Pokin', Kupido, strely. Bemerkungen zur Topik der russischen Liebesdichtung des 18. Jahrhunderts. In: *Slavistische Studien zum VI. Internationalen Slavistenkongreß in Prag 1968.* München 1968, S. 449–474.
LA FONTAINE, Les Amours de Psyché et de Cupidon. Hrsg.: F. Charpentier. Paris 1990.
Landšaft moich voobraženij. Stranicy prozy russkogo sentimentalizma. Hrsg.: V. I. Korovin. M. 1990.
LANG, D. M., The First Russian Radical. Alexander Radishchev. 1749–1802. London 1959.
LAUER, R., Die Anfänge des Alexandriners in Rußland. (Erwägungen zum Hauptvers des russischen Klassizismus). In: *Slavistische Studien zum VI. Internationalen Slavistenkongreß in Prag 1968.* München 1968, S. 475–495.
LAUER, R., Gedichtform zwischen Schema und Verfall. Sonett, Rondeau, Madrigal, Ballade, Stanze und Triolett in der russischen Literatur des 18. Jahrhunderts. München 1975.
LAUER, R., Die lyrischen Experimente Rževskijs. In: *Zeitschrift für Slawistik* 36 (1991), S. 544–562.
LAUER, R., Večernee razmyšlenie o božiem veličestve pri slučae velikago severnago sijanija – „Abendliche Betrachtung über die Größe Gottes bei Gelegenheit des großen Nordlichts". In: *Die russische Lyrik.* Hrsg.: B . Zelinsky. Köln–Weimar–Wien 2002, S. 45–50.
LAWATY, A., Kulturpolitik und Öffentlichkeit im Zeitalter Katharinas II. In: *Handbuch der Geschichte Rußlands,* Bd. II.2, S. 807–848.
LEBEDEVA, O. B., Russkaja vysokaja komedija XVIII veka. Genezis i poètika žanra. Tomsk 1996.
LEBEDEVA, O. B., Istorija russkoj literatury XVIII veka. M. 2003.
LECHTBLAU, L. B., Stil' *Putešestvija iz Peterburga v Moskvu* A. N. Radiščeva. In: *Problemy realizma v russkoj literature XVIII veka.* Hrsg.: N. K. Gudzij. Leipzig 1983, S. 226–256 (Nachdruck der Ausgabe M.–L. 1940).
LEHMANN, D., Rußlands Oper und Singspiel in der zweiten Hälfte des 18. Jahrhunderts (mit dreiundzwanzig Notenbeispielen). Leipzig 1958.
LEHMANN, V., Sind die Satiren Kantemirs barock? Eine Untersuchung ihrer Metaphern als Stilkennzeichen. In: *Festschrift für Alfred Rammelmeyer.* Hrsg.: H. B. Harder. München 1975, S. 143–174.
LEMANN-KARLI, G. [= G. LEHMANN-CARLI], Ja. M. Lenc i N. M. Karamzin. In: *XVIII vek.* Bd. 20. SPb. 1996, S. 144–156.
Letopis' žizni i tvorčestva M. V. Lomonosova. Hrsg.: A. V. Topčiev u.a. M.–L. 1961.
LEVICKIJ – s. auch LEVITSKY.
LEVICKIJ, A., Ody *Bog* – u Cheraskova i Deržavina. In: *Gavriil Derzhavin (1763–1816),* S. 341–360.

LEVIN, JU. D., Anglijskaja prosvetitel'skaja žurnalistika v russkoj literature XVIII veka. In: *Ėpocha Prosveščenija. Iz istorii meždunarodnych svjazej russkoj literatury.* Hrsg.: M. P. Alekseev. L. 1967, S. 3–109.
LEVIN, JU. D., Ossian v russkoj literature. Konec XVIII – pervaja tret' XIX veka. L. 1980.
LEVIN, JU. D., Anglijskaja poėzija i literatura russkogo sentimentalizma. In: DERS., Vosprijatie anglijskoj literatury v Rossii. L. 1990, S. 134–230.
LEVIN, V. D., Očerk stilistiki russkogo literaturnogo jazyka konca XVIII – načala XIX v. Leksika. M. 1964.
LEVITT, M. C., Sumarokov's Russianized *Hamlet*: Texts and Contexts. In: *Slavic and East-European Journal* 38 (1994), S. 319–341.
LEVITT, M. C., An Antidote to Nervous Juice: Catherine the Great's Debate with Chappe d'Auteroche over Russian Culture. In: *Eighteenth Century Studies*. 1998, Bd. 32, Nr. 1, S. 49–63.
LEVITT, M. C., The Illegal Staging of Sumarokov's *Sinav i Truvor* in 1770 and the Problem of Authorial Status in Eighteenth-Century Russia. In: *The Slavic and East European Journal* 43 (1999), S. 299–323.
LEVITT, M. C., Catherine the Great. In: *Russian Women Writers*. Bd. I. Hrsg.: Ch. Tomei. New York/NY 1999, S. 2–10.
LEVITSKY – s. auch LEVICKIJ.
LEVITSKY, A., Literaturnoe značenie Psaltiri Trediakovskogo. In: TREDIAKOVSKIJ, Psalter 1753, S. XI–LXXVIII.
LIPSKI, A., A Re-Examination of the „Dark Era" of Anna Ioannovna. In: *The American Slavic and East European Review* 25 (1956), S. 477–488.
Literaturnyj jazyk XVIII veka. Problemy stilistiki. Hrsg.: Ju. S. Sorokin. L. 1982.
LIVANOVA, T., Russkaja muzykal'naja kul'tura XVIII veka. Bd. I–II. M. 1952–1953.
LOMONOSOV, M. V., Sočinenija. Hrsg.: M. I. Suchomlinov. Bd. I–VIII. SPb.–M.–L. 1891–1948.
LOMONOSOV, M. V., Polnoe sobranie sočinenij. Bd. I–X. M.–L. 1950–1959.
Lomonosov i russkaja literatura. Hrsg.: A. S. Kurilov. M. 1987.
LONGINOV, M., Poslednie gody žizni Aleksandra Petroviča Sumarokova (1766–1777). In: *Russkij archiv* 10 (1871), Sp. 1637–1717.
LONGINOV, M., Michail Matveevič Cheraskov. In: *Russkij archiv* 11 (1873), Sp. 1453–1479.
LOTMAN, JU. M., Poėzija Karamzina. In: KARAMZIN, Polnoe sobranie stichotvorenij, S. 5–52.
LOTMAN, JU. M., Struktura chudožestvennogo teksta, M. 1970.
LOTMAN, JU. M., Sotvorenie Karamzina. M. 1987.
LOTMAN, JU. M., Izbrannye stat'i. Bd. I–III. Tallin 1992–1993.
LOTMAN, JU. M., *Ezda v ostrov ljubvi* Trediakovskogo i funkcija perevodnoj literatury v russkoj kul'ture pervoj poloviny XVIII v. In: DERS., Izbrannye stat'i, Bd. II, S. 22–28.
LOTMAN, JU. M., Poėtika bytovogo povedenija v russkoj kul'ture XVIII veka. In: DERS., Izbrannye stat'i, Bd. I, S. 248–268.
LOTMAN, JU. M., Ob *Ode, vybrannoj iz Iova* Lomonosova. In: DERS., Izbrannye stat'i, Bd. II, S. 29–39.
LOTMAN, JU. M.; B. A. USPENSKIJ, *Pis'ma russkogo putešestvennika* Karamzina i ich mesto v razvitii russkoj kul'tury. In: KARAMZIN, Pis'ma russkogo putešestvennika, S. 525–606.

LOTMAN, JU. M.; B. A. USPENSKIJ, Rol' dual'nych modelej v dinamike russkoj kul'tury (do konca XVIII veka). In: USPENSKIJ, Izbrannye trudy, Bd. I, S. 338–380.
LOVEJOY, A., The Great Chain of Being. Cambridge/Mass.–London 1964.
LUBENOW, M., Französische Kultur in Rußland. Entwicklungslinien in Geschichte und Literatur. Köln–Weimar–Wien 2002.
LUCEVIČ, L. F., Psaltyr' v russkoj poėzii. SPb. 2002.
LUKIN, V. I.; B. E. EL'ČANINOV, Sočinenija i perevody. Hrsg.: P. A. Efremov. SPb. 1868.
LUPPOV, S. P., Kniga v Rossii v pervoj četverti XVIII veka. L. 1973.
LUZANOV, P., Suchoputnyj šljachetnyj kadetskij korpus (nyne 1-j kadetskij korpus) pri grafe Miniche (s 1732 po 1741). SPb. 1907.
ŁUŻNY, R., Pisarze kręgu akademii Kijowsko-Mohylańskiej a literatura polska. Z dziejów związków kulturalnych polsko-wschodniosłowiańskich w XVII–XVIII w. Kraków 1966.
MADARIAGA, I. DE, Russia in the Age of Catherine the Great. London 1982.
MADARIAGA, I. DE, Catherine II et la littérature. In: *Histoire de la littérature russe,* S. 656–669.
MADARIAGA, I. DE, Politics and Culture in Eighteenth-Century Russia. New York 1998.
MADARIAGA, I. DE, The Role of Catherine II in the Literary and Cultural Life of Russia. In: DIES., Politics and Culture in Eighteenth-Century Russia, S. 284–295.
MADARIAGA, I. DE, Freemasonry in Eighteenth-Century Russian Society. In: DIES., Politics and Culture in Eighteenth-Century Russia, S. 150–167.
MAIELLARO, Dž. [= G. L. MAIELLARO], Koncepcija „poėtičeskogo jazyka" A. Kantemira i ee ital'janskie istočniki. Avtoreferat dissertacii. M. 1998.
MAIELLARO, G. L., Lo „sklonenie na russkie nravy" nelle comedie di Vladimir Lukin. In: *Europa orientalis* 15 (1996), S. 25–49.
MAIELLARO, G. L., Kantemir i Italija. In: *Arbor mundi / Mirovoe Drevo* 6 (1998), S. 199–211.
MAJKOV, L. N., Teatral'naja publika vo vremena Sumarokova. In: DERS., Očerki iz istorii russkoj literatury XVII i XVIII stoletij. SPb. 1889, S. 310–322.
MAJKOV, L. N., Vasilij Ivanovič Majkov. In: DERS., Očerki, S. 252–309.
MAJKOV, V. I., Sočinenija i perevody. Hrsg.: P. A. Efremov. SPb. 1867.
MAJKOV, V. I., Izbrannye proizvedenija. Hrsg.: A. V. Zapadov. M.–L. 1966.
MAKOGONENKO, G., Nikolaj Novikov i russkoe prosveščenie XVIII veka. M.–L. 1951.
MAKOGONENKO, G., Radiščev i ego vremja. M. 1956.
MAKOGONENKO, G., Denis Fonvizin. Tvorčeskij put'. M.–L. 1961.
MALEIN, A. I., Priloženie k stat'e A. S. Orlova *Tilemachida.* In: *XVIII vek.* [Bd. 1]. M.–L. 1935, S. 57–60.
MAŁEK, E., „Nepoleznoe čtenie" v Rossii XVII–XVIII vekov. Warszawa–Łódź 1992.
MARASINOVA, E. V., „Rab", „poddannyj", „syn otečestva" (K probleme vzaimootnošenij ličnosti i vlasti v Rossii XVIII veka). In: *Canadian American Slavic Studies* 38 (2004), S. 83–104.
MARČENKO, N. A., Istorija teksta *Pisem russkogo putešestvennika.* In: KARAMZIN, Pis'ma russkogo putešestvennika, S. 607–612.
MARKER, G., Publishing, Printing, and the Origins of Intellectual Life in Russia, 1700–1800. Princeton/NJ 1985.

MARKER, G., The Creation of Journals and the Profession of Letters in the Eighteenth Century. In: *Literary Journals in Imperial Russia.* Hrsg.: D. A. Martinsen. Cambridge 1997, S. 11–33.
MARTENS, W., Die Botschaft der Tugend. Die Aufklärung im Spiegel der Moralischen Wochenschriften. Stuttgart 1968.
MARTYNOV, I. F., *Opyt istoričeskago slovarja o rossijskich pisateljach* N. I. Novikova i literaturnaja polemika 60–70-ch godov XVIII veka. In: *Russkaja literatura* 3 (1968), S. 184–191.
MARTYNOV, I. F., Tri redakcii *Služby blagodarstvennoj o velikoj pobede pod Poltavoj.* In: *XVIII vek.* Bd. 9. L. 1974, S. 139–148.
MAURER, M., Reisen interdisziplinär – Ein Forschungsbericht in kulturgeschichtlicher Perspektive. In: *Neue Impulse der Reiseforschung.* Hrsg.: M. Maurer. Berlin 1999, S. 287–410.
MCCONNELL, A., A Russian 'Philosophe'. Alexander Radishchev (1749–1802). The Hague 1964.
MCKENNA, K. J., Empress behind the Mask: The *persona* of Md. Vsiakaia vsiachina in Catherine the Great's Periodical Essays on Morals and Manners. In: *Neophilologus* 74 (1990), S. 1–11.
Mémoires de l'Impératrice Catherine II, écrits par elle-même et précédés d'une préface par A. Herzen. Londres 1859.
MENŠUTKIN, B. N., Michajlo Vasil'evič Lomonosov. SPb. [4]1912.
MEYNIEUX, A., La Littérature et le métier d'écrivain en Russie avant Pouchkine. Paris 1966.
MONNIER, A., Un publiciste frondeur sous Catherine II. Nicolas Novikov. Paris 1981.
MOOSER, R.-A., L'Opéra-comique française en Russie au XVIIIe siècle. Genève–Monaco 1954.
MORITZ, C. PH., Reisen eines Deutschen in England im Jahr 1782. Frankfurt/M. 2005 (Faksimile der zweiten Auflage Berlin 1785).
MOROZOV, A. A., M. V. Lomonosov. Put' k zrelosti. 1711–1741. M.–L. 1962.
MOROZOV, A. A., Lomonosov i barokko. In: *Russkaja literatura* 2 (1965), S. 70–96.
MOROZOV, A. A., Lomonosov. M. [5]1965 (Reihe: „Žizn' zamečatel'nych ljudej").
MOROZOV, P. O., Feofan Prokopovič kak pisatel'. SPb. 1880.
MOROZOV, P. O., Istorija russkago teatra do poloviny XVIII stoletija. SPb. 1889.
MOSER, CH., Denis Fonvizin. Boston 1979.
MSTISLAVSKAJA, E. P., Žizn' i tvorčestvo A. P. Sumarokova. In: *Aleksandr Petrovič Sumarokov,* S. 8–41.
MSTISLAVSKAJA, E. P., Put' k Sumarokovu (Kratkij očerk istorii izučenija biografii i tvorčestva A. P. Sumarokova). In: *Aleksandr Petrovič Sumarokov,* S. 161–203.
Nachricht von einigen russischen Schriftstellern, nebst einem kurzen Berichte vom russischen Theater. In: *Neue Bibliothek der schönen Wissenschaften und der freyen Künste* 7 (Leipzig 1768), „Zweytes Stück", S. 188–200 und 382–388.
NEUHÄUSER, R., Towards the Romantic Age: Essays on Sentimental and Preromantic Literature in Russia. The Hague 1974.
NIKOLAEV, S. I., Pervaja četvert' XVIII veka: Ėpocha Petra I. In: *Istorija russkoj perevodnoj chudožestvennoj literatury,* Bd. I, S. 74–93.
NIKOLAEV, S. I., Trudnyj Kantemir (Stilističeskaja struktura i kritika teksta). In: *XVIII vek.* Bd. 19. SPb. 1995, S. 3–14.

NIKOLAEV, S. I., Kantemir Antioch Dmitrievič. In: *Slovar' russkich pisatelej XVIII veka*, Bd. II, S. 15–21.
NIKOLAEV, S. I., Literaturnaja kul'tura petrovskoj épochi. SPb. 1996.
NIKOLAEV, S. I., Trediakovskij v issledovanijach poslednich desjatiletij. In: *V. K. Trediakovskij: k 300–letiju so dnja roždenija*, S. 172–179.
NIKOLAEV, S. I., Original'nost', podražanie i plagiat v predstavlenijach russkich pisatelej XVIII veka (Očerk problematiki). In: *XVIII vek*. Bd. 23. SPb. 2004, S. 3–19.
Nikolaj Michajlovič Karamzin. Ukazatel' trudov, literatury o žizni i tvorčestve. 1883–1993. Hrsg.: A. A. Liberman. M. 1999.
N. M. Karamzin. Biobibliografičeskij ukazatel'. Hrsg.: N. I. Nikitina; V. A. Sukajlo. Ul'janovsk 1990.
NOVIKOV, N., Opyt istoričeskago slovarja o rossijskich pisateljach. M. 1987 (Faksimile der Ausgabe SPb. 1772).
NOVIKOV, N. I., Izbrannye sočinenija. Hrsg. G. P. Makogonenko. M.–L. 1951.
ODESSKIJ, M. P., Očerki istoričeskoj poėtiki russkoj dramy. Épocha Petra I. M. 1999.
ODESSKIJ, M. P., Poėtika russkoj dramy. Poslednjaja tret' XVII – pervaja tret' XVIII v. M. 2004.
ORLOV, A. S., *Tilemachida* V. K. Trediakovskogo. In: *XVIII vek*. [Bd. 1]. M.–L. 1935, S. 5–55.
ORLOV, P. A., Russkij sentimentalizm. M. 1977.
ORŁOWSKA, A., Poemat klasycystyczny Michała Chieraskowa. Lublin 1987.
OSPOVAT, K., Sumarokov–literator v social'nom kontekste 1740 – načala 1760-ch gg. Im Druck.
OSPOVAT, K., Lomonosov i *Pis'mo o pol'ze stekla*: poėzija i nauka pri dvore Elizavety Petrovny. Im Druck.
PANČENKO, A. M., Russkaja stichotvornaja kul'tura XVII veka. L. 1973.
PANČENKO, A. M., O smene pisatel'skogo tipa v petrovskuju épochu. In: *XVIII vek*. Bd. 9. L. 1974, S. 112–128.
PANOFSKY, G. S., Karamzin's Travel through Germany. In: *Welt der Slaven* 50 (2005), S. 119–156.
PANOV, S. I.; A. M. RANČIN, Toržestvennaja oda i pochval'noe slovo Lomonosova: obščee i osobennoe v poėtike. In: *Lomonosov i russkaja literatura*. Hrsg.: A. S. Kurilov. M. 1987, S. 175–189.
PAPMEHL, K. A., Freedom of Expression in Eighteenth-Century Russia. The Hague 1971.
PEKARSKIJ, P., Nauka i literatura v Rossii pri Petre Velikom. Bd. I–II. Leipzig 1972 (Nachdruck der Ausgabe SPb. 1862).
PEKARSKIJ, P., Materialy dlja žurnal'noj dejatel'nosti Ekateriny II. SPb. 1863.
PEKARSKIJ, P., Redaktor, sotrudniki i cenzura v russkom žurnale 1755–1764 godov. SPb. 1864, S. 42–45.
PEKARSKIJ, P., Istorija Imperatorskoj Akademii Nauk v Peterburge. Bd. I–II. Leipzig 1977 (Nachdruck der Ausgabe SPb. 1873).
PEKARSKIJ, P., Trediakovskij, Vasilij Kirilovič. In: DERS., Istorija Imperatorskoj Akademii Nauk v Peterburge, Bd. II, S. 1–232.
PEKARSKIJ, P., Lomonosov, Michail Vasil'evič. In: DERS., Istorija Imperatorskoj Akademii Nauk v Peterburge, Bd. II, S. 259–963.
Perepiska moskovskich masonov XVIII-go veka. 1780–1792 gg. Hrsg.: Ja. L. Barskov. Pg. 1915.

PERETC, V. N., Očerki po istorii poėtičeskago stilja v Rossii (Ėpocha Petra Velikago i načalo XVIII stoletija). In: *Žurnal Ministerstva narodnago prosveščenija* 10 (1905), S. 345 ff.; 6 (1906), S. 382 ff.; 6 (1907), S. 326 ff.
PERETC, V. N., Teatral'nye ėffekty na škol'noj scene v Kieve i Moskve XVII i načala XVIII vekov. In: *Starinnyj spektakl' v Rossii,* S. 64–98.
P'esy škol'nych teatrov Moskvy. Hrsg.: O. A. Deržavina. M. 1974.
P'esy stoličnych i provincial'nych teatrov pervoj poloviny XVIII v. Hrsg.: O. A. Deržavina. M. 1975.
PETIZON, F., De l'opéra-comique russe. Naissance et développement en Russie au cours du XVIIIe siècle. Bd. I–II. Unveröffentlichte Diss. phil. Paris 1999.
PIGAREV, K. V., Tvorčestvo Fonvizina. M. 1954.
Pis'ma A. M. Kutuzova. Hrsg.: Ja. Barskov. In: *Russkij istoričeskij žurnal* 1 (1917), kn. 1–2, S. 131–135.
Pis'ma N. M. Karamzina k I. I. Dmitrievu. Hrsg.: Ja. Grot; P. Pekarskij. SPb. 1866.
Pis'ma N. M. Karamzina k V. M. Karamzinu (1795–1798). Hrsg.: V. Ė. Vacuro. In: *Russkaja literatura* 2 (1993), S. 80–132.
Pis'ma russkich pisatelej XVIII veka. Hrsg.: G. P. Makogonenko. L. 1980.
PLAVIL'ŠČIKOV, P. A., Teatr. In: DERS., Sobranie dramatičeskich sočinenij. SPb. 2002, S. 533–560.
Poėty XVIII veka. Bd. I–II. L. 1972.
POGODIN, M., Nikolaj Michajlovič Karamzin. Bd. I–II. M. 1866.
POGOSJAN, E., Vostorg russkoj ody i rešenie temy poėta v russkom panegirike 1730–1762. Tartu 1997.
POKOTILOVA, O., Predšestvenniki Lomonosova v russkoj poėzii XVII-go i načala XVIII-go stoletija. In: *1711–1911. M. V. Lomonosov,* S. 66–92.
POKROVSKIJ, V. I., Ščegoli v satiričeskoj literature XVIII veka. In: *Čtenija v Obščestve istorii i drevnostej rossijskich pri Moskovskom universitete* 1903, Bd. II, Abt. 4, S. 1–87.
POKROVSKIJ, V. I., Ščegolichi v satiričeskoj literature XVIII veka. In: *Čtenija v Obščestve istorii i drevnostej rossijskich pri Moskovskom universitete* 1903, Bd. III, Abt. 2, S. 1–139.
POROŠIN, S., Zapiski, služaščija k istorii gosudarja Pavla Petroviča. SPb. 1844.
POZDNEEV, A. V., Rukopisnye pesenniki XVII–XVIII vv. Iz istorii pesennoj sillabičeskoj poėzii. M. 1996.
PROKOPOVIČ, F., Slova i reči. Bd. I–IV. SPb. 1760–1774.
PROKOPOVIČ, F., Sočinenija. Hrsg.: I. P. Eremin. M.–L. 1961.
PROKOPOVIČ, F., De Arte rhetorica libri X. Hrsg.: R. Lachmann; B. Uhlenbruch. Köln–Wien 1982.
PROSKURINA, V., Peremena roli: Ekaterina Velikaja i politika imperskoj transversii. In: *Novoe literaturnoe obozrenie* 54 (2002), S. 98–118.
PROSKURINA, V., Mify imperii. Literatura i vlast' v ėpochu Ekateriny II. M. 2006.
PUMPJANSKIJ, L. V., Poėzija F. V. Tjutčeva. In: *Uranija. Tjutčevskij al'manach. 1803–1928.* Hrsg.: E. P. Kazanovič. L. 1928, S. 36–57.
PUMPJANSKIJ, L. V., Očerki po literature pervoj poloviny XVIII veka. In: *XVIII vek.* [Bd. 1]. M.–L. 1935, S. 83–132.
PUMPJANSKIJ, L. V., Trediakovskij i nemeckaja škola razuma. In: *Zapadnyj sbornik.* Hrsg.: V. M. Žirmunskij. Bd. 1. M.–L. 1937, S. 157–186.

PUMPJANSKIJ, L. V., Kantemir. In: *Istorija russkoj literatury*, Bd. III.1, S. 175–212.
PUMPJANSKIJ, L. V., Trediakovskij. In: *Istorija russkoj literatury*, Bd. III.1, S. 215–263.
PUMPJANSKIJ, L. V., Sentimentalizm. In: *Istorija russkoj literatury*, Bd. IV.2, S. 430–445.
PUMPJANSKIJ, L. V., Lomonosov i nemeckaja škola razuma. In: *XVIII vek*. Bd. 14. L. 1983, S. 3–44.
PUMPJANSKIJ, L. V., K istorii russkogo klassicizma. In: DERS., Klassičeskaja tradicija. Sobranie trudov po istorii russkoj literatury. M. 2000, S. 30–157.
PUŠKIN, A. S., Putešestvie iz Moskvy v Peterburg. In: DERS., Polnoe sobranie sočinenij v desjati tomach. Bd. I–X. L. ⁴1977–1979.
PYLJAEV, M. I., Staryj Peterburg. M. 1990.
PYPIN, A. N., Delo o pesnjach v XVIII veke. In: *Izvestija Otdelenija russkago jazyka i slovesnosti* 5 (1900), S. 554–590.
PYPIN, A. N., Russkoe masonstvo: XVIII i pervaja četvert' XIX v. Pg. 1916.
RABINOVIČ, A. S., Russkaja opera do Glinki. M. 1948.
RADIŠČEV, A. N., Polnoe sobranie sočinenij. Bd. I–III. Düsseldorf 1969 (Nachdruck der Ausgabe M.–L. 1938).
RADIŠČEV, A. N., Putešestvie iz Peterburga v Moskvu. Vol'nost'. Hrsg.: V. A. Zapadov. SPb. 1992.
RADIŠČEV, P. A., Biografija A. N. Radiščeva. In: *Biografija A. N. Radiščeva*, S. 47–102.
RAJKOV, B. E., Očerki po istorii geliocentričeskogo mirovozzrenija v Rossii. M.–L. ²1947.
RAM, H., The Imperial Sublime. A Russian Poetics of Empire. Madison/Wisconsin 2003.
RAMMELMEYER, A., Studien zur Geschichte der russischen Fabel des 18. Jahrhunderts. Leipzig 1938.
RAMMELMEYER, A., Gellertsche Fabeln in der Bearbeitung von A. P. Sumarokov. In: *Colloquium Slavicum Basiliense. Gedenkschrift für Hildegard Schroeder*. Hrsg.: H. Riggenbach. Bern–Frankfurt/M.–Las Vegas 1981, S. 523–555.
Rannjaja russkaja dramaturgija. (XVII – pervaja polovina XVIII v.). Bd. V: *P'esy ljubitel'skich teatrov*. M. 1976.
RASMUSSEN, K., Catherine II and the Image of Peter I. In: *Slavic Review* 37 (1978), S. 51–57.
RASSADIN, S. B., Satiry smelyj vlastelin. Kniga o D. I. Fonvizine. M. 1985.
Rasskazy babuški. Iz vospominanij pjati pokolenij. Zapisannye i sobrannye ee vnukom D. Blagovo. L. 1989.
Reflections on Russia in the Eighteenth Century. Hrsg.: J. Klein; S. Dixon; M. Fraanje. Köln–Weimar–Wien 2001.
REJTBLAT, A. I., „Dajte nam pišču v otečestvennoj literature, i my otkažemsja ot inostrannoj" (Formirovanie čitatel'skoj auditorii). In: DERS., Kak Puškin vyšel v genii. M. 2001. S. 14–35.
REYFMAN, I., Vasilii Trediakovsky. The Fool of the 'New' Russian Literature. Stanford/CA 1990.
REZANOV, V. I., Iz istorii russkoj dramy: Škol'nyja dejstva XVII–XVIII vv. i teatr iezuitov. M. 1910.
ROBOLI, T., Literatura „putešestvij". In: *Russkaja proza*. Hrsg.: B. Ėjchenbaum; Ju. Tynjanov. The Hague 1963 (Nachdruck der Ausgabe L. 1926), S. 42–73.
ROGGER, H., National Consciousness in Eighteenth-Century Russia. Cambridge/Mass. 1960.

ROSENDAHL, G., Deutscher Einfluß auf Gavriil Romanovič Deržavin. Unveröffentlichte Diss. phil. Bonn 1953.
ROTHE, H., N. M. Karamzins europäische Reise: Der Beginn des russischen Romans. Bad Homburg v. d. H.–Berlin–Zürich 1968.
ROŽDESTVENSKIJ, S. V., Očerki po istorii sistem narodnago obrazovanija v Rossii v XVIII–XIX vekach. Bd. I. SPb. 1912.
Russian Society and Culture and the Long Eighteenth Century. Essays in Honour of Anthony G. Cross. Hrsg.: R. Bartlett; L. Hughes. Münster 2004.
Russische Aufklärungsrezeption im Kontext offizieller Bildungskonzepte (1700–1825). Hrsg.: G. Lehmann-Carli; M. Schippan; B. Scholz; S. Brohm. Berlin 2001.
Russische Gedichte. Ins Deutsche übertragen von Ludolf Müller. München 1979.
Russkaja ėpigramma (XVIII – načalo XX veka). Hrsg.: M. I. Gillel'son; K. A. Kumpan. L. 1988.
Russkaja komedija i komičeskaja opera XVIII veka. Hrsg.: P. N. Berkov. M.–L. 1950.
Russkaja poėzija. Bd. I. Hrsg.: S. A. Vengerov. SPb. 1897.
Russkaja sentimental'naja povest'. Hrsg.: P. A. Orlov. M. 1979.
Russkaja stichotvornaja parodija (XVIII – načalo XX v.). Hrsg.: A. A. Morozov. L. 1960.
Russkie povesti pervoj treti XVIII veka. Hrsg.: G. N. Moiseeva. M.–L. 1965.
Russkij biografičeskij slovar'. New York/NY 1962 (Nachdruck der Ausgabe SPb. 1896–1918).
Russkija povesti XVII–XVIII vv. Hrsg.: V. V. Sipovskij. SPb. 1905.
ŠAMRAJ, D. D., „Vsenarodnyj teatr" akademičeskich naborščikov 1765–1766 godov. In: *XVIII vek.* Bd. 4. M.–L. 1959, S. 404–414.
ŠAPIR, M. I., U istokov četyrechstopnogo jamba: genezis i ėvoljucija ritma (K sociolingvističeskoj charakteristike sticha rannego Lomonosova). In: *Philologica* 3 (1996), S. 69–106.
ŠAPIR, M. I., Barkov i Deržavin: Iz istorii russkogo burleska. In: A. S. PUŠKIN, Ten' Barkova. Teksty. Kommentarii. Ėkskursy. Hrsg.: I. A. Pil'ščikov; M. I. Šapir. M. 2002, S. 397–457.
SAPOV, N., Ivan Barkov: Biografičeskij očerk. In: *Devič'ja igruška*, S. 17–36.
Satiričeskie žurnaly N. I. Novikova. Hrsg.: P. N. Berkov. M.–L. 1951.
SAZONOVA, L. I., Ot russkogo panegirika XVII v. k ode Lomonosova. In: *Lomonosov i russkaja literatura.* Hrsg.: A. S. Kurilov. M. 1987, S. 103–126.
Sbornik materialov dlja istorii Imperatorskoj akademii nauk v XVIII veke. Hrsg.: A. Kunik. Bd. I–II. SPb. 1865.
ŠČEGLOV, JU. K., Antioch Kantemir i stichotvornaja satira. SPb. 2004.
SCHAMSCHULA, W., Zu den Quellen von Lomonosovs „kosmologischer" Lyrik. In: *Zeitschrift für Slavische Philologie* 34 (1969), S. 225–253.
SCHENK, D., Studien zur anakreontischen Ode in der russischen Literatur des Klassizismus und der Empfindsamkeit. Frankfurt/M. 1972.
SCHLIETER, H., Studien zur Geschichte des russischen Rührstücks. 1758–1780. Wiesbaden 1968.
SCHÖNLE – s. auch ŠENLE.
SCHÖNLE, A., Authenticity and Fiction in the Russian Literary Journey. 1790–1840. Cambridge/Mass.–London 2000.
SCHROEDER, H., Russische Verssatire im 18. Jahrhundert. Köln–Graz 1962.

SCHROEDER, H., „Psyché" in Rußland. In: *Der Vergleich. Literatur- und sprachwissenschaftliche Interpretationen. Festgabe für Hellmuth Petriconi zum 1. April 1955.* Hrsg.: R. Grossmann. Hamburg 1955, S. 51–64.
SCHRUBA – s. auch ŠRUBA.
SCHRUBA, M., Studien zu den burlesken Dichtungen V. I. Majkovs. Wiesbaden 1997.
SCHRUBA, M., Translatio genii: A. S. Puškins und N. I. Grečs Erinnerungen an G. R. Deržavin. In: *Porta Slavica. Beiträge zur Slavistischen Sprach- und Literaturwissenschaft.* Hrsg.: B. Althaus u.a. Wiesbaden 1999, S. 289–298.
SCHRUBA, M., Zur Spezifik der russischen obszönen Dichtungen des 18. Jahrhunderts (Barkoviana) vor dem Hintergrund der französischen Pornographie. In: *Zeitschrift für Slavische Philologie* 59 (2000), S. 47–65.
SEAMAN, G. R., Michael Maddox – English Impresario in Eighteenth-Century Russia. In: *Slavic Themes. Papers from two Hemispheres. Festschrift for Australia.* Hrsg.: B. Christa u.a. Neuried 1988. S. 319–326.
SEMENNIKOV, V. P., Sobranie starajuščeesja o perevode inostrannych knig, učreždennoe Ekaterinoj II. 1768–1783 gg. Istoriko-literaturnoe issledovanie. SPb. 1913.
SEMENNIKOV, V. P., Radiščev. Očerki i issledovanija. Leipzig 1974 (Nachdruck der Ausgabe M.–Pg. 1923).
ŠENLE – s. auch SCHÖNLE.
ŠENLE, A. [= A. SCHÖNLE], Meždu „drevnej" i „novoj" Rossiej: Ruiny u rannego Karamzina kak mesto „Modernity". In: *Novoe literaturnoe obozrenie* 59 (2003), S. 125–141.
ŠERECH, JU., On Teofan Prokopovič as Writer and Preacher in his Kiev Period. In: *Harvard Slavic Studies.* Bd. 2. Cambridge/Mass. 1954, S. 211–223.
SERMAN, I. Z., Bogdanovič. In: BOGDANOVIČ, Stichotvorenija i poèmy, S. 5–42.
SERMAN, I. Z., Poètičeskij stil' Lomonosova. M.–L. 1960.
SERMAN, I. Z., Poèzija Lomonosova v 1740-e gody. In: *XVIII vek.* Bd. 5. M.–L. 1962, S. 33–69.
SERMAN, I. Z., Iz literaturnoj polemiki 1753 goda. In: *Russkaja literatura* 1 (1964), S. 99–104.
SERMAN, I. Z., Gavrila Romanovič Deržavin. L. 1967.
SERMAN, I. Z., Kantemir. In: *Istorija russkoj poèzii.* Bd. I. L. 1968, S. 55–61.
SERMAN, I. Z., Russkij klassicizm. Poèzija. Drama. Satira. L. 1973.
SERMAN, I. Z., Le statut de l'écrivain au XVIIIe siècle. In: *Histoire de la littérature russe,* S. 681–689.
SERMAN, I. Z., Lomonosovs Oden und die Poetik des Schuldramas. In: *Slavische Barockliteratur II. Gedenkschrift für Dmitrij Tschižewskij (1894–1977).* Hrsg.: R. Lachmann. München 1983, S. 131–141.
SERMAN, I. Z., Mikhail Lomonosov. Life and Poetry. Jerusalem 1988.
SIPOVSKIJ, V. V., N. M. Karamzin, avtor *Pisem russkago putešestvennika.* SPb. 1899.
SIPOVSKIJ, V. V., Cheraskov, Michail Matveevič. In: *Russkij biografičeskij slovar'.* Bd.: Faber–Cjavlovskij. SPb. 1901, S. 309–318.
SIPOVSKIJ, V. V., Očerki iz istorii russkogo romana. Bd. I.1–2. SPb. 1909–1910.
SIPOVSKIJ, V. V., Imperatrica Ekaterina II i russkaja bytovaja komedija eja èpochi. In: *Istorija russkago teatra,* Bd. I, S. 317–340.
ŠIŠKIN – s. auch CHICHKINE.
ŠIŠKIN, A. B., Trediakovskij i tradicii barokko v russkoj literature XVIII veka. In: *Barokko v slavjanskich kul'turach.* Hrsg.: A. V. Lipatov. M. 1982, S. 239–254.

ŠIŠKIN, A. B., Poětičeskoe sostjazanie Trediakovskogo, Lomonosova i Sumarokova. In: *XVIII vek*. Bd. 14. L. 1983, S. 232–246.
ŠIŠKOV, A. S., Rassuždenie o starom i novom sloge rossijskogo jazyka. SPb. 1803.
SKABIČEVSKIJ, A. M., Očerki istorii russkoj cenzury (1700–1863 g.). SPb. 1892.
SKAFTYMOV, A., O stile *Putešestvija iz Peterburga v Moskvu* A. N. Radiščeva. In: DERS., Stat'i o russkoj literature. Saratov 1958, S. 77–103.
SKIPINA, K., O čuvstvitel'noj povesti. In: *Russkaja proza. Sbornik statej*. Hrsg.: B. Ėjchenbaum; Ju. Tynjanov. L. 1926, S. 13–41.
Slovar' russkich pisatelej XVIII veka. Bd. I–II. L.–SPb. 1988–1999.
SMIRNOV, V. G., Feofan Prokopovič. M. 1994.
SMITH, D., Working the Rough Stone. Freemasonry and Society in Eighteenth-Century Russia. DeKalb/Ill. 1999.
SMOLINA, K. A., Russkaja tragedija. XVIII vek. Ėvoljucija žanra. M. 2001.
SMOLJAROVA, T., „Javis'! i byst'". Optika istorii v lirike pozdnego Deržavina. K 200-letiju stichotvorenija *Fonar'*. In: *Istorija i povestvovanie*. Hrsg.: G. V. Obatnin; P. Pesonen. M. 2006. S. 69–99.
SMORCZEWSKA, H., Liryka pejzażowa Gawriły Dierżawina. Białystok 1991.
SOKOLOV, A. N., Očerki po istorii russkoj poėmy XVIII i pervoj poloviny XIX veka. M. 1955.
SOKOLOV, A. N., Iz istorii 'legkoj poėzii' (Ot *Dušen'ki* k *Katin'ke*). In: *XVIII vek*. Bd. 7. M.–L. 1966, S. 320–327.
SOLNCEV, V., *Vsjakaja vsjačina* i „Spektator" (K istorii russkoj satiričeskoj žurnalistiki XVIII veka). In: *Žurnal Ministerstva narodnago prosveščenija*, Januar 1892, č. 279, S. 125–156.
SOLOSIN, I., Otraženie jazyka i obrazov Sv. Pisanija i knig bogoslužebnych v stichotvorenijach Lomonosova. In: *Izvestija Otdelenija russkago jazyka i slovesnosti* 18 (1913), kn. 2, S. 238–293.
SOLOV'EV, S. M., Istorija Rossii s drevnejšich vremen. V pjatnadcati knigach. M. 1959–1966.
SOROKIN, JU. S., U istokov literaturnogo jazyka novogo tipa. Perevod *Razgovorov o množestve mirov* Fontenelja. In: *Literaturnyj jazyk XVIII veka*, S. 52–85.
SOROKIN, JU. S., Stilističeskaja teorija i rečevaja praktika molodogo Trediakovskogo (Perevod romana P. Tal'mana *Ezda v ostrov ljubvi*). In: *Venok Trediakovskomu*. Volgograd 1976, S. 45–54.
ŠRUBA – s. auch SCHRUBA.
ŠRUBA, M. [= M. SCHRUBA], Antimasonskie komedii Ekateriny II kak dramatičeskij cikl. In: *Verenica liter. K 60-letiju V. M. Živova*. M. 2006, S. 413–426.
ŠRUBA, M. [= M. SCHRUBA], Poėtologičeskaja lirika N. M. Karamzina. In: *XVIII vek*. Bd. 24. SPb. 2006, S. 296–311.
ŠRUBA, M. [= M. SCHRUBA], O funkcijach ėkspressivnoj leksiki v russkoj poėzii XVIII – načala XIX veka. Im Druck.
STÄDTKE, K., Zur Erzählstruktur von A. N. Radiščevs *Putešestvie iz Peterburga v Moskvu*. In: *A. N. Radiščev und Deutschland*, S. 73–77.
STÄHLIN, J. V., Zur Geschichte des Theaters in Rußland. In: DERS., Theater, Tanz und Musik in Rußland. Leipzig 1982, S. 397–432 (Faksimile aus: *M. Johann Joseph Haigold's Beylagen zum Neuveränderten Rußland*. Riga–Mietau 1769, Kapitel VIII).
STARIKOVA, A., Teatr v Rossii XVIII veka. Opyt dokumental'nogo issledovanija. M. 1997.

Starinnyj spektakl' v Rossii. Hrsg.: V. N. Vsevolodskij-Gerngross. L. 1928.
STENNIK, JU. V., *Večernee razmyšlenie o božiem veličestve pri slučae velikogo severnogo sijanija.* In: *Poètičeskij stroj russkoj liriki.* Hrsg.: G. M. Fridlender. L. 1973, S. 9–20.
STENNIK, JU. V., Žanr tragedii v russkoj literature. Èpocha klassicizma. L. 1981.
STENNIK, JU. V., Dramaturgija russkogo klassicizma. Komedija. In: *Istorija russkoj dramaturgii,* S. 109–162.
STENNIK, JU. V., Russkaja satira XVIII veka. L. 1985.
STENNIK, JU. V., Majkov Vasilij Ivanovič. In: *Slovar' russkich pisatelej XVIII veka,* Bd. II, S. 258–261.
STEPANOV, N. L., Russkaja basnja. In: *Russkaja basnja XVIII–XIX vekov.* Hrsg.: Ders. L. 1977, S. 5–62.
STEPANOV, V. P., Novikov i ego sovremenniki (Biografičeskie utočnenija). In: *XVIII vek.* Bd. 11. L. 1976, S. 211–219.
STEPANOV, V. P., Barkov Ivan Semenovič. In: *Slovar' russkich pisatelej XVIII veka,* Bd. I, S. 57–62.
STEPANOV, V. P., Popov Michail Ivanovič. In: *Slovar' russkich pisatelej XVIII veka,* Bd. II, S. 469–472.
Stichotvornaja komedija. Komičeskaja opera. Vodevil' konca XVIII – načala XIX veka. V dvuch tomach. Hrsg.: A. A. Gozenpud. L. 1990.
STOJUNIN, V., Knjaz' Antioch Kantemir. In: KANTEMIR, Sočinenija, pis'ma i izbrannye perevody, Bd. I, S. IX–CXIII.
ŠTORM, G. P., Novoe o Puškine i Karamzine. In: *Izvestija AN SSSR. Otdelenie literatury i jazyka* 19 (1960), vyp. 2, S. 144–151.
ŠTRANGE, M. M., Russkoe obščestvo i Francuzskaja revoljucija 1789–1794 gg. M. 1956.
STRIŽEV, A. N., Vasilij Kirillovič Trediakovskij (K 300-letiju učenogo poèta): Ukazatel' literatury. M. 2003.
STRUVE, N., L'ode intitulée „Dieu". In: *Derjavine. Un poète dans l'Europe des Lumières,* S. 117–120.
STRYCEK, A., La Russie des Lumières. Denis Fonvizine. Paris 1976.
SUCHANEK, L., Preromantyzm w Rosji. Kraków 1991. (Zeszyty Naukowe Uniwersytetu Jagiellońskiego; MX. Prace Historycznoliterackie; Zeszyt 78).
SUCHOMLINOV, M. I., A. N. Radiščev. In: DERS., Izsledovanija i stat'i po russkoj literature i prosveščeniju. SPb. 1889, S. 541–671.
SULLIVAN, J.; C. L. DRAGE, Introduction. In: *Russian Love-Songs in the Early Eighteenth Century. A Manuscript Collection.* Bd. I. London 1988, S. V–XXXIII.
SUMAROKOV, A. P., Elegii ljubovnyja. SPb. 1774.
SUMAROKOV, A. P., Eklogi. SPb. 1774.
SUMAROKOV, A. P., Polnoe sobranie vsech sočinenij. Hrsg. N. I. Novikov. Bd. I–X. SPb. 1781–1782.
SUMAROKOV, A. P., Polnoe sobranie vsech sočinenij. Hrsg. N. I. Novikov. Bd. I–X. M. ²1787.
SUMAROKOV, A. P., Stichotvorenija. Hrsg. A. S. Orlov. L. 1935.
SUMAROKOV, A. P., Izbrannye proizvedenija. Hrsg. P. N. Berkov. L. 1957.
SUMAROKOV, A. P., Dramatičeskie sočinenija. Hrsg.: Ju. V. Stennik. L. 1990.
Svodnyj katalog knig na inostrannych jazykach, izdannych v Rossii v XVIII veke, 1701–1800. Bd. I–III. L. 1984–1986.

Svodnyj katalog russkoj knigi graždanskoj pečati XVIII veka (1725-1800). T. I–V (und ein Ergänzungsband). M. 1963–1975.
Teatral'naja žizn' Rossii v ėpochu Anny Ioannovny. Dokumental'naja chronika 1730–1740. Vyp. 1. Hrsg.: L. M. Starikova. M. 1995.
Teatral'naja žizn' v Rossii v ėpochu Elizavety Petrovny. Dokumental'naja chronika 1741–1750. Bd. I.2. Hrsg.: L. M. Starikova. M. 2003.
Teatral'nyj Peterburg. Načalo XVIII veka – oktjabr' 1917 goda. Obozrenie-putevoditel'. Hrsg.: I. Petrovskaja; V. Somina. SPb. 1994.
TETZNER, J., Theophan Prokopovič und die russische Frühaufklärung. In: *Zeitschrift für Slawistik* 3 (1958), S. 351–368.
THIERGEN, P., Studien zu M. M. Cheraskovs Versepos *Rossijada*. Materialien und Beobachtungen. Diss. phil. Bonn 1970.
THIERGEN, P., Der Triumph der Venus. Zur Rezeption und Funktion eines literarischen Motivs in der russischen Literatur des XVIII. Jahrhunderts. In: *Slavistische Studien zum VII. Internationalen Slavistenkongreß in Warschau 1973*. München 1973, S. 484–496.
THIERGEN, P., Der 'Proömiale Eingang' von Radiščevs „Reise". In: *Zeitschrift für Slavische Philologie* 37 (1973), S. 102–116.
THIERGEN, P., Translationsdenken und Imitationsformeln. Zum Selbstverständnis der russischen Literatur des XVIII. und XIX. Jahrhunderts. In: *Arcadia* 13 (1978), S. 24–39.
TICHONRAVOV, N. S., Tragedokomedija Feofana Prokopoviča *Vladimir*. In: DERS., Sočinenija. Bd. II. M. 1898, S. 120–155.
TICHONRAVOV, N. S., Četyre goda iz žizni Karamzina. 1785–1788. In: DERS., Sočinenija. Bd. III.1. M. 1898, S. 258–275.
TIMOFEEV, L. I., Vol'nyj (basennyj) stich XVIII veka. In: DERS., Očerki teorii i istorii russkogo sticha. M. 1958, S. 340–360.
TOPOROV, V. N., *Bednaja Liza* Karamzina. Opyt pročtenija. M. 1995.
TREDIAKOVSKIJ, V. K., Sočinenija i perevody. Bd. I–II. SPb. 1752.
TREDIAKOVSKIJ, V. K., Sočinenija. Hrsg.: A. F. Smirdin. Bd. I–III. SPb. 1849.
TREDIAKOVSKIJ, V. K., Izbrannye proizvedenija. Hrsg.: L. I. Timofeev. M.–L. 1963.
TREDIAKOVSKIJ, V. K., Psalter 1753. Erstausgabe. Hrsg.: R. Olesch; H. Rothe. Paderborn etc. 1989.
TRILESNIK, V. I., Problemy nauki i religii, razuma i very v mirovozzrenii Lomonosova. In: *Lomonosov. Sbornik statej i materialov*. Bd. 9. SPb. 1991, S. 15–27.
Tri veka Sankt-Peterburga. Bd. I.1–2: *Os'mnadcatoe stoletie*. SPb. 2001.
TROJANSKIJ, M. P., K sceničeskoj istorii komedij D. I. Fonvizina *Brigadir* i *Nedorosl'* v XVIII veke. In: *Teatral'noe nasledstvo. Soobščenija. Publikacii*. Hrsg.: G. A. Lapkina. M. 1956, S. 7–23.
TSCHIŽEWSKIJ – s. auch ČIŽEVSKIJ.
TSCHIŽEWSKIJ, D., Das Barock in der russischen Literatur. In: *Slavische Barockliteratur I*. Hrsg.: Ders. München 1970, S. 9–39.
TYNJANOV, JU., Oda kak oratorskij žanr. Russisch und Deutsch. In: *Texte der russischen Formalisten*. Bd. II. Hrsg.: W.-D. Stempel. München 1972, S. 272–337.
1711–1911. M. V. Lomonosov. Sbornik statej. Hrsg.: V. V. Sipovskij. SPb. 1911.
UFFELMANN, D., Radiščev lesen. Die Strategie des Widerspruchs im *Putešestvie iz Peterburga v Moskvu*. In: *Wiener Slawistischer Almanach* 43 (1999), S. 5–25.

USPENSKIJ, B. A., Iz istorii russkogo literaturnogo jazyka XVIII – načala XIX veka. Jazykovaja programma Karamzina i ee istoričeskie korni. M. 1985.
USPENSKIJ, B. A., Izbrannye trudy. Bd. I–III. M. 1996.
USPENSKIJ, B. A., Historia sub specie semioticae. In: DERS., Izbrannye trudy, Bd. I, S. 71–82.
USPENSKIJ, B. A., Jazyk Deržavina. In: DERS., Izbrannye trudy, Bd. III, S. 409–433.
USPENSKIJ, B. A.; A. B. ŠIŠKIN, Trediakovskij i Jansenisty. In: *Simvol* 23 (1990), S. 105–261.
USPENSKIJ, B. A.; V. M. ŽIVOV, Car' i Bog. Semiotičeskie aspekty sakralizacii monarcha v Rossii. In: USPENSKIJ, Izbrannye trudy, Bd. I, S. 110–218.
VAČEVA, A., Poèma-burlesk v russkoj poèzii XVIII veka. Sofija 1999.
Večera, eženedel'noe izdanie na 1772 god. Bd. [I]–II. SPb. 1772–1773.
VAGEMANS, È. [= E. WAEGEMANS], Literaturno-filosofskaja interpretacija lissabonskogo zemletrjasenija: Portugalo-franko-russkaja teodiceja. In: *XVIII vek.* Bd. 22. SPb. 2002, S. 111–121.
VARNEKE, B. V., Teatr pri Ekaterine II. In: *Istorija russkago teatra*, S. 155–210.
VDOVINA, L. N., Ritorika prazdnika: Moskva v dni maskarada „Toržestvujuščaja Minerva". In: *Rossija v srednie veka i novoe vremja. Sbornik statej k 70-letiju čl.-korrespondenta RAN L. V. Milova.* Hrsg.: V. A. Kučkin. M. 1999. S. 265–271.
VENTURI, F., Feofan Prokopovič. In: *Annali delle facoltà di lettere, filosofia et magistero dell' Università di Cagliari* 21 (1953), S. 627–680.
VERNADSKIJ, G. V., Russkoe masonstvo v carstvovanie Ekateriny II. Pg. 1917.
VINDT, L., Basnja sumarokovskoj školy. In: *Poètika. Sbornik statej.* L. 1926, S. 81–92.
VINOGRADOV, V. V., Očerki po istorii russkogo literaturnogo jazyka XVII–XIX vv. M. 1938.
VIŠNEVSKAJA, I., Aplodismenty v prošloe. A. P. Sumarokov i ego tragedii. M. 1996.
VJAZEMSKIJ, P., Fon-Vizin. SPb. 1848.
V. K. Trediakovskij: k 300–letiju so dnja roždenija. Hrsg.: A. N. Strižev. SPb. 2004.
VLASTO, A., M. M. Heraskov. A Study in the Intellectual Life of the Age of Catherine the Great. Unveröffentlichte Diss. phil. Cambridge 1952.
[VOLTAIRE], La Henriade. Nouvelle édition. Bd. I–II. [Paris 1770].
Voltaire's Correspondence. Hrsg.: T. Besterman. Bd. I–CVII. Genève 1953–1965.
Volti dell' Impero Russo. Da Ivan il Terribile a Nicola I. Hrsg.: F. Ciofi degli Atti. Milano 1991.
VOMPERSKIJ, V. P., Stilističeskoe učenie M. V. Lomonosova i teorija trech stilej. M. 1970.
VOWLES, J., The „Feminization" of Russian Literature: Women, Language, and Literature in Eighteenth-Century Russia. In: *Women Writers in Russian Literature.* Hrsg.: T. W. Clyman; D. Greene. Westport/Conn.–London 1994, S. 35–60.
VROON, R., Aleksandr Sumarokov's *Elegii liubovnye* and the Development of Verse Narrative in the Eighteenth Century: Towards a History of the Russian Lyric Sequence. In: *Slavic Review* 59 (2000), S. 521–546.
VROON, R., *Čitalagajskie ody* (K istorii liričeskogo cikla v russkoj literature XVIII veka). In: *Gavriil Deržavin*, S. 185–201.
VSEVOLODSKIJ-GERNGROSS, V. N., Teatr v Rossii pri imperatrice Elisavete Petrovne [1912]. SPb. 2003.
VSEVOLODSKIJ-GERNGROSS, V. N., Istorija russkogo dramatičeskogo teatra. Bd. I: Ot istokov do konca XVIII veka. M. 1977.

Vsjakaja vsjačina. SPb. 1769–1770.
Was ist Aufklärung? Kant, Erhard, Hamann, Herder, Lessing, Mendelssohn, Riem, Schiller, Wieland. Thesen und Definitionen. Hrsg.: E. Bahr. Stuttgart 1996, S. 9–17.
WEEDA, E., Diversität und Kontinuität. Oldenburg 1999.
WINTER, E., Zum geistigen Profil Feofan Prokopovičs. In: *Studien zur Geschichte der russischen Literatur des 18. Jahrhunderts.* Hrsg.: H. Graßhoff; U. Lehmann. Bd. II. Berlin 1968, S. 24–28.
WIRTSCHAFTER, E. K., The Play of Ideas in Russian Enlightenment Theater. DeKalb/Ill. 2003.
WITTRAM, R., Peter I. Czar und Kaiser. Zur Geschichte Peters des Großen in seiner Zeit. Bd. I–II. Göttingen 1964.
WORTMAN, R. S., Scenarios of Power. Myth and Ceremony in Russian Monarchy. Bd. I. Princeton/NJ 1995.
WUTHENOW, R.-R., Die erfahrene Welt. Europäische Reiseliteratur im Zeitalter der Aufklärung. Frankfurt/M. 1980.
WYTRZENS, G., Eine unbekannte Wiener Fonvizin-Übersetzung aus dem Jahre 1787. In: *Wiener Slavistisches Jahrbuch* 7 (1959), S. 118–128.
ZAPADOV, A. V., Tvorčestvo Cheraskova. In: CHERASKOV, Izbrannye proizvedenija, S. 5–56.
ZAPADOV, A. V., Novikov. M. 1968.
ZAPADOV, A. V., Russkaja žurnalistika XVIII veka. M. 1964.
ZAPADOV, V. A., Knjažnin Jakov Borisovič. In: *Slovar' russkich pisatelej XVIII veka,* Bd. II, S. 70–81.
ZAPADOV, V. A., Istorija sozdanija *Putešestvija iz Peterburga v Moskvu* i *Vol'nosti* A. N. Radiščeva. In: RADIŠČEV, Putešestvie iz Peterburga v Moskvu, S. 475–623.
ZAVEDEEV, P., Istorija russkago propovedničestva ot XVII veka do nastojaščego vremeni. Tula 1879.
ŽIVOV, V. M., Jazyk Feofana Prokopoviča i rol' gibridnych variantov cerkovnoslavjanskogo v istorii slavjanskich literaturnych jazykov. In: *Sovetskoe slavjanovedenie* 3 (1985), S. 70–85.
ŽIVOV, V. M., Jazyk i kul'tura v Rossii XVIII veka. M. 1996.
ŽIVOV, V. M., Razyskanija v oblasti istorii i predystorii russkoj kul'tury. M. 2002.
ŽIVOV, V. M., Kul'turnye reformy v sisteme preobrazovanij Petra I. In: DERS., Razyskanija, S. 381–435.
ŽIVOV, V. M., Pervye russkie literaturnye biografii kak social'noe javlenie: Trediakovskij, Lomonosov, Sumarokov. In: DERS., Razyskanija, S. 557–637.
ŽIVOV, V. M., K predystorii odnogo pereloženija psalma v russkoj literature XVIII veka. In: DERS., Razyskanija, S. 532–555.
ŽIVOV, V. M.; B. A. USPENSKIJ, Metamorfozy antičnogo jazyčestva v istorii russkoj kul'tury XVII–XVIII veka. In: DERS., Razyskanija, S. 461–531.
ŽIVOV, V. M., Jazyk i stil' A. P. Sumarokova. Im Druck.
ZORIN, A. L., Ivan Barkov – istorija kul'turnogo mifa. In: *Devič'ja igruška,* S. 5–16.
ZORIN, A. L., Nezabvennaja *Dušen'ka.* In: BOGDANOVIČ, Dušen'ka. Drevnjaja povest' v vol'nych stichach, S. 7–27.
ZORIN, A. L., Kormja dvuglavogo orla... Literatura i gosudarstvennaja ideologija v poslednej treti XVIII – pervoj treti XIX veka. M. 2001.

ZORIN, A. L.; A. S. NEMZER, Paradoksy čuvstvitel'nosti. In: „Stolet'ja ne sotrut...": russkie klassiki i ich čitateli. Hrsg.: A. A. Il'in-Tomič. M. 1989, S. 7–54.
Zritel', ežemesjačnoe izdanie 1792 goda.
ZUBOV, V. P., Russkie propovedniki. Očerki po istorii russkoj propovedi. M. 2001.
ZYKOVA, E. P., Poèma o sel'skoj usad'be v russkoj idilličeskoj tradicii. In: *Mif. Pastoral'. Utopija.* Hrsg.: Ju. G. Kruglov. M. 1998, S. 58–71.

NAMENREGISTER

Bei den mit Sternchen versehenen Namen handelt es sich um Autoren von Sekundärliteratur. Die Träger der übrigen Namen sind historische Gestalten.

ABLESIMOV, Aleksandr Onisimovič (1742–1783) 229–235, 237, 243
* ACHINGER, Gerda 54
ADDISON, Joseph (1672–1719) 44, 180
* ADRIANOVA-PERETC, Varvara Pavlovna 28
* AGAMALJAN, Larisa Georgievna 260
* ALEKSEEV, Anatolij Alekseevič 66, 74, 282, 285, 302
* ALEKSEEV, Michail Pavlovič 118, 180
* ALEKSEEVA, Nadežda Jur'evna 76, 81, 97
ALEKSEJ MICHAJLOVIČ ROMANOV (1629–1676), russ. Zar 1645–1676; Vater Peters I. 7, 23, 82, 123
ALEKSEJ PETROVIČ ROMANOV (1690–1718), Sohn Peters I. 279
ALEMBERT, Jean-Baptiste Le Rond d' (1717–1783) 171, 218
ALEXANDER der Große (336–323 v. Chr.) 31, 141
ALEXANDER I. (Aleksandr Pavlovič Romanov; 1777–1825), russ. Zar 1801–1825; Sohn Pauls I., Enkel Katharinas II. 236, 250, 253, 255, 280, 295, 300
* ALEXANDER, John T. 201
ALGAROTTI, Francesco (1712–1764) 44
ALKAIOS (um 600 v. Chr.) 260
ALKIBIADES (450–404 v. Chr.) 268
* ALTHAUS, Bettina 253
ANAKREON (ca. 570–478 v. Chr.) 44, 113, 146, 147, 268
* ANDERSON, Roger B. 324
* ANISIMOV, Evgenij Viktorovič 3, 61

ANNA IOANNOVNA ROMANOVA (1693–1740), russ. Zarin 1730–1740; Enkelin Aleksej Michajlovičs 26, 43, 59, 61, 62, 69, 83, 94, 123
APRAKSIN, Adelsgeschlecht 204
APULEIUS, Lucius (ca. 135 – ca. 180) 240, 241, 249
ARGENTAL, Charles-Augustin de Ferriol, comte d' (1705–1788) 233
ARIOST, (Ariosto) Lodovico (1474–1533) 111, 161
ÄSOP (Aesopus; 6. Jh. v. Chr.) 140, 141, 142, 144, 145
* AVTUCHOVIČ, Tat'jana Evgen'evna 32
* BABKIN, Dmitrij Semenovič 279, 281, 282, 285, 289
* BACHTIN, Michail Michajlovič 152
* BAEHR, Steven Lessing 83, 173
* BAHR, Ehrhard 288
* BANKOWSKI, Monika 310
* BARAG, Lev Grigor'evič 215, 224
BARCLAY, John (1582–1621) 66
BARKOV, Ivan Semenovič (1732–1768) 58, 152, 154–158
* BARSKOV, Jakov Lazarevič 294, 315
* BARSUKOV, Nikolaj Platonovič 278
BATJUŠKOV, Konstantin Nikolaevič (1787–1855) 242
* BATTEN, Charles L., Jr. 306
* BAUDIN, Rodolphe 281
BEAUMARCHAIS, Pierre-Augustin Caron de (1732–1799) 226
BEKETOV, Nikita Afanas'evič (1729–1794) 123

BELINSKIJ, Vissarion Grigor'evič (1811–1848) 154
BELISAR (505–565) 268
* BERELOWITCH, Wladimir 214, 246, 250
* BERKOV, Pavel Naumovič 60, 76, 107, 108, 133, 158, 179, 180, 187, 210, 227
* BERNDT, Michael 38
* BESTERMAN, Theodore 208
* BILENKIN, Vladimir 322
* BIRŽAKOVA, Elena Ėduardovna 194
* BLACK, Joseph Lawrence 8, 169, 325
* BLAGOJ, Dmitrij Dmitrievič 252
* BLAGOVO, Dmitrij Dmitrievič 205
BODMER, Johann Jakob (1698–1783) 320
BOGDANOVIČ, Ippolit Fedorovič (1743–1803) 102, 103, 146, 170, 176, 233, 234, 238–251, 253, 254, 278, 299, 304
BOILEAU (Boileau-Despréaux), Nicolas (1636–1711) 45, 47, 48, 49, 56, 57, 66, 82, 92, 111, 112, 113, 118, 134, 162, 241, 298
BOLOTOV, Andrej Timofeevič (1737–1833) 133
BONNET, Charles (1720–1793) 320
* BRANG, Peter 323, 325
BRAUNSCHWEIG, Friedrich August Herzog von (1740–1805) 175
* BREITSCHUH, Wilhelm 66
* BRENNER, Peter J. 306
* BREUILLARD, Jean 171, 301
BROCKES, Barthold Hinrich (1680–1747) 100, 266
* BRODSKIJ, Nikolaj Leont'evič 120, 208
* BROHM, Silke 169
* BUCHARKIN, P. E. 93, 325
BULGAKOV, Michail Afanas'evič (1891–1940) 211
* BULIČ, Nikolaj Nikitič 108
* BURANOK, Oleg Michajlovič 35, 86, 128, 190, 283
* BURGESS, Malcolm 208
* BURGI, Richard 75

CAESAR, Gaius Iulius (100–44 v. Chr.) 268
* ČAJANOVA, Ol'ga Ėmilievna 205
CAPO D'ISTRIA (KAPODISTRIJA), Ioann (Ivan Antonovič), Graf (1776–1831) 292

CATO, Marcus Porcius (234–149 v. Chr.) 118, 280, 281
ČECHOV, Anton Pavlovič (1860–1904) 261
* ČERNOV, Sergej Nikolaevič 88
ČERNYŠEV, Ivan Grigor'evič, Graf (1727–1797) 61
ČERNYŠEV, Petr Grigor'evič, Graf (1712–1773) 204
ČERNYŠEVA (verh. Saltykova), Dar'ja Petrovna, Gräfin (1738 oder 1739–1802) 204
ČERNYŠEVA, Mar'ja Petrovna, Gräfin (um 1740 – nach 1767) 204
ČERNYŠEVA (verh. Golicyna), Natal'ja Petrovna, Fürstin (1741–1837) 204
CHAPPE D'AUTEROCHE, Jean (1722–1769) 196
* CHARPENTIER, Françoise 241
* CHEKSEL'ŠNAJDER – s. HEXELSCHNEIDER
CHEMNICER, Ivan Ivanovič (1745–1784) 143, 253
CHERASKOV, Michail Matveevič (1733–1807) 60, 75, 146, 148, 158–164, 168, 172, 173, 174, 209, 213, 228, 238, 239, 245, 253, 261, 264, 269, 270, 271, 315
CHERASKOVA (geb. Neronova), Elizaveta Vasil'evna (1737–1809) 159
* CHICHKINE – s. ŠIŠKIN
* CHODASEVIČ, Vladislav Felicianovič 251
* CHOLODOV, Efim Grigor'evič 7, 23, 24
CHRAPOVICKIJ, Aleksandr Vasil'evič (1749–1801) 278, 279
* CHRISTA, Boris 206
CICERO, Marcus Tullius (106–43 v. Chr.) 295
* CIOFI DEGLI ATTI, Fabio 250
* ČISTOVIČ, Illarion Alekseevič 32
* ČIŽEVSKIJ – s. TSCHIŽEWSKIJ
* CLYMAN, Toby W. 299
* COOPER, Brian Frederick 81
CORNEILLE, Pierre (1606–1684) 24, 118
CORNEILLE, Thomas (1625–1709) 24
* CRACRAFT, James 32
CREVIER, Jean-Baptiste-Louis (1693–1765) 65
* CRONE, Anna Lisa 254, 269

* CROSS, Anthony G. 148, 292, 310, 318, 330
ČULKOV, Michail Dmitrievič (1743 oder 1744–1792) 178

DALL'OGLIO, Domenico (ca. 1700–1764) 123
* DANILEVSKIJ, Rostislav Jur'evič 177
* DAN'KO, Elena Jakovlevna 264
DAŠKOVA (geb. Voroncova), Ekaterina Romanovna, Fürstin (1743 oder 1744–1810) 170, 258
* DAVIDENKOFF, Anita 171, 270
* DELLA CAVA, Olha Tatiana 38
* DEMIN, Anatolij Sergeevič 6, 25
DEMOSTHENES (384–322 v. Chr.) 295
* DERJUGIN, Aleksandr Aleksandrovič 65
DERŽAVIN, Gavriil (Gavrila) Romanovič (1743–1816) XV, 45, 97, 147, 155, 159, 168, 170, 171, 207, 228, 250, 252–275, 278, 293, 323, 324
DERŽAVINA (geb. D'jakova), Dar'ja Alekseevna (1767–1842), zweite Ehefrau G. R. Deržavins 259, 260
DERŽAVINA (geb. Bastidon), Ekaterina Jakovlevna (ca. 1762–1794), erste Ehefrau G. R. Deržavins 259
DERŽAVINA (geb. Kozlova), Fekla Andreevna, Mutter G. R. Deržavins 252
* DERŽAVINA, Ol'ga Aleksandrovna 6, 25
DESCARTES, René (1596–1650) 105, 271
* DESNICKIJ Vasilij Alekseevič 148
DESTOUCHES, Philippe Néricault- (1680–1754) 218, 233
* DICKINSON, Sara 307, 323
DIDEROT, Denis (1713–1784) 171, 211, 219, 220
DIMITRIJ TUPTALO (Dimitrij Rostovskij; Daniil Savvič Tuptalo; 1651–1709) 30, 38
* DI SALVO, Maria 148
* DIXON, Simon 153, 168
DMITREVSKIJ, Ivan Afanas'evič (1736–1821) 201, 224

DMITRIEV, Ivan Ivanovič (1760–1837) 143, 159, 240, 253, 294, 295, 305, 329
* DMITRIEV Jurij Arsen'evič 109
DOLGORUKIJ, Adelsgeschlecht 204
DOLGORUKIJ, Aleksandr (Dolgorouky Alexandre), Übersetzer Sumarokovs 124
* DOROVATOVSKAJA, V. 82
DOSTOEVSKIJ, Fedor Michajlovič (1821–1881) 292
* DRAGE, Charles Lovell 15, 69, 147
* DRIZEN, Nikolaj Vasil'evič 204
DUPATY, Charles (1746–1788) 307, 317
* DYNNIK, Tat'jana Aleksandrovna 204

* EBBINGHAUS, Andreas 153
* EFREMOV, Petr Aleksandrovič 43, 148, 205
* ÈFROS, Nikolaj Efimovič 23
* EHRHARD, Marcelle 44
* ÈJCHENBAUM, Boris Michajlovič 254, 268, 307, 323
ELAGIN, Ivan Perfil'evič (1725–1793) 173, 191, 195, 213
EL'ČANINOV, Bogdan Egorovič (1744–1770) 205, 209, 212
EKATERINA II – s. KATHARINA II.
* ELEONSKAJA, Anna Sergeevna
ELISABETH (Elizaveta Petrovna Romanova; 1709–1761), russ. Zarin 1741–1761; Tochter Peters I. und Katharinas I. 15, 26, 62, 77, 78, 79, 83, 84, 85, 86, 88, 89, 90, 91, 92, 93, 95, 109, 120, 122, 123, 124, 125, 127, 130, 151, 152, 168, 202, 203, 208, 222, 270, 287
* ELIZAROVA, Nadežda Alekseevna 204, 237
* ELNITSKY, Svetlana 260
ÈMIN, Fedor Aleksandrovič (ca. 1735–1770) 176
ÈRDMAN, Nikolaj Robertovič (1900–1970) 211
* EREMIN, Igor' Petrovič 32
ERHARD, Johann Benjamin (1766–1827) 288
* ERMOLENKO, Galina Nikolaevna 148

* ĖTKIND, Efim Grigor'evič 61, 260
EULER, Leonhard (1707–1783) 78
EVDOKIJA LOPUCHINA (1670–1731), erste Ehefrau Peters I. 14
EVGENIJ (Evfimij Alekseevič Bolchovitinov; 1767–1837) 260, 261

* FAGGIONATO, Raffaella 173
FALCONET, Étienne-Maurice (1716–1791) 222
FÉNELON, François de Salignac de la Mothe- (1651–1715) 66, 74, 159
* FENSTER, Aristide 90
* FIEGUTH, Rolf 282
* FILIPPOV, Vladimir Aleksandrovič 208
* FLOROVSKIJ, Georgij Vasil'evič 32
* FOMENKO, Irina Jur'evna 253
FONTENELLE, Bernard Le Bovier de (1657–1757) 44, 45, 63, 96, 97, 104, 138, 270, 272
FONVIZIN, Denis Ivanovič (1744 oder 1745–1792) 170, 182, 191, 202, 203, 206, 210–225, 226, 229, 233, 243, 253, 261, 278, 285, 287, 288, 289, 293, 297, 305, 312
FONVIZIN, Ivan Andreevič (1700 oder 1705–1786), Vater D. I. Fonvizins 212
FONVIZINA (verh. Argamakova), Feodosija Ivanovna (1744 – ?), Schwester D. I. Fonvizins 221
* FRAANJE, Maarten 21, 153, 325, 328
FRANKLIN, Benjamin (1706–1790) 205, 274
* FREYDANK, Dietrich 141
* FRIDLENDER, Georgij Michajlovič 103
FRIEDRICH II. (1712–1786), König von Preußen 1740–1786 171, 253
* FRIZMAN, Leonid Genrichovič 135
FÜRST, Otto (Artemij Fjurst, auch Fjuršt; ? – nach 1713) 24, 25, 26

* GARRARD, John Gordon 32, 325
* GASPAROV, Michail Leonovič 69, 115
* GELLERMAN, Svetlana 310
GELLERT, Christian Fürchtegott (1715–1769) 141

GEOFFRIN, Marie Thérèse (1699–1777) 171
GEORGI, Johann Gottlieb (Ivan Ivanovič; 1729–1802) 204
GERCEN, (Herzen) Aleksandr Ivanovič (1812–1870) 121
* GERŠKOVIČ, Zinovij Il'ič 43, 46
GEßNER, Salomonon (1730–1788) 138, 177, 319, 320, 324, 330
* GEYER, Dietrich 5
* GIESEMANN, Gerhard 15, 133
* GILLEL'SON, Maksim Isaakovič 325
GLINKA, Fedor Nikolaevič (1786–1880) 291
* GLINKA, Marianna Evgen'evna 76
* GLUCHOV, V. I. 45
GNEDIČ, Nikolaj Ivanovič (1784–1833) 75
GOETHE, Johann Wolfgang von (1749–1832) 319, 320
GOGOL', Nikolaj Vasil'evič (1809–1852) 197, 198, 211, 326
GOLOVKIN, Gavriil (Gavrila) Ivanovič, Graf (1660–1734) 6
GOLOVKINA (verh. Trubeckaja), Nastas'ja (Anastasija) Gavrilovna, Fürstin (? – 1735) 15
GONČAROV, Ivan Aleksandrovič (1812–1891) 197, 261
GOTTSCHED, Johann Christoph (1700–1766) 56, 118, 123, 124, 125
* GOZENPUD, Abram Akimovič 210, 227, 234, 236
* GRAßHOFF, Helmut 32, 43, 46, 284
* GREBENJUK, V. P. 7, 88
GREČ, Nikolaj Ivanovič (1787–1867) 224, 254
* GREENE, Diana 299
GREGORII, Johann Gottfried (1631–1675) 23
GRIBOEDOV, Aleksandr Sergeevič (1795–1829) 211, 220
* GRIC, Teodor Solomonovič 61
GRIMM, Friedrich Melchior Baron von (1723–1807) 171, 182
* GRINBERG, Mark Samuilovič 63, 79, 112
* GROSSE, Henri 214
* GROSSMANN, Rudolf 239

Namenregister

* Grot, Jakov Karlovič 252, 258, 262, 273, 294, 301
Gryphius (eig. Greif), Andreas (1616–1664) 24
Guasco, Ottaviano (1712–1781) 46
* Gudzij, Nikolaj Kallinnikovič 215, 282
* Gukovskij, Grigorij Aleksandrovič XV, 45, 53, 62, 81, 86, 108, 114, 117, 118, 119, 126, 128, 135, 137, 146, 147, 159, 169, 172, 176, 177, 192, 254, 258, 261, 276, 285, 286, 292, 326
Günther, Johann Christian (1695–1723) 71, 111

Haller, Albrecht von (1708–1777) 78, 319
Hamann, Johan Georg (1730–1788) 288
* Hammarberg, Gitta 299, 324
* Harder, Hans Bernd 47, 118
* Hart, Pierre R. 273
Hasse, Johann Adolf (1699–1783) 123
* Haumant, Émile 196
* Hazard, Paul 269
Heinrich IV. (1553–1610), frz. König 1589–1610 74
* Heldt, Kerstin 84
* Hellmann, Manfred 3
Helvétius, Claude-Adrien (1715–1771) 277
* Hentschel, Uwe 306, 323
Herder, Johann Gottfried von (1744–1803) 288, 319
* Hexelschneider, Erhard 217, 282
Holberg, Ludvig Baron von (1684–1754) 213
Homer (8. Jh. v. Chr.) 74, 75, 111, 160, 161, 242, 243, 244, 245, 320
Horaz (Quintus Horatius Flaccus; 65–8 v. Chr.) 34, 44, 45, 48, 49, 57, 66, 93, 111, 154, 181, 260, 261, 262, 263, 265, 268
* Hughes, Lindsey 3
* Hüttl-Worth (später Hüttl-Folter), Gerta 302

* Ignatov, Sergej Sergeevič 23
* Il'in-Tomič, Aleksandr A. 325

Il'inskij, Ivan Ivanovič (? – 1737) 43
Il'inskij, Nikolaj Stepanovič (1761–1846) 286, 287
* Iljušin, Aleksandr Anatol'evič 155
* Imendörffer, Helene 107, 140
* Ionin, German Nikolaevič 268
Ivan IV. (Ivan Vasil'evič; Ivan Groznyj; 1530–1584) russ. Zar 1533–1584 160, 161, 162, 250
Ivan Alekseevič (Ivan V.; 1666–1696), russ. Zar 1682–1689/96; Halbbruder Peters I. 23
Ivan Antonovič (Ivan VI.; 1740–1764), russ. Zar 1740–1741; Urenkel Ivans V. 83, 92

Jan'kova, Elisaveta Petrovna (1768–1861) 205
Javorskij, Stefan (1658–1722) 40, 65
* Jekutsch, Ulrike 96, 146
* Jones, W. Gareth 167, 180, 189
Juvenal (Iuvenalis) Decimus Iunius (um 60 n. Ch. – nach 128) 45, 49

* Kagarlickij, Jurij Valentinovič 38
* Kahn, Andrew 240, 282, 307
* Kallaš, Vladimir Vladimirovič 23
* Kamenskij, Aleksandr Borisovič 100, 168, 169
Kant, Immanuel (1724–1804) 288, 289, 290, 319, 320
Kantemir, Antioch Dmitrievič (1709–1744) 43–49, 54, 55, 60, 62, 63, 65, 68, 69, 74, 78, 96, 108, 112, 134, 141, 154, 158, 161, 182, 186, 190, 221, 270, 271, 295, 302, 318
Kapnist, Vasilij Vasil'evič (1758–1823) 211, 222, 224, 226, 253
Karamzin, Michail Egorovič (? – 1782), Vater N. M. Karamzins 292, 293
Karamzin, Nikolaj Michajlovič (1766–1826) XV, 13, 84, 125, 156, 159, 176, 177, 214, 223, 224, 229, 238, 239, 241, 242, 245, 246, 248, 253, 254, 291–330
Karamzin, Vasilij Michajlovič (vor 1766–1827), Bruder N. M. Karamzins 293, 318

KARL XII. (1682–1718), schwed. König 1697–1718 31
* KARLINSKY, Simon 67, 210, 227
* KATAJEW (KATAEV), N. V. 37
KATHARINA I. (Martha Skavronskaja; Ekaterina Alekseevna; 1684–1727), russ. Zarin 1725–1727; zweite Ehefrau Peters I. 15, 26
KATHARINA II. (Sophie Friederike Auguste von Anhalt-Zerbst; Ekaterina Alekseevna; Katharina die Große; 1729–1796), russ. Zarin 1762–1796; Ehefrau Peters III.; Mutter Pauls I. 62, 78, 83, 87, 88, 109, 110, 114, 122, 123, 128–131, 150, 152, 156, 159, 161, 163, 167–175, 179–183, 185–187, 189–193, 196–199, 201–205, 207–211, 213–219, 221–223, 227–230, 234, 235, 239, 250, 251, 253–258, 262–265, 268, 270, 276, 278–280, 289–290, 293, 295, 303, 304
* KAZANOVIČ, Evlalija Pavlovna 266
* KEIPERT, Helmut 55
* KLEIN, Joachim XVII, 54, 69, 95, 103, 111, 115, 118, 129, 138, 147, 148, 149, 153, 177, 180, 215, 240, 243, 246, 261, 269, 283, 294, 307
* KLJUČEVSKIJ, Vasilij Osipovič 215
KLOPSTOCK, Friedrich Gottlieb (1724–1803) 61, 75, 160, 253, 269, 272, 274, 291, 296, 320
KNIPPER, Karl (? – nach 1782) 206, 223, 229
KNJAŽNIN, Jakov Borisovič (1740–1791) 211, 224, 226, 228, 234–237, 258, 329
* KOČETKOVA (KOCHETKOVA), Natal'ja Dmitrievna 38, 172, 176, 212, 224, 238, 292, 296, 297, 302
* KÖLLE, Helmut 264
KONSTANTIN PAVLOVIČ ROMANOV (1779–1831), Bruder Alexanders I. 250
KOPERNIKUS, Nikolaus (1473–1543) 44, 96, 97, 99, 104, 105, 270, 271
KORFF, Johann Albrecht Baron von (1697–1766) 56
* KÖRNER, Renate 137
* KOROVIN, Valentin Ivanovič 326
* KOŚNY, Witold 206

* KOSTIN, Andrej Aleksandrovič 282
KOSTROV, Ermil Ivanovič (1755–1796) 75, 258
* KOTOMIN, M. A. 135
KOZICKIJ, Grigorij Vasil'evič (1724–1776) 179
* KRONEBERG, Bernhard 135
* KROSS – s. CROSS Anthony G.
* KRUGLOV, Jurij Georgievič 261
KRUTICKIJ, Anton Michajlovič (1754–1803) 229, 230
KRYLOV, Ivan Andreevič (1769–1844) 140
* KUČKIN, Vladimir Andreevič 169
* KUKUŠKINA, Elena Dmitrievna 227, 229
* KULAKOVA, Ljubov' Ivanovna 158, 159, 258
* KULJABKO, Elena Sergeevna 154
* KUMPAN, Ksenija Andreevna 325
* KUNIK, Arist Aristovič (Ernst Eduard) 56
KUNST, Johann-Christian (Iogan Kunšt; ? – 1703) 23, 24, 25, 26
KURAKIN, Aleksandr Borisovič, Fürst (1697–1749) 67
* KURILOV, Aleksandr Sergeevič 43, 82
* KUTINA, Lidija Leont'evna 39
KÜTTNER, Karl (auch Carl) Gottlob (1755–1805) 307, 317
KUTUZOV, Aleksej Michajlovič (1749–1797) 279, 314, 315
* KUZOVLEVA, Tat'jana Evgen'evna 201
* KVITKA, Grigorij Fedorovič 231

LA BRUYÈRE, Jean de (1645–1696) 47
* LACHMANN, Renate 17, 92, 147
LA FONTAINE, Jean de (1621–1695) 140, 141, 142, 143, 144, 145, 240, 241, 247, 248, 249, 251
* LANG, David Marshall 277
* LAPKINA, Galina Alekseevna 201, 215
LA SUZE, Henriette de Coligny, comtesse de (1618–1673) 136, 159
* LAUER, Reinhard 58, 75, 103, 147
LAVATER, Johann Kaspar (1741–1801) 319, 320
* LAWATY, Andreas 168
* LEBEDEVA, Ol'ga Borisovna 86, 128, 190, 210, 216, 286

* LECHTBLAU (später SVETLOV), Leonid Borisovič 282
LEFÈVRE, Abbé, Priester der Kirche der frz. Botschaft in Petersburg 133
LEFORT, Franz (Franc Jakovlevič; 1656–1699) 24
* LEHMANN, Dieter 227
* LEHMANN, Ulf 32
* LEHMANN, Volkmar 47
* LEHMANN-CARLI, Gabriela 169, 321
LEIBNIZ, Gottfried Wilhelm (1646–1716) 5, 9, 97, 100, 102
* LEMANN-KARLI – s. LEHMANN-CARLI
LENZ, Jakob Michael Reinhold (1751–1792) 320
LERMONTOV, Michail Jur'evič (1814–1841) 155
LESAGE, Alain René (1668–1747) 211
LESSING, Gotthold Ephraim (1729–1781) 111, 265, 288
* LEVICKIJ (LEVITSKY), Aleksandr Adrianovič 72, 269
LEVICKIJ, Dmitrij Grigor'evič (1735–1822) 265
* LEVIN, Jurij Davidovič 10, 176, 177, 180, 210, 229
* LEVIN, Viktor Davidovič 301
* LEVITSKY – s. LEVICKIJ
* LEVITT, Marcus C. 61, 118, 171, 189, 196, 299
LEVŠIN, Vasilij Aleksandrovič (1746–1826) 250
* LIBERMAN, Aleksandr Abramovič 292
* LIPATOV, Aleksandr Vladimirovič 73
* LIPSKI, Alexander 94
* LIVANOVA, Tamara Nikolaevna 133, 227
LOCATELLI, Giovanni Battista (1715–1785) 206, 207
LOCKE, John (1632–1704) 44, 182
LOHENSTEIN, Daniel Casper von (1635–1683) 24
LOMONOSOV, Michail (Michajlo) Vasil'evič (1711–1765) XV, 33, 40, 46, 54, 55, 56, 57, 60, 61, 63, 64, 70, 71, 74, 75, 76–106, 107, 108, 109, 110, 111, 112, 113, 114, 115, 116, 117, 118, 121, 123, 128, 133, 134, 141, 146, 150, 151, 154, 156, 157, 159, 161, 162, 172, 182, 191, 192, 241, 243, 245, 252, 253, 258, 259, 262, 264, 266, 269, 270, 273, 276, 285, 287, 300, 301, 311, 318
* LONGINOV, Michail Nikolaevič 108, 158
LOPUCHIN, Ivan Vladimirovič (1756–1816) 294
LORTZING, Albert (1801–1851) 7
* LOTMAN, Jurij Michajlovič 3, 37, 54, 67, 100, 281, 292, 293, 300, 307, 309, 310, 311, 315, 316
* LOTMAN, Lidija Michajlovna 210
* LOVEJOY, Arthur 273
* LUBENOW, Martin 196
* LUCEVIČ, Ljudmila Fedorovna 72
LUDWIG XIV. (1638–1715), frz. König 1643–1715 14, 122, 203, 251
LUKAN (Lucanus) Marcus Annaeus (39–65 n. Chr.) 161
LUKIN, Vladimir Ignat'evič (1737–1794) 205, 209, 211, 212, 213, 218, 224, 231
* LUPPOV, Sergej Pavlovič 10
LUTHER, Martin (1483–1546) 314
* LUZANOV, Petr Fomič 59
* ŁUŻNY, Ryszard 33
L'VOV, Nikolaj Aleksandrovič (1751–1803) 177, 228, 253

MABLY, Gabriel Bonnot de (1709–1785) 277
MACPHERSON, James (1736–1796) 177
* MADARIAGA, Isabel de 168, 171, 173
MADDOX, Michael (Michail Egorovič Medoks; 1747–1822) 206, 207, 223
MADONIS, Luigi (ca. 1700 – ca. 1767) 123
* MAIELLARO, Luigia Gina 44, 49, 212
MAJAKOVSKIJ, Vladimir Vladimirovič (1893–1930) 211
* MAJKOV, Leonid Nikolaevič 146, 208
MAJKOV, Vasilij Ivanovič (1728–1778) 115, 143, 146, 147–154, 155, 156, 158, 172, 173, 227, 228, 233, 240, 241, 243, 244, 305
* MAKOGONENKO, Georgij Pantelejmonovič 63, 67, 167, 187, 212, 268, 276, 291
* MALEIN, Aleksandr Iustinovič 74

* MAŁEK, Eliza 19
MALHERBE, François de (1555–1628) 54, 71, 82, 83, 107, 111, 112
* MARASINOVA Elena V. 87
* MARČENKO, Nonna Aleksandrovna 292, 305
* MARKER, Gary 10, 60, 61, 167
* MARTENS, Wolfgang 181
* MARTINSEN, Deborah A. 61
* MARTYNOV, Ivan Fedorovič 31, 170
* MAURER, Michael 318
MAZEPA, Ivan Stepanovič (ca. 1640–1709) 29, 37
* MCCONNELL, Allen 276
* MCKENNA, Kevin James 187
MENDELSSOHN, Moses (1729–1786) 288
* MENŠUTKIN, Boris Nikolaevič 76
MEŠČERSKIJ, Aleksandr Ivanovič, Fürst (1730–1779) 268
METASTASIO (eig. Trapassi), Pietro (1698–1782) 123
* MEYNIEUX, André 61
* MICHAJLOV, Oleg Nikolaevič 217
* MILOV, Leonid Vasil'evič 169
MILTON, John (1608–1674) 161
MINICH, Christofor Antonovič (1683–1767) 59
* MOISEEVA, Galina Nikolaevna 19
MOLIÈRE (eig. Jean-Baptiste Poquelin; 1622–1673) 24, 121, 202, 222, 232, 241
* MONNIER, André 167
MONS, William (Villim, auch Vasilij Ivanovič; 1688–1724) 15
MONTESQUIEU, Charles-Louis de Secondat, Baron de (1689–1755) 44
* MOOSER, Robert-Aloys 227
MORITZ, Karl (Carl) Philipp (1756–1793) 209, 307, 317, 319
* MOROZOV, Aleksandr Antonovič 76, 92, 233
* MOROZOV, Petr Osipovič 23, 29, 32
* MOSER, Charles A. 212
* MSTISLAVSKAJA, Elena Pavlovna 108
MÜLLER, Gerhard Friedrich (1705–1783) 100, 270
* MÜLLER, Ludolf 269

MURAV'EV, Michail Nikitič (1757–1807) 177, 253

NARTOV, Andrej Andreevič (1737–1813) 146
NARYŠKIN, Aleksej Vasil'evič (1742–1800) 146
NARYŠKIN, Semen Vasil'evič (1731 – vor 1800) 146
NATAL'JA ALEKSEEVNA ROMANOVA (1673–1716), Schwester Peters I. 23, 24, 25
NEKRASOV, Nikolaj Alekseevič (1821–1877) 135, 197, 261
NELEDINSKIJ-MELECKIJ, Jurij Aleksandrovič (1752–1829) 177
* NEMZER, Andrej Semenovič 325
NEUBER (geb. Weißenborn, gen. die Neuberin), Friederike Caroline (1697–1760) 123
* NEUHÄUSER, Rudolf 176
NEWTON, Isaac (1643–1727) 44, 90
NICOLAI, Christoph Friedrich (1733–1811) 319
* NIKITIN, Michail Matveevič 61
* NIKITINA, Nina Ivanovna 292
* NIKOLAEV, Sergej Ivanovič 10, 13, 43, 48, 54, 64
NIKOLAUS I. (Nikolaj Pavlovič Romanov; 1796–1855), Zar 1825–1855; Sohn Pauls I. 250
NIKOLEV, Nikolaj Petrovič (ca. 1758–1815) 227, 233, 234, 261
NIVELLE DE LA CHAUSSÉE, Pierre Claude (1691 oder 1692–1754) 233
NOVIKOV, Nikolaj Ivanovič (1744–1818) 107, 148, 156, 167, 170, 173, 174, 175, 179, 180, 181, 185–200, 214, 218, 261, 277, 279, 288, 293, 294, 297, 305, 312, 321

* OBATNIN, Gennadij V. 264
* ODESSKIJ, Michail Pavlovič 25, 131
* OLESCH, Reinhold 72
OPITZ, Martin (1597–1639) 69
ORLOV, Aleksej Grigor'evič, Fürst Česmenskij (1737–1807) 257

* ORLOV, Aleksandr Sergeevič 74, 107, 276
* ORLOV, Pavel Aleksandrovič 176, 324, 326, 328
* ORŁOWSKA, Alina 160
* OSPOVAT, Kirill Aleksandrovič 62, 95, 109
OSTROVSKIJ, Aleksandr Nikolaevič (1823–1886) 211
OVID (Publius Ovidius Naso; 43 v. Chr. – 17 n. Chr.) 161

* PANČENKO, Aleksandr Michajlovič 13, 63
PANIN, Nikita Ivanovič, Graf (1718–1783) 62, 85, 86, 90, 214
* PANOFSKY, Gerda S. 308, 310, 314
* PANOV, Sergej Ivanovič (Pseud. SAPOV, Nikita) 85, 154
* PAPMEHL, K. A. 62, 175
PAŠKEVIČ, Vasilij Alekseevič (ca. 1742–1797) 234
PAUL I. (Pavel Petrovič Romanov; 1754–1801), russ. Zar 1796–1801; Sohn Katharinas II. und Peters III. 62, 129, 175, 203, 227, 253, 254, 280, 295, 306
* PEKARSKIJ, Petr Petrovič 8, 64, 65, 76, 179, 270, 294
* PERETC, Vladimir Nikolaevič 15, 28
* PESONEN, Pekka 264
PETER I. (Petr Alekseevič Romanov; Peter der Große; 1672–1725), russ. Zar 1682–1725 1–16, 23, 24, 25, 29, 30, 32, 33, 37, 40, 41, 43, 45, 61, 62, 74, 76, 87, 88, 90, 91, 92, 122, 140, 151, 152, 161, 169, 183, 184, 192, 198, 216, 221, 222, 279, 307, 311, 316, 318
PETER III. (Karl Peter Ulrich von Holstein-Gottorp; Petr Fedorovič; 1728–1762), russ. Zar 1761–1762; Ehemann Katharinas II. 78, 83, 84, 91, 130, 168, 172, 293
* PETIZON, Florence 232
* PETRICONI, Hellmuth 239
PETROV, Vasilij Petrovič (1736–1799) 117, 150, 151, 172, 239
* PETROVA, E. N. 268

* PETROVSKAJA, Ira Fedorovna 201
PHAEDRUS (1. Jh. n. Chr.) 141, 144, 145, 154
* PIGAREV, Kirill Vasil'evič 212, 223
* PIL'ŠČIKOV, Igor' Alekseevič 155
PINDAR (ca. 522–446 v. Chr.) 81, 83, 92, 93, 111, 117, 268
PIRON, Alexis (1689–1773) 156, 157
PLATON (427–348/347 v. Chr.) 90
PLAVIL'ŠČIKOV, Petr Alekseevič (1760–1812) 203, 206, 230
PLEŠČEEV, Aleksej Aleksandrovič, Freund N. M. Karamzins, Ehemann von A. I. Pleščeeva 314
PLEŠČEEVA (geb. Protasova), Anastasija (Nastas'ja) Ivanovna (um 1754 – ?), Schwägerin N. M. Karamzins 300
* POGODIN, Michail Petrovič 291, 292, 294, 316
* POGOSJAN, Elena Anatol'evna 81
* POKOTILOVA, O. 82
* POKROVSKIJ, Vasilij Ivanovič 193, 258
POLOCKIJ, Simeon (1629–1680) 13, 69, 72, 82, 112, 147
POMPEIUS Gnaeus (P. Magnus; 106–48 v. Chr.) 31
POPE, Alexander (1688–1744) 44, 55, 61, 97, 102, 111
POPOV, Michail Ivanovič (1742 – ca. 1790) 177, 228, 230
POPOVSKIJ, Nikolaj Nikitič (1726 oder 1728–1760) 55, 78, 97, 182
POROŠIN, Semen Andreevič (1741–1769) 62, 202, 210, 213
POTEMKIN, Grigorij Aleksandrovič, Fürst (1739–1791) 158, 223, 257, 268
* POZDNEEV, Aleksandr Vladimirovič 15, 16, 17
PRASKOV'JA FEDOROVNA SALTYKOVA (1664–1723), Ehefrau des Zaren Ivan Alekseevič 23
PROKOPOVIČ, Feofan (1677 oder 1681–1736) XVI, 4, 30, 32–42, 43, 44, 45, 65, 91, 112, 140, 147, 184, 185, 186, 195
* PROSKURINA, Vera Jul'evna 88, 168
* PROUST, Jacques 214

PUGAČEV, Emeljan Ivanovič (1740 oder 1742–1775) 228, 229, 253, 279
* PUMPJANSKIJ, Lev Vasil'evič 43, 44, 53, 65, 81, 82, 176, 266
PUŠKIN, Aleksandr Sergeevič (1799–1837) XVI, 60, 61, 69, 84, 107, 108, 154, 155, 156, 169, 240, 242, 244, 254, 261, 286, 294, 307
* PYLJAEV, Michail Ivanovič 250
* PYPIN, Aleksandr Nikolaevič 15, 173

QUARENGHI, Giacomo (1744–1817) 202

* RABINOVIČ, Aleksandr Semenovič 227
RACINE, Jean Baptiste (1639–1699) 54, 107, 111, 118, 121, 122, 125, 126, 127, 131, 140, 202, 241
RADIŠČEV, Aleksandr Nikolaevič (1749–1802) 175, 252, 276–291, 297, 305, 306, 309, 311, 314, 318, 329
RADIŠČEV, Nikolaj Afanas'evič (1728 – nach 1800), Vater A. N. Radiščevs 276
RADIŠČEV, Pavel Aleksandrovič (1783–1858), Sohn A. N. Radiščevs 281
RADIŠČEV, Vasilij Aleksandrovič (1777 – ?), Sohn A. N. Radiščevs 281
* RAJKOV, Boris Evgen'evič 96, 271
* RAM, Harsha 81
* RAMMELMEYER, Alfred 47, 140, 141
* RANČIN, Andrej Michajlovič 85
* RASMUSSEN, Karen 161
* RASSADIN, Stanislav Borisovič 212
RAZUMOVSKIJ, Adelsgeschlecht 204
RAZUMOVSKIJ, Aleksej Grigor'evič, Graf (1709–1771) 108
RAZUMOVSKIJ, Kirill Grigor'evič, Graf (1728–1803) 83, 85
* REJTBLAT, Abram Il'ič 60
* REYFMAN, Irina 64
* REZANOV, Vladimir Ivanovič 25, 34
RICHTER, Johann Gottfried (1763 oder 1764–1829) 306, 312
RIEM, Andreas (1749–1807) 287
* RIGGENBACH, Heinrich 141
* ROBINSON, Andrej Nikolaevič 6, 7
* ROBOLI, T. A. 307
* ROGGER, Hans 161, 250

ROHAN-CHABOT de, Chevalier 61
ROLLIN, Charles (1661–1741) 65
* ROSENDAHL, Gisela 253
* ROTHE, Hans 72, 306, 307
ROUSSEAU, Jean-Baptiste (1669 oder 1670–1741) 72
ROUSSEAU, Jean-Jacques (1712–1778) 227, 229, 287, 299, 305, 321, 330
* ROŽDESTVENSKIJ, Sergej Vasil'evič 8, 169, 182
RŽEVSKIJ, Aleksej Andreevič (1737–1804) 129, 143, 146, 147, 173

SALLUST (Gaius Sallustius Crispus; 86–34 v. Chr.) 295
SALTYKOV-ŠČEDRIN, Michail Evgrafovič (1826–1889) 197
SALTYKOVA, Dar'ja Nikolaevna (gen. Saltyčicha; 1730–1801) 219
* ŠAMRAJ, Dmitrij Dmitrievič 205
SANKOVSKIJ, Vasilij Dem'janovič (1741 – ?) 150
* ŠAPIR, Maksim Il'ič 82, 155
* SAPOV, Nikita – s. PANOV S. I.
SAPPHO (um 600 v. Chr.) 159, 260
* SAZONOVA, Lidija Ivanovna 82
SCARRON, Paul (1610–1660) 148, 150, 151, 154, 156
* ŠČEGLOV, Jurij Konstantinovič 45
SCHADEN, Johann Matthias (1731–1797) 292
* SCHAMSCHULA, Walter 100
* SCHENK, Doris 147
SCHILLER, Friedrich (1759–1805) 288, 297, 319
* SCHIPPAN, Michael 169
* SCHLIETER, Hilmar 160, 211, 213
* SCHOLZ, Birgit 169
* SCHÖNLE, Andreas 306, 325
* SCHROEDER, Hildegard 45, 141, 239, 240
* SCHRUBA, Manfred XVII, 148, 152, 155, 175, 249, 254, 296, 304
SCHUHMACHER, Johann-Daniel (1690–1761) 67
SCHWARZ (SCHWARTZ), Johann Georg (Švarc Ivan Grigor'evič; 1751–1784) 174

* SEAMAN, Gerald R. 206
* SEMENNIKOV, Vladimir Petrovič 170, 275, 280
* ŠENLE – s. SCHÖNLE
* ŠERECH, Ju. 37
ŠEREMETEV, Nikolaj Petrovič, Graf (1751–1809) 204
ŠEREMETEV, Petr Borisovič, Graf (1713–1788) 204, 207, 227, 237
ŠEREMETEVA, Anna Petrovna, Gräfin (nach 1743–1768) 204
* SERMAN, Il'ja Zacharovič 45, 53, 61, 63, 67, 76, 81, 88, 92, 98, 100, 103, 118, 133, 140, 191, 238, 246, 251, 254
ŠEŠKOVSKIJ, Stepan Ivanovič (1727–1793) 290
SHAKESPEARE, William (1564–1616) 111, 118, 119, 120, 124, 126, 131, 132
* SIPOVSKIJ, Vasilij Vasil'evič 19, 82, 158, 176, 216, 307, 310
* ŠIŠKIN, Andrej Borisovič 63, 65, 73
ŠIŠKOV, Aleksandr Semenovič (1754–1841) 303
* SKABIČEVSKIJ, Aleksandr Michajlovič 62, 175, 270
* SKAFTYMOV, Aleksandr Pavlovič 282
* SKIPINA, K. A. 323
* SMIRDIN, Aleksandr Filippovič 61, 64, 292
* SMIRNOV, Viktor G. 32
* SMITH, Douglas 173
* SMOLINA, Kapitalina Antonovna 118
* SMOLJAROVA, Tat'jana Igor'evna 264
* SMORCZEWSKA, Helena 254
* SOKOLOV, Aleksandr Nikolaevič 74, 240
* SOKOLOVA, Nina Vasil'evna 154
* SOLNCEV, Vsevolod Fedorovič 179
* SOLOSIN, Ivan Ivanovič 82
* SOLOV'EV, Sergej Michajlovič 6
* SOMINA, Vera Viktorovna 201
* SOROKIN, Jurij Sergeevič 39, 45, 68
* ŠRUBA – s. SCHRUBA
* STÄDTKE, Klaus 283
STÄHLIN, Jacob (Štelin Jakov Jakovlevič; 1709–1785) 84, 120, 202, 203, 205
* STARIKOVA, Ljudmila Michajlovna 23, 26, 120, 205

STEELE, Richard (1672–1729) 44, 180
* STEMPEL, Wolf-Dieter 81
* STENNIK, Jurij Vladimirovič 45, 103, 118, 125, 147, 190, 210
* STEPANOV, Nikolaj Leonidovič 140
* STEPANOV, Vladimir Petrovič 129, 154, 189, 213
STERNE, Laurence (1713–1768) 284, 306, 310
* STOJUNIN, Vladimir Jakovlevič 43
STOLBERG, Friedrich Leopold Graf (1750–1819) 320
STOLYPIN, Adelsgeschlecht 204
* ŠTORM, Georgij Petrovič 294
* ŠTRANGE, Michail Michajlovič 279
* STRIŽEV, Aleksandr Nikolaevič 64
* STRUVE, Nikita 269
* STRYCEK, Alexis 212
* SUCHANEK, Lucjan 176
* SUCHOMLINOV, Michail Ivanovič 76, 85, 276
SUCHOVO-KOBYLIN, Aleksandr Vasil'evič (1817–1903) 211
* SUKAJLO, Vjačeslav A. 292
* SULLIVAN, John 15
SUMAROKOV, Aleksandr Petrovič (1717–1777) XV, 25, 54, 55, 56, 57, 59, 60, 61, 62, 63, 64, 71, 79, 80, 81, 88, 93, 107–145, 146, 147, 148, 149, 150, 156, 157, 158, 159, 160, 161, 162, 169, 172, 173, 176, 177, 188, 191, 192, 193, 201, 202, 208, 209, 210, 211, 213, 215, 219, 226, 236, 241, 242, 243, 244, 245, 248, 251, 253, 258, 259, 261, 270, 271, 297, 298, 299, 301, 329
SUMAROKOV, Petr Pankrat'evič (1693–1766), Vater A. P. Sumarokovs 108
ŠUVALOV, Ivan Ivanovič (1727–1797) 62, 77, 78, 83, 85, 86, 95, 109
SWIFT, Jonathan (1667–1745) 44

TALLEMANT, Paul (1642–1712) 67, 304
TASSO, Torquato (1544–1595) 111, 161
TERENZ (Publius Terentius Afer; ca. 195–159 v. Chr.) 66, 111
* TETZNER, Joachim 32
THEOKRIT (um 300–260 v. Chr.) 111, 138

* THIERGEN, Peter 54, 160, 162, 285
THOMSON, James (1700–1748) 176
* TICHONRAVOV, Nikolaj Savvič 34, 314
* TIMOFEEV, Leonid Ivanovič 64, 142
TJUTČEV, Fedor Ivanovič (1803–1873) 266
TOLSTOJ, Lev Nikolaevič, Graf (1828–1910) 292
* TOMAŠEVSKIJ Boris Viktorovič 148
* TOMEI, Christine D. 171
TOMSKIJ, Nikolaj Vasil'evič (1900–1956) 76
* TOPČIEV, Aleksandr Vasil'evič 76
* TOPOROV, Vladimir Nikolaevič 325
TREDIAKOVSKIJ, Vasilij Kirilovič (1703–1768) XV, 55, 56, 57, 61, 63, 64–75, 76, 77, 79, 80, 82, 84, 97, 108, 111, 112, 113, 115, 120, 121, 123, 133, 134, 141, 142, 150, 160, 170, 172, 189, 192, 241, 246, 253, 270, 271, 282, 286, 295, 301, 302, 304
* TRENIN, Vladimir Vladimirovič 61
* TRILESNIK, V. I. 98
* TROJANSKIJ, M. P. 215, 224
TRUBECKAJA (verh. Saltykova), Praskov'ja Jur'evna, Fürstin (? – nach 1741) 15
TRUBECKOJ, Nikita Jur'evič, Fürst (1699–1767) 63, 158
TRUBECKOJ, Nikolaj Nikitič, Fürst (1744–1821) 294
* TSCHIŻEWSKIJ (ČIŽEVSKIJ), Dmitrij 46, 92
TURGENEV, Ivan Sergeevič (1818–1883) 326
* TYNJANOV, Jurij Nikolaevič 81, 85, 307, 323

* UHLENBRUCH, Bernd 147
* UFFELMANN, Dirk 283
UŠAKOV, Fedor Vasil'evič (ca. 1747–1771) 277, 279, 288
* USPENSKIJ, Boris Andreevič XVII, 3, 13, 37, 63, 65, 66, 79, 91, 111, 151, 258, 292, 301, 307, 310

* VAČEVA, Angelina 148
* VACURO, Vadim Ėrazmovič 318
* VARNEKE, Boris Vasil'evič 201, 207

VAUGELAS, Claude Favre, sieur de, baron de Pérouges (1585–1650) 68
* VDOVINA, L. N. 169
* VENGEROV, Semen Afanas'evič 238
* VENTURI, Franco 32
* VERCHOVSKOJ, Pavel Vladimirovič 26
VERGIL (Publius Vergilius Maro; 70–19 v. Chr.) 111, 138, 148, 150, 151, 152, 160, 161, 162, 172, 268, 282
* VERNADSKIJ, Georgij Vladimirovič 173
* VINDT, Lidija Ju. 140
* VINOGRADOV, Viktor Vladimirovič 12, 80, 258, 301
* VIŠNEVSKAJA, Inna Ljucianovna 118
VJAZEMSKIJ, Aleksandr Alekseevič, Fürst (1727–1793) 256, 257
VJAZEMSKIJ, Petr Andreevič, Fürst (1792–1878) 212, 223
* VLASTO, Alexis Peter 159
VOLKOV, Fedor Grigor'evič (1729–1763) 109, 120
VOLTAIRE (eig. François-Marie Arouet; 1694–1778) 44, 61, 74, 102, 110, 111, 118, 119, 120, 123, 126, 127, 128, 129, 131, 132, 160, 161, 162, 171, 174, 175, 202, 208, 213, 219, 222, 233, 239, 251, 291, 313
VOLYNSKIJ, Artemij Petrovič (1689–1740) 61
* VOMPERSKIJ, Valentin Pavlovič 80
VORONCOV, Adelsgeschlecht 204
VORONCOV, Aleksandr Romanovič, Graf (1741–1805) 277, 278, 280
VORONCOV, Michail Illarionovič, Graf (1714–1767) 78, 85, 86, 90
* VOWLES, Judith 299
* VROON, Ronald 136, 260
* VSEVOLODSKIJ-GERNGROSS, Vsevolod Nikolaevič 23, 28, 109, 120, 201, 203

* WAEGEMANS, Emmanuel 102
* WEEDA, Ed 74
WEIẞE, Christian Felix (1726–1804) 319
WIELAND, Christoph Martin (1733–1813) 288, 319
* WINTER, Eduard 32

* WIRTSCHAFTER, Elise Kimerling 128
* WITTRAM, Reinhard 3
WOLFF, Christian (1679–1754) 9, 77, 78, 97, 101, 102, 104
* WORTMAN, Richard S. 14, 131
* WUTHENOW, Ralph-Rainer 307
* WYTRZENS, Günther 217

YOUNG, Edward (1683–1765) 176, 274

* ZABOROV, Piotr 214
* ZAMKOVA, Vera Viktorovna 302
* ZAPADOV, Aleksandr Vasil'evič 60, 148, 159, 167
* ZAPADOV, Vladimir Aleksandrovič 35, 234, 281, 285, 286
* ZAVEDEEV, Pavel Vasil'evič 37
* ZELINSKY, Bodo 103, 325
* ŽIRMUNSKIJ, Viktor Maksimovič 65
* ŽIVOV, Viktor Markovič XVII, 3, 11, 37, 39, 53, 64, 72, 76, 80, 84, 91, 108, 115, 121, 149, 151, 175, 283
* ZORIN, Andrej Leonidovič 155, 168, 240, 252, 325
* ZUBOV, Vasilij Pavlovič 37
ŽUKOVSKIJ, Vasilij Andreevič (1783–1852) 84
* ZYKOVA, Ekaterina Pavlovna 261

Russische Literatur in Einzelinterpretationen
Herausgegeben von Bodo Zelinsky

Die Schriftenreihe ist den großen Gattungen der russischen Literatur gewidmet. In Einzelinterpretationen werden Lyrik, Roman, Drama und Erzählung mit ihren wichtigsten Vertretern vom 18. Jahrhundert bis zur Gegenwart vorgestellt. Die Bände wenden sich an Studenten und Dozenten des Russischen sowie an alle anderen Liebhaber und Vermittler der russischen und europäischen Literatur.

Band 1:
Die russische Lyrik
2002. X, 491 S. Gb. mit SU.
ISBN 978-3-412-15801-9

Band 2:
Der russische Roman
2007. VI, 564 S. Gb. mit SU.
ISBN 978-3-412-18001-0

Band 3:
Das russische Drama
Ca. 400 S. Gb. mit SU.
ISBN 978-3-412-18101-7

Band 4:
Die russische Erzählung
Ca. 400 S. Gb. mit SU.
ISBN 978-3-412-18201-4

Ursulaplatz 1, D-50668 Köln, Telefon (0 2 21) 91 39 00, Fax 91 39 011

Bausteine zur Slavischen Philologie und Kulturgeschichte. Neue Folge.

Herausgegeben von Karl Gutschmidt, Roland Marti, Peter Thiergen, Ludger Udolph und Bodo Zelinsky

Reihe B: Editionen.
– Eine Auswahl –

18: Der russische Donat. Vom lateinischen Lehrbuch zur russischen Grammatik. Historisch–kritische Ausgabe Komm. und hg. von Vittorio S. Tomelleri.
2002. XV, 511 S. Gb.
ISBN 978-3-412-13901-8

19: Der altrussische Kondakar. Auf der Grundlage der Blagoveščenskij Nižegorodskij Kondakar. Tomus VII: Oktoechos.
Hg. von Antonín Dostál (†) und Hans Rothe unter Mitarbeit von Dieter Stern und Erich Trapp.
2004. XVII, 476 S. Gb.
ISBN 978-3-412-13103-6

20, 1-3: Aeneas Silvius Piccolomini: **Historia Bohemica.**
Hg. von Joseph Hejnic und Hans Rothe
2005. 3 Bde. Zus. 1494 S. Gb.
ISBN 978-3-412-15404-2
Bd. 1: **Historisch-kritische Ausgabe des lateinischen Textes.** Besorgt von Joseph Hejnic. Mit einer deutschen Übers. von Eugen Udolph.
2005. X, 935 S. Gb.
ISBN 978-3-412-15504-9

Bd. 2: **Die frühneuhochdeutsche Übersetzung (1463) des Breslauer Stadtschreibers Peter Eschenloër.** Hg. von Václav Bok.
2005. II, 376 S. Gb.
ISBN 978-3-412-15604-6
Bd. 3: **Die erste alttschechische Übersetzung (1487) des katholischen Priesters Jan Húske.** Hg. von Jaroslav Kolár.
2005. II, 178 S. Gb.
ISBN 978-3-412-15704-3

21: Gregory of Nyssa: **De hominis opificio.** The Fourteenth-Century Slavonic translation. A Critical Edition with Greek Parallel, Commentary and Glossary by Lara Sels.
2007. Ca. 464 S. Ca. 5 s/w-Faksimiles. Gb.
ISBN 978-3-412-20605-5

22: Anthony Hippisley, Evgenija Lukjanova: **Simeon Polockij's Library.** A Catalogue.
2005. VII, 226 S. 11 s/w-Abb. auf 6 Taf. Gb.
ISBN 978-3-412-22905-4

23: **Kyrillische paraliturgische Lieder.** Edition des handschriftlichen Liedguts im ehemaligen Bistum von Mukacevo im 18. und 19. Jahrhundert.
Hg. von Peter Zenuch.
2006. 982 S. Gb.
ISBN 978-3-412-27205-0

24: **Das Lemberger Irmologion** Die älteste liturgische Musikhandschrift mit Fünfliniennotation aus dem Ende des 16. Jahrhunderts.
Hg. und eingel. von Jurij Jasinovs'kyj. Übertragen und komm. von Carolina Lutzka.
2007. LVIII, 509 S.
Mit 510 Faksimiles. Gb.
ISBN 978-3-412-16206-1

Ursulaplatz 1, D-50668 Köln, Telefon (0221) 913900, Fax 9139011

Bausteine zur Slavischen Philologie und Kulturgeschichte. Neue Folge.

Herausgegeben von Karl Gutschmidt, Roland Marti, Peter Thiergen, Ludger Udolph und Bodo Zelinsky

Reihe A: Slavistische Forschungen.
– Eine Auswahl –

38: Martin Lubenow: **Französische Kultur in Russland.** Entwicklungslinien in Geschichte und Literatur. 2002. IX, 340 S. Gb.
ISBN 978-3-412-13601-7

39: Emily Klenin: **The Poetics of Afanasy Fet** 2002. XIII, 410 S. Gb.
ISBN 978-3-412-16901-5

40, 1–4: Bodo Zelinsky (Hg.): **Russische Literatur in Einzelinterpretationen.**
Band 1: Die russische Lyrik 2002. X, 491 S. Gb. mit SU.
ISBN 978-3-412-15801-9
Band 2: Der russische Roman.
2007.VI, 564 S. Gb. mit SU.
ISBN 978-3-412-18001-0
Band 3: Das russische Drama. Ca. 400 S. Gb. mit SU.
ISBN 978-3-412-18101-7
Band 4: Die russische Erzählung. Ca. 400 S. Gb. mit SU.
ISBN 978-3-412-18201-4

41: Gun-Britt Kohler: **Boris de Schloezer (1881–1969).** Wege aus der russischen Emigration.
2003. VII, 395 S. Gb.
ISBN 978-3-412-13302-3

42: **Russische Kultur im Umbruch.** Interviews v. Marina Rachmanova u. Irina Zimina. 30 aktuelle Positionen. Hg. von Leonid Luks und Alexei Rybakov.
2004. 314 S. Gb.
ISBN 978-3-412-06803-5

43: Paul Suter: **Alfurkan Tatarski.** Der litauisch-tatarische Koran-Tefsir.
2004. XXI, 555 S. Gb.
ISBN 978-3-412-13403-7

44: **Scholae et symposium.** Festschrift für Hans Rothe zum 75. Geburtstag.
Hg. von Peter Thiergen.
2003. XII, 250 S. Gb.
ISBN 978-3-412-08803-3

45: Wolfgang Stephan Kissel: **Der Kult des toten Dichters und die russische Moderne.** Puškin – Blok – Majakovskij.
2004. VII, 318 S. Gb.
ISBN 978-3-412-16503-1

46: Jan Fellerer: **Mehrsprachigkeit im galizischen Verwaltungswesen (1772–1914).** Eine historisch-soziolinguistische Studie zum Polnischen und Ruthenischen (Ukrainischen).
2005. IX, 395 S. Gb.
ISBN 978-3-412-10004-9

47: Jens Herlth: **Ein Sänger gebrochener Linien.** Iosif Brodskijs dichterische Selbstschöpfung.
2004. IX, 435 S. Gb.
ISBN 978-3-412-12704-6

48: **Slavistische Forschungen.** In memoriam Reinhold Olesch. Hg. von Angelika Lauhus und Bodo Zelinsky.
2005. XV, 300 S. 6 s/w-Abb. und 15 s/w-Abb. auf 8 Taf. Gb.
ISBN 978-3-412-12305-5

Bausteine zur Slavischen Philologie und Kulturgeschichte. Neue Folge.
Herausgegeben von Karl Gutschmidt, Roland Marti, Peter Thiergen, Ludger Udolph und Bodo Zelinsky

Reihe A: Slavistische Forschungen.
– Eine Auswahl –

49: Elisabeth von Erdmann: **Unähnliche Ähnlichkeit.** Die Onto-Poetik des ukrainischen Philosophen Hryhorij Skovoroda (1722–1794).
2005. 740 S. Gb.
ISBN 978-3-412-19205-1

50: **Russische Begriffsgeschichte der Neuzeit.** Beiträge zu einem Forschungsdesiderat. Hg. v. Peter Thiergen unter Mitarbeit v. Martina Munk.
2006. XXIX, 547 S. Gb.
ISBN 978-3-412-22205-5

51: Aleksandr S. Lappo-Danilevskij: **Politische Ideen im Russland des 18. Jahrhunderts.** Ihre Geschichte im Zusammenhang mit der allgemeinen Entwicklung der russischen Kultur und Politik. Aus dem Nachlass hg. von Marina Ju. Sorokina unter Mitwirkung von Konstantin Ju. Lappo-Danilevskij. Mit einer Einführung von Marina Ju. Sorokina.
2005. XXXII, 462 S. 1 s/w-Frontispiz. Gb.
ISBN 978-3-412-28005-5

52: Alexander Wöll: **Jakub Deml.** Leben und Werk (1878–1961). Eine Studie zur mitteleuropäischen Literatur.
2006. IX, 539 S., 5 s/w-Abb. Gb.
ISBN 978-3-412-30005-0

53: Stefan Fleischmann: **Szymon Budny.** Ein theologisches Portrait des polnisch-weißrussischen Humanisten und Unitariers (ca. 1530–1593).
2006. VII, 278 S. Gb.
ISBN 978-3-412-04306-3

54: Eva Behrisch: **»Aber Lots Weib blickte zurück...«** Der Dialog mit der Bibel in der Dichtung Anna Achmatovas.
2007. X, 361 S. Gb.
ISBN 978-3-412-13906-3

55: Tatjana Marčenko: **Russische Schriftsteller und der Literaturnobelpreis (1901–1955).**
2007. 626 S. Gb.
ISBN 978-3-412-14006-9

56: Isolde Baumgärtner: **Wasserzeichen.** Zeit und Sprache im lyrischen Werk Iosif Brodskijs.
2007. X, 385 S. Gb.
ISBN 978-3-412-14106-6

57: Konstantin Ju. Lappo-Danilevskij: **Gefühl für das Schöne.** J.J. Winckelmanns Einfluss auf Literatur und ästhetisches Denken in Russland.
2007. XIV, 476 S. 1 Frontispiz. Gb.
ISBN 978-3-412-19006-4

58: Joachim Klein: **Russische Literatur im 18. Jahrhundert.**
2007. XVIII, 369 S. Gb.
ISBN 978-3-412-20002-2

59: Jana Nechutová: **Die lateinische Literatur des Mittelalters in Böhmen.** Aus dem Tschechischen übersetzt von Hildegard Boková und Václav Bok.
2007. 371 S. Gb.
ISBN 978-3-412-20070-1

URSULAPLATZ 1, D-50668 KÖLN, TELEFON (0221) 913900, FAX 913 9011